普通高等教育精品教材
普通高等教育“十一五”国家级规划教材
高等师范院校公共课教育学教材

首届全国教材建设奖

全国优秀教材二等奖

教育学基础

JIAOYUXUE JICHU

全国十二所重点师范大学联合编写 第3版

教育科学出版社
·北京·

出 版 人　所广一
责任编辑　韩敬波
版式设计　沈晓萌
责任校对　贾静芳
责任印制　叶小峰

图书在版编目(CIP)数据

教育学基础 / 全国十二所重点师范大学联合编写 .—3 版 .—北京:教育科学出版社,2014. 12(2022. 7 重印)
高等师范院校公共课教育学教材
ISBN 978-7-5041-8945-5

Ⅰ. ①教…　Ⅱ. ①全…　Ⅲ. ①教育学—高等师范院校—教材　Ⅳ. ①G40

中国版本图书馆 CIP 数据核字(2014)第 171438 号

高等师范院校公共课教育学教材
教育学基础(第 3 版)
JIAOYUXUE JICHU

出版发行	教育科学出版社		
社　址	北京·朝阳区安慧北里安园甲 9 号	市场部电话	010-64989009
邮　编	100101	编辑部电话	010-64989374
传　真	010-64891796	网　址	http://www.esph.com.cn
经　销	各地新华书店	版　次	2002 年 7 月第 1 版
制　作	北京金奥都图文制作中心		2008 年 12 月第 2 版
印　刷	保定市中画美凯印刷有限公司		2014 年 12 月第 3 版
开　本	720 毫米×1020 毫米　1/16	印　次	2022 年 7 月第 60 次印刷
印　张	26	印　数	1 825 001—1 855 000 册
字　数	546 千	定　价	37.00 元

编 写 说 明

教材建设是教学改革的核心。在高等师范院校(教育学院)开设公共课教育学,是提高师范生(进修教师)自身素质,进而适应教师专业化发展需要的根本措施之一。但据一些院校的调查,学生普遍对公共课教育学缺乏兴趣。其主要原因之一就是:教材陈旧,跟不上时代的步伐;内容枯燥,激不起学习动机;学科本位思想严重,脱离学生实际和社会发展的需求。因此,能否编写出受到学生、教师欢迎的优秀教育学公共课教材,是教育学公共课教学改革的当务之急。

有鉴于此,全国十二所重点师范大学教育科学学院(教育学院)根据教育部高教司有关高师课程改革的精神,结合公共课教育学的调查研究情况,于2000年年底开始策划组织高等师范院校公共课教材的编写工作。2001年6月,全国十二所重点师范大学的教育学专家、教师在北京召开了"高等师范院校公共课教育学教材"研讨会。会上,大家认真交流了各校教育学公共课教材的使用现状,深刻分析了现有高等师范院校公共课教育学教材的特色与不足,在充分汲取现有一些优秀教材营养的基础上,初步拟定了《教育学基础》的编写提纲和编写体例。会后,在广泛听取专家学者意见的基础上,又对编写提纲和体例进行了反复修改和完善,力图使教材体系新颖、结构合理,内容充分反映时代特点及国外同类教材之优点,科学性、研究性、应用性、实用性和趣味性有机结合,有助于提升教育学学科的公众形象。

《教育学基础》由各师范大学原教育科学学院(教育学院)院长或主管教学的副校长任编委,参与教材编写者均为各师范大学教育系优秀的中青年学者。全书共12章,即第一章"教育与教育学"(由原北京师范大学、现清华大学教授石中英撰写)、第二章"教育功能"(由南京师范大学教授冯建军撰写)、第三章"教育目的"(由东北师范大学教授赵宏义撰写)、第四章"教育制度"(由华中师范大学教授涂艳国撰写)、第五章"教师与学生"(由原湖南师范大学、现首都师范大学教授田汉族撰写)、第六章"课程"(由原广西师范大学、现华中科技大学教授周艳撰写)、第七章"课堂教学"(由陕西师范大学教授张立昌和陈晓端撰写)、第八章"学校教育与学生生活"(由华东师范大学教授马和民撰写,华东师范大学博士生、浙江工业大学讲师李晓参与本版修订)、第九章"班级管理与班主任工作"(由山东师范大学教授魏薇撰写)、第十章"学生评价"(由福建师范大学教授王晞撰写)、第十一章"教师的教育研究"(由西北师范大学教授李瑾瑜撰写)、第十二章"教育改革与发展"(由原西南大学、现重庆市教育科学研究院教授徐辉撰写)。

每一章的写作体例为【内容摘要】【学习目标】【关键词】【正文】【主要结论与启示】【学习评价】【学术动态】【参考文献】。其中,【内容摘要】旨在让学生对本章内容有概观了解,并与之前所学内容相衔接。【学习目标】旨在说明本章学习所要达到的基本指标。【关键词】旨在提炼出反映本章写作脉络的重要词语。【正文】注意内容的科学性、语言的通俗性。在具体行文过程中，兼顾学科、学生发展、社会需求三者的和谐统一，注意理论性和应用性相结合，基本理论与经典案例相呼应。另外，注意吸收国内外一些最新的研究成果，以体现教材的时代性。除文字形式外，还引证一些相关的数据、图表等，以增加教材的可读性。【主要结论与启示】旨在概括出本章的精华，强化学生对重点内容的掌握，并学会学以致用。【学习评价】旨在帮助学生消化理解本章的主要内容，明确不同教学目标的教学要求，确定重点。【学术动态】旨在提出本领域内正在研究的热点问题及现状，体现研究性学习的特点，以培养大学生自主学习的意识和主动探究的能力。【参考文献】列出了与有关章节相关的有影响的中外图书及文章，以满足大学生拓宽学习视野、深入研究的愿望。

我们期待着这本由全国十二所重点师范大学教育学教学、科研骨干力量来共同完成的教育学公共课教材，能较好地反映国内教育学教学、研究的先进水平，满足国内高等师范院校师生对优秀公共课教育学教材的需求，给国内高等师范院校教育学公共课教学带来新的气息与活力。当然，我们也深知，要使教材达到这样的水平难度是相当大的。所以，我们竭尽全力完成的这一成果，能否得到读者的认可和喜爱，还有待于时间的检验。在此，我们真诚地欢迎所有使用本教材的老师、学生提出您的宝贵意见，我们将本着虚心学习、合理吸收的原则，不断改进，最终使这一凝聚着国内十二所重点师范大学教育科学学院(教育学院)集体智慧的教材，能够成为优秀之作，为提高高等师范院校公共课教育学的教学质量做出贡献。

本书不仅可以作为高等师范院校学生的教材，也可以作为各级各类教育学院、教师进修学校接受继续教育的中小学教师，以及接受研究生课程班、教育学函授班培训的学员的教材。

2002 年，本书被确定为“普通高等教育‘十五’国家级规划教材”。2006 年，本书被确定为“普通高等教育‘十一五’国家级规划教材”。2009 年 11 月，本书被确定为“普通高等教育精品教材”。

尤其令人欣慰的是，本书自 2002 年出版以来，先后有上百所高校选用，已累计发行 185.5 万册，成为同类教材中的佼佼者。为了不辜负广大高校师生对该教材的厚爱，更好地满足教学的需求，本着“突出特色，改进不足，打造精品”的宗旨，我们对教材进行了科学严谨的修订。修订后的教材，力图体系更合理，表述更清楚，更全面地吸纳当代教育学教学与研究领域的新成果。为此，我们恳请所有使用该教材的师生提出宝贵意见，对此，我们将予以高度重视，合理采纳，以期进一步提高教材质量。

编　者

目录

第一章　教育与教育学

【内容摘要】

本章作为全书首章,具有"绪论"或"引论"的性质。本章从教育的概念、要素及形态方面来认识教育,将"教育"定义为在一定社会背景下发生的促进个体的社会化和社会的个性化的实践活动。本章概述了教育的历史发展,分析了农业社会、工业社会、信息社会三种社会形态的社会及其教育特征,以便帮助学习者对教育史有一个概略认识和总体把握;讨论了教育学的产生和发展,将其划分为萌芽时期、创立时期与发展时期三个大的阶段,比较分析了不同发展时期的一些主要教育学流派,并概述了当代教育学发展的基本状况;讨论了教育学的价值,将其概括为反思日常教育经验、科学解释教育问题以及有效沟通教育理论与实践三个方面。

【学习目标】

1. 识记"教育"的概念,辨析"教育"与"学习""灌输""养育"等概念之间的异同。

2. 理解教育活动的三个基本要素及它们之间的关系,特别要理解这三个要素在当代的新特征。

3. 比较农业社会、工业社会和信息社会教育的主要特征。

4. 识记20世纪五种主要的教育学流派的代表人物,阅读一篇(部)他们的代表作,理解他们的主要学术观点,并能够结合实际进行独到的评论。

5. 理解当代教育学的发展趋势,找一找自己所选择的专业或课程在整个教育学科体系中的地位。

6. 访问一些校长和中小学教师,了解教育理论在日常教育生活和教育改革中的价值。

【关 键 词】

教育　学习　教育要素　教育形态　教育学　教育学的价值

第一节　教育的认识

人们无论是从事教育理论工作,还是从事教育实践工作,要想将工作做好,一个基本的条件就是要对自己所研究的对象或所从事的工作有一个比较全面的认识。学习教育学就是从不同方面帮助教育理论工作者和教育实践工作者形成这种全面的认识。本节主要从以下三个方面来帮助学习者认识教育:什么是教育;教育活动是由哪些要素组成的;各教育要素之间的不同结合形成了哪些基本的教育形态。对教育概念的分析侧重于从理念上来认识;对教育要素的剖析侧重于从系统的角度来认识;对教育基本形态的介绍则侧重于从类型学方面来认识。三者之间具有一种内在的逻辑关联。

一、教育的概念

(一)“教育”的日常用法

在日常生活中,人们经常使用“教育”一词。例如,一个刚看完电影的人可能会说,“我从这部影片中受到了一次深刻的教育”;一位走上犯罪道路的人可能会反思说,“我之所以堕落到今天,是因为我从小就没有受到应有的教育”;一位政府公务员可能会在某次会议上说,“教育是振兴地方经济的基础”;一位家庭主妇可能会对自己的邻居说,“你的孩子真有出息,你是怎么教育孩子的”;等等。这些用法大致可分为三类:一类是作为一种过程的“教育”,表明一种深刻的思想转变过程,如“我从这部影片中受到了一次深刻的教育”中的“教育”;又一类是作为一种方法的“教育”,如“你的孩子真有出息,你是怎么教育孩子的”中的“教育”;再一类是作为一种社会制度的“教育”,如“教育是振兴地方经济的基础”中的“教育”。在这三类用法中,最基本的还是第一种用法,因为无论是作为一种方法的“教育”,还是作为一种社会制度的“教育”,如果不伴随着教育对象深刻的思想转变过程,都很难称得上是真正的“教育”。

人们对“教育”概念的日常理解构成了日常教育生活的基础。但是,就像日常生活中的其他一些常用词汇一样,人们尽管可以很自如地使用,却往往缺乏比较明晰和深入的思考,更不用说形成系统化、专门化的知识。对“教育”概念的常识理解,对于个体日常教育生活来说也许已经足够了,但是对于专门的社会教育事业来说却远远不够。如果一个国家、一个地区或一所学校的全部教育活动仅是建立在对“教育”概念的常识理解基础上,并受其指导的话,那么它的教育水平和质量是很值得怀疑的。所以,教育学的任务之一就是帮助人们把对“教育”概念的理解从常识水平提升到理论水平,对它进行比较深入和系统的分析。

(二)“教育”的词源

在现代英语中,教育是“education”;在法语中,教育是“éducation”;在德语中,教育是“erziehung”,三者均起源于拉丁文“ēducātio”,其复数是“ēducātiōnis”。“ēducātio”是个名词,是从动词“ēducāre”转换来的。“ēducāre”是由前缀“e”与词根“ducāre”合成的。前缀“e”有“从……出”的意思,而词根“ducāre”则有“带领”或“引导”的意思,二者合起来就是“引出”,意思就是采用一定的手段,把某种本来就潜藏于人身上的东西引导出来,从一种潜质转变为现实。

在我国,一般认为“教育”概念最早见于《孟子·尽心上》中的“得天下英才而教育之,三乐也”一句。但这两个字在当时不是一个固定搭配的词,与我们今天有关“教育”一词的名词用法有明显差别。实际上,在20世纪之前,人们很少把“教”“育”两个字作为一个动词或名词来使用。古代思想家和普通百姓在论及教育问题时,大都使用的是“教”与“学”这两个词。而且,两者比较起来,又以“学”为多。中国古代的教育思想也是集中地体现在人们有关“学”的论述上,如《学记》(无名氏)、《大学》(无名氏)、《进学解》(韩愈)、《劝学篇》(张之洞)等。因此,我们这里把“教”与“学”的词源看成是中国文化背景下的“教育”的词源。

“教”的甲骨文的常见写法是“”,金文的写法是“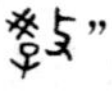”。它左下方的“”表示一个孩子,是教的对象;左上方的“”表示占卜的活动,是教的内容;右下方的“”表示手,右上方的“丨”

表示鞭子或棍子,是教的过程与手段。整个字合起来表示成人手拿着鞭子督促孩子的学习行为。“学”在甲骨文中的常见写法是“”,金文的写法是“”。“学”的左上方和右上方表示两只手,位于它们中间的“”表示占卜的活动;中部的“”表示房间,意即学习的地方;下部的“”表示孩子,即学习的主体。整个字合起来的意思就是孩子在一所房子里学习有关占卜的知识。因此,从词源上看,“学”与“教”是统一的,是从成人或儿童两个不同的角度来描述同一种社会活动,而“学习”处于这种社会活动的中心位置。

19 世纪末 20 世纪初,在连续不断的社会动乱、民族危机的压力下,清政府不得不广开民智,兴学育人,培养经世致用的新型人才。甲午战争之后,早期留学日本的一些人开始了翻译日文教育学书籍的工作。由于日文中有“教育”和“教育学”一词,故翻译过来的有关“兴学”的活动和理论就被称为“教育”和“教育学”。在学术界的影响下,朝廷大臣呈递的奏折中也渐渐地出现了“学”与“教育”交互使用、“兴学”与“普及教育”并提的情况,但一开始还是以“学”为主,如整个教育事业被称为“学务”,国家教育机关被称为“学部”,下设“劝学司”“劝学所”,学部中有“管学大臣”,劝学所中有“劝学员”等。1906 年,学部才奏请颁布“教育宗旨”。民国之后,正式改“学部”为“教育部”。此后,“教育”一词就取代传统的“教”与“学”成为我国教育学的一个基本概念。这是我国教育现代化和传统教育学范式现代转换的一个标志。

(三)“教育”的定义

给“教育”下定义是对教育现象理性认识的开始。在教育学界,关于“教育”的定义多种多样,仁者见仁、智者见智。一般说来,人们是从两个不同的角度给“教育”下定义的,即一个是社会的角度,另一个是个体的角度。

从社会的角度来定义“教育”,可以把“教育”定义区分为不同的层次:(1)广义的,凡是增进人们的知识和技能、影响人们的思想品德的活动,都是教育;(2)狭义的,主要指学校教育,即教育者根据一定的社会或阶级的要求,有目的、有计划、有组织地对受教育者身心施加影响,把他们培养成为一定社会或阶级所需要的人的活动;(3)更狭义的,有时指思想教育活动。这种从社会的角度定义教育概念的方式,强调社会因素对个体发展的陶冶、规范、限制和影响,把“教育”看成整个社会系统中的一个子系统,承担着一定的社会功能。

从个体的角度来定义“教育”,往往把“教育”等同于个体的学习或发展过程,如朗特里(D. Rowntree)把“教育”定义为“成功地学习(一般地说借助于教学,但非必然如此)知识、技能与正确态度的过程。这里所学的应是值得学习者为之花费精力与时间(凡使用‘教育’一词者皆作如是观),学习方式(与培训相对而言)则一般应使学习者能通过所学的知识表现自己的个性,并将所学的知识灵活地应用到学习时自己从未考虑过的境遇和问题中去”①。定义的出发点和基础是“学习”和“学习者”,而不是社会的一般要求。该定义侧重于教育过程中个体各种心理需要的满足及心理品质的发展。

这两种定义从不同的方面揭示了教育活动的某些性质,对于理解教育活动的特征都是

① 赵宝恒,等. 英汉教育词典[M]. 北京:教育科学出版社,1992:121.

有价值的。但是,这两种定义方式也存在着各自的缺陷。单纯地从社会的角度来定义“教育”,往往会把“教育”看成一种外在的强制过程,忽略个体内在需要和身心发展水平在教育活动中的重要作用。而且,广义的“教育”定义过于宽泛,几乎可以看成“生活”的同义语,从而失去了它本应具有的规定性;狭义的“教育”定义在定义项中出现了“教育者”和“受教育者”概念,犯了循环定义的毛病。单纯地从个体的角度来定义“教育”,又会忽视社会因素和社会要求在教育活动中的巨大影响。而且,用“学习”来定义教育也会使教育的外延过于宽泛。无论是在理论上还是在实践上,教育虽然包含着学习,但并不是所有的学习都是教育,例如,完全独立自主的“自学”就很难说是“教育”,日常生活中“自我教育”的概念应该在一个比喻意义上被理解。因此,在给“教育”下定义时,应兼顾社会和个体两个方面。

根据以上分析,下面尝试给出一个更加综合的“教育”定义:**教育**是在一定社会背景下发生的促进个体的社会化和社会的个性化的实践活动。首先,这个定义描述了“教育”的“实践特性”,即“教育”这个概念首先指称的是某一类型的实践活动。作为一种实践活动,“教育”必然有其明确的目的,因为人类的任何实践活动都是有目的性的活动,即使是儿童的游戏也不例外。这样,没有明确目的的、偶然发生的外界对个体发展的影响就不能被称为“教育”。例如,一个顽皮的孩子偶然把手指伸到火苗上,被灼伤,并由此获得火的有关知识的过程,不能算是受到了“教育”。其次,这个定义把“教育”看作双向耦合的过程:一方面是“个体的社会化”,另一方面是“社会的个性化”。个体的社会化是指根据一定社会的要求,把个体培养成为符合社会发展需要的具有一定态度、情感、知识、技能和信仰结构的人;社会的个性化是指把社会的各种观念、制度和行为模式内化到需要、兴趣和素质各不相同的个体身上,从而形成他们独特的个性心理结构。这两个过程是互为前提、密不可分的。如果片面地强调个体社会化的一面,强调个体发展需要和社会发展需要无条件的一致,而忽视个性心理特征和个性培养,就会出现机械的“灌输”。机械的灌输不是“教育”。同样,如果片面地强调个性心理特征和个性发展的需要,而忽视现实社会的一般要求,就会导致个体自身发展的随心所欲。随心所欲的学习和发展也不是“教育”。对于个体来说,“教育”总是包含必要的“规范”“限制”和“引导”。再次,这个定义强调了教育活动的“动力性”,即教育活动要在个体社会化和社会个性化的过程中起到一种“促进”或“加速”的作用,因此,日常家庭生活中的“抚养”“养育”行为严格来说就不能被称为“教育”,因为这类行为大都是在自然或无意识的状态下发生的,在个体与社会的双向建构方面起不到一种明确的“引导”“促进”和“加速”作用。也就是说,“教育”与一组特殊的条件相联系,如明确的目的、精心选择的课程、有专门知识的教师、良好的校园环境等。最后,这个定义强调“教育”行为发生的社会背景,强调“教育”与一定社会政治、经济、文化等条件之间的联系,从而说明教育活动的社会性、历史性和文化特征。

专栏 1－1

教育定义的方式

美国分析教育哲学家谢弗勒(I. Scheffler,1923—　)在《教育的语言》(*The Language of Education*,1960)一书中探讨了三种定义的方式,即"规定性定义"(the stipulative definition)、"描述性定义"(the descriptive definition)和"纲领性定义"(the programmatic definition)。所谓规定性定义,即作者自己所创制的定义,其内涵在作者的某种话语情境中始终是同一的。也就是说,不管其他人是如何定义某个词的,我就是这么定义的,并且我将始终在我定义的意义上来使用这个词。所谓描述性定义,是指对被定义对象的适当描述或对如何使用定义对象的适当说明。所谓纲领性定义,是一种有关定义对象应该是什么的界定。谢弗勒有关定义方式的区分,为我们研究纷繁多样的教育定义提供了一个逻辑的视角。但事实上,任何一个"教育"的定义往往同时具备"规定性""描述性"和"纲领性",凸显了"教育"定义的复杂性、多样性和歧义性。

[资料来源]　瞿葆奎.教育学文集·教育与教育学[M].北京:人民教育出版社,1993:31－37.

二、教育要素

作为在一定社会背景下发生的促进个体的社会化和社会的个性化的实践活动,教育是一种相对独立的社会子系统。这个子系统包括三种基本要素——"教育者""学习者"和"教育影响"。深入地认识这三种要素,一方面是对"教育"概念认识的一个深化,另一方面也为教育形态的认识提供了概念基础。

(一)教育者

"教育者",简而言之就是从事教育活动的人。由于"教育"定义的不同,人们对教育者外延的理解也不相同。如果将"教育"理解为一切能够增进人们的知识和技能,影响人们思想品德的活动,那么任何人都是教育者,因为任何人在日常生产、生活中总会通过各种途径对他人的态度、知识、技能及思想品德产生影响。在这个意义上,我们可以说父母是教育者,也可以说新闻记者是教育者,甚至可以说政治家是教育者。如果将"教育"理解为"学校教育",那么"教育者"主要就是指"教师",因为只有教师才是专门从事学校教育工作的人。如果将"教育"理解为"思想政治教育",那么一切有助于提高人们思想政治觉悟的人都是教育者。在这个意义上,我们可以说"贫下中农"也是教育者。如果将"教育"定义为"引起学习的过程",那么,任何能够引起某种学习行为的人都是教育者。在这个意义上,我们可以说装有学习程序的计算机也可以算作教育者。

根据上面对"教育"的定义,教育者是指能够在一定社会背景下促进个体社会化和社会个性化活动的人。因此,一个真正的教育者必须有明确的教育意图或教育目的,理解他/她在实践活动中所肩负的促进个体发展及社会发展的任务或使命。那些偶尔对学生的身心发展产生影响的人,不能被称为教育者。了解个体身心发展的规律以及社会对个体发展所提出的客观要求,也就是说,他/她必须具有必要的能够实现促进个体发展及社会发展任务或使命的知识。一个对个体社会化或社会个性化过程、条件、影响因素等一无所知的人是没有资格自称为教育者的。所以,教育者意味着一种“资格”,是能够根据自己对于个体身心发展及社会发展状况或趋势的认识,来“引导”“促进”“规范”个体发展的人。从这个意义上来说,父母尽管对于孩子的成长会产生种种影响,但是如果这种影响不是父母“有意”造成的,而是他们“无意”中形成的,那么父母就不能被称为真正的教育者。作为“教育者”的父母与作为“抚养者”的父母之间,应该有着质的不同。同样,作为“教育者”的教师与作为“教书匠”的教师,彼此之间也有着很大的差别。因此,“教育者”这个概念,不仅是对从事教育职业的人的“总称”,更是对他们内在态度和外在行为的一种“规定”。对于这样的一个概念,人们不仅应该从“身份”或“职业”上来把握,还应该从“素质”或“资质”方面来把握。事实上,那些动辄对儿童恶言相向、讽刺挖苦甚至摧残其身心的人,尽管忝为“教师”行列,却是没有资格被称作“教育者”的。

(二)学习者

传统上,人们将“受教育者”或“学生”作为教育活动的一个基本要素,它是相对“教育者”或“教师”而言的。这里之所以使用“学习者”这个概念而不使用“受教育者”或“学生”这两个概念,主要原因是:第一,“受教育者”这个概念毫无疑问地将教育对象看成比较被动的存在,看成纯粹“接受教育者教育”的人。这也就意味着,“教育”是一种发生在教育对象身外,并由教育者施加于教育对象身心的某种事情。这种看法在逻辑上是说不通的,在实践上也是有害的。第二,“学生”这个概念尽管也有“学习者”的含义,但是它所指称的“学习者”主要是那些在身心两方面还没有成熟的人,这是由构成“学生”这个词中的“生”字所决定的。在 20 世纪中叶之前,将教育的对象看成“学生”还是可以的;但是,在 20 世纪中叶以后,特别是进入 21 世纪以后,人们再将教育的对象看成“学生”就不太合适了。这是因为半个多世纪以来,随着知识社会和终身教育时代的来临,教育的对象已经从青少年扩大到成人乃至所有的社会公民。所以,比起“学生”来说,“学习者”是一个更能概括多种教育对象类型的词汇。

比起教育者来,学习者有其自身的特征:第一,不同的人有不同的学习目的,即使两个人在学习目的的表述方面相同,也未必有着同样的理解和同样的理由;第二,不同的人有不同的学习背景或基础,并由此影响到各自的学习兴趣、能力或风格;第三,不同的人在学习过程中所遭遇的问题与困难不同,因此,进行有效学习所需要的帮助也不同,这是提出因材施教或个性化教学原则的一个重要基础;第四,不同的学习者对于自身学习行为的反思和管理意识与能力不同,从而影响到他们各自的学习效率和质量。因此,学习是一种高度个性化的活动。教育者要想成功地促使学习者的有效学习或高效学习,就必须在把握学习者之间共性的同时,花大力气把握他们彼此之间十分不同的个性。从一定意义上来说,对学习者个性的把握程度,就决定了教学有效性的大小与教学艺术所能达到境界的高低。

(三)教育影响

教育影响即教育活动中教育者作用于学习者的全部信息,既包括信息的内容,也包括信息选择、传递和反馈的形式，是形式与内容的统一。从内容上说，教育影响主要就是教育内容、教学材料或教科书；从形式上说，教育影响主要就是教育手段、教学方法、教育组织形式。教育内容、教学材料或教科书是教育活动的媒介，是教育者和学习者互动的媒介，也是教育者借以实现教育意图、学习者借以实现发展目标的媒介。这个媒介与社会生活中一般媒介的区别在于，它是根据一定的教育目的以及学习者身心发展规律和需要从人类浩如烟海的文化宝库中精心选择、组织和呈现的，具有丰富的发展价值。教育工作的全部要旨就在于充分、有效地利用这个媒介来直接促进学习者的最大发展，并间接满足整个社会的最大发展需要。教育手段、教育方法与教育组织形式是围绕着一定的教育内容、教学材料或教科书设计的，因而是受教育内容、教学材料或教科书性质制约的，同时也反映了学习者身心发展规律的要求，是把一定的教育内容、教学材料或教科书以合适的方式呈现给学习者，并促使他们有效学习与积极发展。正是这种教育内容与教育形式的统一所构成的教育影响，使得教育活动成为一种区别于其他社会活动的相对独立的社会实践活动。

上述教育的三要素之间既相互独立，又相互规定，共同构成一个完整的实践系统。没有教育者，教育活动就不可能展开，学习者也不可能得到有效的指导；没有学习者，教育活动就失去了对象，无的放矢；没有教育影响，教育活动就成了无米之炊、无源之水，再好的教育意图、再好的发展目标，也都无法实现。因此，教育是由上述三个基本要素构成的一种社会实践系统，是上述三个基本要素的有机结合。各个要素本身的变化，必然导致教育系统状况的改变。不同教育要素的变化及其组合，最终形成了多样的教育形态，担负起促使不同历史时期和不同社会环境下个体社会化和社会个性化的神圣职责。

三、教育形态

教育形态是指由上述三个基本要素所构成的教育系统在不同时空背景下的变化形式，也是“教育”理念的历史实现。根据不同的标准，人们可以划分出不同的教育形态。从目前教育学的研究来看，划分教育形态的标准大致有三个：一是教育系统自身的标准，二是教育系统所赖以运行的场所或空间标准，三是教育系统所赖以运行的时间标准。从教育系统自身的标准出发，可以将教育形态划分为“非制度化的教育”与“制度化的教育”；从教育系统所赖以运行的场所或空间标准出发，可以将教育形态划分为“家庭教育”“学校教育”与“社会教育”；从教育系统所赖以运行的时间标准以及建立于其上的产业技术和社会形态出发，可以将教育形态划分为“农业社会的教育”“工业社会的教育”与“信息社会的教育”。下面，我们来分别阐述和比较这些教育形态的关键特征。

（一）非制度化的教育与制度化的教育

根据教育系统自身形式化的程度，可以将教育形态划分为“非制度化的教育”与“制度化的教育”两种类型。**非制度化的教育**是指那些没有能够形成相对独立的教育形式的教育。这种教育是与生产或生活高度一体化的，没有从日常的生产或生活中分离出来成为一种相对独立的社会机构及其制度化行为。人类学校产生以前的教育就属于这种非制度化的教育。就是在人类学校已经形成一个高度复杂网络的今天，非制度化的教育也仍然存在,散布在广大的社会网络之中,如教室、车间、办公室、家庭、旅游场所等。**制度化的教育**是从非制度化的教育中演化而来的,是指由专门的教育人员、机构及其运行制度所构成的教育形态。制度化的教育的出现是人类教育文明的一大进步,也极大地推动了人类整体文明的进步。今天所谈论的种种"教育"和"教育改革",基本上指的是这种制度化的教育。

不过,比起非制度化的教育来说,制度化的教育也有其不足的地方,因而引起了思想家们的批判,有的批判还是非常激烈的。美国教育家、非学校化运动的倡导者伊里奇(I. Illich,1926—2002)在《非学校化社会》(*Deschooling Society*,1971)一书中指出,近代以来人类所建立起来的以"组织化""制度化"和"仪式化"为主要特征的学校体系,在总体上具有"压制性""同质性"和"破坏性",妨碍了真正的学习和教育,降低了人类自我成长的责任心,是导致许多人"精神自杀"的根源。真正的教育应该是创造性的,依赖于对出乎意料的问题的惊奇、对事物的想象以及对生活本身的热爱。所有这些,都是现代叫作学校的地方所不能提供或满足的。因此,应该彻底颠覆制度化的现代学校教育以及建立于其上的学校化社会,代之以"教育网络"①。面对这些批评,人们应该用更加理智的眼光来看待制度化的教育和改革制度化的教育。

(二)家庭教育、学校教育与社会教育

从教育系统所赖以运行的空间特性来看,可以将教育形态划分为家庭教育、学校教育与社会教育三种类型。比较来说,**家庭教育**是指以家庭为单位进行的教育活动;**学校教育**是指以学校为单位进行的教育活动;**社会教育**是指在广泛的社会生活和生产过程中所进行的教育活动。这种划分是众所周知的,也没有留下什么理论上的问题,但有意义的是这三种教育形态以及它们彼此之间关系的历史变迁。

在人类历史的绝大部分时间里,家庭作为一种基本的社会单位,承担了大量的教育任务。对青少年一代进行教育,也是传统意义上家庭的一种重要功能。在西方历史上,许多教育名著都是作者从事家庭教育经验的结晶,像洛克的《教育漫话》(*Some Thoughts Concerning Education*,1693)就是这样。在中国,传统上的"家学"对于保存和发展中国文化也起到了不可忽视的作用。只是到了大工业革命以后,家庭的教育功能才像家庭的经济功能一样开始衰弱,让位于公共的学校教育。然而,即使是在今天,家庭的教育作用仍然是非常重要的,特别是在培养青少年健全人格方面,家庭的作用更是学校所无法取代的。由于今日的学校面临着越来越多的问题,因此家庭教育更是为人们所看重。在一些国家或地区,甚至出现了"在家上学"(home schooling)这种独特的教育方式。如何在新的时代条件和技术支持下重新发挥家庭的教育作用,是一个值得研究的重大课题。

学校教育作为一种教育形态,有其自身的优越性,如有专门的教育机构、有专门的经过

① 需要注意的是,伊里奇这里所说的"教育网络"不同于我们今天所说的"教育网络"或"网络教育"。他所说的"教育网络"是一种开放的、多元的、生活化的教育系统,是"学校"的代用品,也是对学校这种制度化的教育的超越;而我们今天所说的"教育网络"或"网络教育",是以信息或数字技术为基础的一种教育形态。显然,在1971年《非学校化社会》出版的时候,技术意义上的"网络"与"网络教育"尚未形成。

职业培训的教师、有比较充裕的教育经费、有精心设计的课程和教学计划、有比较及时的学习反馈和学业成就评价机制，如此等等。正是由于学校教育的这些特征，它才能成为一种主导性的现代教育形态。但是，自从学校产生以来，思想家们对于学校的批评也就从没有中断过。他们的批评告诫我们：并不是所有的学校都有利于青少年一代的发展；为了一代又一代青少年的健康发展，我们必须不断地改良我们的学校。

社会教育作为一种教育形态，也是自古就有。原始社会人们所举行的各种仪式或宗教活动，都具有社会教育的意义。社会教育从其外延上说，主要包括"社会传统的教育""社会制度的教育"与"社会活动或事件的教育"等不同类型。社会传统的教育是指一个社会的传统风尚对于个体的发展具有一种不言而喻的教育性。人们通常意义上所说的"国民性"主要就是由一个国家或民族的社会传统所塑造的。社会制度的教育是指当下的社会政治、经济、文化等方面的制度对于个体的态度、行为和信念也有一种塑造的作用。一个各方面良好的社会制度有助于个体德行的形成和发展，这是非常容易理解的事情。社会活动或事件的教育是指个体从各种各样的社会活动经验中所获得的教育。在今天这样一个终身教育和终身学习的时代，社会教育从内涵和外延上也正在发生着质的变化。

家庭教育、学校教育和社会教育三种形态之间的关系是一个值得认真研究的课题。这个课题的研究，有助于充分地利用家庭、学校和社会的教育资源，有助于更好地发挥每一种教育形态的优势与长处，从而形成"教育合力"；有利于解决当前学校教育所面临的许多棘手问题，促进青少年一代更好地发展。从根本的方向上说，打破传统意义上学校教育、家庭教育和社会教育的界限，建立一个高度一体化的"家校关系""校校关系"以及"（学）校（社）区关系"，是改革当前学校、建设学习化社会的一个重要举措。

专栏 1－2

UNESCO 关于学习化社会的论述

国际教育委员会特别强调两个基本观念：终身教育和学习化的社会。由于在校学习已不能再构成一个明确的"整体"，而且也不能在一个学生开始走向成人生活之前（不管这时候他的智力发展水平如何以及他的年龄多大），先让他接受这种学校教育，因此教育体系必须全部重新加以考虑，而且我们对于这种教育体系所抱有的见解本身也必须重新加以评议。如果我们要学习的东西都必须不断地重新发明和日益更新，那么教学就变成了教育，而且越来越变成了学习。如果学习包括了一个人的整个一生（既指它的时间长度，也指它的各个方面），而且也包括全部的社会（既包括它的教育资源，也包括它的社会的和经济的资源），那么我们除了对"教育体系"进行必要的检修以外，还要继续前进，达到一个学习化社会的境界。

［资料来源］ 联合国教科文组织国际教育发展委员会. 学会生存——教育世界的今天和明天[M]. 北京：教育科学出版社，1996：16.

(三)农业社会的教育、工业社会的教育与信息社会的教育

关于这三种教育形态及其特征,我们会在下面一节中加以详细分析。这里主要是想指出:第一,这三种教育形态的产生与社会形态的变迁有着密切的联系,是适应不同的生产力发展阶段以及建立于其上的经济形态和生产关系变革的结果。因此,要把握这三种教育形态的特征,首先就要把握它们所处时代的生产力、经济形态以及上层建筑的特征。要理解这三种教育形态的前后更迭,首先也就要理解其背后的社会变迁。第二,农业社会的教育不等于"农业教育",工业社会的教育不等于"工业教育",信息社会的教育也不等于"信息教育"。前者是指基本的教育形态,而后者则是指专门的教育类型。第三,三种形态的教育是建立在前一种教育形态基础上的,因而在教育目的、内容、方法、管理等各个方面,总是包含着对前一种教育的批判、修正和重构,彼此之间有一种历史的连续性。

第二节　教育的历史发展

教育的历史发展通过大量的史实帮助学习者对"教育"概念作历史的、丰富的和具体的理解。需要说明的是,这里所说的"教育"主要是指制度化的"教育",也就是人类学校产生以后的教育。

一、教育的起源

教育的起源问题既是教育史研究中的一个重要问题,也是教育学研究中的一个重要问题。对这个问题的深入研究具有极其重要的学术价值。在教育学史上,关于教育的起源问题有以下几种观点。

(一)教育的神话起源说

这是人类关于教育起源的最古老的观点,所有的宗教都持这种观点,与本体论意义上的神创说密不可分。这种观点认为,教育与其他万事万物一样,都是由人格化的神(上帝或天)所创造的,教育的目的就是体现神或天的意志,使人皈依于神或顺从于天。这种观点是根本错误的,是非科学的。之所以如此,主要是因为受到当时在人类起源问题上认识水平的局限,从而不能正确提出和认识教育的起源问题。

(二)教育的生物起源说

该学说的代表人物是法国社会学家、哲学家利托尔诺(C. Letourneau,1831—1902)与英国教育学家沛西·能(T. P. Nunn,1870—1944)。利托尔诺在《各人种的教育演化》(*Educational Revolution of Diverse Human Races* ,1900)一书中认为,教育活动不仅存在于人类社会之中,而且也存在于人类社会之外,甚至存在于动物界。不仅在脊椎动物中存在,甚至在非脊椎动物中也存在。人类社会的教育是对动物界教育的继承、改善和发展。① 沛西·能在1923年不列颠协会教育科学组大会上以"人民的教育"为题说,"教育从它的起源来说,是一个生

---

① 利托尔诺. 教育的源起[M]//瞿葆奎. 教育学文集·教育与教育学. 北京:人民教育出版社,1993:156 - 177.

物学的过程”,“生物的冲动是教育的主要动力”。这就是说,教育的产生完全来自动物的本能,是种族发展的本能需要①。

教育的生物起源说是教育学史上第一个正式提出的有关教育起源的学说,也是较早地把教育的起源问题作为一个学术问题提出来的。它是以达尔文生物进化论为指导。它的提出也有一定的经验基础,与神话起源说相比,不能不说是一大进步,标志着在教育的起源问题上开始从神话解释转向科学解释。它的根本性错误在于没有把握人类教育的目的性和社会性,从而没能区分出人类教育行为与动物类养育行为之间质的差别,仅从外在行为的角度而没有从内在目的的角度来论述教育的起源问题,从而把教育的起源问题生物学化。

(三)教育的心理起源说

教育的心理起源说在学术界被认为是对教育的生物起源说的批判,其代表人物是美国教育家孟禄(P. Monroe,1869—1947)。孟禄认为,原始教育形式和方法主要是日常生活中儿童对成人的无意识模仿。表面上来看,这种观点不同于生物起源说,但仔细考虑,却也离生物起源说不远。因为如果教育起源于原始社会中儿童对成人行为的“无意识模仿”的话,那么这种“无意识”模仿就肯定不是获得性的而是遗传性的,是先天的而不是后天的,即是本能的而不是文化的和社会的。只不过这种本能是人类的类本能,而不是动物的类本能,这是孟禄比利托尔诺和沛西·能进步的地方。可是,这种人类的类本能与动物的类本能的界限又在哪儿呢?孟禄没有回答。

(四)教育的劳动起源说

教育的劳动起源说也被称为教育的社会起源说,它是在直接批判生物起源说和心理起源说的基础上,在马克思主义历史唯物主义理论的指导下形成的。持这一观点的学者很多,主要集中在苏联和我国,苏联的教育学家以及我国的教育学家大都认可这一观点。教育的劳动起源说的主要内容是:生产劳动是人类最基本的实践活动;教育起源于生产劳动过程中经验的传递;生产劳动过程中的口耳相传和简单模仿是最原始和最基本的教育形式;生产劳动的变革是推动人类教育变革最深厚的动力。教育的劳动起源说提供了理解教育起源和教育性质的一把“金钥匙”。但是,今天教育的劳动起源说也存在着需要进一步讨论的问题,特别是教育是如何从普通的生产劳动中分离出来以至于成为一种独立的社会行为的。

二、教育的历史发展过程

(一)农业社会的教育

农业社会是人类进入的第一个文明社会,是指通过原始社会末期的第一次社会大分工,从原始的渔猎采集方式中分化出来的以农耕为主要经济活动的社会形态。农业社会的基本特征有:生产工具已经从新旧石器转变为手工的金属工具;第一产业——农业已经形成,并成为主导性或支柱性的产业;物质生产和生活资料除了满足人们的日常需要之外,还

① 沛西·能.教育原理[M].王承绪,等,译.北京:人民教育出版社,1992:8.

有了越来越多的剩余，出现了私有制；社会日益分化为两个对立的阶级，阶级压迫和阶级斗争成为社会发展的重要动力；人与人之间的关系也由原始的无差别的平等转变为人身依附甚至是直接占有关系；人们对自然和社会的认识水平有了一定程度的提高，孕育产生了古代的哲学、科学、文学、艺术、道德伦理以及古代宗教等，产生了一些文明古国，如古埃及、古巴比伦、古印度以及中国等。

与农业社会的基本特征相适应，农业社会的教育有以下一些特征。

第一，古代学校的出现和发展。据可查证的资料，人类最早的学校出现在公元前2500年左右的古埃及。我国的学校产生于公元前1000多年前的商代，也有着很悠久的历史。学校的出现意味着人类正规教育制度的诞生，是人类教育文明发展的一个质的飞跃。无论是中国还是西方，古代学校都有一些共同特征：以文法学校、修辞学校等古典学校为主；学校的主要目的一方面是培养古代统治阶级所需要的人才，如官吏、牧师、骑士、君子等，另一方面是对广大劳动人民进行宗教、道德或政治的教化；课程内容主要是一些古典学科；教学方法强调严格的纪律和严酷的体罚；教学组织形式以个别化教学为主，没有严格的班级及学年区分；师生关系反映了农业社会的阶级关系、等级关系；劳动人民基本上被排斥在古代学校教育体系之外，在日常生活和生产中接受一些朴素的教育，有的也通过师徒制的形式接受一些民间专门技术教育。

第二，教育阶级性的出现和强化。由于统治阶级对物质和精神生活及生产资料的绝对占有，他们同样地也占有学校，教育具有阶级性。教育的阶级性不仅体现在教育权和受教育权上，而且还体现在教育目的、教育内容、教育方法、教师选择与任用等方面。与统治阶级的教育相对立，也同时存在着被统治阶级的教育，即在自己繁重的劳动和非人的生活过程中，用大量的事实教育自己的子女明确在本阶级内部团结互助的重要性以及对统治阶级的仇恨。此后，教育的阶级性是一切阶级社会教育的重要属性。

第三，学校教育与生产劳动相脱离。由于不劳而获的统治阶级对学校教育权的控制，所以他们不允许在学校中向自己的子弟传递那些只有被统治阶级才需要的生产知识和技能。他们要求自己的子弟学习一些统治术、战争术、外交术等，从思想观念上教唆他们鄙视生产劳动和与之有关的知识技能。生产劳动的经验一开始就被排斥在学校的大门之外，有关这方面经验的传递主要是依靠生产过程中“师徒制”的方式进行的。

专栏1－3

樊迟问稼

樊迟请学稼。子曰：“吾不如老农。”请学为圃。曰：“吾不如老圃。”樊迟出。子曰：“小人哉，樊须也！上好礼，则民莫敢不敬；上好义，则民莫敢不服；上好信，则民莫敢不用情。夫如是，则四方之民襁负其子而至矣，焉用稼？”

[资料来源] 论语·子路[M].

(二)工业社会的教育

工业社会是在农业社会基础上建立起来的一种比较高级的社会形态,是以机器大工业的出现为主要标志。工业社会的基本特征有:生产工具从手工的金属工具转变为大机器;第二产业——采掘、制造、加工等开始形成,并构成主导性或支柱性产业,科学技术的进步成为工业生产的基本动力;在资本的驱使下,各种市场不断扩大和扩张;社会统治和管理方式从农业社会的专制模式走向现代的民主模式;社会关系从人身依附关系逐渐转变为物的依赖基础上的人的独立个性之间的交往关系;日益健全的法律与道德或宗教一起成为社会生活的基本行为准则;科学技术得到了巨大的发展,成为一种推动社会进步的革命性力量。

与这些特征相适应,工业社会的教育也呈现出许多新的特征。

第一,现代学校的出现和发展。从时间上说,现代学校最早出现在 18 世纪,是应现代大工业生产的要求而产生的;从类型上说,现代学校既包括一些专门传递现代科学技术知识、为现代工业训练劳动力的实科学校、职业技术学校,也包括现代大学;从途径上说,现代学校的产生基本上是通过三条途径:一是新建一些适合于科学技术发展、现代化大生产以及工人提高自己劳动素质需要的学校;二是逐步地改造传统的学校,增加一些现代课程;三是由政府出资购买或接管一批教会学校。与农业社会的学校相比,现代学校在体系上更完备、类型上更多样、层次上更清晰、性质上也更世俗化。就教学组织形式而言,现代学校普遍实行了班级授课制的集体教学形式,极大地提高了教学效率。

第二,教育与生产劳动从分离走向结合,教育的生产性日益突出。正如马克思早在《资本论》(*Capital*)中所指出的,"从工厂制度之萌发了未来教育的幼芽,未来教育对所有已满一定年龄的儿童来说,就是生产劳动同智育和体育相结合,它不仅是提高社会生产的一种方法,而且是造就全面发展的人的唯一方法"①。人们日益认识到,今天的教育就是明天的经济。教育的消费是明显的消费、潜在的生产;是有限的消费、扩大的生产;是今日的消费、明日的生产。教育已经成为经济发展的杠杆。教育的生产性和经济功能得到了世界各国政府充分的重视,教育改革因此被作为经济发展的战略性条件。

第三,教育的公共性日益突出。工业社会初期,教育的阶级性还是比较明显的,主要为新兴的资产阶级服务,不反映或很少反映广大劳动人民的利益和愿望。但是,随着工业大生产知识含量的增加、随着工人阶级和其他劳动人民争取教育权斗争的不断激烈、随着工业社会管理方式的变化,农业社会教育遗留下来的等级性以及工业社会教育存在的阶级性越来越不合时宜,越来越受到来自统治阶级和被统治阶级两方面的批判。在此情形下,教育越来越成为社会的公共事业,师生关系也由农业社会的不平等关系转变为工业社会的民主关系,由绝对的教师中心走向教师指导和帮助下的学生自治。

第四,教育的复杂性程度和理论自觉性都越来越高,教育研究在推动教育改革中的作用越来越大。工业社会的教育,无论是从规模上还是从结构上来说,其复杂程度都是农业社会的教育所无法比拟的。因此,教育实践迫切需要教育理论的指导,从客观上促进了教

---

① 华东师大教育系.马克思恩格斯论教育[M].北京:人民教育出版社,1986:229－230.

育科学的发展和教育理论的创新。反过来,教育科学的发展和教育理论的创新又指导着教育实践、教师教育和教育政策的制定,提高它们的理性自觉程度。

(三)信息社会的教育

信息社会又可以称为“后工业社会”“知识社会”等,是由一些社会学家、未来学家在20世纪60年代以后提出的一种新的社会范畴。与工业社会相比,信息社会仍然是一种形成中的社会,而不是一个已经基本成型的社会,因此具有一种过渡性质。但是,近半个世纪的社会发展已经使得信息社会的轮廓初见端倪。生产工具已经从大机器时代进入到智能时代,迅猛发展的计算机技术和数字技术已经使得当代的生产方式、生活方式和管理方式发生着革命性的变革;大多数劳动力从第一、第二产业转向第三产业——交通、通信、商业、教育、科学等,传统意义上的蓝领阶层正在消失。高度智能化的高新技术产业已经成为信息社会的支柱性产业,传统的第一、第二产业也面临着紧迫的技术改造和知识更新问题。专业人员和技术人员在就业人员比重中迅速上升。新知识、新技术和丰富优质的人力资源已经成为制约一个国家发展的关键因素。民主开始从政治生活层面向各种社会机构包括家庭层面扩展,人与人之间的关系更多的是一种建立在丰富个性基础上的民主和平等关系。由经济全球化所引发的世界一体化速度开始加快,高度的相互依赖和频繁的文化冲突将会成为困扰21世纪人类的主要矛盾。

与这些社会特征相联系,信息社会的教育呈现出以下主要特征。

第一,学校将发生一系列变革。学校的目的不仅是满足人们职业预备的需要,而且也要满足人们人文关怀的需要;学校的类型进一步多样化,以满足不同学习者的多样化学习需要;以现代信息技术为基础,一个四通八达的学校教育网络将会最终建立起来,学校的教育教学时空也得到根本改变;学校与市场的联系日益紧密,“学校市场化”的概念会激发学校不断地进行变革,以提供优质和简便的教育服务;传统的班级授课制将会得到改造、丰富或发展,出现多种多样的教学组织形式,培养学习者良好的学习品质与习惯将成为教学的核心任务;学校教育观念、管理、课程、教学以及师生之间的关系等学校事务都将成为公共辩论的焦点,教育的服务性、可选择性、公平性和公正性将成为学校改革的基本价值方向。

第二,教育的功能将进一步得到全面理解。教育的政治性、文化性将继教育的生产性之后成为备受人们关注的教育性质,教育在政治改革和文化建设中的功用将进一步得到系统和深刻的认识。教育将不仅帮助青少年一代适应社会变革的要求,而且还将启发他们去反思社会变革和筹划新的社会变革,既包括经济变革,也包括政治变革和文化变革。教育与社会的关系,从单纯适应走向全面适应、批判、创造和超越的结合。在这个过程中,教育自身也将从社会变革的边缘走向社会变革的中心。教育,已经成为一种公共话题、民生话题,也成为政治家们首先要考虑的社会问题。

专栏 1-4

全民教育的目的

1. 每一个人——儿童、青年和成人——都应能获得旨在满足其基本学习需要的受教育机会。

2. 满足基本学习需要可以使任何社会中的任何人有能力并有责任去尊重和依赖他们共同的、文化的、语言的和精神的遗产，促进他人的教育，推动社会正义事业，保护环境，宽容与自己不同的社会、政治和宗教制度，从而确保坚持为人们所普遍接受的人道主义价值观念和人权，并为这个互相依存的世界建立国际和平与团结而努力。

3. 教育发展的另一个但更基本的目的就是传递并丰富共同的文化和道德价值观念。正是从这些价值观念中，个人和社会发现了自己的特性和价值。

4. 基础教育本身不仅仅是目的。它是终身学习和人类发展的基础，而各国可以在这一基础上系统地建立其他层次、其他类型的教育和培训。

［资料来源］ 赵中建. 教育的使命——面向二十一世纪的教育宣言和行动纲领［M］. 北京：教育科学出版社，1996：15－16.

第三，教育的国际化与教育的本土化趋势都非常明显。与农业社会和工业社会相比，信息社会无论是在物质、信息方面还是在资金、知识、人员等方面的交流都日益频繁。事实上，从近代资本主义扩张以来，人类就已经进入到了新一轮全球化的浪潮之中。20世纪中叶以来，全球化的趋势更加明显。全球化不仅意味着不同国家、不同地区人们之间有着休戚与共的关系，而且意味着民族和国家的重新定位。因此，教育应该从态度、知识、情感、技能等方面培养学习者从小就为一个国际化的时代做准备。此外，教育还应该帮助人们去认识和解决一些威胁人类生存的国际问题，如和平问题、环境问题、道德问题等。与此同时，教育本土化的浪潮将在教育国际化的背景下出现，成为人们重建本土文化和教育传统的主要论题。因为全球化并不是“均质化”“西方化”，也不应该是“均质化”和“西方化”。全球化应该促进世界不同地区、国家和民族的繁荣，而不应该形成新的依附关系。因此，教育本土化对保护世界文化的多样性具有非常重要的意义。

第四，教育的终身化、全民化和全纳教育(inclusive education)的理念成为指导教育改革的基本理念。教育已远不局限于学龄阶段，而是贯串于人的一生；教育也不再是青少年一代的专利，而是所有社会成员的基本需要。教育改革也应该着眼于创造一个适合于终身学习的社会，满足不同年龄段、不同社会群体学习者的教育需求。从一定意义上来说，受教育权成为与人的生存权和发展权紧密相关的一项公民权利，全民教育和全纳教育的理念不断从理论走向实践。

第三节 教育学的产生与发展

一、教育学的萌芽

自从有了教育活动,也就有了人们对教育活动的认识。但是近代之前,人们对教育的认识活动主要停留在经验和习俗的水平,没有形成系统的理性认识,成为教育之"学"。因此,我们可以把这一阶段的教育认识活动称为"前教育学时期"。这种对教育现象和问题的前科学认识,不仅存在于人类教育认识的早期,而且存在于当前和今后人类对教育的认识之中。只有把各种教育问题和各种教育思想材料作为客观的问题加以研究,形成关于这些问题和思想系统的理论体系时,才能超越前科学时期,进入科学时期。

这一时期所取得的教育认识成果主要体现在一些哲学家、思想家们的哲学或思想著作中。西方的如毕达哥拉斯(Pythagoras,约前580—前500)的《金言》、柏拉图(Plato,前427—前347)的《理想国》(*The Republic*)与《美诺篇》(*Meno*)、亚里士多德(Aristotle,前384—前322)的《政治学》(*The Politics*)与《尼各马可伦理学》(*The Nichomachean Ethics*)、昆体良(M. F. Quintilianus,35—95)的《雄辩术原理》(*Institutio Oratoria*)以及中世纪和文艺复兴时期许多思想家们的哲学、社会学论著。中国的如孔子(前551—前479)的《论语》、孟子(约前372—前289)的《孟子》、老子[①]的《老子》、庄子(约前369—前286)的《庄子》、无名氏的《中庸》、朱熹(1130—1200)的《四书集注》、王守仁(1472—1528)的《传习录》等。这一时期也出现了一些教育专著,如中国古代无名氏的《学记》、无名氏的《大学》、韩愈(768—824)的《师说》等。其中,《学记》是我国古代最早也是世界最早的成体系的古代教育学作品。但就其理论的系统性与深刻性而言,还没有达到科学的水平,思维与论述的方式也大都采用一些机械类比、比喻、格言、寓言等方式,也没有形成专门的教育学语言。

但是,不能因为这一时期是前教育学时期就忽视这一时期人类的教育认识,特别是那些伟大思想家们的教育认识的价值。恰恰相反,应该高度重视他们在这一时期所取得的思想成果、所提出的许多深刻而精辟的观点。一方面是因为他们的教育思想指导了当时人们的教育活动,不深入地了解他们的教育思想,就不能深刻地理解那一时期的教育实践;另一方面是因为他们的教育思想中包含着大量科学的成分,对后来教育科学的形成和发展产生过并将继续产生深远的影响。

二、教育学的创立

近代教育学的创立是在种种主客观条件综合作用下产生的。首先,教育学的创立像其他许多学科的创立一样,来源于社会实践的客观需要,就教育学而言,主要来源于教育实践发展的客观需要。17—19世纪,随着新航路的开辟,资本主义的产生和发展,产生了一些新型的实科学校。由于它们主要讲授一些新兴的自然科学、社会科学知识和现代语,因此传

---

① 生卒年尚未有确切说法。

统教会学校和骑士教育中所使用的方法都不再适用了。学校越发展,就越需要冲破传统的教育习俗,需要新的教师和新的教育教学方法。因此,培养具有新的教育思想并掌握新的教育方法的教师就成了适应教育实践发展的客观要求。在这种情况下,从17世纪末开始,欧洲陆续出现了一些教师讲习所,或者是在一些大学内增设师范课程,培养师资。所有这些,都促进了教育学的创立。其次,教育学的创立与近代以来科学发展的总趋势和一般科学方法论的奠定有着密切的关系。近代以前,哲学是一切知识的母体,相当广泛的知识探索都是在哲学的旗帜下取得的,而且由亚里士多德创立的古典演绎法被认为是获取知识的唯一方法。近代以来,人类在各个领域的认识已经积累了丰富的资料,资料的整理也已达到了一个新阶段,提出了许多新的问题,认识渐渐地由演绎向归纳、由综合向分化方向发展,许多学科日益从哲学母体中分化出来,采用实证科学的方法,成为独立的学科。因此,教育学的独立和科学化也是不可避免的事。再次,教育学的独立与一些著名学者和教育家们的努力也是分不开的,凝聚着好几代教育家的心血,最终使教育认识从教育术的阶段上升为教育学的阶段,从前科学转变为科学。不过,需要说明的是,由于教育学研究自身的复杂性,这一时期的教育学研究还是初步的、不成熟的,因而在许多具体教育问题的论述上也是不正确的。这是学习者在阅读近代教育学作品时需要留心批判的。

独立形态教育学创立的标志主要有:第一,从对象方面而言,教育问题成为一个专门的研究领域;第二,从概念和范畴方面而言,形成了专门的教育概念与范畴;第三,从方法方面而言,有了严谨科学的研究方法;第四,从结果方面而言,产生了一些重要的教育学家,出现了一些专门的、系统的教育学著作;第五,从组织机构而言,出现了专门的教育研究机构。这些标志并不是同时出现的,而是在比较长的历史时期内逐渐形成的。因此,教育学的创立也不是瞬间完成的,而是一个历史的过程,前后经历了二百多年的时间。

英国哲学家培根(F. Bacon,1561—1626)为独立形态教育学的出现做出了重要贡献。作为"近代实验科学的鼻祖",培根猛烈地批判了亚里士多德以来的经院哲学,提出了实验的归纳法,将其看成获得真正知识的必由之路,为后来教育学的发展奠定了方法论基础。此外,1623年培根还首次把"教育学"作为一门独立的科学提了出来,与其他学科并列。

在教育学的创立过程中,捷克教育家夸美纽斯(J. A. Comenius,1592—1670)取得了突出的成就,受到后世教育学家们的高度赞誉。夸美纽斯一生写了大量的教育论著,其中最著名的就是《大教学论》(*Magna Didactica*,1632)。在该书中,夸美纽斯提出了"泛智教育"思想,探讨"把一切事物教给一切人类的全部艺术",提出了系统的教育目的论、方法论、教育原则体系、课程与教学论、德育论以及一些学科教育思想。该书的教育学术价值就在于不仅指出了教育应该怎么办,而且努力地为教育措施寻找依据。在教育学史上,一般把夸美纽斯的这本书看成近代第一本教育学著作。但是,由于他的宗教立场和目的,人们又很难把它看成一本真正的科学著作。在他以后,人们开始了教育学的独立探索时期。

夸美纽斯
(J. A. Comenius,1592—1670)

在教育学的创立问题上，德国著名哲学家康德（I. Kant，1724—1804）的贡献是不可磨灭的。康德在哥尼斯堡大学期间，先后四次讲授教育学，并在晚年将自己有关教育的讲演稿交给学生编纂发表。1803 年，《康德论教育》（*Education Theory of Immanuel Kant*）一书出版。在该书中，康德明确认为，教育是一门很难的艺术，其实践必须和“真知灼见”结合起来，否则就会变成“机械的”行为。所谓真知灼见，也即“明确真实的概念”，实际上也就是一种理性的态度和知识。如何才能获得这种真知灼见呢？康德认为，“教育一定要成为一种学业，否则无所希望”，“教育的方法必须成为一种科学”①，否则决不能成为一种有系统的学问。这就是他所理解的“教育学”超出他的前人和他的同时代人的地方。

赫尔巴特

（J. F. Herbart，1776—1841）

康德之后，对教育学的创立做出最重要贡献的就是赫尔巴特（J. F. Herbart，1776—1841）。赫尔巴特是康德哲学教席的继承者，近代德国著名的心理学家和教育学家，在世界教育学史上被认为是“现代教育学之父”或“科学教育学的奠基人”。他的《普通教育学》（*Allgemeine Pädagogik aus dem Zweck der Erziehung*，1806）被公认为是第一本现代教育学著作。赫尔巴特强调必须有“一种教育者自身所需要的科学”，有“科学与思考力”。这门科学最重要的是要有“自身的概念”。他明确地指出，“普通教育学必须把论述基本概念放在一切论述之前”②，只有这样才能获得科学的统一性。赫尔巴特不仅论述了教育学的独特性，而且还非常明确地提出了教育学的学科基础，即心理学和哲学。他说，“教育者的第一门科学，虽然远非其科学的全部，也许就是心理学”③；“教育学作为一种科学，是以实践哲学和心理学为基础的。前者说明教育的目的；后者说明教育的途径、手段与障碍”④。此外，赫尔巴特在哥尼斯堡大学期间，除了讲授哲学和教育学课程外，还创办了一个教育科学研究所和实验学校。所有这些，最终使得教育学从哲学中独立出来，成为科学大家族中的一员。

在赫尔巴特之前，还有许多著名的哲学家、思想家写出了专门的教育学著作，为教育学的创立做出了自己的贡献。如英国哲学家洛克（J. Locke，1632—1704）于 1693 年出版了《教育漫话》，提出了完整的绅士教育理论体系，对后世有比较大的影响。法国思想家卢梭（J. J. Rousseau，1712—1778）于 1762 年出版了享誉全球的《爱弥儿》（*Emile*），深刻地表达了卢梭的资产阶级教育思想，是反封建的理性革命声音在教育领域的表达，对后来康德、杜威（J. Dewey，1859—1952）等的教育学说也产生了深远的影响。瑞士教育家裴斯泰洛齐（J. H. Pestalozzi，1746—1827）一生写作了许多教育论著，其中最著名的当数《林哈德与葛笃德》（*Lienhard und Gertrud*，1781—1787）。在该书中，他把教育目的规定为全面、和谐地发展人的一切天赋力量和能力。而为了达到这个目的，教育必须与生产劳动相结合，必须要符合学生的本性，必须从最简单的要素开始直到最复杂的事物。他明确地提出“使人类教育

①②③④ 康德. 康德论教育[M]. 瞿菊农，译. 北京：商务印书馆，1930：10－11，192，11，190.

心理学化”的口号,对于推动教育活动的科学化及教育学的诞生都起到了重要的作用。

三、教育学的发展

随着各国教育实践的不断发展和来自教育学内部的批判,由夸美纽斯、康德和赫尔巴特等创立的教育学在19世纪末以来得到了迅速的发展,出现了许多新的教育学派别和重要的教育学著作。

(一)实验教育学

实验教育学(Experimental Pedagogy)是19世纪末20世纪初在欧美一些国家兴起的用自然科学的实验法研究儿童发展及其与教育的关系的理论。其代表人物是德国教育学家梅伊曼(E. Meuman,1862—1915)和拉伊(W. A. Lay,1862—1926),代表著作主要有梅伊曼的《实验教育学纲要》(*Outline of Experimental Pedagogy*,1914)及拉伊的《实验教育学》(*Experimental Pedagogy*,1908)。

实验教育学的主要观点是:第一,反对以赫尔巴特为代表的强调概念思辨的教育学,认为这种教育学对检验教育方法的优劣毫无用途;第二,提倡把实验心理学的研究成果和方法运用于教育研究,从而使教育研究真正“科学化”;第三,把教育实验分为三个阶段:就某一问题构成假设;根据假设制订实验计划,进行实验;将实验结果应用于实际,以证明其正确性;第四,认为教育实验与心理实验的差别在于心理实验是在实验室里进行的,而教育实验则要在真正的学校环境和教学实践活动中进行;第五,主张用实验、统计和比较的方法探索儿童心理发展过程的特点及其智力发展水平,用实验数据作为改革学制、课程和教学方法的依据。实验教育学所强调的定量研究成为20世纪教育学研究的一个基本范式,近百年来得到了广泛的应用和发展,极大地推动了教育科学的发展。实验教育学的方法也是有局限性的,因为像教育目的这样涉及价值的判断和选择的问题就不能通过实验的方法来解决,当实验教育学及其后继者把科学的定量方法夸大为教育科学研究的唯一有效方法时,它就走上了教育学研究中“唯科学主义”的迷途,受到了来自文化教育学的批判。

(二)文化教育学

文化教育学(Kultur Pädagogik)又称精神科学教育学(Geisteswissenschaftliche Pädagogik),是19世纪末以来出现在德国的一种教育学说,其代表人物主要有狄尔泰(W. Dilthey,1833—1911)、斯普朗格(E. Spranger,1882—1963)、利特(T. Litt,1880—1962)等人,代表著作主要有狄尔泰的《关于普遍妥当的教育学的可能》(*Uber die Mögichkeit einer Allgemeingültigen Pädagogischen Wissenschaft*, 1888)、斯普朗格的《教育与文化》(*Kultur und Erziehung*,1919)、利特的《职业陶冶、专业教育、人的陶冶》(*Berufsbildung*,*Fachbildung*,*Menschenbildung*,1958)等。

文化教育学的基本观点是:第一,人是一种文化的存在,因此人类历史是一种文化的历史;第二,教育的对象是人,教育又是在一定社会历史背景下进行的,因此教育的过程是一种历史文化过程;第三,因为教育的过程是一种历史文化过程,所以教育的研究既不能采用赫尔巴特纯粹的概念思辨来进行,也不能依靠实验教育学的数量统计来进行,而必须采用精神科学或文化科学的方法,亦即理解与解释的方法进行;第四,教育的目的就是要促进社会历史的客观文化向个体的主观文化的转变,并将个体的主观世界引导向博大的客观文化世界,从而培养完整的人格;而培养完整人格的主要途径就是"陶冶"与"唤醒",发挥教师和学生个体两方面的积极作用,建构和谐的对话的师生关系。文化教育学作为科学主义的实验教育学和理性主义的赫尔巴特式教育学的对立面而存在与发展,深刻地影响着德国乃至世界20世纪的教育学发展,在教育的本质、目的、师生关系以及教育学性质等方面都能给人以许多启发。文化教育学的不足之处表现在它的思辨气息很浓,在许多问题的论述上具有很强的哲学色彩,这就决定了它在解决现实的教育问题上很难提出有针对性和可操作性的建议,从而限制了它在实践中的应用。另外,它一味地夸大社会文化现象的价值相对性,忽视其普遍规律的存在,也使它的许多理论缺乏彻底性。

(三)实用主义教育学

杜　威

(J. Dewey,1859—1952)

实用主义教育学是19世纪末20世纪初在美国兴起的一种教育思潮,是典型的"美国版"教育学,对20世纪整个世界的教育理论研究和教育实践发展产生了极大的影响。其代表人物是美国的杜威、克伯屈(W. H. Kilpatrick,1871—1965)等人,代表著作有杜威的《民主主义与教育》(*Democracy and Education*,1916)、《经验与教育》(*Experience and Education*,1938),克伯屈的《设计教学法》(*Project Method*,1918)等。

实用主义教育学也是在批判以赫尔巴特为代表的传统教育学的基础上提出来的,其基本观点是:第一,教育即生活,教育的过程与生活的过程是合一的,而不是为将来的某种生活做准备的;第二,教育即学生个体经验持续不断的增长,除此之外教育不应该有其他目的;第三,学校是一个雏形的社会,学生在其中要学习现实社会中所要求的基本态度、技能和知识;第四,课程组织以学生的经验为中心,而不是以学科知识体系为中心;第五,师生关系以儿童为中心,而非以教师为中心,教师只是学生成长的帮助者,而非领导者;第六,教学过程应重视学生自己的独立发现、表现和体验,尊重学生发展的差异性。实用主义教育学是以美国实用主义文化为基础的,是美国资本主义发展的教育学表达,对以赫尔巴特为代表的理性主义教育理念进行了深刻的批判,推动了教育学的发展。其不足之处就是在一定程度上忽视了系统知识的学习、弱化了教师在教育教学过程中的主导作用,模糊了学校的特质,并因此受到了20世纪美国社会及其他社会人们的连续不断的批判。

(四)马克思主义教育学

马克思主义教育学包括两部分内容:一部分是马克思、恩格斯以及其他马克思主义的经典作家对教育问题的论述,也就是他们的教育思想;另一部分是教育学家们根据马克思主义的基本原理(包括教育原理)对现代教育一系列问题的研究结果。

马克思主义教育学的基本观点是:第一,教育是一种社会历史现象,在阶级社会中具有鲜明的阶级性,不存在脱离社会影响的教育;第二,教育起源于生产劳动,劳动方式和性质的变化必然引起教育形式和内容的改变;第三,现代教育的根本目的是促进学生个体的全面发展；第四，现代教育与现代大生产劳动的结合不仅是发展社会生产力的重要方法，而且也是培养全面发展的人的唯一方法；第五，在教育与社会的政治、经济、文化的关系上，教育一方面受它们的制约，另一方面又具有相对独立性，并反作用于它们，对于促进工业社会政治、经济与文化的发展具有巨大的作用；第六，马克思主义唯物辩证法和历史唯物主义是教育科学研究的方法论基础，既要看到教育现象的复杂性，不能用简单化的态度和方法来对待教育研究，又要坚信教育现象是有规律可循的，否则就会陷入不可知论和相对论的泥坑中去。

马克思主义的产生为教育学的发展奠定了科学的方法论基础，但由于种种原因，在实际教育学研究过程中，人们没能很好地理解和运用马克思主义理论，往往犯一些简单化、机械化的毛病，这是我们在学习和发展马克思主义教育理论时应当特别注意的。

（五）批判教育学

批判教育学（Critical Pedagogy）是 20 世纪 70 年代之后兴起的一种教育思潮，也是当前在西方教育理论界占主导地位的教育思潮，对于教育诸多问题的研究都有比较广泛和深刻的影响。批判教育学的代表人物有巴西的弗莱雷（Paulo Freire, 1921—1997），美国的鲍尔斯（S. Bowles）、金蒂斯（H. Gintis）、阿普尔（M. Apple）、吉鲁（H. Grioux），法国的布迪厄（P. Bourdieu）等，代表著作有弗莱雷的《被压迫者教育学》（*Pedagogy of the Oppressed*，1970）、鲍尔斯与金蒂斯的《资本主义美国的学校教育》（*Schooling in Capitalist America*, 1976）、布迪厄的《教育、社会和文化的再生产》（*Reproduction in Education, Society and Culture*，1979）、阿普尔的《教育与权力》（*Education and Power*，1982）、吉鲁的《批判教育学、国家与文化斗争》（*Critical Pedagogy, the State and Cultural Struggle*，1989）等。

由于各自的理论基础不同，批判教育学学者之间关注的问题、发表的观点也不尽相同，相互之间的争论也多样而激烈。但是，他们之间也有一些共同的地方，构成批判教育学的基本理论景观：第一，当代资本主义的学校教育并未像实用主义教育学所宣称的那样是一种民主的建制和解放的力量，是推进社会公平和实现社会公正的强有力手段和途径，相反，它是维护现实社会的不公平和不公正，是造成社会差别、歧视和对立的根源。第二，之所以会出现这种现象是因为教育与社会是相对应的，有什么样的社会政治、经济和文化，就有什么样的学校教育机构，社会的政治意识形态、文化样态、经济结构都强烈地制约着学校的目的、课程、师生关系、评价方式等，学校教育的功能就是再生产出占主导地位的社会政治意识形态、文化关系和经济结构。下层人家的子弟、文化处境不利者的子女以及被统治阶级的孩子就很少能在学校教育系统内取得成功。第三，人们已经对这种事实上的不平等和不公正丧失了“意识”，将之看成一个自然的事实，而不是某些利益集团故意制造的结果。第四，批判教育学的目的就是要揭示看似自然事实背后的利益关系，帮助教师和学生对自己所处的教育环境及形成教育环境的诸多因素敏感起来，即对他们进行“启蒙”，以达到意识“解放”的目的。第五，批判教育学认为，教育现象不是中立的、客观的，而是充满利益纷争的，因此教育理论研究不能采取唯科学主义的态度和方法，仅仅依靠收集、整理、统计一些数据来进行，而要采用实践批判的态度和方法，通过真实教育行动揭示具体教育生活中的利益关系,使之从无意识的层面上升到意识的层面。21世纪的批判教育学仍在发展之中,继续对西方教育理论乃至我国教育理论产生广泛的影响,学习者应该给予积极的关注。

透过百年来这些不同的教育学流派我们可以发现:第一,教育学的发展总是受到具体的社会政治、经济、文化条件的制约,反映着具体的社会政治、经济、文化发展的要求。社会政治、经济、文化改革深入的时期,也就是教育学研究最活跃的时期。第二,在教育学的发展过程中,不同的国家形成了不同的教育学传统和风格,例如美国的实用主义教育学、德国的文化教育学、苏联和我国的马克思主义教育学等。后来的教育学发展可以批评这个传统,但却很难绕过这个传统。第三,教育学的发展得益于不同教育学派之间的相互批评和借鉴,如实用主义教育学对赫尔巴特教育学的批评,文化教育学对实验教育学的批评,批判教育学对实用主义教育学、新自由主义、新保守主义教育思潮的批评等。没有不同教育学派之间的理论争鸣,就没有现代教育学的发展。

四、当代教育学的状况

时代在前进,科学在进步,技术在革命,教育在发展,教育学也不断地出现一些新的面貌,以至于20世纪末的教育学已经远远不同于20世纪初的教育学,出现了许多新的特征。

(一)教育学研究的问题领域急剧扩大

20世纪初,教育学研究主要集中在对学校教育问题的研究上,而且主要集中在对学校教育教学过程中出现的问题的研究上。到了20世纪末21世纪初,教育学研究的问题领域已经从微观的教育教学过程扩展到宏观的教育规划,从教育的内部关系扩展到教育的外部关系,从基础教育扩展到高等教育,从正规教育扩展到非正规教育,从学校教育扩展到社会教育,从正常儿童的教育扩展到一些有特殊需要的儿童的教育,从儿童青少年的教育扩展到成人教育、老年教育、终身教育等。一个巨大的教育问题领域已经形成,为教育学者发挥聪明才智提供了广阔的舞台。

(二)教育学的研究基础和研究模式呈现多样化

在赫尔巴特时代,教育学的基础主要是哲学和心理学,当代教育学的基础包括了更加广阔的学科领域,如生理学、脑科学、数学、社会学、经济学、政治学、法学、人类学、文化学、科学哲学、信息科学、管理学等。不同的人可以从不同的理论基础出发进行研究,如前面提到的文化教育学、实用主义教育学、马克思主义教育学等就是从不同的理论基础出发对教育的一系列问题发表自己的见解,形成了不同的教育观,彼此之间相互批评、相互借鉴、相互吸收,出现了一个教育学史上少有的百家争鸣的时代,推动了教育学术和教育实践的发展。与之相关的就是教育学研究模式的多样化,有的从科学主义的角度进行研究,强调对教育活动中数量关系的描述;有的从人文主义的角度进行研究,强调对教育活动中非数量关系的质的东西进行分析;还有的介于两者之间,或偏向一方,或两者结合。就教育学研究的层次而言,也出现了基础研究、应用研究、行动研究、政策咨询研究、开发研究等多种层次类型,彼此之间相互依赖、相互渗透、相互推动,构成教育学研究的庞大体系。

(三)教育学发生了细密的分化,形成了初步的教育学科体系

近代以来的教育学是无所不包的,所有关于教育问题的研究都是在“教育学”的名义下进行的。20 世纪以来,特别是 20 世纪中叶以来,随着教育问题领域的扩展以及研究基础和模式的多样化,教育学也发生了快速的学科分化,教育学一个个组成部分纷纷发展为独立的学科,与此同时,这些相对独立的学科又与其他类型的学科进行交叉,出现了许多子学科、边缘学科。值得注意的是,就像其他任何学科一样,20 世纪后半叶的教育学在发生高度分化的同时又出现了高度综合的现象。所谓的高度综合,不是指再综合出一个无所不包的大教育学来,而是指教育学的子学科与子学科之间、子学科与边缘学科之间以及子学科、边缘学科与其他非教育学科之间出现了多种形式、多种层次和多种类型的综合,出现了许多新的教育知识增长点。例如,教学论是从教育学中分化出来的,分化出来的教学论与哲学和教育哲学综合产生了教学哲学,与社会学和教育社会学综合产生了教学社会学,与人类学和教育人类学综合产生了教学人类学,与技术学和教育技术学综合产生了教学技术学。再如脑科学是最近一二十年来迅速发展的领域,脑科学研究的最新方法和成果对于理解人类的学习行为产生关键的影响,教育神经科学在此基础上应运而生。而这种多层次、多类型、多形式的学科综合,打破了传统学科界限,扩展了研究视野,深化了问题研究。

表 1－1　教育科学分类框架表(瞿葆奎,唐莹,1997)

<table>
<tr><td rowspan="7">以教育活动为研究对象;以不同方式运用其他学科</td><td rowspan="3">把被运用学科作为理论分析框架</td><td>分析教育中的形而上学问题</td><td>教育哲学　教育逻辑学　教育伦理学　教育美学</td></tr>
<tr><td>分析教育中的社会现象</td><td>教育社会学　教育经济学　教育政治学　教育法学　教育人类学　教育人口学　教育生态学　教育文化学</td></tr>
<tr><td>分析教育中的个体的“人”</td><td>教育生物学　教育生理学　教育心理学</td></tr>
<tr><td rowspan="2">采用被运用学科的方法</td><td>运用方法直接分析教育活动</td><td>教育史学　比较教育学　教育未来学</td></tr>
<tr><td>研究如何运用方法来分析教育活动</td><td>教育统计学　教育测量学　教育评价学　教育实验学　教育信息学</td></tr>
<tr><td rowspan="2">综合运用各门学科,解决教育的实际行动问题</td><td>分析与其他领域共有的实际问题</td><td>教育卫生学　教育行政(管理)学　教育规划学　教育技术学</td></tr>
<tr><td>分析教育领域独有的实际问题</td><td>课程论　教学论</td></tr>
<tr><td colspan="3">以教育理论为研究对象</td><td>元教育学　教育学史</td></tr>
</table>

(四)教育学研究与教育实践改革的关系日益密切

教育学的研究在刚刚独立的时候主要是一种形而上学的研究,研究者注重的是从自己的某种哲学或伦理学或政治学的观点出发,来提出一些有关教育的规范性要求,这样一来对教育实际活动中所面临的问题就关注不够,所发表的见解也就与教育活动的改进关系不大。这就是后来赫尔巴特教育学受到长期批评的重要原因。当代教育学研究这种形而上学的风气大减,研究者们所关心的是教育实践中到底存在哪些问题,问题产生的原因是什

么以及如何解决这些问题等。与此同时,当代教育实践的发展也日益呼唤着教育理论的指导,为教育学的发展提供了强大的社会动力。在这种情况下,传统教育理论工作者与教育实践工作者之间的隔膜、陌生乃至对立状态得到了一定程度的扭转,在一些教育理论工作者与教育实践工作者之间出现了多种形式的接触、交流和对话。科学领域的研发模式(R&D)也开始出现在教育研究领域,一些教育研究团队已经邀请一线的教师、校长、教育行政人员、教育企业家等加入进来,教育研究成果的实践转化、技术转化、政策转化能力不断增强。

(五)教育学加强了对自身的反思,形成了教育学的元理论

教育学的发展与其对自身的反思是分不开的,恰如一个人的发展与对他自己的人生反思是分不开的一样。当代教育学发展的一个重要特征就是出现了自觉的教育学反思。教育学反思作为一种研究活动而言不同于对教育实践的研究,它是对教育研究的研究,也就是对教育的元研究,其目的不是要形成教育理论,而是要检讨教育研究活动本身的目的、性质、价值、知识结构等,形成教育学观。之所以如此,是因为不提高理论活动的自觉性,就不能提高理论本身的清晰度和科学性,不能更好地为教育实践服务。有关教育学自身的反思研究结果就形成了教育的元理论,即关于教育学学科自身的知识体系,如关于教育学研究对象的知识、逻辑起点的知识、发展史和历史分期的知识、知识陈述形式的知识、教育学理论与教育实践关系的知识、教育学者社会责任的知识、教育学知识结构的知识,等等。这些教育学元理论的出现,会极大地提高教育学者的理论自觉性,会推动明日教育学的发展,使之在当代和未来教育改革中产生更大的作用。

第四节 教育学的价值

从某种意义上说,人类具有一种“求价意志”(will to value),是一种“价值”动物。人类的任何活动都打上了价值的烙印。从理论上说,人类不会去从事那些自己认为没有价值的事情。这也就意味着,人类对自己所从事活动的价值认识得越清晰、越深刻,就越能够克服种种困难,追求并最终实现活动的目的。因此,无论是谁从事教育学的学习和研究,一个必要的思想前提就是要弄清教育学的价值。不过,需要指出的是,要真正理解教育学的价值,不完全是一个理论认识的问题,除此之外,还有待于人们在实际的教育学学习、研究以及日常教育实践中来经验、体会和认同。

一、反思日常教育经验

人类有关教育的认识大致有两种基本的形式:一种是习俗的形式,即人类在日常教育生活中对教育问题自然形成的一些态度、看法、评价或信念,它们构成了日常教育经验;另一种是科学的形式,即我们通常所说的“教育学”,它诉诸专门的范畴、方法和表述方式,力图对教育问题有一个系统、合理、深入的认识,它们构成了教育理论或学说。

从历史上看,对于教育问题的习俗性认识是一个比较古老的形式,而对于教育问题的科学认识只不过是近代以来才发展起来的。因此,可以说教育的科学认识即教育学是对教育的习俗认识即日常教育经验的一种理性反思和历史性超越,是教育习俗性认识历史发展的必然。之所以会发生这样的历史性飞跃,主要原因在于:第一,教育习俗性认识以及由此产生的日常教育生活经验本身的局限性。这种局限性表现为直接性、表面性、矛盾性、歧义性等方面。直接性是指教育习俗性认识往往是一种直接的、感性的认识,没有深入的理性思考。也正是由于这种直接性,派生出了教育习俗认识及日常教育经验的表面性、矛盾性和歧义性。第二,随着近代以来教育实践活动范围的扩大、结构的复杂和内容的日益丰富,传统的习俗性认识以及建立于其上的日常教育经验已经逐渐地失去了解释、规范与指导的作用,在现代教育实践特别是在教育变革理论需要面前日益显得捉襟见肘。因此,现代社会就必然地要求以科学的教育认识来代替习俗的教育认识,以科学的教育理论来代替日常的教育经验。

从现实来看,这两种教育认识形式及教育知识形态都是存在的,它们共同构成了教育生活的认识论基础。一方面,教育的习俗认识不仅大量地存在于家庭教育生活中,而且也存在于学校教育生活中。因为许多教师在分析和解决教育问题时,依据的主要就是他们从习俗性认识中所获得的日常教育经验,如"三岁看大,七岁看老""孩子不打不成才",等等。另一方面,由于现代教育科学的发展和普及,教育理论知识也走出了大学的"象牙塔",对学校、家庭以及社会日常教育生活产生了越来越大的影响。当一些家长在教育孩子出现问题时,会自觉地寻求教育理论的帮助,这说明他们已经认识到日常教育生活经验对于家庭教育实践的不充分性。至于学校教育的观念、制度和行为,更是直接地建立在系统的教育理论基础之上。教师个人的日常教育经验是重要的,但已经不处于支配的地位。而且,教师们还经常通过教育理论的学习和研究来重新审视自己的日常教育经验,并将其纳入到教育科学认识的架构之中加以解释和理解。

二、科学解释教育问题

教育学既是规范性的学科,也是解释性的学科。教育学对于教育实践的规范作用是以其理论的解释力为前提的。教育学之所以能够超越日常的教育经验而成为一种专门的教育认识活动,是与其自身的认识方式分不开的。这种认识方式就是"科学的"认识方式,即可以对教育问题进行"科学的"解释。需要说明的是,这里的"科学"一词并非经验主义(experimentalism)、理性主义(rationalism)或实证主义(positivism)意义上的"科学"概念,而是波普尔批判理性主义(critical rationalism)意义上的"科学"概念,即一种借助于"猜测"和"反驳"而进行的从旧问题到新问题的认识活动,其最终目的不是获得对于问题的"终极解释"或"绝对真理",而是寻求"更好的""更有效的"因而也向进一步批判"开放的"解释。

教育学是对教育问题的"科学解释",这就意味着:第一,教育学是以教育问题为逻辑起点和对象的,教育学研究的主要任务就是对教育问题提供超越日常习俗认识和传统理论认识的新解释。因此,提出并界定和明确教育问题,是教育科学认识的基本功。这一点,教育习俗性认识是做不到的,因为在教育习俗性认识中,经常是各种问题混杂在一起,根本不加以逻辑的区分和界定,所以教育习俗性认识也往往是各种教育观念的大杂烩。第二,教育学作为对于教育问题的科学解释,就必须使用专门的语言、概念或符号,而不能局限于日常的语言、概念或符号。之所以如此,是因为日常语言、概念或符号是不精确的,因而是容易引起歧义的。如果教育的科学认识借助于这样的语言、概念或符号进行,那么就会影响其可传播性和可理解性,从而不能很好地被教育知识共同体所领会和接纳。第三,教育学作为对于教育问题的科学解释,其解释是有理论视角、根据或预设的,而不是直接建立在感性经验与判断基础上的,因而是一种理性的解释。所以,对这种解释的质疑同时就包括了对于观点的质疑与对其证据和逻辑的质疑。被质疑者也必须就别人的质疑为自己进行理性的辩护,通过深层次的交流和对话,敞开通向教育真理的道路。第四,教育学作为一种对教育问题的科学解释,由于各个研究者或解释者所处的地位及所偏好的理论基础或视野的不同,因此会出现对同一问题的不同解释,这种不同的解释不会导致"公说公有理,婆说婆有理"的认识论相对主义,只是呼唤不同解释之间的理性的、深层的和积极的交流与对话,其最终目的是通过理性的竞争,发现最恰当的解释方式。正是通过教育问题的科学解释,人类的教育知识才能持续不断地增长,以满足不断发展的教育实践的需要。因此,从事教育学研究的一个基本任务就是要促进教育知识的增长、提供对于教育问题新的更有效的解释。

三、沟通教育理论与实践

教育学对教育问题进行科学解释的目的尽管是要促进教育知识的增长,但是并不止于教育知识的增长。从古今中外教育学者们以及一切从事教育研究的思想家们的研究来看,他们的主要目的是更好地开展教育实践。从这个方面说,对教育进行科学认识,既是教育实践所提出的客观要求,又最终需要回到教育实践。甚至可以说,教育学本身就是一门实践科学。

在现行教育学中,"教育实践"(practice of education)是一个有待深入阐释的范畴。人们一般认为,教育实践就是正在实施的教育行为,强调"做"的成分。其实,就像人类的任何其他实践活动一样,教育实践也不是一个纯粹意义上的"做",它总是或多或少地包含着实践者的理性思考。缺乏理性思考的"做",是没有资格称为"人类的实践"的,只能被看作类似动物的本能活动。这就是说,教育实践,只要它是名副其实的,就一定包含着起码的理性思考,或者说,一定蕴含着一定的理论。这种教育实践中所蕴含的教育理论,可能是实践者所意识到的,也可能是他们所没有意识到的。因此,对教育实践的分析和理解,必然包含着对其中所蕴含的教育理论的分析和理解;对教育实践的改造,必然包含着对其中所蕴含的教育理论的修正或重构。在这个过程中,教育学就扮演着一种"中介"或"桥梁"的作用。这种作用主要体现在以下几方面。

(一)启发教育实践工作者的教育自觉,使他们不断地领悟教育的真谛

众所周知,一位教师不同于一位工人,工人在一般情况下只完成生产流水线上的一道工序,而每一位教师时刻面对的是学生的整个精神世界。工序是固定的,工人因此在经过

了一定的训练或实践以后就可以达到"自动化"或"熟练化"的程度。而学生的精神世界则是独特的、随着外部世界的变化而变化的，教师必须有一种高度的自觉才能在每一时刻理解和把握学生的精神世界并采取适当的方法促进其健康成长。没有这种教育的自觉，教师及其教育工作就会陷入陈规陋习之中，从而也就没有真正的教育。而这种教育自觉又不是天生的，也不是像技术或规则一样可以由外部获得的，它来自理论的教化以及在理论启迪之下的内在自觉。因此，教育学的实践价值首先就在于对广大的教育实践工作者进行这种理论的教化，促进他们的内在反省，从而不断地提高教育活动的自觉程度，深刻地理解教育活动——哪怕是再微小不过的教育活动——的价值和意义。

（二）获得大量的教育理论知识，拓展教育工作的理论视野

任何的教育学教科书，总是要围绕着一个教育问题介绍许多不同的教育理论流派的观点。这些观点或者是相互冲突的，或者是相互补充的，但却是从不同的方面对同一个教育问题提供着不同的解释。这种不同解释的存在表明了教育问题的复杂性和影响教育问题因素的多样性。作为一个教育实践工作者，只有理解了这种教育问题的复杂性和影响教育问题因素的多样性，才能真正地找到解决问题的适宜途径或办法。要想有这样的本领，单靠教育实践工作者自己的亲身经验或闭门造车式的研究是不够的，必须善于从教育思想史和当前的教育理论研究中获取大量的信息。而要做到这样，就非努力学习教育学不可。特别是在当今世界变化日益深刻和迅速的今天，教育实践工作者要想跟上时代的步伐，积极地参与教育教学改革事业，就更要从传统的经验主义习惯中走出来，认真地、努力地学习教育学知识，提高自己的理论素养，开阔自己的理论眼界，从而提高教育教学工作的理性自觉。

（三）养成正确的教育态度，培植坚定的教育信念

教育的态度是教育实践工作者对于教育工作的情感体验。积极的、健康的教育态度是教育工作的精神动力，消极的、不健康的教育态度则是导致教育活力缺陷的主要原因。在各种各样的教育态度中，教育信念因其坚定性和强烈性而成为一种最可贵的精神力量。拥有坚定的教育信念是所有伟大教育家的共同人格特征，其本身就具有强烈的教育意义和伟大的凝聚力量。然而，无论是教育态度还是教育信念，都不是凭空形成的，也不是教育者狭隘感觉经验的产物。它们与教育知识特别是教育理论知识的获得有着直接的关联。一个教育知识贫乏的人肯定是不热爱教育的人。因此，教育学的学习和研究，是形成一个人正确的教育态度、培植坚定的教育信念的一个入口或基础。

（四）提高教育实践工作者的自我反思和发展能力

一个好的教育工作者，应该是一个能够不断自我反思和发展的教育工作者。所谓能够自我反思，是指能够不断地在思想领域对自己所作所为的合理性和合法性进行追问；所谓能够自我发展，是指能够不断地超越自己已经达到的教育境界，追求某种更高的教育境界。无论是自我反思还是自我发展，在经验领域内都是不可能完成的，因为经验易于形成习惯，而习惯的力量从总的方面来说是保守的而不是前进的，是封闭的而不是开放的。只有教育理论才能帮助教育实践工作者超越经验的限制，摆脱习惯的束缚，在不断的自我反思中不断地发展自我、完善自我和实现自我。

(五)为成为研究型的教师打下基础

当前,随着教育改革事业的不断深化,教师的素质要求也在不断提高,教师的角色也发生了很大的变化,其中最重要的一个变化就是从传递型的教师转变为研究型的教师。教师作为研究者的观念已经深入人心。而且,面对今日复杂的教育形势,传统的教育经验日益捉襟见肘,教师只有成为研究者,才能更好地适应教育改革的挑战。教育学的学习和研究恰恰可以帮助教育实践工作者成长为研究者。它不仅可以给予教育实践工作者以一些教育的基本问题、概念和理论,而且也可以帮助他们学习如何思考教育问题、如何表述自己的见解、如何与不同的教育观点对话。立足于实践,从事真正的教育研究,是21世纪教师成长为教育家的必由之路。

【主要结论与启示】

1. “教育”概念的定义有各种角度,本章将其定义为:在一定社会背景下发生的促进个体的社会化和社会的个性化的实践活动。根据该定义,“教育”既不同于“学习”“灌输”,也不同于“养育”,还与一些影响人们身心发展的日常生活事件相区别。作为一种特殊的实践活动,“教育”范畴也不是一个普遍的和永恒的范畴,它的内涵和外延具有历史性、社会性、文化性,在阶级社会里,不可避免地有其阶级性。

2. 人类教育的发展与人类社会的发展密切联系,并以后者为动力和条件。本章根据教育系统赖以运行的时间标准以及建立于其上的产业技术和社会形态,将教育形态划分为“农业社会的教育”“工业社会的教育”与“信息社会的教育”,它们彼此之间既有历史的继承性,又有各自不同的特征。今天,我们主要是要把握信息社会的主要特征及其对教育的影响,理解信息社会教育变革的大趋势。

3. 教育学是一门研究教育问题的学问。它的产生和发展大致经历了萌芽时期、创立时期、发展时期三个大的历史阶段。每个时期都出现了一批代表人物和著作,熟悉这些人物和著作,掌握他们的代表性观点,有助于提高学习者的教育学修养。

4. 教育学的价值是在教育习俗性认识与教育科学性认识的比较中凸显出来的,主要体现在反思日常教育经验、科学解释教育问题以及沟通教育理论与实践上。教育实践并不完全是一种技术行为或单纯的“做”,它本身蕴含着或隐或显的教育理论。对这些理论的反思、批判和建构,正是教育学沟通教育理论与实践的关键,也是教育实践不断改进思想和认识的前提。

【学习评价】

1. 结合从事教育工作或接受教育的实际,谈一谈对“教育”概念的理解。
2. 结合实际,谈谈对教育三要素时代内涵的认识。
3. 信息社会及其教育的基本特征是什么?
4. 马克思主义教育的基本观点有哪些?
5. 当代教育学的发展趋势是什么?

6. 访问一些优秀的校长和中小学教师，分析教育理论学习在其专业成长中的地位和作用。

【学术动态】

- 对“教育”概念的重新理解问题。在传统“教”的角度定义教育概念的同时，出现从学习的角度看待教育概念，将其定义为实现发展需要的学习活动。随着信息技术的快速发展，一些新的学习理念与方式，如移动学习、智慧学习等不断产生，对于现代教育的理念、制度、组织、方式、评价等都构成了新的挑战。
- 有关“教育”起源的争论。在教育理论界先后出现教育的生物起源论、教育的心理起源论、教育的劳动起源论、教育的需要起源论等不同认识。文字学、历史学尤其是考古学的新发现，有可能为进一步澄清教育的起源问题提供新的证据。
- 有关工业社会形成的教育现代性和信息社会出现的教育后现代性的研究。
- 有关普及和运用教育学基础知识的研究以及有关新型教育研究共同体的研究。

【参考文献】

1. 瞿葆奎. 教育学文集 · 教育与教育学[M]. 北京：人民教育出版社，1993.
2. 成有信. 教育学原理[M]. 郑州：河南教育出版社，1993.
3. 黄济，王策三. 现代教育论[M]. 北京：人民教育出版社，1996.
4. 袁振国. 当代教育学[M]. 北京：教育科学出版社，1999.
5. 石中英. 教育学的文化性格[M]. 太原：山西教育出版社，1999.
6. 项贤明. 泛教育论[M]. 太原：山西教育出版社，2000.
7. 瞿葆奎. 元教育学研究[M]. 杭州：浙江教育出版社，1999.
8. 胡德海. 教育学原理[M]. 兰州：甘肃教育出版社，1998.
9. I. Scheffler. The language of education (ed.)[M]. Springfield, Illinois: Charles C. Thomas, 1960.
10. R. S. Perters. Education as initiation[M]. London: Evans Bros, 1964.

第二章　教育功能

【内容摘要】

教育功能，既是教育学的一个基本理论问题，也是关系到教育成效的一个实际问题。本章在明确教育功能的内涵、特征和类型的基础上，重点分析了教育的个体发展功能与教育的社会发展功能的内涵及其表现，以及影响教育两大功能有效发挥的条件；阐述了教育两大功能之间本体与派生的关系，明确了教育本体功能的形成及教育社会功能的释放。

【学习目标】

1. 识记功能、教育功能的概念，理解教育功能与教育本质、教育价值、教育职能的异同，以及不同教育功能间的异同。

2. 了解影响个体发展的因素以及教育在个体发展中的独特价值，认识教育的个体发展功能的表现，理解影响教育的个体发展功能有效发挥的条件。

3. 了解教育的社会发展功能的历史演进，认识教育的社会发展功能的表现，理解影响教育的社会发展功能有效发挥的条件。

4. 理解教育功能形成和释放的过程。

5. 运用教育功能的理论，认识教育在现代化中的作用，分析现代化过程中违背教育功能的现象。

【关 键 词】

教育功能　个体发展功能　社会发展功能　功能形成　功能释放

人类之所以需要教育，通俗地说，就是因为教育有用，具有某种功能。因此，我们需要认识教育有哪些用，有哪些功能，怎样才能有效地发挥教育的功能，推动人类和社会的发展，创造人类美好的未来。

第一节　教育功能的概述

一、教育功能的内涵

（一）教育功能的界定

认识“教育功能”的内涵，前提是界定“功能”。《辞海》将“功能”界定为：一是事功和能力；二是功效、作用；三是同“结构”相对，指有特定结构的事物或系统在内部和外部的联系和关系中所表现出来的特性和能力。[1]《辞源》将“功能”界定为:一是指效能;二是指功绩、才能。[2]《现代汉语词典》将“功能”界定为:一是事物或方法所发挥的有利作用;二是效能。[3] 从三种权威工具书对“功能”的界定可以看出,功能是某事物的作用,尤其是指积极的或有利的作用。若把“功能”分解为“功”和“能”,“功”为“功效”“功绩”“事功”,“能”为“能力”“才能”“特性”。“功能”作为“功”和“能”的组合,有功效、功绩的“能”才是功能。在功能中,“功”和“能”相互制约。功能既表明一事物对他事物能够发挥的功效、效能和积极作用,也表明该事物具有对他事物发生积极作用的能力和特性。

教育功能,简单地说,就是教育所具有的作用,尤其是积极的作用。教育作为培养人的社会实践活动,它所发挥的直接作用就是促进人的发展,培养社会所需要的人;其间接作用就是通过培养社会所需要的人,满足社会的需要,促进社会的发展与进步。因此,**教育功能**就是教育对人的发展和社会发展所能够起到的影响和作用,尤指对人和社会的发展所起到的积极的促进作用。

(二)教育功能与其他相关概念的辨析

教育功能表示的是教育作用,与教育本质、教育价值、教育职能相连,但又不完全相同。

1. 教育本质与教育功能

教育本质是教育所固有的质的规定性,是教育区别于其他事物的根本特征。教育功能是教育所具有的功能,它取决于教育本质,并随着对教育本质认识的变化而变化。但教育功能不是教育本质,本质回答“教育是什么”,而功能回答“教育能够干什么”。

2. 教育价值与教育功能

教育价值与教育功能二者都是回答教育对人的发展和社会发展的作用,其区别就在于:教育价值是教育应该发挥的作用,教育功能是教育能够发挥和实际发挥的作用。教育价值是人们对“好”教育的一种期待,它反映了“理想的教育应该干什么”;教育功能是一种实效,它反映了“应该干什么”的教育在实践中“实际干了什么”,是否实现了预期的价值。所以,教育价值是教育的“应然”表现;教育功能是教育的“实然”表现,是教育价值在教育实际中所释放出来的实际效果、功效。美国社会学家默顿(R. K. Merton,1910—2003)指出,必须区分功能的客观结果和价值的主观意向,“若不能区分客观社会后果与主观意向,则必然导致功能分析上的混乱”[4]。

3. 教育职能与教育功能

职能是指一定职位的人完成其任务的能力,如教师的职能;或一定机构所应承担的任务和发挥的作用,如学校的职能、部门的职能。职能是依据人的角色或职位的要求规定必须完成的任务和发挥的作用,是由职责所决定的,带有主观的规定性。我们一般不说教育

---

① 夏征农. 辞海[Z]. 上海:上海辞书出版社,1999:1464.

② 商务印书馆. 辞源[Z]. 北京:商务印书馆,1979:373.

③ 中国社会科学院语言研究所词典编辑室. 现代汉语词典(第6版)[Z]. 北京:商务印书馆,2012:453.

④ 默顿. 论理论社会学[M]. 何凡兴,等,译. 北京:华夏出版社,1990:105.

的职能,只说学校的职能。学校教育职能的完成,则意味着教育功能的实现。我们可以规定学校的职能,但不能规定教育的功能。教育功能是学校教育职能实现的自然结果。

二、教育功能的特征

(一)客观性

功能是指有特定结构的事物或系统在内部和外部的联系中所表现出来的作用和能力。教育功能不是主观臆想的,它是由教育的本质和教育系统的结构所决定的。只有教育本质和教育结构的变化,才能引发教育功能的变化。教育本质和教育结构在人类发展历史过程中有着相对的稳定性,这就决定了教育功能的客观性。教育功能为教育本身所固有的客观属性,不以人的意志为转移。教育价值可以期待,学校职能可以规定,但教育功能是不能选择的。

(二)社会性

教育作为一种社会现象,是社会系统中的一个子系统。社会系统的变化,尤其是生产力与生产关系的变化,会影响到教育在社会系统中的地位,进而影响到教育的社会功能,使教育功能随社会历史条件的变化而变化。即便是在某一特定的社会历史条件下,教育的功能,尤其是教育的社会功能,也必然受到社会政治经济制度的制约。教育对社会的作用,是以社会对教育的制约和影响为前提的。教育首先受社会政治经济的制约,在社会制约的前提下,才能发挥教育的功能。

(三)多样性

在社会发展的不同阶段,因对教育认识的不同,故教育功能的重点也自然会有所不同。古代社会侧重伦理道德教育,凸显的是政治教化功能;近代工业革命以来,为满足大工业生产的需要,教育的生产性和经济功能日益凸显,政治功能下降。当代教育呈现出全方位的功能,既有对个体发展的功能,也有对社会发展的功能。在个体发展功能中,既有个体社会化功能,也有个体个性化功能;在社会发展功能中,既有政治功能,也有经济功能、文化功能,以及人口功能、生态功能等。教育对社会方方面面的作用,决定了教育功能的多样性。但教育功能的多样性并非意味着教育功能无边界,无限夸大教育功能是不合适的。

(四)整体性

尽管教育功能是多种多样的,但多样的功能之间不是杂乱无序的,而是一个有序的组合体,表现出整体性。教育功能是以教育的个体发展功能为本,通过人才的培养来促进社会的发展。教育功能不仅存在着本体和派生的顺序,而且各功能是整体联动、相互促进、相互交融、共生共赢的。教育作为一个整体,对个体发展和人类社会发展均发挥着作用,且其对个体发展和人类社会发展的作用具有协同一致性。教育功能的整体性不仅表现在教育系统内部的协调一致,还表现在教育与社会系统的整体联动。教育作为社会大系统的组成部分,与社会的政治、经济、文化等系统相互联系、相互影响,共同促进社会的整体发展。所以,教育功能是一个有机的系统整体,不能随意割裂,更不能为凸显某一种功能而人为地压制另一种功能。教育功能的发挥和释放,必须坚持系统的、整体的观点。①

(五)条件性

功能是由事物的本质和结构决定的,是不以人的意志为转移的,但这并不意味着功能就会自动实现。功能客观地存在于事物的结构之中,具有一定的潜在性。事物结构规定的功能是"应该干什么",但应该干的不一定就是"能够干"的,更不一定是"实际干的"。所以,功能的实现是有层次的,从"教育应该干什么"到"教育能够干什么",最后才是"教育实际干什么"。"应该干什么"是一种潜在的功能,"实际干什么"才是真正的教育功能。从"应该"转化为"实际"是需要条件的:一是要符合教育自身的规定和规律,二是需要现实提供适合功能发挥的条件。没有这两个方面的条件,"应然"的功能就不能如期地转化为"实然"的功能,而且会出现非预期的功能,甚至会偏离预期的"应该干什么",形成教育的负功能。所谓教育的负功能,是指教育偏离了"应该干什么"的目标,对人和社会的发展不仅没有起到积极的贡献,反而是一种消极的损害。从功能的实际发生来看,负功能确实是教育发生的功能;但从功能的内涵来看,负功能不符合"功能"的"有利作用"的界定,也不是教育期待的功能。因此,负功能不应该成为教育的"功能",而只能说是"异化"的教育功能;负功能也不能成为"教育"的功能,而只能说是"反教育"的功能。教育不必然具有负功能,负功能是由于不合理的教育结构或教育与社会的不协调所致,是完全可以避免的。

三、教育功能的类型

教育功能的类型是指教育功能各种各样的表现形态。这些表现形态依据教育作用的对象、层次、形式和性质等各不相同,从而使得教育功能呈现多样化。

(一)个体功能与社会功能

从教育作用的对象看,通常把教育功能分为个体功能和社会功能。个体功能是教育对个体的生存和发展所产生的作用和影响;社会功能是教育对社会的稳定、运行和发展所产生的影响。

教育作为一种培养人的活动,促进人的发展既是教育存在的价值,也是教育的根本追求。所以,教育的功能首先体现为促进个体发展的功能,即在促进个体从一个自然人转变为社会人的过程中所起的作用。正因为教育发挥着对个体发展的促进作用,所以才使得个体能够在社会中存在、生活。教育的个体功能,尤其是个体发展的功能,是教育的本体功能。离开了这一功能,教育就失去了本质。教育培养什么样的人,虽然不同时期人才培养的质量与规格有所不同,但教育促进个体发展的功能永远不会变。促进个体发展的功能是教育固有的功能,因此也被称为教育的本体功能。

社会是一个大系统,是由多个子系统构成的,包括政治、经济、文化、教育等。正是子系统之间的相互作用,维系着社会的运行,推动着社会的变革和发展。教育作为一个社会子系统,对其他子系统,诸如政治、经济、文化及人口、生态等都会产生影响和作用。教育的社

---

① 王北生. 当代教育基本理论论纲[M]. 北京:人民教育出版社,2012:104.

会功能就是教育作为社会子系统对社会政治、经济、文化、人口、生态等子系统所产生的影响和作用,也正是通过这种影响,维系着社会的运行,促进着社会的稳定与发展。教育是一种社会现象,但不能混同于政治、经济。试图把教育当作政治、经济而直接发挥教育的社会功能,是对教育本质的歪曲。教育的本质是培养人,离开了人的培养,偏离了教育的本质,教育就不成其为教育。教育社会功能的发挥,必须通过培养人来实现。因此,教育的社会功能是教育的派生功能。

教育的个体功能和社会功能是教育功能相互联系的两个方面,它们共同构成了完整的教育功能。教育的个人本位论和社会本位论,把教育的个体功能与社会功能对立起来,形成"本体论"和"工具论"的功能观,都是对教育功能完整性的割裂。教育功能是个完整的系统,必须确保教育个体功能和社会功能的统一。

(二)本体功能与派生功能

从教育功能的层次来看,教育功能可以分为本体功能(基本功能)和派生功能(工具功能)。教育的本体功能是教育最根本的功能,是教育固有的功能,是由教育的本质和内部结构决定的。教育的本质是培养人,是教育者通过教育活动、运用教育内容促进学习者的发展。因此,促进人的发展是教育的本体功能。教育的派生功能是由教育的本体功能所引发出来的功能。教育培养各级各类的人才,他们毕业后走入社会,参与社会生产、生活,为社会的稳定和发展作贡献。教育对社会发展的功能就是教育通过本体功能而派生出来的,因此被称为教育的派生功能。

明确社会功能是教育的派生功能,对于确保教育的本质具有重要的意义。教育固然要发挥社会功能,但社会功能的发挥只能建立在人才培养的基础上,决不能把教育混同于政治、经济来谈教育社会功能的发挥;否则,教育将偏离其本质,而沦为社会的附庸。

(三)显性功能与隐性功能

从功能的表面属性和外部特征来看,教育功能可以分为显性功能和隐性功能。显性和隐性是社会学家默顿分析功能的一个维度。默顿指出,显性功能(manifest function),是客观结果与主观预期相符合的情况,也就是说,事物的结果是事前所期待或希望出现的,具有明显预期的;隐性功能(latent function),是指事物发展的结果不在预期之中,也未被觉察到,发生着潜移默化的影响。可见,显性功能是有意实现的功能,有明确的目的性;隐性功能是无意实现的功能,具有非预期性和隐蔽性。

按照默顿这一思想,教育功能就其外部表现形式而言,也分为显性功能和隐性功能。**显性功能**是依照教育目的、任务和价值期待,教育在实际运行中所体现出来的与之相符合的功能,如教育的个体发展功能、政治功能、经济功能、文化功能等,这部分功能既是教育的期待,也具有显著的外部表现。**隐性功能**是教育非预期的且具有较大隐藏性的功能,教师的行为方式对学生潜移默化的影响,学校文化、社会环境对学生发展的影响等,都属于教育的隐性功能。但教育的隐性功能不等同于教育的负功能,隐性功能中既有积极的,也有消极的,我们需要利用积极的隐性功能,避免消极的隐性功能。

显性与隐性的区分是相对的,也是可以相互转化、利用的。一旦意识到隐性功能的重要性,有意识地进行引导和利用,隐性功能就会转变为显性功能。教育虽然具有明确的目的,但不能成为强制和灌输,而要采用隐性的方式。所谓“随风潜入夜,润物细无声”,就是把显性的教育转化为隐性的方式,实现“大雪无痕”的育人效果。

(四)保守功能与超越功能

从性质上看,教育功能可以分为保守功能和超越功能。所谓教育的**保守功能**,是指教育具有自身的结构,具有内在的稳定性和自身的逻辑性,不随社会的变化而变化,形成了教育自我保存的功能性和承继性,表现出教育重复、封闭、保守的一面。教育功能的保守性是由教育不变的本质和相对稳定的结构所决定的。“教育的基本功能之一就是重复,即重复地把上一代从祖先那里继承下来的知识传递给下一代。”①正是教育功能的保守性,确保了教育本质、教育自身的规律和对人类文明的继承。所谓教育的**超越功能**,是指通过教育的自我更新和变革,促进和引领人类社会的发展。一方面,教育是社会的一个子系统,受社会制约,反映着那个社会的主要特征;另一方面,教育也受到外部压力的影响,不断更新自己的内容和结构,并因此促进和引领社会的发展。教育的保守性反映了教育对社会不变和适应的一面,教育的超越性则反映了教育对社会变革和引领的一面。没有教育的保守性,教育将失去自身,缺少“主心骨”;没有教育的超越性,教育将成为“古董”,而失去发展的活力。保守和超越虽然相反,但缺一不可。没有超越的保守,必然带来教育的落后;不遵循规律的超越,同样带来教育的混乱。因此,教育必须把保守和超越有机结合起来,在保守性基础上实现教育的超越,包括对自身的超越和对社会的超越。

此外,就教育功能的性质而言,一些学者还提到教育的正功能与负功能、期望功能与实效功能。我们认为,负功能和期望功能的提法均不合适。负功能不符合功能“有利作用”的要求,期望功能也不符合功能“实际发挥”的要求。前者把教育功能的异常状态和教育功能相混淆,后者则把教育的主观期待与教育的实际结果相混淆。

我们对教育功能的分类是基于逻辑上的考虑,是研究的需要。但现实中的教育功能不是一种逻辑分类,而是以各种组合的方式出现的。教育功能的基本类型指向教育的个体功能和社会功能,使教育实现个体发展和社会发展的平衡。但有时也会偏于个体或社会两个之中的某一端,或者个体和社会内部的某一项,造成教育功能的失衡,形成单向主导的教育功能或者片面型的教育功能。

各种教育功能类型之间也是交叉的,进而使得教育功能形成了不同的组合类型。在教育的个体功能中,对人的发展虽然是显性占主导,但也有隐性的影响,包括积极的影响和消极的影响。在教育的社会功能中,同样具有显性的一面和隐性的一面。教育的个体功能和社会功能都既显示出保守性的一面,如遵循个体身心发展的规律和适应现实社会的要求;也显示出超越性的一面,如引导人超越生命的有限性和超越社会的制约,引导社会的发展。

---

① 联合国教科文组织国际教育发展委员会. 学会生存——教育世界的今天和明天[M]. 北京:教育科学出版社,1996:85.

第二节　教育的个体发展功能

教育,尤其是学校教育,作为一种活动,首先面对的是个体人。促进个体的发展是教育的天职,也是教育存在的唯一合理依据。离开此,教育就不成为教育。所以,教育的首要功能是促进个体的发展。教育不是影响个体发展的唯一因素,但却综合多种因素。教育对人的发展既可能起到积极的促进作用,也可能起到消极的损害作用。这就意味着,教育发挥对个体发展的促进作用是有条件的。

一、个体发展的内涵及其主要影响因素

(一)个体发展的内涵

生命成长的过程就是个体发展的过程。个体发展,就发展的内容而言,不仅有生理上的成熟,也有心理上社会性和个性的成长,不仅有身心整体的发展,也有身与心各自作为一个子系统内部的完整发展;就发展的形式而言,既有自发的、自然的成熟,也有自觉的、有意识的加速;就发展的过程而言,既有量的积累,也有量达到一定阶段所产生的质的变化,使发展呈现出连续性和阶段性;就发展的时间而言,发展不只是人生中青少年阶段的产物,发展贯串于生命的全程。总之,作为生命成长变化的过程,**个体发展**是指个体生命从开始到结束的一生中身心诸方面及其整体性结构与特征所发生的一系列变化的过程。它是个动态的过程,它等同于变化,但不只是积极的、自觉的变化。在终身教育理念下,发展的过程是全人生的,包括随着年龄的增大所导致的身心机能的衰老和减弱。

(二)个体发展的影响因素

发展既有先天生理的自然成熟,也有后天因素影响的生长。因此,个体的发展既受到先天自然因素的影响,也受到后天因素的影响。人的生命发展不同于动物,动物的生命为本能所支配,是“特性化”的,因此完全受先天的自然因素所支配,是生理自然成熟的结果。但人的生命是“未特性化”的,先天因素没有赋予人完整的生命,还需要后天的继续发展。因此,生命个体的发展必然受到后天因素的影响。单一的影响因素论,无论是强调先天因素的“遗传决定论”,还是强调后天因素的“环境决定论”“教育决定论”等,都是错误的。人的生命发展是先天因素与后天因素共同作用的结果。

专栏 2-1

我国学者关于人的发展因素的讨论

20世纪80年代,我国曾就影响人的发展因素进行了深入的讨论,并提出了各种观点。

1. 二因素论

即把影响人的发展因素分为两类:一类是生物因素,包括人的遗传因素、个体先天特点及生理结构、机制等方面的总和;另一类是社会因素,包括环境和教育等方面的后

天影响因素，尤其突出环境因素的影响。

2. 三因素论

三因素论是20世纪80年代最为普遍流行的观点，它把影响人的发展因素分为遗传、环境和教育。其中，遗传因素是个体发展的基础，环境因素对人的发展起决定作用，作为特殊环境的学校教育对个体发展又起主导作用。

3. 多因素论

二因素论和多因素论都是在对三因素论批判的基础上提出的，因为三因素论存在着环境与教育因素的重叠，存在着对个体发展内在因素的忽略。所以，前者在三因素的基础上减去教育因素，就成为二因素论；后者在三因素的基础上增加影响个体发展的内部因素，就形成了多因素论，包括在三因素基础上加上一个“主观能动性因素”的四因素论，在四因素论基础上加上一个“反馈调节因素”的五因素论。

4. 综合因素论

综合因素论认为，影响人的发展的因素是多系统、多层次的，各因素之间相互联系，综合作用影响人的发展。

在多因素论中，影响较大的是叶澜教授提出的“两层次三因素论”。两层次即对个体发展的潜在可能产生影响的因素（简称为“可能性因素”）和对个体发展从潜在可能转化为现实产生影响的因素（简称为“现实性因素”）。在可能性因素中，包括个体自身的条件（先天的和后天的）与环境条件两个因素；现实性因素指发展主体所进行的各种类型的实践活动（生理活动、心理活动和社会实践活动）。两个层次分别由个体自身条件、环境条件和实践活动三个因素构成。此外，还有冯建军教授提出的“动静因素说”。静态因素包括两大领域，即个体自身的内部领域（包括遗传、成熟、后天的知识经验与发展水平、自我发展的内驱力）和社会生活领域（包括日常生活和非日常生活）；动态因素即活动因素（包括个体活动、群体活动和社会活动）。静态因素相对于一个面，动态因素则相对于一根线，线面交会，动静结合，促成人的发展。

[资料来源] 叶澜. 教育概论（修订版）[M]. 北京：人民教育出版社，2006：195－215；冯建军. 当代教育原理[M]. 南京：南京师范大学出版社，2009：56－63.

各种因素论中对因素的分类都是基于影响个体发展的完整因素而提出的，尽管在分类上有所差异，但一方面对影响人的发展因素的认识越来越全面，另一方面也逐渐重视个体发展的内在因素的影响作用。一般来说，个体发展主要受个体自身因素、环境因素和活动因素的影响。

1. 个体自身因素

个体自身因素分为先天和后天两类。个体先天因素有遗传素质和成熟，个体后天因素有个体发展的水平和个体发展的自觉性。个体发展的早期受先天因素的影响较大，但随着年龄的增长，先天因素的影响逐渐减弱，后天因素的影响逐步增大。总之，在个体发展过程中，四个因素起着不同的作用。

遗传素质是与生俱来的解剖生理特征。人的哪些素质能够遗传？研究表明，低级的生理机能如机体的结构、形态、感官和神经系统的特点等都受遗传影响，高级心理机能如智慧、道德、能力等多为后天获得性行为,受遗传的影响较小。对个体发展来说,遗传为个体发展提供了物质基础和生理前提。没有遗传所提供的物质基础,就不可能有个体相应的发展。如天生的盲人不可能成为画家,天生的聋子不可能成为音乐家,天生的脑残或智障不可能成为科学家。但这种情况只是对极少数有生理缺陷或低能儿童而言的,对这些发展非常态的个体来说,遗传起决定作用。他们因为没有良好的或正常的遗传素质,因此就不能获得相应的发展。但对于常态的个体而言,虽然都有正常的和良好的遗传素质,但也不一定能够取得发展的成就,这说明遗传对常态的个体而言,不起决定作用。但它为个体的发展提供了物质基础,正常的遗传素质为个体发展提供了可能性。遗传素质的差异性在构成身心发展的个别特点上具有一定的影响,但这种影响没有达到决定个体成就的程度。因此,"遗传决定论"是没有科学依据的。

成熟是个体身心发展的自然结果,是指机体及其各组成系统、器官在形态与机能上达到完善的程度。成熟是随着年龄的增长自然完善的过程,它受遗传因子和生理机能的控制。遗传提供了初具形态的身心发展状态,这种初级发展状态会随着年龄的增长不断地完善,走向成熟。成熟对个体发展也有着影响,尤其是它表现出个体身心发展的阶段和规律,制约着个体发展的速度和教育的可接受性。但成熟对个体发展也不起决定作用。因为成熟只是一个自然的过程,人的发展还是一个自觉自为的过程。格塞尔的同卵双生子实验提出的"成熟决定论"夸大了成熟的作用。教育作为对个体发展积极干预的过程,不能被动地依靠成熟,而是要在遵循身心发展规律的基础上,引导和加速个体的发展。

专栏 2-2

格塞尔的同卵双生子实验

美国心理学家格塞尔(A. L. Gesell,1880—1961)曾做过一个著名的实验:让一对同卵双胞胎练习爬楼梯。其中,一个为实验对象(代号为 T),在他出生后的第 46 周开始练习,每天练习 10 分钟。另外一个(代号为 C)在他出生后的第 53 周开始接受同样的训练。两个孩子都练习到他们满 54 周的时候,T 练习了 8 周,C 只练习了 2 周。两个孩子接受训练的时间不同,但最后的结果,两个孩子爬楼梯的速度没有差别。格塞尔分析说,其实第 46 周就开始练习爬楼梯,孩子还没有做好成熟的准备,这种训练是无效的,只能取得事倍功半的效果;第 53 周开始爬楼梯,这个时间非常恰当,孩子做好了成熟的准备,所以训练就能达到事半功倍的效果。

个体发展水平是指个体在后天发展过程中所获得的知识、经验,个体发展的能力和倾向。遗传素质和成熟水平为个体发展提供了可能,但个体自出生就开始接触社会,通过实践活动获得后天的经验、知识,并形成相应的技能、能力和发展倾向性,达到一种新的发展状况。因此,个体发展水平既是个体发展的结果,也是个体进一步发展的资源和条件。发展是一个累积的、连续的过程,前面发展所积累的恰是后面进一步发展的基础,尤其是随着年龄的增长,个体发展的先天因素将逐渐失去作用,后天的发展则主要依靠个体积累的知识、经验,个体的能力水平。人们是按照自己的认识、经验以及需要、兴趣等来对客观事物作出反应的。个体已有的知识经验和发展水平是后天发展的基础，前期积累得多少，影响着后天发展的水平。

个体发展的自觉性是个体对自我发展的自觉意识、发展需要以及对发展行为的自我控制。个体发展既依靠先天素质提供生理基础，也依靠后天知识经验的积累、已有的发展水平，但这些都不能提供个体发展的动力。个体发展的真正动力，则是个体发展的自觉性，是个体对发展过程的自我意识、自我反思，在这一过程中产生的发展危机、发展需要使个体发展成为一个生命自觉的过程。人的发展是人根据自己的意向，自觉地、有目的地开展自我控制和自我调节的活动，而不是外力所强迫的。因此，只有唤醒人的发展的自觉性，发展才会充满动力，具有活力。

2. 环境因素

人的发展虽然表现为身心的发展，但不是内发式的自我完善。发展必须借助于外部条件，而这一外部条件就是环境。环境是个体生存的空间和发展的依赖，但并非所有的环境都与个体发展有关，只有个体生活于其中的环境才会对其发展产生影响。所以，这里所说的**环境**是指围绕在个体周围的并自发地对其产生影响的外部世界。从性质上说，环境分为自然环境和社会环境。**自然环境**是人和生物共同的生存环境，是人和生物生存的物质基础。自然环境的好坏直接影响着人的生存质量，甚至威胁到人的生存。所以，保护自然环境也就是保护人的生存家园。自然环境对人的发展也有一定的作用，但这种作用影响的不是个体，而是群体的差异。如南方人与北方人的个性差异，海边的人与大山里的人之间的差异等，都有自然环境影响的烙印。自然环境是不依赖人而存在的，但社会环境却是人为创造的。**社会环境**是指人通过劳动和交往所创造的政治、经济、文化等社会关系、社会制度和社会意识形态等。作为一个社会人，人的社会关系的本质必然是在社会环境中形成的。当然，环境就范围来分，有大环境和小环境。大环境与自己距离较远，自然没有小环境对人的影响更直接、更大。环境就载体而言，有家庭环境、社区环境、工作环境和社会环境等，它们都对个体的发展产生着直接和间接、或大或小的影响。

人的发展离不开环境，尤其是正常的社会环境。“狼孩”“熊孩”的例子说明，人脱离了社会环境就无法成为一个正常人。但对于生活在社会环境中的人而言，环境对人的发展并不起决定作用。古代思想家墨子所言的“染于苍则苍，染于黄则黄，所入者变，其色亦变”和西方行为主义心理学家华生的“刺激—反应”学说都只看到了环境的作用，而忽视了人的自觉能动性。环境影响具有自发性和偶然性，而人是自觉的存在，人对环境能够进行选择。所以，环境不决定人的发展，所谓的“环境决定论”是错误的。

环境是影响人发展的外部条件，它既为个体提供了发展的可能性，也为个体提供了发展的限制。环境是个体发展的资源，人正是在环境中，通过对环境资源的占有、利用和吸收，从而实现自己的发展。脱离了环境，人的发展就成为无源之水、无本之木。优良的环境有利于人的发展，恶劣的环境则限制人的发展。虽然也有逆境中奋起的成才者，但其付出的代价太大。人的发展需要磨炼，但并不意味着不需要优良的环境。逆境中能够成才，恰恰说明了环境不可能决定人的发展。即便是优良的环境,也不会自动转化为人的发展,恶劣的环境自然也不可能完全磨灭人的意志,这一切都取决于个体发展的自觉性和能动性。具有自觉能动性的人,能够积极利用环境,即便是恶劣的环境,也能够征服和改造环境,使环境为我所用,实现自我的发展。所以,环境对人的发展的影响大小与人的主观能动性的发挥程度分不开。但由于环境是自发的,因此对人的影响可能有积极的方面,也会有消极的方面。而教育的作用就在于利用积极的环境,改造消极的环境,使环境为人的发展提供正能量。

3. *活动因素*

皮亚杰指出:“认识既不是起因于一个有自我意识的主体,也不是起因于业已形成的(从主体的角度来看)、会把自己烙印在主体之上的客体;认识起因于主客体之间的相互作用,这种作用发生在主体与客体之间的中途,因而同时既包含着主体又包含着客体。”①这种能够将主体与客体结合起来的中介物就是活动。不仅人的认识是通过活动实现的,而且人的发展也是通过活动完成的。个体自身的因素和外部的环境因素均是通过活动结合起来的,并分别成为活动的主体与客体。在活动过程中,主客体之间发生相互转化,通过活动使客体的环境资源转化为主体的素质,而主体素质也是通过活动转化为客观之物。因此,叶澜教授把个体发展因素和环境因素定位为影响个体发展的可能性因素,而活动则是使个体发展可能性转变为现实因素。没有活动,也就没有个体因素和环境因素的结合;没有个体和环境之间的互动,也就没有人的发展。在这个意义上,活动是人发展的决定性因素。人作为主体,是通过其自身的实践活动来参与和接受客观环境的影响,从而获得主体自身发展的。

活动可以分为外部活动和内部活动。从发生的观点来看,外部活动是原初的实践活动;内部活动源于外部活动,是外部活动内化的结果,是内部心理活动。个体的发展是一种内部心理活动,是自我精神建构的活动,但内部心理活动必须由外部实践活动转化而来。杜威“做中学”的道理就在于此。人的活动多种多样,但基本的活动形式有游戏、学习和劳动,这三种形式的实践活动在个体发展的不同阶段起着不同的作用。学龄前,儿童的主导活动是游戏;到了学龄期,游戏活动便逐步被学习活动所取代;到了成人期,劳动便成为人的主导活动。人,生命不息,活动不止,发展就不停。

二、教育在个体发展中的作用

(一)教育在个体发展中的独特价值

教育,尤其是学校教育,作为有目的、有组织、有计划地以影响人的发展为直接目标的活动,在上述影响个体发展的因素中,并没有被提及。这并非是忽视教育因素,或者说教育因素不重要,而是说教育不是单一的因素,它是一种综合性的因素,包含着特殊的个体、特殊的环境和特殊的活动。(1)教师和学生是学校教育中的特殊主体。教师是专业化的教育人员,具有专业化的素质和引导学生发展的责任。学生是处于人生发展的某一阶段、身心需要得到扶持和发展的人,他们有明确的发展需求和学习目的,发展是他们的迫切愿望。

---

① 皮亚杰. 发生认识论原理[M]. 王宪钿,等,译. 北京:商务印书馆,1981:21.

(2)学校教育是一种特殊的环境影响,它是按照发展人的身心这种特殊的需要而组织起来的,不同于自发的社会环境;它是一种有意识的、自觉的影响,能够调节和引导各种环境因素,使它们对学生的发展产生积极的影响。(3)学校教育活动是一种特殊的实践活动。学校教育活动具有明确的目的性,是根据学生的身心发展特点和社会的要求精细设计的,同时又在教师的组织与指导下有计划地实施的。因此,这些活动能够有效地促进学生的发展。

正因为教育活动的主体有着明确的意识和责任,具有学习和发展的强烈愿望;教育影响是一种有意识的自觉的影响;教育活动又是教育者精心设计的特殊活动,因此作为三个独特要素综合的教育决定了其对人的发展具有独特的优化价值。如同一块贫瘠荒芜的土地也可以生长出庄稼一样,但它生长出的庄稼必定是矮小的。同样这块土地,如果经过辛勤的耕耘、锄草、施肥,一定会结出又大又好的果实。教育就是一块深耕、施肥的沃土,它更适合个体的成长,也有利于使个体长得更快、更好。

教育对个体发展的独特价值表现在:(1)引导个体发展的方向。没有受过教育的个体,其发展是一种盲目的发展。教育作为有意识地引导个体发展的活动,会根据教育目的对个体的发展作出定向,不仅改变个体自然发展的盲目性,而且对个体的发展作出社会性规范,培养社会所需要的人。(2)提升个体发展的速度。没有受过教育的个体,其发展是一种率性的自然发展、自然成熟的过程。教育的作用就在于改变个体的发展方式,使之从自在的发展转变为自觉的发展,以一种科学有效的方式,提升个体发展的速度,使个体获得更好、更快的发展。(3)开发个体的特殊才能。教育面对具体的人,而每一个人又都是一个独特的生命体。作为一种有意识的活动,教育就必须依据每个人的特长和发展的需要,提供适合每个人的教育,开发个体的特殊才能,促进个体个性的发展。(4)唤醒个体生命的自觉。人是一种有意识的存在,意识使人的发展成为一种自觉的存在。教育需要传授知识技能、开发人的潜力,但更需要唤醒生命发展自觉,使个体发展的过程成为生命自觉行为。

(二)教育的个体发展功能的表现

教育对个体发展的促进作用,可以从多个方面言及,如促进身心的和谐发展,促进德智体的全面发展,“育人”功能、“成人”和“成才”功能、“谋生”与“享用”功能,等等。这里仅从人的本质属性论及教育的个体发展功能。

1. 教育的个体社会化功能

马克思在批判费尔巴哈(L. A. Feuerbach 1804—1872)抽象的类本质时,提出“人的本质并不是单个人所固有的抽象物,在其现实性上,它是一切社会关系的总和”①。在马克思、恩格斯看来,人的发展“不决定于意识,而决定于存在;不决定于思维,而决定于生活;这决定于个人生活的经验发展和表现,这两者又决定于社会关系”②。所以,在马克思看来,社会性是人的本质所在。人的发展首先是社会性的发展,因此教育的个体发展功能首先表现为促进个体社会化的功能。

---

① 马克思,恩格斯．马克思恩格斯选集:第1卷[M].北京:人民出版社,1995:56.

② 马克思,恩格斯．马克思恩格斯全集:第3卷[M].北京:人民出版社,1960:296.

婴儿时，人还是一个软弱无能的生物体，但依靠后天的学习会逐渐地成长为一个能有效地参与社会生活的主体。个体从自然生物体到社会活动主体的变化，就是通过个体社会化过程来实现的。个体的社会化是个体在社会环境影响下，认识和掌握社会事物、社会规范、行为习惯的过程，将社会所期望的价值观、行为规范内化，获得社会生活所必需的知识、技能和行为方式。通过这个过程，个体得以独立地参与到社会生活之中。一句话，**社会化**是个体由一个“自然人”变成“社会人”的过程。

人生活在社会上，不可能孤立地存在，社会化是其生存和参与正常社会生活的必要途径。“狼孩”“熊孩”与在隔离情况下长大的孩子一样，因为脱离人的生活环境，尽管有健全的躯体，却不能有人的思维、意识和行为方式，这充分说明了社会化是人之为人的根本。对人类社会而言，社会化使社会能够在社会学和生物学意义上进行繁殖，从而确保它世代延续下去。而且，社会化的过程是一个持续终身的过程，大致可以分为三个阶段：(1)初始的社会化，主要指儿童时期的社会化，其任务是向儿童传授语言，使其学习社会生活的规范、参与社会生活、进行社会交往；(2)预期的社会化，主要是指青年时期的社会化，其任务是面向未来，确立生活的目标和人生理想，学习未来所要扮演的职业角色的知识、技能和要求，为工作做准备；(3)发展的社会化，主要是指成年期的社会化，其任务是适应社会发展所提出的新的角色而不断学习的过程，也称为继续社会化。当然，生活的道路不是一帆风顺的，面对生活的突变，个体必须放弃原先的角色而再社会化。

社会化有很多内容，最基本的有技能社会化、政治社会化、道德社会化、行为社会化、角色社会化。对青少年来说，社会化的任务主要是：(1)学习生活技能，掌握个人成为社会成员、参与社会生活所必需的社会生活技能和职业技能；(2)接受和认同社会的意识形态、文化传统和行为规范，遵守国家法律法规、社会规范和主流文化价值观，形成符合社会要求的行为习惯，实现政治社会化和道德社会化；(3)正确认识个人与社会的关系，使个人追求的目标与社会要求相一致、个人的发展与社会的要求相统一，实现行为的社会化；(4)学会认同身份和在每一场合下自己所处的角色，自觉按照角色所规定的行为规范办事，实现角色的社会化。

影响社会化的因素很多，诸如家庭、学校、同伴群体、大众传媒、职业组织、社区等。不同的年龄阶段，影响个体社会化的主导载体不同，幼儿阶段以家庭为主，青少年阶段以学校为主，成年阶段以职业组织为主。

学校在青少年社会化过程中发挥着重要而独特的作用，这是由学校的特点所决定的：(1)教育目的反映一定社会对学习者的要求，为个体的发展作出一定的社会性规范。(2)作为社会的子系统，学校教育具有社会的适应性和保守性，培养为社会服务的人。(3)学校本身是一个正式的社会组织，根据社会的主流文化、价值标准规范其成员的行为。(4)作为教育内容的知识、课程，是一种法定的文化，代表统治阶级的利益和价值观。(5)教师作为社会的代言人，在教学中代表社会对学习者提出要求，进行有效的规范引导。

学校教育促进个体社会化的功能主要表现在以下三个方面。

第一，教育促进个体思想意识的社会化。人的行为是一种有意识的行为，思想意识成为支配人行为的内在力量。意识虽然为个体所具有,但它不是个体思维的产物,是存在决定着意识,是社会存在决定着人的意识。因此,意识是社会的产物,个体意识必须反映并符合社会的规范和要求。所以,个体的思想意识本质上是社会价值规范在个体头脑中的反映。

意识虽然是社会的产物,但它不一定与主流的社会价值观相符合,甚至形成的是反主流的价值观。在个体观念的社会化过程中,教育代表一定社会的要求,传播社会中的主流文化和价值观念,受这种文化和价值观念的影响,学生就易于形成与主流社会文化要求一致的思想意识,从而认可并自觉地维持现存社会的种种关系。而且,由于教育所传播的文化价值观念的系统性和深刻性,还由于教育活动组织的计划性和严密性、教育形式的活泼性和多样性,易使学生接受这种价值观念,并形成完整的思想观念体系。教育促进个体思想意识的社会化,特别表现为促进个体政治的社会化和道德的社会化。教育促进个体的政治社会化和道德社会化,是教育对国家意志的体现,也是学校教育区别于家庭教育和自发环境影响的体现。

第二,教育促进个体行为的社会化。人不是孤立的个体,他生活在社会的网络中,其行为要符合所属群体或社会的要求,这个要求就是社会规范。任何社会都是由特定的社会规范包括政治制度、法律法规、行为规则规范等构成的。个人必须掌握和内化这些社会规范,才能实现社会稳定和有序运行。教育的重要职责就是促进社会规范的内化,使人们认识和掌握社会规范的意义和内容,了解"什么是应该做的""什么是禁止做的",对个体的行为作出社会性规范引导,防止其偏离社会的轨道,做出有道德的、符合社会要求的行为,实现个体行为的政治化和道德化。在日常生活中,教育还具有生活指导的功能。它授予人在社会生活中所必需的知识技能,如处理人际关系的技能,帮助人们学会协调理想与现实之间的冲突,使人们学会生活、适应社会,能够过一种集体社会性生活,从而实现生活技能的社会化。

第三,教育促进角色和职业的社会化。社会化的本质是角色承担。个体在生活中要承担多种角色,有家庭角色、工作角色、社会角色。人们对特定角色的行为具有一定的期待,角色必须有与之相配的行为规范和方式。角色是社会生活赋予的,每个人都必须学习特定角色的行为规范,表现出相应的行为方式,符合社会或人们对特定角色的价值期待。诸如学生应该以学习为主,遵守学校纪律,上课认真听讲,积极完成作业,等等。不过,人在生活中承担多种角色,难免会发生角色冲突。因此,教育还必须教会学生合理地进行角色协调,避免角色冲突。

职业角色是成年期人生最重要的角色,青少年应该为从事一定的职业角色做好准备。这就要求青少年接受教育,掌握生产、生活的技能。马克思指出:"要改变一般的人的本性,使他获得一定劳动部门的技能和技巧,成为发达的和专门的劳动力,就要有一定的教育或训练。"①在现代社会中,个体谋求某种社会职业必须以接受相关的教育和训练为前提,教育

① 马克思,恩格斯. 马克思恩格斯全集:第23卷[M]. 北京:人民出版社,1972:105.

是促进个体职业社会化的重要手段,具有个体谋生的功能。教育的个体谋生功能,一方面可以通过个体社会化,将社会文化行为规范传递给新生一代,使他们获得未来社会生活或职业生活中相应的角色和意识,以便他们在进入社会生活时能尽快地适应新环境。另一方面通过教育,使学生获得一定的职业知识和技能,获得谋生的本领,尤其是职业技术教育、高等教育、成人教育,就是要造就和培养具有谋生本领的劳动者和建设者,成为推动社会生活发展进步的人力资源。基础教育也负有职业指导和职业定向的重要职责,要指导学生根据自己的兴趣、爱好和能力,结合国家的需要,确定自己的未来理想,帮助他们实现自己的职业理想。

2. 教育的个体个性化功能

一个人生活在社会上,既是社会人,又是个体人。前者表现为人所具有的社会性,它追求个体间的共同性;后者则表现为人所具有的个性,它追求个体的独特性。个性是个体在实践活动中形成的独特性和差异性,它是个体个性化的结果。个性化是个体在社会生活中追求独特性、主体性、创造性的过程。与社会性对现实社会的顺应或呼应不同,个性化是在继承基础上的对社会的一种变革、发展与创造的过程。社会性是个体间的社会一致性,反映着对社会的适应;个性是个体间的差异性与主体性,反映着对社会的变革与创造。社会性和个性虽然相反,但相辅相成。没有社会性,就没有社会的稳定;没有个性,也就没有社会的发展;社会性和个性的结合,使人既是社会人又是他自己,既适应社会又创造社会。

社会性是社会对人的要求,作为人的本质,是人的共性。但共性寓于个体之中,因此,现实中的每个个体又各不相同,表现出差异性和独特性。教育不是面向抽象的共性人,而是面向具体的个人,为每个个体提供适合他自身的教育。所以,真正的教育是个性化的教育,促进人的个性发展是教育最根本的功能。

学校教育作为有意识、有目的的教育活动,在课程内容选择、活动设计等方面都为学生的个性发展创造着条件,有目的地促进个体的个性化。学校教育的个体个性化功能主要表现为以下三个方面。

第一,教育促进人的主体意识的形成和主体能力的发展。马克思说,人既是历史的剧中人,也是历史的剧作者。作为历史的剧中人,生活在自然和社会中,遵循自然规律和社会的要求,是社会的被动生存者。但作为历史的剧作者,人又是改造自然、改造世界的主人,是社会历史的主体。主体性是社会历史主体的重要表现,包括主体意识和主体能力。主体意识是人作为认识和实践活动的主体的自觉意识,主体能力是主体认识、改造外部对象世界的能力。主体意识是主体性的观念表现,主体能力是主体性的外在表征。

教育的个体社会化功能使人适应社会,但教育的个性化功能则要培养人的主体意识和主体能力。现代教育不同于传统的灌输式教育,而是一种主体教育,它以培养学生的主体性为目的,教育过程以学生为主体,通过自主、合作、探究等活动发挥学生的主体性,培养学生的主体意识、主体品质。

第二,教育促进个性差异的充分发展,形成人的独特性。人的遗传素质蕴含着个体的差异性,如气质类型的差异、智能优势的差异等。个体由于后天的生活环境、教育影响的不同,即便是相同的遗传素质,也会形成不同的发展结果,形成个体独特的心理特征和心理倾向性,诸如个体不同的兴趣、爱好、理想、信念、世界观、能力、气质、性格等。虽然遗传素质中蕴含着个性的差异,如神经类型决定不同的气质类型,但个性的差异更多的是在后天养成的,包括其生活环境、社会交往和教育。

教育作为有目的的活动,必须根据学生的不同心理发展特征,选择适合他的发展道路、设计适合他的教育,创造个性化的教育。因此,教育能够尊重个体的差异,因材施教,帮助不同的学生充分开发其内在潜力,形成自己的优势区域和特长。也只有教育真正开发了个体的特殊才能,实现了个性的充分发展,才能完成其真正使命,因为本真的教育是个性化的教育。

第三,教育开发人的创造性,促进个体价值的实现。创造性是人的个性的核心品质,是个性的自主性、独特性的综合体现,是个体在创造活动中所表现出来的自主、独特、与众不同的心理倾向。创造活动是人生产新颖、独特、有社会价值的产品的活动。人在创造活动中所表现出来的创造性不仅是个体独特的自我意识的体现,同时也符合社会价值的要求,具有社会性。

《学会生存》指出,“人是在创造活动中并通过创造活动来完善他自己的”。也就是说,创造性只能在创造活动中培养。但我们的教育“既有培养创造精神的力量,也有压抑创造精神的力量”。因此,教育必须重视对创造精神和创造力的培养。对此,《学会生存》的建议是:在现实生活中保持一个人的首创精神和创造力;传递文化而不用现成的模式去压抑他;鼓励他发挥其天赋、能力和个人的思想观点,但不助长其个人主义;密切关注每个人的独特性,但也不忽视创造也是一种集体活动。①

必须指出的是,教育无论是促进个体个性化还是促进个体社会化,都不能割裂二者的关系,必须以二者的统一为基点。一方面,个性化必须建立在社会化的基础上,缺乏社会化的个性只能是原始的自然性,表现出来的只能是个人的“任性”和“怪癖”,而不是健全良好的个性;另一方面,也只有以丰富的个性为基础的社会化,才是民主社会的社会化,才是健全意义上的社会化。人的社会性和个性的统一,决定了教育必须在促进二者统一的基础上,平衡二者的关系。

专栏 2-3

学校职能(功能)的异化

迄今为止,学校职能呈现日益片面化的趋向,具体表现在以下几个方面。

1. 学校教育以人为对象,其固有的职能是个体的发展。然而,学校之所以得到社会认可的职能,似乎不在个体的发展,而在个体社会化。固然个体社会化中包含着个体的某种发展,不过,它是个体向某一片面方向的发展。当学校向着某种工具职能片

① 联合国教科文组织国际教育发展委员会. 学会生存——教育世界的今天和明天[M]. 北京:教育科学出版社,1996:188.

面倾斜时，事实上就是造就“政治动物”或“经济动物”，或其他形式片面发展的人。这意味着学校“忘记了”它的对象。

一旦学校“忘记了”它的对象，它的对象也就“忘记了”学校，从而出现“学校繁荣，教育衰败”的现象，“无目的的升学者”和“非本意的就学者”增加。“学校是繁荣了，但教育的前途未卜，多数人感到茫然”。

2. 不仅存在着“教育游离个体发展”的倾向，而且存在着“学校游离教育”的倾向。学校作为实施教育的主体，本身是一个教育机构，这似乎是天经地义的，而实际上又不尽如此。

在现代，学校还有许多潜在的职能或尚未预见的结果，它们以无意的或尚未被认识到的方式产生支持某些社会现象的副作用。例如，中学和中等以上的教育机构的一个潜在职能是为恋爱和婚姻提供市场；学校还担负着监护的功能；学校提供日托让母亲加入劳动力市场；同时，学校阻止青少年进入就业队伍，从而缓和失业及由失业带来的社会不满。

［资料来源］ 陈桂生．教育原理(第二版)［M］．上海：华东师范大学出版社，2000：243－244.

三、教育的个体发展功能有效发挥的条件

教育具有个体发展的功能，但并非所有的教育都能够发挥这样的功能。教育促进个体的发展是有条件的，这些条件主要有以下几个方面。

（一）教育活动必须遵循个体的身心发展规律

人的身心发展是有规律的，教育作为以促进人的身心发展为直接目的的活动，必须遵循人的身心发展规律。不遵循人的身心发展规律，教育就会成为盲目的活动，不仅不能促进人的身心发展，反而会给人的身心发展带来危害。对人的身心发展规律的认识：一要认识人的身心发展的一般性规律，包括身心发展的顺序性、阶段性、不平衡性、个别差异性和互补性，按照身心发展的规律组织和开展教育活动。如身心发展的顺序性要求教育做到由具体到抽象、由浅入深，循序渐进，“不凌节而施”。身心发展的阶段性要求教育按照各个年龄阶段的特征，根据不同年龄阶段的发展水平提出教学要求，组织教学活动。身心发展的不平衡性要求教育要抓住关键期，适时而教。身心发展的个别差异性要求教育做到因材施教，长善救失，使每个个体各得其所，获得个性化的发展。身心发展的互补性是对某方面生理功能缺失的人而言的，某一方面的功能缺失可以通过另一方面功能的超常发展得到补偿。正是身心发展的互补性，使得缺陷儿童的教育具有了可能。二要把个人作为一个独特的个体加以认识，了解个体的兴趣、爱好、动机、态度、价值观等；同时，要动态地把握个体在学习过程中的知识水平、情绪状况、发展意愿与阻力等，真正做到教中有“人”，以学定教。

（二）教育活动必须符合社会发展的方向和要求

人是社会的人，人的社会化要求教育活动的方向必须与社会相一致，只有这样，才能培养社会所需要的人。这为人的社会性本质所要求。现代教育的社会方向，也是现代教育公共性的体现。现代教育不是宗教控制的教育，也不是私人的教育，而是公共的教育。教育

的公共性，要求教育代表国家的意志，符合统治阶级主流价值观。教师是社会的代表者，课程是法定的国家文化，教育就是按照一定社会或阶级的要求，培养该社会所需要的、为统治阶级利益服务的人。所以，现代教育必须与社会发展的方向相一致，满足社会发展的要求。只有这样，才能促进个体社会化，培养社会所需要的人。当教育不能满足社会要求、与社会脱节时，就会出现“社会拒绝使用学校毕业生”的现象。①

（三）有效地组织教育活动以促进学生的发展

“人的活动是社会及其全部价值存在和发展的本原，是人的生命以及人作为个性的发展与形成的源泉。教育学离开了活动问题就不可能解决任何一项教育、教学、发展的任务。”②活动是个体发展的源泉，是生命的成长机制。教育要促进人的发展、生命的成长，就必须有效地组织活动，通过活动而进行。教育不是教师对学生的灌输，灌输是教师的活动，主动权在教师，学生只能被动地接受。没有学生的主体参与，没有学生的主体活动，不可能促进学生的发展。因此，我们必须把发展的主动权还给学生，变教师灌输为学生活动，以学生活动促进他们自主的、生动活泼的发展。

（四）发挥教师的引导作用，培养学生的自觉能动性

马克思指出：“一个种的全部特性、种的类特性就在于生命活动的性质，而人的类特性恰恰就是自由的有意识的活动。”③马克思不仅把活动看作人的类本质，而且将其看作自由自觉的活动。上面提及教育必须成为个体的一种实践活动，才能促进个体的发展。这种活动，不是被迫的活动，而是自由自觉的活动，活动中必须展现人的自觉能动性。人是作为一个能动的主体，占有和吸收资源，获得自我的发展；同时，自觉性也是个体发展的不懈动力。教育固然需要教师，但教师的作用不是强制性地“主导”学生发展，而是顺势“引导”学生发展。教师必须基于学生发展的需要，调动学生的自觉能动性，培养学生自我教育和自我控制的能力。只有这样的引导，学生才能真正成为发展的主体。

第三节　教育的社会发展功能

社会是个大系统，由政治、经济、文化、教育等诸多子系统构成。教育既是社会大系统中的一个子系统，又对社会其他子系统具有积极的推动作用。因此，教育既是社会发展的重要体现，又是社会发展的助推器。教育对社会发展的积极作用，就是教育的社会发展功能。教育的社会发展功能通过教育对其他子系统的作用表现出来，诸如教育的政治功能、经济功能、文化功能，等等。而且，教育的社会发展功能随着人们对社会的认识和教育在某一社会系统中重要性的增加而不断地增多。但不管教育的社会发展功能有多少，都不是无

① 联合国教科文组织国际教育发展委员会．学会生存——教育世界的今天和明天[M]．北京：教育科学出版社，1996：37.

② 休金娜．活动——教育过程的基础[M]//瞿葆奎．教育学文集·课外校外活动．北京：人民教育出版社，1991：3.

③ 马克思，恩格斯．马克思恩格斯选集：第1卷[M]．北京：人民出版社，1995：46.

限度的。一方面,社会发展功能的释放受制于社会政治经济制度;另一方面,教育的社会发展功能是派生功能,不能忽视教育的本体育人功能。教育的本质是培养人才,通过人才的培养发挥对社会的影响,是教育实现社会发展功能的基本途径。正是在这个意义上,教育的社会发展功能是教育的衍生功能。

一、教育的社会发展功能的历史演进

当代教育表现出多样化的社会发展功能。但历史地考察,这些社会发展功能并非是同时出现的。回顾这一历史发生顺序,有助于纵向地把握教育功能的发生、发展,有助于认识教育在不同阶段的本质和发展规律。历史地考察教育的功能,其发生的顺序是由政治功能和文化功能的并存到经济功能。

虽然今天把有意识地培养人的活动作为教育的本质,但其实,这一本质并非教育“天生”就有的,因为原始的教育从头到尾都是一种无意识的模仿。不过,人类之所以需要教育,不是“有意识地”培养人,而是传递生产和生活经验的需要,这就是教育的文化传递功能。所以,教育与文化更具有天然的血脉联系。汉语中,“文”有“文字”“文雅”之意,“化”有“教化”之意,“文”“化”的合意则是“文治教化”“以文教化”。所以,古代社会中的育人主要是通过文化的熏染,而非有意识的教育。教育与文化的关系,首先是传递生产生活经验的需要,因此,教育是人类特有的文化传递形式、手段和工具。教育的文化功能伴随着教育的产生而出现,随着教育的发展,文化功能从最初单一的传承文化发展到选择、交流、融合等多个方面。

原始的教育虽然传承文化,但没有阶级性。随着阶级社会的出现,学校产生了。学校产生的一个重要条件就是满足统治阶级的需要,为统治阶级培养人才。所以,学校从一开始出现就成为统治阶级的特权,带有浓厚的上层建筑特点,表现出鲜明的阶级性和等级性。学校教育传授治人之术和伦理道德,成为统治阶级愚昧人民和进行统治的工具,培养统治阶级需要的官吏,发挥着政治的功能。古代社会,相对于教育的文化传递功能,统治阶级更重视教育的政治功能。政治功能成为古代教育最显性的功能。

但古代教育没有生产功能。这是因为古代社会生产力低下,劳动过程简单,主要依靠体力、技能和经验。不过,由于这种劳动所要求的技能、经验脱离直接的劳动过程而无法掌握,所以,当时的生产劳动和学校教育不但没有直接关系,反而带有排斥教育的自然倾向。但随着资本主义大工业生产的建立和发展,教育的性质和功能发生了转变。大工业生产要求劳动者必须具有一定的文化知识和技能,使得教育与科学技术和大工业生产的结合越来越密切。没有现代教育培养的各种不同水平的劳动者,大工业生产就无法进行。因此,教育从传授统治阶级的意识形态和伦理道德转变为传授大工业生产所需要的科学技术知识,从培养统治阶级需要的官吏转变为培养社会生产的劳动力。现代教育的生产性日渐凸显,教育开始越来越多地发挥经济功能,政治功能逐渐隐蔽化。

在当代,社会的现代化不仅包括物质文明建设,也包括精神文明建设。因此,教育在社会现代化的过程中,其社会发展功能也由单一的功能论发展到综合的功能论,全方位地发挥政治、经济、文化、人口、生态和社会成层等多种功能。

专栏 2-4

近年来关于教育功能演变研究的基本结论

第一,教育功能不是一成不变的,而是不断发展变化的;第二,教育对社会和个人的作用不断多样,教育功能也由单一化走向多元化;第三,历史发展进程影响着教育功能,教育诸多功能的地位也在发生着变化,其中,文化传承功能一直处于比较稳定的状态,教育的政治功能逐渐复杂化与隐蔽化,教育的经济功能逐渐凸显且日益重要;第四,教育越来越重视人的个性发展功能,人的生命发展与价值提升成为教育的本体追求。

[资料来源] 冯建军. 教育基本理论研究 20 年(1990—2010)[M]. 福州:福建教育出版社,2012:290-291.

二、教育的社会发展功能的表现

(一)教育的政治功能

教育的政治功能是教育的古老功能。古代社会,教育融合于政治之中,教育活动是从属于政治的,教育的功能完全是为政治服务的。近代以来,教育与政治的关系发生了变化。因为近代资本主义社会的形成是以否定古代社会的专制和特权为特征的,商品经济的出现也使劳动者摆脱了人身依附关系。顺应资本主义生产关系的要求和商品经济发展的需要,使得资本主义的教育不再是专制统治的附庸和工具。而教育与政治的分离,更要求教育强化维护统治阶级政治的功能。不过,现代教育不只是维护统治阶级政治的稳定,还要促进社会的民主进程、推动政治民主的发展。教育的政治功能主要表现在以下几个方面。

1. 教育通过培养合格的公民和政治人才为政治服务

教育通过人才的培养,服务于社会的政治,维护统治阶级的利益,这是教育发挥政治功能的一个最基本的途径。这主要体现在两个方面:一是对广大人民进行政治和意识形态教育,促使他们的政治社会化,并成为社会所需要的合格公民;二是培养政治人才,以补充社会管理层的需要,直接参与统治阶级的管理,执行统治阶级的意志,为统治阶级服务。

在现代学校,世界各国都开设有政治类和思想品德教育的课程,如“社会课”“公民课”“政治课”“品德课”“法律课”等,其主要内容都是向学生介绍一个国家的社会政治制度、法律制度、主导的意识形态、公民的权利和义务等,旨在使每个人都形成该社会所要求的政治思想和政治信念,成为社会所期望的合格公民。普通高等学校还专门设置了一些相关专业,直接培养社会的管理人才和政治人才。我国在成人教育体系中还设有单独的干部教育系列,如各级党校、各级行政学院等,参与干部的培养和教育。

2. 教育通过思想传播、制造舆论为统治阶级服务

学校是一个宣传和传播文化的场所。一定社会的文化体现着该社会的政治要求和思

想,所以,学校通过文化的宣讲和传播,使统治阶级的思想由少数人掌握逐渐为广大人民群众所知晓、所内化。而且,教育者的宣讲具有一定的说服性,不仅使学习者了解这一思想,更重要的是让他们相信这一思想。

学校还是一个营造社会舆论的场所。因为学校是知识分子和青年学生的聚集地,他们思考人生、关注社会,具有强烈的社会责任感。他们学习人类的文化,追求自由、民主和进步,对社会的发展会作出自己的思考和反应;他们具有很强的政治敏锐性,比较激进,但有时也比较单纯,缺少社会的政治经验。所以,在政治急剧变革的时期,学校尤其是高等学校从制造舆论开始,往往走在政治的前列,极端时甚至组织学生直接参与政治运动。在社会的和平稳定时期,教育通过知识的传播、对文明和进步的追求,营造一种小的气候,由学校扩展到社会,由师生扩展到每个公民,形成一种良好的社会风尚,发挥其舆论制造的功能,引导社会的文明和进步。

3. 教育推进社会走向民主

教育功能具有一定的"保守性",但也具有"超越性"。因此,教育要适应已有的社会关系,为现有的社会服务。但是,教育又要推动社会的政治变革,引导社会走向民主和自由。教育对社会民主的推进主要表现在以下三个方面。

第一,教育传播科学,启迪人的民主观念。古代社会,教育始终是统治阶级愚昧人民的精神鸦片。现代社会,教育通过传播科学真理、启迪人的思想意识、提高人的民主观念、鞭打愚昧和落后,成为社会变革的内在动力。因为只有具有民主意识的公民,才能建立民主的社会和民主的政体。教育的发展是社会民主进步的基础;相反,愚昧、专制的政治总是与落后的教育相伴随。

第二,教育民主化本身是政治民主化的重要组成部分,也是衡量社会民主化的重要一环。教育权利的平等和教育机会的均等、教育资源分配的公平、师生关系的民主等,既是教育民主化的要求,也是政治民主化的重要体现。

第三,民主的教育是政治民主化的"孵化器"。民主的教育不仅可以提高国民的政治素质,推动他们参与政治的热情和能力,也可以通过提高领导阶层的文化素质促进管理的科学化和民主化;更重要的是,民主教育本身的实践影响着每个学生的心灵,使他们在民主教育中增强民主的意识,使民主在一代人的心中开花、结果。

(二)教育的经济功能

教育的经济功能是伴随着近代工业革命才出现的,并在当代社会更加突出。因为当代经济发展已由依靠物质、资金的"物力资本"增长模式转变为依靠"人力资本"增长的模式。**人力资本**是指人所拥有的知识、技能和能力,它已经成为知识经济增长的重要因素。教育就是形成人力资本的基本途径,也因此成为提升人力资本、促进经济增长的重要"法宝"。现代教育对经济发展的促进功能主要表现在以下三个方面。

1. 教育使潜在的劳动力转变为现实的劳动力,促进经济的发展

劳动力是劳动者在生产某种使用价值时所运用的体力和智力的总和,是附载在劳动者身上的劳动能力。劳动力是社会生产力中最重要的组成部分,其数量和质量是经济发展的

重要条件。当然,劳动力的数量和质量要保持统一,只有数量而无质量的劳动力是社会生产、经济发展的沉重负担。只有具备高质量的劳动力,才能成为推动经济发展的人力资源。所以,经济的发展取决于劳动力的质量,即劳动能力,这在现代生产中尤为如此。

现代生产是科学技术高度运用的社会化大生产。在现代生产中,先进的生产工具和技术需要高素质、懂科学、技能熟练的劳动者;大生产复杂的流水作业、生产效率的提高需要高素质的具有科学管理知识的管理人员来实现;技术的改进、科技的创新、新产品的研制需要高水平的科技人员。因此,现代生产无论是对直接的劳动者、管理人员还是对技术人员,都提出了较高的要求。而他们素质的提高、管理水平和科技创新能力的提高,都有赖于教育。因为人作为劳动力最初只具有体力和简单的生产生活经验,这只能看作现代生产的潜在的、可能的劳动力。而潜在的劳动力要变为真正在生产中起作用的现实劳动力,就需要教育给予其知识、技能,发展其能力。所以,马克思讲:"教育会生产劳动能力。"①

各级各类教育在促进劳动力的转换中具有不同的作用。首先是普通教育包括中小学教育。中小学教育虽然不直接培养专门的劳动力,但它为劳动者的素质奠定了良好的基础,进而提高了整个民族的文化素质,这是现代生产和经济发展最深层的基础,是一个国家经济持续发展的后劲。其次是专门的、职业的教育包括职业教育和高等教育。它们与普通教育不同,旨在培养某一方面的专门人才,成为社会生产的直接的劳动力。再次是职后的继续教育和岗位培训。它是针对生产中的某个问题而进行的专门的培训和学习,对于提高劳动者的技术熟练程度、提高生产效率、提高技术改进能力以及科学管理能力都具有直接的意义。普通教育和职业教育使一个潜在的、可能的劳动力转变为现实的劳动力,继续教育使一个简单的劳动力转变为复杂的劳动力。苏联经济学家的研究表明:一个熟练工人接受一年的科技文化教育,比工人在工厂工作一年平均能提高工作效率 1.6 倍。② 据国外一些企业的统计,劳动者受教育年限每增加一年,合理化建议就平均增加 6%。受过完全中等教育的工人在技术创造性上的积极性,比没有受过同等教育而工龄相同的工人要多 4~5 倍。③

2. 教育生产科学技术,促进经济的发展

马克思在《政治经济学批判(1857—1858 年草稿)》中早就提出"生产力里面包括科学在内"的思想。在生产力落后的古代社会,科学技术的作用不太明显。但随着生产力的发展,科学技术在生产力中所占的比重越来越大,以致在现代高科技生产中,科学技术成为第一生产力。科学技术对社会生产力的促进、对经济发展的作用越来越重要。如果说科学技术是第一生产力,那么教育则是生产第一生产力的工作母机,是生产科学技术的重要手段与途径。在这个意义上,教育生产科学技术也是教育的科技功能。

教育对科学技术的生产主要通过三个方面:第一,教育传播科学文化知识和技术,实现科学文化知识和技术的再生产。科学文化知识和技术不仅是某一时代、某一个科学家创

① 马克思,恩格斯. 马克思恩格斯全集:第 23 卷[M]. 北京:人民出版社,1972:195.
② 鲁洁. 教育社会学[M]. 北京:人民教育出版社,1990:59.
③ 叶澜. 教育概论(修订版)[M]. 北京:人民教育出版社,2006:132.

造、发明的结果,而且具有累积性和继承性,是人类文化发展过程中的结晶。科学文化知识和技术由于不断地被传播和继承,才得以不断地发展。在科学文化知识和技术的传播和继承方面,教育起着巨大的作用。因为传承科学文化知识是教育的重要功能,教育通过科学文化知识的传承,实现着科学文化知识和技术的再生产。教育把人类所积累的科学文化知识和技术进行简约化、典型化的加工改造,成为教育的内容,通过教师的传播,使之为少数人所掌握的科学文化知识在较短时间内为更多的人所掌握,从而实现了科学文化知识和技术的高效率的再生产。第二,教育生产新的科学文化知识和技术。教育,尤其是高等教育,不仅要传播科学文化知识,还负有生产科学文化的重任。开展科学研究、生产新的科学文化知识和技术是高等学校的主要职能之一。因为高等学校具有人才优势,拥有一大批专家、教授和年轻的大学生、研究生,他们都是科学研究的重要力量和潜在力量;他们在从事教学和学习的同时,也在不断地进行研究和思考,研究成为他们工作和学习的核心任务。事实证明,多数科学研究的成果,尤其是基础理论研究的成果,都来自于高等学校。目前,一些著名的高等学校,尤其是从事技术创新的工科院校,已经成功地走出了一条"教学、科研、生产"一体化的道路,及时地把科学研究的成果投入到生产中去,并在生产中应用,转化为生产力,进而推动经济的发展。美国的"硅谷"、日本的"筑波"、中国的"中关村"都是成功的典型。第三,教育培养创新型人才,促进科学技术的发展。科学技术的生产,根本靠人才。培养人才是教育的根本职责。所以,教育为科学技术服务,最基本的途径就是通过创新型人才的培养,生产新的科学技术,实现科技的创新。

3. *教育能够产生经济效益,是经济发展新的增长点*

在传统观念中,教育是一种消费事业,不具有生产性和经济效益。但在现代观念中,教育是一种投资性事业,教育的生产性以及所产生的经济效益越来越明显。因此,20 世纪后期,世界各国都很重视教育发展,增加了教育投资,出现了"教育先行"①的新现象。

教育经济学的研究表明,教育能够产生经济效益。苏联经济学家斯特鲁米林的研究表明,教育程度的提高所产生的价值占国民收入的比例为 30%。美国经济学家、人力资本理论的提出者舒尔茨(Theodore W. Schultz,1902—1998)的研究表明,教育水平的提高对国民经济增长的贡献为 33%。美国另一位经济学家丹尼森(E. F. Denison)推算的教育对经济增长的贡献率为 35%。我国学者对 1993—2004 年我国教育在经济增长中的贡献也进行了分类测算,结果表明:小学、初中、普通高中、中职、高职、本科及以上教育对经济增长的贡献率分别为 0.155%、0.643%、0.453%、1.859%、4.038%、1.922%②。由于各国经济发展状况不同,数据来源不同,测算方法也不同,因此所测算的教育对经济增长的贡献率也会有差异。但有一点是肯定的,这就是现代教育与经济增长之间显著相关。这说明,教育发展对经济增长具有明显的促进作用,教育投资越来越成为经济发展新的增长点。

---

① 所谓教育先行,是指教育投资的增长速度超过了国民经济的增长速度,教育先于经济的发展。这是 20 世纪 70 年代国际教育出现的新现象。

② 杭永宝. 中国教育对经济增长的贡献率分类测算及其相关分析[J]. 教育研究,2007(2):41.

(三)教育的文化功能

文化是人类创造的产物。人类的文化一旦被创造,就成为外在于人的客观存在。教育对于文化传递、保存与发展的作用,构成了教育的文化功能。具体说来,教育的文化功能主要表现在以下四个方面。

1. 教育的文化传承功能

教育是保存文化的有效手段。文化的表现形式有多种,包括物质文化、制度文化和精神文化。对于前两种文化,可以借助物质实体,如各种名胜古迹、语言符号等把人类的精神以外在化的方式保存下来,但仅有这种方式是不够的。因为一方面是这些文化的存在物还需要人的理解;另一方面人类文化的核心——精神文化,尤其是民族的文化传统、思维方式等,是不能通过物化的形式体现出来的,而只能通过人的培养,体现在每个人的思想意识和认识中。所以,无论哪一类文化的保存,都离不开教育对人的培养。教育成为文化保存的主要手段。

教育的文化保存和延续功能有两种方式:其一是纵向的文化传承,表现为文化在时间上的延续;其二是横向的文化传播,表现为文化在空间上的流动。教育作为培养人的活动,它以文化为中介,客观上起着文化的传承和文化的普及作用。正因为教育的文化传承和文化普及作用,才使文化由少数人传向多数人,由一个地域传向另一个地域,由一代人传递给另一代人,使文化得以传递和保存。

2. 教育的文化选择功能

文化选择是文化变迁和文化发展的起始环节,它表现为对某种文化的自动选择或排斥。教育虽是文化传递的手段,但却不等同于文化传递,因为教育不是对所有文化的传播,其传播的文化是有选择的。没有选择的文化传播,就不成其为教育,学校教育尤为如此。教育进行文化选择的标准通常是:首先,选择有价值的文化精华,剔除文化糟粕,传播文化中的真善美;其次,按照统治阶级的需要选择主流文化;再次,按照学生发展的需要选择系统的、科学的、基本的文化,再对这些文化进行教育学意义的改造。教育的文化选择形式总体上有吸收和排斥两种:吸收是对与教育同向的文化因子的肯定性选择;排斥是对与教育异向文化因子的否定性选择。教育作为一种特定的文化,它必须对浩瀚的文化作出选择,选择文化是教育的应有之意。教育选择文化不只是促进文化的发展和变迁,更重要的是提高学习者的文化选择能力,以优秀的人类文化精华促进人的发展。教育的文化选择过程,已经暗含了教育以"善"的标准对现实文化的批判,实现对文化发展的正确引导。

3. 教育的文化融合功能

文化是一定时期特定地域人们的思想、行为的共同方式,在这个意义上,文化具有地域性和封闭性。然而,现代社会生产力的发展和市场经济的形成,使政治、经济、文化各方面已经打破了封闭的地域性而走向开放,因此,文化的交流成为必然。而文化的融合又是文化交流的产物,它表现为不同文化的相互交流、相互吸收而趋于一体的过程。

全球化时代教育的开放性,也使文化在传递过程中不断地相互吸收、相互融合。教育从两个方面促进文化的交流与融合:一方面,教育通过交流活动,如互派留学生、教师的出国访问、国际学术交流等，促进不同文化间的相互吸收、相互影响；另一方面，教育过程本身通过对不同文化的学习，如引进国外的教材、介绍国外的学术成果和理论，对这些异域的文化进行判断、选择，对本土的文化进行变革、改造，进而整合成新的文化，促进文化的不断丰富和发展。教育的过程，作为文化学习的过程，不是对文化的简单认可和复制，而是对文化的选择、重构和创造，这一过程实现了文化的融合。文化的融合，不是不同特质文化的简单相加，也不是一种文化对另一种文化的取代，而是要以某种文化为主吸收其他文化的有益成分，引起原质文化的变化。不同文化的交流、融合，不仅促进了世界文化的发展，而且也促进了本民族文化的繁荣。

4. 教育的文化创造功能

人类文化的发展，不仅需要传递和保存已有的文化，更需要创造新的文化。没有文化的更新和创造，就没有文化的真正发展。教育的文化功能，最根本就是实现文化的创新与发展。

教育通过以下几个方面实现文化的创造功能。首先，教育对文化的选择、批判和融合，总是着眼于古为今用、洋为中用，取其精华、去其糟粕，适应社会发展变化的需要，构建新的文化特质和体系，使文化得到不断的更新和发展。其次，教育直接生产新的文化。教师在教育活动中，不只是知识的传播者，也是知识的创造者，他们是新的文化力的生产者。教师与知识的联系不只限于将知识转化为学生可接受或易于接受的形式，而且表现为通过科学研究创造知识。教师的科研活动、研究性教学、师生的创作、科研论文的指导与撰写等都直接创造着新的文化。再次，教育创造文化最根本的途径就是创造性人才的培养。教育通过传授人类精致的文化，培养人的个性和创造力，并将这种创造性人才输送到社会的各行各业中去，他们在各自的岗位上直接从事文化创造活动，从而使教育系统就像一个能量丰富的文化创造源，实现文化创造的"辐射"和"裂变"效应。

专栏 2－5

新时期我国教育社会功能研究的新课题

1. 以追求和谐为主旨的教育政治功能。当前，我国提出建设以人为本的和谐社会的伟大目标，这是最大的政治，一切都应该服从和服务于这一任务，教育也应致力于发挥社会和谐的功能。现代教育通过其育人功能，培养具有和谐人格的社会公民，追求社会公平，建立民主平等的人际关系，从而达到人与人、人与社会、人与自然的和谐统一，促进社会的和谐。

2. 新物质观和软实力下的经济功能。新物质观主张由追求物质财富的无限增长转变为对生态环境、生活质量、自我实现、公民自由的关注，其中，生态环境和生活质量是后物质时代新物质观的最基本的诉求。新物质观不是单纯地追求经济增长、追求数字，而是把人类的幸福、社会的文明和可持续发展提上日程，并整合为一个目标。当代教育为经济服务，就要转变到新物质观倡导下的符合生态文明的经济发展模式上来，充分发挥教育促进新物质观下的经济增长的功能。当今世界，一个国家的综合国力既包括经济、科技等"硬实力"，也包括文化、意识形态等"软实力"。在教育的经济功能中，我们不仅要重视科学技术等经济发展的"硬实力"，也要注意文化等因素在产业中渗入与应用的“软实力”,并且,教育重在培养和发挥“软实力”的作用。

3. 彰显净化与赋值的文化功能。在一个世俗、功利的时代,文化中难免有庸俗和糟粕。通过教育一方面净化了文化,提高了社会文明程度,给人们营造一个催生幸福的氛围;另一方面也使生活其中的个体接受高雅文化的熏陶,更主动地创造一种快乐而有意义的生活,即幸福的生活。因此,我们应大力发挥教育净化文化的功能。在生活中,物质的富有甚至是极度富有,不一定必然带来人们生活的幸福。而精神型的、文化型的产品与服务,才能给人提供持久的幸福。国民幸福总值视野中,教育应该通过文化赋值重拾商品的满足性,使人们在享受物质快乐的同时,产生精神的愉悦。教育应该具有文化赋值功能,这一功能在国民幸福总值视野中将愈发重要。

[资料来源] 王北生. 当代教育基本理论论纲[M]. 北京:人民教育出版社,2012:125 – 129.

(四)教育的其他社会发展功能

1. 教育的人口功能

人口是社会的人力基础,社会的民主、经济的发展、文化的繁荣、文明的发达都取决于人口素质。教育对提高人口素质、控制人口数量、改善人口结构都具有重要的作用,这就是教育的人口功能。具体来说:第一,教育提高了人口质量。人口质量是由人口素质体现的。教育培养人的目的就是提高每个人的素质,从而提高整体的人口素质。第二,教育控制人口数量。提高人口素质,是教育的一个古老的人口功能,但控制人口数量却是教育的一个新功能,而且这一功能只出现在需要控制人口增长的国家。人口的增长是有规律、有限度的,不能无限增长。为此,需要控制人口数量。控制人口数量,需要制度的制约,但根本上需要通过教育改变人们的生育观念,实现少生优育,一方面提高人口素质,另一方面降低人口出生率。第三,教育改善人口结构,促进人口结构合理化。教育是使人口结构趋向合理化的手段之一。通过教育可以改变人口的文化结构和职业结构,更好地适应社会发展的需要;教育提高人口素质,减少人口质量的区域差异,尤其是通过提高偏远地区人口素质,促使人口的地域分布趋于合理。

2. 教育的生态功能

自然环境是人生存的家园。自然环境遭到破坏,危及人的生存,就谈不上社会的发展。古代社会,人改造自然的能力有限,人与自然处在原始融合的状态。但随着工业文明的发展,人改造自然能力的逐渐增强,以至于今天人对自然的过度开发带来了大自然对人的报复,致使环境污染、生态危机成为当代社会发展的最大问题。因此,教育的生态功能开始凸显,并且越来越重要。1992 年联合国环境与发展大会通过的《21 世纪议程》指出:“教育促进可持续发展和提高人们解决环境和发现问题的能力,具有重要的作用。”教育的生态功能就是教育对保护自然环境、促进可持续发展和建设生态文明所起的积极作用。具体表现在:一是通过环境教育提高人们保护自然环境的意识、责任和绿色的生活习惯;二是通过发展创造科学技术,提高人们解决环境问题的能力,有效地解决生态问题;三是形成可持续发展的理念和生态文明的理念。党的十八大指出,建设生态文明,是关系人民福祉、关乎民族未来的长远大计。我们必须把生态文明建设放在突出位置，融入经济建设、政治建设、文化建设、社会建设各方面和全过程，努力建设美丽中国，实现中华民族永续发展。

3. 教育的社会成层功能

人与人有着学历、职业、收入、地位等的差别，因此也就在社会中形成了不同的阶层。而这一阶层的形成与教育有着极大的关系。因为人们的教育经历决定着学历，而在一个注重学历的社会，学历又极大程度地影响了人们的职业选择，进而影响着他们的收入和社会地位。因此，在一个较为普遍的意义上，可以说教育是影响社会分层的重要因素，教育具有社会成层的功能。这是社会成层的一个方面。社会成层的另一个方面是指社会客观上存在不同阶层，每个阶层对人才具有不同的要求，教育就是要根据不同阶层的特性和要求，培养不同阶层所需要的人，从而维护既定社会的分层。教育制造了社会阶层，社会阶层又对教育提出了要求，教育与社会成层互为前提、互为因果。

专栏 2－6

新时期我国教育在社会中的地位

改革开放前，我国的教育一直被人们视为一项消费事业。改革开放以后，国家的工作重点转向经济建设，教育的社会地位也发生了重要变化。

党的十二大：教育是社会发展的战略重点之一。

党的十三大：把教育放在社会发展的首要位置。

党的十四大：把教育摆在优先发展的战略地位。

党的十五大：确立科教兴国的基本国策。

党的十六大：教育在现代化建设中具有先导性、全局性作用。

党的十七大：教育是民族振兴的基石。

党的十八大：教育是中华民族振兴和社会进步的基石。

三、教育的社会发展功能有效发挥的条件

教育具有促进社会发展的功能，但这些功能的发挥是需要条件的。总体来说，这些条件是保持教育与社会之间的协调一致。具体来说，主要表现在以下方面。

（一）遵循教育发展的社会规律

教育发展是有规律的，只有遵循这些规律，才能保证教育自身和教育与社会的协调发展。教育发展的社会规律是教育与社会之间本质的、必然的联系，这种联系不仅表现为教育对社会的促进作用，即教育功能，更表现为社会对教育的制约作用。教育的社会发展功能的实现是以符合社会对教育的制约为前提的。

教育具有政治功能，但政治功能的发挥必须以社会政治对教育的制约作用为前提。政治制度制约着教育的社会性质，阶级社会教育的阶级性制约着它为哪个阶级利益服务。政治制度制约着教育培养什么样的人，制约着教育的领导权和受教育权利，制约着教育的方

针、政策和管理体制，制约着课程的设置和教育内容的选择。

教育具有经济功能，但经济功能的发挥必须以社会生产力对教育的制约作用为前提。生产力制约着教育发展的规模和速度，制约着人才培养的质量和规格，制约着教育结构的变化，制约着课程设置、教育方法、手段的运用。

教育具有文化功能，但文化功能的发挥也受到文化对教育的影响。一定的文化传统影响着教育观念、影响着对教育的需求、影响着教育事业的发展，社会积累的文化资料和内容成为教育资料和教育内容的来源。教育资料和教育内容取材于社会文化的累积，是对累积文化的选择与利用。

教育具有人口功能，但人口作为教育对象的来源，直接制约着教育事业的发展。一是人口数量影响着教育发展的规模和速度，教育发展的规模、速度必须与人口增长率保持一致。二是人口的质量影响着教育质量。人口质量影响着新生儿的父母素质，也构成教育质量的潜在影响。人口中的青少年素质如何，既是教育的质量，也是人口的质量。三是人口结构的构成，包括职业结构、年龄结构、文化结构等影响着教育的专业结构、类型结构、层次结构的调整。

如果教育的发展违背了社会规律，脱离了社会的制约，盲目发展，必然会带来问题。例如，不顾本国经济发展水平和需求盲目地“教育先行”，不仅会导致国民经济的失衡，也会带来诸如教育质量滑坡、大学毕业生就业难、教育资源浪费等问题。所以，教育的社会发展功能的发挥必须以社会对教育的制约为前提。当教育与社会之间产生冲突与矛盾时，教育必须首先满足社会的需要。虽然教育具有引导功能，但引导需要以适应为前提，发展需要以稳定为前提。

（二）正确地把握教育与社会之间的张力

社会对教育有着制约和影响作用，但这种制约和影响，并不意味着教育成为社会的政治、经济的复制品。社会对教育的制约和影响作用必须通过教育自身的转化，转化为教育制度、教育目的、课程内容、教育方法与组织形式等，教育的发展功能才能得以实现。因此，我们既要看到社会对教育的影响，又要看到教育自身的独立性；既要看到教育与社会之间的密切关系，又要看到教育与社会的区别，正确地把握教育与社会之间的张力。从新中国成立以来的教育发展来看，什么时候正确地处理了二者的关系，教育和社会都能够进入良性发展，教育才能既促进了社会的发展，又保持了自身的独立性。但什么时候只看到二者的联系，没看到二者的区别，甚至把教育等同于社会的政治、经济，把政治、经济的运行逻辑直接搬到教育领域里来，则会使教育丧失独立性，成为政治、经济的附庸。把教育等同于社会，表面看来，服务了社会，发挥了强大的社会功能，但这种服务社会的功能，是以丧失教育的独立性为代价的，是对教育自身的破坏。例如，“文革”期间学生停课“闹革命”，直接参与政治斗争，带来了对教育的破坏。再如，改革开放后的教育市场化、商品化，同样带来了对教育的破坏。

因此，发挥教育的社会发展功能，需要正确处理教育与社会之间的关系，合理把握二者之间的张力，把握教育与社会相互作用的“度”，做好社会要求向教育内化的工作，使社会要求符合教育自身特点,成为教育的制度、目的、内容和方法。

专栏 2－7

“改嫁”了的教育

教育本姓“人”,为此,“以人为本”对于教育来说是不言自明的。然而,从教育实际展现的历史来看,它却又经常背离这一常理。

回顾在新中国成立后的相当一段历史时期内,随着“无产阶级专政下继续革命”的所谓基本路线的不断升级,教育成了“阶级斗争的工具”“无产阶级专政的工具”,发展到极端时,连“教育”这一“工具”也都被彻底废弃,亿万学生“停课闹革命”,直接投入到大批判、大夺权的大革命运动中。学校成为政治斗争的战场,教育早已远离了人和人的发展。

“文化大革命”结束后,教育开始从政治斗争的旋涡中走出来。刚刚跨出阶级斗争轨道的教育,很快又被裹进一股唯经济主义的浪潮。在一个以经济为轴心的社会中,经济的功能往往会被无限放大,超越了它合理的边界,导致它对于整体生活不应有的侵占,人们的生活被经济功利主义所殖民化,教育也未能例外。放在教育首位的仍然不是人的发展、人的完善,而是物质经济的利益和效率。这些年来,可以看到:我们的教育是怎样在不断迎合经济市场、在和市场调情中失去自我的。教育所要满足的不是人之发展需要,所遵行的不是教育自身的规律,而只是市场功利的需要,在较多的情况下,人们是在用市场的逻辑来操纵教育。在这种教育中,人没有了,人只是物的附属品,是被控制和定制的对象;学习和教育的目的性没有了,学习和教育只是维持生存、直接谋取财富的手段;学校的教育性没有了,学校沦落为功利场。“教育的制度越来越靠拢市场制度,教育的目标越来越以市场需求为转移。”

[资料来源] 鲁洁. 教育的原点:育人[J]. 华东师范大学学报:教育科学版,2008(4):15－16.

(三)正确地处理教育功能间的关系

教育功能有不同的种类,这在前面已经论述。教育的社会发展功能的发挥需要正确处理教育的本体功能与社会功能、教育的保守功能与超越功能之间的关系。

1. 正确处理教育的本体功能与社会功能之间的关系

教育要发挥社会发展功能,但不能忘记,教育就是教育,教育的根本就是育人。教育的社会发展功能的发挥必须通过教育本体功能的实现。因为人是社会的主体,是社会发展的根本动因和动力。一切社会的变化不是社会规律的自行运动,它只能是人的社会实践活动的结果。教育发挥社会发展功能,不同于政治、经济发挥社会发展功能,它们是直接发挥,教育是间接发挥。教育的社会使命和功能都是要通过培养人才得以实现的;否则,这些使命和功能都只能是一句空话,背离了人的发展的教育也只能是有碍于社会发展的教育。

2. 正确处理教育的保守功能与超越功能之间的关系

教育功能的保守性体现在教育自我的保存和教育与社会的相适应,培养适应社会需要的人。通过培养与社会相适应的人,复制既定的社会,维护社会的稳定。保守的社会功能对于维护社会稳定是必要的,但如果只停留在保守性上,教育就不能推动社会的发展。所以,教育对社会的促进,要求教育必须发挥超越性功能。而受制约于社会的教育,要发挥超越性功能,不是脱离社会的限制,而是培养改造世界的人,培养社会的主体。“教育作为培养人的活动,它超越的核心就是要培养出能改造现存世界的人,也即是具有实践意识和实践能力,能超越现实世界、现实社会的人。赋予人以人所独具的实践本质,这是教育的基本功能。”①总之,教育发挥社会发展功能,必须以培养社会主体为基点,这是教育的本体功能,也是教育发挥社会功能唯一合法的途径。

第四节 教育功能的形成与释放

在对教育功能进行静态、横断式的分析之后,明确了“教育有哪些功能”,但更需要进一步明确这些功能是“怎样形成”和“怎样释放”的。教育的两大功能是本体和派生的关系,从形成过程来看,教育通过培养人实现其本体功能,主要发生在教育活动过程中;培养的人才进入社会,参与社会政治、经济和文化实践,派生出教育的社会功能。社会功能是教育本体功能的释放,主要渗透于其他社会活动过程中。

一、教育本体功能的形成

教育功能的形成是发生在教育过程中的,它的起点来自社会和个人发展的期待和要求,终点是教育结果的出现。它大体经过三个阶段,即教育功能取向的确立、教育功能行动的发生和教育功能直接结果的产生。其形成的路线可简单地表示如下:

社会发展期待
个体发展期待 }→(选择)→功能取向—(转化)→ 功能行动—(产生)→直接的功能结果

(一)教育功能取向的确立

从教育系统承受社会和个人的功能期待到确立自己的功能取向,是教育功能形成所经历的第一个阶段。虽然说教育功能是教育系统作用于社会和人的一种客观结果,但这种结果来自于社会发展的期待和个人发展的愿望,即功能期待。社会和个人对教育如何为自己服务,都有不同的功能期待。其中,社会期待代表统治阶层的利益,是社会的主流价值;个人期待代表着个性化发展的欲求。在权衡社会期待和个人期待、作出教育功能取向的选择时,就可能有两种情况:一种是社会发展与个人发展和谐一致,并且社会中的各组成部分也处于和谐状态,这时社会各构成部分的功能需求以及个人的功能需求可以说是一致的,对此,教育功能价值取向的确立是一个对社会各组成部分和个人功能需求的认同过程;另一种是社会发展与个人发展是冲突、对立的,这就又衍生出“社会本位”和“个人本位”两种不

① 鲁洁. 论教育之适应与超越[J]. 教育研究,1996(2):3.

同的价值取向。社会本位认为,社会的价值高于个人的价值,教育就是要根据社会的要求,培养社会需要的工具人;个人本位认为,个人的价值高于社会的价值,教育就是要根据人身心发展的要求,促进人的个性的自由发展。其中,社会本位在某个时期又有可能偏重于社会的某个构成部分(如政治、经济),这时教育功能取向的确立是一个对不同功能需求的选择过程,包括社会的期待和个体的期待,社会期待中还有统治阶级和其他社群的不同期待。

人类社会在不同的发展阶段中,教育的功能取向是不同的。古代社会,个人没有独立的人格,教育的功能取向只有社会本位。近代西方文艺复兴运动唤醒了西方个人的主体意识,教育在功能取向上力主个人本位,直到 19 世纪后半叶,近代自由资本主义向垄断资本主义转变,社会本位在德国、法国、美国应运而生。我国的文化传统是社会本位取向,在儒家文化中,即便是主张“修身”,也不是为了“养性”,而是为了“齐家”“治国”“平天下”。这种文化传统造成了近代以来教育功能以社会取向为主,而且主要是教育的政治功能取向。20 世纪 70 年代末,特别是十一届三中全会以来,随着党的工作重心的转移,教育的经济功能成为教育功能取向的重要内容。在当今知识经济时代,社会的要求和人的发展表现出一致性,培养人的全面素质和创新能力是社会的需求,也是人的发展的根本,新时期教育功能的取向呈现出以人为本的全面性,即通过人才的培养,全面发挥教育的社会功能,从而实现了教育的个体发展功能与社会发展功能的统一。

(二)教育功能行动的发生

教育功能取向只是对教育功能的期望,充其量是期待的教育功能,并非是现实的教育功能。这种功能期待只有通过教育功能行动才可能变为现实的功能。因此,功能取向的确立与功能行动的发生,二者之间存在着一个隐形却不可或缺的“转换”过程,这一转换是教育功能形成所经历的第二个阶段。所谓**教育功能行动**,是指可能导致产生一定功能结果的所有教育行动,主要是指入学选拔和培养。① 入学选拔是选定教育的对象,是教育过程的输入环节;培养是加工环节,是教育本体功能生产的关键。教育能否促进个体的发展以及发展的程度如何,一定意义上是由教育的培养环节决定的。

从教育功能取向的确立到教育功能行动的发生,这个转换过程受到来自社会和教育两方面的制约。就社会方面而言,主要表现为社会对教育的控制与投入,包括教育制度的建立、教育目标的确立、教育方针政策的制定、教育物质的投入、教育内容的选择等,使教育沿着社会所期望的方向发展,力求使教育产生的功能结果满足社会的功能需求。就教育系统自身而言,这种功能期待能否发生,主要取决于教育系统的要素及其素质,这包括教育者、学习者的素质条件、课程设置是否合理、方法选择是否得当以及教育过程是否有序、持续运行。可以看出,同样的教育投入在不同的学校会产生不同的教育功效,主要在于教育者和学习者的素质差异。同样的教育投入、同样的师资水平,在“教育动乱”时期和在教育秩序井然时期,会发生不同的教育功能。在教育有效、持续运转时期,教育功能行动的发生能更好地符合教育功能取向的要求和期待,产生对个体发展和社会发展的积极作用;动荡时期

---

① 熊川武,等. 实践教育学[M]. 上海:上海教育出版社,2001:142.

的教育往往偏离这一期待,对个体发展和社会发展起着阻碍和破坏的作用。

(三)教育功能直接结果的产生

从教育功能行动的发生到教育功能结果的产生,是教育功能形成中的第三个阶段。这个阶段包括两个过程:一是对社会各系统的直接影响与改变过程;二是对学习者的影响过程,即教育系统通过其功能行动控制学习者的发展环境,从而影响其“文化特性”形成的过程。前者形成了教育社会功能的“直接结果”,如教育宣传形成了政治舆论,在非常时期,组织学生直接参加政治运动;教育市场化对其他行业消费的刺激作用以及带来的经济增长;教育对文化的传播、选择、创造、批判功能等。后者形成了学习者的文化特性,培养了符合社会要求的人。对于教育功能的这两种直接结果,我们更重视后者,因为教育是培养人的活动,虽然它可以直接参与政治、经济的运营,但那只能是一种附带的功能,教育功能的直接结果是培养人。促进人的发展,才是教育的根本所在。

教育的根本是培养人,但培养什么样的人,这一结果又取决于起始确立的不同的教育功能取向。个人本位的教育功能取向主张培养“自然人”,社会本位的教育功能取向主张培养“社会人”。18 世纪法国教育家卢梭是个人本位的极端代表,他说,要在“人”和“公民”之间作出选择的话,他选择“人”。德国现代教育家凯兴斯泰纳(G. Kerschensteiner,1854—1932)是社会本位的极端代表,他把社会本位发展为国家主义,认为国家的教育目的只有一个,那就是培养具有一定生产技术、绝对服从国家利益的个人和士兵。我国以社会发展和个人发展相统一为功能取向,培养德智体美全面发展的社会主义建设者和接班人。

二、教育社会功能的释放

从社会需求和人的需求的内化到教育功能结果的产生,可以说一个简单的教育功能关系已经形成。但教育功能的结果除了直接发生功能作用外,更多的是以凝固形态储存起来,表现为人才和精神文化产品。当这些人才和精神文化产品作用于社会系统时,对社会各个结构的改造和发展会起到相应的作用。从严格意义上说,这已不属于教育功能的形成过程,它超越了教育自身的范围,只能算作教育功能结果的衍生,是教育功能结果的释放。所以,教育功能的释放不同于发生在教育活动之中的教育功能的形成,它是发生在社会系统之中,通过教育功能的结果参与社会活动而实现的。

教育功能释放的场域在社会,主要包括两个环节:一是产品的社会输入;二是产品的社会利用。教育生成的产品包括毕业生和精神文化产品(如作品、发明、设计方案等)。教育社会功能的发挥,首先是这些教育的产品走入社会,有相应的岗位和机会,这才有发挥作用的可能。所以,对社会来说,能不能给毕业生提供能级相应的工作岗位,能不能为新的科学文化产品的应用提供实验、实施和传播、推广的机会和条件,是教育功能释放的前提。如果毕业生无法就业、科技成果得不到推广应用,教育显然无法释放其功能。即便是产品进入社会,寻求到了岗位和机会,接下来还有一个利用的问题,这就是教育功能释放的第二个环节。如果人才没有流向相应的岗位,社会也没有为人才力量的发挥提供相应的条件、待遇和良好的发展前景,不能做到人尽其才、才尽其用,这同样会阻滞人才身上所蕴含能量的充分发挥。如人才的跳槽、中小学教师的流失都是这种情况。同样,文化产品也存在着推广、利用中的重视程度、物质条件的充足与否问题,这也影响着它们的功能释放。

当然,教育功能的释放不只是受外部社会因素的影响,还受教育产品自身的影响。教育所培养的人才必须与社会的需要相适应,否则,它所培养的人才没有受到恰当的训练,教育所授予的资格和技术不能满足社会的要求,出现用非所学、学非所用的现象,社会便拒绝接受这些毕业生,这样教育的功能也就不可能得到释放。为了避免这种情况,教育系统自身在功能形成过程中,必须与社会要求不断相适应,包括调整教育内容,反映新的科技成果;调整教育的层次和类别结构,以适应产业结构变化的要求,培养社会所需要的毕业生,不至于出现结构性人才奇缺和人才过剩现象。就精神文化产品而言,它的科学性、创新程度及应用价值等也制约着其功能的释放。

所以,提高教育功能的释放效益,尽可能减少受阻状态,就要在教育与社会的协调中,一要提高教育产品自身的素质,二要创造良好的外部环境,使教育的产品不仅"用得上",而且"用得好"。

【主要结论与启示】

1. 教育功能就是教育对人的发展和社会发展所能够起到的影响和作用,尤指积极的促进作用。教育功能具有客观性、社会性、多样性、整体性和条件性。教育功能有很多类别,从对象上分,有个体发展功能与社会发展功能;从层次上分,有本体功能与派生功能;从外部表现形式上分,有显性功能与隐性功能;从性质上分,有保守功能与超越功能。现实中的教育功能是一种多元的组合形态。

2. 教育具有个体发展功能。影响人的发展有多种因素,包括个体自身的因素、环境因素和活动因素。教育是教育者和学习者在特定的环境中有意识地进行以促进人的发展为直接目的的活动,因此,它在人的发展中具有特殊的价值。教育对个体发展的促进,主要表现在促进个体社会化和个体个性化的发展,实现个体社会化和个性化的功能。教育促进个体的发展必须遵循个体的身心发展规律,为个体发展提供社会规范性引导,有效组织教育活动,发挥教师的引导作用,培养学生的自觉能动性。

3. 教育具有社会发展功能。教育的社会发展功能表现为教育的政治功能、经济功能、文化功能、人口功能、生态功能、社会成层功能等。教育的社会发展功能的发挥也是有条件的,包括遵循教育发展的社会规律,把握教育与社会之间的张力,同时处理好本体功能与社会功能、保守功能与超越功能之间的关系。

4. 教育本体功能的形成过程包括三个阶段,即教育功能取向的确立→教育功能行动的发生→教育功能直接结果的产生。教育功能的直接结果主要是人才的培养,因此,教育功能的形成主要发生在教育过程之中。教育社会功能属于教育的派生功能,是教育功能的释放,主要发生在社会活动之中。教育功能在形成和释放过程中受到来自社会和教育系统两个方面多种因素的影响。

【学习评价】

1. 名词解释:功能与教育功能、本体功能与派生功能、显性功能与隐性功能、保守功能与超越功能。

2. 影响人的发展因素有哪些?教育在个体发展中有哪些独特价值?

3. 教育的个体发展功能有哪些表现?影响教育的个体发展功能有效发挥的条件有哪些?

4. 教育的社会发展功能有哪些表现?影响教育的社会发展功能有效发挥的条件有哪些?

5. 试描述教育功能形成和释放的路线。

6. 结合教育实际,列举现实中教育功能的异化,并对其原因进行剖析,提出避免功能异化的建议。

【学术动态】

● 从单一功能到多样化功能。国内关于教育功能的讨论是从教育本质的争论中生发出来的,在讨论"教育是生产力还是上层建筑"中,教育功能问题开始显现。面对"文革"期间误把阶级斗争当作教育的唯一功能,20世纪90年代,论者们在"解放思想"的旗帜下开始反思教育的政治功能。论者们在批判教育过度政治化的基础上,肯定了教育具有政治功能,同时认识到教育具有经济功能,教育在促进经济发展方面具有不可替代的作用。面对经济热潮中文化问题的凸显,在"文化热"的背景下,教育理论界又把目光转移到教育的文化功能上来。除此之外,论者们逐渐认识到教育具有生态保护的功能。一句话,教育功能研究从单一型的功能研究转向了多样化的功能研究。

● 从对立思维到共生思维。从"个人—社会"的维度上,教育功能划分为个体功能与社会功能。这一划分成为20世纪90年代初期的基本认识。这种划分方式导致出现了社会功能与个体功能谁主谁次的争论。面对这种争论,人们开始转变"对抗性"思维方式,从"本体—工具"的维度对教育功能进行划分,提出了本体功能与工具功能(亦称之为派生功能、衍生功能)。从个体功能与社会功能的类型划分到本体功能与工具功能的类型划分,表面看起来仅仅是一种类型划分方式的变化,实际上则是人们认识方式与思维方式的变化。这样的思维方式的变化则体现出教育功能研究的思维方式从二元对立转向了相依共生,认识到教育功能的发挥是一个动态的、整体的系统。相比较于个体功能与社会功能的划分,本体功能与派生功能的划分更进一步,能够解决"社会本位论"与"个人本体位论"在教育功能方面的冲突,同时也更好地反映出教育功能的层次性与系统性。

● 从静态分析走向动态研究。20世纪80年代至90年代初期,教育功能研究基本处于一种"静态"研究阶段,主要关注教育功能的概念、类型、具体的功能。20世纪90年代后期以及21世纪以后,教育功能研究的重点开始转向"动态"的研究阶段,主要关注教育功能的形成、演变机制。在功能形成方面,有论者主要立足一般化、普遍化的语境,分析了教育的社会功能的形成过程。有论者立足教育的具体功能,着重论述了教育诸多功能之间的演绎(产生机制)。有论者逐渐关注到教育诸多功能的发展演变过程,认识到教育对于社会和个人的作用不是固定不变的,在不同的历史阶段与社会环境中会有着不同的表现。

● 多视角、多领域、多维度的综合化研究态势逐渐形成。教育功能研究已经摆脱了单一教育学学科领域的限制,开始从社会学、政治学、经济学等多学科领域汲取理论养分,从单一学科走向多学科视角研究。如有论者从社会学的学科视野出发提出了教育负向功能,教育经济功能的深化得益于经济学的贡献,政治关系复制以及政治民主化理论的发展离不开政治学的支持,等等。

教育功能研究视角也不再是局限于促进社会与个人发展的有用性方面,开始拓展到享用层面、精神层面等。有论者已经不再简单地从促进社会与个体发展的视角讨论相关问题了,开始立足于生活幸福、个体享用、精神价值等视角进行讨论。

教育功能研究还体现出一种系统化思维,从静态的功能结构分析转向了动态的演变发展分析,从平面化的功能研究转向了立体化的功能研究,从简单的线性分析转向了复杂的关系解析。

教育功能研究正是在这种多学科、多领域、多视角的系统化研究基础上,呈现出一种综合化研究态势,实现了一种良性状态:在反思中不断达成研究共识;在共识上不断深化研究主题;在发展中不断拓展研究视野。

【参考文献】

1. 郑金洲. 教育功能[M]//瞿葆奎. 教育基本理论之研究(1978—1995). 福州:福建教育出版社,1998.

2. 胡金木. 教育功能[M]//冯建军. 教育基本理论研究 20 年(1990—2010). 福州:福建教育出版社,2012.

3. 王萍. 教育功能的辩驳与转向[M]//王北生. 当代教育基本理论论纲. 北京:人民教育出版社,2012.

4. 叶澜. 教育概论(修订版)[M]. 北京:人民教育出版社,2006.

5. 冯建军. 当代教育原理[M]. 南京:南京师范大学出版社,2009.

6. 吴康宁. 教育的社会功能新论[J]. 高等教育研究,1996(3).

第三章　教育目的

【内容摘要】

本章是关于人的培养目的及价值取向问题的理论探讨，对确立教育观念、选择教育功能具有重要意义。教育目的既是教育功能的确定性指向，也是教育制度、课程、教学等理论得以展开的基本依据。本章阐述和探讨的主要内容有：一是对教育目的本体性问题的认识和理解，目的在于明确教育目的基本内涵及其对实际教育活动所具有的质的规定性，展现不同类型教育目的和教育目的的功能；二是对教育目的的选择确立及其所涉及的价值取向问题进行分析探讨，目的在于揭示影响教育目的选择确立的重要因素，阐明教育目的价值取向中的基本问题，指出在社会价值取向和人的价值取向上各自应把握好的主要问题；三是对我国教育目的问题的分析和探讨，目的在于展现新中国成立以来教育目的的历史性变化，理解当代我国教育目的的精神实质和现实依据，从理论与实践上对我国当今教育目的的实现予以对策性探讨。

【学习目标】

1. 准确理解教育目的的内涵，清楚其对教育活动所具有的质的规定性，而且对教育目的的类型及功能有明确的认识和正确的把握。

2. 了解教育目的选择确立的基本依据，清楚教育目的价值取向所面临的问题关涉。

3. 正确理解和把握教育目的的社会价值取向和人的价值取向中各种重要的问题。

4. 清楚新中国成立以来我国教育目的的变化，正确表述新时期的教育目的及其精神实质。

5. 明确我国当代教育目的及其精神实质、确立的基本依据，理性把握教育目的的实现。

【关 键 词】

教育目的　功能体现　价值取向　理性把握

教育作为培养人的社会活动，虽然具有多方面的教育功能，但这些功能的实现却不是自发的、盲目的，而是一种在理性引导下的有目的的追求。而且，教育目的不同往往会导致教育功能的体现和人才素质的发展的不同。教育要实现怎样的功能，培养什么样的人，都需要通过相应教育目的的提出来确立。这说明，教育培养什么样的人，为一个怎样的社会培养人，一直是古今中外一切教育理性的核心和教育活动展开的前提。认识和思考教育目的，是理性对待教育和教育理性化运行所必需的。

第一节 教育目的的类型及其功能

一、教育目的及其基本特点

(一)教育目的的基本意蕴

目的一词常在我们的生活和交往中被使用,其意为很多人所能意会,并不感到陌生。如果从其“言说”的意义上进行表达的话,即指生活或活动主体所意欲达到的最终归宿所在。

目的在我们的生活中显现出这样一些特征:(1)蕴含明确的意识性。即生活或活动的主体在意识上对“去往所在”①的明确觉识。(2)蕴含本己的意欲性。即“去往所在”是出自生活或活动主体内在的意愿,为主体自身所欲求。也就是说,它是发自本心的一种“欲求达到”的意愿。由此可见,目的蕴含着主体的自觉性。(3)蕴含实现的可能性。即主体生活或活动的目的一般不是凭空产生和确立的,常常带有实现的客观依据和主观依据,没有这些相应的依据往往不会确立起相应的生活或活动的目的。这种基于主客观依据上的生活或活动的目的一般带有实现的可能性。(4)蕴含着实现的预期性。即基于主客观依据上的生活或活动的目的,往往会使人在可能的条件下,对其实现作出行动上的规划和安排,其中包括对主客观因素的把握和实现的时间考虑,进而使目的的实现带有可预期性。目的性是人类生活或活动的特性,也是发展的内在根源或源泉。人类从野蛮走向文明、从愚昧走向科学、从农耕进入工业再进入到信息时代,人类的物质文明、精神文明、制度文明等无不包含目的性作用的结果。

人类社会的各种活动无不带有目的性,教育活动亦然。从其产生来看,是基于人类及其生产和社会生活经验、知识得以延续的需要而进行的一种有目的、有意识地培养人的活动;从其运行过程来看,一切教育内容的确定、教育方法的选择及具体培养目标的制定等,无一不是依据教育目的来进行的。可见,教育目的体现了人类活动的特性,人类社会对人的培养都是依据所确定的教育目的来进行的。

教育目的,即教育意欲达到的归宿所在或所预期实现的结果。它是教育活动的出发点和归宿,本身就反映着办教育的主体对教育活动在努力方向、社会倾向性和人的培养规格标准等方面的要求和指向。从所含内容主要指向来看,教育目的又有狭义和广义之分。狭义的教育目的特指一定社会(国家或地区)为所属各级各类教育(或者说是整个教育事业)的人才培养所确立的总体要求,是整体教育意欲达到的根本所在。广义的教育目的是指对教育活动具有指向作用的目的领域(也有人称目标领域),含有不同层次预期实现的目标系列。其结构层次有上下位次之分,依次为:教育目的—培养目标—课程目标—教学目标等,各位次名称的含义及所产生作用的特点既有相同性,也有各自的独特性。

教育目的与教育方针既有联系又有不同。从二者的联系来看,它们在对教育社会性质的规定上具有内在的一致性,都含有“为谁(哪个阶级、哪个社会)培养人”的规定性,都是一

① 去往所在,即所要去往的那个地方,所要到达的目的地,不是指出发所在地。

定社会(国家或地区)各级各类教育在其性质和方向上不得违背的根本指导原则。从二者的区别来看,一方面,教育方针所含内容比教育目的更多些。教育目的一般只包含"为谁培养人""培养什么样的人"的问题;而教育方针除此之外,还含有"怎样培养人"的问题和教育事业发展的基本原则。另一方面,教育目的在人的培养质量规格方面要求较为明确,而教育方针则在"办什么样的教育""怎样办教育"方面显得更为突出。教育目的与教育方针的这种联系和区别,在我国现行教育的相关法规和文献中有明显的体现。如"教育必须为社会主义现代化建设服务,为人民服务,必须同生产劳动和社会实践相结合,培养德智体美等方面和谐发展的建设者和接班人",就是我国现阶段教育方针所强调的主旨;而我国的教育目的则强调培养德智体美等方面和谐发展的社会主义建设者和接班人。

(二)教育目的的基本特点

同人类社会生活和活动的目的一样,教育目的也带有意识性、意欲性、可能性和预期性的特点。除此之外,教育目的还有两个较为明显的特点:第一,教育目的对教育活动具有质的规定性。即教育目的对教育活动的社会倾向和人的培养具有质的规定性,主要表现在:一是对教育活动具有质的规定性。一般而言,一个国家的教育目的总体上都内在地含有对教育"为谁培养人""为谁(哪个社会、哪个阶级)服务"的基本规定。如我国现行教育目的中强调"培养……社会主义现代化的建设者和接班人"就明显地体现了这一点。这种质的规定性在于明确教育进行人才培养的社会性质和根本方向,以便使其培养出与一定社会要求相一致的人。如果偏离了社会要求或违背了社会性质,社会必然要通过各种方式对其教育进行批评、整顿、改造,严重的甚至予以取消。二是对教育对象的发展具有质的规定性,主要体现在两方面:一方面规定了教育对象培养的社会倾向,即要使教育对象成为哪个阶级、哪个社会的人,为哪个阶级、哪个社会服务;另一方面规定了培养对象应有的基本素质,即要使教育对象在哪些方面得到发展,应养成哪些方面的素质等。由此可见,教育目的作为培养人的总体要求,总是内在地决定着教育的社会性质和教育对象发展的素质。而这种对教育活动所具有的质的规定性,使它自身对各种教育活动的要求具有很强的原则性,成为社会在总体上把握教育活动及人才培养性质和方向的根本所在。坚持了所确定的教育目的,把握了它所具有的质的规定性,就能够从根本上保证教育对人的培养与社会发展要求相一致。第二,教育目的具有社会性和时代性。教育是培养人的社会活动,无不受到社会及各个时代的制约,这也就使得教育目的在历史的发展中常常带有社会不同时代的特点,体现不同时代的要求。

二、教育目的的基本类型

在人类社会的发展中,教育目的不仅因其社会发展各历史时期的不同而在性质和内容上有所不同,而且在类型上也有所不同。从其作用的特点看,有价值性和功用性之分;从其所含要求的特点看,有终极性和发展性之分;从被实际所重视的程度看,有正式决策和非正式决策之分;从其体现的范围看,有内在教育目的和外在教育目的之分。

(一) 价值性教育目的和功用性教育目的

价值性教育目的,即教育在人的价值倾向性发展上意欲达到的目的,内含对人的价值观、生活观、道义观、审美观、社会观、世界观等方面发展的指向和要求,反映教育在建构和引领人的精神世界、人文情感、人格品行、审美意识、生活态度、社会倾向等方面所要达到的结果。这类教育目的的根本就是要解决培养具有怎样社会情感和个性情操的人。不过,人的生活不仅要注重在精神、情感上有所依托、有所归宿,而且还要注重增强和体现自身进行各种活动的功能和用途。而人在各种活动中的功能和用途,也可以看作人从事或作用于各种事物的活动性能,简称人的功用性①。人的功用性是与自身的各种活动能力、技能技巧密切相关的,是借助自身的各种活动能力、技能技巧来体现的。如果没有了各种活动能力、技能技巧,那么人就不会具有从事或作用于各种事物的活动性能,也就谈不上人有什么功能和用途,人存在的功用性就会极其有限,在生活的各种活动中也难以起到大的行为作用。由此可见,**功用性教育目的**就是教育在发展人从事或作用于各种事物的活动性能方面所预期的结果,内含对人的功用性发展的指向和要求,在教育实践中以能力、技能技巧等方面的具体要求呈现出来。功用性教育目的的根本就是要解决人在各种活动中的实际能力和作用效能的开发与提升,发展和增强人在各种活动中行为的有用性和功效性。

价值性教育目的和功用性教育目的的含义表明:价值性教育目的指引和要求实际的教育活动要关注和把握人的精神世界、价值倾向、情感态度、审美情趣和人格品行等方面的发展,使人在生存发展中内心世界有所依托——"心有所属"。而功用性教育目的则是指引和要求实际的教育活动要关注和把握人从事各种实际活动、应对和解决实际问题的智能素养和技能技巧的发展,使人在生存发展中具有行事做事的力量和技能——"身有所为"。但这并不意味着二者毫无联系。事实上,它们都属于总体教育目的在实现过程中衍生出来的相互联系、相互作用的两个方面,也是人在社会中生存、发展所必需的。在社会总体教育目的的实现过程中,必须以人未来发展的利益和社会需要为教育确立良好的价值性目标,同时也要使功用性目的的确立符合价值性目标的要求,使二者一致,并在实践中相统一。否则,教育活动就难以很好地实现它的价值目的和功用目的。当然,在实践中也不能将二者相互代替,因为这样就不能造就完整的人。缺少功用性目的,价值性目的的实现就会失去活动能力的依托;而以功用性目的代替价值性目的,或以功用性目的作为最高目的(如只把学生如何取得良好考试成绩作为教学目的),也无益于教育活动根本价值的真正实现。

(二) 终极性教育目的和发展性教育目的

终极性教育目的,也称理想的教育目的,是指各种教育及其活动在人的培养上最终要实现的结果,内含对人发展的理想性要求。**发展性教育目的**,也称现实的教育目的,是指教育及其活动在不同阶段所要连续实现的各种结果,表明对人培养的不同时期、不同阶段前后具有衔接性的各种要求。在每一阶段向另一阶段的发展过渡中,具有承前启后的不可或缺性,既

---

① 人的功用性与机械的功用性不同。机械的功用性大多带有专门的特性,如空调的功用在于制造或输出冷暖风;而人的功用性则具有不断生成变化性和多方面综合性的特征。

表示某一阶段的目标,又表示对先前阶段目标的续接性和对以后阶段目标的奠基性。

终极性教育目的和发展性教育目的各有不同的特点:前者具有发展的终结性,对各种教育阶段及教育活动的影响是宏观的,具有总的指导原则和方向指引的意义;而后者则具有发展的持续性,对各种教育阶段及教育活动的影响是具体的,对各种教育现实问题解决的结果具有直接评价和认定的意义。就二者的关系看,前者是发展性目的的根本性依据,是发展性目的确立不可忽视的一个基本指导思想;而后者则是前者实现的“必经路线”和必不可少的“具体策略”,是前者的具体体现。在实际教育工作中,依据终极性教育目的来确立各种相互承接的发展性目的是十分重要的,这样才能使终极目标的实现带有可能性和有效性;否则,将可能导致各种教育及教育活动发展偏离预期目的。但也不能把这一问题绝对化。如果不分教育阶段、不分具体年龄阶段地用终极性目的作为自身的直接目的(如把培养“有理想、有道德、有文化、有纪律的四有新人”,把培养成“创造性人才”或“研究性人才”直接作为学校的教育目的),将会欲速则不达(特别是中小学教育),也无助于它的实现。所以,教育者应根据所在阶段学生在“四有新人”和“创造性人才”“研究性人才”发展上可能达到的水平和程度来重新提出自己学校的教育目的,这才是实事求是的态度。

(三)正式决策的教育目的和非正式决策的教育目的

正式决策的教育目的,指被社会一定权力机构确定并要求所属各级各类教育都必须遵循的教育目的。它一般是由国家(或一定地区)作为主体提出的,其决策过程要经过一定的组织程序,常常体现在国家或地区重要的教育文本或有关的法令之中。它表现的层次多种多样,有的是国家或地区所属各级各类教育的总体目的,有的是特指的教育目的,如义务教育、高等教育的目的等。它的实现过程具有权力机构的支持和行政上的要求。正是在权力机制的运作下,它才成为所属各级各类教育必须遵循的基本依据和努力方向。它内含国家或地区的意志和政治、经济、文化、生产等方面发展的需要,与国家或地区自身的利益和发展密切联系,综合反映国家或地区各方面发展对人才培养的需求,是国家或地区在总体上把握所属各级各类教育社会性质和人才培养方向的根本所在,成为国家或地区检查、评价所属各级各类教育社会性质和人才培养方向的根本依据,在国家或地区教育体系的建构中处于重要的地位。**非正式决策的教育目的**,指蕴含在教育思想、教育理论中的教育目的,它不是被社会一定的权力机构正式确立而存在的,而是借助一定的理论主张和社会根基而存在的。它主要有两类:一类是以思想理论为根基而存在,其大多是一些政治家、思想家、教育家基于自己的社会见解或教育见解而提出的,通常体现在他们的理论或思想中。这类教育目的虽不是由社会一定权力机构正式决策的,但因其深邃的思想阐述、多视角的深刻分析和严密的逻辑论证而产生一定的影响。另一类则是基于一定社会单纯的功利观念而存在,它虽没有明确的阐述,但常常借助一定的社会功利心理和观念而起作用,如片面或单纯升学的教育目的。严格来讲,这类教育目的不是教育目的,但因其凭借广泛的社会功利心理或观念,对正式决策的教育目的的实现带来极大干扰,左右实际教育的方向,而成为有的学校实际追求的教育目的。这是国家(或一定地区)在实现所确定的教育目的时应格外注意和防止的。

正式决策的教育目的和非正式决策的教育目的虽然处于不同的社会地位,但二者因不同的社会需要常有互为依据的情况,有的非正式决策的教育目的成为国家(或一定地区)正式决策的教育目的的重要来源或重要依据。如马克思主义关于人的全面发展理论与我国教育目的,邓小平关于"四有新人"的培养与我国义务教育目的等。有的正式决策的教育目的成为非正式决策的教育目的提出的重要依据或重要来源。如日本学者提出的21世纪教育目的,就是基于本国1947年公布的《教育基本法》中教育目的的精神来考虑的。[①] 两者之间的相互影响,有时是一致的,有时是不一致的,有时还带有矛盾性,如我国正式决策的全面发展的教育目的与现实中出现的单纯或片面追求升学的教育目的就是如此。在实践中,要注意这两种教育目的相互影响的积极与消极的两重性,注意分清各自所具有的不利因素,防止和避免消极影响。

(四)内在教育目的和外在教育目的

在教育发展史上,把教育目的区分为内在目的和外在目的的是美国教育家杜威,他在关于教育目的的论述中,把教育"活动里面的目的"、当前的"具体目的"视为内在的教育目的;把"一般的和最终的教育目的"视为外在的教育目的。用现在的话来说,**内在教育目的**即具体教育过程(或某门课程建设)要实现的直接目的,是对具体教育活动预期结果的直接指向,内含对学习者情意品行、知识认知、行为技能等方面发展变化预期的结果,它是指通过某门课程及其教学目标或某一单元、某一节课的教学目标可预期的和所应体现出来的具体结果。内在教育目的在陈述上具有明确的界定,比较具体、微观,切近具体的实际教育活动,是具体测评实际教育活动的直接指标和依据。内在教育目的直接关乎具体教育活动的效果和评价问题,因此,自20世纪50—60年代以来,在教育研究中备受关注。如何使这样的教育目标促进教育活动的有效开展,并取得积极良好的效果?西方一些教育学家和心理学家在研究中积极倡导用可观察和可测量的行为来陈述教育目标,意在为教学及其评价提供具体的指导。这其中影响最大的就是美国心理学家布卢姆等人对教育目标分类的研究。[②] 它不仅有利于实际教育工作者科学理解和把握教育目标,为教师的教学、教育质量评价提供了科学的依据,同时也有利于保证教育总体目标的实现。**外在教育目的**是指教育目的领域位次较高的教育目的,它体现一个国家(或一定地区)的教育在人的培养上所预期达到的总的目标和结果,是一个国家(或一定地区)对所属各级各类教育培养人的普遍的原则要求。其表述特点比较宏观、抽象,不像内在教育目的那样微观、具体、便于在实践中把握和操作。因此,外在教育目的不如内在教育目的较为切近具体的实际教育活动,对实际的、具体的教育活动来说,它只是一种方向、指针,而不是具体教育活动所能直接达到的目标。

在对内在教育目的和外在教育目的的看法上,杜威极为重视内在教育目的,而漠视外在教育目的。他认为,外在教育目的"……会剥夺教育过程(指具体的实际教育活动)中的

---

① 国家教育发展与政策研究中心.发达国家教育改革的动向和趋势[M].北京:人民教育出版社,1986:190-191.

② 注:即将教育目标(教学目标)分为认知、情感和动作技能三个领域,每个领域又由低到高有层次地列出系列目标,成为有等级的系统。(详见布卢姆的《教育目标分类学》)

许多意义，并导致我们在处理儿童问题时依赖虚构的和外在的刺激”①，难以使教师的教学智慧得到自由发挥，也脱离儿童的能力和需要，不能为儿童所理解，更不能为儿童所需要。它不具有使教师与儿童很好合作的性质，仅仅把教育过程变成了达到外在目的的手段。在杜威看来，“教育就是生长”（不仅是体格，还有理智和道德的生长等）。“教育过程在它自身以外无目的；它就是自己的目的。”②杜威对这两种教育目的的看法不无道理，有助于促进我们对教育目的问题的思考。但他否定外在教育目的、否定外在教育目的与内在教育目的联系的必然性和必要性，则具有片面性。因为人的培养过程是由无数个具体教育过程向着人发展的（阶段性的或整体性的）根本目的递进过程，这样的目的当然不可能像每一教育过程中的目的那样具体，但它却能使人知道各种具体教育过程在总体上要培养什么样的人。因此，不能无视或否认外在教育目的的作用和意义，也不能无视或否认内在教育目的与外在教育目的的联系和影响。

专栏 3－1

杜威对外在教育目的的看法

从外面强加给教育的目的缺陷、根子很深。教师从上级机关接受这些目的，上级机关又从社会上流行的目的中接受这些目的。教师再把这些目的强加于儿童。其结果是使教师的智慧不能自由发挥；他只被允许接受上级所规定的目的。教师难免受官厅督学、教学法指导书和规定的课程等的支配，使他的思想不能和学生的思想以及教材紧密相连。这种对教师经验的不信任，又反映对学生的反应缺乏信心。学生通过由外面双重或三重的强迫接受他们的目的，他们经常处于两种目的的冲突之中，无所适从。一种是符合他们当时自己经验的目的，另一种是要他们默然同意的目的。

从外面强加给活动过程的目的，是固定的、呆板的；这种目的不能在特定情境下激发智慧，不过是从外面发出的做这样那样事情的命令。这种目的并不直接和现在的生活发生联系，它是遥远的，和用以达到目的的手段没关系。这种目的不能启发一个更自由、更平衡的活动，反而阻碍活动的进行。在教育上，由于这些从外面强加的目的流行，才强调为遥远的将来做准备的教育观点，使教师和学生的工作都变成机械的、奴隶性的工作。

这种抽象性又意味着遥远而不切实际，这样又使我们返回到把教和学仅仅作为准备达到和它无关的目的的一种手段。

［资料来源］ 赵祥麟，王承绪. 杜威教育论著选［M］. 上海：华东师范大学出版社，1981：172，174.

事实上，一个国家的教育，外在目的与内在目的总有着割不断的联系。深入其中就会看到，内在教育目的本身就是外在教育目的实现的操作化转换，也可谓之实践性转换。它虽是具体的，但总是间接或直接地循着外在教育目的确定的方向，按照外在教育目的所确

①② 赵祥麟，王承绪. 杜威教育论著选［M］. 上海：华东师范大学出版社，1981：8，154.

定的培养人的要求来决定的,是外在教育目的在实践教育活动中逐步实现的具体体现。正如英国学者约翰·怀特(John White)所说:“目标并不能代替目的,因为即使小规模的目标也仍旧是目的。不仅如此,就像能够怎样正確使用某种法语动词形式这样小规模的目标也必定需要某种推理,否则,整个就太武断了。如果我们究其根本便会发现,这种进一步对合理性的推理很少不涉及更为抽象的目的。”①这说明外在教育目的总是直接或间接地影响内在教育目的(对某课程目标、教学目标的影响显得比较直接,对单元教学目标或某一课的教学目标的影响较为间接),是内在教育目的的依据,是内在教育目的朝向的指针,二者都是实际教育应遵循的、只不过是各自作用体现的时空层次有所不同罢了。因此,弄清哪一层次目标可以在考虑具体教育活动时作为直接依据,哪一层次的目标不能作为直接的依据;哪一层次的目的在考虑宏观性教育时是主要的依据,哪一层次不是主要的,十分必要。用外在教育目的直接代替内在教育目的,这样无助于解决教育活动中的具体实际问题。但是,因外在教育目的不能用来直接解决具体教育实际问题而否定它的作用,也是不应该的。

三、教育目的的功能

教育目的的功能指教育目的对实际教育活动所具有的作用。教育目的是教育活动的出发点和归宿,教育目的层次的多样性,使它具有多方面的功能。

(一)对教育活动的定向功能

任何社会的教育活动,都是通过教育目的才得以定向的。教育目的及其所具有的层次性,不仅内含对整体教育活动努力方向的指向性和结果要求,而且还含有对具体教育活动的具体规定性。它指示给教育的不仅有“为谁(哪个社会、哪个阶层)培养人”“培养什么样的人”这样未来的方向,而且还包括现实教育实际问题解决的具体路径。具体体现为:一是对教育社会性质的定向作用,对教育“为谁培养人”具有明确的规定。二是对人的培养的定向作用,使教育依循这样的规定,不仅能改变人的自然的、盲目的发展性,而且还能对人不符合教育目的要求的发展给予正确的引导,使其发展与预定的方向相一致,符合教育目的的规定,形成社会所需要的新的品质。三是对课程选择及其建设的定向作用。它对选择什么样的内容、选择何种水平的教育内容,对内容如何进行取舍等具有决定性作用。四是对教师教学的定向作用。除了对培养学生能力和技能方面的教学定向外,还有对培养人格品性方面的价值定向作用,使教师知道自己所要教的最重要的是什么。正因为教育目的的定向功能,教育活动才有所依循,避免其在社会性质和发展方向上的失误。事实上,任何社会为满足自身发展需要总是首先确定相应的教育目的,引导教育发展的方向,以便从根本上确保教育的社会性质和人才培养的社会倾向性。

(二)对教育活动的调控功能

一定的教育目的,是一定社会根据自身或人的发展需要对教育活动进行调节、控制的

---

① 约翰·怀特.再论教育目的[M].李永宏,等,译.北京:教育科学出版社,1997:8.

一种重要手段,以便达到其自身发展的目的。教育目的对教育活动的调控主要借助以下方式来进行:一是通过价值的方式来进行调控。这一点主要体现在对教育价值取向的把握上。教育的产生和发展既是社会的需要,也受社会所制约,社会在利用教育来满足自身或人的发展需要时,无不赋予它特有的价值取向。因此,教育目的总是带有一定价值观实现的要求,并成为衡量教育价值意义的内在根据,进而调控实际教育活动,以求对"价值不可违背"。二是通过标准的方式来进行调控。教育目的总是含有"培养什么样的人"的标准要求,这些标准对实际教育活动的影响是多方面的,是教育活动"培养什么样的人"的基本依循,使教育者根据这样的标准调节和控制自身对教育内容或教学方式的选择等。三是通过目标的方式来进行调控。一种教育目的的实现会使它自身衍生出系列的短期、中期或长期的目标,正是这样一些目标,铺开了教育目的可以实现的行走(操作)路线,具体调节和控制教育的各种活动。就调节和控制的对象而言,既包括对教育工作者教育观念、教育行为的调控,因为教育观念含有对学习者培养的价值倾向(一般从工作态度和行为中体现出来),教育行为不仅体现了教育者的敬业状态和责任感的大小,而且还具体涉及教学内容的选择、教学方法的选择等,这些都直接或间接地依循教育目的进行调控;也包括对学习者的调控,一方面体现为对学习者的外部调控。由于教育目的本身含有对学习者成长的期望和要求,因此教育者对学习者不符合教育目的的行为总是予以引导或纠正,把学习者的发展纳入预定的方向中去。另一方面体现为学习者的自我控制。这是因为当学习者意识到教育目的对自身未来成长的意义和要求时,往往能增强他在教育活动中不断完善自身的努力程度,把合乎教育目的的发展作为努力的方向,主动发展和规划自己。总之,教育目的含有的各种内在规定性,对整个教育过程具有很强的调控功能。

(三)对教育活动的评价功能

教育目的不仅是教育活动应遵循的根本指导原则,而且也是检查评价教育活动的重要依据。因为一种能够实现的教育目的,总是含有多层次的系列目标,这使得它对教育活动不仅具有宏观的衡量标准,而且还具有微观的衡量标准。依据这些标准,能够对教育活动的方向和质量等作出判断,评价教育活动的得与失:一是对价值变异情况的判断与评价。社会中个人、群体、社会各层次之间存在的利益、需要、目的等方面的矛盾与冲突,常常导致教育上的冲突。这就使得教育活动的进行总是面临多种多样的教育价值观和教育目的的影响与干扰,并不是事先已被赋予了明确的目的或多层次目标就能保证各方面的顺利进行和实现。这种影响和干扰虽不能一下取代被社会正式确定的教育目的,但有时却容易在实践上导致教育活动的方向模糊不清,甚至使其被赋予了另外一种价值取向。如我国20世纪80年代后期以来倡导的素质教育和21世纪初以来的新一轮课程改革,其实践有的就已被赋予了片面升学的价值取向。对于这种情况,如果不坚持用所确立的教育价值观的要求进行衡量评价,就不能意识到教育活动价值的变异,也难以使其得到有力的纠正。二是对教育效果的评价。教育目的中的层次目标,一般都是根据具体教育问题提出的,它不仅是可以被具体教育活动可操作、可实现的目标,而且是评价具体教育活动效果达成程度的直接依据。运用这样的标准来评价具体的教育活动过程,可以判断出过程的得失、质量的高低、目标达成的程度等。总之,教育是一种多因素参与的社会活动,复杂多样的社会因素总是对教育及其过程产生这样或那样的影响。要确保教育目的的实现,注意依据教育目的不断分析、评价教育过程的发展状况和结果,适时作出恰当判断,极为重要。注意发挥教育目的对教育活动的评价功能,有利于从根本上把握教育活动的进行。

教育目的的上述功能,是相互联系、综合体现的。每一种功能的作用,都不是单一表现出来的。定向功能是伴随评价功能和调控功能而发挥的,没有评价功能和调控功能,定向功能难以发挥更大的作用;而调控功能的发挥需要以定向功能和评价功能作为依据,评价功能的发挥也离不开对定向功能的凭借。

第二节　教育目的的选择与确立

教育目的的选择,即对人的培养目的或目标所进行的选取或抉择。**教育目的的确立**,即以一定的组织形式对教育目的进行确认和确定,是对教育目的或目标选择结果的肯定。一般而言,教育目的的选择与确立是结合在一起进行的,通常包括以下几个方面:(1)宏观层次的选择,即对所属各级各类教育进行的具有总体性、全局性的目的决策,它是由决策主体根据自身利益和发展需要来进行的,决策后的教育目的表明对所属各级各类教育培养人的总体要求,也称为普遍要求;(2)中观层次的选择,也称为教育目的的再选择,是依据宏观教育目的的要求和各级各类教育的特点、使命来进行的,是对各级各类教育所要达到的目标作出的抉择,如小学的培养目标、中学的培养目标……表明各级各类教育培养人的各自要求;(3)微观层次的选择,也称为教育目的具体选择,如课程目标、课程教学目标、单元教学目标等都属于这种,它们的选择与确立一般都是结合学生实际发展水平、学科特点及培养人的总体要求来进行的。

一、教育目的选择、确立的基本依据

一般来说,各层次教育目的(或目标)的选择与确立,是由不同的决策主体来进行的,其各自的主要依据也有一定的不同之处,有的主要是依据社会政治、经济、文化和生活方式的现实状况、发展需要和人的发展需要来确定的;有的主要是依据具体的教育内容和学生身心发展的程度和水平来确定的;有的主要是依据学科或专业发展的特点等来确定的。在此,主要就宏观教育目的选择和确立的依据进行阐述。

(一)社会依据

教育产生于社会需要,与一定社会的现实及其发展有着密切联系,要更好地服务于社会,就必须依据社会现实和发展需要来选择和确立教育目的。

一是要根据**社会关系现实和发展**的需要。社会关系是建立在物质资料生产基础上的各种关系的总和,是社会生产关系、政治关系、经济关系、法律关系、道德关系、利益关系等各种关系的总称。一个社会,社会关系是否和谐、有序,关系到社会的稳定。因此,任何社会都十分注意社会关系问题,并建立相应的政治机构、组织制度和经济制度等对社会关系

予以调控和管理。在社会发展中,社会生产方式的变革总要带来社会关系结构及其制度的变革,而适应社会发展变革的新的社会关系结构及其制度的建立,又无不对教育培养人提出相应的要求。这一点在当今社会显得尤为突出。美国学者英格尔斯(Alex Inkeles)在谈到人的现代化问题时就曾明确地指出:“人们已经注意到,现代化机构和组织原则、经济制度和管理方法,要真正有效地发挥作用,就决不能容忍为传统人所广泛具有的那些特征。”“如果一个国家的人民缺乏一种能赋予这些制度以真实生命力的广泛的现代心理基础,如果执行和运用这些现代制度的人,自己还没有从心理、思想、态度和行为方式上经历一个现代化的转变,失败和畸形发展的悲剧结局是不可避免的。”“一言以蔽之,那些先进的制度要获得成功、取得预期的效果,必须依赖运用于它们的人的现代人格、现代品质。无论哪个国家,只有它的人民从心理、态度和行为上都能与各种形式的经济发展同步前进、相互配合,这个国家的现代化才真正能够得以实现。”①可见,培养现代人是现代社会关系结构及其制度发展对教育提出的根本要求,否则,将无益于现代化制度的确立。

二是要根据**社会生产和科学技术发展**的需要。人不仅是社会的成员(或阶级的成员),也是社会物质财富和精神财富的创造者。因而,培养什么样的人,不仅要反映社会关系和政治经济的要求,同时也受社会生产力和科学技术发展水平及发展需要所制约。特别是现代社会,生产力的发展及其产业结构的变化,科学技术作用的日益显著,已经成为制定教育目的不可忽视的重要的直接因素。当今,知识经济和信息化已经成为社会的重要特征,社会生产、管理越来越走向科学化、知识化、信息化和智能化,对劳动者的质量规格提出了前所未有的要求,世界上的很多国家都根据这种要求来重新选择、确立教育目的,以培养能够适应21世纪社会发展的人才。

(二)人的依据

教育目的含有对人的素质发展的要求,这种要求不仅要依据社会现实及其发展来确定,也要依据人的身心发展特点和需要来确定。

从人的**身心发展特点**来看,它是确定各级各类教育目的(或目标)不可忽视的重要依据。如果不考虑这一点,就会导致实际教育活动脱离学生的身心发展水平或特点,难以有效地促进学生发展。因为人在发展的不同年龄阶段,其身心发展特点和水平有所不同。在把教育目的转化为各级各类教育的培养目标时,就必须以此为依据,这样才能使实际教育活动对学生的要求符合学生身心发展的特点和水平,具有针对性,而不至于过低或过高、过易或过难。心理学的研究早已揭示,人的身心发展具有阶段性和顺序性、稳定性和可变性、不平衡性和差异性等特点。这是各级各类教育选择、确立教育目的(或目标)时,应予以很好把握的基本前提。依据这些特点,才能将各级各类教育目的(或目标)从低到高整合为一个循序渐进、相互联系、相互衔接的有机序列,为不同教育阶段实际教育活动的开展提供合适的指导,这样的目标不仅具有实际可行性,而且也能对学生的身心发展起到强有力的推动作用。

---

① 阿历克斯·英格尔斯,等.人的现代化[M].殷陆君,编译.成都:四川人民出版社,1985:3-6.

从人的**需要**来说，人的发展需要是教育目的选择、确立不可忽视的重要因素之一。人的发展具有各方面的需要，包括物质的和精神的、现实的和未来的、生存的和发展的等。这些需要不只是产生于“自我生长”的过程，也与个人在“生长”过程中对社会发展变化要求的意识密切相关。人对社会发展变化要求的认识，会使社会要求转化为自我发展的需要，使其围绕社会要求来设计、建构自我发展。人这种需要的满足常常包括对教育的要求，这是选择和确立教育目的(或目标)时必须予以考虑的。如果不考虑人的发展需要，教育对人的发展需要难以给予满足。事实上，任何社会的教育目的对人所应具备素质的要求、所预期形成的素质结构，不仅体现着社会规定性，而且也总是不同程度地体现对人的生理、心理、智慧才能、人格品行及生活能力、技能等方面理想化发展的追求。人是社会的主体，正视人的主体性需求、满足人的主体性需要的教育目的，往往更有利于人的价值的提升和人的本质力量的增强，才能对培养人的实际教育赋予根本的活动宗旨或活动追求。

二、教育目的选择、确立中的基本价值取向

选择和确立教育目的，不能不涉及教育目的的价值取向问题。因为对教育目的的选择和确立，人们总是从各自的利益和需要出发，在选择和取舍中体现不同的价值追求。

教育目的价值取向，即对教育目的的价值性进行选择时所具有的倾向性，是教育理论中最为复杂、最为重要的领域。说它是最为复杂的教育领域，是因为教育目的的功能是多方面的，而且总是与社会各方面和人的各种问题联系在一起。由于人们所处的社会地位、经济地位不同，有不同的社会感受和生活感受，有不同的文化背景、实践经验、认识水平、政治倾向、社会理想，有不同的利益和价值观念，因此，教育目的的价值取向众说纷纭，理论各异，构成了极为复杂的理论领域。说它是教育理论中最为重要的领域，是因为价值是教育目的的核心，不同的价值取向在很大程度上规范着教育活动的目的，引导着教育活动目的考虑和选择的方向。选择、确立教育目的，如果其价值性问题不确定，那么教育目的也就难以真正得以确立；如果价值性问题明确了，那么教育目的的选择和确立也就有了基本的方向和原则。

教育目的选择、确立的价值取向，涉及的基本问题是人本位的价值取向和社会本位的价值取向。

(一) 人本位的价值取向

人本位的价值取向，即把人作为教育目的根本所在的思想主张。其特点是：重视人的价值、个性发展及其需要，把人的个性发展及需要的满足视为教育的价值所在；认为教育目的的根本在于使人的本性、本能得到自然发展，使其需要得到满足；主张应根据人的本性发展和自身完善这种“天然的需要”来选择、确立教育目的。人本位的价值取向主要反映在自然主义和人文主义的教育思想之中，其主要代表人物是法国的卢梭、瑞士的裴斯泰洛齐、德国的康德、美国的马斯洛(A. H. Maslow，1908—1970)、法国的萨特(J. P. Sartre，1905—1980)等。

人本位的价值取向，虽然都把人作为选择教育目的的根本依据、把人的价值看得高于社

会价值,但在历史发展的过程中,其表现也不尽相同。一是在不同的历史发展时期,各种人本位的价值取向背景和针对性有所不同。二是在对待人与社会的关系上,人本位的价值取向虽都视人的价值高于社会价值,但在其态度上,具有对立与非对立之分、激进与非激进之别。

专栏3-2

以人为本位的价值取向在不同历史时期的不同特征

古希腊智者派的人本位的价值取向,基于人是万物的尺度和对人的个性的崇拜,主张教育应以弘扬人性、发展人的个性为根本目的。

文艺复兴时期的人本位的价值取向,以人道主义和人性论为基础,反对宗教神学对人的压抑,把摆脱宗教神学束缚、求得人的解放和个体自我意识的觉醒,培养独立个人作为教育的根本目的。

18—19世纪自然主义(以卢梭为代表)的人本位的价值取向,基于变革压抑人的自然本性的各种制度的要求,倡扬"天赋人权""天赋民权"的思想,认为个人自由、幸福是人与生俱来的"自然权利";把培养具有独立人格和尊严的"自然人"、促进人的自然发展作为确立教育目的的根本依据。

人文主义则以善良意志、理性、自由及人的一切潜在能力的和谐发展为宗旨(以康德和裴斯泰洛齐为代表),认为每个人都具有一些自然所赋予的潜在的力量和才能,这些力量和才能都具有渴求发展的倾向,教育目的就在于全面和谐地发展人的一切天赋力量和才能,使人的各项能力得到自然的进步与均衡的发展;认为理想教育所要达到的目的就是使儿童善的本性和理性得到发展,以理性克服情欲,实现自己的自由。

20世纪以来的人本主义主要针对西方工业化进程中出现的人的异化问题来阐述人的价值取向,重视维护人的生命价值和尊严,倡扬人的主体精神和各种需要的满足,主张教育以人为本,把培养人的独立自主性、个性的自由发展,满足人发展的需要等作为教育的根本所在。

专栏3-3

在人与社会关系上激进与非激进的人本价值取向

激进的人本位价值取向的思想家从人与社会的对立上来强调人本位的主张。18世纪,法国启蒙思想家卢梭就是典型的代表。他在阐述"自然教育"思想的代表作《爱弥儿》中认为,出自造物主之手的东西都是好的,而一到人的手里就变坏了。因为现存的一切制度、习俗都违背了自然秩序,压抑了人的自然本性和个性;他反对教育把儿童训练成违背儿童自然生长秩序的"公民"(社会人),而把培养"自然人"作为教育目的。在卢梭看来,人有各种自然禀赋和发展的本性。如果按照社会要求去培养人,就会阻碍这种本性的健全发展;如果按照一定社会需求来规定教育目的的话,就会使教育成为一种强迫的、外在的过程,进而抹杀了它的本性。可见,这种人本位的价值取向具有明显的否定社会的倾向。

非激进的人本位价值取向的思想家则不是从人与社会的对立上来强调人本位的主张，他们不否认人的社会性，不否认人的发展是有其社会需要的。如裴斯泰洛齐一方面主张发展人的一切天赋力量和能力，使人得到和谐发展；另一方面也注意到人的各种能力的发展是“人类的普遍需要”。他说：“……发展个人天赋的内在力量，使其经过锻炼，使人能尽其才、能在社会上达到他应有的地位。这就是教育的目的。发展人的内在力量，不得不利用社会与人生相结合的教育方法，从而使其得到人的品德、家庭幸福、工作能力，直到实现社会的需要。”可见，这种人本位的价值取向反映出不是把教育的个体目的与社会目的完全对立，只是认为个人价值高于社会价值，社会价值及社会的完善需要通过个人的价值及其发展的完善才能实现。

人本位的价值取向把人视为教育目的的根本，它在历史发展中的每一变化，都具有不同程度的变革性，或面对社会，或面对教育自身。在人类历史的进程中不乏进步意义，特别是在文艺复兴以后的历史条件下，它高扬人的个性自由解放的旗帜，对于打破宗教神学和封建专制对人的束缚、促进人的解放、使教育回归到人间，起了重大的历史奠基作用；同时，在人的自由和个性解放、提升人的价值和地位等方面也具有深远的历史意义。直到今天，也不失一定的合理之处。但在变革社会和教育的探讨过程中，不免带有过激的观念意识。激进对立的人本位价值取向离开社会来思考人的发展，在提出教育目的时，无视人发展的社会要求和社会需要，甚至把满足人的需要和满足社会的需要对立起来，把教育的个人目的和社会目的看成是不可调和的，这种倾向易在现实中导致个性、自由和个人主义的绝对化。因此，人本位的价值取向在社会发展中带有明显的片面性。

（二）社会本位的价值取向

社会本位的价值取向，与人本位的价值取向相对应，把满足社会需要视为教育的根本价值。这种观点认为，社会是人们赖以生存发展的基础，教育是培养人的社会活动，教育培养的效果只能以其社会功能的好坏来加以衡量，离开了社会需要，教育就不能满足社会的需求。因此主张教育目的不应从人本身出发，而应从社会需要出发，根据社会需要来确定。这种观点古已有之，但其理论的鼎盛时期是在19—20世纪初，其主要代表人物有德国的纳托普（P. Natorp，1854—1924）、凯兴斯泰纳，法国的孔德（A. Comte，1798—1857）、涂尔干（E. Durkheim，1858—1917）等。

社会本位的价值取向虽是19—20世纪初一些社会学家的共同特点，但其出发点也有所不同。有的是基于人的社会化、适应社会要求来主张社会本位的价值取向，有的是基于社会（国家或民族）稳定或延续的重要性来主张社会本位的价值取向。

专栏 3－4

社会本位价值取向的不同出发点

基于人的社会化、适应社会要求来主张社会本位的价值取向。在他们看来，教育要造就社会化的人，就应按照社会需要来培养人。如涂尔干把塑造“社会的我”当作教育目的来看待。他明确指出：“教育在于使年轻一代系统地社会化”，“其目的在于，使儿童的身体、智力和道德状况都得到某些激励与发展，以适应整个社会在总体上对儿童的要求，并适应儿童将来所处的特定环境的要求”。他认为，“在我们每个人身上，可以说都存在着双重人格，这种双重人格尽管不可分离（除非抽象地加以分开），但确有区别。一种人格仅由整个与我们自身、我们个人生活中的事件有关的精神状态所组成，可以把这种人格称为个体我。另一种人格是这样一种思想、情感和习惯的体系，即在我们身上表现的不是我们个人，而是我们作为其中一个组成部分的社群或不同的社群。宗教信仰、道德信仰与习俗、民族传统或职业传统以及各种集体信仰，就是这样的体系。这种体系的总和便是社会我。塑造社会我，这就是教育目的。”

基于社会（国家或民族）稳定或延续的重要性来主张社会本位的价值取向。在他们看来，注重人本性发展的教育，难以形成人的社会意识，容易导致人的社会观念淡化，甚至使人的本性疏离社会，使人的自由行为与社会冲突，不利于社会的稳定和发展。因此，社会（国家或民族）得以稳定延续及其利益得以实现与维护，教育目的必须要以社会为本。德国教育家凯兴斯泰纳批评学校过于培养学生的个人利益和个人主义，使学生的发展不带有社会的性质。他主张：“一切教育的目的——是教育有用的国家公民。”“国家的教育制度只有一个目标，就是造就公民。”另一位社会学家白尔格门（Bergeman）也认为：“教育除造就每个人，使其乐于为社会而生活，并乐于贡献其最优力量于人类生活的保存和改善以外，不能有别的目的。”纳托普认为：“在教育目的决定方面，个人不具任何价值，个人不过是教育的原料，个人不可能成为教育的目的。”

［资料来源］ 张人杰．国外教育社会学基本文选［M］．上海：华东师范大学出版社，1989：9；瞿葆奎．教育学文集·教育目的［M］．北京：人民教育出版社，1989：462；吴俊生．教育哲学大纲［M］．北京：商务印书馆，1943：149.

社会本位的价值取向重视教育的社会价值，强调教育目的从社会出发，满足社会的需要，具有一定的合理性。事实上，人的存在和发展是无法脱离一定社会的，离开社会，人也就无法获得其发展的社会条件。人获得发展的社会条件客观上是需要每个人遵守并维护社会要求来实现的。从这一意义上说，社会本位的价值取向具有不可否认的意义。但它过分强调人对社会的依赖，把教育的社会目的绝对化、唯一化，甚至认为“个人不可能成为教育的目的”。这种极端的主张，完全割裂了人与社会的关系，极易导致教育对人的培养只见社会不见人，单纯把人当作社会工具，而不是把人作为社会主体来培养，造成对人本性发展的严重束缚和压抑。这种情况在集权式国家的历史发展中已屡见不鲜。

（三）价值取向中人与社会关系的基本确认

人与社会的关系问题，是选择、确立教育目的时不可回避、也回避不了的问题。历史上人本位和社会本位两种价值取向的理论无疑会给我们以一定的启示,但决不能以其各自的理论主张来简单代替教育目的的选择。这主要是因为:第一,这两种主张虽都有一定的合理性,但都不是一个超历史的抽象公式,它们各自的合理性需联系具体的历史条件来进行分析。如果将其当时针对一定问题而提出的主张,不加区别地普遍化,以为是可以适合一切时代、一切社会的理性,则不免带有僵化和偏颇,无益于解决当代教育目的的选择,甚至会对当代教育目的的选择产生误导。第二,这两种主张对我们理解人和社会在教育目的中的重要性、不可忽视性是有帮助的,但二者都忽视了人与社会的相互联系,都不能使人与社会的关系在教育目的中得以恰当体现。这在客观上极易导致教育实践的片面性和教育功能的片面性,限制教育多方面功能的发挥。事实上,人与社会是密切联系、不可分割的两个不同的方面。一方面,社会是由人构成的,从这一点来说,社会是人的社会(良好的、理想的社会是一个真正为了人的社会)。这一点就连社会本位论中的一些人也不得不承认,他们的社会本位论中有的也没有离开"为了人"的思考。另一方面,人是因社会才得以生存和发展的,人总是离不开一定的社会,从这一点来说,人是社会的人。这一点就连人本位论中的一些人也不得不承认,他们的人本位论中有的也没有离开对"社会的人"的思考。这就是说,在人本位论和社会本位论各自众多的理论中,有的也不是彻底否认人和社会的必然联系。

现实教育在其目的选择、确立中,对人与社会关系的认识和解决仅限于价值关系性的论证是不够的,还有以什么样的方法观来思考论证的问题。从这一方面看,在思维上注意以下两方面就显得十分必要:一是对教育目的中人和社会关系的思考应给予动态的、发展性的把握,而不是静止、僵化地看待这一问题。因为社会及社会中的教育活动本身就是不断发展变化的,僵化、静止的思维或思想本来就不利于社会及教育的发展。二是应注意在相应的层次上来思考和讨论问题。因为同一问题如果不是在同一层次上进行讨论与思考,往往无助于问题的解决。层次混淆的讨论,必然导致讨论的混淆。人本位的价值取向和社会本位的价值取向,虽各有一定的道理,但都有其方法上的僵化性和绝对性。

其实,一个社会(国家或民族)教育目的的选择,不只是价值选择、确立的问题,还有价值实现的问题;不只涉及整个社会(国家或民族)教育事业的目的问题,还涉及具体教育实践的目的问题。因此,应以动态的、层次对等的方式来认识和看待教育目的选择中人与社会的关系问题。首先,就一个社会(国家或民族)整体教育目的而言,在其价值取向上要把满足人的需要和满足社会的需要结合起来,把重视人的价值和重视社会的价值结合起来,把人与社会发展的互依性、互动性、互利性作为社会整体教育目的的根本价值取向,既有利于避免教育对人的压抑,也有利于避免教育对人的培养脱离社会实际与发展的需要。其次,就价值取向的实现过程而言(即教育的实际运行过程),要把满足社会的需要与满足人的需要结合起来,不能僵化地理解为二者在实践中"平分秋色"或"分量相等",应予以动态的、发展的把握,使两种教育价值在不同程度上、以不同的方式统一于教育目的或教育过程。这就是说,两种价值的结合在实现过程中不应是僵化地以个人或社会的价值作为基点,而是互为基点。再次,就价值实现的实践着眼点而言,要落在人的发展上。因为教育无论是满足社会的需要还是满足人的需要,都要通过人的发展来实现,没有人的发展,一切都是空话。可见,人的发展是教育的直接目的,是教育的社会价值和人的价值实现的着眼点。这样说并不是否认教育的社会目的,否认教育目的的社会价值。事实上,在社会中,一个人应该怎样发展,不只是有人自身的依据,还有其所在社会的依据。一个人怎样发展,在很大程度上是根据社会发展变化的实际来确定的。不仅个人是如此,教育也是如此,只不过对发展的选择有所不同罢了。

三、教育目的价值取向确立应注意的问题

一个社会(国家或民族)的整体教育,应把满足社会的需要和人的需要作为基本的价值取向。在这个总的前提下,有必要认识和把握好各自的一些基本问题。

(一)社会价值取向确立中应注意的问题

历史表明,社会价值取向的片面性或狭隘性,不仅直接影响教育多方面功能的发挥,而且也会助长社会发展的失衡性。从现代社会的发展来看,教育目的的社会价值取向虽多种多样,但都比较注重取向的全面性与综合性。单纯的社会政治价值取向或单纯的狭隘民族主义价值取向等,都难以符合当代社会发展的需要。当代教育目的社会价值取向的确立应注意把握好以下问题。

1. 以可持续发展的理念为指导

可持续发展的理念最早源于人对自然资源和生态环境发展及其保护的认识。20 世纪 70 年代以后,随着各种全球性问题的凸显,可持续发展成为世界性话题。1987 年,联合国环境与发展委员会在长篇调查报告中将**可持续发展**定义为:既满足当代人的需要,又不对后代满足其自身需要的能力构成危害的发展。可持续发展是对以往社会发展道路的反思和对传统发展理论的扬弃和深化。它不是单指生态和资源的持续,也不是仅指经济发展或社会发展,而是指以人为中心的经济—社会—自然复合系统的发展。即人类在不突破资源和环境承载能力的条件下,促进经济和社会的全面发展,提高生活质量,保障当代与后代人的不断发展。其目标是达到人与社会、与自然的和谐,满足今后整个人类的基本需要和全面发展。

可持续发展由于自身对传统发展理论的超越和创新,向世界展示了一种新的发展意义和价值观念,已成为当今世界各国发展的重要选择和发展的必然趋势。它强调人与自然和社会的和谐,其核心是人的发展,而教育作为培养人的社会活动,对此必然负有重要的使命。因此,选择、确立教育目的必须要依据和体现可持续发展的思想和要求,要把人—社会—自然的和谐发展作为教育目的选择、确立的根本价值取向,避免教育目的价值取向的单向度、片面化。因为:一方面,当代社会可持续发展战略的实施已不再单纯以经济或政治等作为评价社会发展的标准,而代之以全面发展、协调发展和可持续发展为社会发展评价的标准。“发展不纯粹是一个经济现象。从最终意义上说,发展不仅仅包括人民生活的物质和经济方面,还包括其他更广的方面。”“发展是集科技、经济、社会、政治和文化,即社会

生活的一切方面的因素于一体的完整现象。”[①]“发展应该被看成是复杂的、多元化的、经济的、社会的、科学的、文化的……它必须具有一种综合的特点,即包括社会生活的多种表现形式,并符合植根于各国人民的历史财富的、道德的和文化的目的。”[②]另一方面,社会是一个多元的复杂系统,其中各要素是相互影响、相互制约、相互作用的,这种相互作用的结构机制从根本上决定了现代化建设必须要注重社会诸要素的协调发展,即社会的经济、政治、文化等要素的协调发展。如果在教育目的的选择上追求单一、片面的价值取向,就将会因为对人片面性的培养而导致社会各方面发展的失衡。我国“文化大革命”时期的教育就最能说明这一点。可见,当代社会教育目的的选择、确立,只有赋予社会全面发展、协调发展和可持续发展的理念,根据这样的要求来培养人,才能使社会的全面发展、协调发展和可持续发展获得强有力的内在把握和坚实的基础。

2. *适应与超越问题*

教育是人类社会实现世代继承和发展的一种重要手段。社会的继承与发展决定了服务于它的教育无不带有适应与超越的本性。这里讲的适应和超越,特指教育对现实社会的两种功能。**适应**,即指教育对现实社会当前需要的符合性,是教育基于对现实社会当前的肯定关系,在体现现实社会当前的要求、满足现实社会当前的需要方面所具有的适合顺应状态,也可以理解为教育对现实社会当前要求(或需要)满足的配合性或支持性。**超越**,即指教育对现实社会当前的超出性,是教育基于现实社会当前的发展趋势或可能,在体现现实社会未来发展要求、满足现实社会未来需要方面所具有的努力状态。它既是教育对现实社会当前发展的未来指向,也是教育对现实社会当前发展的否定。当然,这种否定并不都是一样的。有的是对水平或程度性的否定(即在认可现实社会某种存在合理的前提下,对其已有水平或程度的否认),是在这一基础上的超越,是要实现社会某种存在在程度或水平上的提升,即程度或水平上的更高发展;有的是对存在性的否定(即否认现实社会某种存在或多种存在的合理性),是在这一基础上的超越,是要革除旧有的存在,创建一种新的存在。

教育既要适应现实社会的当前要求和需要,因为这是社会继承所必需的。但只注重适应的教育,容易导致教育的短视,降低对未来发展的适应意识和应对能力,必然缺乏对未来发展挑战的充分准备,也难以赋予现实向未来发展的有力导向和巨大的内在发展潜能。同样,教育也要讲究超越,因为没有超越就不会有发展。但单纯注重超越性的教育,也容易导致教育热衷于虚幻的未来,忽视社会未来发展的现实基础,甚至带来现实与未来发展的错位,使未来的发展缺乏坚实的基础。总之,适应现实,要有走向未来的指向;超越现实,要有良好的现实基础。忽视或割裂适应与超越之间所具有的联系性,客观上不利于使社会发展保持良好的连续性。

教育目的的社会价值取向要坚持适应性与超越性的统一。首先,不能局限于在理论上

---

① 联合国教科文组织. 发展的新战略[M]. 北京:中国对外翻译出版公司,1990:4.
② 费德里科·马约尔. 不要等到明天[M]. 吕臣重,译. 北京:社会科学文献出版社,1993:29.

抽象思考二者统一的合理性,还要探索二者统一在实践上的可行性。不能把这种统一变成僵化的理论,而要努力使其成为鲜活的实践。其次,在实践上要避免主次分明的绝对化思维。就教育的适应性而言,可能某一时期对现实某一方面的强化、固定是极为有利的,并且对社会其他方面产生积极影响,而在另一时期这种适应则可能是没有必要的;就教育的超越性而言,可能某一时期对现实某一方面是极为必要的,而在另一时期这种超越则可能是不必要的。就现实社会的同一方面而言,教育对其适应或超越具有不固定的先后之分;就现实社会的不同方面而言,教育对其适应或超越可能具有同时性。实践中出现的这种状况并不否认适应与超越的统一性,相反,这恰是实践中对适应与超越关系的活的把握。再次,在实践中要从现实及未来发展的方向来把握教育的连续性,体现适应与超越的统一。一方面,要注意在适应中超越,即使教育对现实的适应面向未来,具有面向未来的发展性;另一方面,要注意在超越中适应,即在超越现实的同时去适应新的现实要求。落实到对人的培养上,应注意在适应现实的教育活动中透视未来发展的必然走向,同时注意引导培养对象为树立和实现远大理想而进行不懈的现实努力。

3. 功利价值与人文价值问题

物质生活发展与精神生活发展是人类社会发展进步的基本需要。社会发展进步的这种内在需要,决定了服务于它的教育既有功利价值又有人文价值。在这里,**教育的功利性**,即它自身活动所产生的社会物质生产、经济发展及物质利益满足方面的功用性和效益,这方面的意义体现为教育在社会中的功利价值。**教育的人文性**,即它自身活动对社会精神生活、文化发展、价值精神建构方面所产生的作用和效果,这方面的意义体现为教育在社会中的人文价值。如何看待二者,如何处理二者的关系,是选择、确立教育目的不可回避的重要问题。因为教育作为培养人的社会活动,必然要反映和满足社会的要求,这种要求不仅是社会物质和经济发展方面的,而且也是社会精神文化方面的。从社会的这种内在要求来看,教育目的的选择、确立要坚持功利价值与人文价值的有机结合。

当代教育目的的社会价值取向,在功利性和人文性的价值问题上不可忽视教育的人文价值。这主要是因为,随着社会的发展,特别是近代以来,对经济效益的渴望,使功利性成为现代化追求的首要目标,而人文精神则渐渐受到忽视和冷落,社会对功利价值与人文价值追求的失衡越来越突出,使指引生命意义和价值的"精神世界"被充裕和富有的"物的世界"的漫天尘埃所遮蔽。教育由此亦越来越被赋予了经济发展的目的和物质利益追求的目的,生存与发展的功利性、实用性的教育成了培养人的根本所在。这种教育目的的价值取向,使教育成了对经济利益和物质财富进行"创新性追求"和"创新性掠夺"的手段,其人文价值严重弱化。不可否认,近代以来教育的这种取向及其发展已经自觉或不自觉地助长了社会功利价值与人文价值的严重失衡,因此,在当代社会重视人文精神、呼唤人文精神的条件下,教育目的的价值取向必须克服功利性的单一取向,必须使之赋予明确的人文价值追求。

重视教育的人文价值,对于矫正以往教育目的价值取向的单纯功利性是十分必要的。但在矫正的同时也要注意把握好以下问题:首先,在重视人文精神、重视教育的人文价值的同时,要避免把它与功利价值对立起来。现实中"重利轻义"的现象是片面的,但因此而"重义轻利”，甚至“以义抑利”也是不可取的。如果把人文精神或教育的人文价值与功利价值对立起来考虑问题，就易导致“以义抑利”的禁欲主义。其次，重视教育的人文价值，就是要倡扬人文精神，但不能把中国传统的“人文精神”望文生义地等同于今天所要提倡的“人文精神”，也不能把它与西方倡导的“人文精神”等同起来，当然也不能断然割裂与它们之间的联系。我们今天所倡导的人文精神，要抛弃“精神至上”“个人至上”“人类中心”以及对功利存在的禁欲主义等观念，而要按照时代的发展去建构对人类功利取向、物质追求和经济发展具有良好价值导向的人文精神，促进社会在物质与精神、人与环境、人与社会等方面的协调发展，促进社会的精神文明与人际和谐，提升人的精神境界。再次，确立人文精神与功利追求是人生意义和社会发展不可或缺的观念。人及人类社会的生存与发展是在追求功利并不断超越功利的矛盾过程中实现的。人及人类社会的“生命存在”不仅仅是自然生命的存在，还有更为重要的方面，即“精神生命”的存在。二者的内在联系及相互作用和影响，表现出人对“自然生命”的重视以及对它的超越性，这种超越能使人及人类社会在肯定功利追求的前提下、在功利追求的基础上，不被单纯的功利追求所束缚；它不是抛弃功利的“纯”精神生活，而是引导人们在追求功利的同时，赋予功利追求以重要的人文价值导向，提升人及人类社会的精神境界。人及人类社会的生存以及在程度水平上的不断发展，正是在二者的互动中实现的。

4. 民族性与世界性问题

当代的改革开放，已把中华民族置于世界发展的潮流之中。它的发展不光是一个适应全球化、走向现代化的过程，同时也是一个能动创造、开拓进取的民族化过程。这一趋势使民族性和世界性成为教育目的价值取向不可回避的一个重要方面。**民族性**涉及对自己民族的文化传统、生活方式、价值观念的传递、保持、敬重及维护问题，其根本在于不使自己民族失去独立和自主，从而得以凝聚和发展。**世界性**涉及对世界交往与合作的各种文化、规则的认同或接受，进而使自身具有与世界各国进行交往与合作的基础。一般来说，当一个民族处于封闭状态、与世界各国不发生任何联系时，是无所谓世界性的；只有当它向世界开放、与其他民族发生各种交往与合作的各种联系时，才会遇到世界性这一问题。

一个狭隘封闭的民族，其教育目的价值取向往往带有封闭保守性，一切以维护本民族利益为根本。对自己的民族文化、习俗、生活方式及价值观念的优越感和崇高感，常常使其对本民族以外的各民族(或国家)的文化、习俗、价值观或生活方式等具有抗拒性或排斥性。这样的教育虽非常忠诚于自己的民族，但它同时也会更加强化本民族的封闭和保守。在当代，这种单一的、狭隘的、封闭的民族性，只能导致自身发展的落后和被动。因为当代世界已经进入一个“全球化”的时代，世界各国和各民族紧密地联系在一起，所有国家和民族在信息、交往和利益方面体现出普遍的相关性，与世界各国的交往与合作已成为每个国家或民族自身发展的重要基础和前提。因此，一个民族的当代发展必须要有“世界性”意识，把握一些必要的“世界性准则”，才能适应“全球化”的要求。

注重体现世界性是当代教育目的价值取向的应有之意，但绝不意味着民族性的价值取向不重要或不需要了。这种把世界性仅仅视为完全一体化或同质化过程的认识，是极其片面的。因为单纯地追求世界性价值，将会逐渐导致国家或民族特点的消解，使国家或民族失去存在的“根”。因此，教育目的的价值取向要立足民族、面向世界，在民族开放中发展民族、创新民族精神，使民族更好地走向世界并影响世界。

坚持民族性和世界性相结合的价值取向，在实践上需要对民族性和世界性予以很好的理解和把握。一是对民族性的理解和把握要避免僵化和封闭。坚持民族性的价值取向，不是以自己的传统特点去抵制全球化趋势，不是单纯要求对民族自身的维护，同时也要求对民族自身的发展。要重视民族自身的长处与不足，赋予民族具有发展活力的新品质，即开放性和容纳性的品质。这是民族生命活力的根本所在。二是在理解和把握世界性价值取向时要避免盲目性。不能把民族的世界性过程理解为“全盘世界化”或“全盘西化”，也不是盲目地跟随世界发展，或盲目照搬他国模式。一个走向世界的民族，应该对世界有一种取其精华、去其糟粕的借鉴精神和合理选择的能力。一个国家或民族在自身世界性过程中，必须体现借鉴性和选择性。

（二）人的价值取向确立中应注意的问题

教育作为培养人的社会活动，其目的既含有社会价值取向，也含有人的价值取向。历史上任何社会的教育目的都是如此，只不过不同时期不同社会对其重视的程度和取向的侧重点有所不同罢了。选择、确立教育目的，在人的价值取向上应注意解决好以下问题。

1. 人的社会化与个性化问题

社会化和个性化是人自身发展的两个不同方面。人的**社会化**一般指个体在出生后的发展中，习得社会文化规范、价值观念和行为习惯等，并借以适应社会、参与社会的过程。这一过程的结果是把一个具有生物特性的人赋予各种社会关系和社会行为方式，使之成为具有社会特性的人。因此，人的社会化反映人的一种“群”的聚合性和共处性，是社会得以凝聚、群系个体的重要形式，也是个体自身发展的重要内容之一。人的**个性化**一般指个体在社会适应、社会参与过程中，其独特性、自主性所表现出来的、比较稳定地形成和体现的过程。综观现代对个性化的探讨，体现出的意蕴有三：一是指个体有别于他人的独特性；二是指个体在社会和社会关系中的不可替代性，也可以说是人在遵守服从社会各种规范、参与社会各种活动中的不可替代性；三是指与人身心的束缚性、奴役性、盲从性相对应的独立自主性，被视为个性的根本所在。因为一个人没有独立自主性，习惯于盲从，习惯于被束缚、被奴役，就意味着个性在其精神上被消解，已经枯萎或丧失，由此可以认为，独立自主性乃是个性精神气质所在。人的个性化发展，意味着个人自主能力、独立能力、创造能力与自控能力的提高，蕴含着人自身发展的潜能和自立自主的能力。正因为如此，人的个性化具有重要的个体意义和社会意义。

中外历史上，对人的社会价值和个性价值存在着不同的认识。人的社会化因其所具有的个体对社会规范的遵从性，常常导致有人将其看成是对人个性化的束缚和压抑，从而轻视甚至否定社会化的意义。人的个性化因其所具有的个体的独立性、自由自主性，常常导致有人将其看是妨碍社会凝聚和一致的根源，甚至把它当作社会一致的对立物。这些不同的看法，对以往教育目的的价值取向不无影响。当今社会在不断文明和进步的过程中，不仅重视社会的凝聚和一致，而且也注重增强自身发展的内在活力与源泉，这就使得人的个性化发展成为教育目的价值取向不可忽视的重要问题之一。

不过，当今社会教育目的的价值取向虽然对个性价值给予了高度的重视，但也不能矫枉过正，必须从有机结合的理念上加以把握。这主要是因为，人的社会化和个性化是人自身发展的两个相互对应的不同方面，是人得以健康发展的重要标志。人的发展与完善，就在于其社会化和个性化的和谐与统一。没有人的社会化及其发展，个体将难以适应社会、参与社会、自主创造于社会，从而使各个不同的个体在社会中失去共有的基础和赖以相互交往的基本规范；而没有人的个性化及其发展，个体的观念和行为就会千人一面，其自身的才智及其潜能就难以充分自由地发挥。不只如此，对个性的束缚和压抑，不仅会造成个体自主自立和创造性的萎缩，而且还会在活动源泉上影响到社会文化的进步，使社会发展的内在生机和活力匮乏。可见，失去社会化的个性化极易导致个体的过分自由，失去个性化的社会化极易导致社会创造活力的抑制，单纯强调或重视人的社会化价值或人的个性化价值都是不可取的。人的社会化，应是个性化了的社会化；人的个性化，也应是社会化了的个性化。

2. 人的理性与非理性问题

什么是理性和非理性，在哲学上有着本体论、认识论、人性论、技术论等方面的歧义。我们此处所说的理性和非理性，仅就人的个体性表现而言，统指人在认识和行为上的不同特点。人的**理性**，即人在认识和行为方面表现出来的理性遵循（对事物发展变化的逻辑性遵循，对科学的概念、价值准则的遵循等），以及运用理性（逻辑、科学概念和价值准则等）来揭示或把握客观对象（自然、社会、人及其相互关系）的普遍性本质和规律、来看待或处理问题的特点等。在认识和行为上具有对感性、直觉直接性的超越性，体现为人类超越自我的生物本能、超越自身的有限存在，而追求世界与人生的真理和永恒的能力，是人类灵性之精华。人的**非理性**，即人在认识和行为方面表现出来的非理性遵循（对产生于感觉、情绪、欲望之上的直觉、直接体验或灵感、顿悟的遵循），以及运用非理性来把握或说明客观对象或事物、来看待或处理问题的特点等。在认识和行为上具有对感性和直觉的依赖性，体现着人类生命的情感、意志以及自然本能、欲望等，表现为追求肉体感官或精神感官的满足以及自我充分实现的特性，是人类行动的原始动力。

理性是人类战胜蒙昧、摆脱蒙昧、走向文明的巨大力量，因此，在 20 世纪以前，理性被作为人的本质存在而备受推崇，成为教育目的的主要价值取向，在课程设计及内容构建、教学理念和教学方式等方面，无不体现对人的“理性能力”“理性品质”培养的重视。20 世纪以来，非理性主义把理性崇拜导致的理性僵化、教条与日益突出的人的异化和种种社会危机联系起来，将其看成现代社会发展中人的缺失、人的异化及种种社会危机的根源，并给予激烈的批判，进而把人的非理性视为人的本质存在，倡扬非理性及其对人的意义。在非理性主义的影响下，以往教育目的以理性为主的价值取向受到质疑。

因此，当代教育目的的选择和确立，在价值取向上首先要避免陷入理性和非理性二者对立的误区。二者虽然各不相同，但却不是截然对立的。实质上，纯粹的理性和非理性是不存在的。就理性而言，它的产生、发展及其作用的发挥不是孤立的，总是与人的情感、欲望等有着割不断的联系；就非理性而言，它的表现过程也不是纯而又纯的，其情感、意志活动总是直接或间接地受到原有文化素养（思维方式或文化观念、价值标准）的影响，在其灵感、直觉的表现中，人们也能觉察到它们对已有经验积累和文化积淀的依赖性。其次，要充分认识理性与非理性各有的长处与局限性，避免对二者的盲目性。盲目地推崇“理性至上”或“非理性至上”都是不可取的。理性至上而贬低非理性，极易造成对人的冲动的压抑，导致人行为的僵化教条，使人的行为缺少内在的激情与活力，无益于人的主体性的发展；非理性至上而贬低理性，也易造成人的自我放纵，使自我任由本能冲动的支配，这也无益于个体自身的文明发展和社会进步。

专栏3－5

理性主义与非理性主义的理论局限性

理性主义推崇理性，重视科学，崇尚逻辑思维，认为理性是人的本质表现，把世界看作一个合乎理性的世界或和谐的世界。这一切都是积极的、可取的。但应当看到，理性主义运动陶醉于自身的辉煌成就，又陷入一种盲目性，即把对自然的“科学认知”方式看作人的其他一切认识活动或认识方式的基础，不加批判地把自然科学模式作为人类认识效仿的楷模，把明晰性、可验证性和可预测性作为知识具有科学性的评价尺度。从形而上学层面，它把隐藏在事物背后的、永恒不变的存在，作为解释事物存在的根据，看不到人对事物本质、运动规则的已有认识的暂时性、历史性。它也忽视了自然与人的原则区别，试图以机械的因果律来解释与人有关的事物的一般本质或本性。因此，社会与人在它们的视野中往往是一种对象性（即物）的存在，而不是主体性的存在。其结果使生动、多样的人类历史变成某种永恒原则呈现自身存在的工具，人生的多样性、丰富性、独特性被逻辑的东西泯灭了。这种思维方式使富有生命活力的理性主义运动变得僵化、凝固，使哲学关心人类的命运、人生价值的思考演变成阻碍人充分发挥自己生命活力的绝对主义教条，演变成扼杀人独立思考世界能力的独断论。

非理性主义对我们的启迪在于：使我们对人的精神主体有了全面的认识，也加深了对人的认识活动复杂性的理解；同时也使我们明白理性与非理性的矛盾不仅体现在认识过程中，也体现在社会生活中。但必须指出，非理性主义把非理性作为人的本质的观点是错误的……理性虽然不是人的本质，但它是人的本质的一个明显的表征。过度渲染人性中的非理性因素，过分贬低理性的作用，不仅在理论上是不正确的，而且在生活中也是极其有害的。有人曾这样认为，对人性来说，理智和道德只具有消极的性质，因为它们压抑了人的冲动。可是，即使我们承认这个命题有部分合理性，那也不是我们可以放纵情欲、任由本能冲动支配的理由。……马克思虽然说过恶和情欲是历史发展的杠杆，但是很清楚，恶和情欲只有以符合人的活动方式表达出来时，才能推动历史的发展。因此，全盘否定非理性主义是不正确的，但不加分析批判，全盘肯定它也是不科学的。具有现实意义的是通过实事求是的价值评价，肯定其积极因素，否定其消极因素，这样才有利于人类认识和实践的进步与发展。

［资料来源］ 李瑜青，等. 人本思潮与中国文化［M］. 台北：东方出版社，1998：109.

3. 科技素质与人文素质问题

科技素质是指与人认识、作用于自然，与人从事物质生产生活密切相关的科学技术方面的素养、品质及能力发展的水平，通常体现为科学文化知识、技能掌握及运用的能力，与此相关的思维品质、探索创新的意识、崇尚科学理性的精神等。**人文素质**是指与人认识、解决人类生存意义和价值问题、与人从事社会价值建构活动密切相关的人类文化、价值方面的素养、品质及能力发展水平，通常体现为在对人类生存意义和价值关切中所形成的价值理性、道德情操、精神境界及其能力等。从历史的发展来看，近代以前的教育基本上是以人文素质培养作为主要的价值取向；而近代以来的教育，科技素质在教育目的价值取向上日显突出，随着科学主义与人文主义哲学观的对峙以及科学技术在满足社会功利追求中的巨大作用，科学技术与人文科学的分离也日益加剧，使近现代教育目的的科技素质与人文素质价值取向失衡。人文教育中缺少对科技素质的培养，科学技术教育中缺少对人文素质的观照，不仅造成了当代社会人的素质的明显缺失，而且也无益于帮助社会解决“人文精神失落”问题。

当代教育目的的选择、确立，在科技素质和人文素质的价值取向上，首先要认清和摆脱科学主义和人文主义哲学观的片面性。近代科学的兴起，导致了科学主义甚至唯科学主义的倾向，由此引起了真理与德行的分离、价值与事实的背离、伦理与实际生活的断裂。正因为科学主义的片面性及其后果，所以遭到了人文主义的激烈批判。但这种批判把当今社会的一切罪责都归于科学，也是片面的，不利于科学的发展。事实证明，过分强调科学理性、科学技术至上，必然导致对人文精神的轻视；过分强调人文价值，也会带来对科学技术的压抑。其次要充分认识和理解科学精神与人文精神的统一性。科学精神与人文精神是反映和构成整个世界图景的两个相互关联的不同方面。科学精神是人类在对世界特别是对自然界的探究中形成的，包括相信理性，追求知识，注重可操作程序；实事求是，怀疑一切既定权威；热爱真理，憎恶一切虚假行为；遵循公正、普遍、创新等准则。科学精神重在求真务实，探究万物之理。人文精神是人类对自己生存意义和价值的关心，包括对人的价值的至高信仰，对人类处境的无限关切，对开放、民主、自由等准则的不懈追求，并凝结为人的价值理性、道德情操、理想人格和精神境界。人文精神重在价值蕴含，追求理想境界。从对二者特点的分析中我们可以看到，二者不是对立的，科学精神中含有明显的人文价值。认识和把握科学精神和人文精神的统一性，有助于避免科技素质和人文素质价值取向的失衡性。再次要充分认识科技素质与人文素质有机培养的时代性要求。当今社会的发展日新月异，但各种矛盾和危机也日益突出。如何解决这些问题，人类在种种教训中选择和确立了可持续发展的观念，开始强调社会的全面发展、全面进步，社会的协调发展、可持续发展。这种理念内在地含有科学精神与人文精神有机和谐的要求，也要求人们要以科技素质和人文素质的协调发展与之相适应。

第三节 我国的教育目的

新中国成立以来,我国教育开始了历史性转变,被赋予鲜明的社会主义性质和要求,反映社会主义性质和需要的教育目的,对社会主义人才培养及教育发展发挥着根本的指导作用。在当代社会发展中,为了进一步适应改革开放,适应建设富强、民主、文明、和谐的社会主义现代化强国的时代需要,我国教育方针和教育目的的总体要求是:为社会主义现代化建设服务,为人民服务,与生产劳动和社会实践相结合,造就有理想、有道德、有文化、有纪律的德智体美全面发展的社会主义建设者和接班人。新中国成立以来到现在,我国的教育目的虽几经变化,但其精神实质却是很明显的。

一、我国教育目的的精神实质

(一)社会主义——我国教育性质的根本所在

教育作为培养人的社会活动,既源于社会需要也受社会制约。因此,教育无不带有各个时代社会的特点和要求,无不体现一定的社会性质。新中国成立以来,我国的教育目的也充分体现了这一特点。它不同于以往历史上任何社会的教育目的,是为社会主义巩固和发展服务的,是为社会主义和谐进步服务的。维护社会主义利益,为社会主义服务,一直是我国教育目的的根本所在。新中国成立以来,无论我国社会怎样发展变化,无论我国发展的各个时期工作重点有什么不同,我国教育目的所确定的社会主义性质却始终没有变。正是由于我国教育目的所具有的对教育社会性质的规定性,才在根本上保证了我国教育发展的社会主义方向,指引着我国教育为社会主义事业的全面发展进步培养造就各方面的人才。

专栏 3-6

我国教育目的的历史回顾

1957 年,我国在生产资料所有制的社会主义改造完成后,开始了以发展社会生产力、发展经济为重点的大规模建设时期,根据这一时期政治、经济、文化等方面发展的新要求,毛泽东在国务会议上指出:"我们的教育方针,应该使受教育者在德育、智育、体育几方面都得到发展,成为有社会主义觉悟的、有文化的劳动者。"它在当时对我国教育事业的发展和人才的培养起了非常有力的指导作用,对以后教育目的的影响很大。

1978 年,我国的教育目的在第五届人大会议通过的宪法中被表述为:"我国的教育方针是教育必须为无产阶级政治服务,教育必须同生产劳动相结合,使受教育者在德育、智育、体育几方面都得到发展,成为有社会主义觉悟的、有文化的劳动者。"

1981 年,《关于建国以来党的若干历史问题的决议》对教育目的有新的表述:"坚持德智体全面发展、又红又专、知识分子和工人农民相结合、脑力劳动和体力劳动相结合的教育方针。"在同年五届人大政府工作报告中指出教育目的是"使受教育者在德育、智育、体育几方面都得到发展,成为有社会主义觉悟的、有文化的劳动者和又红又专的人才,坚持脑力劳动和体力劳动相结合、知识分子和工人农民相结合"。

1982 年,《中华人民共和国宪法》规定:“国家培养青年、少年、儿童在品德、智力、体质等方面全面发展。”

1985 年,《中共中央关于教育体制改革的决定》提出教育要为“九十年代以至下世纪初叶我国经济和社会的发展,大规模地准备新的能够坚持社会主义方向的各级各类合格人才”。明确指出:“所有这些人才,都应该有理想、有道德、有文化、有纪律,热爱社会主义祖国和社会主义事业,具有为国家富强和人民富裕而艰苦奋斗的献身精神,都应该不断追求新知,具有实事求是、独立思考、勇于创造的科学精神。”

1986 年,《中华人民共和国义务教育法》规定:“义务教育必须贯彻国家的教育方针,努力提高教育质量,使儿童、少年在品德、智力、体质等方面全面发展,为提高全民族素质,培养有理想、有道德、有文化、有纪律的社会主义的建设人才奠定基础。”在这里,首次把提高全民族素质纳入教育目的。

1990 年,《中共中央关于制定国民经济和社会发展十年规划和“八五”计划的建议》把教育方针和教育目的明确表述为:“教育必须为社会主义现代化建设服务,必须与生产劳动相结合,培养德、智、体全面发展的建设者和接班人。”

1993 年,《中国教育改革和发展纲要》提出:“教育改革和发展的根本目的是提高民族素质,多出人才,出好人才。各级各类学校要认真贯彻‘教育必须为社会主义现代化建设服务,必须与生产劳动相结合,培养德、智、体全面发展的建设者和接班人’的方针,努力使教育质量在 90 年代上一个新台阶。”

1995 年,《中华人民共和国教育法》规定:“教育必须为社会主义现代化建设服务,必须与生产劳动相结合,培养德、智、体等方面全面发展的社会主义事业的建设者和接班人。”

1999 年,《中共中央国务院关于深化教育改革全面推进素质教育的决定》把教育目的表述为“以提高国民素质为根本宗旨,以培养学生的创新精神和实践能力为重点,造就‘有理想、有道德、有文化、有纪律’的、德智体美等全面发展的社会主义事业建设者和接班人”。

2001 年,《国务院关于基础教育改革与发展的决定》明确提出:“坚持教育必须为社会主义现代化建设服务,为人民服务,必须与生产劳动和社会实践相结合,培养德智体美全面发展的社会主义事业建设者和接班人。”

2006 年,第十届人大二十二次会议修改通过的《中华人民共和国义务教育法》规定:“义务教育必须贯彻国家的教育方针,实施素质教育,提高教育质量,使适龄儿童、少年在品德、智力、体质等方面全面发展,为培养有理想、有道德、有文化、有纪律的社会主义建设者和接班人奠定基础。”

2010 年,《国家中长期教育改革和发展规划纲要(2010—2020 年)》强调:“促进德育、智育、体育、美育有机融合,提高学生综合素质,使学生成为德智体美全面发展的社会主义建设者和接班人。”

(二)使受教育者德、智、体、美全面发展

我国教育目的中蕴含着人才培养的素质要求。一是明确了人才应有的基本素质,即德、智、体、美全面发展,将其作为人才应有的基本素质。**德**,即指人在人生意义和规范方面

的操守，具体涉及个人对待生活和工作，对待与社会、与集体、与他人、与自然关系时所应具有的价值观念、行为品质、道德追求、人格修养、人生信念等，是对人生观、世界观、道德观、政治观及其行为品质的总称。**智**，即指人在生活、事业中，在认识自然、社会并作用于自然和社会中所具有的学识、才能、智慧等。**体**，即指人在各种活动中所应具有的身体活动机能、能量、体质和体力等。**美**，即具体指的是审美（认识美、理解美和欣赏美）和创造美的能力。这几方面相互联系、相互作用，是人生存在和发展以及在现代化建设中不可缺少的基本素质。二是明确了使受教育者各方面全面发展，即在注重基本素质（德、智、体、美）形成发展的同时，也要注重促进其他素质的形成和发展，而不应仅仅局限在德、智、体、美四方面。这是促进人的个性丰富发展所必需的，有利于个人在物质生活领域和精神生活领域发挥展现创造性才能，更好地实现自己的理想和价值，使人的生存与发展充满内在的活力。

（三）注重提高全民族素质

我国教育目的不仅包含对人的全面发展的要求，而且还含有对整个民族素质全面提高的要求。提高全民族素质，是我国当今社会发展赋予教育的根本宗旨，也是我国当代教育的重要使命。其原因在于：一方面，由于科学技术发展对综合国力、社会经济结构和人民生活的巨大影响，使得科学技术成为经济发展、社会进步的关键，要加速科技进步并用科技进步来推动经济、社会发展，就取决于整个民族素质和能力的提高。只有这样，才能使我们整个民族有能力加速科技进步，有能力将科技成果创造性地运用于经济建设和社会文明发展之中。另一方面，实现社会的现代化不仅仅只是经济的巨大发展，它也意味着包括思想、道德、文化、观念等在内的社会的全面进步。否则，这个社会的发展不仅是片面的，而且经济本身也将受到各种因素的严重制约，变得步履维艰。而要促进包括思想、道德、文化、观念等在内的社会的全面进步，就更需要整个民族素质的全面提高。因此，提高全民族素质、促进经济建设和社会发展，是我国教育目的所蕴含的一个重要方面。

（四）为经济建设和社会的全面发展进步培养各级各类人才

为经济建设和社会的全面发展进步培养各级各类人才，这是我国教育的基本使命。一个国家经济建设和社会的全面发展进步，需要各级各类人才与之相适应。培养能够坚持社会主义方向的各级各类人才，是我国改革开放以来教育目的所体现的基本要求。"各级各类人才"与以往教育目的中所说的"劳动者"并不是矛盾的。因为这里所说的"人才"不是狭义的，而是广义的。从实际来看，各级各类人才都是劳动者；就每个岗位来说，每个岗位的劳动者也都是这一岗位需要的人才。我国教育目的所体现的培养各级各类人才的要求与培养社会主义事业的建设者和接班人的要求，也不应看作是矛盾的。因为从社会主义制度的延续来看，各级各类人才都是社会主义事业的接班人；从社会主义政治经济、文化科技、生产生活等方面的发展需要来看，各级各类人才都是社会主义事业的建设者。总之，我国教育目的所要求培养的人才，都是服务于社会主义的"劳动者""建设者""接班人"。

二、我国教育目的的理论基础

我国教育目的蕴含着全面发展的要求，这一点与马克思主义关于人的全面发展学说有着密切的联系。马克思主义关于人的全面发展学说是我国教育目的的理论基础。

(一)马克思主义关于人的全面发展学说的基本思想与含义

马克思主义关于人的全面发展学说是马克思、恩格斯在经济学的研究中考察社会物质生产与人的发展关系时所提出的关于人发展问题的基本原理,是马克思主义教育思想的重要组成部分。它的基本思想是:人的发展是与社会生产发展相一致的。旧式劳动分工造成人的片面发展,大工业机器生产要求人的全面发展,并为人的全面发展提供了物质基础;实现人的全面发展的根本途径是教育同生产劳动相结合。

基于社会物质生产对人发展的影响,马克思主义预见现代社会化生产要求"人以一种完全的方式——作为一个完整的人,占有其全面的本质","均匀地发展全部的特性"①。马克思所说的"全面发展的个人……也就是能够适应极其不同的劳动需求并且在交替变换的职能中……使自己先天的和后天的各种能力得到自由发展的个人"。马克思主义关于人的全面发展的内涵极为丰富,突出表现为三个方面:一是人生产物质生活本身的劳动能力的全面发展,即"个人生产力的全面的、普遍的发展","是各方面都有能力的人,即通晓整个生产系统的人"。二是人才能的全面发展。"每一个人都无可争辩地有权全面发展自己的才能"②,"任何人的职责、使命、任务就是全面地发展自己的一切能力"③。三是人的自由发展,包括"全部才能的自由发展","各种能力得到自由发展","个人独创的和自由的发展",④"个性的比较高度的发展"等。总之,在马克思主义关于人的全面发展的思想中,人的全面发展既表现为人的劳动能力、人的体力和智力的全面发展,又表现为人的个性才能和志趣的全面发展,而且是这些方面广泛、充分、自由地发展。

(二)马克思主义关于人的全面发展学说对我国确立教育目的的意义

马克思主义关于人的全面发展学说确立了科学的人的发展观,指出了人的全面发展的历史必然性,对我国教育目的的确立具有重要的理论指导意义。

一是为我们科学认识人的全面发展提出了新的方法论指导。关于人的全面发展问题,在马克思主义产生以前,亚里士多德、夸美纽斯、卢梭、裴斯泰洛齐等人都曾提出过使人的体力、智力和道德等多方面和谐发展的问题。但他们在提出和探讨人的全面发展的过程中,只是从"神的意志"或"人的本性"出发来说明和解释人的发展。到了19世纪,英国空想社会主义者欧文(R. Owen,1771—1858)等人也提出要培养"全面发展的人",但没能从根本上说清楚人的发展与社会物质生产、生活条件的关系。马克思主义的产生,为考察和说明人的发展提供了新的科学的方法论。它要求在规定人的发展时,不能停留在思辨领域内,不能停留在抽象的人上,不能脱离具体的社会历史条件,而必须"从人们现有的社会联系,从那些使人们成为现在这种样子的周围生活条件来观察人们",⑤进而说明人的发展"既和

---

① 马克思,恩格斯. 马克思恩格斯全集:第42卷[M]. 北京:人民出版社,1972:123.
② 马克思,恩格斯. 马克思恩格斯全集:第2卷[M]. 北京:人民出版社,1972:614.
③④ 马克思,恩格斯. 马克思恩格斯全集:第3卷[M]. 北京:人民出版社,1972:330,516.
⑤ 上海师范大学教育系. 马克思恩格斯论教育[M]. 北京:人民教育出版社,1979:26.

他们生产什么相一致，又和他们怎样生产相一致"，"个人是什么样的，这取决于他们进行生产的物质条件"①。用这种科学的人的发展观作指导，有助于我们深刻理解人的发展的社会必要性和社会制约性，在确立和实现教育目的中把人的发展和社会的发展结合起来。

二是马克思主义所指出的人的全面发展的历史必然性，为社会主义人才培养指明了方向。马克思主义关于人的全面发展学说在从社会生产的发展，特别是从社会大工业生产发展对人的影响中，看到了"承认劳动的变换，从而承认工人尽可能多方面的发展是社会生产的普遍规律"，②揭示了人的全面发展的历史必然性，有助于我们社会主义教育在人才培养中坚持全面发展的方向，丰富培养人的素质，更好地推动我国的现代化建设。

三、我国全面发展教育的基本构成

所谓**全面发展教育**，是对含有各方面素质培养功能的整体教育的一种概括，是对为使学习者多方面得到发展而实施培养的教育活动的总称，是由多种相互联系而又各具特点的教育所组成。关于全面发展教育的基本构成，学界论及时通常多以德育、智育、体育、美育作为全面发展教育的构成主体。

德育，即品德教育的简称，是以人生活的意义及规范的内在建构和外在体现为根本旨要，对人品德给予多方面教化培养的各种教育活动的总称。它具有广义和狭义之分。狭义的德育仅指道德教育；广义的德育，除道德教育外，还包括涉及人成长生活的其他品德内容，如思想教育、政治教育、法制教育、生命教育、人格教育、心理品质教育等。学校德育的根本使命在于，使人在社会生活规范和社会生活意义上形成和体现健康稳定的理念及言行操守，包括具有健康积极的人生态度和意义追求，具有自我更新、自主提升的能力，具有为国家富强和人民富裕而努力奋斗的献身精神；具有不断追求新知、实事求是、勇于创造的科学精神，成为具有良好社会公德、文明行为习惯的遵纪守法的好公民。

智育，即指向学生传授系统科学知识和技能，培养和发展学生学识素养和智慧才能的教育。其基本任务有：向学生系统传授科学文化基础知识，为学生各方面发展奠定良好的知识基础；培养和训练学生，使其形成基本技能；培养和发展学生的智力才能，增强学生各方面能力；培养学生良好的学习品质和热爱科学的精神。

体育，即指向学生传授身体运动及其保健知识，增强他们体质、发展他们身体素质和运动能力的教育。其基本任务有：指导学生身体锻炼，促进身体的正常发育和技能发展，增强学生体质，提高健康水平；使学生掌握身体运动锻炼的科学知识和基本技能，掌握运动锻炼的方法，增强身体运动能力；使学生掌握身心卫生保健知识，养成良好的身心卫生保健习惯；发展学生良好的品德，养成学生文明的习惯。

美育，即培养学生正确的审美观点，发展他们感受美、鉴赏美和创造美的能力的教育。其基本任务有：培养学生正确的审美观点，使他们具有感受美、理解美以及鉴赏美的知识和能力；培养学生艺术活动的技能，发展他们体现美和创造美的能力；培养学生的美好心灵和

---

①② 马克思，恩格斯. 马克思恩格斯选集：第3卷[M]. 北京：人民教育出版社，1972：83，534.

行为,使他们在生活中体现内在美与外在美的统一。

四、教育目的实现的理性把握

(一)要以素质发展为核心

素质是对人自身生理心理、学识才智、道德品行、审美情趣、生活态度和能力等方面发展质量或品质的总称,也可用以对人某方面发展质量或品质的指称,如道德素质、心理素质、政治素质、公民素质、教师素质等。人的素质是看不见摸不着的,但却可以通过人的言行举止表现出来,是能使人感觉到的。比如,对于人的心理素质,表面上是难以看出谁是怎样的,只有通过他言行举止的表现,人们才能感受到他心理素质的好与不好。正如有人所说的那样:素质是经过各种形式的学习之后,在自身得以积淀下来并能在相应的工作、生活和交往中自然体现出来的东西(学识才能、人文素养等)。

教育目的的实现不能忽略对人的素质的培养。这主要是因为:素质既蕴含活动的潜能和底蕴,也表现为在现实应对中适当把握、灵活驾驭事物或问题的实际水平。如果说我国教育目的在于使人德智体美全面发展是一种内容上的强调的话,那么素质教育就是对人发展质量上的一种关注,是对人发展实际水平和程度的一种实质性的强调。由此可以这样说,教育目的的实现不能忽略人的素质培养,这样做会使我国教育的质量观从原有侧重内容方面的努力转到注重实际发展和水平上来,更何况素质在当今时代是最具长远发展潜力和根本实力的竞争因素。当今社会,不论是政治、经济、文化、科学技术的发展,还是人民生活方式的改变,其根本上无不取决于人的素质的发展。

素质教育是以人的素质发展为核心的教育。它以注重人各方面的程度和水平的实际发展为主要特征,追求对人的发展的有效引领和促进。在这里,发展的内涵指:一是人的发展的全面性与和谐性;二是人的发展的差异性和多元性,不强求一律,不用固定的模式看待和要求人的发展,而是重视和鼓励人个性发展的多样性。

基于这种发展理念的素质教育,在实践中要把握以下几点:作为教育,素质教育要关注人良好素质的形成,同时也不能忽略对人不良素质的克服与纠正,使人的素质富有健康文明的内涵;素质教育不能停留在应有素质的形成上,更应重视素质的巩固和提升,使人的素质不断地得到充实和丰富;要注重把应然素质和实然素质结合起来。人的素质一般都有其实然性和应然性。**素质的实然性**,即指素质的现有状态,如我们平时说某人心理素质好或某人心理素质不好,都是根据人心理表现的已有状态而作出的判断。**素质的应然性**,即指素质的应有状态,如我们说某个人应锻炼或提高心理素质或道德素质,就是指人素质的应然状态而言的。在教育目的的实现中,不能只注重应然素质而漠视实然素质,因为实然素质是应然素质发展不可忽视的基础;同时,也不能只关注实然素质而忽视应然素质,因为应然素质是实然素质发展的必要导向,不重视应然素质,实然素质难以丰富和提升。所以,要注意处理好应然素质和实然素质的关系,使两者有机地结合起来。

(二)要确立和体现全面发展的教育观

教育目的的实现,不仅要在人实际程度和水平的发展上关注素质教育,而且要在内容上关注人的全面发展教育。

1. 确立全面发展教育观的必要性

人的全面发展已成为当代世界各国教育普遍重视并努力实现的目标,我们必须从日益知识化、科学化、智能化、审美化的社会生产和生活中看到人的全面发展是何等重要。缺乏全面发展的观念,甚至忽视全面发展,都不能培养和造就出适应现代和未来社会发展需要的全面发展的人才。

树立全面发展教育观对搞好各级各类教育,特别是中小学教育尤为重要。因为世界各国发展的历史经验和当前教育改革的趋向都说明,基础教育是经济发展和社会进步的基础和标志。面对国家间激烈的竞争,各国不仅重视高级人才的培养,而且尤其重视国民素质的提高,把基础教育当作人力资源开发的根基。参照国际经验,审视国内情况,我们必须明确:普通中小学(包括普通高中)教育的性质是基础教育;它的任务是培养全体学生的基本素质,为他们学习做人和进一步接受专业(职业)教育、各种高一级教育打好基础,为整个民族素质提高打好基础。要更好地完成这些任务,就应牢固树立全面发展的教育观,坚持全面发展教育。首先,这是由我国教育目的决定的,不仅是社会发展的需要,也是人自身发展的需要。其次,从历史发展看,我国既有全面发展教育的正面经验,也有忽视全面发展教育的反面经验。特别是忽视全面发展的教育至今仍然存在,并不同程度地为社会的发展和人的发展带来了不良的影响。再次,现代科学,特别是现代心理学、生理学等均从不同角度揭示了人的生理与心理、智力与非智力、知识与能力、才能与品德等诸方面在构成完整、完美个体中的相互联系性和制约性。这些都从人的身心发展的理论基础上证实了人的全面发展的必然性和必要性。

2. 正确理解和把握全面发展

我国教育目的中全面发展这一精神实质是显而易见的,但要使其得到更好的实现,必须在以下方面给予正确的把握和理解:第一,不能把西方传统上的人的"全面发展"与我国现在所讲的人的"全面发展"等同起来。二者的区别在于:一是它们所说的人的"全面发展"基本上局限于人的精神生活或文化生活,而忽视人在物质生活领域,特别是在生产劳动领域中人的能力的全面发展问题。二是人的"全面发展"在西方一些思想家的话语中主要是"精神贵族"的自我发展问题。而我们今天所讲的人的全面发展问题,既包括人在物质生活领域,特别是在生产劳动领域的全面发展问题,又包括人在精神生活和文化生活领域的全面发展问题,并强调前者是后者的基础;同时,我们所涉及的不仅仅是极少数人的发展问题,更多涉及的是大多数人的全面发展问题。第二,全面发展不是人的各方面平均发展、均衡发展。把全面发展看成是平均发展,这种认识是非常机械的。实质上,全面发展是指人的各方面素质的和谐发展。它意味着人高尚的思想信念、道德品质、审美情趣、智力发展以及物质需要和精神需要的有机结合,使人在工作和生活中体现出力量、能力、热情和需要的完美和谐,使人的身与心、灵与肉、情与理、才与德、个性与社会性等方面有机结合、相得益彰、健康发展。第三,全面发展不是忽视人的个性发展。不能以为全面发展与个性发展是矛盾的、对立的,是不要个性的发展。实际上,人的全面发展与个性发展是辩证统一的,人的个性发展总是和全面发展联系在一起的。没有全面和谐的发展,也不会带来个性的丰富性和完美性,也不会有个性的很好发展。德、智、体、美等各种素质在个体身上的和谐发展,正是个性完美发展的表现。第四,要坚持人的发展的全面性。不能只是为了眼前的需要(如升学应试的需要),而漠视其他素质的培养,因为这样的教育极易导致一些生活必要素质的欠缺或失衡,从而使人的发展单向度、单一化,或产生人格的分裂。

3. 正确认识和处理各育关系

在全面发展教育中,各育不可分割,又不能相互代替。说它不可分割,是因为各育之间是相互联系、相互影响的。各育都具有制约或促进其他各育的因素,各育的发展又都离不开其他各育的配合,都需要其他各育与之协调。它们就是这样相辅相成、缺一不可。任何片面的做法,都有可能导致人的素质的发展出现倾斜。说它们不能相互代替,是因为各育之间是相互区别的。各育都具有特定的内涵,都具有自己特定的任务,各育的社会价值、教育价值、满足人发展需要的价值都是通过各自不同的作用体现出来的。所以,任何一育都是不可代替的。各育的不可分割和不能相互代替,反映了它们在全面发展教育中的关系是辩证统一的。

由此可见,在教育中把各育结合不仅是必要的,也是可能和可行的。这意味着,教育在实践中既不能只注重各育之间的联系性和相互促进性而忽视各育的独特功能;也不能只注重各育的区别和不可代替性而忽视各育相互促进的作用。这两种片面做法都会破坏各育之间的协调,不利于各育相互结合。在实际生活中,青少年德、智、体、美诸方面的发展往往是不平衡的,有时需要针对某个带有倾向性的问题着重强调某一方面。学校教育也常会因某一时期任务的不同而在某一方面有所侧重,但绝不意味着可以忽视其他方面的影响和作用,割断与其他各育的联系,从而使学习者在德、智、体、美诸方面和谐发展。

4. 要防止教育目的的实践性缺失

全面发展是我国教育目的蕴含的总体要求,实现这样的要求,需要依据教育目的来把握好教育实践,即要以教育目的的要求来时刻校准教育实践活动的方向,把它作为衡量、评价教育实践的根本标准。忘却这一点,就会导致对教育活动中教育目的这一价值因素的轻视,而主要注意其中的工具性因素,造成手段与目的的颠倒,把手段当作目的。人们所批评的现行教育中存在的片面追求升学率的“应试教育”就属此类问题。本来考试是教育的一个环节,是检测教育效果的手段,但却成了教育追求的目的,使真正的教育目的在这样的教育实践中被遗失,教育实践背离了教育目的的宗旨,这是我国当代教育亟待解决和防止的重要问题。为此,不断强化全面发展的教育观念,加强对教育实践的评估指导是非常必要的。

【主要结论与启示】

1. 教育目的是社会把握教育活动的根本所在,也是教育活动展开的核心和根本依据,对教育功能的取舍有重大的决定作用。不论是广义的教育目的还是狭义的教育目的,都对教育“为谁培养人”“培养什么样的人”具有质的规定性,它与教育方针既有密切的联系,又有明显的不同,其存在类型和存在层次的多样性构成了教育目的的广阔领域。对实际教育活动而言,教育目的具有重要的定向、调控和评价功能。

2. 教育类型和教育层次的多样性,使教育目的的选择、确立存在着不同的决策主体。但不论哪一层次教育目的的选择、确立,都不同程度地受社会和人的因素所制约,社会和人是教育目的选择、确立的基本依据。教育作为培养人的社会活动,其价值取向的最基本问题是如何看待和解决社会价值与人的价值的关系问题。解决好这一问题需要超越"社会本位论"和"人本位论"的偏激与局限,需要超越人与社会二元对立的思维方式,以动态的、层次对等的方式对个人与社会的关系予以基本的确认。在实际的教育中,可根据实际情况和需要使其互为基点。在社会价值的取向上,要赋予可持续发展的理念,对适应与超越、功利与人文、民族性与世界性等各种价值取向进行合理把握;在人的价值取向上,也要合理地解决好当今社会所关注的人的个性化与社会化的发展问题、人的理性与非理性发展问题、人的科技素质与人文素质发展问题等。

3. 强调教育的社会主义性质,提高全民族素质,培养德、智、体、美全面发展的、适应经济建设和社会全面发展进步的各级各类人才,是新中国成立以来教育目的不同表述中所反映出来的基本精神实质。马克思主义关于人的全面发展学说是我国教育目的重要的理论依据之一,至今仍对我们研究教育目的具有重要的启示。实现我国的教育目的,需要正确理解全面发展的现代意蕴,克服以往存在的误区。在确立和强化全面发展教育观的基础上,正确认识和处理好各育的关系,防止教育目的的实践性缺失。

【学习评价】

1. 说明教育目的内涵及教育目的对教育活动质的规定性。

2. 说明各类教育目的的特点及在实践中应如何正确地看待和把握它们。

3. 教育目的对教育活动的定向功能、调控功能和评价功能的基本体现是怎样的,分析影响教育目的功能发挥的原因。

4. 阐述社会本位论和人本位论的基本观点主张,并予以分析评价。

5. 分别阐述当代教育目的的社会价值取向和人的价值取向确立中应注意的问题。

6. 分析说明我国教育目的的精神实质,并结合马克思主义关于人的全面发展学说的基本思想分析如何认识和处理好各育的关系。

【学术动态】

● 注重把教育目的当作一个具有多层次、多类型的目的(或目标)领域来探讨,而不再单纯地把教育目的作为总体的教育目的来对待,并且注意目标各层次、各类型之间的关系及相互影响的分析。

● 注重对教育目的的分类探讨,注意分析各类教育目的的各自特点、功能及相互间的影响。对这一问题的探讨,有助于深化对教育目的的科学认识,增强教育目的实现过程中的科学化和操作性。

● 最受关注的是对教育目的价值取向问题的探讨。一是注意从价值根源上分析各种教育目的的特点和理论,注意为当代教育目的的理论和实践研究提供依据。二是注意对教育目的价值取向现实选择的探讨,表现出与当代社会问题的广泛联系性,赋予教育目的选择和价值取向广阔的社会视野,对于解决当代教育目的价值取向具有重要的启示。

● 在对我国教育目的的探讨中,注意把全面发展教育与素质教育联系起来,丰富了对全面发展教育问题的思考。

● 注重用现代教育观念探讨教育目的,使“提高全民族素质”“终身教育”等问题在教育目的选择、确立中的地位日益受到重视。

● 在全面发展问题的讨论上,开始注重赋予全面发展以科学的内涵和时代内涵。

【参考文献】

1. 黄济,王策三.现代教育论[M].北京:人民教育出版社,2001.
2. 陈桂生.教育原理[M].上海:华东师范大学出版社,2000.
3. 夏正江.教育理论哲学基础的反思——关于人的问题[M].上海:上海人民出版社,2000.
4. 约翰·怀特.再论教育目的[M].李永宏,等,译.北京:教育科学出版社,1997.
5. 郑金洲.教育通论[M].上海:华东师范大学出版社,2000.
6. 王坤庆.现代教育哲学[M].上海:华东师范大学出版社,2001.
7. 扈中平.教育目的论[M].武汉:湖北教育出版社,1997.
8. 成有信.现代教育引论[M].郑州:河南教育出版社,1992.

第四章 教 育 制 度

【内容摘要】

教育制度是指一个国家各级各类教育机构与组织的体系及其管理规则。现代教育制度的核心部分是学校教育制度。学校教育制度简称学制,是指一个国家各级各类学校的系统及其管理规则,它规定着各级各类学校的性质、任务、入学条件、修业年限以及它们之间的关系。本章在对教育制度进行概述的基础上,重点对现代学校教育制度及我国现行学校教育制度进行了论述。

【学习目标】

1. 识记教育制度和学校教育制度的含义、现代学校教育制度的类型。
2. 理解教育制度和学校教育制度的历史发展过程。
3. 把握教育制度和学校教育制度的改革和发展趋势。
4. 运用学校教育制度的有关知识来分析我国现行学校教育制度的改革问题。

【关 键 词】

教育制度 学校教育制度 学校教育制度的类型 学校教育制度的变革 我国现行学校教育制度

在现代社会,一个国家要有效地发展教育事业、培养所需要的各级各类人才,就必须设立相应的教育机构,建立能够充分发挥所有教育机构整体功能的教育制度。而且,一个国家总是通过建立和不断改进教育制度、调整教育事业结构的方式来实现教育目的,使教育培养的人才在类型、数量和质量上全面满足社会的多方面需要,促进社会的稳定和发展。

第一节 教育制度概述

一、教育制度的含义和特点

教育制度究竟指什么?人们对这个问题的回答不尽相同。《中国大百科全书·教育》对教育制度作了两种解释:第一种是"指根据国家的性质制定的教育目的、方针和设施的总称";第二种是"指各种教育机构系统"①。这里的第一种解释值得推敲。教育目的和教育方针属于教育思想范畴,对教育制度有着重要的制约作用,并且总是要体现于教育制度之中,但它们并不是教育制度本身;教育设施则属于教育的物质范畴,把教育制度归于教育的

① 中国大百科全书总编辑委员会《教育》编辑委员会.中国大百科全书·教育[M].北京:中国大百科全书出版社,1985:187.

物质范畴也是十分牵强的。第二种解释得到了较多的认同,例如,《教育大辞典》也把教育制度解释为“一个国家各种教育机构的体系”。① 但这种解释还是比较笼统,不够明确。

而要明确教育制度的含义,首先应当明确“制度”的含义。汉语中,“制度”一词有两种意思:一是要求成员共同遵守的、按一定程序办事的规程,如工作制度、学习制度等;二是在一定条件下形成的政治、经济、文化等各方面的体系,如社会主义制度等。② 英语中,表示“制度”的词有两个:一个是“system”,另一个是“institution”。“system”有“系统”“体系”“制度”“体制”等含义,“institution”有“建立”“制定”“设立”“制度”“惯例”“风俗”以及“公共机构”等含义。因此,无论是从汉语还是从英语来看,“制度”一词都包含两个方面的内容:一是机构或组织的系统,二是机构或组织系统运行的规则,两个方面是密不可分的。一个机构或组织系统之所以能够成为一个系统,就是因为它具有一套明确的、具有约束力的运行和协调规则,这套规则为系统的每个要素所理解和遵守;反过来说,一定的制度或规则总是以一定的机构或组织系统为对象,起到制约和协调机构或组织之间及其内部的各种关系的作用。不存在没有规则的机构或组织,就像不存在没有实施对象的规则一样。

教育制度是指一个国家各级各类教育机构与组织的体系及其管理规则。它包括相互联系的两个基本方面:一是各级各类教育机构与组织的体系;二是教育机构与组织体系赖以存在和运行的一整套规则,如各种各样的教育法律、法规、条例等。但是,在教育学里,人们通常把教育机构与组织的管理规则当作教育管理问题来专门加以论述,所以教育制度在此论述的重点便是各级各类教育机构与组织的体系。

就教育机构与组织的体系而言,教育制度不仅包括教育的各种施教机构与组织,而且包括教育的各种管理机构与组织;教育的施教机构与组织既包括学校教育机构与组织,也包括幼儿教育机构与组织、校外儿童教育机构与组织、成人教育机构与组织,等等。所以说,教育制度是由上述这些教育机构与组织构成的系统。从逻辑上讲,教育的各种施教机构与组织和教育的各种管理机构与组织都是教育制度应当论述的范围。但在教育学中,教育制度通常只论述教育的各种施教机构与组织构成的系统。

教育制度既有与其他社会制度相类似的性质,又有其自身的特点。

1. 客观性

教育制度作为一种制度化的东西,不是从来就有的,而是一定时代的人们根据自己的需要制定的。教育制度的制定虽然反映着人们的一些主观愿望和特殊的价值需求,但是,人们并不是也不可能随心所欲地制定或废止教育制度,某种教育制度的制定或废止,有它的客观基础,也是有规律可循的。而这个客观基础和规律性主要是由社会生产力发展水平所决定的。例如,近代以来普及义务教育的提出,虽然与个别机构或个别人的提倡有关,在不同国家提出的时间和普及的年限也有所不同,但是归根结底反映了现代大机器生产对劳动者文化素质的要求,反映了大工业时代初期体力劳动和脑力劳动由分离走向结合的趋

① 顾明远. 教育大辞典:第1卷[M]. 上海:上海教育出版社,1990:68.

② 辞海编辑委员会. 辞海(上)[M]. 上海:上海辞书出版社,1989:485.

势。这些都是客观的、不依个别人的意志为转移的。

2. 规范性

任何教育制度都是其制定者根据自己的需要制定的,是有其一定的规范性的。这种规范性主要表现为入学条件(即受教育权的限定)和各级各类学校培养目标的日益标准化。在阶级社会中,教育制度的规范性主要表现为其阶级性,即教育制度总是体现着某一阶级的价值取向,总是为某一阶级的利益服务。社会主义的教育制度应该为广大人民的利益服务,应该最大限度地保障和满足广大人民日益增长的文化教育需要,从而体现社会主义教育的性质。

3. 历史性

教育制度既是对客观现实的反映,具有一定的客观性;又要满足其制定者的需要,体现一定的规范性。而客观性和规范性的具体内容又是随着社会的变化而变化的,因此在不同的社会历史时期和不同的文化背景下,就会有不同的教育制度,就需要建立不同的教育制度。教育制度是随着时代和文化背景的变化而不断创新的。教育制度的创新是教育改革的一个重要内容,也是教育实践得以深化的一个重要条件。

4. 强制性

教育制度作为教育系统活动的规范是面向整个教育系统的。从某种意义上说,它独立于个体之外,对个体的行为具有一定的强制作用。只要是制度,在没有被废除之前,都不管个人的好恶,无条件地要求个体遵守,违反制度就要受到不同形式的惩罚。例如,学校的考试制度规定任何学生和教师在考试过程中不能有舞弊行为,否则,一经查实,就要给予相应的处分。考试制度对于学生和教师个人都有一种强制性。

二、制约教育制度的社会因素

教育制度如同整个教育一样,除受人的身心发展规律的制约外,还受整个社会的制约。人的身心发展规律制约着教育制度的纵向分段以及其他许多方面,但是,教育制度的性质、状况及其发展,则主要是由各种社会因素决定的。

(一)经济

经济的发展为教育制度提供了一定的物质基础和相应的客观需要。例如,在古代社会,教育制度基本上把教育机构与组织的功能规定成为上层建筑服务,而不是为生产力服务。学校教育的内容也绝大多数是一些伦理的、宗教的内容,而不是生产的知识与技能。这一方面与统治阶级脱离生产劳动、鄙视生产劳动有关;另一方面也与当时生产力水平及经济发展水平总体上不高,不需要通过专门的教育机构来传递有关知识和技能有关。只有当社会生产的发展达到这样的地步,即与之相关的知识和技能再也不能依靠经验获得的时候,才逐渐地把生产的知识和技能纳入教育体系中去,才会出现一些专门性质的工业、农业、商业等的学校。随着现代生产的发展对劳动者的素质要求越来越高,普及义务教育的年限也就越来越长,不少国家已经达到了12年,普及高中教育已经在一些发达国家成为现实,高等教育大众化的时代也已经到来。当前,人类社会正进入一个知识经济时代。这个时代出现的许多新型高科技产业必将对教育的种类、科类以及人才培养的目标产生深刻的影响,从而影响到教育制度的发展和变革。

(二)政治

教育是人类的一种社会活动,在阶级社会里具有鲜明的阶级性。掌握着政权的统治阶级必然要掌握教育权,决定着谁能享受教育、谁不能享受教育,决定着不同社会背景的学生享受教育的类型、程序和方式。统治阶级的这些要求既体现在他们的教育观念上,又体现在他们的教育制度上,而且必须借助教育制度加以保障和实现。因此,政治制度对教育制度的影响是直接的。例如,在古代社会,由于社会政治的阶级性和等级性,古代教育制度也具有阶级性和等级性,能够享受学校教育的只能是一部分有特权(出身、军功或宗教信仰)的人,其余的人都被排斥在学校体系之外,接受一些粗浅的生活教育或师徒式的教育。在现代社会,由于义务教育的普及,再把一部分社会处境不利的人排斥在学校教育系统之外的做法行不通了。但是,家庭财产和文化背景对受教育权仍然起着重要作用,远没有实现教育公平。教育公平已成为政治关注的一个重点问题。

(三)文化

教育活动既是在一定的文化背景下进行的,又承担着一定的文化功能,如文化选择、文化传承、文化整合与文化创造等。不同的文化类型必然会影响到教育的类型,影响到教育制度。例如,同为资本主义国家,法国在教育行政上实施集权制,而美国在教育行政上则实施分权制;同样是实施分权制,美国的分权制又与英国的分权制不同,各有自己的传统和特色。这些都是由于文化的不同而引起的。在文化因素中,科学技术对教育制度的影响非常明显,而且其影响力还在逐渐增大。同时,人文精神对教育制度的影响也日益增强,把受教育权视为基本人权,要求尽可能地实现教育公平。

三、教育制度的历史发展

由于教育制度受到各种社会因素的制约,所以它必然会随着社会的发展变化而发展变化,在不同的社会历史发展阶段表现出不同的发展状况。

在原始时代,社会还处于混沌未分化状态,教育还没有从社会生产和社会生活中分离出来,还没有产生学校,因此,那时就不可能有教育制度。

在进入古代阶级社会之初,由于社会的分化以及教育从社会生产和社会生活中的第一次分离,产生了古代学校,甚至后来还有了简单的学校系统,因此也就产生了古代教育制度。但是,古代教育没有严格的程度划分,没有严格的年限规定,学校类型很少,层次简单,只有蒙学和大学,甚至连中学都没有。

现代学校是人类进入现代社会之后的产物。它是社会的进一步大分化,特别是教育从社会生产和社会生活中第二次分离的结果。现代学校不但培养政治统治人才和管理人才,更重要的是,它还培养大量科学技术人才、文化教育人才、经济管理人才和众多的有文化的生产工作者。这就决定了现代学校教育内容上的科学性及其与生产劳动密切联系的性质,决定了学校规模上的群众性和普及性,决定了学校结构上的多种类型和多种层次的特点,从而决定了现代教育制度的系统性和完善性。

教育制度在当代还随社会的发展变化而不断地发展变化。不过,它已由过去的现代学校教育机构与组织系统发展为当代的以现代学校教育机构与组织系统为主体,包括幼儿教育机构与组织系统、校外儿童教育机构与组织系统和成人教育机构与组织系统的一个庞大的体系。它的发展方向是终身教育制度,这在发达国家体现得尤为明显。

终身教育是人一生各阶段当中所受各种教育的总和,是人所受不同类型教育的统一综合。前者是从纵向来讲的,说明终身教育不仅是青少年的教育,而且涵盖了人的一生。1973年,法国"巴黎全国讨论会"指出,终身教育"是从幼儿期到死亡的不间断的学校及校外教育,不存在青少年、成年之间的区别,与培养人格和职业生活的训练相结合"。后者是从横向来讲的,说明终身教育既包括正规教育,也包括非正规教育。英国学者里士满(K. Richmond)与终身教育的倡导者朗格朗(P. Lengrand)指出,"终身教育的含义相当简单,指教育并非局限于学校教育。相反,它的影响扩展到学习者的私人生活和公众生活的所有方面——他的家庭和职业关系、他的政治、他的社会活动、他的业余爱好等。终身教育求助于各种各样的机构:学校、学院、大学,同时还有家庭、社区和工作领域、书籍、出版社、剧场和大众传播媒介"①。

终身教育的概念也在不断发展。国际21世纪教育委员会在其向联合国教科文组织提交的《教育——财富蕴藏其中》(*Learning: The Treasure Within*)的报告中,对终身教育这个概念的内涵作了进一步的揭示。终身教育固然要重视使人适应工作和职业需要的作用,然而,这决不意味着人就是经济发展的工具。除了人的工作和职业需要之外,终身教育还应该重视铸造人格、发展个性,使每个人潜在的才干和能力都得到充分的发展。

自20世纪60年代以来,终身教育作为一种最有影响的教育思潮引起世界各国的关注。从东方到西方,从发达国家到发展中国家,它已被不同社会制度的国家普遍接受。不同学派的教育学家都把它作为"现代教育学的重要主题"进行探讨。联合国教科文组织更是把它作为教育领域活动的指导原则,并组织了一系列国际会议和地区会议,发表了一系列重要的研究报告;很多国家已把它作为教育改革的总政策,并在教育结构、教育内容和方法、教育管理、师资培训等方面进行了一系列革新和实验。有的国家已在国家一级设立"终身教育委员会",不少国家制定了保证终身教育实施的法律;很多国家正结合各自的国情把终身教育从原则和政策转向实际的应用。国际21世纪教育委员会在《教育——财富蕴藏其中》的报告中认为,在迅速变革的时代,终身教育应该处于社会的中心位置上;终身教育是打开21世纪之门的一把钥匙。终身教育对当代世界教育实践的影响正越来越清楚地显示出来,教育制度正在向终身教育的方向发展。

① 里士满. 继续教育的概念[M]. 张俊洪,等,译校//瞿葆奎. 教育学文集·教育制度. 北京:人民教育出版社,1990:553.

专栏 4－1

终身教育的特征

1975 年,联合国教科文组织汉堡教育研究所主任戴夫(R. H. Dave)将终身教育的基本特征概括为 20 个方面。

(1)终身教育这个概念是以“生活”“终身”“教育”三个基本术语为基础的。这些术语的含义和对它们的解释基本上决定了终身教育的范围和含义。

(2)教育不是在正规学校教育结束时便告终止,它是一个终身的过程。

(3)终身教育不限于成人教育,它包括并统一所有阶段的教育,而且全面地看待教育。

(4)终身教育既包括正规教育,也包括非正规教育。

(5)家庭在终身教育过程的初期起着决定性的作用,家庭学习贯串于一个人的一生。

(6)当地社会在终身教育体系中也起着重要作用,这种作用是从儿童与它接触时开始的。

(7)中小学、大学和训练中心之类的教育机构固然是重要的,但这不过是终身教育机构的一种。它们不再享有教育的垄断权,也不再能够脱离其他社会教育机构而存在。

(8)终身教育从纵的方面寻求教育的连续性和一贯性。

(9)终身教育从横的方面寻求教育的统合。

(10)终身教育与拔尖主义的教育相反,具有普遍性,它主张教育的民主化。

(11)终身教育的特征是,在学习的内容、手段、技术和时间方面,既有机动性,又有多样性。

(12)终身教育是对教育进行生动有力的探讨,它促使人们能够适应新的开发,自行变更学习内容和学习技术。

(13)终身教育为受教育者提供各种可资选择的教育方式和方法。

(14)终身教育有两个领域,即普通教育与专业教育。这两者不是孤立的,而是互相联系、互相作用的。

(15)通过终身教育来实现个人或社会的适应机能和革新机能。

(16)终身教育实行补正的机能,克服现行教育的缺点。

(17)终身教育的最终目标是维持和改善生活的质量。

(18)实施终身教育有三个主要的前提条件:提供适当机会、增进学习动机、提高学习能力。

(19)终身教育是把所有的教育组织化的原理。

(20)在付诸实施方面,终身教育提供一切教育的全部的体系。

[资料来源] 孙世路,等.成人教育[M].哈尔滨:黑龙江教育出版社,1989:59－60.

第二节　现代学校教育制度

一、现代学校教育制度的形成

现代教育制度的核心部分是学校教育制度。**学校教育制度**,简称学制,是指一个国家各级各类学校的系统及其管理规则,它规定着各级各类学校的性质、任务、入学条件、修业年限以及它们之间的关系。

现代学校教育制度的形成是与现代学校的产生和发展联系在一起的。在古代,无论是东方还是西方,学校都没有严格的大、中、小学之分,更没有幼儿园。即使是被称为大学和小学的,如我国西周的大学和小学、欧洲中世纪的大学,和今天的大学和小学相比,也存在着极大的差别。近代以来,随着商品经济和资本主义的发展,逐步产生了现代大学和现代中学,特别是随着为劳动人民子女设立的国民学校的产生和发展,逐步形成了公共教育制度,形成了大、中、小学严格区分的现代学校教育系统。

现代学校最早发源于欧洲中世纪末期的文艺复兴前后。现代学校系统的产生与发展是沿着两条路线进行的:一条是自上而下地发展,以最早的中世纪大学及后来的大学为顶端,向下伸延,产生了大学预科性质的中学,经过长期演变逐步形成了现代教育的大学和中学的系统;另一条是自下而上地发展,是由小学(及职业学校)到中学(及职业学校),并向上发展至今天的短期大学。其主要情况分述如下。

(一)大学的产生与发展

在欧洲,随着商业、手工业和城市的发展,于12世纪时产生了中世纪大学。中世纪大学最早产生于意大利、法国和英国。到14世纪时,欧洲已有几十所大学。这些大学一般设文科、神学科、医学科和法学科。

在中世纪大学的四科中,文科教授七艺,属普通教育性质,起着后来的普通中学的作用,是大学的预科。当时大学的四科,入学年龄和修业年限都没有严格的规定。文科一般为6~7年,其他三科为5~6年。在文科学习三四年,学完文法、修辞学和辩证法“三艺”之后,就可以当助教了,这就是学士。学完文科“七艺”后,获得在文科任教许可证的,就是硕士。文科修业期满,就有权进入大学的其他三科中的某一科学习,毕业合格并获得任教许可证的,就是博士。

现代大学是通过两条途径发展起来的:一条是通过增强人文学科和自然学科把这些中世纪大学逐步改造成为现代大学,如牛津大学、剑桥大学和巴黎大学;另一条是创办新的大学和新的高等学校,如伦敦大学、洪堡大学、巴黎高等师范学校。现代大学是在18—20世纪随着市场经济、现代生产和现代科技的发展而发展和完善起来的。

(二)中学的演变

在欧洲文艺复兴前后,曾出现了以学习“七艺”和拉丁文或希腊文为主要内容的学校,在英国叫文法学校或公学,在德国和法国叫文科中学。这批学校修业年限不等,有6年的,也有8~10年的。但它们的教学内容、修业年限、毕业生的权利和中世纪大学的文科基本相同,都是为大学培养预备生和为教会、国家培养僧侣、官吏。因此,我们把它们统称为古典文科中学。古典文科中学与中世纪大学的文科的联系十分明显,有的就是由中世纪大学的文科演变来的,例如18世纪德国就把大学文科的第一阶段并入了文科中学。过去的古典文科中学是大学的附庸。

18世纪初,商业和手工业的发展提出对管理人才和技术人才的需求,于是在欧洲出现了以学习自然科学和现代外语为主要课程的实科中学。实科中学的出现是中等教育发展史上的一个里程碑,这意味着中等学校向现代学校迈出了决定性的一步。比起古典文科中学来,实科中学更适应生产和国民经济的需要,更接近生活,它具有更鲜明的现代中等学校性质。

实科中学与具有浓厚的古代学校传统的古典文科中学,曾经历了长期斗争,其结果是实科中学的地位越来越强大。在斗争中,两者都得到了改进和发展,但总的方向是两者都逐步变成了愈益完善的现代中等学校。现代普通中学是随着市场经济和资本主义的产生和发展而产生和发展起来的。

(三)小学的兴起与普及

早在文艺复兴以前,西欧就有行会学校和基尔特学校,学习本族语的读写、计算和宗教,这些学校就是欧洲城市最早的初等学校。在文艺复兴时期,教会又办起了许多小学。

在18世纪末和19世纪这一百多年里,欧洲发生了以蒸汽机的发明和广泛使用为标志的第一次工业技术革命。这场革命要求劳动者必须具有初步读、写、算的能力和一定的自然与社会常识,这就推动了以劳动人民子女为教育对象的小学教育的广泛发展。到19世纪后半叶,英、德、法、美、日等国都通过了普及初等教育的义务教育法,这些先进的资本主义国家都先后普及了初等教育。

(四)初级中学的出现与迅速发展

从19世纪末到20世纪中叶的近一百年的时间里,又发生了以电气在工业上的广泛应用为标志的第二次工业技术革命。这一革命要求从事电气化生产的劳动者必须具有更高的文化科学基础知识,也就是说,只具有小学文化程度已经不够了,必须具有中学文化程度。于是,发达资本主义国家都先后把义务教育延长到了8~9年。所延长的这部分义务教育,尽管名称不同,事实上却都是初中教育,英国叫现代中学,法国叫市立中等学校,德国叫初级中学。这些中学是为把劳动人民子女培养成有文化的体力劳动者而兴办的,并不是要把他们培养成脑力劳动者。美国在19世纪前半期掀起了儿童涌入小学的高潮,19世纪后半期又掀起了儿童涌入中学的高潮,于是在小学之上纷纷办起了中学。

(五)职业学校的兴起

适应现代生产的劳动者不但应具有初中的文化水平,而且还应具有一定的职业技术技能。传统的学徒制已不能满足这个要求,于是许多发达国家先后通过了各种职业教育法令,在发展初中水平教育的同时,也大力发展这个阶段的职业教育。第一次世界大战对发展职业教育起了很大的推动作用。1919年,德国决定对14~18岁的青少年继续实施义务的职业教育;同年,法国通过了《阿斯蒂埃法》(*Loi Astier*),规定每个市镇设立一所职业学校,对18岁以下的青少年实施免费的和义务的职业教育。1924年,英国也采取了类似措施。美国于1917

年通过了《史密斯—休士法案》(*Smith-Hughes Act*),在全国范围内建立中等职业学校,影响更为深远的是把普通中学办成综合中学,设立职业科,开设各种职业选修课程。十月革命后,苏联也建立起了完善的初中程度和高中程度的职业学校,形成了初等教育或初中教育后的职业教育系统。

(六)高级中学的发展

从20世纪中叶起,开始了以电子计算机为标志的第三次工业技术革命的时代。这个时代各种新技术在生产上的广泛应用引起了生产和劳动性质及整个社会生活的革命性变化,同时也就决定了对劳动者掌握科学技术知识提出新的要求。由于脑力劳动者的人数和比例越来越大以及体力劳动者的脑力劳动因素的日益增加,每个生产者就必须具有高中或高中以上的文化程度,才能满足当前和今后日益发展的生产和社会生活的要求。因此,从20世纪中叶起,各发达国家的教育都经历着一个进一步延长义务教育年限、提高教育水平、普及完全中等教育的时期。

(七)短期大学的兴起与高等教育的大众化

20世纪中期以来,随着现代生产、现代科技的大发展以及高中教育的逐步普及,高等教育也走向了大众化和普及化。美、日、德、法、俄、英等国适龄青年升入高校的已超过同龄人的一半甚至三分之二。美国的高等教育率先趋向普及,学生升入短期大学的比例很高,与四年制大学的学生数大致相等。

(八)研究生教育的发展

现代生产和现代科技的迅猛发展,引起了对高级科学技术人才和教育人才的大量需求,这就要求部分大学本科生毕业后进一步攻读高级学位。于是,19世纪初在德国产生了现代学位(哲学博士)之后,又产生了现代研究生教育机构。在以后的一百多年里,研究生教育在各发达国家得到了广泛的发展。20世纪初,研究生教育开始成为发达国家学校教育系统的组成部分。20世纪中期以来,研究生教育有了长足的发展,有的国家的研究生以高于本科生增长速度的2~4倍增长着。

(九)幼儿教育的大发展

作为公共教育的现代幼儿教育机构,最早出现于第一次工业技术革命后的18世纪下半叶。19世纪时,各个先进的资本主义国家都出现了幼儿教育机构。20世纪上半叶,各发达国家的幼儿教育机构得到了较快的发展,“二战”后逐步走向普及。与此同时,幼儿教育的性质也在发生变化,即从以保育为主走向以教育为主。20世纪末,有的国家已将幼儿教育机构列入学校教育系统,使其成为国民教育体系的组成部分。

(十)成人教育的发展与终身教育的兴起

成人教育,古已有之,即“活到老,学到老”。这是指自学、向生活和实践学习、自我修养以及手艺上的精益求精等。现代成人教育已超出上述含义,它是现代社会的产物,是以运用科学技术为特征的大生产的产物。一方面,现代科学技术的创造周期和陈旧周期越来越短,因此,每个人从学校毕业后,在劳动生活中如果不经常更新知识,就不能适应技术革新的需要。于是,成人教育就蓬勃地发展起来,并成为现代学校教育制度的一个重要构成部分。另一方面,由于科技和社会的进步、劳动者闲暇时间的增多,以及个性发展的多样化需要,成人接受教育已经成为人们的一种精神追求,即使退休的老人也在追求这种个人的精神享受。于是,各级各类成人学校应运而生。这两个方面显示了现代社会若干学习化社会的特征,显示了现代学校教育制度正在向终身教育制度发展,并将成为完善的终身教育制度。

二、现代学校教育制度的类型

现代学制主要有三种类型:一是双轨学制,二是单轨学制,三是分支型学制。原来的西欧学制属双轨学制,美国的学制属单轨学制,苏联的学制则是分支型学制。

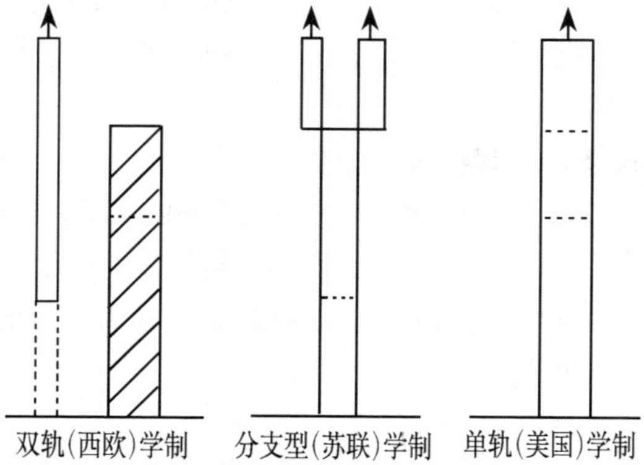

图 4-1 三种类型学制示意图①

(一)双轨学制

18、19 世纪的西欧,在社会政治、经济发展及特定历史文化条件的影响下,由古代学校演变来的带有等级特权痕迹的学术性现代学校和新产生的供劳动人民子女入学的群众性现代学校,都同时得到了比较充分的发展,于是就形成了欧洲现代教育的双轨学制,简称双轨制:一轨自上而下,其结构是——大学(后来也包括其他高等学校)、中学(包括中学预备班);另一轨自下而上,其结构是——小学(后来是小学和初中)及其后的职业学校(先是与小学相连的初等职业教育,后发展为和初中连接的中等职业教育)。双轨制有两个平行的系列,这两轨既不相通,也不相接,最初甚至也不对应,因为一轨从中学开始,一轨只有小学。这样就剥夺了在群众性小学上学的劳动人民子女升入中学和大学的权利。后来,群众性小学发展到中学时,才有了初中这个相对应的部分。一轨是文法中学(英国)、国立中学(法国)和文科中学(德国)的第一阶段,另一轨相应的是现代中学(英国)、市立中等学校(法国)和初级中学(德国)。欧洲国家的学制都曾采用双轨制。

19 世纪末 20 世纪初在欧洲形成的这种双轨制,由于和第二次工业技术革命,特别是和第三次工业技术革命时代大生产的矛盾越来越尖锐,由于与这些工业技术革命所推动的普

① 黄济,王策三. 现代教育论[M]. 北京:人民教育出版社,1996:269.

及初中教育甚至高中教育的发展趋势相矛盾,因而产生了变革。这种变革从英国 20 世纪初的学制图和现行学制图的对比中可以看得出来。

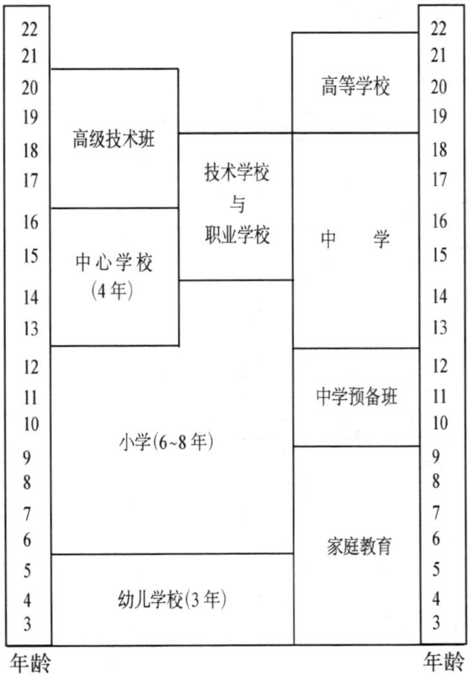

图 4-2 20 世纪初的英国学制图①

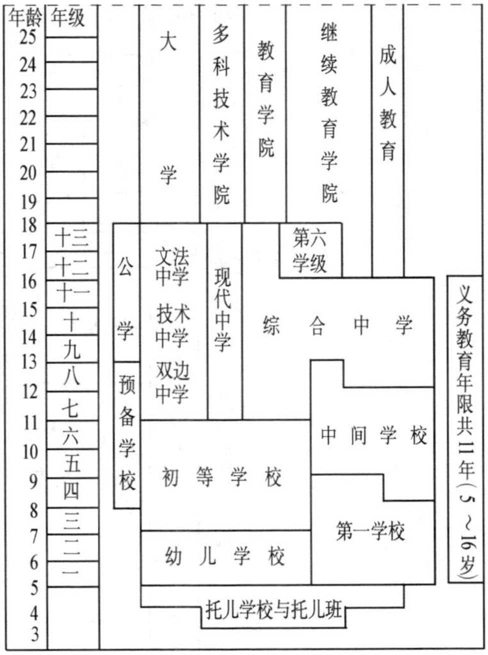

图 4-3 英国现行学制图②

(二)单轨学制

北美多数地区最初都曾沿用欧洲的双轨制。哈佛、耶鲁等大学只不过是牛津大学、剑桥大学的缩影,拉丁语学校则是文法学校的翻版。后来,拉丁语学校又演变为兼重文、实的文实学校。18 世纪末,美国北部各州都有了在城镇设立初等学校的法令。1830 年以后,小学得到了蓬勃的发展。由于产业革命和电气化的推动,美国由农业社会向工业社会急剧发展,于是继小学的大发展之后,从 1870 年起,中学也得到了大发展。在上述这种急剧发展的经济条件和在美国这种没有特权传统的文化历史背景下,美国原来的双轨制中的学术性一轨没有得到充分的发育,被在短期内迅速发展起来的群众性小学和群众性中学所淹没,从而形成了美国的单轨学制,简称单轨制。美国单轨制自下而上的结构是:小学、中学、大学。其特点是一个系列、多种分段,即六三三、五三四、四四四、八四、六六等多种分段。单轨制最早产生于美国,数十年来之所以没有重大变化,被世界许多国家先后采纳,是因为它有利于教育的逐级普及。不但有利于过去初等教育的普及,而且有利于后来初中教育的普及,以及 20 世纪以来高中教育的普及。实践证明,它对现代生产和现代科技的发展具有更大的适应能力。

①② 黄济,王策三. 现代教育论[M]. 北京:人民教育出版社,1996:271,272.

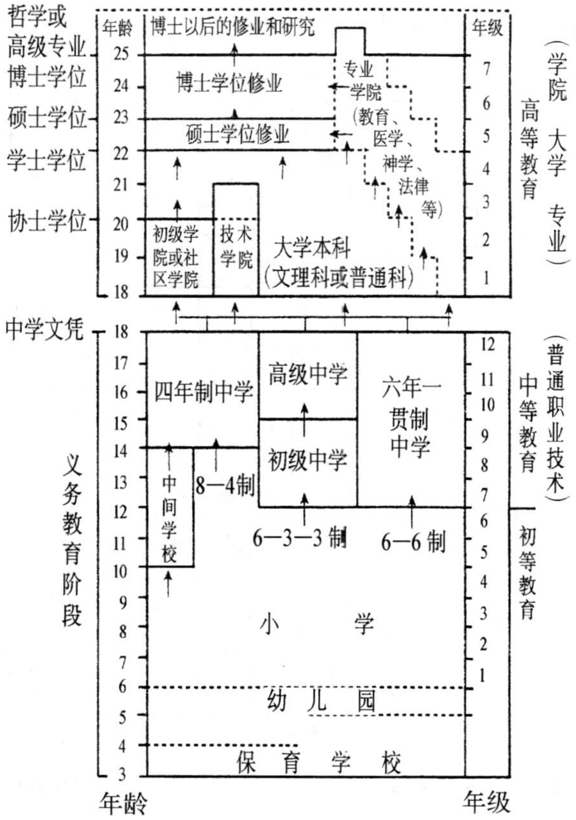

图 4－4 美国现行学制图①

(三)分支型学制

帝俄时代的学制属于欧洲双轨制。十月革命后,苏联制定了单轨的社会主义统一劳动学校系统。后来在发展过程中,又恢复了帝俄文科中学的某些传统和职业学校单设的做法,于是就形成了既有单轨制特点又有双轨制某些因素的苏联型学制。苏联型学制不属于欧洲双轨制,因为它一开始并不分轨,而且职业学校的毕业生也有权进入对口的高等学校学习。但它和美国的单轨制也有区别,因为它进入中学阶段时又开始分叉。也就是说,苏联型学制前段(小学、初中阶段)是单轨,后段分叉,是介于双轨学制和单轨学制之间的分支型学制。苏联型学制的中学,上通(高等学校)下达(初等学校),左(中等专业学校)右(中等职业技术学校)畅通,这是苏联型学制的优点和特点。

---

① 黄济,王策三. 现代教育论[M]. 北京:人民教育出版社,1996:278.

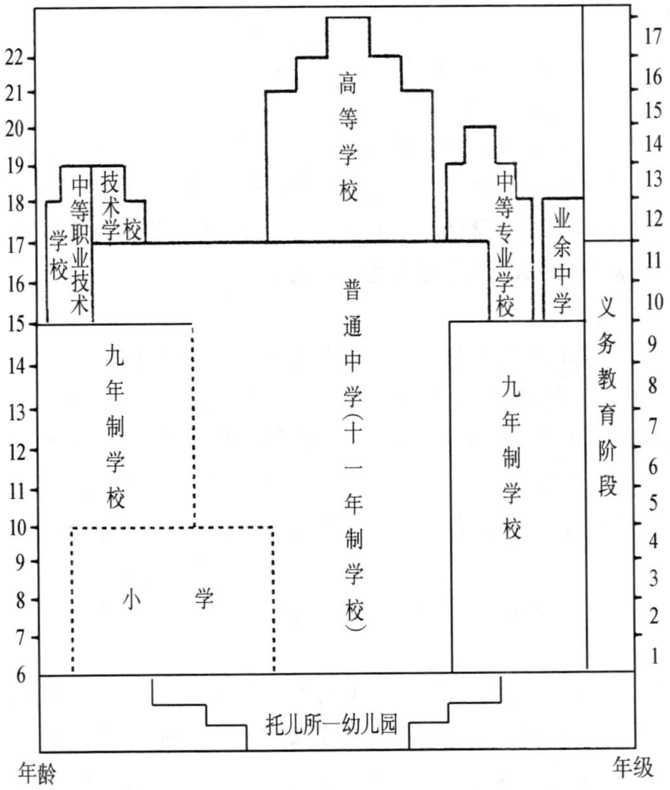

图4-5 苏联20世纪80—90年代学制图[①]

三、现代学校教育制度的变革

现代学制在形成后的近百年来，不论是从学校系统还是从学校阶段来分析，都发生了重大的变化。

(一)从学校系统分析，双轨学制在向分支型学制和单轨学制方向发展

直到20世纪初，西欧双轨制一轨只有小学，一轨则只有中学和大学。在这以前，初等教育是专为劳动人民子女设立的，社会中上层人士的子女则是在家中或在中学预备班里接受初等教育的。经过两次世界大战，通过劳动人民及其政党的努力和争取，德、法、英等国终于先后实行了统一的初等义务教育，初等教育终于并轨了。随着义务教育的上延，双轨制的群众性小学便与中等教育衔接。

第二次世界大战后，西欧各国普及教育逐步延长到了十年左右，已到了中学的第一阶段。过去，欧洲的中学本来是不分段的。现在，同是接受义务教育，有的在高学术水平的完全中学的第一阶段进行，有的则在新发展起来的低学术水平的初级中学里进行，二者机会很不均等。于是，英、法、德等国采用了综合中学的形式把初中的两轨并在一起。英国发展

① 黄济，王策三. 现代教育论[M]. 北京：人民教育出版社，1996：281.

最快,20 世纪 80 年代初,综合中学的学生数已超过学生总数的 90%。这样,西欧双轨制事实上已变成分支型学制了,即小学、初中单轨,其后多轨。现在,英国的高中也正在通过综合中学实行并轨。

根据双轨制的并轨情况,我们可以得出以下两点结论:第一,义务教育延长到哪里,双轨制就要并轨到哪里,单轨制是机会均等地普及教育的好形式;第二,综合中学是双轨制并轨的一种理想形式,因而综合中学化就成了现代中等教育发展的一种趋势。

(二)从学校阶段来看,每个阶段都发生了重大变化

1. 幼儿教育阶段

在当代,很多国家都已把幼儿教育列入学制系统。这是现代学制的一个重要特点,是现代学制向终身教育制度发展的重要标志之一。近年来,发达国家幼儿教育有了迅速发展,有的国家(如法国)已达到普及的水平,4~5 岁儿童的入园率已近 100%。与此相关,幼儿教育机构也发生了重要变化:一是幼儿教育的结束期有提前的趋势,提前到了 6 岁或 5 岁;二是加强小学和幼儿教育的联系,有的把幼儿园的大班作为小学预备班(20 世纪 70—80 年代的苏联),也有的从 5 岁起把幼儿学校和而后的小学结合起来编班(法国),还有的把 5~7岁的幼儿学校当作义务教育的最初阶段(英国)。

2. 小学教育阶段

数十年来,发达国家的普及教育已达到了初中和高中,小学早已不是结业教育,而已成为普通文化科学基础教育的初级阶段。少年青春发育期的提前,对儿童和少年智力潜力的新认识,教学的科学水平的提高和小学教师素质的提高,这一切都促使发达国家小学教育的结构有了一系列变化:第一,小学已无初高级之分;第二,小学入学年龄提前到 6 岁甚至 5 岁;第三,小学年限缩短到 5 年(法国)、4 年(德国)甚至 3 年(20 世纪 70—80 年代的苏联);第四,小学和初中直接衔接,取消了升入初中的入学考试,如英国的“十一岁考试”和法国的“六年级入学考试”于 20 世纪 60—70 年代被取消,等等。

3. 初中教育阶段

由于义务教育早已延长到了初中阶段,而且很多国家义务教育的年限逐步延长,同时,初中阶段已成为科学基础教育的重要阶段,初中的科学基础教育对而后的职业教育和进一步的科学教育有着重要作用,因而导致了初中阶段教育结构的下列变化:一是初中学制延长;二是把初中阶段看作普通教育的中间阶段,中间学校即由此而来;三是不把它看作中学的初级阶段,而是把它和小学连接起来,统一进行文化科学基础知识教育,取消小学和初中之间的考试,加强初中结束时的结业考试,把整个阶段看作基础教育阶段,而后再进行分流,或进行进一步的文化科学知识教育,或进行职业教育。

4. 高中教育阶段

高中本身是现代学制发展到一定阶段的产物。西欧双轨制的中学过去没有严格的初高中之分,美国单轨制中最先有了高中,接着苏联学制中也有了高中,最后是欧洲双轨制的中学在变革中也不得不分为两段,因而也有了高中。从此,三种类型学制都有了高中。三种类型学制的小学和初中,尽管学习年限有差别,但其基本任务却是完全一样的,都是进行文化科学基础教育，即变成一种类型了。所以，在当代，所谓三种类型的学制，事实上变成了高中阶段的三种类型。高中阶段学制的多种类型，即高中阶段教育结构的多样化，乃是现代学制的一个重要特点。可以预料，随着普及教育达到高中阶段，中小学学制的三种类型终将会被单轨制一种类型所代替。

5. 职业教育

当前，职业教育在发达国家基本上都是在高中阶段进行的。但过去并不是这样，今后也不一定如此。由于职业教育变化较快，我们没有把它作为一个教育阶段来讨论，而是作为一个问题来讨论。

职业教育既是古代学徒制教育向现代职业教育的发展，也是现代生产要求下职业教育从普通教育中的分化。在现代社会里，由于职业训练的基础——科学技术的水平越来越高，因而对职业教育的科学文化基础的要求也越来越高。现代职业教育最初是在小学阶段进行的，后来依次发展到了在初中、高中和初级学院阶段进行。职业教育在哪个阶段进行，取决于现代生产和科学技术基础发展的状况。

在当代，发达国家的职业教育已有移向高中后的明显趋势：美国高中职业科缩小而社区学院职业教育的比重却在增大；日本相当于短期大学的“专门学校”远远超过相当于高中程度的“专修学校”；苏联以相当于跨越高中及高中后的中等职业技术学校完全代替了相当于高中的普通职业技术学校。这是因为在当代职业教育日益建立在更高的科学技术基础之上，只有在高水平文化科学基础知识之上培养出来的人才才更具适应性。从总体上看，职业教育在当代有两个突出特征：一是文化科学技术基础越来越高；二是职业教育的层次和类型的多样化。

6. 高等教育阶段

19 世纪和 20 世纪初，高等学校是文化和科学的金字塔。那时，大学和生产技术的联系还不十分密切，主要进行 3 ~ 4 年的本科教育，基本没有其他层次。其后，特别是第二次世界大战以后，高等教育有了重大发展，和生产及技术的联系日益密切。现代社会、现代生产和现代科学技术要求高等学校培养各级各类高级人才，于是推动了高等教育结构的变化：一是多层次，过去主要有本科一个层次，而现在则有多个层次，包括专科、本科、研究生（硕士、博士）；二是多类型，现代高等学校的院校、科系、专业类型十分繁多，有的注重学术性，有的侧重专业性，有的偏重职业性。由此可见，高等学校与社会、生产、科学技术、社会生活各个方面的联系越来越密切。

第三节　我国现行学校教育制度

一、我国学校教育制度的演变

我国现代学制的建立是从清末开始的。1840 年鸦片战争后，帝国主义列强的疯狂侵略和国内资本主义势力的兴起，迫使清朝政府不得不对延续了几千年的封建教育制度进行改革。于是，清朝政府采取了“废科举，兴学校”的措施，改革教育，制定学制。

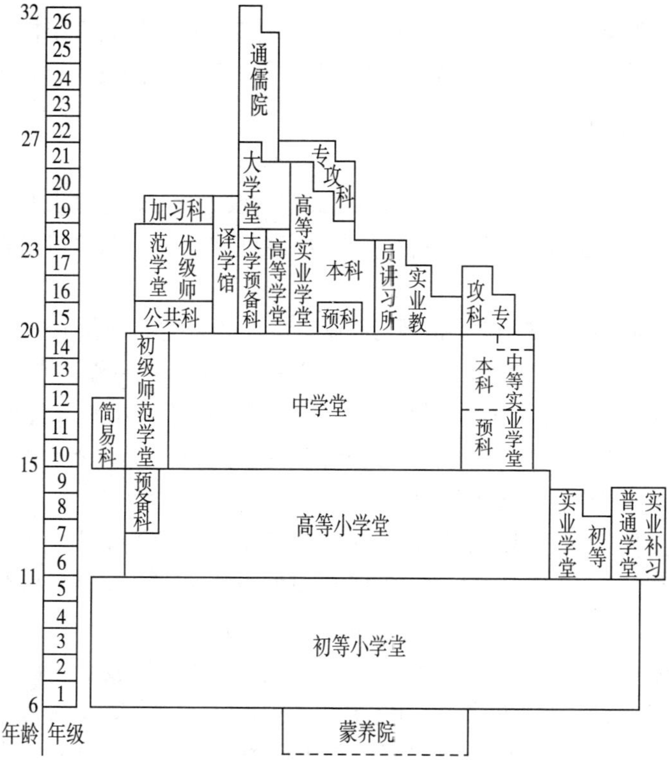

图 4－6　癸卯学制系统图[①]

（1904 年 1 月 13 日，光绪二十九年十一月二十六日）

1902 年，清政府颁布了钦定学堂章程，亦称“壬寅学制”，这是我国正式颁布的第一个学制，但未及实施。到 1904 年年初，又颁布了《奏定学堂章程》，亦称“癸卯学制”，这是我国正式实施的第一个学制。这个学制的指导思想是“中学为体，西学为用”，其宗旨是“无论何等学堂，均以忠孝为本，以中国经史之学为基。俾学生心术壹归于纯正，而后以西学瀹其智识、练其艺能，务期他日成材，各适实用，以仰副国家造就通才、慎防流弊之意”[②]。它以当时的日本学制为蓝本，并保留了尊孔读经等封建教育的遗迹。其突出特点是教育年限长，共 26 年。如果 6 岁入学，中学毕业为 20 岁，读完通儒院则是 32 岁。

第一次世界大战以后，当时留美派主持的全国教育联合会，以美国的学制为蓝本，又提出了改革学制的方案，由北洋军阀于 1922 年颁布了壬戌学制，即通称的“六三三制”。这个学制受美国实用主义教育的影响，强调适应社会进化的需要，发扬平民教育精神，谋求个性的发展，注重生活教育，使教育易于普及，给各个地方留有伸缩余地。在学校系统上，将全部学校教育分为 3 段 5 级：初等教育段为 6 年，分初小（4 年）、高小（2 年）2 级；中等教育段

① 王道俊，郭文安．教育学［M］．北京：人民教育出版社，2009：108．

② 瞿葆奎．教育学文集·教育制度［M］．北京：人民教育出版社，1990：7．

6年,分初中(3年)、高中(3年)2级;高等教育段为4~6年,不分级。在国民党统治时期,这个学制几经修改,但基本没变,影响深远。

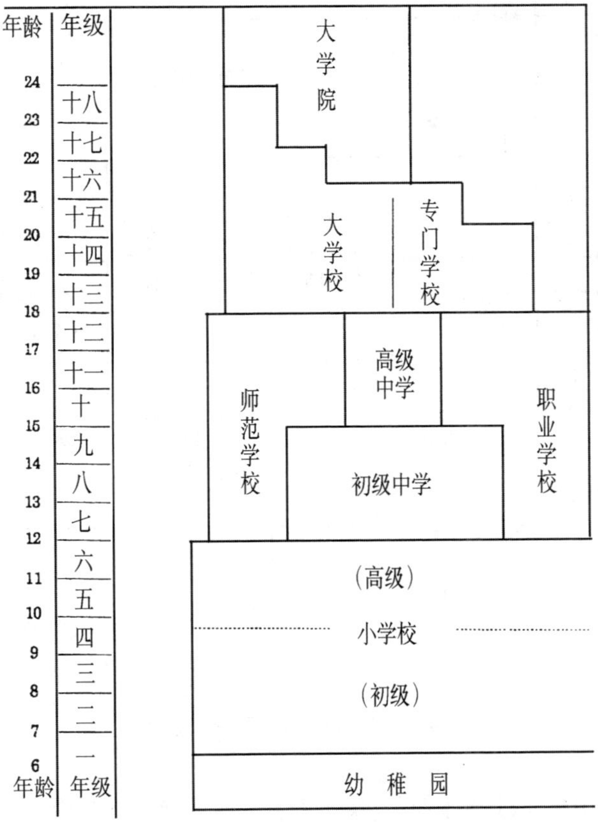

图4-7　壬戌学制系统图[①]

(1922年公布)

新中国成立后,中央人民政府政务院于1951年颁布了《关于改革学制的决定》,明确规定了中华人民共和国的新学制。这是我国学制发展的一个新阶段。首先,这个学制吸收了老解放区的经验、1922年学制和苏联学制的合理因素,发扬了我国单轨制的传统,使各级各类学校互相衔接,保证了劳动人民子女受教育的平等权利;其次,职业教育在新学制中占有重要地位,体现了重视培养各种建设人才和为生产建设服务的方针,表现了我国学制向分支型学制方向的发展;再次,重视工农干部的速成教育和工农群众的业余教育,坚持了面向工农和向工农开门的方向,初步表现了我国学制由学校教育机构系统向包括幼儿教育和成人教育在内的现代教育施教机构系统的发展,显示出终身教育的萌芽。

① 王道俊,郭文安. 教育学[M]. 北京:人民教育出版社,2009:109.

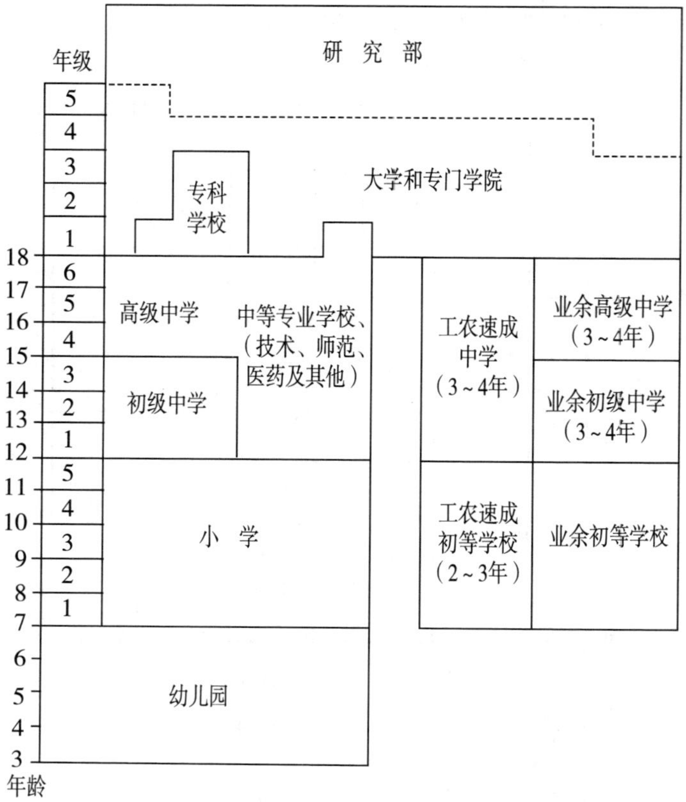

图 4-8 中华人民共和国学校系统图①
（1951 年）

1958 年,中共中央、国务院发布了《关于教育工作的指示》,明确指出:“现行的学制是需要积极地妥当地加以改革的。各省、市、自治区党委和政府有权对新学制积极地进行典型试验,并报告中央教育部。经过典型试验取得充分经验之后,应当规定全国通行的新学制。”随后,许多地区开展了学制改革的试验,如提早入学年龄,进行了 6 岁入学的试验;为了缩短年限,进行了中小学十年一贯制的试验;为了贯彻“两条腿走路”的方针,采取多种形式办学,创办了农业中学、半工半读学校,进一步发展了业余学校。但是由于“左”的影响,由于急躁冒进和盲目发展,不仅使学制改革的试验不可能在正常的教学秩序下进行,而且一大批新创办的各级各类学校,由于师资、设备跟不上,也难以维持。在中央的及时觉察下,1961 年开始贯彻“调整、巩固、充实、提高”的方针,特别是制定了大、中、小学工作条例,在肯定一些积极成果的同时,对当时“左”的表现作了纠正。

“文化大革命”提出了“学制要缩短”“教育要革命”等口号,对我国的学制和教育事业造成了严重破坏。第一,和当代中学学制延长的发展趋势相反,毫无根据地把中学学制大大缩短,把初高中都缩短到两年;第二,和当代中等教育结构多样化的发展趋势相反,对中

① 王道俊,郭文安.教育学[M].北京:人民教育出版社,2009:110.

专和技校大加砍杀,盲目发展普通高中,使普通教育和职业教育的比例失调,而普通中学又片面强调实用,热衷于专业化;第三,和当代高等教育多层次和多类型的发展趋势相反,把高等教育缩短为三年,把很多院校、科系、专业取消,使人才培养比例完全失调;第四,和当代成人教育、业余教育大发展以及发展终身教育的趋势相反,把这类教育形式完全取消,扼杀了职工提高文化科学水平和知识更新的机会,从而把新中国成立以来建设起来的社会主义新学制破坏得千疮百孔。

1976 年粉碎"四人帮"后,特别是十一届三中全会以来,我国迅速结束了十年浩劫所造成的教育上的混乱局面,着手重建被破坏了的学制系统:延长了中学的学习年限;恢复和重建了中专和技校,创办职业高中;恢复了高等学校专科和本科的两个层次;扩大了高等专科学校;恢复和重建了很多院校和科系;建立了学位制度并完善了研究生教育制度;恢复和重建了各级各类成人教育机构;等等。这使得我国学制逐步向合理和完善的方向发展,使各级各类学校形成了一个完整的系统。

二、我国现行学校教育制度的形态

经过一个世纪的发展,我国已建立了比较完整的学制,这个学制还在 1995 年颁布的《中华人民共和国教育法》里得到了确认。它包括以下几个层次的教育。

学前教育(幼儿园):招收 3 ~6、7 岁的幼儿。

初等教育:主要指全日制小学教育,招收 6、7 岁儿童入学。学制为 5 ~6 年。在成人教育方面,是成人初等业余教育。

中等教育:指全日制普通中学、各类中等职业学校和业余中学。全日制中学修业年限为 6 年,初中 3 年,高中 3 年。职业高中 2 ~3 年,中等专业学校 2 ~3 年,技工学校 2 ~3 年。属成人教育的各类业余中学,修业年限适当延长。

高等教育:指全日制大学、专门学院、专科学校、研究生院和各种形式的业余大学。高等学校招收高中毕业生和同等学力者。专科学校修业年限为 2 ~3 年。大学和专门学院修业年限为 4 ~5 年,毕业考试合格者,授予学士学位。业余大学修业年限适当延长,学完规定课程经考核达到全日制高等学校同类专业水平者,承认学历,享受同等待遇。条件较好的大学、专门学院和科学研究机构设立研究生教育机构。硕士研究生修业年限为 2 ~3 年,招收获学士学位者和同等学力者,完成学业授予硕士学位。博士研究生修业年限为 3 ~4 年,招收获硕士学位者和同等学力者,完成学业授予博士学位。在职研究生修业年限适当延长,完成学业者也可获相应学位。

从形态上看,我国现行学制是从单轨学制发展而来的分支型学制。

我国 20 世纪初从西方引入的现代学制,从总体上看是单轨制。那是因为我国的现代生产、现代科技和商品经济还很不发达,学校的主要任务还是培养政治人才、管理人才和提高部分人口的科学文化水平,而不是培养大批为生产和经济服务的各级各类人才。因此,它是现代生产尚未充分发展条件下的单轨制。

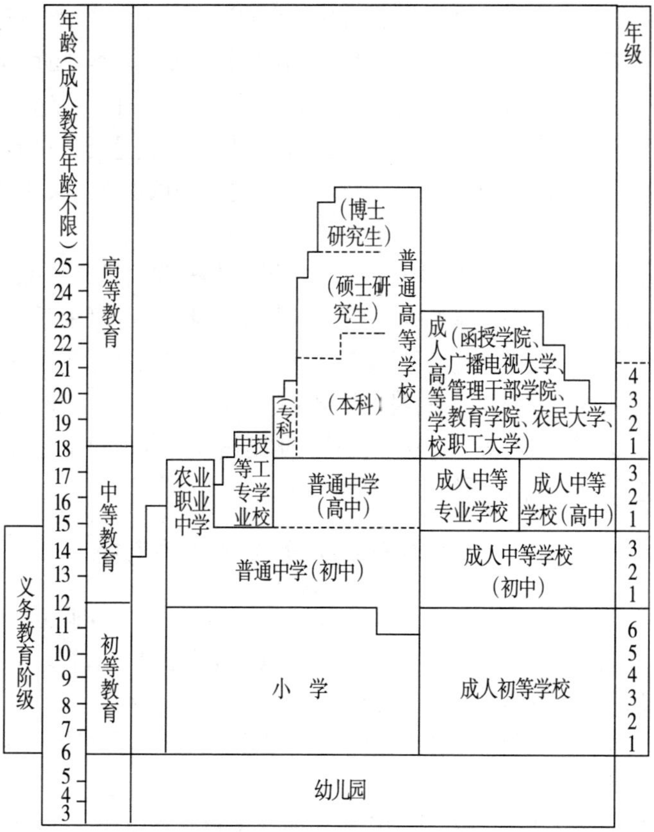

图 4－9 我国现行学校系统示意图①

随着生产和社会的发展，对有文化的劳动者的需求越来越大和越来越迫切，我国的单轨制必然要走向分支型学制。为此，1951 年参考苏联分支型学制制定的我国的新学制，在总体上是正确的、进步的。三十多年来，我国学制改革和发展的基本方向就是重建和完善分支型学制，即通过发展义务教育后的职业教育走向分支型学制，再通过高中综合化走向单轨制。这是现代学制发展的大趋势。

三、我国现行学校教育制度的改革

改革开放以来，我国教育随着社会的发展而不断改革，其中最重要的就是与教育制度密切相关的教育体制改革。

---

① 吴文侃，杨汉清. 比较教育学（修订本）[M]. 北京：人民教育出版社，1999：70.

专栏4－2

第二章　教育基本制度

第十七条　国家实行学前教育、初等教育、中等教育、高等教育的学校教育制度。

国家建立科学的学制系统。学制系统内的学校和其他教育机构的设置、教育形式、修业年限、招生对象、培养目标等，由国务院或者由国务院授权教育行政部门规定。

第十八条　国家实行九年制义务教育制度。

各级人民政府采取各种措施保障适龄儿童、少年就学。

适龄儿童、少年的父母或者其他监护人以及有关社会组织和个人有义务使适龄儿童、少年接受并完成规定年限的义务教育。

第十九条　国家实行职业教育制度和成人教育制度。

各级人民政府、有关行政部门以及企业事业组织应当采取措施，发展并保障公民接受职业学校教育或者各种形式的职业培训。

国家鼓励发展多种形式的成人教育，使公民接受适当形式的政治、经济、文化、科学、技术、业务教育和终身教育。

第二十条　国家实行国家教育考试制度。

国家教育考试由国务院教育行政部门确定种类，并由国家批准的实施教育考试的机构承办。

第二十一条　国家实行学业证书制度。

经国家批准设立或者认可的学校及其他教育机构按照国家有关规定，颁发学历证书或者其他学业证书。

第二十二条　国家实行学位制度。

学位授予单位依法对达到一定学术水平或者专业技术水平的人员授予相应的学位，颁发学位证书。

第二十三条　各级人民政府、基层群众性自治组织和企业事业组织应当采取各种措施，开展扫除文盲的教育工作。

按照国家规定具有接受扫除文盲教育能力的公民，应当接受扫除文盲的教育。

第二十四条　国家实行教育督导制度和学校及其他教育机构教育评估制度。

［资料来源］　教育部全国教育普法领导小组办公室．常用教育法律法规[M]．北京：教育科学出版社，2010：3－5.

20世纪80年代，随着我国社会主义现代化建设事业的飞速发展，我国的教育事业也逐步走上了快速发展的道路。但从总体上看，教育事业还不能适应社会主义现代化建设的需要，尤其是面对国内经济体制改革和世界新技术革命迅猛发展的挑战，我国教育体制的弊端就显得更加突出了。其主要的问题是：基础教育薄弱，城乡、地区、校际办学条件差距过大，优质教育资源严重短缺；经济建设大量急需的职业教育和技术教育未得到应有的发展；对高等教育统得过死，学校缺乏活力；高等学校定位模糊，层次之间、科系之间的比例失调。因此，1985年《中共中央关于教育体制改革的决定》明确指出："要从根本上改变这种状况，必须从教育体制入手，有系统地进行改革。"教育体制改革的主要内容包括以下几个方面：

加强基础教育,有步骤地实施九年义务教育;调整中等教育结构,大力发展职业技术教育;改革高等教育招生与分配制度,扩大高等学校办学的自主权;对学校教育实行分级管理。

为了指导20世纪末21世纪初我国教育的改革和发展,使教育更好地为社会主义现代化建设服务,中共中央、国务院于1993年2月13日印发了《中国教育改革和发展纲要》,确定了20世纪末教育发展的总目标:基本普及九年义务教育,基本扫除青壮年文盲;要全面贯彻党的教育方针,全面提高教育质量;要建设好一批重点学校和一批重点学科。简称为"两基""两全""两重"。

1999年1月13日国务院批准的《面向21世纪教育振兴行动计划》,是在《中国教育改革和发展纲要》的基础上提出的跨世纪教育改革和发展的施工蓝图。行动计划的主要目标是:到2000年,全国基本普及九年义务教育,基本扫除青壮年文盲,大力推进素质教育;完善职业教育培训和继续教育制度;积极稳步发展高等教育,入学率达到11%左右;深化改革,建立起教育新体制的基本框架,主动适应经济社会发展。到2010年,城市和经济发达地区有步骤地普及高中阶段的教育,全国人口受教育年限达到发展中国家先进水平,高等教育规模有较大扩展,入学率接近15%,基本建立起终身学习体系。

2010年7月29日,《国家中长期教育改革和发展规划纲要(2010—2020年)》(以下简称《规划纲要》)正式颁布。这是进入21世纪以来我国第一个教育改革和发展规划纲要,是指导我国教育改革和发展的纲领性文件。《规划纲要》从我国现代化建设的总体战略出发,描绘了我国从2010至2020年教育改革和发展的宏伟蓝图。《规划纲要》确定我国教育改革和发展的战略目标是:到2020年,基本实现教育现代化,基本形成学习型社会,进入人力资源强国行列。基本要求是:实现更高水平的普及教育;形成惠及全民的公平教育;提供更加丰富的优质教育;构建体系完备的终身教育;健全充满活力的教育体制。在普及教育方面的具体要求是:基本普及学前教育;巩固提高九年义务教育水平;普及高中阶段教育,毛入学率达到90%;高等教育大众化水平进一步提高,毛入学率达到40%;扫除青壮年文盲。

根据我国教育改革和发展的实际情况,我国现行学制还需要继续改革和完善,以适应社会发展对教育的要求。

(一)基本普及学前教育

现代学前教育的发展十分迅速。发达国家学前教育有结束期提前、由高班到低班逐步普及、加强学前教育与小学低年级教育的联系和衔接的趋势。近年来,我国学前教育发展较快,也显现出上述趋势,但应注意我国国情,既要积极发展,也要量力而行。发达国家都是在普及小学、初中甚至高中后,学前教育才由高班向低班逐级普及的。随着我国义务教育和高中阶段教育的逐步普及,学前教育将会基本普及。

(二)均衡发展义务教育

义务教育是国家统一实施的所有适龄儿童、少年必须接受的教育,是国家必须予以保障的公益性事业。它对于人的发展、教育发展和社会发展都具有重大意义。《中华人民共和国义务教育法》规定我国的义务教育年限为九年。2006年修订的《中华人民共和国义务教育法》第四条规定:"凡具有中华人民共和国国籍的适龄儿童、少年,不分性别、民族、种族、家庭财产状况、宗教信仰等,依法享有平等接受义务教育的权利,并履行接受义务教育的义务。”第五条规定:“各级人民政府及其有关部门应当履行本法规定的各项职责,保障适龄儿童、少年接受义务教育的权利。适龄儿童、少年的父母或者其他法定监护人应当依法保证其按时入学接受并完成义务教育。依法实施义务教育的学校应当按照规定标准完成教育教学任务,保证教育教学质量。社会组织和个人应当为适龄儿童、少年接受义务教育创造良好的环境。”经过各方面的努力,到2008年年底,我国不仅实现了义务教育的全面普及,而且实现了义务教育的全面免费,这是我国普及义务教育的伟大成就。但我国的义务教育也存在发展不平衡的问题。促进义务教育均衡发展已经成为我国现阶段教育改革和发展的重大任务。

(三)努力普及高中阶段教育

在完全普及九年义务教育以后,普及高中阶段教育就成为教育发展的重要趋势。为了适应青少年的升学与就业的选择并满足社会的需要,高中阶段的学制应该多样化,即应有普通高中、职业高中、中等专业学校和技工学校等不同类型的学校供学生选择。另外,应当扩大普通高中在高中阶段所占的比例,以满足我国高等学校不断扩大招生的需要。普通教育后的职业教育则应当多样化,使未能继续升学的学生可以选择接受就业前的各种职业培训,这样就弥补了我国过去学制在这个方面的缺陷,从而使我国学制更加完善。

高中阶段学校类型的多样化是解决青少年选择未来方向的办法之一,即分支型学制的办法。但还存在另一种办法,即综合中学的办法,这是单轨学制的办法。特别是当普及教育达到高中阶段时,高中综合化就更成了一个优先选择的办法。当前,我国高中阶段学制的主流还应该是分支型学制结构,但不能不考虑世界中等教育发展的趋势——由双轨而分支型,而后通过综合高中达到单轨,以及我国基本普及高中阶段教育的前景。这就是说,在普通高中进行综合中学的试验,已经提到日程上来了。

(四)大力发展高等教育

近几十年来,世界各发达国家高等教育的发展十分迅速,日益开放和大众化。我国高等教育近年来也呈现这种趋势。据统计,2012年全国普通高等教育本专科共招生688.83万人,在校生2391.32万人;全国各类高等教育总规模达到3325万人,高等教育毛入学率达到30%。经过十几年的努力,我国高等教育实现了从精英教育到大众化教育的跨越式发展。高等教育开放和大众化的重要特点是:开放大学,特别是短期大学和社区学院越来越多。高等教育走向开放和大众化主要表现在三个方面:一是高等教育的多层次,如果过去的大学主要是本科的话,现在则有专科、本科、硕士和博士研究生多个层次;二是高等教育的多类型,如果过去的高等教育就是综合性大学少数科系的话,现在则是理、工、农、林、医、师、文法、财经、军事、管理等多种院校、科系和专业;三是高等教育向在职人员开放,主要是通过函授教育、广播电视教育、网络教育和自学考试等形式,使在职人员有机会进修高等学校的课程。

【主要结论与启示】

1. 教育制度是指一个国家各级各类教育机构与组织的体系及其管理规则,具有客观性、规范性、历史性和强制性等特点。

2. 教育制度除受人的身心发展规律制约外,还要受经济、政治、文化等社会因素的制约。因此,教育制度必然会随着社会的发展变化而发展变化,在不同的社会历史发展阶段表现出不同的发展状况。在当代,教育制度发展的方向是终身教育。

3. 现代教育制度的核心部分是学校教育制度。学校教育制度简称学制,是指一个国家各级各类学校的系统及其管理规则,它规定着各级各类学校的性质、任务、入学条件、修业年限以及它们之间的关系类型。

4. 现代学校教育制度主要有双轨学制、单轨学制和分支型学制三种类型。

5. 现代学校教育制度在形成后的近百年来,不论是从学校系统还是从学校阶段来分析,都发生了重大的变化。从学校系统分析,双轨学制在向分支型学制和单轨学制方向发展;从学校阶段来看,每个阶段都发生了重大变化。

6. 我国学校制度的建立是从清末开始的。经过一个世纪的发展,我国已建立了比较完整的学制,包括学前教育、初等教育、中等教育、高等教育这几个层次的教育。

7. 改革开放以来,我国的学制随着社会的发展而不断改革,取得了很大的成绩。今后还需要继续改革,基本普及学前教育,均衡发展义务教育,努力普及高中阶段教育,大力发展高等教育,以便适应社会发展对教育的要求。

【学习评价】

1. 名词解释:教育制度、学校教育制度、双轨学制、单轨学制、终身教育、义务教育。

2. 为什么终身教育会成为现代教育制度的发展方向?怎样才能使我国的教育制度朝终身教育的方向发展?

3. 现代学制有哪些类型?我国现行学制主要属于哪种类型?

4. 现代学制的变革有哪些趋势?根据我国实际,参照现代学制变革的趋势,你认为我国的现行学制需要怎样进一步改革?

5. 联系当地实际分析我国普及九年义务教育中存在的问题并提出相应对策。

【学术动态】

● 从世界范围看,终身教育作为教育制度改革和发展的基本方向,已引起教育界的高度重视和深入研究。这方面有重大影响的研究成果主要反映在联合国教科文组织发表的一系列研究报告之中,如《学会生存——教育世界的今天和明天》《今日的教育为了明日的世界》《教育——财富蕴藏其中》。

● 我国的教育制度也在向终身教育的方向发展。目前研究的主要问题有:学前教育的普及;义务教育的均衡发展;高中阶段教育的普及和结构;高等教育的大众化;学习型社会的构建。有关研究成果可参阅《教育研究》杂志,也可浏览中华人民共和国教育部网站:http://www.moe.cn。

【参考文献】

1. 王道俊,郭文安. 教育学[M]. 北京:人民教育出版社,2009.
2. 瞿葆奎. 教育学文集·教育制度[M]. 北京:人民教育出版社,1990.
3. 黄济,王策三. 现代教育论[M]. 北京:人民教育出版社,1996.
4. 成有信. 教育学原理[M]. 广州:广东高等教育出版社,1999.
5. 筑波大学教育学研究会. 现代教育学基础[M]. 钟启泉,译. 上海:上海教育出版社,1986.

第五章 教师与学生

【内容摘要】

教师与学生是教育系统中两个最基本的要素。研究教师与学生,是现代教育理论的基本内容,是教育学人文精神的真正体现。本章阐述了教师职业的由来及发展、教师职业的专业化发展以及教师的角色与形象,旨在从历史到现实、从宏观到微观把握教师职业的特点、地位、作用与条件,明确教师专业化的内容与途径;同时,探讨了学生的本质特征、地位、发展规律、时代特征等,确立科学的学生观。在此基础上,本章阐述了师生关系的重要意义、表现形式和良好师生关系的建构策略。

【学习目标】

1. 知道教师职业的由来、地位与作用,分析其特点。
2. 描述教师个体专业发展的内涵、过程与途径。
3. 阐述学生的基本特点以及学生是教育过程主体的理由。
4. 描述学生发展的一般规律和时代特点。
5. 分析师生关系的意义,并举例分析三种不同性质的师生关系。
6. 描述理想师生关系的特点及建构的基本策略。

【关 键 词】

教师职业 教师角色 学生地位 师生关系

第一节 教 师

一、教师职业

(一)教师的概念及教师职业的产生与发展

教师是履行教育教学职责的专业人员,承担着教书育人、培养社会建设者、提高民族素质的使命。从广义看,教师与教育者是同一语;从狭义看,教师专指学校的专职教师。

“教师”的概念是与教育的发展、教师职业的发展联系在一起的。古代原始部落的氏族首领和具有生产、生活经验的长者,为了部落自身的生存和发展,把生产知识、生活经验,特别是风俗习惯、行为准则,有意识地传授给年轻一代,于是就成为最早的兼职教师。专职教师是在学校产生后出现的。西周时期,实行政教合一,官师一体,官学中设有专职的教育官“师氏”,有“大师”“小师”之分;战国时期,韩非子主张以法为教,以吏为师;秦始皇三十四年(公元前 213 年)采纳丞相李斯“若欲有学法令,以吏为师”的建议,实行吏师制度;汉代以后,中央及地方官学中有“博士”“祭酒”“助教”“直讲”“典学”等专职教师;唐代以后,除了有“祭酒”“司业”“博士”“助教”以外,还有“学正”“学录”“监丞”“典薄”“典籍”“掌馔”等专职教师。除官学外，春秋战国之后，私学兴起，既有官吏兼任或辞官还乡专任教师；也有名儒大师不愿出仕，退而授徒；还有清贫文人充任乡间塾师、书师。我国古代教师多以“学识”和“人格”为本，所谓“智如泉涌，行可以为仪表者，人之师也”①，“师者，人之模范也”②，“师者，所以传道授业解惑也”。③ 教师的功能主要表现为社会政治伦理功能和教化功能。

在西方，古希腊时期出现的“智者派”是最早的教师，以教授无知的人有知识而生存。在中世纪，僧院学校、教会学校多以僧侣、神父、牧师为师。

近代，随着教育的制度化，教育教学工作日益成为一种越来越重要的专门的职业，教师的社会功能日益显著。如英国哲学家培根就曾把教师称为“科学知识的传播者，文明之树的栽培者，人类灵魂的设计者”。俄国教育家乌申斯基（Константин Дмитриевич Ушинский，1824—1870）说：“一个教师如果不落后于现代社会进程，他就会感到自己是克服人类无知和恶习大机构中的一个活跃而积极的成员，是过去历史上所有高尚而伟大的人物跟新一代之间的中间人，是那些争取真理和幸福的人的神圣遗训的保存者。”④苏联教育家加里宁（Михаил Иванович Калинин，1875—1946）称教师是“人类心灵的工程师”。我国教育家杨昌济（1871—1920）称教师有“神圣之天职，扶危定倾，端赖于此”。这些说法都揭示了教师在人类社会发展中的历史和现实意义。

当代教育已成为社会持续发展的动力，教师的作用也在增强和扩大。教师不仅是人类文化的继承者与传递者，也是社会物质财富的创造者，还是社会发展与变革的重要力量；教师不仅要传授知识，还要培养和发展学生的智力和能力，陶冶他们的情操，关怀和指导他们的学习和全面成长。总之，现代意义上的“教师”与古代意义上的“教师”有着本质的区别：一是多功能性；二是专门性，作为教师，必须经过培养和培训，取得合格证书；三是高素质性，现代教师的内涵更丰富，是“经师”与“人师”的统一；四是发展性，现代教师必须终身学习，不断更新自己的知识结构、能力结构，使自己成为会学习的人。

（二）教师职业的作用与地位

1. 教师职业的作用

教师职业的社会作用是指教师职业对一定社会的发展所产生的实质性影响，它是教师社会地位的客观基础。教师职业对社会发展的作用是巨大的。首先，教师是人类文化的传递者，在人类社会发展中起着承上启下的作用；其次，教师是社会物质财富和精神财富的创造者，通过理论建构、知识创新、品德示范、宣传咨询等直接参与社会物质文明和精神文明建设，起着“先导”作用；再次，教师是人才生产的主要承担者，担负着培养一代新人的重任，在学生发展中起着引导作用。

教师职业也具有个体作用。教师职业的个体作用是教师职业内在价值的体现。教师

---

① 韩诗外转［M］.

② 扬雄. 法言·学行篇［M］.

③ 韩愈. 师说［M］.

④ 凯洛夫. 教育学［M］. 陈侠，朱智贤，等，译. 北京：人民教育出版社，1957：6.

职业是由教育教学专业人员在社会分工条件下所从事的培养人的活动。教师职业劳动具有经济价值,教师职业生活充盈着自由和快乐,内含着创造的幸福;教师工作不仅付出与奉献,也在不断地收获。因此,教师职业是个人生命价值与教师职业生命价值的统一体,对教师个体具有生存、发展、创造和享受的价值。

2. 教师职业的地位

教师职业的社会地位是通过教师职业在整个社会中所发挥的作用和所占有的地位资源来体现的,主要包括政治地位、经济地位、法律地位和专业地位。

(1)教师职业的政治地位。即指教师职业在国家或民族的政治生活中所处的地位和所起的作用,表现为教师政治身份的获得、教师自治组织的建立、政治参与度、政治影响力等。从世界发展的趋势看,形成统一的专业组织是认同教师专业和争取专业权利的重要手段。许多国家都成立了教师组织,如全美教育协会(National Education Association,简称 NEA)、美国教师联盟(American Federation of Teachers,简称 AFT)、英国全国教师联盟(National Union of Teachers,简称 NUT)、日本教职员组合(Japan Teachers' Union,简称 JTU)等。随着社会的发展、教育地位的提升,教师政治地位的提高成为提高教师职业社会地位的前提。

(2)教师职业的经济地位。即指将教师职业与其他职业相比较,其劳动报酬(包括工资、奖金及医疗、保险、退休金等)的差异状况及其经济生活状态。教师的劳动属于复杂劳动、创造性劳动,因此,教师劳动具有较高的价值,教师职业从业者在社会总体劳动中的经济待遇水平应与其劳动的性质和形式相称,即教师的经济地位应相当于社会复杂劳动者所享有的经济待遇水平。自古以来,除少数大师鸿儒外,普通教师的经济地位一直比较低下,"家有一斗粮,不当孩子王""两袖清风"等正是这种情况的真实写照。现代社会,教师的价值与教育的价值、知识的价值紧密联系在一起,教师的经济地位在不断提高。教师的经济地位不仅影响教师个体的生存和发展,也影响教师队伍的稳定和教师职业的专业化程度,它是教师社会地位的最直观表现。因此,"在影响教师地位的诸要素中,应格外重视工资,确定教师工资要考虑两点:第一,应反映教师对社会的重要性,从而反映出教师的重要性以及从就位教职之日起便肩负起来的一切责任;第二,应比支付给需要类似的或同等资格的其他职业的工资更为有力。"①《中华人民共和国教师法》第二十五条规定:"教师的平均工资水平应当不低于或者高于国家公务员的平均工资水平,并逐步提高。"这充分体现了党和政府对教师经济地位的重视。但在现实生活中,由于教师群体庞大、地方财力有限、政府努力程度不够等原因,教师的经济地位还未提高到合理水平。

(3)教师职业的法律地位。即指法律赋予教师职业的权利、责任。教师职业的权利主要是指法律赋予教师在履行职责时所享有的权利。教师享有的社会权利,除一般公民权利(如生存权、选举权,享受各种待遇和荣誉等)外,还包括职业本身特点所赋予的专业方面的自主权:①教育的权利,即教师依法享有对学生实施教育、指导、评价的权利。②专业发展权,即教师依法享有发展自己、提高专业文化水平的权利。③参与管理权,即教师可以通过各

① 金一鸣. 教育社会学[M]. 南京:江苏教育出版社,1992:227.

种合法途径参与学校建设和管理。教师所享有的权利,尤其是专业权利的多少,不仅反映国家和社会对教师职业的重视与保护程度,而且直接影响到教师在社会民众及学生心目中的威望与地位。因此,以法律手段确立、保障教师的权利,是提高教师社会地位的必要措施。

(4)教师职业的专业地位。它是教师职业社会地位的内在标准。它主要是通过其从业标准来体现,有没有从业标准和有什么样的从业标准是教师职业专业地位高低的指示器。尽管教师职业的从业标准很难像医生、律师那样严格规范,但只有建立起自己职业的规范,才能显示出它独立的社会地位。在我国古代,教师职业没有确定的标准是造成教师社会地位不高的重要原因之一。新中国成立后,由于教育事业发展速度过快,教师短缺,大量补充民办教师、代课教师,一度达到580万人,使教师社会地位受到严重影响。而日本教师的社会地位比较高,与其教师职业的从业标准高有很大的关系。教师职业的从业标准既有软性标准,如道德要求、个性要求等,也有硬性标准,如高学历、教师资格证书等,这成为教师职业学术性要求和从事专业活动的基本要求,它保证了教师队伍的专业性。以下就美国等五个发达国家教师从业标准进行比较(见表5-1)。

表5-1 五国教师从业标准比较①

国家	具有大学学历	完成一定的教育课程	获得相应资格证书	试用或入职的进修
美国	文理大学4~5年 综合大学4~5年	初等教师:一般教育60学分;专业教育及教职教育69学分(教育实习9学分) 中学教师:一般教育60学分;专业教育及教职教育75学分以上(教育实习9学分) 高中教师:一般教育60学分;专业教育及教职教育69学分以上(教育实习9学分)	初等学校教师证书 中等学校教师证书	进修一年左右 由校长、实习教师等组成的审查委员会通过授业观察对作为教师的素质能力作出评价;根据评价结果,进行指导和建议,判断能否成为正式教师
英国	高等教育机构教师培养课程(4年),教职专门课程(学完学士课程通常3年之后1年),中小学设一年制教职专门课程	初等教师:四年制培养课程包括教育实习32周以上,学科专业教育(全国统一核心学科即数学、英语、理科)各150课时以上,学科教育无特别规定;教职专业课程包括教育实习18周以上,学科专业教育和学科教育同前 中等教师:四年制培养课程包括教育实习32周以上,学科专业教育(两门学科以内)2年,学科教育1~3年;教职专业课程包括学科专业教育(两门学科以内),学科教育只有实施规定,无时间分配规定	教师合格证书	地方教育当局实施适当的"引导","引导"内容是老教师的指导、参加其他学校教学、新任教师之间交换意见等

① 陈永明.现代教师论[M].上海:上海教育出版社,1999:37-43,491-492.

续表

国家	具有大学学历	完成一定的教育课程	获得相应资格证书	试用或入职的进修
法国	教师教育大学中心(学完大学3年课程之后2年,其中1年是试用),大学教职课程(学完大学3年课程之后1年)	初等教师:课程(2年),总课时1 500~1 700课时,教育实习500课时(18~19周);学科教育第一学年占教育实习以外的60%,第二学年占教育实习以外的50% 教职专业教育:第一学年占教育实习以外的40%,第二学年占教育实习以外的50%(包括毕业论文) 中等教师培养:课程(2年),教育实习300课时以上,学科教育400~700课时,教职专业教育300~450课时	初等教育教师证书 初等体育教育教师证书 中等教育教师证书 中等体育教育教师证书 中等技术教育教师证书 高级中等教育教师证书 职业国立中学教师第一种证书 职业国立中学教师第二种证书	以教师资格考试合格者为对象(第一次),在教师教育大学中心(Instituts Universitaires de Formation des Maîtres,简称IUFM)接受1年的指导
德国	大学(3~4年)	由教育科学(教育学、心理学等)、专业学科(至少两门学科,包括学科教学法)、教育实习三个领域组成 基础学校教师资格证书:总课时98课时,其中,教育科学22~28课时、专业学科70~76课时 高级中学教师资格证书:总课时138课时,其中,教育科学8~18课时、专业学科120~130课时	基础学校教师证书 实科学校教师证书 高级中学教师证书 初等阶段教师证书 前期中等阶段教师证书 后期中等阶段教师证书	试用1年半至2年,试用结束后参加第二次国家考试。以合格者为对象办理选考手续
日本	综合性大学(4~6年) 教育大学(4~6年)	小学教师一种许可证: 基本资格:学士 学科科目:18学分 教职科目:41学分 初中教师一种许可证: 基本资格:学士 学科科目:40学分 教职科目:19学分 高中教师专修许可证: 基本资格:硕士 学科科目:40学分 教职科目:19学分 有关的学科及教职的科目:24学分	普通许可证: 小学教师许可证(专修、一种、二种) 初中教师许可证(专修、一种、二种) 高中教师许可证(专修、一种)等 临时许可证: 小学、初中、高中临时教师(代课教师)许可证 特别许可证: 颁发给小学、初中以及高中教师特别许可证	新教师任用后第一年进行实践性进修,如接受校内指导教师的帮助和到校外教育中心听讲座等

教师职业的社会地位与教育地位紧密相连,它不仅与人们对教育地位的认识有关,而且与社会对教育的需要与期望有关,还与它拥有的社会地位资源及对社会的实际贡献相关。古代教育依附于政治、经济,教师的社会地位不稳定;现代教育的独立性提高了,逐渐占据了社会中心,教师的社会地位也相应地提高了。

(三)教师职业的基本特征

1. 教师职业是一种专业性职业(professional occupation)

职业是依据人们参加社会劳动的性质、内容、形式等标准划分的社会劳动者群体。社会学者根据职业的本质、特征将其划分为专门职业和普通职业。作为专门职业,具有三个基本特征:一是需要专门技术和特殊智力,在职前必须接受过专门的教育;二是提供专门的社会服务,具有较高职业道德和社会责任感;三是拥有专业自主权或控制权,如对从业人员聘用、解职的专业权利不受专业外因素控制,表现为专业工作者应获得本专业资格证书,专业内部有不同的职称来标志专业水平差异等。根据学术标准衡量,教师职业是一种专门性职业,它需要经过专门的师范教育训练、掌握专门的知识和技能、通过培养人才为社会服务。

教师职业的专业性被普遍认可与自觉建设是在20世纪中叶以后才出现的。1966年10月,国际劳工组织(International Labour Organization,简称ILO)和联合国教科文组织(United Nations Education,Scientific and Cultural Organization,简称UNESCO)在巴黎会议上通过的《关于教师地位的建议》(*Recommendation Concerning the Status of Teachers*)中提出:教师工作应被视为一种专业(profession),它是一种要求教师经过严格训练而持续不断地学习研究,才能获得并保持专业知识和技能的公共业务;它还要求对其管理下的学生的教育和福利具有个人的和公共的责任感。1996年第45届国际教育大会以《加强变化世界中教师的作用》(*Strengthening the Role of Teachers in a Changing World*)为主题,再次强调教师在社会变革中的作用,并建议从以下四个方面予以实施:通过给予教师更多的自主权和责任提高教师的专业地位;在教师的专业实践中运用新的信息和通信技术;通过个人素质和在职培养提高其专业性(professionalism);保证教师参与教育变革以及与社会各界保持合作关系。美国在20世纪80年代中后期,掀起了"教师专业化"的改革浪潮。

教师职业是专门性职业,因此教师就是专业人员。在国际劳工组织制定的《国际标准职业分类》(*International Standard Classification of Occupations*)中,教师被列入了"专家、技术人员和有关工作者"的类别中。我国颁布的《中华人民共和国教师法》(1993年10月)把"教师"界定为"履行教育教学职责的专业人员",并相继颁布了《教师资格条例》(1995年12月)和《〈教师资格条例〉实施办法》(2000年9月),通过资格认定来体现教师专门职业的要求。

2. 教师职业是以教书育人为职责的创造性职业

有目的地培养人才是教育区别于其他社会领域的根本特征。教育人的工作是由多方面力量协调来完成的,教师是通过教书来育人的。所谓教书育人,就是教师通过承担各门课程的教学,向学生传授系统的科学文化知识,引导学生树立科学的世界观、人生观,指导学生主动地、有效地进行学习,营造良好的教学氛围来促进学生健康、快速地成长。教书与育人是同一过程的两个方面。教书育人反映了教师职业的本质。尽管"教书育人"的目标、内容、方法可能因时代、社会、教师个体而有差别,但不能改变"教书育人"作为教师职业区别于其他职业的特殊性质。在现实中,只重"教书"而忽视"育人"的现象是大量存在的。这说明教书育人并不是件容易的事,教师职业是一种专门化职业。徐特立先生特别强调经师与人师。苏联教育家苏霍姆林斯基(Василий Александрович Сухомлинский,1918—1970)强调教师"不仅是自己学科的教员，而且是学生的教育者、生活的导师和道德的引路人”①。

从教书育人的实质来看，教师职业是一种比其他职业更具创造性的认识和实践活动。因为教育对象的复杂性和发展性、教育内容的多样性、教育环境的变化性和不可控性等决定了教育教学认识的发展性与整体性、教育教学实践方式的灵活性与创造性，所以，教师应根据不同的对象、不同的教育内容及不同的教育条件，运用自己的知识、经验和才能，进行科学创造，设计各式各样的教育教学方案和方法，机智处理各种偶发事件，形成不同的教育教学风格和特色。

3. 教师职业是需要持续专业化的职业

由于人类知识激增对课程内容的持久冲击，由于信息化社会对学生广泛而深入的影响，作为以知识传播、生产为主要任务的教师，必须不断学习，及时更新自己的知识结构；必须善于研究，积累自己的教育智慧，才能适应学生发展的时代要求。培养研究型教师是现代师范教育的一个重要任务，培养教师的终身学习能力和研究能力是现代教师成长的重要条件。

二、教师专业发展

为了培养高素质的教师，世界各国对教师教育都非常重视。1963 年和 1980 年世界教育年鉴的主题分别是“教育与教师培养”(Education and Training of Teachers)和“教师专业发展”(Professional Development of Teachers)，可见，教师专业发展问题是国际组织一贯强调和重视的问题。20 世纪 80 年代以来，教师专业发展日益成为人们关注的焦点。

(一)教师专业发展的内涵

教师专业发展，又称教师专业成长，是指教师在整个专业生涯中，依托专业组织、专门的培养制度和管理制度，通过持续的专业教育，习得教育教学专业技能，形成专业理想、专业道德和专业能力，从而实现专业自主的过程。它包括教师群体的专业发展和教师个体的专业发展。

1. 教师群体的专业发展

教师群体的专业发展是指教师职业不断成熟，逐渐达到专业标准，并获得相应的专业地位的过程。它既是教师个体专业化的条件与保障，同时也最终代表着教师职业的专业化。教师群体的专业发展主要包括以下内容。

(1)教育知识技能的体系化，形成学科专业和教育专业，国家对教师任职既有规定的学历标准，也有必要的教育知识、教育能力和职业道德的要求。

(2)国家有教师教育的专门机构、专门教育内容和措施，教师教育专业化。

(3)国家有对教师资格和教师教育机构的认定制度和管理制度。

(4)形成社会公认的教师专业团体。

2. 教师个体的专业发展

教师个体的专业发展是指教师作为专业人员，从专业理想到专业知识、专业能力、专业

① B. A. 苏霍姆林斯基. 给教师的建议[M]. 杜殿坤，编译. 北京：教育科学出版社，2000：96.

心理品质等方面由不成熟到比较成熟的发展过程，即由一个专业新手发展成为专家型教师或教育家型教师的过程。教师专业化过程虽然与时间有关，但不仅仅是时间的自然延续，更是教师自身素质的提高和专业自我的形成，最终真正成为教育世界的创造者。教师个体的专业发展的具体内容包括以下几个方面。

(1)专业理想的建立。**教师的专业理想**是教师在对教育工作感受和理解的基础上所形成的关于教育本质、目的、价值和生活等的理想和信念。如“科教兴国”的理想，“让每个学生都成才和成人”的理念等。它是教师在教育教学工作中的世界观和方法论，是教师专业行为的理性支点和专业自我的精神内核。

(2)专业知识的拓展。**教师的专业知识**是教师职业区别于其他职业的理论体系与经验系统。教师的专业知识拓展包括三个方面：首先是知识的量的拓展，即教师要不断地更新知识，补充知识，扩大自己的知识范围。其次是知识的质的深化，即从知识的理解、掌握到知识的批判，再到知识的创新。教师知识的质的深化体现了教师职业的学术性，教师能不能说“自己的话”，能不能在自己教育教学领域有发言权，是衡量其专业化程度的标志之一。再次是知识结构的优化，即以广泛的文化基础知识为背景，以精深的学科知识为主干，以相关学科知识为必要补充，以丰富的教育科学知识和心理科学知识为基本知识边界的复合性的主体知识结构，是专业性教师追求的目标。当然，知识结构的优化过程还包括教师个体独到的感悟、体验和经验总结。

(3)专业能力的发展。**教师的专业能力**就是教师的教育教学能力，是教师在教育教学活动中所形成的顺利完成某项任务的能量和本领。教师的专业能力是教师综合素质的最突出的外在表现，也是评价教师专业性的核心因素。教师专业能力的种类与结构如何，不同学者有不同的观点。一般来说，教师的专业能力应包括以下几个方面：①设计教学的能力，即教师在综合考虑教材、学生、教学时间、教学手段等因素的基础上，对教学目的、内容、程序、方法等进行整体构思的能力。②表达能力，包括语言表达、板书板画、运用多种教学手段演示等的能力。③教育教学组织管理能力，如班级管理能力、课堂管理能力、课外学习管理能力等。④教育教学交往能力，如理解他人能力、沟通能力、协调人际关系能力等。⑤教育教学机智，即处理教育教学过程中突发事件的能力。⑥反思能力，即对自己的教育教学状况正确评价的能力。⑦教育教学研究能力，即教师对学生、对教育教学实践和理论进行探索，发现问题并试图解决问题的能力。⑧创新能力，如创新教学思想、教学内容、教学方法、教学模式等的能力。

(4)专业自我(professional self)的形成。**教师的专业自我**就是教师在职业生活中创造并体现符合自己志趣、能力与个性的独特的教育教学生活方式以及个体自身在职业生活中形成的知识、观念、价值体系与教学风格的总和。具体包括以下几个方面：①自我形象的正确认知；②积极的自我体验；③正确的职业动机；④对职业状况的满意；⑤对理想的职业生涯的清晰认识；⑥对未来工作情境有较高的期望；⑦具有个体的教育哲学与教学模式。教师的专业自我的形成过程是在教师与外界环境的相互作用过程中，教育教学素质不断提高的过程，是教师职业生活个性化的过程，也是良好教师形象形成的过程。一旦专业自我形成,它不仅影响教师的工作态度和教育行为方式,而且直接影响教育教学效果。

从历史发展的总趋势看,教师的专业发展及其研究经历了由被忽视到逐渐关注;由关注教师专业群体的专业化到关注教师个体的专业发展;由关注专业发展的“外部”环境和对社会专业的认可到关注“内部”专业素质提高的过程(见图5-1)。

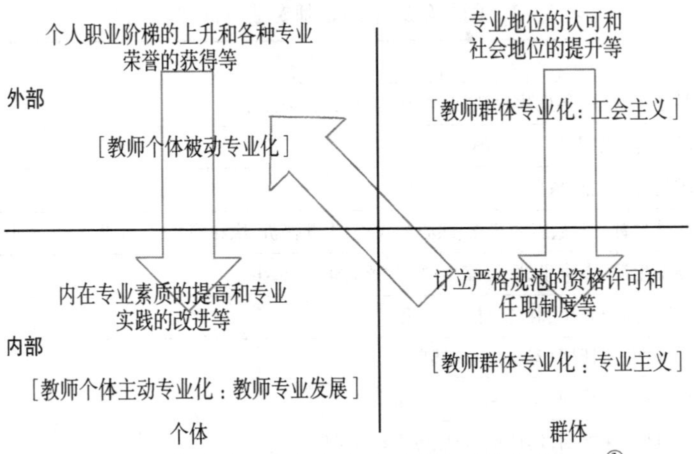

图5-1　教师专业化与教师专业发展关注的重心图①

由此可见,教师专业发展最终体现于个体的专业发展,依赖于教师个体对专业发展的追求,是教师在专业生活过程中其内在专业结构不断丰富和完善的过程。

(二)教师专业发展的过程

教师专业发展是一个持续社会化和个性化的过程,具有多阶段性特征。有关教师专业发展过程的研究表明,虽然师范教育对教师的专业发展不可忽视,但许多中学优秀教师的优秀品质主要是在实践中逐步积累和发展起来的,其成长是多阶段的连续过程。

表5-2　中学优秀教师各种特殊能力形成时间的分布②

各种特殊能力	大学前(%)	大学期间(%)	职后(%)
对教学内容的处理能力	18.95	12.63	68.42
运用教学方法和手段的能力	21.65	12.37	65.98
教学组织和管理能力	19.59	11.34	69.08
语言文字表达能力	34.69	20.41	44.90
教学科研能力	18.18	11.11	70.71
教育机智	19.19	11.11	69.70
与学生交往能力	21.43	10.21	68.37
平　　均	21.95	12.74	65.31

① 叶澜,等.教师角色与教师发展新探[M].北京:教育科学出版社,2001:203,209.
② 王邦德,等.中学优秀教师的成长与高师教改之探索[M].北京:人民教育出版社,1994:46.

由表5－2可知，中学优秀教师的特殊能力，除了语言文字表达能力与职前教育有关，其他能力更多的是通过职后教育和自我学习形成的。

教师的专业发展具有阶段性，国外学者对此作了大量研究，不同的学者提出了不同的发展阶段论（见表5－3）。

表5－3 国外研究中的教师专业发展阶段论①

研究者	阶段论
傅乐	教学前关注、早期生存关注、教学情境关注、关注学生
卡茨	求生存、巩固、更新、成熟
伯顿	求生存、调整、成熟
费斯勒	职前教育、引导、能力建立、热心和成长、生涯挫折、稳和停滞、生涯低落、生涯退出
司德菲	预备生涯、专家生涯、退缩生涯、更新生涯、退出生涯
伯利纳	新手、高级新手、胜任、熟练、专家
安鲁赫	职前期、初任期、安全期、成熟期
格雷高克	形成期、成长期、成熟期、充分专业化期
麦克唐纳	过渡期、探索期、创造实验期、专业教学期
休伯曼	入职期、稳定期、歧义期（1）（2）、准备退休期

国内学者也从不同视角提出了教师专业发展阶段论，其中，比较有代表性的是叶澜等从“自我更新”取向角度对教师专业发展阶段进行的深入研究②，把它分为“非关注”阶段、“虚拟关注”阶段、“生存关注”阶段、“任务关注”阶段和“自我更新关注”阶段。

表5－4 “自我更新”取向教师专业发展阶段及其特征③

阶段名称	时　限	主要特征
1.“非关注”阶段	正式教师教育之前	无意识中以非教师职业定向的形式形成了较稳固的教育信念，具备了一些“直觉式”的“前科学”知识以及与教师专业能力密切相关的一般能力
2.“虚拟关注”阶段	师范学习阶段（包括实习期）	对合格教师的要求开始思考，在虚拟的教学环境中获得某些经验，对教育理论及教师技能进行学习和训练，有了对自我专业发展反思的萌芽
3.“生存关注”阶段	新任教师阶段	在“现实的冲击”下，产生了强烈的自我专业发展的忧患意识，特别关注专业活动中的“生存”技能，专业发展集中在专业态度和动机方面
4.“任务关注”阶段		随着教学基本“生存”知识、技能的掌握，自信心日益增强，由关注自我的生存转到更多地关注教学，由关注“我能行吗”转到关注“我怎样才能行”

① 吴永军．我国大陆地区教师专业化过程研究述评[J]．教育发展研究，2007（4B）：43－46．
② 叶澜，等．教师角色与教师发展新探[M]．北京：教育科学出版社，2001：276－321．
③ 根据叶澜等著的《教师角色与教师发展新探》第十章整理而成。

续表

阶段名称	时 限	主要特征
5.“自我更新关注”阶段		不再受外部评价或职业升迁的牵制，自觉依照教师发展的一般路线和自己目前的发展条件，有意识地自我规划，以谋求最大程度的自我发展，关注学生的整体发展，积累了比较科学的个人实践知识

教师个体专业发展达到成熟的时间有长有短，少则3年、5年，多则10年、20年。从教师的整个职业生涯来看，专业发展有成熟期，也有保守期和衰退期。

(三)教师专业发展的途径

一般认为，教师专业发展有三种取向：理智取向、实践—反思取向、文化生态取向。理智取向主张教师通过正规的培训，向专家学习先进的“学科知识”和“教育知识”，以提高教育理性认识水平和教学技能。实践—反思取向主张教师通过实践反思，发现教育教学意义，获得实践智慧，其主要方法有写日志、传记、构想、文献分析、教育叙事、教师访谈、参与性观察等。文化生态取向认为教师专业发展不仅仅依靠个人努力，在更大程度上依赖于“教学文化”或“教师文化”为其工作提供意义、支持和身份认同，其主要方式是通过学习团队建设进行协同教学、合作教研，实现共同发展。而教师专业发展就应该是这三种取向的整合。从教师个体专业发展途径来看，主要包括师范教育、新教师的入职辅导、教师的在职培训、教师专业发展学校、同伴互助和教师的自我教育。

1. 师范教育

师范教育是教师个体专业发展的起点和基础，它是建立在教师的专业特性之上，为培养教师专业人才服务的。为此，师范教育必须强化其培养教育专业人才的职能，把学术性、师范性和服务性结合起来；注重师范专业信念体系的形成和敬业精神的培养；建构反映教师专业所需要的知识和技能的课程体系；加强教育理论与实践的联系，建立有效的教育实习制度。

2. 新教师的入职辅导

新教师的入职辅导是20世纪70年代发展起来并被人们所广泛接受的一种促进教师专业发展的指导措施。新教师的入职辅导有一个安排有序的计划，主要是由有经验的导师进行现场指导。在我国，各级师范院校还承担了短期的系统培训工作，其目的是向新教师提供系统而持续的帮助，使之尽快转变角色、适应环境。

3. 教师的在职培训

教师的在职培训主要是为了适应教育改革与发展的需要，为在职教师提供适应于教师专业发展不同阶段需要的继续教育，主要采取“理论学习、尝试实践、反省探究”相结合的方式，引导教师掌握不断涌现的现代教育理论，培养教师研究教育对象、教育问题的意识和能力，并辅之以计算机知识、现代化的教育技术手段。教师在职培训活动很广，可以是业余进修，也可以是校本培训(如集体观摩、相互评课、相互研讨)。

4. 教师专业发展学校

教师专业发展学校是20世纪80年代末崛起于美国的一种新型教师教育模式，90年代逐步被我国学者所认同并在有些地区开始尝试。这种教育模式力图在大学的教育学院与中小学之间建立协作关系,以此实现教师职前培养与在职教师专业发展的一体化。它在认可中小学校对于学生发展的价值的基础上,强调学校也是教师发展的场所,学校应当具有使教师获得持续有效的专业化发展的功能。目前,教师专业发展学校已不仅仅是一种计划方案,而是作为一种生活方式整合进了教师教育模式中。

5. 同伴互助

20 世纪 80 年代初,美国学者乔伊斯和肖尔斯(B. Joyce & B. Showers)首先提出了“同伴互助(peer coaching)”的概念。他们认为,改变早期教师培训模式的设计和组织方法可能有助于教师将培训内容迁移到教学实践之中,过去将教师培训低效的结果归咎于教师自身可能是错误的。他们假设,教师可能需要一些持续的帮助和反馈才能在教室里应用新的教学策略和方法。他们在随后的研究中验证了这一假设,并证实了同伴互助的效果。**同伴互助**是指在两个或两个以上教师之间发生的、以专业发展为指向、通过多种手段开展的,旨在实现教师持续主动地自我提升、相互合作并共同进步的教学研究活动,以达到改善教学之目的。同伴互助的形式有:沙龙会谈、一课多研、同课异构、专业对话、教练型教师示范教学、微型教学、相互听课、共同评价与分享、彼此鼓励、彼此协作与反馈等。有效开展同伴互助,需要学校营造合作的教研氛围,搭建教学团队建设平台并组织协同教学,培养教师的互助合作精神;需要教师以能者为师,努力提高自身综合文化素质。

6. 教师的自我教育

教师的自我教育就是专业化的自我建构,它是教师个体专业化发展的最直接、最普遍的途径。教师自我教育的方式主要有经常性的系统的自我反思、主动收集教改信息、研究教育教学中的各种关键事件、自学现代教育教学理论、积极感受教学的成功与失败等。教师的自我教育是专业理想确立、专业情感积淀、专业技能提高、专业风格形成的关键。

三、现代教师的专业素质、职业角色与形象

教师的地位、作用与专业特点,最终都是通过其专业素质、职业角色和具体形象来反映的。一个专业化程度高的教师必然是一个具有较高专业素质、善于扮演自己职业角色和具有良好职业形象的教师。

(一)现代教师的专业素质

教师的专业素质是教师作为专业人员应该具备的多方面的专业要求,是顺利进行教育活动的前提,也是教师胜任工作的基本条件。教师的专业素质不仅具有多样性、时代性特征,而且具有结构性特征。其素质结构包括教育理念、专业知识、专业能力、专业道德、身体素质和心理素质等方面。为了构建教师专业标准体系,建设高素质专业化教师队伍,2012 年教育部研究制定并颁布了《小学教师专业标准(试行)》和《中学教师专业标准(试行)》(见表 5-5、5-6)。《专业标准》是国家对幼儿园、小学和中学合格教师专业素质的基本要求,是教师实施教育教学行为的基本规范,是引领教师专业发展的基本准则,是教师培养、准入、培训、考核等工作的重要依据。现代教师的专业素质具体包括以下几个方面。

1. 先进、科学的教育理念

教育理念是教师在对教育工作本质理解的基础上形成的关于教育的观念和理性信念，它是以观念或信念的形式存在于教师头脑中的对教育现象和教育问题的看法。先进、科学的教育理念体现教师的所有努力都要有利于学生精神世界的丰富、人格尊严的维护和美好人性的成长，如学生主体观、教学交往观、发展性教学评价观、创造人才观、学校人本管理观等。

2. 合理的专业知识

教师合理的知识结构包括以下几方面：①本体性知识，即特定学科及相关知识，是教学活动的基础；②条件性知识，即认识教育对象、开展教育活动和研究所需的教育学科知识和技能，如教育原理、心理学、教学论、学习论、班级管理、现代教育技术等；③实践性知识，即课堂情境知识，体现教师个人的教学技巧、教育智慧和教学风格，如导入、强化、发问、课堂管理、沟通与表达、结课等技巧。

3. 复合型的专业能力

教师的专业能力是教师在教育教学活动中表现出来的，促进教育教学顺利完成的能力与本领。其主要包括以下几方面：①处理教学内容的能力；②分析研究学生的能力；③设计教育教学活动的能力；④良好的表达能力；⑤教学组织管理能力；⑥教学自我调控能力和反思能力；⑦教学研究能力；⑧终身学习能力；⑨课程开发能力；⑩专业发展规划能力；等等。

4. 崇高的专业道德

教师的专业道德是教师在教育教学中必须遵循的基本规范和行为准则，是由教育工作的性质、任务和教育对象的特点决定的。根据教育部2008年修订的《中小学教师职业道德规范》，教师的专业道德主要包括爱国守法、爱岗敬业、关爱学生、教书育人、为人师表、终身学习等。

专栏5－1

中小学教师职业道德规范

（2008年修订）

一、爱国守法。热爱祖国，热爱人民，拥护中国共产党领导，拥护社会主义。全面贯彻国家教育方针，自觉遵守教育法律法规，依法履行教师职责权利。不得有违背党和国家方针政策的言行。

二、爱岗敬业。忠诚于人民教育事业，志存高远，勤恳敬业，甘为人梯，乐于奉献。对工作高度负责，认真备课上课，认真批改作业，认真辅导学生。不得敷衍塞责。

三、关爱学生。关心爱护全体学生，尊重学生人格，平等公正对待学生。对学生严慈相济，做学生良师益友。保护学生安全，关心学生健康，维护学生权益。不讽刺、挖苦、歧视学生，不体罚或变相体罚学生。

四、教书育人。遵循教育规律，实施素质教育。循循善诱，诲人不倦，因材施教。培养学生良好品行，激发学生创新精神，促进学生全面发展。不以分数作为评价学生的唯一标准。

五、为人师表。坚守高尚情操，知荣明耻，严于律己，以身作则。衣着得体，语言规范，举止文明。关心集体，团结协作，尊重同事，尊重家长。作风正派，廉洁奉公。自觉抵制有偿家教，不利用职务之便谋取私利。

六、终身学习。崇尚科学精神，树立终身学习理念，拓宽知识视野，更新知识结构。潜心钻研业务，勇于探索创新，不断提高专业素养和教育教学水平。

5. 强健的身体素质

教师的身体素质是指教师在教学活动中的自然力，是教师的身体健康状态和身体素质状态在教学中的表现。它主要通过健康的体魄、旺盛的精力、蓬勃的活力、有节律的生活方式和锻炼习惯等体现。教师的身体素质在教育教学中具有重要的教育意义。

6. 健康的心理素质

教师的心理素质是教师素质的重要组成部分，是教师在教学实践中形成的为教学所必备的心理品质，具体包括认真、负责、亲切的教学态度，积极、丰富的教学情感，坚韧不拔的教学意志，多种兴趣爱好，机智果断的办事作风，善良、随和的性格特征等。

表5-5 小学教师专业标准的基本内容

维度	领域	基本要求
专业理念与师德	（一）职业理解与认识	1. 贯彻党和国家教育方针政策，遵守教育法律法规。 2. 理解小学教育工作的意义，热爱小学教育事业，具有职业理想和敬业精神。 3. 认同小学教师的专业性和独特性，注重自身专业发展。 4. 具有良好职业道德修养，为人师表。 5. 具有团队合作精神，积极开展协作与交流。
	（二）对小学生的态度与行为	6. 关爱小学生，重视小学生身心健康，将保护小学生生命安全放在首位。 7. 尊重小学生独立人格，维护小学生合法权益，平等对待每一个小学生。不讽刺、挖苦、歧视小学生，不体罚或变相体罚小学生。 8. 信任小学生，尊重个体差异，主动了解和满足有益于小学生身心发展的不同需求。 9. 积极创造条件，让小学生拥有快乐的学校生活。

续表

维　度	领　域	基本要求
专业理念与师德	(三)教育教学的态度与行为	10. 树立育人为本、德育为先的理念,将小学生的知识学习、能力发展与品德养成相结合,重视小学生全面发展。 11. 尊重教育规律和小学生身心发展规律,为每一个小学生提供适合的教育。 12. 引导小学生体验学习乐趣,保护小学生的求知欲和好奇心,培养小学生的广泛兴趣、动手能力和探究精神。 13. 引导小学生学会学习,养成良好学习习惯。
	(四)个人修养与行为	14. 富有爱心、责任心、耐心和细心。 15. 乐观向上、热情开朗、有亲和力。 16. 善于自我调节情绪,保持平和心态。 17. 勤于学习,不断进取。 18. 衣着整洁得体,语言规范健康,举止文明礼貌。
专业知识	(五)小学生发展知识	19. 了解关于小学生生存、发展和保护的有关法律法规及政策规定。 20. 了解不同年龄及有特殊需要的小学生身心发展特点和规律,掌握保护和促进小学生身心健康发展的策略与方法。 21. 了解不同年龄小学生学习的特点,掌握小学生良好行为习惯养成的知识。 22. 了解幼小和小初衔接阶段小学生的心理特点,掌握帮助小学生顺利过渡的方法。 23. 了解对小学生进行青春期和性健康教育的知识和方法。 24. 了解小学生安全防护的知识,掌握针对小学生可能出现的各种侵犯与伤害行为的预防与应对方法。
	(六)学科知识	25. 适应小学综合性教学的要求,了解多学科知识。 26. 掌握所教学科知识体系、基本思想与方法。 27. 了解所教学科与社会实践的联系,了解与其他学科的联系。
	(七)教育教学知识	28. 掌握小学教育教学基本理论。 29. 掌握小学生品行养成的特点和规律。 30. 掌握不同年龄小学生的认知规律。 31. 掌握所教学科的课程标准和教学知识。
	(八)通识性知识	32. 具有相应的自然科学和人文社会科学知识。 33. 了解中国教育基本情况。 34. 具有相应的艺术欣赏与表现知识。 35. 具有适应教育内容、教学手段和方法现代化的信息技术知识。
专业能力	(九)教育教学设计	36. 合理制定小学生个体与集体的教育教学计划。 37. 合理利用教学资源,科学编写教学方案。 38. 合理设计丰富多彩的班队活动。

续表

维　度	领　域	基本要求
专业能力	(十)组织与实施	39. 建立良好的师生关系,帮助小学生建立良好的同伴关系。 40. 创设适宜的教学情境,根据小学生的反应及时调整教学活动。 41. 调动小学生学习积极性,结合小学生已有的知识和经验激发学习兴趣。 42. 发挥小学生主体性,灵活运用启发式、探究式、讨论式、参与式等教学方式。 43. 将现代教育技术手段渗透运用到教学中。 44. 较好使用口头语言、肢体语言与书面语言,使用普通话教学,规范书写钢笔字、粉笔字、毛笔字。 45. 妥善应对突发事件。 46. 鉴别小学生行为和思想动向,用科学的方法防止和有效矫正不良行为。
	(十一)激励与评价	47. 对小学生日常表现进行观察与判断,发现和赏识每一个小学生的点滴进步。 48. 灵活使用多元评价方式,给予小学生恰当的评价和指导。 49. 引导小学生进行积极的自我评价。 50. 利用评价结果不断改进教育教学工作。
	(十二)沟通与合作	51. 使用符合小学生特点的语言进行教育教学工作。 52. 善于倾听,和蔼可亲,与小学生进行有效沟通。 53. 与同事合作交流,分享经验和资源,共同发展。 54. 与家长进行有效沟通合作,共同促进小学生发展。 55. 协助小学与社区建立合作互助的良好关系。
	(十三)反思与发展	56. 主动收集分析相关信息,不断进行反思,改进教育教学工作。 57. 针对教育教学工作中的现实需要与问题,进行探索和研究。 58. 制定专业发展规划,不断提高自身专业素质。

表 5－6　中学教师专业标准的基本内容

维　度	领　域	基本要求
专业理念与师德	(一)职业理解与认识	1. 贯彻党和国家教育方针政策,遵守教育法律法规。 2. 理解中学教育工作的意义,热爱中学教育事业,具有职业理想和敬业精神。 3. 认同中学教师的专业性和独特性,注重自身专业发展。 4. 具有良好职业道德修养,为人师表。 5. 具有团队合作精神,积极开展协作与交流。

续表

维　度	领　域	基本要求
专业理念与师德	（二）对学生的态度与行为	6. 关爱中学生，重视中学生身心健康发展，保护中学生生命安全。 7. 尊重中学生独立人格，维护中学生合法权益，平等对待每一个中学生。不讽刺、挖苦、歧视中学生，不体罚或变相体罚中学生。 8. 尊重个体差异，主动了解和满足中学生的不同需要。 9. 信任中学生，积极创造条件，促进中学生的自主发展。
	（三）教育教学的态度与行为	10. 树立育人为本、德育为先的理念，将中学生的知识学习、能力发展与品德养成相结合，重视中学生的全面发展。 11. 尊重教育规律和中学生身心发展规律，为每一个中学生提供适合的教育。 12. 激发中学生的求知欲和好奇心，培养中学生学习兴趣和爱好，营造自由探索、勇于创新的氛围。 13. 引导中学生自主学习、自强自立，培养良好的思维习惯和适应社会的能力。
	（四）个人修养与行为	14. 富有爱心、责任心、耐心和细心。 15. 乐观向上、热情开朗、有亲和力。 16. 善于自我调节情绪，保持平和心态。 17. 勤于学习，不断进取。 18. 衣着整洁得体，语言规范健康，举止文明礼貌。
专业知识	（五）教育知识	19. 掌握中学教育的基本原理和主要方法。 20. 掌握班集体建设与班级管理的策略与方法。 21. 了解中学生身心发展的一般规律与特点。 22. 了解中学生世界观、人生观、价值观形成的过程及其教育方法。 23. 了解中学生思维能力与创新能力发展的过程与特点。 24. 了解中学生群体文化特点与行为方式。
	（六）学科知识	25. 理解所教学科的知识体系、基本思想与方法。 26. 掌握所教学科内容的基本知识、基本原理与技能。 27. 了解所教学科与其他学科的联系。 28. 了解所教学科与社会实践的联系。
	（七）学科教学知识	29. 掌握所教学科课程标准。 30. 掌握所教学科课程资源开发的主要方法与策略。 31. 了解中学生在学习具体学科内容时的认知特点。 32. 掌握针对具体学科内容进行教学的方法与策略。
	（八）通识性知识	33. 具有相应的自然科学和人文社会科学知识。 34. 了解中国教育基本情况。 35. 具有相应的艺术欣赏与表现知识。 36. 具有适应教育内容、教学手段和方法现代化的信息技术知识。

续表

维　度	领　域	基本要求
专业能力	(九)教学设计	37. 科学设计教学目标和教学计划。 38. 合理利用教学资源和方法设计教学过程。 39. 引导和帮助中学生设计个性化的学习计划。
	(十)教学实施	40. 营造良好的学习环境与氛围,激发与保护中学生的学习兴趣。 41. 通过启发式、探究式、讨论式、参与式等多种方式,有效实施教学。 42. 有效调控教学过程。 43. 引发中学生独立思考和主动探究,发展学生创新能力。 44. 将现代教育技术手段渗透应用到教学中。
	(十一)班级管理与教育活动	45. 建立良好的师生关系,帮助中学生建立良好的同伴关系。 46. 注重结合学科教学进行育人活动。 47. 根据中学生世界观、人生观、价值观形成的特点,有针对性地组织开展德育活动。 48. 针对中学生青春期生理和心理发展特点,有针对性地组织开展有益身心健康发展的教育活动。 49. 指导学生理想、心理、学业等多方面发展。 50. 有效管理和开展班级活动。 51. 妥善应对突发事件。
	(十二)教育教学评价	52. 利用评价工具,掌握多元评价方法,多视角、全过程评价学生发展。 53. 引导学生进行自我评价。 54. 自我评价教育教学效果,及时调整和改进教育教学工作。
	(十三)沟通与合作	55. 了解中学生,平等地与中学生进行沟通交流。 56. 与同事合作交流,分享经验和资源,共同发展。 57. 与家长进行有效沟通合作,共同促进中学生发展。 58. 协助中学与社区建立合作互助的良好关系。
	(十四)反思与发展	59. 主动收集分析相关信息,不断进行反思,改进教育教学工作。 60. 针对教育教学工作中的现实需要与问题,进行探索和研究。 61. 制定专业发展规划,不断提高自身专业素质。

(二)现代教师的职业角色

教师的职业角色是指教师在教育系统内的身份、地位、职责及相应的行为模式。教师在教学中的角色是教师的多种社会属性和社会关系在教学活动中的反映,是教师在教育教学中的一整套行为规范和人们对教师的角色期待。美国学者雷道(F. Redl)和华顿保(W. Watenbery)研究认为,一个教师应兼有以下十种不同的角色:①社会的代表;②知识的源泉;③裁判员或法官;④辅导者;⑤学生行为优劣的观察者;⑥认同的对象;⑦父母的替身;⑧团体的领导者;⑨朋友;⑩情感发泄的对象。[①] 有的学者认为,教师的角色是"人类文化的传递者""新生一代灵魂的塑造者""学生心理的保健医生""学习者和学者""人际关系

① 黄坚厚. 教师的多重角色[J]. 教育资料文献,1978(8):23.

的艺术家”“教学的领导和管理者”等。① 国外有的学者曾经根据教师的情感因素，将其作用从消极到积极作了以下划分②。

消极的作用：
- 替罪羊
- 侦探和纪律的执行者

权威者的作用：
- 家长的代理人
- 知识的传授者
- 模范的公民

支持的作用：
- 治疗学家
- 朋友与知己

现代教学活动不仅是师生的文化授受活动，而且是师生的相互交往活动、情感交流活动、教学共同生活的创造活动等。教师作为主体，其作用的客体为教材、学生个体与集体、自我、教学活动，同时教师还作为客体为学生主体所认识。因此，现代教师的角色是多重的、不断变化和创新的。其基本角色有以下几种。

1. 学习者和研究者

教师，首先必须是一个学习者，要学习教材、了解与教材有关的信息，向学生讨教，要以严肃的态度来研究教材、处理教材，把知识客体内化为自身的主体结构。其次，现代教师还是课程开发者和教育教学研究者。这都需要教师终身学习，更新自己的知识结构，以便使教育教学建立在更宽广的知识背景之上，适应学生的个性发展、自己的专业发展和教育教学改革的需要。

2. 知识的传授者

教学中的基本矛盾是知与不知，知之不多到知之较多、知之完善的矛盾。这一矛盾的正确解决是解决教学矛盾的基石。在解决这对矛盾中，教师无疑充当着主导者的角色，学生是接受者的角色。即使作为传授者，古今的含义也有区别。古代教师的传授多以讲、诵、问、答为主，而现代教师作为知识的传授者，除讲求教学的科学性之外，还必须讲求教学的艺术性和创造性。

3. 学生心灵的培育者

教育的目的是使学生变得更聪明、更高尚、更成熟。只传授知识的教师是“经师”，只有那些使学生能生动活泼地、主动地得到较好发展的教师，才是最好的教师。这样的教师不但教学生学习知识，而且教学生学会学习；善于激发学生的学习热情，培养学生自主学习的能力和习惯，调整学生的不良情绪和心态；经常提醒学生仔细、认真、勤奋、刻苦，培养学生良好的学习心理品质；善于发现学生的学习差距，特别关注学习成绩不佳的学生；并善于使学生相互帮助，形成良好的学习风气。

---

① 田慧生，李如密. 教学论[M]. 石家庄：河北教育出版社，1996：97.

② J. W. 索里，C. W. 特尔福德. 教育心理学[M]. 高觉敷，等，译. 北京：人民教育出版社，1982：83.

4. 教学活动的设计者、组织者和管理者

教学活动是一种集体活动,要全面实现教学的整体功能,就必须精心设计、周密组织和科学管理。首先,教师是教学活动的设计者。好的教学设计可以使教学有序进行,给教学提供良好的环境,使学生养成循序渐进的习惯,全面地完成教学任务。要精心地进行教学设计,就要求教师全面把握教学的任务、教材的特点、学生的特点等要素。其次,教师是教学活动的组织者,即教师在教学资源分配(包括时间分配、内容安排、学生分组)和教学活动展开等方面是具体的实施者。通过科学地分配活动时间,采取合理的活动方式,可以启发学生的思维,协调学生的关系,激发集体学习的动力。再次,教师是教学活动的管理者。教学管理是对教学要素及其关系进行系统的调控。教学行政人员通过调整教师、教学计划、教学评价等,来实现其管理职能。作为教师则主要是通过对教学活动的调控来实现其管理功能,如对教学环节的调控,对学习态度、学习活动、学习习惯、学习质量的调节,对教学偶发事件的处理等。传统的教学将管理这一概念理解为管制约束,常通过纪律的维持来实现,教师扮演的是“警察”“保姆”的角色。而好的教师在教学管理活动中的角色行为是:①建立各种教学常规,特别是课堂教学常规;②倡导学生参与管理,树立集体观念,充分发挥集体的凝聚力;③通过建立自己的威信,充分发挥情感在管理中的作用,教师扮演的是“向导”“建议者”等角色。

5. 学生学习的榜样

教师不仅是教学的主体,也是学生认识的客体。教师作为一个整体,作为成人世界的代表,其言行举止、态度、个性等,无不对学生产生潜移默化的影响。教师的榜样作用具有双重性质。好的教师榜样,给学生留下公正、正义、理智、热情、坚强、果断的印象;而差的教师的“榜样”作用,会给学生留下心理上的阴影,甚至导致行为上的缺陷。

6. 学生的朋友

虽然教师与学生有一定的年龄、地位、阅历等方面的差异,但并不妨碍师生之间友情的建立。事实上,教师把学生当作朋友,可以使学生更亲近教师,教师也可以更全面地了解学生。作为朋友,教师就应成为学生的交心对象,关心学生的生活和全面成长,以平等的身份与学生交往,帮助学生解决困难。苏霍姆林斯基曾强调,最好的教师是在与学生的精神交往中,忘记自己是教师,而把学生视为志同道合的朋友的那种教师。

7. 学校的管理者

教师不仅是学校管理的对象,也是管理的主体;不仅是教学管理的主体,也是学校管理的主体。教师是学校管理的主体,是贯彻现代学校民主管理思想的基本要求,《中华人民共和国教师法》第七条也赋予教师参与学校的民主管理权利。学校管理实践表明,充分发挥教师的主体作用,不仅有利于减轻校长的负担,而且有利于发挥教师的积极主动性,有利于促进学校的发展。

总之,教师的角色是多方面的,既有显性的,也有隐性的;既有认知方面的,也有情感方面的。这些角色统一于教育教学活动中。教师的行为表现为积极与消极、理性与非理性、道德与不道德、合法与不合法等多方面。作为教师,要熟练地运用积极角色技能,成功地扮演相应角色,避免角色不清、角色紧张、角色冲突和角色失败,杜绝侵犯学生权益行为和不道德行为,避免消极行为。

(三)现代教师的职业形象

教师的职业形象是教师群体或个体在其职业生活中的形象,是其精神风貌和生存状态与行为方式的整体反映。它既是社会对教师职业及其日常行为的一种总体性评价与概括性认识,也是教师群体内部或个体自身对其职业所持有的价值认识与情感认同。教师的职业形象是通过其内在精神和外在事物显现出来的,其内在精神包括职业的精神风貌、工作态度、敬业精神、创新精神等;外在事物表现为教师节日、教师组织、教师着装等。教师个人的形象包括对学生的态度、工作态度、道德水平、教学水平、人际关系等。

由于特定的历史文化、教育的独立性不足、教师的专业地位不确定以及教师专业化缺乏系统研究等原因,人们对教师形象的言说多以文化隐喻的形式出现,如"春蚕""蜡炬""铺路石""孺子牛""人类灵魂的工程师""园丁""路标""摆渡人""导演""教书匠"等。这些语词勾画出教师是一种"奉献"的道德形象和比较刻板的"匠人"形象,没有全面地揭示出教师职业的内在特质和从业标准,体现了社会对教师职业的主观期待,缺少教师对自我形象的建构与认同,因而是片面的。教师职业形象至少包括以下几个方面。

1. 教师的道德形象

教师的职业道德是教师从事教育教学活动时的基本行为规范,是教师自己对职业行为的自觉要求。它是以敬业精神为基础、以协调师生关系为主要内容的道德规范。自古以来,教师的道德形象被视为教师的最基本形象。"为人师表""身正为范,学高为师"等,强调教师的"榜样"作用、示范作用。这些形象当然是重要的,但随着时代的发展、市场经济的冲击,传统的道德至上的形象受到了怀疑。因此,重建教师的道德形象显得十分重要。乐于奉献、坚持公正是时代对教师职业的基本伦理道德要求。"奉献"作为从业的基本要求,是教师职业责任感、使命感的具体体现。因为培养人是社会发展的基础性事业,培养人的劳动是一种非常复杂的劳动,无法用市场经济的等价交换原则来衡量其价值的大小;同时,由于培养人的劳动效果具有滞后性、间接性,因此有时教师的劳动不仅得不到尊重和承认,而且教师还要忍受不被理解的痛苦。没有奉献精神就会失去教师职业的高尚性和纯洁性。公正就是"公平""正义""合理"。"公正"既是教育基本目标之一,又是教师职业的基本行为准则。不讲公正的教育将使学生的心灵失去平衡,其行为丧失应有的约束,教育过程也因此失去了"善"的价值。

2. 教师的文化形象

教师是以文化为中介来与学生发生关联,对学生产生实质影响,并实现对社会的文化功能。文化不仅提供了教师形象确立的源泉、材料,而且使教师形象设计与塑造有自己的个性。教师的文化形象是教师形象的核心。传统的教师文化形象是传统文化的传递者、维护者,所谓"才高八斗""学富五车"皆是教师的典型文化特征。然而,传统教师的文化形象随着时代的发展受到了严峻的挑战:首先,现代科学文化知识迅速增长并不断老化,需要教师不断地学习并调整自己的知识结构,掌握更多的文化资源;其次,教师是唯一信息源的传统文化权威观已经被打破,学生也是文化资源的拥有者,这就要求教师给学生的文化展示与交流提供时空和机会,教师成为多元文化交融的组织者和参与者;再次,培养创新精神和实践能力的时代要求,以及千差万别的学生个性差异,要求教师改变教书匠的刻板形象,自觉地、主动地改革教学内容和方法并将经验认识提升到理论层次,成为新文化的创造者。

3. 教师的人格形象

人格是一个人的整体心理面貌,教师的人格形象是教师在教育教学活动中的心理特征的整体体现,具体包括教师对学生的态度,教师的性格、气质、兴趣等。教师的工作对象是活生生的、复杂多样的人,其劳动是复杂的、富有挑战性的,因此教师必须有良好的个性心理品质。俄国教育家乌申斯基特别强调:在教学工作中,一切应以教师的人格为根据,因为,教育力量只能从人格的活的源泉中产生出来,任何规章制度、任何人为的机关,无论设想得如何巧妙,都不能代替教师人格的形象。教师的人格形象是学生亲近或疏远教师的首要因素。理想教师的人格包括善于理解学生、富有耐心、性格开朗、情绪乐观、意志力强、有幽默感等。国内外的许多研究都证明了教师的性格与学生的发展有密切的关系。威悌(P. A. Witty,1940)曾对47 000名学生进行调查分析,并归纳出有效能教师和无效能教师的性格特征①(见表5－7)。

表5－7　两类教师性格特征的比较

有效能教师	无效能教师
1. 合作民主	1. 坏脾气、无耐心
2. 仁慈、体谅	2. 不公平、偏爱
3. 能忍耐	3. 不愿意帮助学生
4. 兴趣广泛	4. 狭隘、对学生要求不合理
5. 和蔼可亲	5. 忧郁、不和善
6. 公正	6. 讽刺、挖苦学生
7. 有幽默感	7. 外表讨厌
8. 言行稳定一致	8. 顽固
9. 有兴趣研究学生问题	9. 啰唆不停
10. 处世有伸缩性	10. 言行霸道
11. 了解学生,给予鼓励	11. 骄傲自负
12. 精通教学技能	12. 无幽默感

总之,教师的职业形象应是道德形象、文化形象和人格形象三者统一的整体,教师形象建设是一个不断设计与改造的过程,需要全社会对教师职业的地位、功能、条件进行科学认识,需要教师职业内部不断建立起自己的规范,需要教师个体自觉地建构。

① 胡晴.学校教育与个性发展[M].北京:知识出版社,1999:23.

第二节　学　　生

学生既是教育的对象又是教育的主体,了解和研究学生的本质特征、地位和发展规律是教育工作的出发点和归宿。

一、学生的本质特征

学生是教育活动的另一个主体,它是相对于教师而言的。没有教师的教,学生也能学习,严格地说,这时的学生只是“学习者”或“自学者”。这里的学生,是指在教师的指导下从事学习的人,主要是指在校的儿童和青少年。它具有与自然状态下学习的人不同的特征。学生的特征主要是指学生个体“存在”的特征。

(一)以系统学习间接经验为主

学生进入教育过程的前提是要缩小个体知识经验与人类认识之间的差距,不断地实现个体社会化。在教学中,学生认识的对象主要是前人实践总结的认识成果——概括化的经验体系,它主要以书本知识的形式体现出来。学生学习的内容是经过严格挑选的、为人的发展和社会发展所必需的文化遗产,包括自然科学知识、社会科学知识、思维科学知识、人文科学知识。学生之所以以间接经验的掌握为主,首先是由教学活动的任务决定的,教学要解决学生的认识问题,即使学生从不知到知,从知之不多到知之较多,尽可能缩小与人类认识的差距,就必须先掌握人类文明的精华;其次,学生学习的时间是相当有限的,不可能凡事都经过实践,获得直接经验;再次,学生以系统学习知识经验为主,可以缩短学生个体的不成熟期,使其今后的发展顺利一些。

(二)具有主体性

学生不是被动的加工对象,他具有主体性。所谓**主体性**,就是指学生在教学中的主观能动性。其具体包括以下方面:①独立性。每个学生都是一个自组织系统,一个独立的物质实体制约。承认学生独立性是发挥学生主体性的前提条件,承认学生独立性也就承认了学生发展过程的多途性、发展方式的多样性和发展结果的差异性。②选择性。它是指学生在教育过程中可以在多种目标、多种活动中进行抉择的特点。学生对教学的影响不是无条件地接受,不是盲目的模仿,而总是根据主体的条件(愿望、态度、能力等)来进行选择。不过,选择的效果如何,还依赖于学生已有的主体能力和环境提供的支持度。③调控性。学生可以对自己的学习活动进行有目的的调整和控制,如学习困难时,激励自己;取得成绩时,告诫自己不要骄傲;学习目标不恰当时,及时调整修正;对学习过程进行自我监控等。④创造性。它是指学生在教育活动中可以超越教师的认识,超越时代的认识与实践局限,科学地提出不同的观点、看法,并创造具有成效的学习方法。创造性是主体性的最高表现形式。⑤自我意识性。即学生作为主体对自己的状态及在教育中的地位、作用、情感、态度、行为等的自我认知。主体认识自己越全面、越客观,主体性就可能越强;反之,自我认知的水平低,自我调控能力就可能差,自我创造和自我实现的可能性就小。

（三）具有明显的发展特征

“人的发展”是指作为整体的个人在从生命的起点状态到生命的终点的全部人生中，在与环境的相互作用中，身心两个方面的整体的积极变化过程。“发展过程总是从一个比较简单的结构向一个更复杂的结构的过渡，而且这样的一个过程是按照没有止境的后退过程进行的（根据现有的知识）。”①学生的发展，特别是青少年学生的发展是人生发展最明显的时期，不仅表现在身体的发展上，而且表现在心理的发展上；不仅表现在发展的速度上，而且表现在发展的广度、深度上。瑞士心理学家皮亚杰（J. Piaget，1896—1980）从发生认识论的角度研究了儿童的发展过程，他认为在儿童从出生到成人的整个发展过程中，其智慧不是平滑的量的增长，而是充满着许多质的变化。他将儿童的认知发展依次划分为：感知运动阶段（0～2岁）、前运算阶段（2～7岁）、具体运算阶段（7～11岁）和形式运算阶段（11岁至成年），其中每一阶段都代表了一种组织和超越已有阶段的新水平。

二、学生的地位

学生的地位包括学生的社会地位和学生在教育过程中的地位。前者是后者的基础和依据，后者是前者的具体化。

（一）学生的社会地位

学生的社会地位是指他们作为社会成员应具有的主体地位。长期以来，学生被看作没有独立性、主体性的存在，处于从属和依赖地位。整个社会并没有把青少年儿童看作有独立价值的生命存在，忽视儿童的兴趣与需要，侵害儿童身心健康的现象屡见不鲜。青少年儿童是未来社会的主人，有着独立的社会地位，并依法享受各项社会权利。要确保儿童的主体地位，关键是看儿童的合法权利是否得到保障。

世界各国都非常重视儿童权益问题，并制定了相应的法规。1959年联合国通过了《儿童权利宣言》（*Child Right Statement*），1989年又通过了《儿童权利公约》（*Convention on the Right of the Child*），明确指出：18岁以下的任何人都是积极和创造性的权利主体，拥有包括生存、发展和充分参与社会、文化、教育、生活以及他们个人成长与福利所必需的其他活动的权利。为了保护这些权利，又提出儿童利益最佳原则、尊重儿童尊严原则、尊重儿童观念与意见原则、无歧视原则。

我国作为《儿童权利公约》的缔约国之一，在履行《公约》的同时，在相关法规中也对青少年儿童的权利及其保护作出了明确的规定。如《中华人民共和国宪法》第四十九条规定：“父母有抚养教育未成年子女的义务”。新修订的《中华人民共和国义务教育法》第四条规定：“凡具有中华人民共和国国籍的适龄儿童、少年，不分性别、民族、种族、家庭财产状况、宗教信仰等，依法享有平等接受义务教育的权利，并履行接受义务教育的义务。”第五条分别阐述了各级人民政府及其有关部门、适龄儿童、少年的父母或者其他法定监护人、义务教育的学校、社会组织和个人在义务教育中的责任。

---

① 皮亚杰. 结构主义［M］. 倪连杰，等，译. 北京：商务印书馆，1984：4.

根据《中华人民共和国未成年人保护法》和联合国《儿童权利公约》，我国儿童应享有受教育权，生命权，身体权，健康权，身体自由权和内心自由权，肖像权，名誉权，隐私权，财产受到管理、保护权，独立财产权，生活获得照顾权，民事活动代理权，休息娱乐权，获得良好的校园环境权，拒绝乱收费的权利，拒绝不合理劳动权，拒绝不合理校内外活动权，荣誉权，著作权和平等对待权。其中，儿童最基本的权利是生存权、受教育权、受尊重权、安全权。

（二）学生在教育过程中的地位

学生在教育过程中的地位一直是教育史上争论的重大问题，其中主要有两种对立的观点。一种是"教师中心论"，它把学生看成可以随意涂抹的一张白纸，可以任意填灌的装知识的一个容器，对教师来说，学生处于一种从属地位；另一种是"学生中心论"，它把学生视为教育过程的中心，"儿童变成了太阳，而教育的一切措施则围绕着他们转动，儿童是中心，教育的措施便围绕着他们而组织起来"①，全部的教育教学活动都要从学生的兴趣、需要出发，教师只能处于辅助地位。这两种观念都不恰当地贬低或抬高了学生的地位，是不科学的。现代教育理论认为，在教育过程中，学生既是认识的客体，又是认识的主体。

学生作为教育认识的客体是指学生相对于社会的要求、新的教学内容和教师的认识来说都处于一种被动状态，需要教师有目的、有计划、有组织地引导，将一定社会要求转化为学生内部需要，将新的教学内容转化为学生的素质。承认学生的客体性和客体地位，就是强调教育和教师的主导作用。然而在教育过程中，外界的一切影响并不是简单地输送或移植给学生，必须经过学生主体的主动吸收、转化，学生是活生生的具有主观能动性的人，是学习的主人。教师的作用只是外因，任何知识技能的领会与掌握都要依靠学生独立自主的学习，教师不可能包办代替；任何有效的教学必须以尊重学生身心发展规律，特别是学习规律为前提。因此，学生在教育过程中处于主体地位，是主体与客体的统一体。

三、学生的发展

（一）学生发展的含义

学生的发展是指学生在遗传、环境和学校教育以及自我内部矛盾运动的相互作用下身体和心理两个方面所发生的量、质、结构方面变化的过程与结果。所谓身体的发展，包括学生机体的正常发育和体质增强；所谓心理的发展，是指学生在认知、情感、态度、行为等方面的发展。学生的发展是众多内外因素综合作用的结果。从外部因素看，可以分为可控和不可控、积极和消极维度。学校是影响学生发展的主要外部因素，它是通过可控的、积极的学校因素和选择社会环境中的积极因素来影响学生发展的。从内部因素看，学生身心发展的社会需要与个体现有发展水平之间的矛盾和由这种矛盾所构成的现实性活动是学生发展的根本动力。由于影响学生发展的内外因素都是发展变化并相互作用的，不同的个体有不同的发展道路，因此其发展呈现多种可能性。

---

① 赵祥麟，王承绪. 杜威教育论著选[M]. 上海：华东师范大学出版社，1981：32.

(二)学生发展的一般规律

学生身心发展是有规律的,这些规律是学生在一定年龄阶段身心两方面发展的稳定的、典型的本质特征。

1. 顺序性和阶段性

学生个体的身心发展具有一定的顺序,即由低级到高级、由量变到质变的过程。如身体发展,是从头部、躯干向四肢,从中心部位向全身的边缘发展的;行为的发展是先爬后行再跑;记忆的发展是从机械记忆到意义记忆;思维的发展是从具体思维到抽象思维;情感的发展是先有喜、怒、惧等一般情感,而后出现道德感、理智感等高级情感等。个体身心发展也有一定的阶段性,它反映了量变与质变的统一。它表现为青少年身心发展的年龄特征,即在发展的不同年龄阶段中身心发展的一般的典型的特征。如在童年期,思维特征是以形象思维为主,情感特征是不稳定且形于外;而在少年期,其抽象思维已有较大发展,对情感的体验开始向深与细的方向发展,但很脆弱;在青年初期,以抽象思维为主,情感较丰富细腻、深刻稳定,同时道德感、理智感等在情感生活中占主要地位。个体身心发展的顺序性和阶段性的特点,要求教育工作必须适应学生身心发展的各个阶段的顺序,循序渐进,做到由浅入深、由易到难、由具体到抽象、由低级到高级,不能一刀切。同时,由于身心发展各阶段是相互联系的,具有连续性,前一阶段是后一阶段的准备,这就要求考虑各阶段教育的衔接。

2. 稳定性和可变性

个体身心发展的稳定性是指处于一定社会环境和教育中的某个年龄阶段的青少年儿童,其身心发展的顺序、过程、速度都大体相同。如学龄初期儿童的总特征是身体发展较缓慢,思维以形象思维为主;而学龄中期儿童的特征是身心急剧变化,自我意识增强,独立性增强,特别是情感较丰富,又不容易控制自己,有人称之为"危险期";学龄晚期学生的身心发展明显成熟,接近成人的水平。

然而,在不同的环境和教育条件中,同一年龄儿童的身心发展水平是有差异的。如我国现在青少年的身高和体重远远超过新中国成立前的青少年身高和体重,这说明人的发展的主客观条件不一样,身心发展具有可变性特征。身心发展的稳定性要求在一定时期内,教育内容、方法等要保持相对稳定性;同时,要根据时代特征、地域特点、文化特点,不断革新教学内容、方法,以适应社会和人的发展。

3. 不均衡性

学生的身心发展是不均衡的,表现在不同的年龄阶段身心发展甚至同一方面的发展是不均衡的。如个体的身高、体重有两个发展的高峰期,第一个高峰期出现在出生后的第一年(从出生的50cm增长到75cm),第二个高峰期出现在青春发育期。这两个高峰期,个体身高、体重的发展较之其他年龄阶段更迅速。有人对人的智力发展进行研究,发现人的感知、思维、记忆、想象等都存在不同的关键期。个体身心发展的不均衡性要求教师要把握其发展的关键期,不失时机地采取教育措施,使其获得最佳发展。

4. 个别差异性

由于人的发展的主客观条件不一样,其发展的过程与结果也有差异。研究者估计:当一年级的教师遇到他班上差不多都是6岁的孩子时，他事实上面临着一群能力不同的儿童，从他们准备状态的差异来说，实际上是5～11岁。个体的差异不仅表现在同一年龄阶段儿童在不同时期的发展速度和水平有个体差异，而且在相同方面的发展速度和水平也有个体差异。这就要求教师深入了解每个个体的身心发展状况和水平，有的放矢，因材施教。

5. 整体性

学生是一个整体的人，以其整个身心投入教学生活，并以整个身心来感知、体验、享受和创造这种教学生活。教师所面对的是一个活生生的整体的人，尽管这个整体不是“完美”的整体。因此，教学应该面对学生整体身心，正如杜威所说：“我们所需要的是儿童整体的身心和整个的心灵来创造学校，并以更圆满发展的心灵和甚至更健全的身体离开学校。”①教学要着眼于学生的整体性，促进学生的一般发展，注意做到认知因素与非认知因素、意识与潜意识、科学与艺术的统一。

（三）中小学生发展的时代特点

中小学生发展的时代特点就是当代中小学生区别于过去时代中小学生的共有的典型特征，了解和研究这些特点是教师开展教育工作的前提，根据这些特征进行科学的教育是实现教育目的的基本保证。

1. 身体发育水平持续提高，身体素质持续下降

我国小学生年龄为6、7岁到12、13岁，初中生年龄为12、13岁到15、16岁，高中生年龄为15、16岁到18、19岁。随着社会经济的发展和人民生活水平的改善，近年来我国青少年儿童体格发育水平明显提高，但身体生理功能和素质发育相对缓慢甚至出现下降趋势。这首先表现为青少年儿童身体形态发育水平持续提高。2010年学生体质调研结果显示：我国城乡学生的身高、体重和胸围等生长发育水平呈现继续增长趋势。与2005年相比，7～18岁年龄段，城男、城女、乡男和乡女四类人群身高分别平均增长1.01cm、0.79cm、1.55cm和1.12cm；体重分别平均增长1.35kg、0.80kg、2.02kg和1.15kg；胸围分别平均增长0.71cm、0.59cm、1.26cm和0.94cm。19～22岁年龄段，城男、城女、乡男和乡女身高分别平均增长0.84cm、0.55cm、1.34cm和0.64cm；体重分别平均增长1.52kg、0.27kg、2.07kg和0.34kg；胸围分别平均增长0.63cm、0.29cm、0.97cm和0.43cm。②

2010年全国抽样调查结果显示：我国7～18岁中小学生体质健康综合评分及格率为71.3%，男、女生及格率分别为74.2%和68.4%；③随着年龄的增长，学生体质呈明显下降趋势，如学生肺活量在减小、肥胖和近视人数在攀升、龋齿患病率在反弹；速度、耐力、力量、柔韧性、爆发力等素质在下降。肥胖已经成为影响我国青少年儿童身心健康的重要问题④，

---

① 赵祥麟，王承绪. 杜威教育论著选[M]. 上海：华东师范大学出版社，1981：56，57.

② 国家体育总局. 2010年全国学生体质与健康调研结果[EB/OL]. http://www.sport.gov.cn，2011-09-02.

③ 张子龙，等. 中国2010年中小学生体质健康现状分析[J]. 中国学校卫生，2013(2)：142-146.

④ 马军，蔡赐河，王海俊，等. 1985—2010年中国学生超重与肥胖流行趋势[J]. 中华预防医学杂志，2012，46(9)：776-780.

造成这一现象的主要原因是体育锻炼不足。①

学生的体质健康状况事关国家发展的未来、劳动力质量的提升、社会的可持续发展甚至国家的前途命运和民族的兴衰存亡。近年来,学生体质及其健康教育问题也引起了有关部门的高度重视。2007 年 5 月 7 日国家颁布了《中共中央国务院关于加强青少年体育增强青少年体质的意见》,国家推行"阳光体育""中考加试体育"等工作以及"每天锻炼 1 小时"活动,学生身体素质下滑的现象有所遏制,但没有得到根本改变。因此,需要进一步强化国家政策法规对学校体育工作的导向功能,切实加强中小学体育工作,争取全社会的支持,营造全社会共同促进青少年体质健康的良好局面,引导全社会树立"健康第一"的理念,引导广大青少年积极参加体育锻炼,养成健康的生活方式,从而改善青少年体质状况。

2. 学习目的多元化、实用化

由于教育的普及、信息的不断涌现和信息传播的多渠道等原因,青少年的认识发展具有丰富的刺激因素和时空条件,学生成为多种文化资源的占有者、享用者,特别是通过网络,学生获得的知识信息甚至比教师还多。但实现人生理想和适应社会竞争是中小学生学习的主要目的。调查数据显示:中学生认为自己学习的目的主要是"增长知识,开阔视野,提高自身的文化修养"(44.6%),"上大学,将来找份好工作"(29.0%),"为了父母将来过得更好"(16.4%)和"为了能把国家建设得更强大"(10.0%)。②

当代中小学生学习目的明确,将实现人生理想和适应社会竞争作为其主要学习目的。随着社会主义市场经济体制的不断发展,当代中小学生的学习目的既体现了强烈的社会责任感,又更加理性、务实,凸显了个人价值与社会价值的统一。

3. 价值观念多元化,具有较高的职业理想和务实的人生观

在改革开放的新形势下,中小学生的理想和价值观发生了很大变化。许多调查结果表明:在人生价值取向上,中学生把家庭亲情、友谊、人格名誉、健康、爱情排在人生追求的前五位,而把事业、金钱、知识、信仰、权力地位等排在了后五位;中学生的学习目的首先是为自己,其次是为父母和国家;小学生的理想职业依次为:教师、医生 21.6% (20.0%),演艺人员、运动员 20.8%(25.1%),解放军、警察 17.4%(16.6%),科学家、工程师 12.5% (14.4%),企业家 、商 人 9.3% (8.2%), 政府工作人员 5.0%(4.2%),掌握专业技能的工人或种粮大户 0.3%(0.5%) 等。中学生最想从事的职业多具有收入高、稳定、社会地位高的特点;中学生毕业后最想从事的职业依次是经理或管理人员 15.7%、设计师 12.7%、干部或公务员 9.7%、专业技术人员 8.3%、军人 8.3%、艺术家 8.1%、医生 7.0%、教师 6.2%、律师 5.2%、警察 5.1%、新闻工作者 3.2%、运动员 2.8%、理发美容师 2.2%、厨师 1.5%、护士 1.4%、出租车司机 0.6%、工人 0.3%、农民 0.3%。③ 中学生崇拜的偶像及其比例分别是:26.7% 的学生喜

① 季成叶. 正视和积极应对生长长期趋势的负面影响[J]. 中国学校卫生,2011(10):1153 - 1157.

② 陈志科. 当前中学生思想政治状况的基本判断——基于 2011 年全国中学生思想政治状况的调查与分析[J]. 教育科学,2013(3):53 - 59.

③ 王定华. 新形势下我国中小学生品德状况调查与思考[J]. 教育科学研究,2013(1):25 - 32.

欢把品德好的人作为自己的偶像;23.2%的学生选择有才华的人作为自己的偶像;13.7%的学生喜欢把对社会有重大贡献的人作为自己的偶像;9.1%的学生喜欢有杰出成就的偶像;6.9%的学生喜欢英俊或漂亮的偶像;还有4.8%和4.6%的学生分别喜欢有个性和有传奇经历的偶像。11%的学生回答没有偶像。可以看出,中学生对偶像的认同表现出明显的多元价值取向,既看重偶像的社会贡献,又注重偶像的外在形象和人格特征。在中学生最崇拜的偶像中,娱乐明星名列首位。从信仰看,当代中学生对有中国特色社会主义和共产主义的信仰占主导,但也有1/3的中学生没有信仰。从自信心看,52.4%的中学生对自己的未来"有信心",45.4%的中学生对自己的未来感到"迷茫",还有2.2%的中学生对自己的未来感到"悲观"。① 总的来看,中小学生道德价值取向以社会取向为主,个人取向不占主流,但也占有相当比例,且近年来有发展的趋势,同时还呈现出一定的功利化倾向。中小学生的理想和价值观是社会政治、经济、文化发展变化的直接反映,总体上是积极向上的,人生观是务实的,但也反映出复杂性、多样性。这就要求学校、家庭、社会高度重视,加强科学的人生观、价值观、义利观的教育,努力营造有利于青少年健康成长的环境,切实加强学校德育的针对性和实效性。

4. 自我意识增强,具有一定的社会交往能力

自我意识不仅包括自我利益的意识,也包括自我地位、能力、情感、形象、行为等的意识。当代中小学生具有鲜明的自我利益意识、积极主动的参与意识、强烈的个性表现欲望、有主见等。其优点是主体性增强,富于创造性;其不足之处就是容易导致自我中心、自私自利、心胸狭窄。正确地保护学生的自我意识,并将自我意识与他人意识结合起来,充分发挥自我意识在学习自觉性、主动性、创造性以及生活的反思性、建构性中的作用,是当前教育中值得关注的问题。

调查表明,多数中学生对人际关系持积极信任态度,交友、评价偶像最看重人品;大多数中学生对传统文化比较感兴趣;过半中学生面对社会激烈的就业竞争有紧迫感,三成多中学生有担忧情绪;近八成中学生愿当志愿者;多数中学生对学校规范学生发型、衣着的做法表示赞同和理解。②

5. 心理问题和行为问题增多

由于时代的急剧变化、学生身心发展的不平衡性以及片面追求升学率忽视心理教育等原因,学生的心理冲突和疾病、问题行为不断增加。调查表明,小学生、初中生、高中生有心理问题和问题行为的分别约占10%、15%、19%。③

中学生常见的心理问题大致有:①学习方面的困扰,包括学习方法烦恼、学习压力感大、考试焦虑、学习挫折、记忆力衰退、神经衰弱等;②人际关系方面的困扰,包括同学关系烦恼、交友困惑、师生关系烦恼、与家庭的间离感等;③青春期生理、心理困扰,如性心理苦闷、早恋困惑、体相烦恼、孤独感等;④人生发展中的烦恼,如理想与现实的冲突、新生综合

①② 陈志科. 当前中学生思想政治状况的基本判断——基于2011年全国中学生思想政治状况的调查与分析[J]. 教育科学,2013(3):53-59.

③ 叶澜,等. 教师角色与教师发展新探[M]. 北京:教育科学出版社,2001:276-321.

征、人生困惑感、自卑感、自杀倾向等。

中小学生常见的问题行为有:迷恋电视、网络成瘾、逃学、离家出走、欺侮同伴、吸烟、饮酒、吸毒及药物滥用、盲目追星、早恋等。

中学生的心理问题和行为问题发生率之高、影响程度之深是教育工作者不能回避的现实。怎样预防和避免由心理问题转化为心理疾病,维护学生的心理健康,培养良好的心理品质、学习习惯和健康的生活方式,开发心理潜能,是教育工作者面临的重要任务。为此,教师必须了解和研究学生的心理特点,全面关心学生的成长,及时化解学生的心理矛盾,引导他们学会自我调节;同时,教师还必须提高自我的心理素质。

6. 网络生活成为大部分中小学生生活的重要组成部分

调查表明:随着手机、互联网的普及,有 91.2% 的中学生、78.6% 的小学生表示上过网。[①] 每天都会上网的学生高达 82.9%,高达 70.4% 的学生平均每天上网 2 小时以内,4% 的学生平均每天上网 4 小时以上,有 1.4% 的学生"过度使用网络",10.6% 的学生"趋于过度用网"。2013 年,91.4% 的学生处于正常上网状态,"趋于过度用网""过度使用网络"的学生人数达到 6.7%、1.8%。学生过度使用网络的状况会随着年级的增高呈上升趋势。[②] 如何看待网络,如何避免网络带来的负效应,如何合理利用网络进行教育教学和管理改革是现代学校面临的崭新课题。

第三节 师生关系

师生关系是指教师和学生在教育教学过程中结成的相互关系,包括彼此所处的地位、作用和相互对待的态度等。它是一种特殊的社会关系和人际关系,是教师和学生为实现教育目标,以各自独特的身份和地位通过教与学的直接交流活动而形成的多性质、多层次的关系体系。良好的师生关系不仅是顺利完成教学任务的必要手段,而且是师生在教育教学活动中的价值、生命意义的具体体现。

一、师生关系在教育中的作用

(一)良好的师生关系是教育教学活动顺利进行的重要条件

研究表明:中小学生的学校适应性与师生关系之间存在显著正相关;师生关系是影响学生学校适应性的重要因素。[③] 实践表明:师生关系与学生学习成绩显著相关;教师与学生建立一种友谊关系,对于促进学生学习兴趣和完整人格的形成有着重要意义。良好的师生关系使学生产生安全感,乐于接受教师的教育和影响;激发学习的兴趣,集中学习的注意力,启

① 王定华. 新形势下我国中小学生品德状况调查与思考[J]. 教育科学研究,2013(1):25-32.
② 课题组. 2012 年度北京市中小学生网络生活方式蓝皮书;2013 年度北京市中小学生网络生活方式蓝皮书。
③ 刘万伦,沃建中. 师生关系与中小学生学校适应性的关系[J]. 心理发展与教育,2005(1):89-92.

发积极思维,同时,也唤醒教师的教学热情与责任感,激励教师专心致志地从事教育工作。相反,师生关系紧张,甚至互不信任、彼此戒备,将会干扰教育教学活动的顺利进行,降低学生的学习兴趣和教师的教学热情,影响教育教学质量。

(二)师生关系是衡量教师和学生学校生活质量的重要指标

教育教学活动是教师和学生的生命活动特别是精神活动的方式,教育教学中结成的师生关系是教师和学生生存方式的具体表现。不同类型的师生关系,体现了师生不同的生命活动形态,对建构师生自身的价值具有不同的意义。专制的师生关系会培养学生的依从性、专制的品质,民主的师生关系会培养学生的民主素质。因此,师生关系除了对教育教学目标的实现具有手段价值以外,还对教师和学生的发展具有本体价值、目的价值。理想的师生关系是教师和学生既作为独立的完整的人,又作为合作者、共享共创者所形成的相互理解、相互尊重、相互信任、相互合作的和谐亲密关系。学生在教育交往中感受到人格的尊严,体现出自主,张扬着个性,体验到人生的价值和最初的人生幸福,进而发展自由的个性,形成健康的人格。教师在与丰富多彩的年轻生命的交往中,感受到生命的神奇与可敬,体验到自己工作的价值。

(三)师生关系是一种重要的课程资源和校园文化

师生关系是教育教学实践中及时形成的一种课程资源,具有重要的德育功能、心理功能和认知价值。教学实践充分表明:良好的师生关系也是提高教学质量的宝贵的人文资源。师生间真诚的信赖与沟通,教学的平等民主,不仅有利于建立起和谐、融洽的师生关系和亲密、真挚的师生感情,而且能使学生受到人文与人格的熏陶,养成学生追求真理与正义的品格、礼貌谦逊的交往方式等,具有独特的价值。相反,教师居高临下,学生被动接受,师生间相互割裂和封闭,缺乏必要的沟通和交流,师生关系疏远和淡漠,学生有可能养成“看客”心理和占有性人格。

同时,师生关系作为学校中最基本、最重要的人际关系,是一所学校的精神风貌、校风、教风、学风的整体反映和最直观反映。师生关系状况投射出学校价值取向、人际关系状况、管理水平等。师生关系作为校园文化的组成部分,对学校精神文化的建设、对学生在校的发展和今后的成长都起着重要的作用。

二、师生关系的类型及其调节

(一)师生关系的类型

师生关系是一个心理学、社会学、教育学等诸多学科都在研究的重要问题。不同学科对师生关系的类型、内涵、特征和理想构建等展开了不同视角和层面的研究,形成了丰富的研究资源。西方心理学首先研究了幼儿园和小学低年级的师生关系,以心理学相对成熟的依恋理论为基础,从亲密—冲突的维度,区分了亲密—冲突程度不同的师生关系:亲密的师生关系、依赖的师生关系和冲突/愤怒的师生关系。西方社会学视班级为小社会,通过分析班级小社会里的角色关系、互动方式乃至组织结构,如座位排列、教师走动、交往对象与方式等,提出了教师中心、学生中心和知识中心三种课堂互动行为以及相应的三类师生关系。我国教育社会学的有关研究主要以控制—服从的维度对师生关系进行区分，根据师生行为的属性把师生互动划分为三种类型：控制—服从型、控制—反控制型和相互磋商型。近些年来，我国学者对师生关系进行了多维、多学科研究。从哲学认识论角度看，师生之间存在主体与客体关系、主体间关系；从教育学角度看，师生之间是教育和被教育关系；从心理学角度看，师生之间存在认知、情感、个性相互作用关系；从文化学角度看，师生之间存在文化交流、共享和创新关系；从社会学角度看，师生之间存在角色关系、互动关系；从管理学角度看，师生之间存在管理与自我管理关系；从关系的正式程度看，师生之间存在正式关系和非正式关系；以复合维度来看，师生关系可以"我—他"式认知授受关系、"我—你"式相对助长关系和"我们"式伙伴相长关系；等等。

这些分类表明师生关系的复杂性。从对师生关系的意义及稳定性等的综合分析，师生关系主要表现为以下几方面。

1. 以年轻一代成长为目标的社会关系

师生之间的社会关系是教师作为成人社会的代表与学生作为未成年的社会成员在教育教学过程中结成的代际关系、政治关系、文化关系、道德关系、法律关系等。师生的社会关系是规范性的，是人与人的各种社会关系在教育教学中的反映。第一，师生之间存在代际关系，即反映人类的经验及其发展与个体经验及其发展的关系。教师代表着上一代人特别是父母对下一代负有关心、爱护的责任和义务，学生需要依靠教师才能缩短不成熟期，更好地社会化，成为未来人类社会发展的现实力量。第二，师生之间存在政治关系，是国家、集体与个人关系在教育中的反映，权威与服从关系是师生政治关系的外部表征。师生关系总是在一定的时代背景下产生的，其性质总是由社会的整体性质来规约。具体来说，教师的教育和学生的发展不能离开一定社会的政治需要，师生关系要反映社会的政治需要，包括培养公民素质或政治人才。第三，师生之间存在文化的授受关系，即人类文化历史与文化现实关系的直接反映。教师闻道在先，术业有专攻，是人类已有文化的掌握者，而学生拥有的文化资源相对不足，这种文化势差的缩小客观上使教师和学生构成传授和接受的关系。第四，师生之间存在道德关系，即人类现实利益关系在教育教学中的反映。道德主要是通过一定的行为准则来反映的。教育教学过程中师生的活动必然受到社会道德规范的约束，如公平、正义、秩序等教师和学生都必须共同遵守。同时，教师和学生之间的交往也必须合乎教育内部的道德规范（如教师职业道德、学生守则等）。教师作为教育者还必须把自己的道德作为一种有效的教育资源，发挥其示范、陶冶作用。第五，师生之间存在法律关系，即现代社会人们之间的责、权关系的具体体现。教师和学生作为公民具有法律保护的权利、义务、责任，学生作为未成年人，还拥有《中华人民共和国未成年人保护法》等法规赋予的权利。教师要尊重和维护学生的权益，学生也要尊重教师的合法权利。

2. 以直接促进学生发展为目标的教育关系

师生的教育关系是指教师和学生在教育教学活动中为促进学生的整体发展和自主发展而结成的教育与被教育、组织与被组织、引导与被引导等主体间关系。它是师生现实关系的体现，它是形成性的。教育关系是师生关系的主体，没有教育关系，师生的社会关系同样存在；但没有教育关系，教育活动就难以发生。师生的教育关系也是多样的。首先，从教育过程的主体作用来说,教师和学生是教育和被教育的关系。教师和学生都是教育过程的主体,但他们的地位是有差别的,主体作用也不同。教师作为专业人员是整个教育活动的设计者、管理者、组织者,是教师领导学生学习、促进学生主动发展。学生是学习者,虽然也有一定的选择权、自我决策权,但总体上应理解并配合教师。其次,从教育作为一种组织来说,教师和学生共同生活在学校、班级、教室等社群中,构成组织和被组织的关系。教师是这些社群中的"领袖",保持必要的权威,对于集体凝聚力、团队精神的形成起着至关重要的作用,是教师组织学生而不是学生主导集体。再次,从教育活动的展开来说,教师和学生是一种平等的交往关系和对话关系。教师与学生主要是通过语言交往、精神交往来传递信息、表达思想和完成教育教学目的的。平等意味着教育教学中的话语权、参与权的平等,意味着教师与学生人格的平等。对话关系是教师和学生在教育教学中彼此心灵开放、彼此尊重、彼此接纳、相互倾听、相互理解、相互启发、共同发展的关系。通过对话,双方都获得了理解和沟通,获得了精神的交流和意义的分享,最终实现各自精神的发展。

3. *以维持和发展教育关系为目标的心理关系*

师生间的心理关系是指教师和学生为了维持和发展教育关系而构成的内在联系,包括人际认知关系、情感关系、个性关系等。师生心理关系的实质是师生个体之间的情感是否融洽、个性是否冲突、人际关系是否和谐。理想的师生关系是一种使彼此感到愉悦、相互吸引的融洽、和睦关系。这种关系使双方缩短心理距离,获得心理安全感、自由感,从而尽快投入到教育教学活动中,提高教育教学效率和质量。现实中,师生人际偏见、情感冲突、个性对立干扰了正常的教育教学秩序,引发了学生厌学、教师厌教的现象。因此,教师与学生的心理关系的好坏关系到其教育关系的存在和发展,优秀的教师不仅是会教知识的教师,而且是吸引学生的教师。

综上所述,师生关系可分为社会关系、教育关系和心理关系。其中,教育关系是一种基本关系,其他师生关系皆服务于这一关系。社会关系是一种背景关系,是教师和学生作为社会人的身份和角色在教育教学中的直接反映,具有规范性、稳定性特点,常以比较强硬的方式投射到师生之间教育关系和心理关系之中。心理关系是教育关系的基础和深化,常以内隐方式、感性方式反映社会关系并直接影响教育关系,与前两种关系相比,具有情境性、弥散性等特点。

(二)师生关系的几种模式

在现实的教学实践中,基本的师生关系体现为放任型、专制型、民主型三种模式,不同的师生关系往往会产生不同的教育结果。

1. *放任型的师生关系*

在放任型师生关系中,教师只管教书,完成教学任务,对学生不管不顾,学生处于放任自流状态。教师没有尽到自己的育人职责,不利于学生的发展,容易培养自我中心主义的、我行我素的人。

2. *专制型的师生关系*

在专制型师生关系中,教师作为专制者,管理学生的一切事务,学生完全处于被动接受的地位。专制型师生关系不仅压抑了学生的主动性、积极性,而且容易培养懦弱的、两面三刀的人。

3. 民主型的师生关系

在民主型师生关系中,教师既尊重学生,又严格要求学生,在发挥学生主体性的同时又给予其合理的引导;教师与学生的关系是平等的、相互促进的,是一种比较理想的师生关系模式。民主型师生关系培养自主、自立、自强、自律的人。

(三)师生关系的调节

由于师生关系具有不同的性质和类型,所以其调节方式也有所不同。从调节的主体和方式来划分,主要有以下几种。

1. 师生关系的社会调节

师生关系本质上是一种社会关系,是对社会的反映。作为一种社会关系的调节方式,主要有法律调节、道德调节。凡是对学生权益产生重大影响的基本关系,如侵害学生人身自由、损害教育消费权等,都由法律来调节,包括《宪法》《义务教育法》《教育法》《教师法》《未成年人保护法》《民法》《刑法》等,其调节的原则是保护学生的合法权益;凡是对学生的发展产生重大影响但又未触犯法律的基本关系,如对学生有偏见、不能一视同仁,歧视差生等,主要由道德,特别是由教师职业道德来调节,其调节的原则是公平公正、民主平等。

2. 师生关系的学校调节

师生关系是学校的一种重要资源,属于学校自主管理的范畴。学校对师生关系也有基本的规范,这些规范是在遵循国家法律的前提下,根据学校的具体情况确定的,如不准男教师与女学生单独谈话等[①],其调节的原则是公开、公平、公正。

3. 师生关系的教师调节

教育教学中的师生关系本质上是教育工作关系,同时伴随着人际关系、心理关系。这种关系涉及人的内在精神世界,不由法律调节或道德、习俗调节,而由教师的认知调节、组织和沟通行为调节、态度调节、情感调节、意志调节,其调节的原则是教学相长、人际和谐、心理相容。

三、理想师生关系的建立

(一)影响师生关系的因素

影响师生关系的因素既有主观的方面,也有客观的方面;既有教育内部的,也有教育外部的;既有直接的,也有间接的。归纳起来主要有以下几个方面。

1. 教师方面

(1)教师对学生的态度。学生受教师的评价影响很大。教师对学生的评价往往通过语

① 许多教育行政部门和学校都有这样的规定。如江苏省无锡市在《2006 年全市学校安全及综合治理工作要点的通知》中,要求教师不得与异性学生在僻静场所单独谈话。2004 年甘肃省临夏县发布禁令:禁止异性师生单独接触。瑞安龙翔高级中学不准教师与异性学生单独相处,否则将视其情节轻重给予经济处罚,情节严重或屡教不改者还将被辞退。宜汉西北小学《校园安全及周边环境治理工作责任书》中规定:"不允许男教师在寝室或其他偏僻场所找女学生单独谈话或辅导。"山西省左权县桐峪中心学校学生安全"十不准"之一是"不准任何男教师叫女学生在办公室单独谈话"。

言暗示、表情等反映。教师偏爱优生、忽视中间学生、厌恶“差生”,就会使学生与教师产生不同的距离。罗森塔尔等人(R. Rosenthal, 1968)的实验①不仅证明了教师态度与学生成绩的关系,而且证明了教师态度对师生关系的直接影响。

(2)教师的领导方式。教师的领导方式有专制型、民主型、放任型三种。大量事实表明:在民主型领导方式下,师生关系民主、平等、融洽;而在专制型领导方式下,师生关系对立。

(3)教师的智慧。教师的智慧不仅表现在学识上,而且表现在教师的创造性上。学识渊博是学生亲近教师的重要因素之一。

(4)教师的人格因素。教师的性格、气质、兴趣等是影响师生关系的重要原因。那种性格开朗、气质优雅、兴趣广泛的教师最受学生欢迎。

2. 学生方面

学生受师生关系影响的主要因素是学生对教师的认识。许多调查表明:与教师关系好就喜欢上这位教师的课,主动亲近教师;自认为教师瞧不起自己,就会主动疏远教师。

3. 环境方面

影响师生关系的环境主要是指学校的人际关系环境和课堂的组织环境。学校领导与教师的关系、教师与教师的关系、教师与家长的关系,必然影响师生关系。课堂的组织环境主要包括教室的布置、座位的排列、学生的人数等。我国中小学课桌的摆放多呈“秧田式”,教师讲台置于块状空间的正前方,这种格局阻隔了师生之间的交往及生生之间的交往,有的地方尝试取消讲台,拉近师生关系。目前,许多国家都在探讨圆桌式、马蹄形、半圆形、“蜂巢式”等便于交往和交流的座位排列方式。

(二)理想师生关系的基本特征

理想的师生关系是教育活动顺利进行和教育目标完成的基本保证,建立理想的师生关系既是教育工作者的共同追求,又是教育规律的必然要求。理想的师生关系是师生主体间关系的优化,从其发生、发展的过程及其结果来看,具有三个基本特征。

1. 尊师爱生,相互配合

尊师就是尊重教师,尊重教师的劳动和教师的人格与尊严,对教师要有礼貌,了解和认识教师工作的意义,理解教师的意愿和心情,主动支持和协助教师工作,虚心接受教师的指导;尊师是学生对教师正确的认识、情感和行为的综合体现,是人类的美德。得到学生尊重是教师最大的需要和满足。

爱生就是爱护学生,这是教师热爱教育事业的重要体现,是教师对学生进行教育的感情基础,是教师的基本道德要求,也是培养学生热爱他人、热爱集体的道德情感基础。爱生

① 1968 年,美国心理学家罗森塔尔和雅各布森(L. F. Jacobson)做了个实验:他们来到一所小学对所有学生进行智能测验,然后把一份学生名单通知有关教师,说名单上的这些学生被鉴定为具有很大的发展潜力,并再三嘱咐教师对此保密。其实,这份学生名单是随意拟定的,根本没有依据测验结果。但 8 个月后再次进行智能测验时则出现了奇迹:凡被列入名单的学生,不但成绩提高很快,而且性格开朗、求知欲强烈,与教师的感情也特别深厚。

包括“视徒如己，反己以教”①，尊重和信任学生，严格要求学生并公正地对待学生。

现代“尊师爱生”不是封建等级关系、政治连带关系、伦理依附关系，而是体现了新型师生关系，是师生交往与沟通的情感基础、道德基础，其目的主要是相互配合与合作，顺利开展教育活动。

2. 民主平等，和谐亲密

师生关系的民主平等体现了师生在教育过程中相互尊重人格和权利、相互开放、平等对话、相互理解、相互接纳等关系。民主平等不仅是现代社会民主化趋势的需要，而且是教学生活的人文性的直接要求和现代人格的具体体现。它要求教师能向学生学习、理解学生，发挥非权力性影响力，并一视同仁地与所有学生交往，善于倾听不同意见；也要求学生正确地表达自己的思想和行为，学会合作和共同学习。

民主平等是师生在共同参与的过程中形成的。共同参与，意味着教师和学生以不同的主体地位和作用进入实际的教育生活，形成需要、智能、个性等方面的互补，发挥各自的积极性、主动性、创造性。民主平等、共同参与的结果是师生的融洽、协调。和谐亲密体现了师生的人际亲和力、心理融洽度。

3. 共享共创，教学相长

共享就是教师和学生共同体验和分享教育中的欢乐、成功、失望与不安，它是师生情感交流深化的表现。共创就是教师和学生在相互适应的基础上，相互启发，使师生的认识不断深化、共同生活的质量不断跃进。共享共创体现了师生关系的动态性和创造性，是师生关系的最高层次。共享共创的结果是教师和学生相互促进、共同发展，是学生的道德、思想、智慧、兴趣、人格等的全面生成，是教师专业自我的成熟过程。

（三）良好师生关系构建的基本策略

良好师生关系的构建就是师生关系建立、调整和优化的过程。师生关系总是建立在一定社会背景之中的，与师生双方密切相关，受多种因素制约。但就教育内部而言，建立良好的师生关系要靠双方共同努力。教师在师生关系建立与发展中占有重要地位，起着主导作用。所以，要建立民主、和谐亲密、充满活力的师生关系，对教师来说，有以下几种策略。

1. 了解和研究学生

教师要与学生取得共同语言，使教育影响深入学生的内心世界，就必须了解和研究学生。了解和研究学生包括了解学生个体的思想意识、道德品质、兴趣、需要、知识水平、学习态度和方法、个性特点、身体状况和班集体的特点及其形成原因。了解和研究学生存在于教师教育生活的每一时空。

2. 树立正确的学生观

学生观就是教师对学生的基本看法，它影响着教师对学生的认识及其态度与行为，进而影响学生的发展。我国传统的学生观将学生看作被动的受体、教师塑造与控制的对象，学生在教育中处于边缘位置，对学生的教育是规范、预设的。正确的学生观包括以下几方

① 吕氏春秋[M].

面:学生都有巨大的发展潜力;学生的不成熟性具有成长价值;学生具有主体性,特别是创造性;学生是责权主体,有正当的权利和利益;学生是一个整体的人,是知、情、意、行的统一体。正确的学生观来自教师对学生的观察和了解,来自教师向学生的学习和对自我的反思。

3. 热爱、尊重学生,公平对待学生

热爱学生包括热爱所有学生,对学生充满爱心,经常走到学生之中,忌讳挖苦、讽刺学生、粗暴对待学生。尊重学生特别要尊重学生的人格,保护学生的自尊心,维护学生的合法权益,避免师生对立。教师处理问题必须公正无私,使学生心悦诚服。

4. 主动与学生沟通,善于与学生交往

师生关系一般要经历生疏、接触、亲近、依赖、协调、默契阶段。在师生交往的初期,往往出现不和谐因素,如因为不了解而不敢交往或因误解而造成冲突等,这就要求教师掌握沟通与交往的主动性,经常与学生保持接触、交心;同时,教师还要掌握与学生交往的策略和技巧,如寻找共同的兴趣或话题、一起参加活动、邀请学生到家做客、通信联系等。

5. 努力提高自我修养,健全人格

教师的素质是影响师生关系的核心因素。教师的师德修养、知识能力、教育态度、个性心理品质无不对学生产生深刻的影响。教师要使师生关系和谐,就必须通过自己崇高的理想、科学的世界观、人生观、渊博的知识、严谨的治学态度、活泼开朗的性格、多方面的爱好与兴趣等来吸引学生。为此,教师必须做到:①加强学习和研究,使自己更加智慧;②经常进行自我反思,正确评价自己,克服个人的偏见和定势;③培养自己多方面的兴趣和积极向上的人生观;④学会自我控制,培养耐心、豁达、宽容、理解等个性品质。

专栏5-2

成功教师的五项标准

美国教师专业标准委员会所确定的成功教师的五项标准是:

1. 成功教师对学生及其学习尽职尽责。
2. 成功教师懂得其所教学科及如何向学生传授该学科知识。
3. 成功教师对监督和管理的学生负责。
4. 成功教师系统地思考其实践并从经验中总结学习。
5. 成功教师是学习共同体成员。

[**资料来源**]　叶澜,等.教育理论与学校改革[M].北京:高等教育出版社,2000:293-295.

【主要结论与启示】

1. 教师是履行教育教学职责的专业人员,承担着教书育人、培养社会建设者、提高民族素质的使命。与古代教师相比,现代教师具有多功能性、专业性、高素质性、发展性。教师职业的社会地位是通过教师职业在整个社会中所发挥的作用和所占有的地位资源来体现的,包括社会作用、政治地位、经济地位、法律地位和专业地位。教师职业的基本特征是专业性、以教书育人为职责和持续的专业化。教师职业的专业性最终体现在教师个体的专业发展上，其表现为：专业理想的建立、专业知识的拓展、专业能力的发展、专业自我的形成。教师的地位与作用和专业特点，最终是通过教师的专业素质、职业角色和形象来体现的。优秀的教师是教育理念、专业知识、专业能力、专业道德、身体素质和心理素质等方面的统一，是多种多样的角色的统一，是道德形象、文化形象与人格形象的统一。

2. 学生是以学习间接经验为主的整体人，具有主体性和明显的发展特征。学生既是教育的对象，又是教育的主体。学生作为未来社会的主人，有着独立的社会地位，并依法享受各种权利，如生存权、受教育权、受尊重权、安全权等。学生的发展不仅指机体的成熟，而且指认识、个性与社会性发展。学生发展是有规律的，主要规律有：顺序性和阶段性、稳定性和可变性、不均衡性、个别差异性、整体性。同时，学生的发展又具有时代特点。了解学生的本质特点、地位与作用、发展的特点是教师树立正确学生观的前提和有效开展教育教学工作的基础。

3. 师生关系是教师和学生为实现教育目标、以各自独特的身份和地位通过教与学的直接交流活动而形成的多性质、多层次的关系体系，包括以年轻一代成长为目标的社会关系、以直接促进学生的发展为目标的教育关系以及以维持和发展教育关系为目标的心理关系。其中，师生的教育关系是基本关系，具有形成性特点；师生的社会关系是一种背景关系，具有规范性、稳定性；师生的心理关系以内隐方式、感性方式反映社会关系并直接影响教育关系，具有情境性、弥散性等特点。影响师生关系的因素是多方面的。良好的师生关系不仅是教育活动顺利进行的条件，也是衡量教师和学生学校生活质量的重要标准，还是学校的一种课程资源和学校文化建设的重要内容。现实中的师生关系体现为放任型、专制型和民主型三种类型。不同的师生关系类型具有不同的调节原则和方式。理想的师生关系的基本特征是：尊师爱生，相互配合；民主平等，和谐亲密；共享共创，教学相长。要建立良好的师生关系，教师必须了解和研究学生，树立正确的学生观；热爱、尊重学生，公平对待学生；主动与学生沟通，善于与学生交往；努力提高自我修养，健全人格。

【学习评价】

1. 影响教师社会地位的因素有哪些？在古代社会和现代社会的表现形态如何？
2. 为什么说教师职业是一种专业性职业？其专业性表现何在？
3. 一个成功的教师在教育活动中扮演的角色有哪些？分析教师角色冲突现象的类型、原因和避免的对策。
4. 设计一份教师形象的学生问卷表，并对教师形象调查结果进行分析讨论。
5. 采访一位优秀教师，并写出一篇有说服力的成长分析报告。
6. 问卷调查影响师生关系的因素有哪些？试对现实中的师生关系进行归类。
7. 你对教师幸福如何评价？试从教师专业发展角度提出克服教师职业倦怠的建议。

【学术动态】

- 关于教师的研究。目前，随着教育在社会发展中地位的凸显，对教师问题的研究成为整个教育研究的热点。如教师职业的专业性、教师的权利和责任、教师职业倦怠、教师幸福、教师的校本管理与校本培训、师德建设问题、教师知识共享等。

● 关于学生的研究。目前,对学生在教育中的主体问题、学生观问题的讨论是热点,学生的权利和责任问题、心理教育问题也开始受到重视。

● 关于师生关系的研究。美国及西方一些国家流行的现代师生关系研究模式大致有两种:一种是相互作用模式,另一种是社会体系模式。前者如美国社会心理学家李威特(H. J. Leavitt)的"小团体沟通模式"、美国心理学家贝勒斯(R. F. Bales)的"师生相互作用过程模式"、美国明尼苏达大学教授佛兰德斯(W. A. Flanders)的"师生交互作用模式";后者如盖茨尔和塞伦(J. W. Getzels and H. A. Thelen)的"班级师生社会体系"、阿什勒(B. J. Ashleg)的"班级师生关系模式"等。这些研究方法值得借鉴。目前,我国学者提出了师生关系研究模式、师生关系本质、师生关系类型及调节机制、师生冲突的类型及其价值。

【参考文献】

1. 陈永明. 现代教师论[M]. 上海:上海教育出版社,1999.

2. B. A. 苏霍姆林斯基. 给教师的建议[M]. 杜殿坤,编译. 北京:教育科学出版社,2000.

3. 连榕. 教师专业发展[M]. 北京:高等教育出版社,2007.

4. 卢乃桂. 伙伴协作与教师赋权:教师专业发展新视角[M]. 北京:教育科学出版社,2007.

5. 单中惠. 教师专业发展的国际比较[M]. 北京:教育科学出版社,2010.

6. 朱旭东. 教师专业发展理论研究[M]. 北京:北京师范大学出版社,2011.

7. 陈向明,等. 搭建实践与理论之桥——教师实践性知识研究[M]. 北京:教育科学出版社,2011.

8. 佩西达·希姆勒,威廉·希姆勒. 让每个学生主动参与学习的37个技巧[M]. 北京:中国青年出版社,2014.

9. 黄绍裘,黄露丝玛丽. 如何成为高效能教师[M]. 北京:中国青年出版社,2011.

10. 皮亚杰. 发生认识论原理[M]. 倪连杰,等,译. 北京:商务印书馆,1984.

11. 联合国教科文组织. 世界教育报告1998:教师和变革世界中的教学工作[M]. 罗进德,等,译. 北京:中国对外翻译出版公司,1998.

12. 赵中建. 全球教育发展的历史轨迹——国际教育大会60年建议书[M]. 北京:教育科学出版社,1999.

13. M. T. Stinnett. Professional problem[M]. New York:The Macillan Company, 1988.

14. F. Fuller & O. Bown. Becoming a teacher[M]//K. Ryan. Teacher education (the 74th yearbook of study of education)(ed.). Chicago: University of Chicago Press,1975.

15. W. R. Houston. Hand book of research on teacher education(ed.)[M]. N. Y.:Macmillam,1990.

16. M. Fullan & A. Hargreaves. Teacher development and educational change(eds.)[M]. London & Washington, D. C.:Falemer Press,1992.

第六章　课　　程

【内容摘要】

课程是实现教育目的和目标的手段或工具,是决定教育质量的重要环节;课程改革不仅是教育改革中最关键、最敏感的部分,也是教育改革的突破口。本章简要介绍了几种典型的课程定义和课程理论流派,全面概述了课程组织(课程目标、课程内容、课程类型、课程实施、课程评价),详细论述了学科课程与活动课程、综合课程与核心课程、国家课程与校本课程、显性课程与隐性课程,最后还分析了影响课程变革的重要因素以及世界和我国课程改革的发展趋势。

【学习目标】

1. 能记住几种主要的课程定义。
2. 分析经验主义、学科中心主义、社会改造主义、后现代主义等课程理论流派的主张。
3. 能举例说明学科课程、活动课程、综合课程、核心课程、国家课程及校本课程的利弊。
4. 能联系社会实际分析影响课程变革的重要因素。
5. 掌握国内外课程改革的发展趋势。

【关 键 词】

课程　课程组织　学科课程　综合课程　校本课程　课程改革

第一节　课程与课程理论

一、课程的含义

在我国,“课程”一词始见于唐宋年间。宋朝朱熹在《朱子全书·论学》中曾多次提及课程,如“宽着期限,紧着课程”,“小立课程,大作工夫”等。这里的课程即指功课及其进程。在英语国家,“课程”(curriculum)一词最早出现在英国教育家斯宾塞《什么知识最有价值?》(*What Knowledge Is of Most Worth?* 1859)一文中。课程一词源于拉丁文,意为“跑道”(race-course)。据此,最常见的课程定义是“学习的进程”。

然而,在当代中外课程文献中,这种界说受到越来越多的批评和修正。将学者们对课程的定义归纳起来,大致有以下几种。

(一)课程即教学科目

把课程等同于所教科目,在历史上由来已久。我国古代的课程有礼、乐、射、御、书、数“六艺”;欧洲中世纪的课程有文法、修辞、辩证法、算术、几何、音乐、天文学“七艺”。事实上,最早采用“课程”一词的斯宾塞,也是从指导人类活动方面的诸学科角度来探讨知识价值和训练价值的。

然而,只关注教学科目势必会忽视学生的心智发展、情感陶冶和创造性表现等对学生成长有重大影响的维度。其实,学校为学生提供的学习远远超出正式列入课程的学科范围。现在课程改革已明确把综合实践课列入课程,这说明将课程等同于学科是不完全的。

(二)课程即学习经验

美国教育家杜威根据实用主义经验论,反对“课程是活动或预先决定的目的”这类观点。在他看来,手段与目的是同一过程不可分割的部分。所谓课程,即学生的学习经验。

学生被视为有很大潜力的、独特的学习者,因此学生的经验是最为重要的。虽说经验要通过活动来获得,但活动本身并不是关键之所在。学生的学习取决于他自己做了什么,而不是教师做了什么。也就是说,唯有学习经验才是学生实际意识到的课程。目前,西方一些人本主义课程论者都趋向于这种观点,他们开始把课程的重点从教材转向学生。

把课程定义为学习经验,是试图把握学生实际学到些什么。因为经验是在学生对所从事的学习活动的反思中形成的,课程是指学生体验到的意义,而不是再现事实或重新演示的行为。从理论上讲,这一课程观似乎很有吸引力,但在实践中却很难落实。

(三)课程即文化再生产

鲍尔斯和金蒂斯被认为是这一主张的重要代表人物。在他们看来,任何社会文化中的课程,事实上都是该种社会文化的反映,学校教育的职责就是要再生产对下一代有用的知识和价值。政府有关部门根据国家需要来规定所教的知识、技能等,专业教育者的任务是要考虑如何把它们转换成可以传递给学生的课程。换言之,课程就是从某种社会文化里选择出来的材料。然而,认为课程应该不加批判地再生产社会文化的想法是幼稚的,现实的社会文化远非人们想象的那样合理。倘若教育者以为课程无须关注社会文化的变革,那么就会使现存的偏见永久化。

(四)课程即社会改造的过程

一些激进的教育家认为,课程不是要使学生适应或顺从于社会文化,而是要帮助学生摆脱社会制度的束缚。有学者认为,课程是一个“懒惰的巨人”,它总是落后于社会上汹涌的变革潮流。因此,有人提出“学校敢于建立一种新的社会秩序吗”的著名命题。他们建议课程把重点放在当代社会的主要问题和主要弊端、学生关心的社会现象,以及改造社会和规划社会活动等方面。课程应该有助于学生在社会方面得到发展,帮助学生学会如何参与制定社会规划,这些都需要学生具有批判意识。

在这方面,当今最有影响的代表人物是巴西的弗雷尔(P. Freire)。他批评资本主义社会的学校课程已经成了一种维护社会现状的工具,使人民大众甘心处于从属地位,或归咎于自己天性无能。所以,他主张课程应该使学生摆脱盲目依从的状态,即要使学生在规划和实施课程的过程中起主要作用。然而,在社会上,学校组织并未在政治上强大到足以促使社会发生重大变革的地步,且任何国家的课程都是对现存知识总体的选择,都经过一定意义上主流价值观的筛选。因此,认为学校课程能够起到指导社会变革的作用未免过于天真。

上述每一种课程的定义,或多或少都有着某些积极的特征,但也都存在着明显的不足。可以想象,由于人们不是指向同样意义的课程,所以有关课程定义的分歧将会继续存在下去。美国学者古德莱德(J. I. Goodlad)归纳出五种不同的课程:第一种是理想的课程,即指由一些研究机构、学术团体和课程专家提出应该开设的课程。如现在有人提议在中学开设同性恋教育的课程,并从理论上论证其必要性,就属于理想的课程。这种课程的影响取决于是否被官方采纳并实施。第二种是正式的课程,即指由教育行政部门规定的课程计划和教材等。第三种是领悟的课程,即指任课教师所领会、理解的课程。由于教师对正式课程会有多种解释方式,因此教师对课程的领会与正式的课程之间会有一定的距离。我国学者将这种由教师重构后的课程称作“师定课程”。第四种是实行的课程,即指在课堂里实际展开的课程。第五种是经验的课程,即指学生实际体验到的东西,称作“生定课程”。识别这种课程的方式包括学生问卷、访谈,以及课堂观察。

根据国内外学者的研究成果,本书将课程的定义归纳为:**课程**是对育人目标、教学内容、教学活动方式的规划和设计,是教学计划、教学大纲等诸多方面实施过程的总和。

综上所述,每一种课程定义都反映了定义者的基本观点和取向,每一种课程定义的背后都有其成文或不成文的理论基础。下面就来重点谈几种主要的课程理论流派。

二、课程理论流派

(一)经验主义课程论

以杜威为代表的经验主义课程论流派认为,以学科为中心的传统课程是不足取的,应代之以儿童的活动为中心的课程。此外,课程的组织应心理学化。

1. 课程应以儿童的活动为中心

杜威认为,课程必须与儿童的生活相沟通,应该以儿童为出发点、为中心、为目的。理想的课程应该促进儿童的生长和发展,这也是衡量课程价值的标准。课程的内容不能超出儿童经验和生活的范围,而且课程要考虑到儿童的需要和兴趣,否则不能引起儿童学习的动机,也就不能有自发的活动。为此,杜威曾在芝加哥实验学校实施了诸如烹饪、缝纫和木工等课程,这些活动是儿童已经在生活中熟悉和喜欢的。对于教材的学习,杜威也一反传统的做法,使教材与这些活动相互联系。

2. 课程的组织应心理学化

杜威认为,课程的组织之所以要心理学化,是因为传统学科课程的逻辑组织对于成人可能是适用的,但对于儿童情况就不一样了。因为儿童是初学者,还没有能力接受成人完整的经验,所以,课程的组织应该考虑到儿童心理发展的次序,以利用其既有的经验和能力。杜威认为,教育应“抛弃把教材当作某些固定的和现成的东西,当作在儿童经验之外的东西的见解;不再把儿童的经验当作一成不变的东西,而把它当作某些变化的、在形成中有生命力的东西;我们认识到,儿童和课程仅仅是构成一个单一过程的两极。正如两点确定一条直线一样,儿童现在的观点以及构成各种科目的事实和真理,构成了教学”①。

经验主义课程论重视学生学习活动的心理准备,在课程设计与安排上满足了学生的兴

① 赵祥麟,王承绪. 杜威教育论著选[M]. 上海:华东师范大学出版社,1981:81.

趣,有很大的灵活性,调动了学生学习的主动性和积极性。它强调实践活动,重视学生通过亲身体验获得直接经验,主动去探索,有利于培养学生解决实际问题的能力。它强调围绕现实社会生活的各个领域精心设计和组织课程,而不是脱离社会实际,有利于学生获得对世界的完整认识。但是,经验主义课程论过于重视对社会变化的反应,过分强调儿童个人的兴趣、经验,从而使课程设置有很大的偶然性和随机性,因此不能保证课程教学的连续性和系统性,教育质量也很难得到保证。20世纪50年代后期,鉴于美苏争霸的需要和美国教育质量下降的现实,经验主义课程论受到谴责并逐渐遭人冷落。

(二)学科中心主义课程论

这一课程流派是以苏联人造卫星上天为契机而出现的,主要有要素主义和永恒主义。要素主义强调课程的内容应该是人类文化的"共同要素",它提出的课程设置原则中首先要考虑的是国家和民族的利益。正如1938年美国要素主义者巴格莱(W. C. Bagley,1874—1946)在《要素主义者促进美国教育纲领》(*An Essentialist's Platform for the Advancement of American Education*,也称《要素主义者的宣言》)中对当时美国"课程改革"运动提出的严厉批评。巴格莱的批评集中到一点,就是当时课程改革的理论从来没有认识到国家、民族对于学校教学的内容有着一种利害关系,因而实际上否定了课程内容在全国人民的文化基础上,特别是在民主社会中所需要的共同因素。要素主义认为,学校的课程应该给学生提供分化的、有组织的经验,即知识。如果给学生提供未经分化的经验,那么学生势必要自己对它们加以分化和组织,这将妨碍教育的效能。在要素主义者看来,若给学生提供分化的、有组织的经验,最有效能的方法就是学科课程。这种课程的重要特点在于,它是由若干门学科组成的,而每一门学科都有自己特定的组织,这样,每一门学科及其所发挥的智力训练的作用就能得到充分的发挥,而不至于造成活动课程那样相互混淆以致削弱的现象。

永恒主义认为,教育内容或课程涉及的第一个根本问题就是为了实现教育目的,什么知识最有价值或如何选择学科。永恒主义的回答是非常明确的,那就是具有理智训练价值的传统的"永恒学科"的价值高于实用学科的价值。永恒主义的代表人物、美国学者赫钦斯(R. M. Hutchins,1899—1977)在《美国高等教育》(*American Higher Education*)一书中说,"课程应当主要地由永恒学科组成。我们提倡永恒学科,因为这些学科演绎出我们人性的共同因素,因为它们使人与人联系起来,因为它们对于任何进一步的研究和对于世界的任何理解都是首要的。"他紧接着说,"永恒学科首先是那些经历了许多世纪而达到古典著作水平的书籍"①。

永恒主义者进一步阐明了名著课程和教材所具有的优越性。第一,它是实现教育目的的最好途径。经典名著包含了关于宇宙的见解和观念、正确的思维方法,论述了人类永恒的道德问题,因而体现了人类应该考虑的永恒的原则和内容。第二,名著的定向都是概念的、理论的,从任何意义上讲,它都不是技术的、应用的。学习名著比学习一般教材更能对一个人的智力提出挑战,它可以促进学生智慧的发展。第三,读书本身就是一种很好的理

① 王承绪,赵祥麟.西方现代教育论著选[M].北京:人民教育出版社,2001:211-222.

智训练。名著都是出自作为人类之精华的伟大的知识分子之手。人们在阅读名著的过程中,不仅受到他们伟大思想的熏陶,而且实际上也是在同这些伟大人物进行交流、对话和讨论。最重要的是,读书对理智训练的价值还在于可以发展人们独立思考的能力,养成独立思考的习惯。所以,赫钦斯说:"要破坏西方独立思考的传统,并不需要焚毁书籍。只要两个世代不去读它们就可以做到。"①第四,不读这些名著,就不可能理解当代世界。在永恒主义看来,这些名著中的思想提供了现代科学的基础。

专栏 6-1

名 著 仔

20 世纪 20 年代,在美国一些学院和大学讲授经典著作的"不受约束"的青年教师形成了一个小团体,其中的核心人物是赫钦斯,他 30 岁任芝加哥大学校长;其他人还有艾德勒和布坎南等。这些青年教师为宣传自己的观点,发表了大量的著述和演讲,因而逐渐扩大了影响。人们把他们称为"名著仔"(Great Book Boys)。艾德勒对这个称呼不太满意,提出他们应该自称为永恒主义者(perennialists)。永恒主义因此而得名。

[资料来源] 陆有铨. 躁动的百年——20 世纪的教育历程[M]. 济南:山东教育出版社,1997:65.

学科中心主义课程论有利于按照教育目标的要求来确定课程内容。学校课程是实现教育目标的手段,按照教育目标的要求来编订课程、选择教材,是实现教育目标最简单易行的方法,有利于学生继承和掌握人类文化遗产的精华。学科知识是人类智慧的结晶,也是人类集体智慧的反映。通过学校课程来传递知识,易于让学生掌握人类文化遗产的精华,推动社会进步,有利于传授系统的文化科学知识。以知识为中心编订的课程具有很强的学术性,其特点是逻辑性强、结构严谨、理论周密,有利于学生掌握各门科学的原理和规律。学科中心主义课程论的弊端在于,以知识为中心编订课程容易把各门学科知识割裂开来,不能在整体中、联系中进行学习;各学科容易出现不必要的重复,增加学生的负担;忽视学生的兴趣和需要,容易导致理论和实践脱节,不能学以致用。

(三)社会改造主义课程论

社会改造主义课程论把重点放在当代社会的问题、社会的主要功能、学生关心的社会现象,以及社会改造和社会活动计划等方面。这种理论不太关注学科的知识体系,而是认为课程应该围绕当代重大的社会问题来组织,帮助学生在社会改造方面得到发展。这种课程理论的核心观点是:课程不应该帮助学生去适应社会,而是要建立一种新的社会秩序和社会文化。其主要代表人物之一美国学者布拉梅尔德(H. Brameld)认为,课程乃是实现未来社会变化的运载工具,所以,普通教育或整体教育的课程设计有必要使课程结构具有意义的统一性。而且,他认为人类的任务和目标乃是要统一到社会改造的意义上来。

① 赫钦斯. 教育中的冲突[M]//王承绪,赵祥麟. 西方现代教育论著选. 北京:人民教育出版社,2001:219.

社会改造主义课程论有两个值得注意的特点:第一,主张学生尽可能多地参与到社会中去,因为社会是学生寻求解决问题方法的实验室。在改造主义者看来,传统的课堂教学固然有其价值,但重要的是要使学生将其所学运用于社会,此外,学生也可以从社会中学到很多东西。第二,以广泛的社会问题为中心。改造主义者认为,由于报纸、电视以及其他各种宣传媒介的作用,学生对于世界各地以及本国的社会问题非常敏感,这些问题应该在学校课程中得到反映。学校的课程尤其要关心城市问题、犯罪问题、交通拥挤、家庭破裂、文化娱乐等社会问题。学生对这些问题要具有鲜明的批判意识。学校课程应该给学生认识和解决这些问题提供一定的背景知识,并把这些问题联系成为一个整体。

社会改造主义课程论重视教育与社会、课程与社会的联系,以社会需要来设计课程,有利于为社会需要服务;重视各门学科的综合学习,有利于学生掌握解决问题的方法。其不足之处在于,片面强调社会需要,忽视制约课程的其他因素,如科学本身、学习本身的系统性及需要;忽视各门学科的逻辑性,不利于学生掌握各门学科的系统知识。同时,社会改造主义还夸大了教育的作用,许多社会问题单靠教育是不可能解决的。

(四)存在主义课程论

存在主义认为,在确定课程的时候,一个重要的前提就是要承认学生本人为他自己的存在负责。换言之,课程最终要由学生的需要来决定。在存在主义者看来,为学生规定一种固定不变的课程是不恰当的,因为它没有考虑到学生对知识的态度。规定固定课程的出发点是,它能消除学生的无知,并能给予学生一定的知识。然而,人的境遇是时刻变化的,没有任何东西是固定的、绝对的,而且固定的课程难以适合学生的情况和需要,成了与学生没有关系的东西。这样的课程无助于学生的发展。

存在主义课程论的主要代表人物之一美国学者奈勒(G. Kneler)认为,不能把教材看作为学生谋求职业做好准备的手段,也不能把它们看作进行心智训练的材料,而应当把它们看作用来作为自我发展和自我实现的手段;不能使学生受教材的支配,而应该使学生成为教材的主宰。知识和有效的学习必须具有个人意义,必须与人的真正目的和生活相联系,只有这样,个人才能在时间和环境都适宜的条件下按照他选择的知识和对于知识的理解来行动。

需要指出的是,存在主义之所以反对固定的课程,主要是因为它没有考虑到学生对这种课程的态度,而不是反对课程本身和体现各门学科知识的教材。存在主义认为,知识离不开人的主观性,它仅仅是作为人的意识和情感才存在的。如果知识不能引起学习者的情感,那么对于他来说,就不可能是明确的知识。此外,存在主义者认为,人文学科应该成为课程的重点,因为人文学科比其他学科更深刻、更直接地表现了人的本性及人与世界的关系,更能洞察和发展人存在的意义。

存在主义课程论重视发掘学生的人生价值,注重学生的情感反应,在反对学科中心主义课程设置的唯智、唯学方面,带来了新鲜空气。它注重以学生为中心,培养学生的自我责任意识,鼓励教师与学生进行精神交流,有利于建立和谐的师生关系。其弊端在于,这种课程论指导下的课程缺乏系统知识的传授,课程结构破碎且难成体系。这种课程思想也没有制定出详细的客观标准来衡量学生的学习成就,衡量课程的有效性常常依赖于教师和学生的主观评价。

(五)后现代主义课程论

一些学者从后现代主义理论出发,借助后现代主义提出的新视角和新方法等来考察一系列的课程问题。在这方面最为著名的是美国学者多尔(W. E. Doll)。多尔把传统课程的封闭体系与当今的开放体系作了基本对比。他认为,18 世纪和 19 世纪是封闭的时代,在物质世界中因果关系的观念盛行,这是一种决定论的观念,事物之间的关系法则可以被发现,也可以被用于进行预测和控制。18 世纪和 19 世纪的观点对 19 世纪和 20 世纪的教育研究产生了影响,使得教育研究呈现出一种线性的、统一的、可以预测的、决定论的倾向,在课程领域也是如此。在多尔看来,泰勒(R. W. Tyler,1902—1994)的课程模式①就是现代主义封闭课程体系的产物。

多尔认为,泰勒的课程与教学模式局限于现代主义线性的以及因果关系的框架中,其课程原理预先决定目标、选择和组织经验反映这些目标,然后通过评价决定这些目标是否已经达到。这样看来,泰勒把目标的选择放在首要地位。多尔在分析和批判泰勒模式的基础上,把他设想的后现代课程标准概括为"4R",即丰富性(richness)、循环性(recursion)、关联性(relations)和严密性(rigor)。

丰富性 这个术语与课程的深度、课程作为意义的载体有关,还与课程的多种可能性或解释有关。多尔认为,学校中传授的主要学术性学科都有其终身的历史背景、基本词汇和最终词汇,因此每门学科都会以自己的方式解释丰富性。如社会学科包括人类学、经济学、历史学、心理学以及社会学等,主要通过对话和协商的方式。这种丰富性能创造各种领域进行合作的、对话性质的探索,因而它与现代主义的观点是不一样的,它体现了一种开放性的特点。

循环性 这个特征是很重要的,因为一种内容丰富且复杂的课程,往往需要通过再回头思考它,往往需要再提供各种机会才能掌握。循环性与现代主义观念下的重复迥然不同。重复是为了提高固定僵化的业绩,其框架是封闭式的,而循环性是旨在发展能力,其框架是开放式的。

关联性 关联性对于一个在后现代时期中起改造作用的课程是有重要意义的,它主要表现在两个方面:一是教育方面,称它为教育上的关联。它强调在构建课程时要考虑一整套的关系,在课程结构上也要强调其中的关联。二是文化方面的关联。有关文化的和宇宙论的关系,虽然在课程之外,但会形成一个更大的网络,课程就在其中形成。

严密性 严密性是"4R"中最重要的。它的作用在于使改变了的课程避免滑入"不能控制的相对主义"以及情感上的唯我主义的怪圈。严密性与我们通常理解的意思有别,实

---

① 泰勒的课程模式是围绕以下四个基本问题展开的:第一,学校应该达到哪些目标?第二,提供哪些教育经验才能实现这些目标?第三,怎样才能有效地组织这些教育经验?第四,我们怎样才能确定这些目标正在得到实现?(参见拉尔夫·泰勒. 课程与教学的基本原理[M]. 施良方,译. 北京:人民教育出版社,1994:导言部分第 2 页)

际上是指概念的重新界定。严密性在这里意味着一种有意识的企图，去查找我们或别人重视的假设，并且协调讨论这些假设中的有关细节，这样进行对话才会有意义、才会有改造的价值。

后现代主义课程论把知识看作对动态、变化、开放的自我调节系统的解释，极大地丰富了知识的内涵。它把课程当作一个不断展开的动态过程，重视个体在课程实践中的体验，强调学习者通过理解和对话寻求意义、文化和社会问题。在此基础上，后现代主义课程论强调教师与学生应不断沟通与对话来探究未知领域，有利于建立平等的师生关系，从而将学生置于主动学习、主动创造的地位。总体来看，后现代主义课程论是批判大于建设的理论，它本身也呈现出多元化发展的趋势，因此，其本身比较缺乏切实可行的建设性措施来实现它所呼吁和提倡的理念。

表 6－1 主要课程理论流派的比较

课程理论流派	优 点	缺 点
经验主义课程论	以学生的活动为中心，有利于激发学生的兴趣，培养社会实践能力	过分强调学生的兴趣，课程设置缺乏系统性
学科中心主义课程论	有利于学生掌握系统的科学文化知识，继承优秀的人类文化遗产	容易使各门学科知识发生断裂现象，加重学生的负担，忽视学生的兴趣，理论和实践相脱离
社会改造主义课程论	重视课程与社会的联系，有利于为社会需要服务	缺乏系统的知识学习，夸大了教育的作用
存在主义课程论	注重学生的情感、责任和人生价值，有利于建立和谐的师生关系	缺乏系统知识的传授和评价标准，学习评价流于主观
后现代主义课程论	将课程当作不断展开的动态过程，丰富了知识的内涵，重视学生的个体经验，有利于建立和谐的师生关系	多元化发展趋势，且批判远多于建设，在实践中较难操作

第二节 课程组织

课程组织涉及课程目标、课程内容、课程类型、课程实施以及课程评价等，它是一项关键且复杂的工作，直接关系到课程改革与实施的成败。

一、课程目标

课程目标是指课程本身要实现的具体目标和意图。它规定了某一教育阶段的学生通过课程学习以后，在发展品德、智力、体质等方面期望实现的程度，它是确定课程内容、教学目标和教学方法的基础。从某种意义上说，所有教育目的都要以课程为中介才能实现。事实上，课程本身就可以被理解为是使学生达到教育目的的手段。所以说，课程目标是指导整个课程编制过程最为关键的准则。确定课程目标，首先要明确课程与教育目的和培养目标的衔接关系，以确保这些要求在课程中得到体现；其次要在对学生的特点、社会的需求、学科的发展等各方面进行深入研究的基础上，才有可能确定行之有效的课程目标。课程目标有助于澄清课程编制者的意图，使各门课程不仅注意到学科的逻辑体系，而且还关注教师的教与学生的学以及课程内容与社会需求的关系。课程目标可以采取多种方式来陈述，但就一般而言，课程目标应该明确而清晰。

（一）课程目标的特征

1. 整体性。各级各类的课程目标都是相互关联的，而不是彼此孤立的。

2. 阶段性。课程目标是一个多层次和全方位的系统，如小学课程目标、初中课程目标、高中课程目标。

3. 持续性。高年级课程目标是低年级课程目标的延续和深化。

4. 层次性。课程目标可以逐步分解为总目标和从属目标。

5. 递进性。低年级课程目标是高年级课程目标的基础，没有低年级课程目标的实现，就难以达到高年级的课程目标。

6. 时间性。随着时间的推移，课程目标会有相应的调整。

专栏 6－2

我国艺术课程的课程目标

总目标：学生通过音乐、美术、戏剧、舞蹈、影视等艺术领域不同学段的学习，在与生活、情感、文化、科技的联系中，逐步发展感知与体验、创造与表现、反思与评价等方面的艺术能力，提高生活情趣，形成关怀、友善、合作、分享、爱国等品质，为塑造健全人格、实现艺术能力和人文素养的综合发展奠定基础。

分目标：

（一）艺术与生活

感知与体验　有兴趣、有能力对自然和社会生活以及与它们相关的艺术作品进行感知和体验，从中认识艺术的基本要素和形式，获得审美体验。

创造与表现　在对生活以及相关艺术作品进行审美感受和体验的基础上，尝试进行生活经验和艺术经验之间的相互比较，初步获得使用艺术方式表现和美化生活的能力。

反思与评价　有意识并有能力将自己与他人对生活及相关艺术作品的不同感受、体验和表现等，进行比较与评论，加深对生活的认识，拓展生活经验，体验生活的乐趣。

（二）艺术与情感

感知与体验　有兴趣、有能力感知艺术作品所表现的不同情感，获得并不断加深对日常情感以及艺术情感表现的体验。

创造与表现　在熟悉日常情感表达和艺术情感表现的基础上，学习艺术表现情感的基本方式和方法，初步具备用艺术方式表达和交流情感与思想的能力。

反思与评价　通过对日常情感和艺术情感的体验及创造性表现活动，了解和反思日常情感与艺术情感表现之间的区别和联系,提高审美情趣,逐渐养成热爱生活、热爱自然、热爱生命的意识,使身心和谐愉悦。

(三)艺术与文化

感知与体验 有兴趣了解和感受我国优秀的文化与世界不同地区的文化,有兴趣了解不同文化中不同艺术符号的含义和文化历史背景。

创造与表现 学习中华民族优秀文化中艺术的独特表现方式,了解世界其他文化的艺术表现方式。在探究不同艺术的历史背景、了解其符号含义和感受其艺术特性的基础上,发展自己的艺术表现和创造能力。

反思与评价 在对中华民族艺术的欣赏和评价中,更加热爱中华民族文化,在对世界多元文化艺术的欣赏和评价中,学会珍视不同地区、不同民族艺术的价值,尊重多元文化,形成多元文化意识。

(四)艺术与科技

感知与体验 有兴趣、有能力感受与体验科技世界中生动多样的艺术要素以及相关的艺术作品,感受艺术与科技世界的联系,激发想象力。

创造与表现 尝试通过艺术手段与科技手段的结合,进行艺术创造和表现,促进科学思维和艺术思维的联结与互动。

反思与评价 回顾、总结、评价自己参与的艺术与科技相结合的活动,理解艺术与科技之间的相互促进关系,在艺术素养和科技素养的相互补充中获得身心的协调发展。

[资料来源] 中华人民共和国教育部. 义务教育艺术课程标准(2011 年版)[M]. 北京:北京师范大学出版社,2012:8-10.

(二)确定课程目标的方法

1. 筛选法

这是美国北加州大学课程开发中心研制的方法,多年来被许多教育机构模仿。其具体步骤如下:

(1)预定若干项课程目标,涉及课程的各个方面。如“培养阅读、写作、说、听的技能”“培养吃苦耐劳的性格和自尊心”。

(2)书面征求有关人员对预定课程目标的意见,允许他们补充其他课程目标。

(3)把预定的课程目标和补充的其他课程目标汇总在一起。

(4)请有关人员根据汇总的课程目标,依次选出若干项最重要的课程目标。

(5)根据统计结果,确定名次靠前的若干项课程目标。

2. 参照法

在确定课程目标的过程中,参考过去的课程目标和其他国家的课程目标,并根据本国国情和教育状况,确定符合本国情况的课程目标。

在某些国家,专业学术团体、教材出版商经常提出建设性的课程目标和教学目标。例如,位于美国洛杉矶的加州大学评价研究中心创办了课程目标和教学目标交换机构,专门收集和散发各种有关课程目标和教学目标的资料,供学校和教师索取和参考。依靠“剪刀加糨糊加复印”拼凑起来的课程目标和教学目标历来受到批评,但从比较、借鉴和参考现有资源和材料的角度看,也不失为一条便捷之路。

除了上述两种方法,还有其他多种多样确定课程目标的方法。确定课程目标从来没有固定划一的模式,如果一成不变地采用上述两种方法,未免过于教条和死板。

二、课程内容

课程的构成通常包括课程标准、教材、教师用书、练习册等。各构成要素之间既相互独立又相互依赖,其整体效应取决于各构成要素的协调与配合。以下简要介绍课程标准和教材的基本常识。

(一)课程标准

课程标准是各学科的纲领性指导文件,发挥着教学工作的“组织者”作用,可以确保不同的教师有效地、连贯地、目标一致地开展教学工作。编写课程标准是开发课程的重要步骤。

1. 课程标准的结构

(1)说明部分:扼要说明本学科开设的意义,规定教学的目的、任务和指导思想,提出教材选编的原则以及教学法的建议等。

(2)本文部分:课程标准的中心部分或基本部分。系统地安排一门学科全部教材的主要课题、要目或章、节,规定每个课题教学的要点和时数,并编有练习、实习、实验、参观等实际作业的要求以及其他教学活动的时数。

有的课程标准还列出教师参考用书、学生课外活动、教学仪器、直观教具和视听教材等。

2. 课程标准的理解和执行

(1)研究本学科的发展水平和结构、体系,掌握本学科的基础知识和基本技能的结构以及与本学科有关的思想观念、价值、态度、情感、智力和能力因素,确定需要吸收的新知识、新技能。

(2)研究学生学习本学科的心理准备和心理特点,探寻本学科的逻辑顺序和学生学习的心理顺序之间的最佳结合方式。

(二)教材

教材又称课本,它是依据课程标准编制的、系统反映学科内容的教学用书。教材是课程标准的具体化,它不同于一般的书籍,通常按学年或学期分册,划分单元或章节。它主要是由目录、课文、习题、实验、图表、注释和附录等部分构成,课文是教材的主体部分。随着科学技术的发展、教学手段的现代化,教学内容的载体也多样化了。除教材以外,还有各类指导书和补充读物;工具书、挂图、图表和其他教学辅助用具,教学程序软件包;幻灯片、电影片、音像磁盘等。此外,教材的编辑要妥善处理思想性与科学性、观点与材料、理论与实际、知识和技能的广度与深度、基础知识与当代科学新成就的关系。

1. 教材的编排

教材的编排形式要有利于学生的学习,符合卫生学、教育学、心理学和美学的要求。教材的内容阐述要层次分明;文字表述要简练、准确、生动、流畅;篇幅要详略得当。标题和结论要用不同的字体或符号标出,使之鲜明、醒目。封面、图表、插图等,要力求清晰、美观。字体大小要适宜,装订要坚固,规格大小、厚薄要合适,便于携带。

2. 教材的作用

(1)教材是学生在学校获得系统知识、进行学习的主要材料,它可以帮助学生掌握教师讲授的内容;同时,也便于学生预习、复习和做作业。教材是学生进一步扩大知识领域的基础,所以要教会学生如何有效地使用教材,发挥教材的最大作用。

(2)教材也是教师进行教学的主要依据,它为教师备课、上课、布置作业、评定学生学业成绩提供了基本材料。熟练地掌握教材内容,是教师顺利完成教学任务的重要条件。

(3)根据课程计划对本学科的要求,分析本学科的教学目标、内容范围和教学任务。

(4)根据本学科在整个学校课程中的地位,研究本学科与其他学科的关系,是理论与实际相联系的基本途径和最佳方式,有利于确定本学科的主要教学活动、课外活动、实验活动或其他社会实践活动,对各教学阶段的课堂教学和课外活动作出统筹安排。

三、课程类型

课程可以采取多种类型,这里我们主要介绍学科课程与活动课程、综合课程与核心课程、国家课程与校本课程、显性课程与隐性课程。

(一)学科课程与活动课程

学科课程,又称"分科课程",它以有组织的学科内容作为课程组织的基础。学科课程有着悠久的历史,我国古代的"六艺"、古希腊的"七艺"和"武士七艺"(即骑马、游泳、投枪、击剑、打猎、下棋、吟诗)都可以说是最早的学科课程。

学科课程的理论可以追溯到17、18世纪的欧洲。当时,在官能心理学的基础上产生了学科课程的有关理论,即形式教育论。这种理论认为,课程的目的不在于传递有用的知识,而在于训练人的各种官能,如记忆力、想象力、思考力。在这种理论的影响下,学校课程非常重视希腊语、拉丁语和数学,认为这些学科具有训练人心智的作用,能够完成这些艰难课程的学习,表示一个人的心智已达到应有的水平。至于它们在人的生活中是否有用,就是另外一回事。不可否认,这种理论直到现在仍然拥有一定的市场。一些人依然认为,学数学的人逻辑思维比较严密,学外语的人比较擅长记忆,学艺术的人比较擅长形象思维。但随着资本主义生产的发展,这种学说已经不能满足培养拥有实用知识的劳动者的需要。于是,在19世纪初期产生了另一种建立在实质教育论基础上的课程理论。这种理论认为,教育的目的是要充实人的思想,主张教给学生丰富的知识。在这种学说的影响下,学校课程开始重视有实用价值的知识。

尽管以形式教育论为基础的课程理论和以实质教育论为基础的课程理论之间存在分歧,但是它们从来都没有反对过学科课程,也从来都没有反对过分科教学。学科课程的**优点**在于,它比较强调每一学科的逻辑组织;其**缺点**在于,它较少考虑学科之间的相互联系,而把每一门学科看成与其他学科互不关联的实体。

活动课程,有多种含义。如果强调以儿童活动为中心,则称"活动课程"或"儿童中心课程";如果强调以儿童生活为中心,则称"生活课程";如果强调以改造儿童经验为目的,则称"经验课程"或"经验本位课程";如果强调以设计教学为方法,则称"设计课程";如果强调无固定教材,则称"随机课程"。

19 世纪末 20 世纪初,欧洲和美国都出现了教育改革运动,在欧洲称之为"新教育运动",在美国称之为"进步主义教育运动"。这场教育改革运动对传统的学科课程提出了挑战,指责学科课程以学科为教学活动的中心,学科分得过细,偏重书本知识,同实际生活距离较远,不能照顾到儿童的需要和兴趣。在"进步主义教育运动"代表人物杜威的倡导下,美国芝加哥实验学校开始试行活动课程。杜威主张教育即生长,教育即生活,教育即经验的改组、改造,学校即社会。他反对以教师、书本和课堂为中心的传统教育,而主张以生活化的活动教学代替传统的课堂讲授,以儿童的亲身经验代替书本知识,以学生的主动活动代替教师主导。杜威主张课程中居中心位置的应该是各种形式的活动作业,如木工、金工、烹饪、缝纫、管理物品、修理门窗、粉刷墙壁、安装水管等各种服务性活动。学校应该开办实验室、商店和菜园,同时充分运用化妆、表演等活动形式组成儿童学习的情境与内容。通过这些活动,使儿童的校内、校外生活统一起来,减小它们之间的隔阂。

活动课程曾在国外小学、中学和大学等各个层次普遍采用。它既可作为课堂教学的一部分,又可作为课堂教学的一种补充。活动课程种类繁多,如探索学习、实地考察、社会实践、社会服务、户外教育、消费教育、健康教育等。近年来,我国也不同程度地开始了活动课程的探索,并作为实施素质教育的重要途径。

活动课程与学科课程,在总体上都服从于整体的课程目标,二者都是学校课程结构中不可缺少的要素。但是,在具体的目的、编排方式、教学方式和评价上,活动课程又与学科课程有着明显的区别。第一,从目的来看,学科课程主要向学生传递人类长期创造和积累起来的种族经验的精华;而活动课程则主要让学生获得包括直接经验和直接感知的新信息在内的个体教育性经验。第二,从编排方式来看,学科课程重视学科知识逻辑的系统性;而活动课程则强调各种有教育意义的学生活动的系统性。第三,从教学方式来看,学科课程主要是以教师为主导去认识人类的种族经验;而活动课程则主要是以学生自主的实践交往为主导去获取直接经验。第四,在评价方面,学科课程强调终结性评价,侧重考查学生学习的结果;而活动课程则重视过程性评价,侧重考查学生学习的过程。

总之,活动课程较之学科课程,提供给学生更为广泛的学习空间和更为充分的动手操作机会。学生在获取知识和运用知识的过程中更带有明显的自觉性,即使遇到困难,学生也往往会主动地克服,对于培养能力、发展智力是很有帮助的。但同时也应看到,儿童从活动课程中获得的知识缺乏系统性和连贯性,有较大的偶然性和随机性。

(二)综合课程与核心课程

综合课程,又称"广域课程""统合课程"或"合成课程",其根本目的是克服学科课程分科过细的缺点。它采取合并相关学科的办法,减少教学科目,把几门学科的教学内容组织在一门综合学科之中,以认识论、方法论、心理学、教育学等学科为理论基础。

综合课程坚持知识统一性的观点。其倡导者认为，科学是一个统一体。物理发现可以用数学公式来阐述；化学发现可以用物理原理来阐述；生物机体的特征可以被视为一个复杂的物理化学系统；心理学特征可以用生物学术语来解释；社会学现象也可以从心理学角度来阐述；数学是一种语言，在所有自然科学和大部分社会科学中，它可以帮助人们组织思想，以数字、符号或图表的形式表达一般性结论。而且在当代社会，不断发展的科技文化带来了越来越严重的环境问题。环境问题既涉及科学领域，又涉及社会、法律、政治、文化、经济等诸多领域，绝不可能依靠某一门学科来解决，而必须运用综合学科。因此，应该把所有的知识视为一个整体，采用综合课程的形式教授。此外，他们还认为，尽管不同学科的研究方法和探究过程的细节有所不同，但是它们的基本研究方法和探究过程是相同的。

心理学家认为，综合课程可以发挥学习者的迁移能力。通过综合课程的学习，学生常常会把某一学科领域的概念、原理和方法运用到其他学科领域。这样，不同学科的相关内容就会互相强化，学习效果就能得到加强。例如，在学习化学和生物课程时，学生会借助物理课程的概念、原理和方法；在培养批判性思维技能方面，综合不同学科的相关内容，其培养效果明显优于依靠一门学科内容所进行的培养。通过综合课程的学习，学生能够更加充分地理解和把握各门学科的要领、原理和方法之间的异同，在更大程度上体验人类知识的综合性，并在学习中主动形成正迁移，运用所掌握的某种知识技能促进其他知识技能的学习。因此，在掌握一门学科知识时，应该善于运用其他学科的有关知识。

目前，综合课程不仅是科学发展、学习方法的需要，而且也是学生未来就业的需要。随着社会的发展，科学技术不断综合，在未来的就业生涯中，学习者必须学会综合运用不同学科的知识，才能获得成功。综合课程除了克服分科过细的缺点以外，还比较容易贴近社会现实和实际生活，通过把多种学科的相关内容融合在一起，构成新的课程。如人口教育课、环境教育课、法制教育课、社交技能课、闲暇与生活方式课，这些课程不可避免地要涉及历史、地理、化学、生物、物理、卫生等各门学科。这是学科课程所无法拥有的优势。

不过，综合课程在实施过程中面临着许多困难，如：(1)教材的编写。怎样把各门学科的知识综合在一起，这是一个需要研究的棘手问题。事实上，通晓各门学科的人才是较少的，聘请各门学科的学校教师来编写综合课程的教材会有一定的难度。(2)师资问题。过去培养的师资，专业划分过细，那些只受过单一学科训练的教师往往不能胜任综合课程的教学。例如，原先的物理教师、化学教师、生物教师都难以胜任综合理科的教学。有些教师甚至不愿意去教授他们感到陌生的综合课程。在国外，通常采取两种对策来解决这些问题。第一，采用“协同教学”的方式，由若干教师合作完成一门综合课程的教学任务。这在国外是有先例的。可是，这难免带有“拼盘教学”的感觉，没有真正体现综合课程的真谛。第二，开设综合课程专业。如综合理科系，专门培养综合理科教师。可见，分科培养师资的模式已经无法适应综合课程的教学需求。我国师范教育也应考虑这个问题，及时调整师范教育的结构。

核心课程，学者们一般认为，既指所有学生都要学习的一部分学科或学科内容，如美国的科学、数学和外语,英国的科学、数学和英语,中国的语文、数学和外语;也指对学生有直接意义的学习内容。

核心课程的研制者既不主张以学科为中心,也不主张以儿童为中心,而是主张以人类社会的基本活动为中心。这种课程既可以避免学科本身距离生活过于遥远,又可以避免单凭儿童的兴趣和动机来组织课程,以致酿成概念模糊和体系混乱的后果。

在形式上,核心课程通常采取由近及远、由内向外、逐步扩展的顺序呈现课程内容。例如,由于小学低年级学生还没有形成稳定的时间、空间概念,因此应该首先让他们学习那些接近他们生活环境的人类基本活动,如家庭、学校、邻居、当地社会环境和自然环境等。随着学生年龄的增长和年级的升高,再逐渐扩展其学习范围到本地区、本市、本国乃至全世界。

核心课程要求围绕一个核心组织教学内容和教学活动。例如,以"环境保护"为核心组织教学内容和教学活动。首先,以本地的环境保护为核心组织教学内容和教学活动。随着年级的升高,可以扩展到全国和全球的环境保护,并兼顾历史和现状两个方面,包括森林保护、生态平衡、能源保护等。随着课程的进展,可以围绕"环境保护"随时组织教学活动和补充教学内容,如开展参观、调查、绘图、制作、写作等各种活动,或补充影视、书籍、报刊等辅助教材。总之,所有的教学内容和教学活动都要围绕一个核心来展开。

社会问题课程是核心课程的重要表现形式,即以当代社会问题为中心组织的课程。它主要针对某个社会问题,从不同的学科角度组织教学内容。譬如,以冲突、暴力、民主、平等、公正等社会问题为核心,从心理学、社会学、伦理学、法学、政治学、生物学和哲学角度来进行分析。而且,社会问题课程是帮助学生了解社会、参与社会和改造社会的一种有效途径,其最终目的是提高学生的公民意识和社会责任感,养成遵守社会公德和社会准则的习惯,学习理解、分析和解决社会问题的技能,掌握处理人际关系的社交技能。由于社会问题课程的内容主要来自社会生活和人类不断出现的问题,因此,这种课程比较受学生欢迎。

一般来说,社会问题课程比较适合小学高年级或中学。题为《面向全体美国青年》(*Education for All American Youth*, 1944)的文件曾经建议美国中学核心课程应该包括六个方面:公民职责和能力;理解经济制度的运作以及其中涉及的人际关系;家庭关系;消费者的明智行为;审美;熟练运用语言。美国弗吉尼亚州曾经围绕下列社会问题组织了若干核心课程:[1]保护和维护生活、财产和自然资源;生产商品、提供服务和生产利润的分配;商品和服务的消费;娱乐;美感的表达;宗教情感的表达;教育;自由的拓展;个体的综合;探索。

① J. Galen Saylor, William M. Alexander & Arthor J. Lowis Curriculum planning: for better teaching and learning[M]. USA: Holt. Rinehart and Winston. Inc., 1981: 231.

专栏 6－3

香港中学的“国事”课程

在1997年香港回归祖国之前，香港一些中学开始开设“国事”课程，帮助学生认识祖国、了解国情，争取将来成为一个有所作为的特区公民，成为未来治理香港的精英。

“国事”课程涉及政治、经济、文化、地理、历史、外交、人口、资源等多个领域。它以讲座为主，一方面邀请嘉宾讲解祖国大陆的外交政策、司法制度和21世纪的中国发展；另一方面由校内教师负责教授中国的人口分布、资源分布、经济政策、教育规模、科技发展等。这门课程没有课本，无须考试。课程结束时，要求学生写报告谈体会，谈谈对祖国的期望，分析前景等。

［资料来源］　王斌华．校本课程论［M］．上海：上海教育出版社，2000：156.

总之，人们对于综合课程的态度不一。支持者认为，它强化了学生的学习动机，因为学生往往对与自身有关的学习内容更感兴趣；丰富和拓宽了学习内容的内涵和外延，使学生接触到分科情况下被忽视或轻视的内容，如果不进行这种组合，学生可能一生都无法获得接触某些学科的机会；提高了学习效率，当课程被精心地综合在一起的时候，就能消除内容重复、浪费时间的现象。而反对者则认为，每门学科都有其自身的逻辑和结构，综合课程恰恰忽视了这一点。一个熟练的教师完全可以使任何学科都变得令人感兴趣，相互独立的学科也能以它自身的方式强化学生的学习动机，拓宽学习内容的内涵和外延。比较而言，核心课程的主要优点在于：第一，强调内容的统一性和实用性，以及对学生和社会的适用性。因为它把各门学科的内容结合起来从属于要学习的题目，学习中强调理解问题、分析问题和解决问题的技能，所学的内容是实用的。第二，课程内容主要来自周围的社会生活和人类不断出现的问题，学生积极参与学习，具有相当强烈的内在动机。第三，通过积极的方式认识社会和改造社会。同时，核心课程也暴露出一些缺陷：第一，课程的范围和顺序没有明确的规定，学习的内容可能是凌乱的、琐碎的或肤浅的。第二，学习单元可能被搞得支离破碎，知识的逻辑性、系统性和统一性受到影响。第三，由于缺乏有组织的内容，文化遗产不可能得到充分体现，而且还可能背离家长对课程的期望和高等院校对课程的要求。

专栏 6－4

美国课程标准的调整

美国是一个移民国家。美国人十分珍惜他们的多元文化并以此为自豪，所以有些人担心统一课程的实施会排斥某些特殊观点、背离他们的传统。但是，确定全国统一的核心课程是美国20世纪80年代课程改革的奋斗目标。正如1983年美国优质教育质量委员会在发表的调查报告中认为的，“自助餐式的课程”结构既不协调也不连贯，而大量时髦、烦琐、肤浅、毫无实质性的知识充斥课程，这是造成60—70年代美国学校一片混乱的根源。贝内特在1988年的报告中指出,每个熟悉美国近代史的美国人都可作证,要确定核心课程,就要首先明确国家课程标准。他说,美国小学的教育目标是,"具有读、写能力,并在历史、地理、公民常识、数学、自然科学和文学课程等方面打下坚实的基础"。美国中学的教育目标是:"成为既有知识又有技能,既有共同思想基础又有共同道德观和知识修养的人。我们要求他们掌握数学、科学、历史和文学知识,懂得如何进行思索、处理重要问题、解决疑难、进行辩论、维护观点、知己知彼和权衡得失。""为他们将来进入社会成为合格的公民做好准备。"

[资料来源] 白月桥.课程变革概论[M].石家庄:河北教育出版社,1996:73-74.

(三)国家课程与校本课程

国家课程,亦称"国家统一课程",它是自上而下由中央政府负责编制、实施和评价的课程。负责国家课程的课程编制中心一般具有如下特征:(1)权威性。课程编制中心的权威性来自政府赋予它们的职责以及法律赋予它们的合法性。(2)多样性。课程编制中心可以为整个教育系统编制课程,也可以为某些地区编制课程;可以为某个教育阶段或几个教育阶段编制课程,也可以为某类学校或几类学校编制课程,还可以为某类学科或几类学科编制课程。(3)强制性。在绝大多数国家,课程编制中心负责编制的课程是强制执行的,其中包括课程标准、教材、教师用书、习题集等。

新中国成立后,我国共进行了八次基础教育课程改革,具体情况如下。

第一次:1949—1952年。1950年8月,教育部颁布了《中学暂行教学计划(草案)》,这是新中国第一份教学计划,设置了政治、语文、数学、自然、生物、化学、物理、历史、地理、外语、体育、音乐、美术等门类齐全的学科课程。1952年3月,教育部颁布了《中学教学计划(草案)》,1952年10月颁布了新中国成立以来的第一份五年一贯制小学的《小学教学计划》。

第二次:1953—1957年。这期间,国家共颁布了五个教学计划,其中在1953—1955年颁布的三个计划中,大幅削减了教学时数,首次在教学计划中设置劳动技术教育课。1956年,国家正式发行了新中国成立以来的第二套中小学教材,这套教材理论性有所加强,特别注意了学生动手能力的培养。

第三次:1958—1965年。这一时期是我国经济发展的重要时期,同时也是"左"倾思想萌芽的时期。1958年,"大跃进"引发了"教育大革命",大量缩短学制、精简课程、增加劳动、注重思想教育。同时,还出现了多种学制的改革实验。

第四次:1966—1976年。"文革"十年浩劫,学校课程与教学在十年动乱期间经历了一场灾难。

第五次:1977—1985年。"文革"结束,拨乱反正。1978年2月,教育部颁布了《全日制十年制中小学教学计划试行草案》,统一规定全日制中小学学制为十年,小学五年,中学五年。1980年出版了新中国成立以来全国统编第五套中小学教材。

第六次:1986—1991年。1986年《中华人民共和国义务教育法》出台。国家教委公布了义务教育教学计划初稿,突出了新型教育方针的具体要求,适当增加了基础学科的教学时数,在教学计划中给课外活动留出固定、足够的空间。

第七次:1992—2000 年。1992 年国家教委第一次将以往的“教学计划”改为“课程计划”。1993 年秋,新的计划突出了以德育为首、德智体美劳五育并举的全面发展的教育方针,第一次将活动与学科并列为两类课程。后来又将“课程管理”作为课程计划中的一部分独立出来。1999 年,教育部的《面向 21 世纪教育振兴行动计划》中有专门关于课程管理的规范。这一次课程改革在我国教育界掀起了国家课程、地方课程、校本课程以及活动课程、研究性学习课程研究的热潮。

第八次:2001 年至今。我国开始了新一轮课程改革。

除了 1966—1976 年的一次课程改革,新中国前六次课程改革均有所成就,但依然存在教育观念滞后、课程内容偏难、课程结构单一、课程评价一元化等诸多弊端。因此,2001 年我国正式启动了新一轮基础教育课程改革——第八次基础教育课程改革。首先,新课程改革的宗旨在于改变教育教学观念,重点是转变课程的功能,具体目标和任务是改变课程结构过于强调学科本位、缺乏整合的现状,适应不同地区和学生发展的需求,体现课程结构的均衡性、综合性和选择性,适应社会发展的需要。其次,新课程倡导全人教育,倡导建构性学习,注重学生的经验与兴趣,强调主动参与、探究发现、交流合作的学习方式,改变课程实施过程中过分依赖课本、死记硬背的机械训练模式。再次,新课程注重知识与技能、过程与方法以及情感态度与价值观的“三位一体”,强调学习评价的激励性和发展性,体现多元评价促进学生发展的功能。

当然,任何教育改革都不可能一帆风顺,如国家对基础教育经费投入不足、学校尚难以应对选修课的教学管理、师生尚不适应新的学习方式,等等。我们应该实事求是地对待这些问题,不断调整和完善各项改革措施,从而促进新课程改革的可持续发展。

校本课程(school-based curriculum),是相对于国家课程而言的。它是一个比较笼统、宽泛的概念,并不局限于本校教师编制的课程,还包括其他学校教师编制的课程或学校之间教师合作编制的课程,甚至包括某些地区学校教师合作编制的课程。在我国,对于校本课程概念的理解有多种,本书采纳叶澜教授的观点,校本课程就是以学校为课程编制主体,自主开发与实施的一种课程,是相对于国家课程和地方课程的一种课程。下面我们对校本课程作一概述。

1. 校本课程的类型

对于校本课程的类型划分可以从两个维度进行:一是从校本课程的形式来看,包括筛选已有的课程、改编已有的课程和开发全新的校本课程;二是从学校教师参与校本课程的形式来看,包括个别教师参与的校本课程、部分教师参与的校本课程和全体教师参与的校本课程(见表 6-2)。

表 6-2　校本课程的类型

教师参与的形式 / 校本课程的形式	个别教师参与	部分教师参与	全体教师参与
筛选已有的课程	B		
改编已有的课程			
开发全新的校本课程			A

表 6-2 中,A 所在的方格(即全体教师参与的、开发全新的校本课程),代表最高层次的校本课程。这种课程集中了教师集体的智慧、经验和能力,体现了最新的学术动态和课程开发理论,被称为"高级的校本课程"。B 所在的方格(即个别教师参与的、筛选已有的课程),代表最低层次的校本课程。这种课程只是个别教师对已有课程进行"修修补补",相比 A 而言,开发比较容易,所花费的人力、财力、物力以及时间都少一些,因此被称为"低级的校本课程"。

2. 校本课程的开发

国内学者将校本课程开发的程序分为四个步骤:明确理念;需求分析;资源评估;优势评价。这些是学术上对校本课程开发制定的宏观程序,理论上有重要的价值。但是,在基础教育校本课程开发的过程中,其直观性、操作性比较欠缺。在此综合多位学者的研究成果,制定了如下校本课程开发操作模式(见图 6-1)。

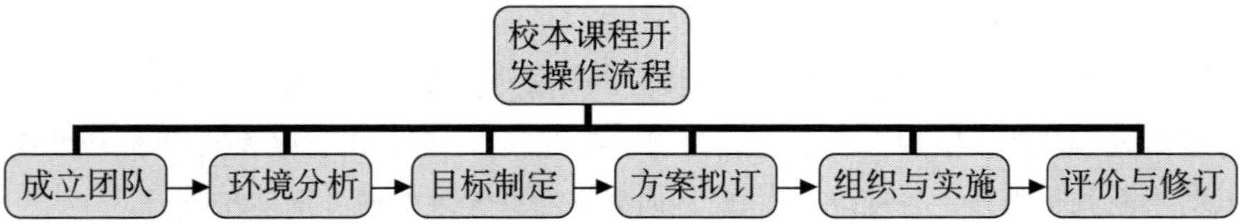

图 6-1　校本课程开发的操作流程

(1)成立团队。在校本课程开发活动的前期,要多作宣传和动员,目的是组织一支强有力的开发团队。

(2)环境分析。每个学校所处的环境是不同的。进行环境分析,包括学校外部环境分析和学校内部环境分析、一般环境分析和特殊环境分析。

(3)目标制定。校本课程开发的目标至少包括两个方面:一是针对教师专业发展水平的目标;二是针对学生的课程目标。

(4)方案拟订。在校本课程开发具体实施之前,要拟订一个切实可行的方案。

(5)组织与实施。校本课程实施包括校本课程的原型评价和课程实验,校本课程的传播、采纳和推广,教学方法的选择,个别化教学,校本课程的时间安排等。

(6)评价与修订。校本课程的评价包括对学生学业的评价与课程本身的评价,可以配套做一个课程开发的支持系统,收集各方建议、意见,从而对课程的修订提供参考。

总之,校本课程有助于最大限度地促进每个学生的发展,有助于提高教师的专业水平,有助于提高学校的办学水平。校本课程的开发使教师成为课程开发的主体,确立了教师的专业自主地位,也给教师的个性化教学提供了机会。校本课程开发需要教师挖掘自己的智慧,对课程重新认识、理解,因此在这个过程中,教师自身素质包括专业知识、教学能力等都得到了提升。不过,当前校本课程的开发面临着各种各样的问题,如很多学校开发的校本课程都缺乏长远的系统规划,都是教师有什么特长就开什么课,缺乏对校本课程的系统设计和长远规划。因此,学校领导应注意教师队伍成员的多样化,包括专业多样化、能力多样化、年龄多样化、学历多样化等。只有吸纳了多样化、全方位的人才,才有可能对校本课程进行系统开发。此外,加强学校之间的交流也有助于资源共享,实现校本课程的系统性。

(四)显性课程与隐性课程

从定义来看,**显性课程**是一个教育系统内或教育机构中用正式文件颁布而提供给学生学习,学生通过考核后可以获取特定教育学历或资格证书的课程,表现为课程方案中明确列出和有专门要求的课程。而**隐性课程**(也称潜在课程、隐蔽课程)则是以内隐的、间接的方式呈现的课程,是学生在显性课程以外所获得的所有学校教育的经验,不作为获得特定教育学历或资格证书的必备条件。

显性课程与隐性课程的本质区别在于:显性课程是指有明确目标要求的、公开性的,并为所有课程主体所意识到的课程,即一般意义上的课程;而隐性课程则是在学校环境中伴随着显性课程的实施与评价而产生的,可能对学习者产生实际影响而又不为某一(几个)课程主体(开发者、实施者、学习者)所意识的教育因素。

隐性课程的主要表现形式有:(1)观念性隐性课程。包括隐藏于显性课程之中的意识形态,学校的校风、学风,有关领导与教师的教育理念、价值观、知识观、教学风格、教学指导思想等。(2)物质性隐性课程。包括学校建筑、教室的设置、校园环境等。(3)制度性隐性课程。包括学校管理体制、学校组织机构、班级管理方式、班级运行方式。(4)心理性隐性课程。主要包括学校人际关系状况,师生特有的心态、行为方式等。

显性课程与隐性课程的关系主要表现为以下三个方面:(1)隐性课程对于某一个或某几个课程主体来说总是内隐的、无意识的;而显性课程则是以直接的、明显的方式呈现的课程,它对课程的实施者和学习者来说都是有意识的。(2)显性课程的实施总是伴随着隐性课程,而隐性课程也总是蕴藏在显性课程的实施与评价过程之中的。(3)隐性课程可以转化为显性课程。当显性课程中存在的积极或消极的隐性课程影响为更多的课程主体所意识,而有意加以控制的时候,隐性课程便转化为显性课程。

由此可见,显性课程与隐性课程不是二元对立的,二者互动互补、相互作用,在一定的条件下,二者可以相互转化。这种互动互补、相互作用的关系,使得某些课程由显性不断向隐性深层发展,学校课程的内容不断丰富。从对学习者的影响程度来讲,隐性课程对学生身心发展的影响可能意义更加重大。隐性课程是学生思想意识形成的重要诱因,是进行道德教育的重要手段,是学生主体成长发展的重要精神食粮。可以说,不重视隐性课程的教育不是真正的教育，或者说是不全面的教育。①

以上从学科课程、活动课程、综合课程、核心课程、国家课程、校本课程、显性课程和隐性课程的角度探讨了课程的多种呈现形式。实际上，纯粹的学科课程、活动课程、综合课程、核心课程、国家课程、校本课程、显性课程和隐性课程是根本不存在的，它们都利用或蕴含了其他的课程形式。而且在确定课程的呈现形式时，课程开发者应该对期望达到的课程目标、教学目标、学校和社会可能提供的资源、课程内容等各种问题加以综合考虑。在这个过程中，某些学校必然会遇到资金、设施等一系列困难，克服这些困难的有效途径就是提倡年级与年级之间、学校与学校之间、学区与学区之间、学校与企业之间、学校与社会各界之间的教育资源共享。在实现教育资源共享的基础上，加强课程形式的多样化。

四、课程实施

课程实施是指把课程计划付诸实践的过程，它是达到预期课程目标的基本途径。一般来说，课程设计得越好，实施起来就越容易，效果也就越好。但是，课程设计得再好，如果在实践中得不到实施，那也就没有什么意义了。20 世纪 70 年代以后，课程实施成为大家关注的焦点，其主要原因是美国 50、60 年代斥巨资设计出来的课程，大多被束之高阁，没有得到实施。在我国，课程实施也是一个非常现实的问题。

一般而言，课程实施是指把新的课程计划付诸实践的过程。而新的课程计划通常蕴含着对原有课程的一种变革，课程实施就是力图在实践中实现这种变革，或者说，是将变革引入实践。这就要求课程实施者作出一系列的调整，包括对个人习惯、行为方式、课程重点、学习空间、课程安排等进行一系列的创新组织。这一过程涉及许多实际问题，需要时间和精力，不是通过几次会议传达和教师培训就能解决的。所以，有学者认为课程实施过程实质上就是要缩小现有的实际做法与课程设计者所提出的实际做法之间的差距。如果让课程实施者清楚地了解新课程计划的意图和课程目标，参与课程设计的部分工作，共同讨论达到课程目标的各种手段，课程实施中遇到的阻力就会小些。

在课程实施过程中，教师扮演着很重要的角色。从某种意义上说，课程计划最终都是通过教师的教案而得到实施的。所以，有学者认为课程实施的前提是教师把所要采用的课程作为教学策略的出发点。几乎所有的研究都表明，教师在一定程度上参与课程规划和设计工作，不仅会影响到课程设计的结果，而且也会影响到课程实施的进程。近年来，我国各省市在进行课程改革时，不但比较注意听取广大教师的意见，而且还尽可能为教师参与课程设计提供机会，这是一种很好的尝试。关注和研究课程实施非常必要，因为：第一，除非直接分析和了解课程实施过程，否则就不知道实际发生的情况。第二，研究课程实施过程有助于了解为什么有的课程计划会成功而有的会失败。通过直接了解实施过程，可以识别引起变化的主要问题在哪里，如有些课程计划失败的原因可能既不在于计划本身，也不在于教学的过程，而在于组织安排和制度设计。第三，不考察实施过程，就难以解释学生学习的结果。

① 任丽娟. 关于“隐性课程”的几点思考[J]. 沈阳师范大学学报：社会科学版，2007(4)：48.

五、课程评价

(一)学生学业的评价与课程本身的评价

准确无误地界定“课程评价”是困难的,因为许多学者先后提出了不同的定义,有的把课程评价与学业评价融合在一起,有的把课程评价与学业评价划分开,有的则把课程评价等同于学业评价。常见的定义有:

- **课程评价**就是测量学生在学业方面实现预期行为目标的程度。
- **课程评价**就是将学生的学业与某些标准进行比较。
- **课程评价**就是选择和分析有关信息,确定课程决策的方案。
- **课程评价**就是运用专业知识,判断课程实施的过程。

对课程评价的不同界定将决定教师教学的不同取向。如果把课程评价定义为“测量学生在学业方面实现预期行为目标的程度”,教师就要确立行为目标,并对学生的相关行为进行测量。如果把课程评价定义为“选择和分析有关信息,确定课程决策的方案”,教师就要收集不同的决策方案,从两个方面进行分析。如果把课程评价定义为“运用专业知识,判断课程实施的过程”,教师就要学习和掌握专业知识,以此作为判断课程实施过程的基础。

对课程评价的不同界定往往也会得出不同的评价结论。如果“将学生的学业与某些标准进行比较”,就可能得出“学生学业已经达到某些标准”的结论;如果“运用专业知识,判断课程实施的过程,”就可能得出“教师和学生都不喜欢课程,课程几乎没有任何教育价值”的结论。因此,课程评价既包括学生学业的评价,又包括课程本身的评价。

(二)课程评价、学业评价和测量

在评价过程中,教师习惯把实际的教学效果与预定的目标进行比较,从中了解教与学的确切效果,以便根据评价结果,改善未来的教学。因此,人们常常认为,课程评价就是测量预定目标的实现状况,甚至常常把“课程评价”“学业评价”和“测量”当作同义词使用。实际上,“课程评价”“学业评价”和“测量”的含义是有区别的。仅就它们的外延大小而言,“课程评价”的外延最大,“学业评价”其次,“测量”最后。

“学业评价”主要指对学生学业的评价,英语为“student assessment”或“performance assessment”。教师通过评价学生的学业,可以了解学生学业的进步或退步状况,掌握教学与学习效果。

“测量”是学业评价的一种特殊手段,它是采用定量分析的方法,对学生的学业作出评价。学业评价离不开测量,但测量无法解决所有学科的学业评价问题。测量比较适用于数学、物理、化学等学科的学业评价。有些学科不宜采用定量分析的评价方法,而比较适合采用定性分析的评价方法,如美术、音乐等学科。

与“学业评价”和“测量”相比较,“课程评价”是一个最大的概念。它不仅包括学生学业的评价,也包括课程本身的评价。评价者利用学生学业的评价和课程本身的评价获得的结果,可以完善课程、提高教学质量。可以说,学生学业的评价和课程本身的评价是课程评价的两个同等重要的组成部分,是课程评价的基础。

(三)终结性评价与形成性评价

在课程评价过程中,终结性评价(或总结性评价)(summative evaluation)和形成性评价(formative evaluation)是两种最重要的评价形式。

终结性评价是在计划或产品完成以后实施的评价。在课程评价领域,**终结性评价**是指一门课程结束时或一个学年结束时进行的评价。它比较注重总体分析,力图表明课程目标、教学目标的实现程度,并对课程的有效性和实施效果作出判断。由于终结性评价常常关系到学生名次、班级名次和教师声誉,所以学生和教师对此都比较关注。

形成性评价是在计划或产品还在发展或完善过程中实施的评价。在课程评价领域,**形成性评价**是指贯串于校本课程各个阶段或整个过程的评价。它比较注重细节的分析,旨在寻找原因,及时发现问题,使课程更加趋于合理。1967 年,斯克里文(M. Scriven)首先采用了"形成性评价"这个专门术语。1971 年,布卢姆(B. S. Bloom,1913—1999)、海斯廷斯(Hastings)和马达斯(Madaus)将"形成性评价"定义为:在课程开发、教与学的过程中,利用系统的评价达到完善这三个过程的目的。因此,在课程实施过程中,利用形成性评价可以了解课程本身的缺陷、学生的学习困难以及教学中出现的各种问题,以此作为完善课程和提高教学质量的依据。

形成性评价自问世以来,迅速显示出其优越性。有人甚至认为,形成性评价比终结性评价更有意义。由于它是在课程实施结束之前而不是之后实施的评价,因此对课程的开发、教与学过程的作用更加显著。

(四)科学—实证主义课程评价观与人文—自然主义课程评价观

近几十年来,课程评价理论的研究取得了令人瞩目的成就,所研制并得到认可的课程评价模式已经达到几十个之多。课程评价理论与模式大致可以划分为两大派别,即科学—实证主义课程评价观和人文—自然主义课程评价观。

1. 科学—实证主义课程评价观

科学—实证主义课程评价观又称"传统评价观",它以泰勒的行为—目标模式为代表。其核心思想是,目标是课程评价的依据和出发点,通过测量目标的达到程度判断教学效果。课程的有效性取决于课程实施时学生行为发生的变化;评价者关注课程是否真正发生了作用。因此,课程开发者的任务就是描述可以测量的行为目标。行为目标可以通过标准参照测试予以测量。概括地说,科学—实证主义课程评价就是采用标准参照测试测量学生的学业,从而决定目标实现的程度。

科学—实证主义课程评价观的主要弊端在于:在课程实施以后才开始实施评价;注重普遍性,忽视非典型性;局限于可以测量的目标,忽视难以测量的重要目标;采用某些与现实生活脱节的测量方法;消耗太多的时间和资源。

2. 人文—自然主义课程评价观

人文—自然主义课程评价观又称"新潮课程评价观",它与科学—实证主义课程评价观相对,旨在克服科学—实证主义课程评价观的诸多弊端。其倡导者非常注重环境对课程的影响以及课程运行的整个过程,认为在评价过程中,不仅应该考虑测试的结果,还应该考虑多种因素。它提出,研究课程运行的整个过程是了解课程质量和教学效果的关键。

1967 年,斯克里文倡导采用“过程研究法”。他指出,与评价目标的实现程度相比,对目标本身进行评价更加重要。课程必须实现其预期目标,而预期目标首先应该是值得实现的目标。他区分了“自身评价”与“结果评价”之间的差别。“自身评价”是对目标、内容、教师态度、组织等的评价;“结果评价”是对课程效果(在学生身上产生的效果)的评价。他相信,自身评价的标准和结果评价的标准之间取得平衡是非常重要和有价值的。

1975 年,斯腾豪斯(W. Stenhouse)指出,评价过程应该考虑课程的广阔背景。在评价过程中,应该采用多种方法,从多种渠道收集信息,阐明课程的环境。此外,斯太克(R. E. Stake)建议采用“全景色的观察”方法,即全方位观察的方法。

然而,事物总是有两面性的。人文—自然主义课程评价观也逐渐暴露出它的缺陷,主要有:以主观印象为主,客观性不够;难以归纳评价结果,难以把评价结果推广运用到其他环境中去;在评价过程中,几乎不考虑采用量化方法;强调环境中非典型和非寻常的情况;评价对象不突出。

比较而言,科学—实证主义课程评价观把评价的重点放在课程结果上,试图解答“是什么结果”的问题;而人文—自然主义课程评价观则把评价的重点放在课程运行的过程上,试图解答“为什么”的问题。20 世纪 80 年代以后,课程评价这两大派别依然存在,但是它们不再针锋相对,而是吸收彼此评价中的合理成分,向彼此靠拢。

第三节　课程改革的发展趋势

一、影响课程变革的重要因素

从系统论的视角而言,整个社会是一个大系统,教育是其中的一个子系统。教育处于社会整体结构之中,以一种特定的社会结构要素的形式存在着。同时,它又不断地与社会其他要素(政治、经济、文化、社会生活方式等)相互交换信息、物质与能量,从而使教育系统得以生长与繁衍。社会的政治变革、经济发展、文化变迁、科技进步必然会给教育的结构与功能、方法与内容带来巨大的变化,课程作为教育问题的核心自然也受到这些因素的影响与制约。

(一)政治因素与课程变革

政治因素对课程变革的影响是多层面的、深刻的,而且课程变革也不可能脱离社会政治因素的影响。正如布鲁纳(J. S. Bruner,1915—　)所言:“不顾教育过程中的政治、经济和社会环境来论述教育学理论的心理学家和教育家,是自甘浅薄,势必在社会上和教室里受到蔑视。”[①]尤其是当政治变革影响到教育的根本性质时,这种影响就更为强烈。从历史上来看,政治变革对课程变革的影响和制约较之科技、文化变革更为直接。政治变革对课程变革的影响并非总是积极的、进步的,有时也会产生消极的抑制作用,甚至使课程产生倒

---

① 布鲁纳.布鲁纳教育论著选[M].邵瑞珍,张渭城,译.北京:人民教育出版社,1989:367.

退。政治因素对课程变革的制约大致表现为以下几个方面。

1. 课程变革的目标厘定

课程目标是教育目的和培养目标的具体化,统治阶级根据自己的利益、愿望和要求,从政治上制定教育目的和培养目标,实际上也就意味着对课程目标的政治选择和规定,教育目的和培养目标的政治性实际上也体现着课程目标的政治制约性。最为明显的就是政治运动对课程变革的影响。如新中国成立以来,我国课程建设总是受到历次政治运动的冲击,像1958年“大跃进”时代、“文革”时期。美苏争霸时期,苏联人造卫星的上天,在美国引起了政治恐慌,于是颁布了《国防教育法》(*National Defense Education Act*,1958)等一系列法令,并在全国开展了轰轰烈烈的课程现代化运动。这些都说明政治运动对课程变革具有明显的作用,世界各国概莫能外。

2. 课程变革的内容选择

课程变革中内容的选择,不仅是一个技术问题,也是一个政治影响与控制的过程,因为课程内容的选择与编制要依据教育目的和培养目标。教育目的和培养目标是将社会文化加工、改造为学校课程内容的标尺,它们集中体现了统治阶级的意志,因此课程内容渗透了统治阶级的意识形态。如美国、日本、中国等的课程内容,尽管有一些相同的部分,但还有很多受政治因素影响而不同的方面。

3. 课程的编制过程

编制课程规划、课程标准和编写教材的过程,也受到政治因素的制约。一般而言,教育内容在具体化过程中常常以课程标准、教学计划(亦称课程规划)和教材的形式表现出来。课程标准、教学计划和教材的编写都具有强烈的政治性,否则统治阶级就不能实现自己的教育目的和培养目标,培养出自己所需要的人才。从历史上看,统治阶级总是采用不同的方法来控制课程的设置和编制。当然,在不同时代和不同国家采用的方法也是不同的。

(二)经济因素与课程变革

经济因素对教育变革有着直接的推动作用,对学校课程变革亦是如此。现代以来,由于科技的发展,生产过程日渐复杂,社会大生产需要提高劳动者的科技文化素质,所以学校课程门类日益增多,课程中科技知识的含量加重,学校课程更加贴近经济发展的需求。总的看来,经济因素对学校课程变革的制约表现为以下几个方面。

1. 经济领域劳动力素质提高的要求制约课程目标

在现代社会,经济发展对劳动力素质提出了新的要求。现代社会生产要求劳动力素质既要具备宽厚的基础知识、过硬的基本技能,富有灵活性、应变性、独创性,同时也要具有健全的心理品质,认知、情感、意志、道德、审美等要达到现代社会的水平。这些品质的塑造无疑需要教育的培养。因此,当代学校的课程变革需要围绕这些目标来展开。我国改革开放以来,课程目标也基本上经历了三次大的转变:第一次是在20世纪70年代末,课程目标重视知识的学习与掌握,“知识就是力量”成为这一时代主导性的口号,学校课程偏重于知识的教学,学术性较强;第二次是在80年代上半期,受国际课程变革的影响,学校课程目标较重视能力训练和智力的开发;第三次是进入90年代以来,学校课程目标开始重视知识与能力、过程与方法、情感态度与价值观等诸方面素质的统合发展。

2. 经济发展的地区差异性制约课程变革

当今世界各国经济发展极不平衡，发达国家、发展中国家和落后国家的经济发展差异性极大。因此，各国的课程发展也不一样。在一个国家内部，由于历史、地理和文化等方面的原因，各地经济发展也不平衡。就我国而言，东部沿海地区经济比较发达，而中西部内陆地区和少数民族地区经济发展则相对落后。因此，课程变革既要考虑与我国经济发展的总体相适应，又要考虑各地经济发展的不平衡，实事求是，因地制宜地为各个地区经济发展服务，促进地方经济的发展。

3. 市场经济与课程变革

当前，我国正努力完善社会主义市场经济体制，市场经济发展对课程有着直接的冲击和影响，主要表现为如下几个方面。

(1)课程价值取向的变化。长期以来，我国的课程价值倾向于“意识形态”，学校课程为意识形态服务。近年来，由于市场经济的发展，课程开发更加注重经济价值，要求按市场经济发展来变革学校课程。市场经济打破了原来由政府进行资源配置的计划经济模式，而以市场为导向，运用市场来进行资源配置，促进了生产的多样性、产业的多元化，因而对人才的需求也日趋多样化。市场经济的发展打破了原来片面强调整齐划一、追求共性的人才观，重新肯定了人的个性发展，要求学校课程要充分重视学生的个性发展，培养其主体意识，促使其生动活泼地全面发展。例如，上海市的中小学课程改革充分考虑到这一时代内涵，在课程改革的总体方案上，既不以社会为中心，又不以学科为中心，也不以儿童为中心，而是以社会需求、学科体系和学生发展作为三个基点，建立以全面提高素质为核心，注意发展学生个性的新的课程教材体制；同时，设计了必修课、选修课和活动课三大板块，为学生的个性发展提供了空间，取得了较好的效果。

(2)课程目标综合性。市场经济导致就业的多样性与流动性，人们很难预料将来干什么，因此狭窄的知识面妨碍其就业的适应面。有资料表明，技校毕业生在专业不对口的情况下，就业困难比高中生大得多。长期以来，我国基础教育偏重“应试”，高考成了基础教育一切工作的灵魂和指挥棒。因此，学校课程从编制到实施都是为了应付升学、考试，课程侧重于知识的传授，忽视学生素质的全面发展。市场经济的运行，使人们改变了对基础教育的看法。如在沿海经济发达地区，人们已经感受到全面提高公民素质的紧迫性。“综合基础是现代人的必备素质，它包含了系统知识的基础（基本的知识技能）、一般的学习能力基础（组织学习活动和查阅资料的能力及良好的智力技能）、方法的基础（学科的方法和科学的学习方法）、使用工具的基础（手工工具与计算机操作等基础）、做人的基础（正确的价值观、人性观与现代文明习惯）、艺术鉴赏的基础（鉴赏力与艺术技能）和健身的基础。”①

(3)课程结构的优化。在“信息爆炸”的时代，在市场经济带来就业的不确定性面前，人类最好的办法不是去被动地收藏知识，而是如何掌握获取知识的钥匙，发展自己的自学能

① 杨玉厚. 中国课程变革研究[M]. 西安：陕西人民教育出版社，1993：364.

力、科学研究能力、创造能力。而这些能力的获得必须具备三个基本条件:第一,扎实的知识基础;第二,合理的知识结构;第三,掌握这些知识的方法论。如果说过去的课程结构是以学科为中心简单叠加的话,那么今后人们将更多地考虑知识的有机结合。我国的学校课程,学科之间壁垒森严,市场经济导致就业的转换性更是对这种课程结构提出了挑战,它要求人们学会如何在最短的时间内适应各种职业的转换。因此,就必须考虑课程结构的最佳匹配问题。例如,对于我国普通中学的课程结构优化问题,有学者提出了"四个结合":(a)从课程的范畴来说,显性课程(正式课程)与隐性课程(非正式课程)相结合;(b)从课程的内容来说,德、智、体、美与劳动、技术、职业教育相结合,学术课程与非学术课程相结合;(c)从课程的形态来说,在显性课程中学科课程与活动课程相结合,也就是间接经验与直接经验相结合、分科课程与综合课程相结合、学期课程与短期课程相结合;(d)从课程的类型来说,必修课程与选修课程相结合,在选修课程中,必选课程(又称限定选修课程,或称选择性必修课程)与任选课程相结合。

(三)文化因素与课程变革

在社会大系统中,文化是一个子系统,而教育又是文化中的一个子系统。文化通过教育的传递、传播和创造,而得以保存和发展。因此,可以说课程是社会文化的缩影。但课程内容来自于社会文化,并不是社会文化的简单复制。社会文化需要通过教育机制的筛选,才能进入学校课程。那么,文化对学校课程变革有何影响呢?

1. 文化模式与课程变革

文化模式通常是指民族各部分文化内容之间彼此交错联系而形成的一种系统的文化结构。它是一个民族文化赖以生存和发展的根本特征。不同的民族文化有不同的文化特质,不同的文化特质是不同民族生存条件和生存方式造成的结果。民族文化的基本模式要求学校课程变革时,依据不同民族的文化特质,设置与不同民族文化相适应的课程,在内容、难度、编排、实施、评价等方面考虑和体现民族特色,否则,就难以达到良好的教育效果。

长期以来,我国在中小学课程建设上忽视文化模式对课程的影响,课程高度集中统一,使用统一的教学计划和教材,较少考虑民族差异,脱离民族地区的生产生活实际,可以说也是民族地区学生厌学、辍学的原因之一。近年来,课程变革逐步认识到这一点,并在新的课程计划中推行一纲多本,实施双语教学,强调乡土教材的重要性,取得了一定成效。

2. 文化变迁与课程变革

文化变迁是指文化内容或结构的变化,通常表现为新文化的增加和旧文化的改变,亦即文化与文化之间的传播或文化自身的创造。它是一种永恒的社会现象。只有经过不断的文化变迁,文化才能得到创新和进步,社会也才能随之不断地发展。学校课程作为传递、传播和创造文化的载体,也应随时作相应的调整。而在文化突变时期,学校课程则要进行较大的变革,在课程目标、课程编制、课程设置、课程实施等方面都要作相应的调整,或大量增减科目、删添内容,或重新组合课程结构。当代社会,科技突飞猛进,文化变迁更为激烈,信息文化冲击着当代教育,学校课程经历着一次更大的变革,出现了核心课程、综合课程、广域课程等多样化课程。

3. 文化多元与课程变革

文化多元(cultural pluralism)或**多元文化**(multi culture)是指社会内部多种文化并存的状态。美国便是典型的文化多元社会,有着不同文化传统和价值观念的人生活在同一个国家里。当代一些人类学家指出,文化的多元性是全球平等与和平的手段。进入20世纪70年代以来,随着一些西方少数民族地位的提高,各民族文化再度活跃,现代社会的文化日益呈现多元的趋势。学校课程如何体现文化间的差异,在尊重各少数民族文化、各社会阶层的同时,将主流文化与少数族群文化整合起来,成为课程面临的一个实际问题。

(四)科技革新与课程变革

随着人类社会的发展,科技的进步与革新对学校课程的影响日益加剧,尤其是当代新技术革命,对学校的课程变革起着直接的推动作用,主要表现为以下几个方面。

1. 科技革新制约课程变革的目标

传授知识与发展能力是学校课程的两大主题目标。在课程史上,这两大目标经历了复杂的演变历程:传授知识与发展能力的原始结合—注重传授知识—传授知识与发展能力并重—注重能力的发展。在这个演变过程中,科技起了决定性作用。在古代,科学停留在对现象的描述和经验的总结上,尚未形成完整的体系,科学与生产相脱离。19世纪后半期至20世纪初,近代科学逐步向现代科学过渡。这时学科已发生很大变化:物理学、生物学、化学等学科发展速度空前,重大发现接连不断;能量守恒与转化定律、细胞学说和达尔文的进化论这三大发现使人类建立起真正的科学的自然观,人类的认识能力达到了一个新的水平,科学发现所带来的新技术也获得了更快更广泛的应用。在这种背景下,智力发展引起了人们的关注,表现在教育上是"形式教育论"与"实质教育论"的渐趋融合。20世纪以后,科学技术进入了一个全新的发展阶段。以自然科学特别是物理科学的一系列重大发现为基础,人类在电子、计算机、能源、生物工程、激光以及空间技术等领域取得了重大突破,科学认识的范围同时向宏观和微观两端扩展,学科分化与综合的趋势日益明显,知识总量急剧增长。人们再也不能将人类所积累的知识在短短的十几年里传授给学生。正如《学会生存》里所说:"科学技术的时代意味着:知识正在不断地变革,革新正在不断地日新月异。所以大家一致同意:教育应该较少地致力于传递和储存知识(尽管我们要留心,不要过于夸大这一点),而应该更努力寻求获得知识的方法(学会如何学习)。"①学生在学校里获得的知识十分有限,不能适应科技快速发展的步伐。因此,传授知识与发展能力的重心又发生了变化,培养学生能力的问题又成了课程的首要目标。

2. 科技革新推动课程结构的变革

科技革新不仅制约着自然科学与人文科学在整个科学领域中的地位和相互关系,而且伴随着学科门类的持续变化,课程结构对科技的变革也有很大的依从性。一方面,科技革新影响着人文科学与自然科学在课程系统中的地位和相互关系,比如近代学校课程的科目

① 联合国教科文组织国际教育发展委员会.学会生存——教育世界的今天和明天[M].北京:教育科学出版社,1996:12.

构成由单一的人文学科向人文学科与自然学科并重转变，这是由近代科技迅速发展所带来的。另一方面，学校理科课程的科目构成也与科学技术门类演变直接相关。17—19 世纪，科学发展的基本趋势是纵向分化，学校理科课程的门类随之不断增加，学校课程的门类与科学领域的门类几乎是一一对应的。20 世纪以后，科学在高度分化的基础上出现了新的综合，学校课程结构的变革便改变以往单纯教学科目的做法，而代之以综合课与选修课等新的课程形式。

3. 科技革新影响着课程变革的速度

在教育发展史上，课程一直处于不断的变革之中，但在不同的历史时期，课程变革的速度是不平衡的。文艺复兴以前，西方学校课程的变化极为缓慢，古希腊的“七艺”课程直到文艺复兴时期仍处于无可争辩的至尊地位。16 世纪以后，课程的变革迅速加快，最初是自然科学在经历了与人文主义的长期抗争后，最终确立了自己的地位，随后科学课程迅速分化，学校课程的门类不断增加。18 世纪以后，资本主义生产方式的推动使近代科学技术迅速兴起，并在进入迅速发展时期，以蒸汽机和电力为代表的两次技术革命使人类的生产生活发生剧烈变化。在这种情况下，学校课程改革速度加快，以适应社会生产生活的需要。

总之，课程变革除了受上述政治、经济、文化和科技革新等因素的制约之外，还受其他社会因素变革的影响。例如，生活方式和劳动生产方式对课程变革的影响。随着科技的发展，人们的生活方式发生了根本的变革，生活的科学化、现代化程序日益提高。在生活中，人们对科学技术的依赖越来越强。家用电器的广泛普及，给家庭生活带来了新的革命。人们的物质生活水平提高了，因此要求精神生活的质量也要相应提高。并且由于工作时间的缩短、闲暇时间的增多，人们把剩余精力用于娱乐、享受和社交活动，对生活情趣、文化修养也提出了新的更高的要求。但在现代社会，职业活动却日趋紧张，技术理性的运用使得情感性、艺术性从劳动中分离，劳动变得单调、乏味，这又给生活蒙上了一层阴影，使人的心理变得异常起来。如果教育跟不上，就容易引发精神疾病。生活方式和生产方式的变革，向教育提出了迫切的要求。因此，政治学、心理学、精神卫生等学科进入课程体系，将成为学生的必修课程。

（五）学生发展与课程变革

学校课程变革的动力不仅来自政治、经济、文化和科技发展，而且要充分考虑到学生的发展状态与心理特征，根据学生智力、能力的水平、倾向及其潜力来选择和组织相应的课程内容。

1. 学生身心发展的特性与课程变革

学生对课程变革的反应非常敏感，课程变革符合其身心发展的实际，满足其需要，学生对此就欢迎；反之，课程变革脱离学生实际，学生就情绪低沉，对课程变革持反对态度。

学生身心发展的特性表现为整体性、连续性、阶段性和个别差异性。课程变革要体现学生品德、才智、审美、体质发展的整体性。学生身心发展的整体性，对课程变革有着深刻的影响。它要求课程变革的目标要考虑身心发展的全面性与完整性，不能忽视任何一个方面。课程变革要整体性地考虑，各门课程要互相协调，注重课程结构的整体优化。

学生身心发展又呈现连续性和阶段性。学生身心发展是一个持续不断而又渐进的过程,但又体现出一定的阶段性。因此,课程变革要兼顾其身心发展的连续性和阶段性的特点。

学生身心发展具有个别差异性,主要指学生的个性心理特征和个性倾向性表现出不同的差异,包括兴趣、需要、动机、理想、气质、性格、能力等方面。比如,有的学生喜欢自然科学的科目、有的学生喜欢社会科学的科目、有的学生则爱好音体科目等,这就要求课程变革时要考虑课程结构的灵活性,既设置必修科目,也需要设置一定的选修科目,以适合不同学生的兴趣和需要,促使他们的个性和谐发展。因此,学校课程变革要考虑不同学生的个性心理。

2. 学生需要与课程变革

人的心智功能受环境与教育的影响极大,但在外界影响下形成自我内在的东西,获得的知识与经验、掌握的思维与行为的能力、态度,又会反过来成为制约外部影响作用的条件。因此,课程对学生发展的效果,取决于学生内部的具体发展状态与心理特性相结合,并且取决于采用什么方式,达到何种程度的结合。所以,课程内容的选择必须同学生的内部条件结合,使学生产生掌握教学内容的生动活泼的能动的思维与活动。一般认为,儿童心理发展的动力(dynamics of child psychological development)是儿童新的需要和已有的心理水平之间的矛盾运动,它推动着儿童心理的发展。随着儿童的成长,他的内外环境不断地发生变化,而变化着的环境又对成长中的儿童提出越来越高的要求,使儿童不断产生新的更高的需要。

学校课程的变革必须满足学生身心发展的全面需要,促进学生身心的全面发展。一方面,要着重满足学生学习书本知识的需要(间接经验的需要),开设促进学生品德、才智、审美、体质和谐发展的一系列科目;另一方面,要适当满足学生获取某些直接经验的需要,在课程中设置促进学生身心主动发展的多种活动项目。

3. 课程变革着眼点:最近发展区

课程变革要求学生学习的教学内容必须是超越了学生既有发展水平的东西,但同时又必须是经过教师指导,学生凭借已有的经验、知识与能力,可以了解问题的症结所在并得以解决的东西。否则,学生便不能构成自己的课题与问题去努力求得解决。

最近发展区是苏联心理学家维果斯基(Лев Семёнович Выготский,1896—1934)提出的一个概念。他认为在进行教学时,必须注意到学生有两种发展水平:一是学生现有的发展水平,指由一定的已经完成的系统所形成的儿童心理机能的水平;二是即将达到的发展水平。维果斯基把两种水平之间的差异称为“最近发展区”(zone of proximate development)。它表现为“在有指导的情况下,凭借成人的帮助所达到的解决问题的水平与在独立活动中所达到的解决问题的水平之间的差异”①。可以说,正是有待发展的处于未完成状态的心智功能是最能敏感地接受教育的影响,因此也是最有效地施加影响的发展区。所以,课程应当着眼于学生的最近发展区去选择课程内容,实现新的发展,从而创造出又一个新的“最近

① 朱智贤.心理学大辞典[M].北京:北京师范大学出版社,1989:1007.

发展区”,然后再着眼于这个新的发展区去选择课程内容。

二、世界课程改革的发展趋势

纵观20世纪,世界各国都进行了较大规模的课程改革运动,其总的趋势是课程的现代化,涉及整个教育系统,包括教育思想、教育目标、教育制度、教育内容和教育方法等。特别是学习网络技术的发展,引起了教育观念、教育方式的一系列变革。因而,课程改革乃至整个教育改革都呈现这样一种趋势:一波未平,一波又起。

(一)课程政策的发展趋势

在过去的十几年中,许多国家为改善课程体制作出了不懈的努力。总结世界上主要国家的课程变革实践,可以得出课程政策变化的如下趋势。

- 为了应对变化中的技术、经济、政治、国际国内环境等方面的挑战,大多数国家的课程政策都强调社会协同、经济振兴和个人发展方面的目标。
- 开发既确保核心内容的学习,又为选修学科提供更多机会的课程框架。
- 确认了整体主义的课程取向,强调心智、情感、心理和精神向度的平衡;也强调了儿童中心的、活动本位的教学方式的重要性,促进创造性思维、问题解决的能力,并鼓励自我导向学习。
- 尽管大多数国家的课程政策开发仍然是中央集权的,但在开发中却出现了尽可能征询多方面意见的趋势,对课程实施问题的决策制定则倾向于下移到地方和学校一级。

(二)课程结构的发展趋势

从世界主要国家过去十多年课程变革的实践中可以发现,课程结构的变化呈如下趋势。

- 课程结构从内容本位转向内容本位与能力本位的多样化结合,以保证学生有效地获得知识、技能和能力。
- 调整课程结构,吸纳新出现的学科领域,这些新学科领域或者被整合进既有学科(如环境教育),或者作为独立学科(如增加外语学科)。
- 小学和初中阶段诸学科的连续性日益增加。

(三)课程实施的发展趋势

当人们反思20世纪课程改革的历史进程时,发现大多数课程改革的共同失误是往往满足于课程计划的制订,而不关注课程的实施过程。但自20世纪80年代以来,许多国家的课程改革都重视“课程实施”的研究,把课程实施视为课程变革过程的有机构成。总结世界各国的课程改革实践,可以发现课程实施呈如下发展趋势。

- 课程实施的“忠实取向”(即衡量教师在课程变革中成功与否的基本标志是教师是否忠实地实施了上级提供的课程,忠实程度越高,则教师越成功)正在被“相互适应取向”(即认为课程实施过程是国家、地方与学校彼此之间相互适应的过程)与“课程创生取向”(即认为课程实施过程本质上是教师与学生创生适合足迹与需求足迹课程的过程,国家、地方提供的课程是教师与学生的选择性课程资源)所超越。

● 教师的专业发展是其职业生涯的有机组成部分。通过为教师提供专业发展的机会帮助其理解课程与教学的变化，这是成功的课程变革的基本特征。

● 小学和初中阶段的教科书一般是由政府资助提供，而补充材料通常是由政府和私营机构开发和传播。在课程信息的传播过程中，信息技术的应用日益增加，多种媒体的作用日益明显。

● 政府下达的课程要求弹性日益增大，以便学校能够充分考虑地方的情况和需要，作出更多决策，用最好的方式实施课程政策。

● 许多国家优先强调增强教师和学校从事持续进行的"校本评定"的能力。这主要有三个目的：使学校能够更有效地修订教学计划；监控学生的进步；为公共考试提供内在的基础。

（四）课程评价的发展趋势

总体来看，世界各国的课程评价呈如下发展趋势。

● "目标取向的评价"正在被"过程取向的评价"和"主体取向的评价"所超越。"评价即研究""评价即合作性意义建构"等理念已深入人心。"质性评价"与"量化评价"相结合被认为是基本的评价方略。

● 对课程体系本身的评价成为课程变革过程的有机组成部分，许多国家主张运用多种策略对所推行的课程体系进行多角度评价。其中，把本国的课程推向世界、纳入国际组织、与其他国家或国际组织展开合作性评价被认为是有效的课程评价方略。

● 对学生的发展评价是课程评价的有机组成部分。

三、我国课程改革的未来发展

已故著名科学家钱学森曾感慨："为什么我们的学校总是培养不出杰出人才？"这就是著名的"钱学森之问"。这一问不仅与高等教育密切相关，也与基础教育的发展相关。如何塑造新一代中国青少年的创造精神与创造意识，这是基础教育改革必须面对的问题。我国于1999年制订了《面向21世纪教育振兴行动计划》，开始了具有划时代意义的新一轮课程改革；同年6月颁布了《中共中央国务院关于深化教育改革全面推进素质教育的决定》。新一轮课程改革分为三个阶段：酝酿准备阶段、试点实验阶段和全面推广阶段。2004年秋，在认真总结国家和省两级实验区经验的基础上，全面推广新课程改革。2005年秋季，中小学阶段起始年级的学生原则上都使用新课程。2011年教育部颁布了《基础教育课程改革纲要（试行）》，并在27个省（自治区、直辖市）38个国家级实验区的中小学开始试验。

纵观全国各地的课程改革可以发现，最突出的成就表现在两个方面：第一，在课程行政管理体制上开始打破"集权制"的支配地位，力求把"集权制"与"分权制"两种体制的优势结合起来，确立"一纲多本"的课程改革方略，以充分发挥中央与地方在课程改革中的积极性。第二，在课程目标、内容、组织、结构等方面大胆借鉴国际先进经验，敢于正视以往课程改革中的不足，如"个性发展""选修课程""活动课程"等内容在各地的课程计划、课程标准中都占有重要地位。具体说来，新世纪课程改革应朝以下几个方面发展：第一，提升课程改革的理念水平和理论品位。第二,在课程政策上,要实现国家课程、地方课程与校本课程的整合。第三,在课程内容上,要实现学科知识与个人知识的内在整合。第四,在课程结构上,要更新课程种类,恰当分析必修课程与选修课程的关系,努力实现课程的综合化。第五,在课程实施上,要超越忠实取向,走向相互适应取向和课程创生取向。第六,在课程评价上,要超越目标取向的评价,走向过程取向和主体取向的评价。

在课程改革的指导思想上,强调大众教育,即"教育为大众""科学为人人"。在当今科学技术广泛应用的时代,人人都要懂得科学技术。当然,这种大众教育并不排除培养少数精英,使他们站在科学技术发展的前沿,创造更新的技术,但是培养少数精英也需要建立在提高大众教育水平的基础上。为此,课程要有灵活性,把必修课的标准定在大多数学生能接受的水准上,同时为不同的学生设置各种选修课,允许学生选学不同的课程。

在课程设置上,过去过分强调课程的工具性,强调课程要适应经济建设的需要、为社会服务,而现在则更强调人的发展。教育的本质是提高人的素质,即个体的发展,强调人的发展与教育为社会发展和经济建设服务是不矛盾的,只有在个体得到发展的基础上才能更好地为社会发展服务,国民素质提高了,自然有利于经济建设和社会进步。因此,要把为人的发展服务与为社会发展和经济建设服务统一起来,要重视学生的个性发展,因材施教。

在课程目标上,过去强调掌握知识、发展能力,而现在则更强调培养学生对事物的情感、态度、价值观。不是知识不重要,而是出发点不同。不是为知识而学习,而是要对所学的知识有一种认识。例如学习地理,就应该有环保意识;学了抗日战争的历史,就要激发爱国主义情感等。

在课程编制上,过去以学科系统为依据,现在则以社会实际为依据。过去学习是为了升学,现在学习则是为了走向社会。除了学科课程外,强调设置实践性课程,通过实践活动培养学生综合运用在学科课程中学到的知识与能力,培养他们的创新精神和实践能力。

在知识内容上,过去强调学习各学科的系统知识,现在更强调知识的综合性、整合性,强调学科间的联系。许多国家都设置了综合学习课程,把自然科学和人文社会科学结合起来。

在教学过程中,过去强调以教师为中心,现在则强调学生的自主性。网络化时代的到来必然会引起教学的变革,变革的趋势是学生自主学习将加强,学生对教师的依赖性将降低。因此,无论是在课程设置上还是在教学中,都要注意给学生留有自主学习的空间。

总之,时代的发展、科技的进步、社会的变革要求学校课程不断改革,而课程改革又势必会引起教学过程的一系列变革。

【主要结论与启示】

1. 课程定义如同文化定义,含义颇多。不同时代背景下的学者,其世界观不同,课程的观念也不同。

2. 经验主义课程论认为,课程内容不能超出儿童经验和生活的范围,而且课程要考虑儿童的需要和兴趣,否则不能引起学习的动机,也不会有自发的活动。

3. 学科中心主义课程论包括要素主义和永恒主义。要素主义者认为,学校的课程应该给学生提供分化了的、有组织的经验，学科课程是最行之有效的途径。永恒主义认为，课程涉及的第一个根本问题就是什么知识最有价值。永恒主义者对这个问题的回答是明确的，即永恒学科。所谓永恒学科，就是那些经历了许多世纪而达到古典著作水平的书籍。这些书籍是在每一个时代都具有当代性的书籍。

4. 社会改造主义课程论认为，课程不应该帮助学生去适应社会，而是要建立一种新的社会秩序和社会文化。课程是实现未来社会变化的工具。

5. 存在主义课程论认为，如果知识不能引起学习者的情感，就不可能是明确的知识。人文学科应该成为课程的重点，因为人文学科比其他学科更深刻、更直接地表现了人的本性及人与世界的关系，更能洞察人存在的意义。

6. 后现代主义课程论的著名代表、美国学者多尔，在分析和批判泰勒模式的基础上，把他设想的后现代课程标准概括为"4R"，即丰富性、循环性、关联性和严密性。

7. 课程的类型可以采取多种形式，其中比较常见的有学科课程与活动课程、综合课程与核心课程、国家课程与校本课程、显性课程与隐性课程等。

8. 课程评价不仅包括学生的学业评价，而且包括课程本身的评价。评价者可以利用这两方面的评价结果，完善和提高课程质量。

9. 教育是社会系统的一个子系统，它处于社会整体结构之中，不断与社会其他要素，如政治、经济、文化、科技等相互交换信息与能量，从而使得教育系统得以生长与繁衍。我国目前正在开展的应时代所需的新课程改革，明确提出了情感、态度、价值观等非学术性的发展性目标。能否实现这些目标，直接关系到新一轮课程改革的成败。

【学习评价】

1. 试述学科课程与活动课程的区别与联系。
2. 谈谈核心课程的优缺点，分析在何种情形下最适宜采用核心课程。
3. 分析教师在校本课程开发中的作用。
4. 试分析经济发展对课程变革的影响。
5. 试分析文化变迁对课程变革的影响。
6. 对一所小学或中学进行课程调查，了解其课程组织与评价，并提出你自己的认识。
7. 如果把将来分为 20 年后、40 年后两个阶段，请描绘一下你理想中的学校课程（中小学任选其一）。
8. 近年来，中小学培优热居高不下，请举例说明课程评价对此的影响。

【学术动态】

- 信息时代的到来，赋予课程改革新的使命。总的趋势是课程要从人的发展着眼，有利于自主学习、个性发展；课程内容更趋于综合，注重自然科学与人文科学的结合。这一趋势对师范教育提出了新的要求。

- 美国课程论学者派纳（W. Pinar）认为，课程是不同话语间的"复杂会话"。学校课程的宗旨不在于促使我们成为学术科目的专家，而在于促使我们关切自己与他人，帮助我们在公共领域成为致力于建设民主社会的公民，在私人领域成为对他人负责的个体，运用智力、敏感与勇气思考与行动。一旦我们视课程为自己作为公民、作为个人的机会，课程便随我们的反思、探究与行动而变化，走向我们理念与梦想的实现。课程不再是一个事物，也不仅仅是一个过程，它成为一个动词、一种行动、一种社会实践、一种私人的意义、一种公共的希望。课程不仅是我们劳作的场所，也是我们劳作的成果，在转变我们的同时也转变自身。

● 校本课程开发是20世纪70年代盛行于英美等发达国家的一种与国家课程相对应的课程开发。为适应新课程改革的需要，亟须对我国新增设的校本课程进行研究。

● 实践课程是一种基于学生的直接经验、密切联系学生自身生活和社会生活，体现对知识综合运用的课程形态。这是近年来在我国基础教育课程改革实践中涌现出的一种崭新的课程形态，也是我国新的基础教育课程体系的有机构成。

【参考文献】

1. 瞿葆奎. 教育学文集·课程与教材（上、下卷）[M]. 北京：人民教育出版社，1988，1993.

2. 陆有铨. 躁动的百年——20世纪的教育历程[M]. 济南：山东教育出版社，1997.

3. 张华，等. 课程流派研究[M]. 济南：山东教育出版社，2000.

4. 钟启泉. 现代课程论[M]. 上海：上海教育出版社，1989.

5. 王斌华. 校本课程论[M]. 上海：上海教育出版社，2000.

6. 瞿葆奎. 教育学文集·国际教育展望[M]. 北京：人民教育出版社，1993.

7. 叶立群. 课程教材改革探索[M]. 北京：人民教育出版社，1997.

8. 王伟廉. 课程研究领域的探索[M]. 成都：四川教育出版社，1988.

9. 课程教材研究所. 课程研究十年[M]. 北京：人民教育出版社，1997.

10. 杨玉厚. 中国课程变革研究[M]. 西安：陕西人民教育出版社，1993.

11. 丹尼斯·劳顿. 课程的理论与实践[M]. 张渭城，等，译. 北京：人民教育出版社，1985.

12. 拉尔夫·泰勒. 课程与教学的基本原理[M]. 施良方，译. 北京：人民教育出版社，1994.

13. 黄政杰. 课程与教学之变革[M]. 台北：师大书苑有限公司，1993.

14. 联合国教科文组织国际教育发展委员会. 学会生存——教育世界的今天和明天[M]. 北京：教育科学出版社，1996.

15. 叶澜. 课程改革与课程评价[M]. 北京：教育科学出版社，2001.

16. 丁念金. 人性的力量——中西教育文化变迁[M]. 福州：福建教育出版社，2011.

17. 佐藤学. 学习的快乐[M]. 钟启泉，译. 北京：教育科学出版社，2004.

18. London E. Beyer & Michsel W. Apple. The curriculum: problems, politics, and possibilities [M]. New York: State University of New York, 1988.

19. Allanc Ornstein, Francis Hunkins. Curriculum: foundations, principles, and theory[M]. Boston: Allyn and Bacon, 1993.

20. John D. Mcneil. Curriculum: a comprehensive introduction[M]. Hoboken: John Wiley and Sons, 1985.

21. T. Popkewitz. Struggling for the soul: the politics of schooling and the construction of the teacher[M]. New York: Columbia University, 1998.

第七章　课 堂 教 学

【内容摘要】

作为学校教育的基本组织形式,课堂教学的质量和效率最直接、最集中地反映了教育目的、培养目标与价值的实现。基于不同的基础和取向,教学理论形成了众多的流派,并有着各自的体系建构。课堂教学设计和实施策略是教学理论的有机组成部分,也是教学实践的重要方面。理解并掌握课堂教学设计的指导思想和方法、明确课堂教学策略及其运用,对从事课堂教学实践操作具有重要的指导意义。本章介绍了对于教学的多种理解,在此基础上概括了教学的含义,介绍了教学思想和教学理论的发展线索以及当代教学理论的主要流派;对与课堂教学实践操作直接相关且影响教学质量和效率的两个方面——教学设计和教学策略作了实用性阐述。

【学习目标】

1. 理解"教学"含义的多样性和教学实践的复杂性,辨析教学与教育、教学与智育、教学理论与学习理论、教学理论与课程理论的关系。

2. 了解教学思想产生与发展的基本线索。

3. 理解主要教学理论流派的主张,并能结合实际教学加以评价。

4. 明确课堂教学设计的特征、依据和基本模式,并能够针对中小学某门课程的一节内容(或一节课),作出一份较为完整的课堂教学设计。

5. 明确教学策略与教学设计、教学思想、教学模式、教学方法的区别,并能举例说明讲授策略、指导策略的具体运用。

6. 结合自己在中学的课堂学习经历,分析对自己影响较深的一位(或几位)教师的课堂教学设计,概括出他们教学策略的特征。

【关 键 词】

教学　教学理论　课堂教学设计　课堂教学策略

第一节　教学与教学理论

一、教学及其思想的产生和发展

(一)教学的含义及其与相关概念的辨析

1. 教学的含义

在汉语中,"教学"二字最早见之于《尚书·兑命》:"斅學半。"对此,孔颖达的解释是:"上学为教,音'xiao';下学者,学习也。言教人乃是益已学之半也。"宋人蔡沈的解释是"斅,教也……始之自学,学也,终之,教人,亦学也。"这说明其词义是一种先学后教、教中又学的单方面活动，蕴含着“教”与“学”不可分离的思想。

在英语中，“教学”一词英语为“teaching”，与“学习”一词“learning”是同源派生出来的两个词。目前，“教学”这一概念在英语中通常有三种表达，即“teaching”“instruction”以及“teaching and learning”。相应地，学者们也有三种不同的解释：一是把教学(teaching)看成教师向学生传授知识和技能的活动；二是把教学(instruction)看成教师指导学生学习并引起行为变化的过程；三是把教学(teaching and learning)看成教师的教与学生的学所组成的一种双边活动过程(two-way process)。

在俄语中，“教学”一词俄语为“обучение”，也有传授和学习之意。

然而，由于中外学者探讨教学概念的角度和出发点不同，因此对教学概念的具体理解也并不一致。

苏联教育家斯卡特金(Михаил Николаевич Скаткин，1900—1991)认为：“教学是一种传授社会经验的手段，通过教学传授的是社会活动中各种关系的模式、图式、总的原则和标准。”①

美国教育心理学家布鲁纳认为：“教学是通过引导学习者对问题或知识体系循序渐进的学习来提高学习者正在学习中的理解、转换和迁移能力。”②

王策三认为：“所谓教学，乃是教师教、学生学的统一活动；在这个统一活动中，学生掌握一定的知识和技能，同时身心获得一定的发展，形成一定的思想品德。”③

李秉德认为：“教学就是指教的人指导学的人进行学习的活动。进一步说，指的是教和学相结合或相统一的活动。”④

钟启泉将教学主要理解为主体之间的语言性沟通或语言性活动，认为：“教学是拥有教育理论素养的教师与学生进行沟通的文化。这种文化是现实的交互主体性关系的一种表现。在教学中，教育者和受教育者作为拥有各自不同语言文化和沟通文化的前代与后代，作为成人和成长中的新一代，作为各自在现代社会中生存的个人，在沟通和沟通关系中进行心灵的碰撞，从而提供了‘发现世界’‘发现自我’乃至‘相互发现的契机……’。教学，就是在语言文化与沟通文化的创造过程中，为每一个学生的发展奠定人格成长和学历发展的基础。”⑤

国内也有学者认为，教学是教师依据学习的原理和原则，运用恰当的教学技术与方法，刺激、指导、鼓励学生自动学习，以达成教育目的的活动。

……

在认识存在差异的同时，也有不少共同之处。第一，都强调教师教与学生学的结合或统一，即教师教和学生学是同一活动的两个方面，是辩证统一的。首先，教不同于学，在课

①② 顾明远. 教育大辞典(上)[M]. 上海：上海教育出版社，1998：711.

③ 王策三. 教学论稿[M]. 北京：人民教育出版社，1985：88－89.

④ 李秉德. 教学论[M]. 北京：人民教育出版社，1991：2.

⑤ 钟启泉. 文本与对话：教学规范的转型[J]. 教育研究，2001(3)：34－40.

堂教学情境中,教主要是教师的行为,学主要是学生的行为。教师与学生之间存在着差异,教与学之间也存在着差异。教主要是一种外化过程,而学主要是一种内化过程。其次,“教”和“学”相互依存,相辅相成。“教”离不开“学”,“学”也离不开“教”。杜威有句名言:“教之于学就如同卖之于买。”①教学永远包括教与学,但不是简单地相加,而是有机地结合或辩证地统一。第二,都明确了教师教的主导作用和学生学的主体地位。在教学过程中,教师主导着教学活动的方向和性质,学生永远都是学习活动的主人;教师只能指导学生学习而不能代替学生学习,学生只有在教师的有效指导下才能更好地学习;既不能以任何形式削弱教师的主导作用,也不能以任何借口剥夺学生的主体地位。第三,都指出了教学对学生全面发展的促进功能。学生身心的健康成长,离不开教学的深刻影响。学校教学不仅使学生掌握一定的知识和技能,而且在学生身心发展形成思想品德等方面也起着积极的促进作用。

一般认为,对教学本质的理解和探讨,应从两个层面来进行:一是目的论层面,它凭借哲学资源,对教学的目的进行价值论探讨。因为教学活动是人类有意识、有目的的活动,对此,只能用应然的规范属性或价值法则予以说明。二是工具论或方法论层面,它凭借心理学、社会学等资源,对教学的手段、方式、方法进行科学的探讨。因为教学活动是以教师和学生之间的社会化交往为前提和形式的心理和行为变化过程,而人的心理和行为变化是有规律的,因此适应这种规律性变化是教学有效性的客观要求。教学的定义中应该明确地或隐含地从两个方面予以说明:教学应该怎样;教学应该如何。据此可以认为,**教学**就是着眼于一定目的,在特定的环境中,基于预成的课程框架,通过师生主体间的交往和对话,促进学生学习和发展的专门社会实践活动。

专栏7-1

教学定义的五种方式

美国教育学者史密斯(B. O. Smith)在《教学的定义》(*Teaching:Definitions*)一文中把英语国家对教学含义的讨论作了归类整理,提出了五种定义的方式。

描述式定义 即教学是传授知识或技能,这是传统意义上的教学。

成功式定义 即教学是成功,它表明教必须包含学这样一种思想,而且表明教学的核心背景是“教必须保证学”,即教学可以定义为 X 学习 Y 所教的内容的一种活动。教与学相互交织,密不可分。

意向式定义 即教学是一种有意识的意向性活动,目的在于诱导学生学习。教学虽然在逻辑上并不一定包含学习的意思,但是教学有可能导致学习。教师可能教得并不成功,但他会争取成功。这个定义肯定了研究者研究教师的思想和方法。教师的行为表现是受他的意向所左右的,而他的意向是以教师自身的信念体系和思维方式为基础的。

① 中央教育科学研究所比较教育研究室.简明国际教育百科全书·教学(下)[M].北京:教育科学出版社,1999:233-240.

规范式定义 即教学是一种规范性的行为活动方式。它表明,“教学”是个表示归属的词,代表着一族活动,这一族活动或行为方式要符合特定的道德条件,即“善意”的行为。如讲授、训练、引导等是教学,而宣传、威胁、恐吓等则不是教学。

科学式定义 这是由得到经验证实的教学效果与有关的教师行为之间的关系来表示的。这种形式的定义被赖辛巴赫(Reichenbach)称为“由若干命题配合而成的定义”,其公式是 $a = df(b,c\cdots)$。其中,a 指“教学有成效”这个命题,$(b,c\cdots)$ 表示各种命题组合,如“教师发出反馈信息”“教师说明定义规则并举出正反两方面实例”等,$= df$ 表示 a 和 $(b,c\cdots)$ 之间的变化关系。这是严格意义上的科学概念和命题对于教学概念和命题渗透的典型表现。

[资料来源] 中央教育科学研究所比较教育研究室. 简明国际教育百科全书·教学(下)[M]. 北京:教育科学出版社,1990:233-240.

2. 教学与相关概念的关系

(1)教学与教育。教学与教育既相互联系,又相互区别,两者是部分与整体的关系。教育包括教学,教学是学校进行全面教育的一个基本途径。除教学外,学校还通过课外活动、生产劳动、社会实践等途径向学生进行教育。教学工作是学校教育工作的一个组成部分,是学校教育的中心工作。除教学工作外,学校教育工作还有德育工作、体育工作、后勤工作等其他一些工作(如图7-1所示)。

(2)教学与智育。智育是指向学习者传授系统的文化科学知识和技能,专门发展学习者智力的教育活动,它是教育的一个组成部分。教学是智育的主要途径,却不是唯一途径,智育也需要课外活动等途径才能全面实现;教学要完成智育任务,但智育却不是教学的唯一任务,教学也要完成德育、体育、美育、劳动教育的任务(如图7-2所示)。将教学等同于智育,容易导致对智育的途径和教学的功能产生狭隘化甚至唯一化的片面认识,在实际工作中,这种认识所产生的危害是有目共睹的。

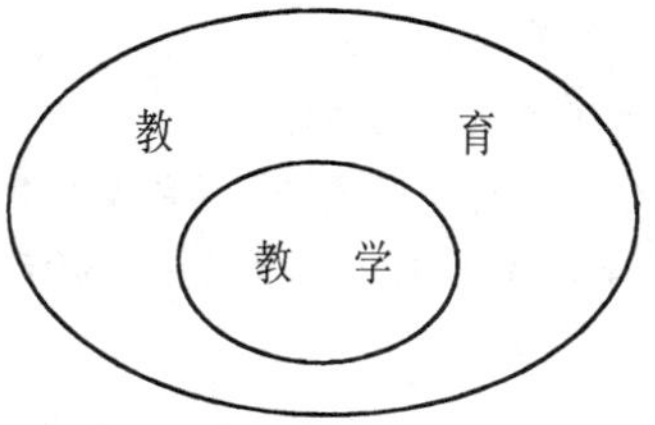

图7-1 教学与教育的关系

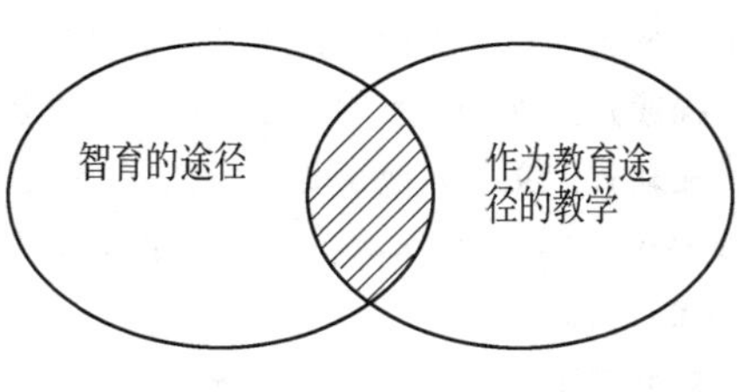

图7-2 智育的途径和教学的关系

3. 教学的功能

(1)教学是适应并促进社会发展的有力手段。教学是把社会和个人——特别是新生一代——联系起来的重要纽带,是社会完成人类知识文化传递和继承的中间环节或必要桥梁,是社会延续发展不可缺少的条件。通过教学活动,个体可以在较短的时间内基本掌握人类历史经验的精华,有力地促进自身身心健康发展,并在较短时间内达到人类发展的一般水平,为其从事各种社会实践并创造新的知识经验奠定基础。

(2)教学是促进学生全面发展与良好个性形成的重要途径。教学对个体发展的影响是直接且具体的,并在其个性发展的各个方面都有所表现。它作为实现全面发展教育的基本途径,能够使学生的认识突破时间和空间以及个人直接经验的局限,从而扩大认识范围,赢得认识速度;它也可以使学生的政治思想、世界观和道德品质的形成建立在科学知识的基础上;它还可以促进学生身心健康发展。

(二)教学思想的产生与发展

1. 古代教学思想精华

经过漫长的历史演进,人类进入奴隶社会之后,学校教育首先出现在东方的四大文明古国和西方的古希腊,随后关于教学的系统思想也出现了。古代中国教育思想的奠基者——孔子首创私人讲学,打破了“学在官府”的局面,实行“有教无类”,编订“六经”教材。特别是他全面总结了教学实践经验,把道德教育放在首位,重视因材施教,倡行启发式教学,讲求学、思、行结合等思想,对古代中国的教育教学发展产生了深远的影响。《学记》是世界上最早系统地论述教育教学思想的专著,它以极其精练的语言对教学的作用与目的、制度与组织形式、内容与方法,以及师生关系等都进行了简明扼要的概述。

在古希腊和古罗马时代,曾先后出现了苏格拉底(Socrates,前469—前399)、柏拉图、亚里士多德和昆体良等著名的思想家。苏格拉底强调完善人格的道德教育,并在讲学中采用启发式教学方法——“产婆术”,至今还具有实践指导意义。柏拉图主要从构建其所谓的“理念世界”出发,主张要寓教于乐、重视思想训练等,并根据培养军人和哲学家的目的,提出较为完整的教学思想体系。亚里士多德在教育史上第一个提出了儿童成长过程的年龄分期,主张体育、德育、智育的和谐教育思想,至今仍有重要的思想和理论价值。昆体良从自己的实践经验出发,对古希腊以来的教育思想作了系统总结,在他的《论演说家的教育》(*Institutio Oratoria*)一书中主张对儿童进行早期训练,教学要根据儿童的年龄特点因材施教和量力而行,要劳逸结合和给学生以奖励、反对体罚等。

2. 近代教学思想精华

近代以后,随着教育活动范围的扩大和内容的增加,人们对教学的认识也相应发生了变化和发展,其思想积累越来越丰富。我国最初是从日本辗转引进捷克教育家夸美纽斯、瑞士教育家裴斯泰洛齐和德国教育家赫尔巴特的教学思想和理论的。班级授课制的兴起对教师的“教” 提出了客观要求, “怎样教”的问题成为当时的热门话题,与此相对应的“教授”一词成了教学的同义语。如《中国教育辞典》(1928)把“教学法”释为“各种教授方术者”。其后,许多进步教育家的教学思想也都充满了可贵的探索精神。如清末著名改良主义教育家梁启超(1873—1929)提出趣味教学思想,主张学生“乐知”;强调联系实际,使学生有所“发明”;推行自动、自主、自治、自立教学法。著名教育家蔡元培(1868—1940)强调重视学生“自动自学、自助自研”能力的培养,反对单方面的讲授和灌输。著名教育家陶行知(1891—1946)更是深刻地批判了“教授论”,认为“教的法子必须要根据学的法子……先生的责任不在教,而在教学,教学生学”①。因此,他极力主张把“教授法”改为“教学法”,“教学”的本质含义即为“教学生学”。

3. 当代教学的新观念

当代社会正从工业社会向信息社会转型,当代教育正从专才教育向通识教育转变。从重心转移的角度看,当代教学观的变革主要体现为以下六大趋势。

(1)从重视教师的教向重视学生的学转变。随着社会的发展,传统的“教师中心说”受到越来越深刻的批判。人们看到教师并不是支配课堂教学活动的绝对权威,学生虽然是教育的对象,但却是学习活动的主体和主人。教师当然重要,但更重要的是学生。因此,当代教学非常强调研究学生身心发展的规律,研究学生在课堂情境中的学习规律,并遵循这些规律组织、安排教学。

(2)从重视知识传授向重视能力培养转变。当代社会,由于科学技术的飞速发展导致“知识爆炸”,知识经验陈旧周期加快,掌握全部或大部分知识既不可能也失去了必要性,重视知识传授的教学观受到了严峻挑战。因此,教学的主要任务不再只是知识的传授而是学生能力的培养,着重培养学生学习、掌握和更新知识的能力,即“授人以渔”。

(3)从重视教法向重视学法转变。在当代社会,人们深刻地认识到,仅仅重视教法已落后于时代的客观要求,教学过程实质上应该是学生主动学习的过程,教学设计的实质是学生学习目标、学习内容、学习进程、学习方式、学习辅助手段以及学习评价的设计。目前,各种流行且影响较大的教学方法,比如问题解决法、发现学习法、学导式方法、掌握学习法、异步教学法等,无不渗透出重视学法的精神。

(4)从重视认知向重视发展转变。在当代社会,人们发现知识甚至智力并不是影响人成功与否的重要因素,最重要的因素是人的情感,进而提出了“情感智慧”的新概念,与已有的认知智慧概念相互对应、统一。同时,教学中重视体质发展也成了一个迫切的现实问题。超越唯一的认知,重视儿童身体、认知和情感全面而和谐地发展,成了现代教学观念的基本精神。

(5)从重视结果向重视过程转变。在当代社会,人们意识到教学结果是重要的,但更重要的是教学过程中学生的切身体验,学生的认知体验、情感体验以及道德体验等,正是这种体验决定着教学的最终结果。因此,第一,强调激发学生的兴趣,力求形成学生强烈的学习动机和乐学、善学的学习态度;第二,强调在教师启发引导的基础上,让学生通过独立思考获得对基础知识的领悟和技能、技巧的习得形成;第三,强调“知—情”对称,注重学生在学习过程中对寓于知识经验中的情感的充分觉察和体验;第四,注重教学方法的灵活多样以及多种方式和方法的综合应用,为儿童设计出合乎年龄特点的活动,促使学生在学习过程中得到充分发展。

(6)从重视继承向重视创新转变。在当代社会,人们认为教学的重要功能就是创造文化,学生的主要任务就是通过掌握知识经验,形成创造文化和创新生活的能力。无论是重视学生、重视能力、重视学法,还是重视发展、重视过程,都是重视创新的体现。

---

① 方严. 陶行知教育论文选辑[M]. 北京:生活 · 读书 · 新知三联书店,1947:10.

二、教学理论及其主要流派

(一)教学理论概述

1. 教学理论的概念

教学理论是教育学的一个重要分支。它既是一门理论科学,也是一门应用科学;它既要研究教学的现象、问题,揭示教学的一般规律,也要研究利用和遵循规律解决教学实际问题的方法策略和技术;它既是描述性的理论,也是一种处方性和规范性的理论。

2. 教学理论与相关概念的关系

(1)教学理论与学习理论。**学习理论**是心理学的分支学科,它旨在描述或说明人和动物学习的性质、过程和影响学习的各种因素。学习理论主要关注的是“学习是怎样发生的,以及学习开始后会发生一些什么情况”等问题。奥苏贝尔(D. P. Ausubel,1918—)认为,有效的学习理论并不能告诉我们如何教学,但是它确实给我们提供了最可靠的起点,从中可以发现按师生的心理过程和因果关系等方面来阐明教学的一般原理。教学理论作为教育学的一个主要分支学科,它主要是研究教学的基本原理和“怎样教”的问题。正如布鲁纳所言:“教学理论关注如何让学生以最优的方式学习教师所教授的内容,它旨在改进学习而非描述学习。”①

(2)教学理论与课程理论。作为教育学的一个分支学科,课程理论研究在当今表现得非常活跃。由于对课程和教学两个概念的理解不同,也由于文化传统特别是教育传统的影响,至今对两者的关系仍未有比较一致的见解。其中,有两种极端的观点:一种观点是大教学小课程(如图7-3所示),认为教学是上位概念,课程是包含于其中的,只是教学的一个部分,从而教学理论包含课程理论。其典型的代表是苏联教育家,我国一些学者也持相同观点。他们认为课程是教学内容的代名词,属于教学的一部分;课程也往往被具体化为教学计划、教学大纲和教科书三部分,课程理论主要研究教学内容的设计、编制和改革。另一种观点是大课程小教学(如图7-4所示),认为课程涵盖的范围要宽于教学,教学只不过是课程的一个组成部分而已。这种看法在北美比较普遍,认为教学只是课程的实施与设计,教学理论只是课程理论的一个组成部分。其实,课程与教学是相互关联的,“与其说是两件事,毋宁说是一件事的两个方面,从来没有也不可能彻底分开。”“希望在课程论与教学论之间作出清晰的划分是不可能的。理

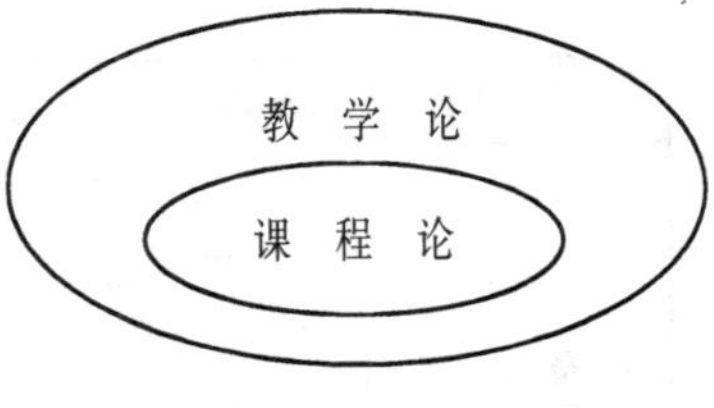

图7-3 大教学论模式图

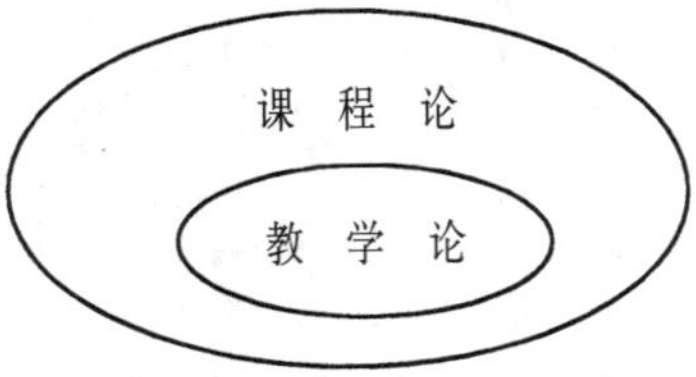

图7-4 大课程论模式图

① Jerome S. Bruner. 教学论[M]. 姚梅林,郭安,译. 北京:轻工业出版社,2008:36.

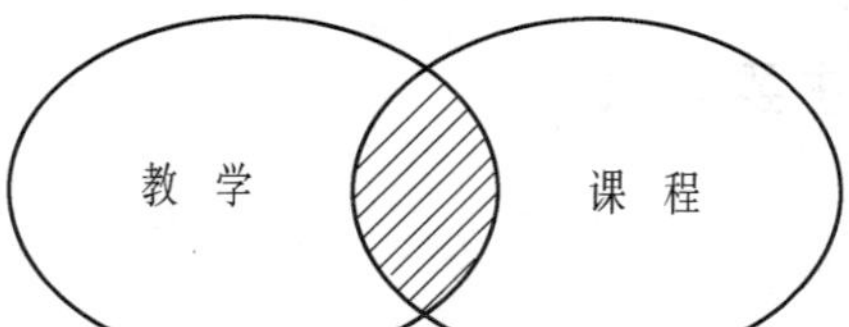

图 7－5 胎连式关系图

论研究可以也应当各有侧重,但更应当注意彼此的联系。”①同时,课程与教学在逻辑上又是可分的,从而有各自研究的侧重。课程主要强调学习的范围(知识或活动或经验),教学主要强调教师对学生引导的行为(教授或对话或导游)。此外,课程与教学属目的与手段的关系,在一定程度上,两者还可以被认为是内容与形式的关系。正是因为这种“胎连式”关系,“课程—教学”一词已被人们接受,且被广泛采用(如图 7－5 所示)。

3. *教学理论形成和发展的脉络*

(1)教学理论的形成。教学理论的形成经历了漫长的历史阶段,从教学经验总结,到教学思想成熟,再到教学理论的形成。这一进程是人们对教学实践活动认识不断深化、不断丰富和不断系统的过程,其中系统化是教学理论形成的标志。

《学记》是最早论述教学理论的专著,它的出现具有划时代的意义,标志着我国古代教学思想发展到了一个很高的水平。

专栏 7－2

教学理论形成和发展的脉络

中国:古代教学理论		近代教学理论	当代教学理论
先秦时期的古代繁荣	孔子、孟子以道德伦理为本的教学思想体系;墨子兼容技能的教学内容和思想;《学记》的教学内容、方法、制度等思想。	由于社会的急剧动荡和变革,西方文化的传入,新式学校的兴起,以西方教学思想和理论的引进为主要特点。同时,清末民初出现了梁启超的改良主义教学思想;蔡元培的“完全人格与个性发展”教学思想;陈鹤琴的“活教育”教学论和陶行知的“教学做合一”的教学理论。	四个阶段:①学习引进(1949—1958),全面学习苏联,主要以凯洛夫《教育学》中教学论部分,以及杜贺夫内伊的《教学法原理》(1952)为主;②独立探索(1958—1966),刘佛年主持编写的《教育学》(讨论稿)中的教学论部分,体现了教学理论的中国化;③受挫停滞(1966—1976),摒弃传统,拒绝和批判引进,教学理论一片荒芜;④发展繁荣(1976 年至今),整理和继承我国历史上的教学论遗产,大量译介国外教学论著作,广泛开展教学理论的研究,新的观点、教学模式和教学方法不断涌现。如李吉林的情境教学理论,卢仲衡的“自学—辅导”教学理论,邱学华的“尝试—成功”教学理论,裴娣娜的主体教学理论,叶澜的“新基础教育论”等。
西汉到清末的僵化停滞	董仲舒的尊孔崇儒教学思想;朱熹的教学思想……		

① 从立新. 课程论问题[M]. 北京:教育科学出版社,2000:319,321.

续表

中国:古代教学理论		近代教学理论	当代教学理论
外国:(以西方为主体)萌芽与曲折		独立与系统	发展与繁荣
古希腊智者学派	普罗塔哥拉(Protagoras, 前481—约前411)的"重视'练习'的见解";苏格拉底的"产婆术"教学法;柏拉图的重视思想训练的教学思想;亚里士多德的和谐发展教学思想。	拉特克的"技术性"教学论(didactics);夸美纽斯的"百科全书式"和唯实论教学思想;卢梭的浪漫的自然教育观和发现教学论;裴斯泰洛齐的自我发展和直观原理;赫尔巴特、戚勒、赖因的"教育性教学"与"形式阶段"教学论……	杜威的解决问题的"五步教学"理论;克伯屈的"设计教学法"等。 苏联的独立体系教学论发展:凯洛夫的教学论;达尼洛夫、斯卡特金的教学过程积极化学说;赞科夫的发展性教学理论;巴班斯基的教学过程最优化理论;沙塔洛夫的纲要信号教学论;阿莫纳什维利等的合作教学理论。
古罗马的总结	昆体良的雄辩术教学思想。		斯金纳的程序教学理论(新行为主义教学理论的代表);布鲁纳的认知结构教学理论(认知主义教学理论的代表);布卢姆的掌握学习教学理论(目标教学理论的代表);皮亚杰等的建构主义教学理论(结构主义教学理论的代表);罗杰斯的非指导性教学理论(情感教学理论的代表)。
中世纪后期的苏醒	维多里诺(Vittorino, 1378—1466)的快乐活泼、个性发展思想;伊拉斯谟(Erasmus, 1467—1536)的艰辛与兴趣伴随思想。		

在西方教育文献中,最早使用"教学论"一词的是德国教育家拉特克(W. Ratke, 1571—1635)和捷克教育家夸美纽斯,他们用的词是"didactica",并将其解释为"教学的艺术"。夸美纽斯的《大教学论》是独立的系统化的教学理论或教育学形成的标志。

赫尔巴特在1806年出版了《普通教育学》。这里的教育学是"pädagogik",英语是"pedagogy",源于希腊语中的"教仆(pedagogue)"一词,它主要是指教学方法和学生管理两个方面。教育性教学是赫尔巴特教育学的核心,赫尔巴特第一个明确提出这一概念,把道德教育与学科知识教学统一在同一个教学过程中,并提出了著名的教学形式阶段理论,即明了、联想、系统和方法。《普通教育学》是科学化教学理论的标志,是将心理学的研究成果应用于教学过程最初尝试的典范。

(2)教学理论发展的线索。赫尔巴特的理论体系首先受到其弟子戚勒(T. Ziller, 1817—1882)等人的补充与修正。戚勒及其弟子莱因(W. Rein, 1847—1929)信奉赫尔巴特的目的观和兴趣论,他们进一步把赫尔巴特的教学四阶段改造为五阶段,即准备、提示、联想、概括与运用。这样就形成了对世界教学理论与实践产生深远影响的赫尔巴特学派教学理论,并分两条主线进行传播:一条是哲学取向的教学理论,另一条是心理学取向的教学理论。哲学取向的教学理论主要发生在德国、苏联、日本和中国等。19世纪后半叶,俄国将赫尔巴特学派的许多论著译成了俄文,当时俄国的很多教学论著作都或多或少地受到了赫尔巴特的影响。而且赫尔巴特学派的教学理论在20世纪初被留日的中国学者介绍和传播,尤其是"五段教学法"在当时的小学教育中影响很广。心理学取向的教学理论发轫于德国莱比锡大学与耶拿大学的德加尔谟(C. Degarmo,1849—1934)的《方法要素》(*Method Element*,1889)和麦克默里(C. F. Mcmurry)兄弟的《一般方法要素》(*General Method Element*,1892)的发表,并将美国对赫尔巴特思想的研究推向了高潮,形成了赫尔巴特运动。后经杜威等人实用主义哲学和行为主义心理学的继承、批判与改造,导致教学论的心理学化,并随心理学派别的分歧和论争,相应地产生行为主义教学理论、认知教学理论和情感教学理论。

(二)当代主要教学理论流派

1. 哲学取向的教学理论

哲学取向的教学理论源于苏格拉底和柏拉图的"知识即道德"的传统。这种理论认为,教学的目的是形成人的道德,而道德又是通过知识积累自然形成的。为了实现道德目的,知识就成为教学的一切,依次便演绎出一种偏于知识授受为逻辑起点、从目的和手段进行展开的教学理论体系。这种理论的代表作有苏联达尼洛夫(М. А. Данилов,1889—1973)等的《教学论》(1957)、斯卡特金主编的《中学教学论》(1982)。这种理论的基本主张为以下几个方面。

(1)知识—道德本位的目的观。这种理论在目的范畴内提出了"教学目的或任务",如凯洛夫(И. А. Капроь,1893—1978)主编的《教育学》所说的,教学是指旨在依照共产主义教育的一般目的与具体任务,在学校中有计划地实现下列工作:以知识、技能和熟练技巧来武装学生,建立他们的共产主义世界观和有计划地发展他们的智力与道德;在教师领导之下,组织学生积极活动,以实现这种工作。王策三在《教学论稿》中把我国对"教学目的和任务"的种种表述概括为三句话:"第一,传授和学习系统的科学基础知识和基本技能;第二,在这个基础上发展学生的智力和体力;第三,在这个活动过程中培养学生共产主义世界观和道德品质。"

(2)知识授受的教学过程。凯洛夫主编的《教育学》中就把教学过程叙述为:① 授予学生并使他们领会具体的东西,使他们形成观念;② 理解所学习客体中的相同点与相异点,本质的、主要的和次要的地方,认清原因与结果、相互作用关系及其各种关系;③ 形成学生的概念,使他们认识定律、定理、规则、主导思想、规范及其他概括;④ 使学生牢固地领会事实与概括的工作;⑤ 技能和熟练技巧的养成和加强;⑥ 用实践来测验知识,把知识应用于包括创造性作业在内的各种课业中。

(3)科目本位的教学内容。这种教学理论在教学内容方面的主要特征为:①强调以书本知识为主,以讲授间接经验为主,沿袭了"百科全书式"的课程传统;②学科课程或分科课程占主导地位(到20世纪90年代后,我国的中小学课程计划才列入"活动类课程");③以学科逻辑来组织教材,强调教材的系统性;④课程的规范程度较高,习惯以教科书为课程的范本。

(4)语言呈示为主的教学方法。这种理论在教学方法上主要倡导的是讲授法。讲授法是教师通过口头语言向学生系统地传授知识的教学方法,包括讲述、讲解、讲演三种基本方式。其优点是:①利于教师充分发挥主导作用;②教师可以由易到难、由浅入深地传递信息,利于学生接受;③易于教师控制所传递的内容,单位时间的效率较高;④在短时间内传递大量具有系统性的信息。其局限性在于:①教师要具有较强的语言表达能力和组织听讲的能力;②不易发挥学生的主动性、独立性、创造性;③学生要具有较高的自觉性和听讲能力;④局限于教材系统性强的学科,局限于中学或较高年级的课堂。

哲学取向的教学理论源于理性主义,而后随着科学体系的分化,这种教学理论也不断地被赋予了新的主张。纵观不同教学理论流派的变革与发展,以哲学为主要取向的教学理论是形成最早、持续时间最长、影响范围最广的教学理论。哲学取向的教学理论以哲学、伦理学、价值论和认识论等作为理论基础,主要研究"教什么""为什么教"和"怎么教"的问题,研究方法以哲学思辨为主,力图建立一套关于如何进行教学的理论体系。其特征可以概括为:①有坚实的哲学基础,是一种"目的—手段"范式的教学理论研究;②以哲学思辨的研究方法为主,形成了"知识—道德"本位的目的观、知识授受的教学过程观、科目本位的教学内容观和以语言呈示为主的教学方法观;③这种教学理论强调掌握知识与教师在教学中的主导作用。其局限主要有:过分强调知识学习,忽略了学生情感发展和社会性发展;过分关注科目知识的涵盖面,忽视了知识的针对性和当下社会的具体问题;过分重视纪律的控制或教条的训练,缺失了对学生个人创造性的培养。

2. 行为主义教学理论

20 世纪初,以美国心理学家华生(J. B. Watson,1878—1958)为首发起的行为革命对心理学的发展进程影响很大。他在《行为主义者心目中的心理学》(*Psychology from the Standpoint of a Behaviorist*,1919)中指出,心理学是自然科学的一个纯客观的实验分支,它的理论目标在于预见和控制行为。因此,把刺激—反应作为行为的基本单位,学习即"刺激—反应"之间联结的加强,教学的艺术在于如何安排强化。由此派生出程序教学、计算机辅助教学、自我教学单元、个别学习法和视听教学等多种教学模式和方式。其中,以斯金纳(B. F. Skinner,1904—1990)的程序教学理论影响最大,其理论的基本主张为以下几个方面。

(1)预期行为结果的教学目标。斯金纳认为,"学习"即反应概率的变化;"理论"是对所观察到的事实的解释;"学习理论"所要做的,就是指出引起概率变化的条件。他还认为,人类与动物的行为可能取决于前提性事件,也可能取决于结果性事件,所以我们可以安排各种各样的反应结果,以决定和预见有机体的行为。

根据行为主义原理,教学的目的就是提供特定的刺激,以便引起学生的特定反应,所以教学目标越具体、越精确越好。美国教育心理学家布卢姆等人的教育目标分类学与行为主义的基本假设是相一致的。

(2)相倚组织的教学过程。所谓相倚组织,就是对强化刺激的系统控制。斯金纳认为,学生的行为是受行为结果影响的,若要学生作出合乎需要的行为反应,必须形成某种相倚关系,即在行为后有一种强化性的后果;倘若一种行为得不到强化,它就会消失。根据这一原理,形成了一种相倚组织的教学过程,这种教学过程对学习环境的设置、课程材料的设计和学生行为的管理作出了系统的安排,包括五个阶段:① 具体说明最终的行为表现:确定并明确目标,具体说明想要得到的行为结果,制定测量和记录行为的计划;② 评估行为:观察并记录行为的频率,如有必要,记录行为的性质和当时的情境;③ 安排相倚关系:作出有关环境安排的决定,选择强化物和强化安排方式,确定最后的塑造行为的计划;④ 实施方案:安排环境并告知学生具体要求;⑤ 评价方案:测量所想到的行为反应,重现原来的条件,测量行为,然后再回到相倚安排中去。

简单来看,行为主义者似乎关注的是“怎样教”,而不是“教什么”。事实上,根据行为科学的原理设计程序,直接涉及要教什么、不教什么,他们侧重的是行为,并要以一种可以观察、测量的形式来具体说明课程内容和教学过程。

(3)程序教学的方法。程序教学法是根据强化作用理论而来的。斯金纳认为,对有机体与其环境相互作用的一种适当的陈述,必须始终具体说明三件事:反应发生的场合;反应本身;强化结果。这三者之间的相互关系便是“强化相倚关系”(contingencies of reinforcement)。根据强化相倚关系,斯金纳设计了两种促使有机体行为变化所采用的技术:塑造和渐退。塑造是指通过安排特定的强化相倚关系使有机体做出他们行为库中原先不曾有过的复杂动作;渐退是指通过有差别的强化,缓慢地减少两种(或两种以上)刺激的特征,从而使有机体最终能对两种只有很小差异的刺激作出有辨别的反应。

20 世纪 60 年代兴起了两种均以斯金纳的学习理论为根据的教学理论与方法——掌握学习(mastery learning)与凯勒计划(又称个人化系统教学法,Personalized System of Instruction,简称 PSI)。关于掌握学习,国外相关的研究结果显示:①在中小学教学中,短期实施较长期实施有效;②由于它可以帮助学生克服学习困难,增加成就感,故经过这种训练的学生求学态度较为积极。另外,心理学家根据实验研究得出结论,PSI 这种自学辅导的教学方式,用之于大学生很有效。①

3. 认知教学理论

认知心理学家批判行为主义是在研究“空洞的有机体”,在个体与环境的相互作用上,认为是个体作用于环境,而不是环境引起人的行为,环境只是提供潜在刺激,至于这些刺激是否受到注意或被加工,取决于学习者内部的心理结构;学习的基础是学习者内部心理结构的形成和改组,而不是刺激—反应联结的形成或行为习惯的加强或改变,教学就是促进学习者内部心理结构的形成或改组。提出认知教学理论的是美国教育心理学家布鲁纳和奥苏贝尔等,其中影响较大的是布鲁纳的认知结构教学理论,其理论的基本主张为以下几个方面。

(1)理智发展的教学目标。布鲁纳认为,发展学生的智力应是教学的主要目的。他在《教育过程》(*The Process of Education*)中指出,必须要强调教育的质量和理智的目标,也就是说,教育不仅要培养成绩优异的学生,而且要帮助每个学生获得最好的理智发展。教育主要是“培养学生的操作技能、观察技能、想象技能以及符号运算技能”。

(2)动机—结构—序列—强化原则。布鲁纳提出了相应的四条教学原则:第一,动机原则。学习取决于学生对学习的准备状态和心理倾向。学生对学习都具有天然的好奇心和学习的愿望,问题在于教师如何利用学生的这种自然倾向,激发学生参与探究活动,从而促

① 张春兴. 教育心理学——三化取向的理论与实践[M]. 杭州:浙江教育出版社,1998:200 - 201.

进学生智慧的发展。第二,结构原则。即要选择适当的知识结构,并选择适合于学生认知结构的方式,才能促进学习。这意味着教师应该认识到教学内容与学生已有知识之间的关系,知识结构应与学生的认知结构相匹配。第三,序列原则。即要按最佳顺序呈现教学内容。由于学生的发展水平、动机状态、知识背景都可能会影响教学序列的作用,因此,如果发现教学效果不理想,教师就需要随时准备修正或改变教学序列。第四,强化原则。即要让学生适时地知道自己学习的结果。但需要注意的是,教师不应提供太多的强化,以免学生过于依赖教师的指点。另外,要逐渐从强调外部奖励转向内部奖励。

(3)学科知识结构。布鲁纳认为,任何学科知识都是一种结构性存在,知识结构本身具有理智发展的效力。他认为学习基本结构有四个好处:第一,如果学生知道了一门学科的基本结构或逻辑组织,就能理解这门学科;第二,如果学生了解了基本概念和基本原理,有助于学生把学习内容迁移到其他情境中去;第三,如果把教材组织成结构的形式,有助于学生记忆具体细节的知识;第四,如果给予学生适当的学习经验和对结构的合理陈述,即便是年幼儿童也能学习高级的知识,从而缩小高级知识与初级知识之间的差距。

(4)发现学习法。布鲁纳认为,学生的认知发展主要是遵循其特有的认识程序。学生不是被动的知识接受者,而是积极的信息加工者。教师的角色在于创设可让学生自己学习的环境,而不是提供预先准备齐全的知识。因此,他极力倡导使用发现学习法,强调学习过程,强调直觉思维,强调内在动机,强调信息提取。

布鲁纳的教学理论是为了适应教育现代化要求的一种可贵探讨,其理论曾促进了美国20世纪60年代中小学的课程与教学改革,但实践证明,这种教学理论在运用时是有条件的。第一,其使用的先决条件是学生具有相当的背景知识和技能,这在多半缺乏知识经验的小学中低年级是很难使用的一种教学方式。第二,发现学习法之下的学生在自行探索问题答案的过程中,往往会因遇到的困难得不到老师的帮助而感到气馁,这种情况可能会降低学生的知欲水平。第三,班级团体中的个体差异会造成学生发现问题答案的先后不一,这会对较慢得出答案的学生造成不良的精神压力。第四,采用发现学习法时,一般是以团体讨论的方式展开课堂活动的,而团体讨论自身固有的一些缺点也就决定了发现学习法的局限性。①

4. 情感教学理论

20世纪60年代以来,人本主义作为心理学的第三势力崛起,力陈认知心理学的不足在于把人当作“冷血动物”,即没有情感的人,主张心理学要想真正成为关于人的科学,应该探讨完整的人,而不是把人分割成行为、认知等从属方面。人本主义心理学家认为,真正的学习涉及整个人,而不仅仅是为学习者提供的事实。真正的学习经验能够使学习者发现自己独特的品质,发现自己作为一个人的特征。教学的本质即促进,促进学生成为一个完善的人。美国人本主义心理学家罗杰斯(C. R. Rogers,1902—1987)的非指导性教学就是这一流派的代表,其基本主张为以下几个方面。

(1)教学目标。罗杰斯认为,最好的教育,目标应该是“充分发挥作用的人、自我发展的

---

① 张春兴. 教育心理学——三化取向的理论与实践[M]. 杭州:浙江教育出版社,1998:218.

人和形成自我实现的人”。在他看来,只有这样的人,才能建设性地处理某个领域复杂的问题。他指出:学校要培养的人就是能从事自发的活动,并对这些活动负责的人;能理智地选择和自定方向的人;是批判性的学习者,能评价他人贡献的人;获得有关解决问题知识的人;更重要的是,能灵活和理智地适应新的问题情境的人;在自由和创造性地运用所有有关经验时,能灵活地选择问题处理方式的人;能在各种活动中有效地与他人合作的人;不是为了他人的赞许,而是按照他们自己的社会化目标工作的人。

(2)非指导性教学过程。罗杰斯把心理咨询的方法移植到教学中来,为形成促进学生学习的环境而构建了一种非指导性的教学模式。这种教学过程以解决学生的情感问题为目标,包括五个阶段:① 确定帮助的情境,即教师要鼓励学生自由地表达自己的情感;② 探索问题,即鼓励学生自己来界定问题,教师要接受学生的情感,必要时加以澄清;③ 形成见识,即让学生讨论问题,自由地发表看法,教师给学生提供帮助;④ 计划和抉择,即由学生计划初步的决定,教师帮助学生澄清这些决定;⑤ 整合,即学生获得较深刻的见识,并作出较为积极的行动,教师对此要予以支持。

(3)意义学习与非指导性学习。罗杰斯按照某种意义的连续,把学习分成无意义学习和意义学习。无意义学习(如记忆无意义的音节)只与心有关,它是发生在“颈部以上”的学习,没有情感或个人的意义参与,与全人无关。意义学习不是那种仅仅涉及事实累积的学习,而是一种使个体的行为、态度、个性以及在未来选择行动方式时发生重大变化的学习。这不仅仅是一种增长知识的学习,而且是一种与每个人各部分经验都融合在一起的学习。这种意义学习主要包括四个要素:第一,学习具有个人参与的性质;第二,学习是自我发起的,即使有来自外界的推动力或刺激,但要求发现、获得、掌握和领会的感觉是来自内部的;第三,学习是渗透性的;第四,学习是由学生自我评价的。

(4)师生关系的品质。罗杰斯认为,教师作为“促进者”在教学过程中的作用表现为四个方面:① 帮助学生澄清自己想要学什么;② 帮助学生安排适宜的学习活动与材料;③ 帮助学生发现他们所学东西的个人意义;④ 维持某种滋育学习过程的心理气氛。但是,发挥促进者的作用,关键不在于课程设置、教师知识水平及视听教具,而在于“促进者和学习者之间的人际关系的某些态度品质”。这种态度品质包括三个方面:真诚、接受、理解。

罗杰斯的教学主张一向被称作“学生中心的教育”,这种教学理论降低了教师在教学中的地位与作用。不可否认,情感教学理论强调在教学过程中注重人际关系,注重激发学生的学习动机,满足学生合理的需要,这对于学生个性与创造力的发展有很大的促进作用。从教育哲学的观点来看,人本主义心理学的主张是很崇高的教育理想。然而,面对社会现实,除非人本主义心理学的教育理想完全实现,它才能避免批评。遗憾的是,在人本主义教育运动推行十几年之后,美国中小学生的学业成就反而呈现下降趋势。人们指出了其情感教育未见成效的四个因素,即缺乏明确的目标、缺乏周详的设计、缺乏评量依据、理念缺乏共识。①

① 张春兴. 教育心理学——三化取向的理论与实践[M]. 杭州:浙江教育出版社,1998:283.

5. 建构主义教学理论

建构主义(constructivism)是一种在哲学、心理学和人类学理论基础上发展起来的关于知识与学习的理论,它关注的是知识是什么,一个人如何获得知识的问题。早期建构主义教学理论的代表人物主要有皮亚杰、维果斯基和布鲁纳;新近建构主义的代表人物主要有加德纳(Howard Gardner)、古德曼(Nelson Goodman)、布鲁克思(Jacoqueline G. Brooks and Martin G. Brooks)。建构主义认为,学习是在社会文化背景下,通过人与人之间的协作活动而实现的意义建构的过程。其核心观点是知识是建构的,而不是传授的。

(1)知识观。建构主义者一般强调,知识并不是对现实的准确表征,它只是一种解释、一种假设,并不是问题的最终答案。而且,知识不可能以实体的形式存在于具体个体之外,尽管我们通过语言符号赋予了知识一定的外在形式,甚至这些命题还得到了较普遍的认可,但这并不意味着学习者会对这些命题有同样的理解,因为这些理解只能由个体基于自己的经验背景而建构起来,它取决于特定情境下的学习历程。学生对知识的"接受"只能靠自己的建构来完成,以自己的经验、信念为背景来分析知识的合理性。学生的学习不仅是对新知识的理解,而且也是对新知识的分析、检验和批判。

(2)学习观。建构主义者认为,知识不是通过教师的传授获得的,而是学习者在一定的情境即社会文化背景下,借助其他人(包括教师和学习伙伴)的帮助,利用必要的学习资料,通过意义建构的方式获得的。学习是个体建构自己知识的过程,这意味着学习是主动的,学生不是被动的刺激接受者,他要对外部信息作主动的选择和加工,因而不是行为主义所描述的刺激—反应过程。而且,知识或意义也不是简单地由外部信息决定的,外部信息本身没有意义,意义是学习者通过新旧知识经验间反复的、双向的相互作用过程建构而成的。其中,每个学习者都在以自己原有的经验系统为基础对新的信息进行编码,建构自己的理解,同时原有知识又因为新经验的进入而发生调整和改变,所以学习并不简单是信息的积累,它也包含由于新旧经验的冲突而引发的观念转变和结构重组。学习过程并不简单是信息的输入、存储和提取,而是新旧经验之间的双向的相互作用过程。①

(3)课程观。建构主义者强调,用情节真实、复杂的故事呈现问题、营造解决问题的环境,以帮助学生在解决问题的过程中活化知识,变事实性知识为解决问题的工具;主张用产生于真实背景中的问题启发学生思维,并以此支撑和鼓励学生解决问题的学习、基于案例和项目的学习,进而以此方式参与课程的设计与编制;主张课程既要基于学科,又要超越学科,面向真实世界,从而使教学始于课堂,走出课堂,融于社会。

(4)教学观。建构主义者强调,教学通过设计重大的任务或问题来引导学习和支撑学习的积极性,帮助学习者成为学习主体。建构主义学习环境由情境、协作、会话和意义建构四个要素构成。其中,情境是意义建构的基本条件,教师与学生之间、学生与学生之间的协作,以及会话是意义建构的过程,而意义建构则是建构主义学习的目的。

(5)学生观。建构主义者强调,学生并不是空着脑袋走进教室的。在日常生活中,在以

① 袁振国.当代教育学(修订版)[M].北京:教育科学出版社,2004:184.

往的学习中,他们已经形成了丰富的经验,往往会依靠他们的认知能力,形成对问题的某种解释。而且,这种解释并不都是胡乱猜测,而是从他们的经验背景出发推出的合乎逻辑的假设。所以,教学要把学生现有的知识经验作为新知识的生长点,引导学生从原有的知识经验中“生长”出新的知识经验。

(6)教学模式。在建构主义教学理论的框架下,产生了一系列新的教学模式,在此简要介绍其中较为典型的两种模式。

①支架式教学,是指为学习者构建知识体系、提供概念框架的教学。其具体过程为:进入情境→搭建支架,引导探索→学生独立探索→协作学习→效果评价。

②抛锚式教学,其主要目的是使学生在一个完整、真实的问题情境中产生学习的需要,并通过学习共同体中成员间的互动、交流,即合作学习,凭借自己的主动学习、生成学习,亲身体验完成从识别目标到提出和达到目标的全过程。抛锚式教学不同于通常课堂上以“知识传递”为目的的教学,它在教学中利用以逼真情节为内容的影像作为“锚”为教与学提供一个可以依靠的宏情境(macrocontext),进而使学习者对教学内容进行探索。① 抛锚式教学的基本目的不是提高学生在测验中的分数,而是为了帮助学生提高达到目的的能力。其基本环节为:创设情境——→确定问题——→自主学习——→协作学习——→效果评价。

表 7-1 传统课堂与建构主义课堂的比较②

传统课堂	建构主义课堂
• 课程内容的传递是从部分到整体的,而且强调基本技能的掌握。	• 课程内容的呈现是从整体到部分的,而且强调核心概念的掌握。
• 强调教师严格坚持课程内容的顺序性。	• 鼓励教师回答学生的问题。
• 课堂教学活动必须依靠教材和练习册进行。	• 课堂教学活动的开展依靠原始的资料和可操作的材料进行。
• 学生被看成一块白板,教师是在这块白板上雕刻信息的人。	• 学生被看成一个有思想的人,他们有自己关于周围世界的看法。
• 教师基本上被看成一个向学生传授信息的说教者。	• 教师基本上被看成一个为学生创造良好学习环境的互动者。
• 教师通常是通过寻找正确答案来促进学生有效的学习。	• 为了了解学生已经掌握的概念对今后学习的作用,教师通常会积极探查学生的学习问题。
• 通过与教学活动分离的测验来评价学生的学习。	• 评价是伴随着教学进行的,评价的方法不仅有观察,而且还有学生的才能展示和学习档案袋。
• 学生的学习通常是个人的事。	• 学习通常是通过小组进行的。

① 高文.教学设计研究——荷兰土温蒂大学 Sanne Dijkstra 教授访谈录[J].全球教育展望,2001(1):8-14.

② Brooks, J. G. and Brooks, M. G.. In search of understanding: the case for constructivist classrooms[M]. Alexandria: ASCD Products, 1999:17.

建构主义教学模式的共同点在于反对传统教学中的机械客观主义,主张知识是在主体与环境、他人的交互作用中建构的,同时,知识不是绝对的和中立的,而是相对的和蕴含了主体的价值观的。因此,建构主义教学理论在本质上是对人的主体价值给予了充分肯定的理论。

当然,在承认建构主义理论对教学实践变革有重要启示的同时,也必须清楚,建构主义理论并非是完美无缺的,它只能被看作进行教学改革的重要理论之一,尤其是这种理论在我国中小学课堂的应用尚需各方面的条件支持。即便是在美国,学者们关于建构主义理论对实践的影响也有不同的看法。古德和布罗菲(Good and Brophy)在《透视课堂》一书中指出:"建构主义教学非常吸引人但困难不小。"近年来,在美国学者关于建构主义教学是成功还是失败的辩论中,对于"直接教学与建构主义教学孰优孰劣"的问题形成的基本共识是:以直接讲授为主的传统教学(即"直接教学")可以在结构良好的学科领域(如数学、物理等学科)取得较好的教学效果,但在结构不良的学科领域(如医疗诊断等),建构主义教学方法可以导致学生的优异成绩。这里所说的建构主义教学方法通常包括"发现式"方法、"探究式"方法以及"基于问题""基于情境""基于资源"等方法。① 尽管在与传统教学方式的比较后,许多学者认为建构主义教学有其显明的积极意义与良好效果,但并不能因此就认为它是可以适合所有情境的最佳教学程式。其实,只有因情因境而教才可能达成有效的教学。

第二节　课堂教学设计

一、教学设计概述

(一)教学设计的含义

何谓教学设计(instructional design)? 教学设计专家格斯塔弗森(K. L. Gustafson)指出,"教学设计"这一术语被用以描述包括分析教学内容、确定教学方法、指导实验和修改以及评定学习的整个过程。② 布里格斯(L. J. Briggs)认为,"教学设计是分析学习需要和目标以形成满足学习需要的传送系统的全过程。"③瑞奇(R. Richey)进一步认为,教学设计是"为了便于学习各种大小不同的学科单元,而对学习情境的发展、评价和保持进行详细规划的科学"④。可见,格斯塔弗森倾向于从过程的角度对教学设计加以定义,这与西方教学理论界另一个常用的术语"教学开发"(instructional development)更加相近;布里格斯和瑞奇更是根据系统的特性,描述了教学设计的特征,即系统性。

我国学者认为,教学设计是指"对整个教学系统的规划,是教师教学准备工作的组成部分,是在分析学习者的特点、教学目标、学习内容、学习条件以及教学系统组成部分特点的基础上统筹全局,提出教学具体方案,包括一节课进行过程中的教学结构、教学方式、教学

---

① 何克抗. 对美国"建构主义教学:成功还是失败?"大讨论的述评[J]. 电化教育研究,2010(10):5-24.

② Husen, Torsten & Postlethwaite, T. Nneville. The international encyclopedia of education (2nd ed.)[M]. Oxford:Pergamon Press,1994,Vol 5:2875.

③④ 孙可平. 现代教学设计纲要[M]. 西安:陕西人民教育出版社,1998:1.

方法、知识来源、板书设计等”①。或“教学设计是以获得优化的教学效果为目的,以学习理论、教学理论和传播理论为理论基础,运用系统方法分析教学问题、确定教学目标、建立解决教学问题的策略方案、试行解决方案、评价试行结果和修改方案的过程”②。也有学者认为,“教学设计就是为了达到一定的教学目的,对教什么(课程、内容等)和怎么教(组织、方法、传媒的使用等)进行设计”③。还有学者认为,教学设计是指在实施教学之前,依据学习论和教学论的原理,用系统论的观点和方法对教学的各个环节统筹规划与安排,为学生和学习创设最优环境和准备过程。④

尽管对教学设计概念的界定不同,但教学设计的过程实际上就是为教学活动制定蓝图的过程。通过教学设计,教师可以对教学活动的基本过程有个整体的把握,可以根据教学情境的需要和教学对象的特点确定合理的教学目标,实施可行的评价方案,从而保证教学活动的顺利进行。另外,通过教学设计,教师还可以有效地掌握学生学习的初始状态和学习后的状态,从而及时调整教学策略、方法,采取必要的教学措施,为下一阶段的教学奠定良好的基础。所以,**课堂教学设计**就是教师根据班级学生的实际需要和特点以及所教课程的内容,将课程目标转化为单元或课时目标,并对这种目标加以分解和细化,据此选择适当的教学模式、教学策略、教学方法和教学程序,对照目标检测教学效果的一种安排。

(二)教学设计的特征

1. 指导性

教学设计是教师为组织和指导教学活动精心设计的施教蓝图,是教师有关下一步教学活动的一切设想,如将要达到的目标、所要完成的任务、将要采取的各种教学措施等均应反映在教学设计中。

2. 统合性

教学是由多种教学要素组成的一个复杂系统,教学设计则是对这诸多要素的系统安排与组合。以系统、科学的方法指导教学设计,这是科学的教学设计与实际经验的教学设计的重大区别。从系统、科学的方法出发,就是要求对由诸多要素构成的教学活动进行综合的、整体的规划与安排。

3. 操作性

教学设计既有一定的理论色彩,但又明确指向教学实践。在教学设计方案中,各类教学目标被分解成具体的、操作性的目标,教学设计者对教学内容的选择、教学方法的运用、教学时间的分配、教学环境的调适、教学评价手段的实施都作了具体明确的规定和安排,成为教师组织教学的可行依据。

4. 预演性

教师进行教学设计的过程,实质上就是实际教学活动的每个环节、每个步骤在教师头

---

① 顾明远.教育大辞典:第1卷[M].上海:上海教育出版社,1990:210-211.
② 王辉,等.学校教育技术操作全书[M].北京:经济日报出版社,1999:577.
③ 李伯黍,等.教育心理学[M].上海:华东师范大学出版社,1993:297.
④ 皮连生,刘杰.现代教学设计[M].北京:首都师范大学出版社,2005:3.

脑中的预演过程。这一过程带有较强的预演性和生动的情境性。它能使教师如临真实的教学情境,对教学过程的每一个细节周密考虑、仔细策划,为教学活动的顺利进行提供可靠保证。

5. 凸显性

教师在设计教学方案时,可以有目的、有重点地突出某一种或某几种教学要素,以达到特定的教学目标。如教师可以在教学方案中突出某一教学方法的运用、某一部分教学内容的讲述、某一种新教学环境的设计,从而使教学活动重点突出、特色鲜明、富有层次感。

6. 易控性

这一特点表现在两个方面:一是由于教学设计是对教学活动的预先规划和准备,教师有充足的时间对整个教学过程进行周密计划、反复检查;二是教学设计要确定明确的教学目标,教学目标对教学活动的诸要素具有较强的控制作用,既控制着教学活动的方向,也控制着教学活动的大致进程、内容、程序和活动中主客体间的动态关系。

7. 创造性

教学设计的过程,实际上也就是教师根据不同的教学目标和不同学生的特点,创造性地思考、设计教学实施方案的过程。而且,由于教学设计同教师个人的教学经验、风格、智慧紧密结合在一起,每个教师设计的教学方案都会不同程度地带有个人风格与色彩,因而它为教师个人创造才能的发挥提供了广阔天地。

(三)教学设计的依据

1. 现代教学理论

理论的指导是教学设计由经验层次上升到理性、科学层次的一个基本前提。现代教学理论是指导现代教学实践的基本依据。通过教学理论的指导,不仅可以避免教师教学设计的盲目性,而且可以促使教师的教学设计由感性经验层次上升到理性科学层次,从而最大限度地保证教学设计的合理性与有效性。

2. 系统科学的原理与方法

运用系统方法分析课堂教学系统中各因素的地位和作用,使各因素得到最紧密、最佳的组合,从而优化课堂教学效果,是教学设计的一个基本特征,同时也是教学设计成功与否的关键所在。

3. 教学的实际需要

教学设计的全部意义就在于满足教学活动的实际需要,在于为实现这种需要提供最优的行动方案。

4. 学生的需要和特点

教学设计的基本特征之一就是它既关心“教”,又关心“学”。教是为了学,学是教的依据和出发点,教师的教必须通过学生积极主动的学才能起到有效作用。

5. 教师的教学经验

教师在教学设计中,既不能完全依据经验行事,也不能排斥教学经验的作用。只有将科学的理论和方法与好的教学经验结合起来,才能使教学设计既有共性,又有个性,并最终达到科学性和艺术性的有机统一。

二、教学设计的程序与模式

(一)教学设计的基本程序

教学设计作为对教学活动系统规划、决策的过程,其程序有:①规定教学的预期目标,分析教学任务,尽可能用可观察和可测量的行为变化来作为教学结果的指标;②确定学生的起点状态,包括他们原有的知识水平、技能和学习动机、状态等;③分析学生从起点状态过渡到终点状态应掌握的知识技能或应形成的态度与行为习惯;④考虑用什么方式和方法给学生呈现教材,提供学习指导;⑤考虑用什么方法引起学生的反应并提供反馈;⑥考虑如何对教学的结果进行科学的测量与评价。

上述基本程序集中体现了教学设计的四个基本要素。

(1)教学所要达到的预期目标是什么?(教学目标)

(2)为达到预期目标,应选择怎样的知识经验?(教学内容)

(3)如何组织有效的教学?(教学策略、教学媒体)

(4)如何获取必要的反馈信息?(教学评价)

这四个要素从根本上规定了教学设计的基本框架,无论在何种范围内进行教学设计,教学设计者都应当综合考虑这四个基本要素,否则,所形成的教学设计方案将是不全面、不完整的。

(二)教学设计的常用模式

1. 系统分析模式

系统分析模式是在借鉴工程管理科学的某些原理基础上形成的。这种模式将教学过程看作一个“输入—产出”的系统过程,“输入”是学生,“产出”是受过教育的人。这一模式强调以系统分析的方法对教学系统的“输入—产出”过程及系统的组成因素进行全面的分析、组合,借此获得最佳的教学设计方案。系统分析模式的设计思想一般如图7－6所示。

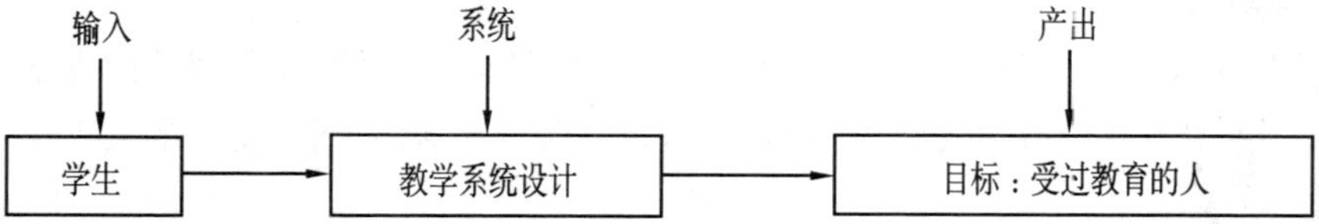

图7－6 系统分析模式

美国心理学家加涅(R. M. Gagné,1916—2002)和布里格斯提出了系统分析模式应遵循的10个基本步骤:①分析和确定现实的需要;②确定教学的一般目标及特定目标;③设计诊断或评估的方法;④形成教学策略,选择教学媒体;⑤开发、选择教学材料;⑥设计教学环境;⑦教师方面的准备;⑧小型实验,形成性评价及修改;⑨总结性评价;⑩系统的建立和推广。

2. 目标模式

这一模式又称系统方法模式,是由美国教学设计专家迪克(W. Dick)和科瑞(L. Carey)

提出的。[1] 其基本程序呈直线型,如图7-7所示。

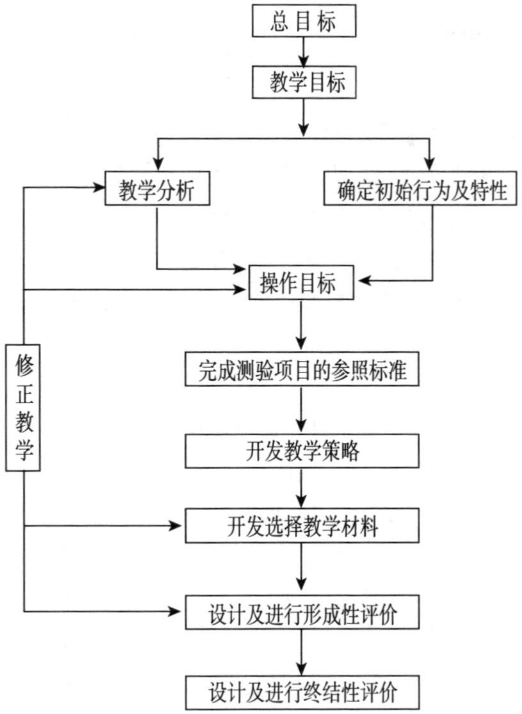

图7-7 目标模式

(1)确定教学目标。即根据总目标确定教学的行为目标,行为目标应对学生学习活动的预期结果、课程中的重点难点及其他特殊要求有明确的规定。

(2)进行教学分析。确定教学目标后,要通过对目标的进一步分析,确定学生应掌握的各种知识、技能和技巧,并确定掌握某种技巧的过程或步骤。

(3)分析学生的现实发展水平。学生的现实发展水平主要指学生已有的知识、能力水平、学习准备状态和一般的身心发展特点,这些情况都是教师必须事先予以认真分析和准确把握的。

(4)列出操作目标。在完成前三项工作的基础上,教师要进一步列出具体的、可操作的目标,即对已确定的教学目标作进一步分解和细化。

(5)确定测验项目的参照标准。这项工作要求以教学目标为依据,设立测验项目的要求与目标所陈述的行为类型的应有关联。

(6)确定教学策略。为达成预定的目标,教师必须考虑采用何种教学策略和方法来有效地实施教学。

(7)选择教学材料。这项工作要求教师根据教学需要,合理选择和利用有用的资源,如教学材料、学生学习指南、教师指导书和试卷等。

① 李定仁.大学教学原理与方法[M].北京:科学出版社,1994:211-212.

(8)进行形成性评价。教师或教学设计人员可以从三类形成性评价中获得有益的反馈,即个体评价、小组评价和学科评价。

(9)修正教学。根据形成性评价所得到的资料,发现教学中的不足之处,从而修正教学方案。

这一模式的基本特点是强调教学目标的基点作用,它最接近教师的实际教学,即在课程规定的教学内容、教学目标的条件下,如何根据学生的初始状态传递教学信息。因为多数教师还不具备良好的课程开发能力,还不能够改变现有的课程及其所规定的教学内容和教学目标,他们只能在微观上研究"如何教"的问题,即怎样更快、更好地组织教学信息并用有效的方法传递给学生。因此,这种模式设计过程系统性强,具体的设计步骤环环相扣,易于操作。

3. 过程模式

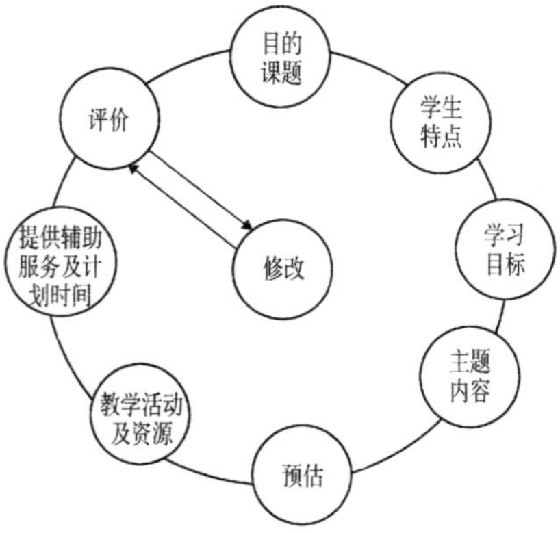

图 7-8 过程模式

过程模式是由美国新泽西州立大学教授肯普(G. E. Kemp)提出的。[①] 这一模式与目标模式的主要区别在于,它的设计步骤是非直线型的,设计者根据教学的实际需要,可从整个设计过程的任何一个步骤起步,向前或向后。具体设计过程如图 7-8 所示。

过程模式的设计步骤主要有:①确定教学目的和课题,主要是解决在教学中想要完成什么的问题;②列出学生的重要特点,如学生的一般特征、能力、兴趣和需求等;③确定学习目标,并向学习者陈述;④确定学习的主题内容,主要是将学习内容具体化和操作化,如列出所要学习的事实、概念、原理等;⑤预测学生已有的学习准备状况,如已有的知识经验水平和学习能力等;⑥构思教学活动方式和策略,选用教学活动的资源;⑦计划教学活动进行的时间安排;⑧即时评定学生学习目标的达成状况,适应性地评价和修正教学方案。

这一模式的基本特点是灵活、实用,教学设计人员可以根据教学情境的需要有侧重地设计教学方案。

三、教学设计的基本内容

(一)教学目标设计

1. 教学目标设计的含义

教学目标设计是对教学活动预期所要达到的结果的规划,它是教学设计的重要环节。合理的教学目标是保证教学活动顺利进行的必要条件,因为:①教学目标规定着教学活动的方向、进程和预期结果;②教学目标是评价教学效果的基本依据;③教学目标是学习者自

① 李定仁. 大学教学原理与方法[M]. 北京:科学出版社,1994:213-214.

我激励、自我评估、自我调控的重要手段。

2. 教学目标设计的步骤

(1)钻研课程标准,分析课程内容。

(2)分析学生已有的学习状态。

(3)确定教学目标分类。

(4)列出综合性目标。

(5)陈述具体的行为目标。

3. 教学目标的表述

一个规范、明确的行为目标的表述,应当包含以下四个要素。①

(1)行为主体。行为主体指的是学习者,因为行为目标描述的是学生的行为,而不是教师的行为。

(2)行为动词。行为动词用以描述学生所形成的可观察、可测量的具体行为。

(3)情境或条件。即指影响学生产生学习结果的特定的限制或范围,主要说明学生在何种情境下完成指定的操作。对条件的表述有四种类型:①使用手册和辅助手段或者不允许使用;②提供信息和提示;③使用工具和特殊设备或者不用;④完成行为的情境。

(4)表现水平或标准。即指学生对目标所达到的最低表现水准,用以评量学习表现或学习结果所达到的程度。

(二)教学内容设计

教学内容设计是教师认真分析教材、合理选择和组织教学内容以及合理安排教学内容的表达或呈现的过程。它是教学设计最关键的环节,是教学设计的主体部分,其质量高低直接影响教学活动的成败。

有关研究表明:识别不同类型的知识,并针对不同类型的知识特点进行教学设计,是教学内容设计的重要方面。从教学设计的角度考虑,一般将知识分为以下三类。②

1. 陈述性知识及其教学设计

陈述性知识,主要是有关"是什么"的知识。这类知识可分为:①有关事物的名称或符号的知识;②简单命题知识或事实知识;③有意义命题的组合知识,即经过组织的言语信息。中小学各个学科中的部分知识,如数学、物理中的基本事实、概念、命题、原理等,化学中的元素符号、分子式、化学反应方程式,体育中的动作要领等,历史、地理中的人物、事件、地点、时间等,都属于陈述性知识。

在陈述性知识的教学设计中,要将设计的重点放在如何帮助学生有效地理解、掌握这类知识上,注重学生对其符号或词语意义的获取。教师在具体设计过程中应注意以下方面:①找出新知识与原有相关知识的结合点,讲清二者间的相互联系,以帮助学生在理解的

---

① 傅道春.教师技术行为[M].哈尔滨:黑龙江教育出版社,1994:153-155.

② 傅道春.教师技术行为[M].哈尔滨:黑龙江教育出版社,1994:149-152.

基础上有效吸收、同化新知识;②对学生的学习准备状况作认真分析,除了解学生的一般学习状况外,还应对学生已有的知识准备、知识结构、学习动机和学习习惯作深入分析;③恰当引入教学媒体,如教具、学具的使用,教材呈现手段的变化等。

2. 程序性知识及其教学设计

程序性知识是有关"怎么办"的知识,是关于方法和应用的知识。语文中的句子规则,数学、物理、化学中的大部分知识,体育中的动作技能等,都属于程序性知识。

程序性知识的教学设计应确定的教学目标,主要就是帮助学生形成运用概念、规则和原理解决问题的能力。为达成这一目标,程序性知识教学要有充分的练习设计。在设计概念练习时,应注意充分应用正反例。呈现正例有助于概括和迁移,但也可能导致泛化;呈现反例有助于辨别,使概念精确。规则的学习掌握也应配一些练习,及时引导学生将新学习的规则应用于问题解决的情境中,做到一遇到适当的条件,便能立即作出反应。总之,教师在进行这类知识的教学设计时,要对讲授与练习的时间合理规划,使规则、概念的掌握与解决问题技能的形成在课堂教学中都能得到有效保障。

3. 策略性知识及其教学设计

策略性知识也是回答"怎么办"的知识,它与程序性知识的主要区别在于,它所处理的对象是个人自身的认知活动和个体调控自己认知活动的知识。这类知识是渗透在各科学习之中的,没有专门和具体的学科内容。

策略性知识分为两级水平:较低级的为一般学习活动的策略知识,如控制与调节注意的策略、记忆策略和提取策略等;较高级的为创造思维策略知识,这类策略往往是因时、因人、因内容而异的一个推理过程,难以程式化,目前尚未明确分类。根据策略性知识的特点进行教学设计,需要解决三个难题:①课程问题。传统的课程没有把认知策略的训练作为一个重要目标,教材中缺乏相应的内容。②教师问题。策略活动是一种内在的思维活动,怎样使这种内隐的活动让学生仿效,关键是教师要善于描述其内在思维,使学生可以想象。③学生问题。学生的认知策略制约着策略性知识的教学,因而注重对学生进行认知策略训练,是教学设计的一个重要部分。例如,通过提问控制学生的注意,使之逐步由外界控制变成自我控制;教会学生在听课和看书时如何做笔记;还可以教会学生如何将知识加以组织与意义加工,促进和便于回忆等。总之,要搞好策略性知识的教学设计,教师必须首先学习和掌握有关学习策略、认知策略方面的知识,加强策略教学的训练,同时注意挖掘课程中的策略性知识内容,并在此基础上根据策略性知识的特点和学生学习的特点进行有针对性的教学设计。

从总体上看,三种类型知识的教学设计都要遵循以下要求。

(1)要选择适宜贴切的内容。其一,与目标无关或关系不大的内容必须删除;其二,所选内容在学生的"最近发展区"内,既以学生的心理水平为基础,又有发展性;其三,所选内容要有启发性,能锻炼学生的思维、启迪其心灵。

(2)组织内容时要把逻辑顺序和心理顺序相结合。逻辑顺序即知识系统的内在逻辑体系,心理顺序即学生学习活动内在的认知规律。因为两者在很多情况下不一致,例如"细胞"在逻辑上是单纯的知识,但是学生理解起来远比理解复杂的高等植物和动物要困难,所以设计教学内容时必须考虑两者的顺序。

(三)教学时间设计

学校教学活动总是在一定的时间内进行的,教学时间是影响教学活动的一个重要因素,控制和改变教学时间在一定程度上也就意味着控制和改变教学活动。

教学时间设计主要包括以下几方面。

1. 把握好整体时间分配

即主要指教师在设计教学时,首先应对一学期甚至一学年教学时间的总体分配情况做到心中有数,并依据课程标准的规定和教学的实际需要对整体教学时间(一般以学期为限)作出合理规划。其次应对每节课的教学时间分配有个合理的安排,如导课(包括组织教学和检查复习)需要几分钟,新课的讲解(包括讲授新课和巩固新课)需要多长时间,是否要给学生时间讨论,布置课外作业需要几分钟,等等。

2. 保证学生的实际学习时间

教师应通过加强管理,尽可能减少学生的迟到、早退及无故缺勤现象,同时也避免自身缺课。

3. 科学规划单元课时

教师在进行单元课时设计时,应分析学生已有的知识准备状况,找出单元内容包含的知识点以及重点、难点,并在此基础上确定每个单元所需的教学时间。

4. 注意学生的专注学习时间

研究表明,学生每天的学习能力都有高低变化,每天学习能力最强的时间是上午二三节课期间,较差的时间是下午第一节课。此外,学生的年龄不同,学习的有效持续时间也不相同。根据测量研究,学生不产生疲劳的适当学习时间是:6~8岁为30~40分钟,9~12岁为40~50分钟,13~15岁为50~60分钟。

5. 防止教学时间遗失

教师在教学设计过程中一定要把握好每个环节,精心设计好每项内容,同时又要对课堂上可能出现的问题及处理办法有一定的预测和心理准备。只有这样,在课堂上才有可能避免教学时间遗失现象的发生。

(四)教学措施设计

1. 教学方法的选择与设计

教师在选择教学方法时,要遵循以下一些步骤和要求:首先,要明确选择教学方法的标准。一般的选择标准主要有:①根据具体的教学目标、教学任务、教学进度和教学时间选择教学方法;②根据学生的学习特点选择教学方法;③根据教师的特点选择教学方法;④根据现有的教学条件选择教学方法。其次,尽可能广泛地了解有关新的教学方法,以便自己选择。再次,对各种可供选择的教学方法进行比较,主要比较他们之间的特点、适用范围、优越性和局限性等。

2. 教学媒体的选择与设计

教学媒体内涵广泛,既包括常规意义上的语言、文字、粉笔、黑板等传统媒体,也包括幻灯、录音、录像、电影、电视、电脑和互联网等各种现代教学媒体。教学媒体特别是现代教学媒体的运用,为教学信息的便捷、高效传递提供了可能,为教学质量的提高奠定了物质基础。要想使教学媒体发挥出应有的作用,必须从以下几方面考虑媒体的选择与设计。

(1)依据教学目标选择教学媒体。在选择教学媒体时,应首先考虑媒体的使用是否有利于达成特定的教学目标,是否符合具体教学任务的实际需要,是否切合教学内容的性质和特点。

(2)依据教学对象的特点选用教学媒体。选用教学媒体时必须考虑学生的年龄特点和学习的实际需要,以最充分地利用媒体的优势激发学生的学习兴趣,发展他们的学习潜能。

(3)依据媒体的技术特性选择教学媒体。具体有两方面要求:一要考虑各种媒体的技术特点和功能。二要考虑教师能否熟练地操作所选媒体,以及运用媒体是否有助于发挥自己教学的特长。

(4)依据经济条件选择教学媒体。媒体的选择要本着经济有效、量力而行的原则行事,在尽可能满足教学需要的同时,也要注意节约,不要造成浪费。

3. 教学结构的确定与设计

在确定了具体的教学目标、内容、方法和媒体后,如何将这些因素有效地组织在教学过程中,就需要从教学结构的角度加以设计。教学结构的确定一般要遵循以下三个步骤。

第一步,选取教学环节。教学工作一般包括备课、上课、课外作业、课外辅导、学生学业成绩的检查与评定五个基本环节。备课是教师上课前的教学准备,包括钻研教材、了解学生、研究教法和摸索学法。上课是教学工作的中心环节,学校要提高教学质量,首先要提高课堂教学质量。一般来说,课堂教学包括明确教学目标、阅读感知教材、教师讲授和解疑、学生讨论、演练、复习,系统小结等。只有做到目标明确、内容正确、方法恰当、结构紧凑、学生积极参与,才能保证课堂教学的有效开展。课外作业是课堂教学的延伸,有助于巩固和完善学生在课内学到的知识、技能,同时也是对学生独立学习能力的培养和锻炼,但是课外作业的布置一定要把握量的适度性。课外辅导要注意学生的个别差异,因材施教。学业成绩的检查与评定是对教师教学过程进行调节、控制,帮助教师改进教学,鼓励学生提高学习成绩的一个重要教学环节,但是一定要根据教学内容和实际情况选择合适的检查和评定方法。

第二步,在选取教学环节后,要具体设计教学各环节的组织,即将各教学环节进行有机的组合,安排各环节的先后顺序,使之前后环连,成为一个适于教学的整体结构。

第三步,对各教学环节的设计进行"统调",使各部分教学内容的组织有机协调,做到重点突出,兼顾全面,以保证整体功能大于各部分之和,保证教学目标的实现。

由于学科性质不同、教学目标不同、课的类型各异,教学结构在实际教学中也就存在着多种不同的形式。

(五)教学评价设计

教学评价是根据教学目标,运用评价的方法和手段对教学活动及其预期效果进行价值判断的过程。合理设计教学评价,对于促进教学目标的达成和提高教学设计的科学性、有效性,都有着积极作用。教学评价设计主要表现在以下两个取向上。

1. 目标参照取向的终结性评价设计

即指根据已经明确确立的课堂教学目标,对预期和可能达到的结果进行测验、诊断和评价,用以检查教学目标达成程度的评价设计。这种评价设计是目标导向的设计,是在课堂教学进行之前就关注其结果的设计,也是表现教师作为评价主体的设计方式。其采用的基本工具是课堂提问、课堂小测验。提问是设计出让学生口头陈述和回答的问题,如"请说一说犯罪行为的三个基本特征是什么?""力的三要素是什么?""请陈述一下韦达定理的内容。"等等。课堂小测验是将课堂中学生所要记忆、理解和掌握的内容用问卷的方式呈现出来,让学生短时间(10 分钟以内)答卷,以考查学生对内容掌握的设计。

2. 过程取向的形成性评价设计

即指针对课堂上可能发生的学生学习状况进行的设计,或者说是随着课堂教学的进展,根据特定目标、特定内容、特定情境对学生的生成性和表现性状况的即时设计。这种设计具有过程性、情境性和动态性的特点,是用以评价学生表现、教师教学方式以及师生互动情况的设计。其采用的工具和方法更多地依赖于教师个人的教学智慧和艺术品格。评价的主体既包括教师,也包括学生。这种评价设计除了学生能够表现其认知方面的成就之外,还能够展现出学生个体思维方式以及情感、态度与价值观这些难以评价的素养。这种评价设计是教学评价设计发展的基本方向。

第三节　课堂教学策略

一、教学策略概说

(一)教学策略的含义

1. 对教学策略的不同认识

教学策略,英文名称"teaching strategy",是当代教学研究的热点问题。自 20 世纪 70 年代末这一术语提出以来,国内外学者对其的界定既呈现一些共性,又表现出一些明显的分歧。其共性表现为:教学策略是在特定教学情境下,为完成特定的教学任务而产生的,包括教学活动中方法的选择、材料的组织、对师生行为的规范等。其分歧在于对一些基本概念,如教学设计、教学观念、教学方法、教学模式等,缺乏一致的认识。因此,明确和把握教学策略与上述基本概念的联系是科学认识教学策略内涵之必需。

2. 教学策略与相关概念的辨析

(1)教学策略与教学设计。有人把教学策略看成教学设计。如阿姆斯特朗(D. G. Armstrong)把教学策略定义为:"有系统地安排的教师活动,用以帮助学生达到某一单元确定的教学目标。"①教学设计是教学活动开展之前的准备工作,是对整个教学活动的计划和安排,其表达形式是教学活动方案;而教学策略自然要在教学准备阶段进行设计、谋划,形成一定的方案,从这个意义上说,教学策略是教学设计的组成部分。教学策略和教学设计各有自身的

① D. G. 阿姆斯特朗,等. 中学教师实用教学技能[M]. 高佩,等,编译. 北京:中国劳动出版社,1991:144.

内涵,在具体内容和环节上有交叉、重叠部分。进行教学设计时,要考虑教学策略的制定、选择与运用;教学策略选择和运用时,又必须通盘考虑教学的整个设计。而且,教学设计既可以是对一节课的统筹安排,也可以是对一个单元或整个科目的统筹安排。于是,教学设计包括的范围较广,而教学策略运用的范围较窄,主要集中在某一节课、某一内容的范围内。

(2)教学策略与教学思想。有人把教学策略看成一种教学思想;还有人甚至认为教学策略中,观念与技巧的关系应该是绝对统一的,教学观念支配和决定着教学技巧,教学技巧从属于一定的教学观念和教学目标。[①] 的确,教学策略与教学观念之间有着密切的联系。任何教学策略、教学技巧的选择和运用都不是盲目或随意的,必定要受到一定教学思想的制约或指导。但是,教学策略与教学思想之间并不具有一一对应的关系。教学思想位于较高层次,属于理论、观念形态;教学策略虽包含理论,但本质上是属于操作形态的东西,是对教学思想观念的具体化。在同一种思想的指导下,结合不同的背景、条件,由不同的人来开发,就会形成不同的教学策略。同一种教学策略也不必都源于某一种教学原理或思想,而可以源于多种教学原理、教学思想。因此,教学思想与教学策略之间是有实质性区别的。

(3)教学策略与教学模式。国外有学者把教学策略看成教学模式,尤其是北美,有时把教学策略作为教学模式的同义词。[②] 诚然,从可操作性来看,这是二者的共同特征,但单从这一点并不能认为这二者是等同的。从教学理论到教学实践的转化,是从教学理论到教学模式再到教学策略,再到教学方法,再到教学实践。可见,教学策略是对教学模式的进一步具体化,教学模式包含着教学策略。教学模式是能用于构成课程和课业、选择教材、提示教师在课堂或其他场合教学的一种计划或范型,[③]具有简约化、概括化、理论性和相对稳定性的特点。教学模式规定着教学策略、教学方法,属于较高层次。教学策略比教学模式更详细、更具体,受到教学模式的制约。从教学研究的发展来看,先有教学模式研究,然后才有教学策略研究,这也反映了二者的区别与联系。

(4)教学策略与教学方法。在现有研究中,不少学者把教学策略等同于教学方法,这种认识是不妥的。因为教学方法是为完成教学任务,教师的教和学生的学相互作用所采取的方式、手段和途径。[④] 教学方法是更为详细、具体的方式、手段和途径,它是教学策略的具体化,介于教学策略与教学实践之间,教学方法要受制于教学策略。教学展开过程中选择和采用什么方法,受教学策略的支配。教学策略从层次上高于教学方法。教学方法是具体的、可操作的,教学策略则包含监控、反馈内容,在外延上要大于教学方法。

3. 教学策略的定义

教学策略是为了达成教学目的、完成教学任务,在对教学活动清晰认识的基础上对教学活动进行调节和控制的一系列执行过程。其含义为:第一,教学策略包括教学活动的元

---

① 张兆芹.现代教学策略的制定及运用[J].教育导刊,1994(7):8-12.

② 施良方.课程理论——课程的基础、原理与问题[M].北京:人民教育出版社,1996:142.

③ 钟启泉.现代教学论发展[M].北京:教育科学出版社,1992:263.

④ 刘克兰.现代教育论[M].重庆:西南师范大学出版社,1993:209.

认知过程、教学活动的调控过程和教学方法的执行过程。教学活动的元认知过程是教师对教学过程中的因素、教学进程的反思性认知。教学活动的调控过程是指教师根据教学的进程及其变化而对教学过程的反馈、调节活动。教学方法的执行过程是指教师在教学过程中采取的师生相互作用方式、方法与手段的展开过程。第二,教学策略不同于教学设计,也不同于教学方法,它是教师在现实的教学过程中对教学活动的整体性把握和推进的措施。第三,教师在教学策略的制定、选择与运用中要从教学活动的全过程入手和着眼,要兼顾教学目的、任务、内容,学生的状况和现有的教学资源,灵活机动地采取措施,保证教学的有效、有序进行。第四,教学策略是一系列有计划的动态过程,具有不同的层次和水平。

(二)教学策略的特征

1. 指向性

教学策略的产生就是为了解决现实的教学问题,掌握特定的教学内容,达到预定的教学目标,收到预期的教学效果。

2. 操作性

任何教学策略都是针对教学目标的每一具体要求而制定的,具有与之相对应的方法、技术和实施程序,它要转化为教师与学生的具体行动。这就要求教学策略必须是可操作的。

3. 综合性

教学策略包括教学活动的元认知过程、教学活动的调控过程和教学方法的执行过程。这三个过程并不是彼此割裂,而是相互关联的一个整体;三个过程彼此之间相互作用,每一个过程依据其他两个过程而作相应的规定和变化。

4. 调控性

由于教学活动元认知过程的参与,因此,教学策略具有调控的特性。元认知实质上是人对自身认知活动的自觉意识和自觉调节。它表现为主体能够根据活动的要求,选择适当的解决问题的方法,监控认知活动的进程,不断取得和分析反馈信息,及时调控自己的认知过程,维持和修正解决问题的方法和手段。

5. 灵活性

教学策略不是“万金油”式的“教学处方”,不存在一个能包揽一切的大而全的教学策略。同一策略可以解决不同的问题,不同的策略也可以解决相同的问题。这说明了教学策略具有灵活性。

6. 层次性

教学具有不同的层次,不同的教学层次就有不同的达到教学目的的手段和方法,也就有不同的教学策略。不同层次的教学策略具有不同的适用条件和范围,具有不同的功能,不能相互代替。

(三)教学策略的制定、选择与运用

1. 制定和选择教学策略的依据

第一,依据教学的具体目标与任务;第二,依据教学内容的特点;第三,依据学生的实际情况;第四,依据教师本身的素养;第五,依据教学时间和效率的要求。

2. 教学策略的运用

第一,要树立正确的教学指导思想;第二,要树立整体的观点;第三,要坚持以学生的自主学习为主;第四,要寻求教学策略的多样化配合和变通运用。

二、不同类型知识的教学策略

(一)陈述性知识的教学策略

陈述性知识主要以命题网络或图示表征,包括符号表征、概念和命题。对这类知识学习的难点在于保持,也就是说,对它们的遗忘速度快且遗忘率高。在这类知识的教学中,教师指导学生学习与记忆的策略或方法、培养学生良好的学习与记忆的习惯十分重要。心理学研究证明,有效且适合于学习与记忆陈述性知识的策略或方法有如下几种。①

1. 复述(rehearsal)策略

复述是指为了保持信息而对信息进行多次重复的过程。在简单知识的教学中,例如,记忆外语单词,要求学生必须出声或不出声地重复念单词;背诵一首古诗,也必须多次重复。而且在短时间内,重复的次数越多越有利于记忆的保持。这与阅读教学中学生从自己的理解出发,并用自己的话复述课文故事大意不同。前者是原封不动地保持原材料,如记忆外语单词或古诗时,不可改变单词中的任何字母和它们的顺序或古诗中词句的顺序,属于机械性或还原性复述;后者旨在促进学生对课文的理解,属于理解性陈述,有明显的个人加工的成分和痕迹。根据这一结论,教师要适时适量地让学生复述已经学过的知识,以强化记忆和保持。

在复杂知识的教学中,复述策略还包括边看书边讲述材料;在阅读时作摘录、画线或圈出重点等。例如,有研究比较了在不同画线条件下的回忆效果:当要求学生自由画出一段文章中的任何句子比只要求他们画出最重要的句子的回忆效果好。根据这一结论,教师要指引学生整体地记忆和理解知识,并在此基础上,让学生大胆表达自己的理解和见解,使机械性复述走向理解性陈述。

2. 精加工策略

在简单知识的教学中,主要是指导学生对所要记忆的材料补充细节、举出例子、作出推论,或使之与其他观念形成联想,以达到长期保持的目的。

在复杂知识的教学中,可采用指导学生释义、写概要、创造类比、用自己的话写出注释、解释、自问自答等具体技术。

记笔记和做笔记(note taking & note making)是心理学中研究较多的一种精加工技术。为了培养学生做笔记的良好的学习习惯,教师在教学中应注意如下几点:①讲课速度不宜过快;②重复比较复杂的材料;③把重点写在黑板上;④为学生提供一套完整和便于复习的笔记;⑤为学生记笔记提供结构上的帮助,如列出大、小标题,表明知识的层次。

3. 组织策略

教师要为学生列出结构提纲:①给学生提供较完整的结构提纲,其中留出一些下位的

---

① 邵瑞珍. 教育心理学[M]. 上海:上海教育出版社,1997:81-84.

细目空位,要求学生通过阅读或听讲填补这些空位;②提纲中只有一些大标题,所有小标题要求由学生来完成;③提纲中只有小标题,要求学生写出大标题。

(二)程序性知识的教学策略

传统的知识观往往将知识与技能区别对待,认为知识就是我们一般意义上讲的陈述性知识,而技能既包括基于本能基础上的技能,又包括后天学习基础上习得的技能。而现代广义的知识观则将技能在某种意义上理解为程序性知识及策略性知识,其关系如图7-9所示。

- 技能(广义)
  - 动作技能
    - 本能技能
    - 习得技能 } 程序性知识
  - 智慧技能(广义)
    - 智慧技能 } 程序性知识
    - 认知策略——策略性知识

图7-9 技能与程序性知识关系①

对于程序性知识的教学,可以从如下几个阶段入手。

1. 通过教学使学生掌握程序性知识的陈述性形式

现代认知心理学派认为,程序性知识的前身就是陈述性知识,它通常提供程序所需的材料,理解某个过程的条件也需要陈述性知识。在教学过程中,学生习得的程序性知识主要就是它的陈述性形式,也即"技术的知识"。它表现为一套明确陈述的技术规则,"它是可以言传的,是那种你能在书本中发现或找到的知识,是通过纸笔测验可以加以检测的知识。"在教学过程中,为使学生形成技能,应使学生掌握相应的"技术的知识",使学生"知道怎样做"。学生只有知道怎样做才会做。当然,学生也可以通过实践中的不断摸索来完成某项技能,但若要在以后遇到相同情境时也表现出相同的行为,则要求学生将以前完成这项技能的方式以经验的形式保存在记忆中,否则便不能应对以后所要遇到的相同情境。这种以经验形式保存在记忆中的"知识"也即程序性知识。

2. 陈述性知识向程序性知识转化的阶段

在教学中,教师应引导学生分析智慧技能的各种次级技能,使其分解到学生已具备的技能水平,从而使学生熟知完成某项任务所需的条件,或者规则所适用的范围,知道如果某个条件符合就可以表现出相应的行为。这时学生所掌握的知识主要以一种静态的方式存储,要使这种静态的"程序性知识"转化为动态的"技能",则需要通过教学过程的第三阶段来完成。

① 周志平. 论程序性知识及其教学[J]. 教育理论与实践,2001(4):51-54.

3. 提供适当的变式练习，使学生在规则适用的条件下表现出相应的行动，静态的知识转化为动态的技能

在这一阶段的教学中，要求学生在适当的条件下采取相应行动，掌握“动作系列知识”，“技术的知识”开始转化为“实践的知识”，学生由“知道怎样做”开始变得“会做”。教师应提供适当的变式练习，让学生熟知规则适用的各种不同情境，并能在条件符合的情况下表现出受规则支配的行为，使得程序性知识转化为技能。

（三）策略性知识的教学策略

教学中采取的促进策略性知识学习的有效教学措施主要有以下几种策略和方法。①

1. 只教给学生少量的策略和策略性知识，并且每一种都要教好

策略的形成是一个长期的过程，教学中应遵循学生已有的认知能力水平，循序渐进，而不能急于求成。在教学中应采用灵活多样的教学方法，如发现法、观察法、模仿法、直接解释法、专门授课法等，根据教学对象的特征灵活选用教学方法，选择的方法应能激发学生学习的需要和兴趣。

2. 教会学生使用有效的自我监控和自我反思

自我监控和管理对策略的学习尤为重要，学生在执行策略和完成学习任务时，应控制自己的行为，发现问题要及时加以补救。在教学中也应该教给学生如何对自己运用策略的情况进行监控和反思，比如针对具体的问题情境，教师应善于把自己内隐的思维过程和监控调节过程展开，让学生模仿和学习，并让学生在学习过程中不断反思，了解哪种策略更适合、更有效。

3. 策略性知识的教学与陈述性知识和程序性知识的教学应有机地结合起来，并突出策略教学的成功之处

4. 激发学生学习策略性知识的内在动机

教师在教学过程中应给予学生使用和掌握策略情况的及时反馈，以便学生能时时监控自己的策略学习情况，做到心中有数。

5. 在具体情境中教策略

策略性知识的应用往往离不开具体的学科内容。例如，语文课要教会学生阅读和写作策略；而数学课则是推理策略的教学等。策略教学的次序也应该是先易后难，先学具体的、应用范围窄的学科的教学策略，后学基础的、抽象的、概括程度高的一般策略。每种策略都要选择较多的实例来说明其运用的多种可能性，以便学生能形成概括性的认识。

6. 坚持长期教学

许多复杂的策略必须经过学生充分的练习才能学会。在教学中，策略性知识的学习不可能立竿见影，必须坚持长期的、系统的教学训练方法才能取得满意的效果。因此，形成一个系统的、长期的策略教学目标是非常必要的。

① 金春寒，郭成．策略性知识的学与教[J]．四川教育学院学报，2006(10)：11－12.

三、几种主要的课堂教学策略及其运用

教师在课堂教学中的行为及策略的运用是教学实施过程的主要方面,从而构成主要的教学行为策略。有学者对教师课堂教学实施行为进行了分类,如表7-2所示[①]。

表7-2 课堂教学实施行为分类

课堂教学实施行为				
教学行为				管理行为
主教行为			助教行为	
行为呈示	对话行为	指导行为		
语言呈示	对话行为	阅读指导	动机的培养与激发	课堂规则
文字呈示	讨论	练习指导	有效的课堂交流	行为问题管理
声像呈示		活动指导	课堂强化技术	课堂管理模式
动作呈示			积极的教师期望	课堂时间管理

在课堂教学实施中,教师的行为分为主教行为、助教行为与管理行为等。主教行为是指教师在课堂中发生的主要行为,包括呈示、对话与指导;助教行为是指为使主要教学行为产生更好的教学效果而在课堂中发生的教师行为,它是以学生或具体的教学情境为定向的,包括学生学习动机的培养与激发等四个方面;管理行为是指为教学顺利进行创造条件,是教师实现有效教学不可或缺的一种行为,主要包括课堂规则等四个方面。

(一)讲授策略

1. 讲授的含义、特点

讲授行为是指教师以口头语言向学生呈现、说明知识,并使学生理解知识的行为。讲授的特点是:第一,从信息传播的方向看,具有单向性。它不要求学生有对应的互动行为。第二,有利于教师充分发挥主导作用。教师可以由易到难、由浅入深地传递信息,利于学生接受;传递信息的效率高,信息量大;没有学生数量上的限制;教师可自主控制教学时间,耗费课时少。其缺点是:第一,对教师的语言表达能力和组织听讲的能力要求高。第二,学生在教学过程中的主体地位落实难,极易形成学生学习被动的习惯,独立创新精神的培养不够。第三,课堂交流沟通单调,气氛沉闷。第四,不利于学生个性的发展。

2. 讲授的功能和表现形式

讲授至少有两种功能:一是说明是什么或怎样做,使人明白、理解某个概念、程序或规则;二是解释原因,如分析某个概念产生的原因,告诉学生为什么必须按某些程序去做,给出制定某些规则的理由等。

讲授的表现形式有多种划分。从讲授所用时间和简繁程度看,主要有正式讲授和非正式讲授两种。正式讲授要占一节课的大部分或全部时间,这适用于中学高年级或大学;非正式讲授一般持续5~10分钟,适用于小学和中学低年级。从讲授内容的性质差异看,主要有三种表现形式:诠释性讲授,介绍概念或术语的含义;描述性讲授,说明一个过程、一种

---

① 施良方,崔允漷.教学理论[M].上海:华东师范大学出版社,1999:27.

结构或一系列步骤;说明原因性讲授,说明为什么做某件事或某件事发生的原因。从讲授的方式看,主要有四种方式:讲述,是教师运用具体、生动的语言对教学内容作系统叙述和形象描绘的一种讲授方式;讲解,是教师运用通俗易懂、科学准确的语言对教材内容进行解释、说明、论证的一种讲授方式;讲读,是教师把讲述、讲解同阅读教材有机地结合,讲、读、练、思相结合的一种讲授方式;讲演,是以教师的演说或报告的形式在较长时间里系统地讲授教材内容,条分缕析,广征博引,科学论证,从而得出科学结论的一种讲授方式。①

3. 讲授的一般程序步骤

一般来说,讲授大体分为三个阶段进行。

第一阶段:介绍讲授纲要。在讲授一章一节或一课时,用很短的时间介绍这一单元的主要内容或基本概念,并略加说明。其目的在于使学生对所要讲授的内容有一个整体了解,能够在学习过程中知道各部分内容间的联系,也能抓住学习的重点。

第二阶段:详述内容。讲授的内容要尽可能地与学生原有的知识基础发生联系,符合学生的接受能力。同时,讲授要注意带有启发性,在讲授过程中,可以不断地提供科学认识、解决问题的范例。

第三阶段:综述要点。教师将本单元的主要内容或结论再次展示给学生,使学生能够加深对这些问题的认识,形成对本单元的完整印象。

4. 讲授策略的运用

(1)讲授策略误用的表现。① 过短的时间内呈现了过多的新知识;② 讲授时间太长,超出学生有意注意的时限;③ 讲授内容缺乏组织性、逻辑性;④ 讲授不顾及学生原有的知识基础,或对学生的知识准备作想当然假设;⑤ 讲授时没有激发起学生有意义地理解知识的心理倾向。

(2)给教师的建议。语意准确,语词恰当,语速适中。教师语意应以普通话为准,保证学生听清楚每一个字;同时应使用普通话词汇,避免使用方言词汇。教师也要适时、恰当地使用本学科的专业词汇,避免使用日常生活词汇。教师应选择最准确的词汇,防止使用笼统和容易引起歧义的词汇。为了表达连贯流畅,教师在备课时要把教案中的书面语言转换为口语化的语言;讲授时尽量使用短句子,戒除说话带口头禅和多余语气助词的不良习惯。教师讲授时的语速以稍慢于日常生活说话速度为宜,大致在每分钟200~300字。

讲授学生不太熟悉的新内容时,教师可向学生呈现“先行组织者”,以明确知识的内在结构性和新旧知识之间的联系。“先行组织者”是指在新材料学习之前向学生呈现的引导性材料,它比新材料本身有更高的抽象性水平、包容性水平。它的主要功能是展示所学习材料是如何组织的,说明学生已有知识与新知识之间的联系,增强学生对新材料的理解。

(二)对话策略

1. 对话策略的含义与作用

对话是指课堂教学中师生之间、生生之间的互动交流,目的在于通过这种交流和沟通

---

① 邵宗杰,裴文敏,卢真金. 教育学(修订版)[M]. 上海:华东师范大学出版社,2006:270.

达到知识和技能的掌握、各种能力的培养和提高。其作用主要有:第一,诱发学生参与教学,体现学生的主体性;第二,提供练习和反馈的机会,有利于学生对知识的巩固,也为教师针对教学实际情况作出行为调整提供线索;第三,有助于学生学习结果的迁移,培养学生的能力;第四,活跃课堂气氛。

2. 对话策略的形式

作为师生共同的活动形式,对话有两种基本形式:问答和讨论,分别指师生之间的互动交流和生生之间的互动交流。

(1)问答策略及其运用。问答策略也叫提问策略。根据师生在问答活动中参与程度、支配权力的不同,有两种主要的表现形式:问答和"对话式"回答。前者是教师几乎完全控制着问答的过程和方向,教师可以提问而学生则不能;后者是教师提出问题请学生表达自己的观点,并在学生观点的基础上再提出新的问题,学生也可向教师提出质疑,就某一问题共同探讨,学生对问答进程和方向有较多的支配机会。可以认为,"对话式"问答是讨论式的一种。所以,在问答策略中,只讨论"提问式"策略。

提问行为由发问、候答、叫答和理答四个环节组成(基本流程如图 7-10 所示),现对教师的课堂问答策略提出如下建议。

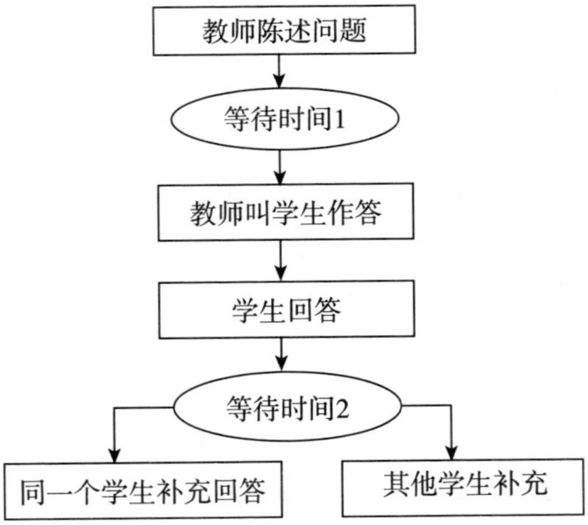

图 7-10 提问流程[①]

①发问策略 问题要清晰,措辞要精练、具体明了,一次只提一个问题,是保证问题清晰的最基本要求;保证高认知水平问题的适当比例,针对目前课堂低认知水平问题比例较高的实际,应提高高认知水平问题的比例;与学业有关问题的发问频率应维持在较高水平,把学生的注意组织在与学业有关的问题上;依照具体目的,合理安排低认知水平和高认知水平问题的次序。

① 荀烈治,等. 教学策略——有效教学指南(第八版)[M]. 牛志奎,译. 北京:中国人民大学出版社,2010:176.

②候答策略　教师发问之后，根据问题的认知水平和具体情境，等候3~5秒钟，给学生以思考问题、组织答案的时间。如果在教师叫答后，学生没有说话，教师也应等待，直至学生给出实质性回答。当然，有时在班级教学情况下，等候时间会对课的连续性造成威胁，这时可适当缩短等候学生回答的时间，及时采取理答行为。

③叫答策略　保证每个学生有尽量多且均等的回答机会，是叫答的基本原则。具体来说，教师可以按固定形式叫答，或者把班级分成小组，小组里学生共同商议答案，教师随机请各小组的某一位学生回答。

④理答策略　学生回答不同，教师的理答策略也要有所不同。对于学生迅速而坚定的正确回答，要表示肯定，必要时给予表扬，或对正确的回答作进一步解释，或追问一个问题；对于不正确的回答或不回答，先要弄清造成这种情况的原因，而后要采取适当的措施，如探问、转向等。

(2)讨论策略及其运用。讨论是班级成员之间的一种互动交流方式，目的在于通过交流各自的观点形成对某一问题较为一致的理解、评价或判断。其优点有：培养学生批判性思维能力；帮助学生自己解决问题；培养人际交流技巧等。但讨论又有不易控制、耗费时间和讨论结果难以预料等缺点。要组织好学生的讨论有一定的难度，需要教师注意以下问题。

开始时，教师要说明所要讨论的问题，引导学生进行讨论。讨论过程中，如有学生的发言离题太远，教师便须唤起他的注意，重新解释所要讨论的主题；如有两个或更多的学生意见不同而发生争执，教师则需为他们调解，使大家和平友好地交换意见；如有学生垄断讨论，说话时间太长，或说话次数过多，以致剥夺了别人发言的机会，教师则须婉言劝阻，使大家发言的机会均等；如有学生畏缩不前，不愿在讨论中发言，教师亦须劝告，鼓励其发言；如有学生说话词不达意，教师也要帮助他表达清楚；如有学生提出疑问，教师可作简要的回答，但最好是提示线索，促使其深入思考。当讨论完毕时，教师应作总结，归纳大家发言中的重点，以使学生对所讨论的知识具有系统性。

讨论可以是教师引导、学生引导或完全开放式的，相应的，班级设置也可以是正式或非正式的。讨论一般有班级讨论(whole-class discussion)、小组座谈(panel)、辩论(debate)、小组讨论(small-group discussion)等组织形式。在教学中，一般较为常见的是小组讨论，可以有不同的分组形式，如同桌的2人小组，前后桌的4人小组。有研究表明：讨论一般以5~8人最为理想，超过这个数目，平均每个人的发言次数和内容就会相对减少，进而降低组员的参与感和满足感。所以，教师有必要通过周密的课堂组织来提高讨论的效能。有西方学者指出，在采取小组讨论法时，教师应至少做到以下四点：①通过认真监督、巡视各组，确保学生注意力保持在讨论的主题上；②确保学生在进行讨论前已具备相关的背景知识；③讨论的计划时间要做得相对短一些，这一方面能发挥预定时限对学生注意力保持的促进作用，同时也给教师以充分的发挥空间，教师可视学生对讨论问题的反映情况不同而决定是否延长讨论时间；④教师要针对讨论向学生提出明确的目标要求，以防止讨论离题太远，而且要在小组讨论结束时指派小组代表作书面或口头报告汇报该组成果。

这里介绍一个6人小组的讨论方法。在这种方法中，每组以6人为限，每人发言1分钟，6人共计6分钟的讨论时间，也被称为“六六法”。这是由美国学者菲利普斯(J. D. Phillips)提出的。其进行程序如下：

分组：以教师指定或学生自愿的方式，6人一组，每组选出一位主持人和记录员。

提出讨论问题：教师提出事先准备好的题目，清楚说明题意后，要求各小组讨论出一个较一致的答案，并说明主持人和记录员的职责。如果拟定的讨论题目是学生不熟悉的课题，可提供有关资料来源，要求学生事先准备。

进行讨论：限制6分钟的讨论时间，其间教师应巡视各组，观察讨论情形，并提供必要的协助。

综合报告：每组指派一名组员（亦可由记录员担任）介绍本组的观点。

值得注意的是，小组讨论对学生的高级思维技巧、交际技能以及领导能力、辩论才能与和解力等都有所促进，而且这是一个长期的过程。因此，采用小组讨论时，教师应将这些能力作为教学的长期目标，并以经常的讨论活动支持其达到最佳的效果。

（三）指导策略

随着学生年级的不断增高、学习能力的逐步发展以及用当前对研究性学习、活动教学的倡导，学生自主性学习将逐步走向主导地位。因此，在课堂教学中，教师的教学策略会随之从呈示走向对学生有效的指导。

中小学常用的指导有练习指导、阅读指导和活动指导。练习指导是教师通过帮助学生成功地完成课堂练习，达到学会知识和技能的目标，保证教学顺利进行的行为策略。阅读指导是教师在学生独立阅读教学材料时，帮助学生理解阅读内容和学会阅读方法、策略的行为策略。活动指导是教师对学生独立从事的操作或实践活动的组织、引导和促进的行为策略。

1. 活动指导策略的功能与表现形式

学生的自主实践活动相对于学科课程下的学习活动而言，是一种自主程度更高的活动，更加强调实践活动的过程。正是由于这种变化，教师指导也由帮助学生有效获得具体知识、技能转到了引导学生成功开展实践活动上来。具体来说，活动指导的功能主要有两方面：第一，指导学生的自主学习活动。这一功能主要通过设计并组织实施活动方案来实现。教师在方案设计中，对目标要求、学习内容、组织方式和时间分配等作出安排，给学生以活动方向和方法上的引导；在实施方案时，教师要促使学生积极参与并沿着正确的方向前进。第二，提供活动所需的基本条件。一般来说，活动的条件包括物质条件、信息条件和人力条件等。

从学生自主活动的学习类型来看，活动指导行为主要有体验学习指导、探索学习指导和解决问题学习指导三种表现形式；从学生自主活动的组织形式来看，活动指导行为又有个别活动指导、小组活动指导和班级活动指导等表现形式；从教师对学生指导的作用形式来看，有显著性的直接指导和隐性的间接指导两种表现形式。

2. 活动指导的策略运用

(1)学生活动方案的设计。第一,教师要确定活动主题。选择主题总的原则就是要接近学生的生活实际和经验。第二,制定学生活动目标。学生活动目标一般可分为态度、能力和知识三类。表述实践活动目标时,要把重点放在态度、能力而不是知识上,侧重目标的方向、性质而不是量化水平。如对“垃圾与我们的生活环境”这一主题,可以“垃圾的数量与变化”为主题,也可以从“垃圾的种类与变化”“垃圾箱的种类与变化”“垃圾的运送及处理方式”“清洁工人的辛劳”等角度去认识和理解,由此可设计出相应的学生活动目标。第三,选择活动的方法和组织形式。活动的方法选择主要依据学生的年龄特征。对于小学低、中年级学生来说,较适于选择游戏、模仿、观察、手工制作、动植物养育等活动方法;对于小学高年级及其以上年级学生来说,选择讨论、查阅资料、调查访问、科技制作、社区服务等活动方法较适宜。

学生活动的具体内容、活动的方法和组织形式的设计不应过于细化,而要留有一定余地,以充分发挥学生的自主性。

(2)学生活动基本条件的提供。学生活动的基本条件中包括活动本身必需的物质材料等要求,也隐含了教师的间接指导。教师提供的活动条件主要包括物质条件和信息条件两方面。物质条件主要包括活动工具(如锤子、锯、米尺、计算器、针等)、活动材料(如木料、布料、种子、花盆等)和活动场所。信息条件包括使用图书馆、观看录像、听讲座、参观访问等机会。

(3)自主活动的引入。引入自主活动时,教师应使学生明确活动主题、活动目标和活动内容,并激起学生参与活动的兴趣。为了有效激发学生的活动兴趣,教师可以通过问答、讨论、参观或观察等方式引入课题,让学生讨论或师生共同商讨自主学习活动的方案设计,既有助于学生对学习目标、内容和安排方式的理解,又可让学生提出自己的修改意见,使他们感到这些活动是自己的活动,进而提高他们的参与意识。

(4)自主活动的促进。学生的自主活动展开后,教师应把学习的主动权交给学生,而他主要是通过间接指导来维持、促进学生的积极参与和学习。为此,在学生的自主活动过程中,教师应启发学生独立思考,提高小组成员的团结合作意识,让学生力争自己解决遇到的难题;鼓励学生创新、探索、尝试,提醒他们认识到成功的方向;允许学生失败,让学生从失败的体验中认识到计划、分工、合作、方法等因素的重要性;让学生填写“个人活动记录表”和“小组活动记录表”,分别了解个人参与学习的态度和行为表现、小组成员间的合作与交流情况,使学生对活动过程实施自我监控。

(5)成果交流的组织。成果交流的组织形式有报告会、辩论会、表演剧、展览会等,教师可依照活动内容的特点和预期结果的形式指导学生选择使用。教师对学生展示成果的过程不要施加任何限制,而应让学生自由地表现自己的成果。但在展示的内容方面,教师要提醒学生不仅要展示最终活动成果,也要展示活动过程。

【主要结论与启示】

1. 随着社会的进步和发展,知识经济时代的到来,作为学校教育实施的主要途径——

教学,其现实定位和未来演化变得更加丰富多彩起来;同时,也由于人们对教学本质认识的思维角度及其方式和实施教学策略与手段的不断多样化,教学及其理论的不确定性和模糊性愈益彰显出来。这些都对教学理论的丰富、发展与繁荣带来了前所未有的契机。

2. 在课堂教学设计及运用策略进行实践操作时,要充分地注意到教学是一项复杂的活动,课堂教学情境是多变的系统,教师总是在预先不完全知晓的情境下进行教学,已完成的教学设计作为带有主观性的设计蓝图经常难以满足多变的课堂需要。因此,应根据具体的课堂情境灵活地对其进行修改。如果教师不随机应变,预先的设计就可能起副作用。

3. 教学策略不是"万能钥匙"。没有一种最往的策略可以运用到任何教学情境并取得最佳的教学效果。在何时、何地、何种情况下采用哪一种或哪几种教学策略,则取决于教师个人风格与具体情境的相互作用。教师只有在实践中不断探索,使自己成为教学行为的研究者,才能找出适合于所任学科、所教学生及自己个性风格的教学策略。

4. 掌握必要的教学理论可以为教学实践活动提供理论的支撑,但只有与教师的个人经验相结合的理论才有现实意义。尽管本章所提供的理论模式和策略方法是教师必须掌握的,但只有把这些理论和方法与自己的教学经验相结合才是教师最重要的任务。

【学习评价】

1. 名词解释:教学、教学设计、教学目标、教学策略、讲授策略、对话策略、指导策略。
2. 简述当代教学理论流派的主要内容以及对教学的影响。
3. 简述教学设计的基本程序,并比较和分析教学设计三种模式的特点。
4. 简述教学策略的特征和结构,并论述指导策略的现代意义。
5. 你对教学与课程的关系持何种认识?
6. 互联网给教学带来了哪些新问题? 如何应对?
7. 我国基础教育新课程改革强调研究性学习的地位,这对教师的教学提出了哪些要求?

【学术动态】

● 20 世纪 80 年代以来,随着我国基础教育发展将关注的目光投向学校的课程建设和教学活动,人们对课堂教学的观察与研究也开始活跃起来。1999 年我国第八次基础教育课程改革启动以后,对教学和教学理论的研究由于新课程面临实施而变得更为紧迫,培养学生的创新精神和实践能力的时代要求呼唤教学及其理论的更新。

● 近年来,课堂教学理论在如下三方面有了很大的发展:哲学认识论基础从强调知识和技能的获得、学科体系的系统化的旧唯物主义教学观,转向探讨现代认知的主体性、实践性、社会性的新教学观,集中研究人的主体能动性、人的发展问题;研究方法从单纯的因果解释转向关注研究方法的科学性、研究结论的开放性和统一性;教学观念实现了以"人的发展"为主题,以现代教育观、人才观和质量观的确定为主要内容的变革。如建构主义的教学理论、主体发展的教学理论、多元智力教学理论、差异性教学理论、反思性教学理论、有效教学理论、研究性学习理论、自主探究教学理论等,均反映了教学理论的新进展。

● 有效教学的探索走向深入。作为一种鲜明的教学理念和自觉的教学实践,其历史并不很长，但发展很快。过去，人们对有效教学的研究往往从教师教的角度入手，探讨教师所应具备的个人品质或特征。近年来，人们研究有效教学的视野不断拓展，并形成一些基本的共识：① 有效教学依赖于教师对课程目标和课程标准的理解和把握；② 有效教学是通过恰当的教学方式与策略来实现的；③ 有效教学与教师对实践的反思息息相关；④ 学生的成长应成为评价教学是否有效的重要标准；⑤ 有效教学是一个动态的发展性概念。

● 随着多媒体技术和网络技术在教育教学中的广泛运用，学习者与媒体和环境的交互作用成为近年来教学设计日益关注的重要问题。例如，认知建构主义学习理论和教学理论，都把学习环境如何能够被"互动技术"激活，以及在这种环境下如何能对学生的及时学习需要作出理智的适应性反应问题等，作为重要的理论和实践问题加以研究和探索。特别是基于课堂学习共同体理论、混合学习理论以及翻转课堂理论的新型教学实践已经越来越多地受到人们的关注，因此也将会使课堂教学发生革命性的变化。

【参考文献】

1. 袁振国. 当代教育学[M]. 北京：教育科学出版社，1999.
2. 施良方，崔允漷. 教学理论[M]. 上海：华东师范大学出版社，1999.
3. 黄甫全，王本陆. 现代教学论学程[M]. 北京：教育科学出版社，1998.
4. 王策三. 教学论稿[M]. 北京：人民教育出版社，1985.
5. 田慧生，李如密. 教学论[M]. 石家庄：河北教育出版社，1996.
6. 郑金洲. 教育通论[M]. 上海：华东师范大学出版社，2000.
7. 钟启泉，崔允漷，张华. 为了中华民族的复兴，为了每位学生的发展——《基础教育课程改革纲要（试行）》解读[M]. 上海：华东师范大学出版社，2001.
8. 邵瑞珍. 教育心理学[M]. 上海：上海教育出版社，1997.
9. 邵宗杰，裴文敏，卢真金. 教育学（修订版）[M]. 上海：华东师范大学出版社，2006.
10. 张春兴. 教育心理学——三化取向的理论与实践[M]. 杭州：浙江教育出版社，1998.
11. 刘克兰. 现代教育论[M]. 重庆：西南师范大学出版社，1993.
12. 何克抗，郑永柏，谢幼如. 教学系统设计[M]. 北京：北京师范大学出版社，2002.
13. 傅道春. 教师技术行为[M]. 哈尔滨：黑龙江教育出版社，1994.
14. 王承绪，赵祥麟. 西方现代教育论著选[M]. 北京：人民教育出版社，2001.
15. 王策三，裴娣娜，丛立新. 教学认识论（修订版）[M]. 北京：北京师范大学出版社，2001.
16. 荀烈治，等. 教学策略——有效教学指南（第八版）[M]. 牛志奎，译. 北京：中国人民大学出版社，2010.

第八章　学校教育与学生生活

【内容摘要】

学校教育与学生生活的关系首先是教育学的基本理论问题，它集中地表现在两个经典命题中："教育为生活做准备(Education as the Preparation of Life)"(斯宾塞)还是"教育即生活(Education as Life)"(杜威)；在实践中，两者的关系则更多地表现为学生的学校生活与日常生活的关系问题。

本章归纳了生活、生活世界、学生生活的概念及其分类；梳理了教育史上关于教育与生活关系的论述；概述了学校生活脱离学生生活的诸多表现，分析了学生生活环境的差异及由此导致的各种心理障碍、失范行为及其归因和理论解释；讨论了学生生活中的重要他人(significant others)及其影响，剖析了学习压力日益演变为学生生活的主要问题，指出了学生的书本知识与其个人生活经验正在出现日益扩大的鸿沟，学校成了"教育的孤岛"，产生了学校生活远离现实生活世界的"花盆效应"。因此，教育要回归生活世界，这不仅是教育哲学的转向，也是基础教育改革的时代要求，更是促进师生健康生活的需要。基于此，学校要重建教育观念，提高学校生活的质量，教育的重心要从知识传授转变为培育学生丰富的人性，为学生提供生活适应的指导，培植学生的人文精神；同时，还要把时间还给学生，让学生成为自己生活的主人。

【学习目标】

1. 知道关于教育与生活关系的历史流变和相关理论。
2. 掌握失范行为的各种理论解释，深入社区开展调查研究。
3. 理解"重要他人"的概念，据此分析中小学生的成长历程。
4. 反思当前我国基础教育阶段学校教育实践中存在的问题，深刻理解教育要回归生活世界的必然性。
5. 访谈部分中小学师生，了解学生的生活环境差异及由此造成的影响。

【关 键 词】

生活世界　生活方式　失范行为　重要他人　学习压力

第一节　生活、生活世界与学生生活

一、生活

(一)生活的概念

我们每天都在生活，但是对生活的理解却见仁见智。

在汉语中，“生活”意指“人的各种活动”，即“生存、活着”；“生涯、生计”。①

在英语中，生活有名词与动词之分。名词“life”含有“state of being alive as a human being”（人生、人的生存）之意；动词“live”意为“remain alive”（生存、活着），“conduct one’s life in a specified way”（以某种方式生活），“to fully enjoy life”（充分享受生活的乐趣）。②

杜威在他的“教育即生活”理论中，用“生活”这个词来表示“个体的和种族的全部经验”，包括习惯、制度、信仰、胜利和失败、休闲和工作。③

陶行知则将生活理解为教育，认为教育的根本意义在于促进生活之变化。生活无时不变，即生活无时不含有教育的意义。④ 既然生活教育是人类社会原来就有的，那么是生活便是教育，所谓“过什么生活便是受什么教育；过好的生活，便是受好的教育，过坏的生活，便是受坏的教育”⑤。

梁漱溟甚至把生活等同于生命。他说：“生命与生活在我说实际上是纯然一回事；一为表体，一为表用而已。‘生’与‘活’二字，意义相同，生即活，活亦即生。”⑥

还有学者把生活看作“个体生存状态的积极主动地展现与充盈的过程”⑦。

《云五社会科学大辞典》对生活的解释是“人类求生存、维持和发展的所有努力与作为”。

可见，生活是一个多义且复杂的概念，以致我们很难给它下一个规范、确切的定义。我们认为，生活是个体生命的一种表现形式，它与个体的生存状态相关。人活着就必然首先是生存着，生活是一种动态的发展过程，而不是一个静止的结果。在这一发展过程中，人始终作为生活的主体而存在着。

（二）生活的分类

在日常用语里，生活按照不同的标准可分为不同的类型，如物质生活与精神生活、日常生活与非日常生活。人们习惯并接受了这种分法，但是这种分法的问题在于，它是一种对立式思维的结果，它将生活分割成彼此不相连的两个领域，将人置于生活之外。有学者为避免这样的人为分割，将生活按照时间维度分为“当下的生活”“过去的生活”和“将来的生活”；按照空间维度分为“公共空间生活”（指规范空间领域的生活）和“私人空间生活”（指私人领域的生活）。这种划分方法避免了对生活的割裂，但也存在着不同生活类型界限模糊之嫌。

---

① 辞海编辑委员会．辞海［M］．上海：上海辞书出版社，1979：3956.

② 霍恩比．牛津高阶英汉双解词典（第四版增补版）［M］．李北达，编译．北京：商务印书馆，牛津：牛津大学出版社，2002：857，858.

③ 杜威．民主主义与教育［M］．王承绪，译．北京：人民教育出版社，2002：7.

④ 吴志樵．中国教育经典名著解读［M］．沈阳：辽海出版社，2011：88.

⑤ 虞伟庚．陶行知教育思想概论［M］．武汉：武汉大学出版社，2012：32.

⑥ 马秋帆．梁漱溟教育论著选［M］．北京：人民教育出版社，1994：263.

⑦ 刘铁芳．走向生活的教育哲学［M］．长沙：湖南师范大学出版社，2005：34.

二、生活世界

“生活世界”首先是一个哲学范畴的概念，它是德国哲学家胡塞尔（Edmund Husserl，1859—1938）在批判科学世界的基础上提出来的。1935年5月7日胡塞尔应“维也纳文化联盟”的邀请作了题为《欧洲人危机中的哲学》（*Die Philosophie in der Krisis der europäischen Menscheit*）的学术报告，同年11月他又应“布拉格人类知性研究协会”的邀请在布拉格德语大学和捷语大学各作两次题为《欧洲科学的危机和心理学》（*Die Krisis des europäischen Menschentums und die Psychologie*）的学术报告，并在这些报告的基础上完成了论文《欧洲科学危机和超验现象学》（*Die Krisis europäischen Wissenschaften und die transzendentale Phanomenologie*，简称《危机》），于1936年在南斯拉夫贝尔格莱德的《哲学》杂志第一期上发表了其中的第一、二部分。胡塞尔在《危机》中指出，客观的科学危机带来的是生活意义的丧失。人们在享受科学技术带来的文明的同时，也在承受着科技异化带来的惩罚；科学世界里只见物不见人，只求真不求善，是一个冰冷的没有人的存在的世界；要使科学世界有意义，必须重新回到生活世界中去寻求。

继胡塞尔之后，一些哲学家先后提出了与生活世界相应的概念。如德国哲学家尤尔根·哈贝马斯（Jürgen Habermas，1929— ）提出以交往行动为基础的“生活世界”概念。他区分了面向外物（即人与自然的关系——客观世界）、面向他人（即人与他人和社会的关系——社会世界）、面向自我（即人与自我的关系——主观世界）等三种世界，并进一步把社会世界分为系统世界（system world）和生活世界（life world），其中“系统世界”包括国家机关以及经济系统或市场系统，而“生活世界”是交往行动展开的领域，是未主题化的、原初的日常生活世界，是人类生存的根基。① 哈贝马斯认为，“生活世界”正被吞噬或者殖民化，人类社会正在产生最严重的异化，“人们不但在日常的工作中，而且在娱乐、教育和家庭等事务中也以金钱和权力作为沟通的媒介，对周围的人和物采取像商品一样的态度，只重感情上的取舍，不作深层次的反思和讨论”②。因此，哈贝马斯提出了“生活世界殖民化”这一著名理论。此外，英国哲学家路德维希·维特根斯坦（Ludwig Wittgenstein，1889—1951）把语言从抽象的逻辑王国拉回到日常生活世界，提出“生活形式”概念；德国哲学家马丁·海德格尔（Martin Heidegger，1889—1976）提出了“日常共在世界”的概念；匈牙利哲学家阿格妮丝·赫勒（Agnes Heller，1929— ）提出了“日常生活世界”的概念；法国社会学家昂利·列斐伏尔（Henri Lefebvre，1901—1991）使用“现代世界的日常生活”概念；美国哲学家理查德·罗蒂（Richard Rorty，1931—2007）提出“以族为中心的人群共同体的生活世界”；法国社会学家布迪厄（Pierre Bourdieu，1930—2002）则探讨了作为一个关系的、开放的“游戏空间”的思想。在西方，马克思的实践哲学也常常被认为是与生活世界相关的一种哲学。

上述概念和思想尽管表述不同，但都含有对“生活世界”的共同理解，集中表现为：①

---

① 刘少杰．国外社会学理论［M］．北京：高等教育出版社，2006：392－397．

② 侯钧生．西方社会学理论教程［M］．天津：南开大学出版社，2010：376．

生活世界不是原始的自然世界，而是人在其中的世界；② 生活世界不是主客体分离的科学世界，而是主客体和谐统一的世界；③ 生活世界不是文本化了的符号世界，而是生动鲜活的意义世界。所以，对生活世界的理解，不能简单地理解为“生活环境”“自然世界”或“社会世界”，还必须理解为人生活于其中的关系世界、对人发生意义的世界。人与生活世界的关系是：人在生活世界中处于能动的地位，既受制于生活世界又反作用于生活世界。

三、学生生活

学生生活是学生生命成长的历程。人们在理解学生生活时，往往更强调学生在不同的环境中与周围世界的关系，包括与社会、与他人、与自然的关系，这是对生活表面化和简单化的理解，这种理解忽视了学生作为主体的人在生活中的积极作用。按照胡塞尔对生活世界的理解以及哈贝马斯的“生活世界”概念，学生生活还应当包括学生主体对人生的理解和解释的意义世界，学生与自我的关系世界。也就是说，学生生活不仅包括学生的生活环境，还包括学生的生活方式、交往方式、人生态度和对生活意义的理解。

（一）学生生活的分类

按照不同的标准，学生生活有着不同的分类。按照生活的环境可划分为家庭生活、学校生活、同辈群体生活和社会文化生活；按照生活的场景可划分为现实生活和网络生活；按照生活的规范性可划分为日常生活和制度化生活。

1. 学生在不同环境中的生活

（1）家庭生活。家庭生活是以婚姻为基础，以血缘关系或收养关系为纽带建立起来的社会生活。它是一种建立在父母对子女血缘关系或收养关系之上的，具有亲情权威、深厚情感的特殊个别化的生活。家庭生活是孩子的第一生活世界。孩子从母体呱呱落地降临人世，就开始接受家庭“人之初”的教育，家庭生活所表现出来的基础性、持久性给学生的影响是独特和重要的。家庭教育的优势和家长的教育力量常常是其他任何教育形式都难以具备的。在家庭教育的诸因素中，亲子关系的质量往往决定着孩子的发展水平。

但是，家庭生活对孩子的负面影响也是不容忽视的，如父母对孩子的过分重视，使孩子承受着期望的重压，心理负荷极其沉重；父母对孩子的溺爱，又容易造成孩子的任性，不利于他们个性的正常发展；父母的紧张关系往往会给孩子以感情上的打击，使他们正常的社会化过程中断，导致他们个性的畸形发展。另外，家长缺乏教育子女的能力、父母教育子女的时间和精力有限、家庭生活气氛不好、家庭环境比较复杂、家长的不当言行等，都可能导致对孩子成长的不利影响。

不过，家庭生活对孩子成长过程的影响并不是固定不变的。研究表明，孩子进入中学以后，由于成人感的产生、独立性的增强和自我意识的新发展，希望得到更多的自由和权利，厌烦父母过多的管束，要求自己支配自己的言行，对父母的依恋程度相应减弱。再加上中学生社会交往范围扩大，留在家里的时间相应减少，家庭影响将逐渐弱化。如果家长不能正视这种变化，并且作出相应的改变，家庭生活的教育优势则会一点点丧失甚至造成难以弥补的损失。显然，学生的家庭生活更多地偏重于“感性与感情”“自由与放松”“个体性与特殊性”等方面,这与学校生活有着很大的差别。

(2)学校生活。学校生活是学生生活的主要部分,是一种规范的生活。学校生活与家庭生活的最大差别就是强制性。学校生活对学生的这种强制至少具有四个特点:一是强制与同龄学生共同生活;二是强制遵守家庭中所没有的行为规则;三是强制把学习活动与游戏及娱乐活动截然区分,在学校中,学生不感兴趣的要学习,而感兴趣的却常常难以自由地学习;四是学生不断地受到教师和学校的各种评价,这种不断进行的评价有时会伤害学生参与学校生活的积极性。

家庭生活和学校生活的差异性,首先,要求学校生活必须建立在学生对教师尊敬和信赖的基础上,如果教师在教育过程中滥施权威或权力,忽视以情感人、以理服人,那么教育效果势必大受影响;其次,在制度化的学校生活中,要注意因材施教,有的放矢,使每个学生的个体生活都得到积极的关注;再次,学校生活必须和家庭生活紧密联系,发挥家庭生活的教育优势,否则,学校的教育力量就会受到削弱,学生的学校生活质量就会下降或无法得到保证。

(3)同辈群体生活。同辈群体是指因年龄、地域、观念、兴趣、活动类型、发展水平等相近或相同,而较自发地形成的群体。按照群体构成的原则和方式划分,同辈群体主要指学生的非正式群体。学生同辈群体生活的主要特征是有相同的心理需要、明显的情感色彩、灵敏的信息传递渠道及其自然形成的权威人物。因此,同辈群体对于学生往往具有巨大的吸引力,其影响甚至会超过家庭与学校。导致学生形成、加入同辈群体的主因是学生对平等的追求和期望,因为同辈群体对其成员具有“保护功能”与“发展功能”。保护功能是指同辈群体可以使学生个体少受或免受成人世界的伤害,可以为他们提供一种平等互助的社会环境。发展功能是指同辈群体对学生社会能力的发展具有促进作用。例如,同辈群体有助于发展学生表达自我的能力、展现自我的能力、相互沟通的能力、竞争与合作的能力。这些社会能力只能通过人际交往活动才能得到发展。

同辈群体对儿童生活的影响具有两面性,如果同辈群体按照社会所确认的价值规范要求约束其成员,那么其影响就是正向的、积极的,反之则是反向的、消极的。比如,一些同辈群体内部信奉个人至上,讲究哥们儿义气,如果不注意引导,很容易走向与学校生活相悖,甚至违法犯罪的道路;许多青少年犯罪团伙大都是在学校受到老师、同学的冷遇、批评、歧视和排斥,是在一种反抗心理的基础上结合起来的,是一种寻求相互依托、摆脱心理孤独的同辈群体。总之,“民主平等”“互助合作”“自由表达”等是同辈群体生活的显著特点;而相对应的学校生活的特点是“权威与不平等”“互相竞争”“有限表达”等。因此,学校要注意区分同辈群体的性质,充分发挥同辈群体的积极影响,引导学生融入正规的学校生活中,克服学校生活中存在的问题,共同营造良好的学生生活环境。

(4)社会文化生活。学生的社会文化生活尽管属于间接的生活环境,但因其活动形式的丰富、感官、煽情等特点,表现出广泛性、灵活性、多元性的特征,而相对应的学校生活则偏于古板、严肃、抽象与理性,特别是当学校生活更多地强调学习活动时,这种对比尤为明显。其结果往往使学生感受到校外的生活世界十分丰富多彩,因而不自觉或自觉地受到各种影响。英国利兹大学的传播学者布朗(J. R. Brown)等人就把电视及其他大众传播媒介看作使儿童社会化的一种独立因素，一种同家庭、学校等诸因素共同起作用的因素。① 尤其是散布于学校附近的各种地摊、游戏厅、网吧，以及各种影视文化，对学生的影响无疑是不可小视的。学生参与社会文化生活可以拓宽其知识面，扩大其交往的空间和活动范围，锻炼其适应社会生活的能力。但是，社会文化生活总是鱼龙混杂，从学校教育的角度看，"我们必须承认有一个心理发展过程的存在；一切理智的原料并不是所有年龄阶段的儿童都能够吸收的和有益的"②。

以社区文化环境为例，一些研究表明，大多数学生认为电影院、书店、图书馆给他们的生活带来较大的积极影响，而游戏厅、卡拉 OK 厅、歌舞厅、网吧给他们的生活带来的是较大的消极影响。③ 一些游戏厅往往置法律法规于不顾，将淫秽、色情、恐怖、暴力等不健康的内容装进游戏机，牟取暴利。沉湎于游戏、网络的学生疏远了学校生活，陶醉于游戏、网络构成的虚拟世界而不能自拔。哈佛大学著名的精神病专家阿尔文·波圣（A. Bosen）博士指出，没有头脑，但在智力上却是无争议的电脑游戏"正在教唆孩子：暴力是某种可能接受的方式，是表达愤怒的一种合理手段"。联合国教科文组织也发出呼吁："别让因特网伤了儿童。"但让人忧虑的是，由于减负的广泛实施及有限的休闲娱乐场所，目前节假日或课余时间到游戏厅玩游戏或到网吧上网的中小学生数量猛增，社会文化生活对儿童的负面影响将更加广泛深入。因此，正视社会文化生活与学校生活的差异，引导学生健康成长，将成为学校教育改革的一项重要内容。

2. 学生在不同空间的生活

我们所赖以生存的生活空间可以划分为纯粹的自然界，可称为第一自然；人性化的自然界（现实社会），可称为第二自然；网络所提供的区别于现实社会的"虚拟社会"，可称为第三自然，也就是"第三空间"。④ 因此，虚拟生活（又称网络虚拟生活、网络生活）成了现代人另一种主要的生活方式，网络成为现代人生活的重要空间。

现实生活是一种真实的生活，是每天面对真实的人和具体的事，它包括家庭生活、学校生活、同辈群体生活和社会文化生活等。其对青少年的影响持久而深远，这从上述内容可见一斑。随着信息时代的到来，网络媒介引发了一场革命。它不仅改变了人们的生活方式，同时也拓展了人类的生活方式，一种新的生活方式——网络生活应运而生。这种在真实的世界里的虚拟生活以及虚拟世界里的真实极大地刺激了现代人，尤其对青少年的影响更为广泛。

与现实生活相比较，网络生活有其独特的魅力。它超越了时空的界限而具有随时随地的便捷性；网络资源的丰富性为青少年获取信息、了解世界提供了便捷的条件；网络的互动性满足了青少年交流的需要，在网络里可以进行倾诉、倾听和交流。因为它的保密性，更增

① 严先元. 大众传播与学校教育[M]//瞿葆奎. 教育学文集·教育与社会发展. 北京：人民教育出版社，1989：520.

② 皮亚杰. 教育科学与儿童心理学[M]. 傅统先，译. 北京：文化教育出版社，1981：176.

③ 桑标，谢燕，唐哲美. 社区文化环境：青少年的参与度、认知度及感受到的影响力[J]. 当代青年研究，2001(2)：5－8.

④ 马和民，吴瑞君. 网络社会与学校教师[M]. 上海：上海教育出版社，2002：33.

加了青少年对网络的依赖,很多不能与现实中的人交流的东西可以通过网络的倾诉而消解。所以,网络世界没有孤独、没有歧视,在网络世界里可以找到精神的家园,网络给个人提供了展示自我的舞台。

但网络是一把双刃剑,它在带给人们极大便利的同时,其消极影响也相伴而生了。整天沉溺于网络,面对冰冷的屏幕,人们的思维和情感都会受到限制。毕竟是只有输出而没有反馈的单向交流,会使人变得僵化和淡漠。网络里虽然也有情感,但是虚拟的情感生活永远代替不了现实生活中亲情、友情和爱情。网络生活的隐蔽性使得人们的交往变得恣意和纵情,在现实生活中被压抑的人性恶的一面可能会在虚拟生活中得到释放。于是,网络生活中的不文明、不道德甚至犯罪行为都可能存在和发生,网络交往使用的语言也可能会影响现实生活中规范语言的应用。

专栏 8-1

儿童成“宅童”是谁的错?

为了引起社会关注当今儿童的生活状态,新京报联合凤凰网结合当今孩子缺少兄弟姐妹、生活圈子狭窄、户外活动少等特点进行了调查。调查显示:60.87%的家长表示,自己的孩子每天户外活动的时间在1小时以下;32.48%受调查的儿童平均每天在电视、电脑等电子产品上花费1~3小时。

此次调查对象为2~14岁的儿童,截至记者发稿时,参与调查的人数达到了8070人。

调查显示:41.41%的家长表示,自己的孩子有1~3个玩伴或好朋友;“一个也没有”的占6.67%。对于“他(她)平均每天在电视、电脑等电子产品上花多少时间?”的问卷调查,32.48%的家长表示自己的孩子花费1~3小时,16.95%的家长表示孩子花费的时间达到3小时以上。

对于“孩子平均每天的户外活动时间有多少?”的调查,27.91%的家长表示为半小时以下,32.96%的家长表示为“半小时至1小时”,仅有8.25%的家长表示能达到3小时以上。

[资料来源] 日户外活动≤1小时 六成儿童成“宅童”[N].新京报,2013-06-01.

网络生活带给青少年的利弊究竟孰大孰小虽难以下定论,但是有一点可以肯定,如果对青少年不加以正确引导,他们难免会受到伤害。因此,如何合理、有效地利用网络资源,成为学校和家庭共同面对的一个教育难题。

3. 学生在不同规范中的生活

(1)日常生活。日常生活是生活的一个基础领域,是一种“每天都如此”的生存状态。美国学者阿瑟·阿萨·伯杰(Arthur Asa Berger)认为,日常生活“指的是我们在典型的一天中的各种活动,包括进餐、工作和自我娱乐”①。所以,日常生活包括人们衣食住行在内的周而复始的生活,它具有一种“自然”的特性。

① 高德胜. 生活德育论[M]. 北京:人民出版社,2005:61.

对日常生活而言,人们的态度仅仅是接受生活就是如此的事实,而不去探究“为什么”。既然人们每天都这样活着,所以,日常生活具有“重复性”的特征;此外,由于日常生活涉及人们的方方面面,各种因素纠缠在一起,人们在日常生活中的各种角色天然地融为一体,没有被人为地分割成碎片,人是一个完整的人,所以,日常生活又具有“整体性”的特征。学生的日常生活既包括现实生活,也包括网络生活。

(2)制度化生活。制度化生活是从日常生活中分化出来的一种规范生活,对学生而言,专指学校教育过程中的规范生活。进入学校之前,儿童的生活是无功利目的的自在生活。一旦进入学校,儿童则要改变以往的生活方式而遵循一定的规则。因为学校是按照成人的生活方式建立起来的,具有明显的功利性。儿童在这里生活就要改变自己的本性,要受一定的纪律、规则的约束;这是对儿童自在生活的一种否定和重塑。

联合国教科文组织在《学会生存》中指出:“在现代学校教育中,儿童人格被分为两个互不接触的世界,在一个世界里,儿童像一个脱离现实的傀儡一样从事学习;而在另一个世界里,他们通过某种违背教育的活动来获得自我满足。对儿童生活的强制改变,意味着对儿童生活的否定、主权的丧失,为了生存只好归顺、讨好成人,变得世故。”①在学校里,儿童学会了功利性地做事,学会了服从权威,学会了言行不一,也学会了世故和圆滑。在这个意义上,学校教育过程中的这种制度化生活有可能使儿童丧失其天性,但同时儿童也逐步实现着个体的社会化,为进入成人社会做好各种准备。

(二)学生生活方式与健康生活教育

生活方式是人们长期受一定文化、民族、经济、社会、风俗、规范等影响而形成的一系列生活习惯、生活态度和行为方式,包括工作(学习)活动、基本生理需要活动(睡眠、吃饭、穿衣、洗漱、如厕等)、闲暇活动(消费购物、社会交往、文化娱乐等)和其他生活活动(锻炼、谈恋爱、喝酒、抽烟、就医等)。②

中国青少年研究中心对我国6个城市三年级至八年级学生的生活方式进行了调查。调查结果表明:①23%的学生不是每天吃早餐,63.5%的学生不同程度地吃过“保健品”,绝大多数学生钟情于“洋快餐”,零食中“垃圾食品”在三成以上;②在睡眠方面,学生的认识与行为存在巨大反差,66.6%的小学生、77.1%的中学生睡眠不达标,48.2%的学生感觉睡眠不足,两成左右的学生睡眠质量欠佳;③在玩耍方面,多数学生“有自己随意玩的时间”,游戏种类较为丰富,但休闲状况不容乐观,学生平均在校时间多于其父母工作的时间。过多的作业、各类学习班和培训班占据了孩子们的绝大部分课余时间,孩子们玩得并不开心;④超过半数的学生感到“运动量不足”,70%是因为没有时间,38.7%是因为没有合适的场所,课间活动被忽视,学生自主支配的体验运动时间微乎其微。

生活方式与人的健康水平密切相关,不健康的生活方式业已成为青少年体质下降的关

---

① 联合国教科文组织国际教育发展委员会. 学会生存[M]. 上海师大外国教育研究室,译. 上海:上海译文出版社,1979:14.

② 张玉秀. 生活方式、体育生活方式的界定及其研究状况分析[J]. 南京体育学院学报,2005(6):14.

键原因。因此,加强对学生生活技能的指导,倡导学生形成健康的生活方式,是当前学校生活教育的主题。

除了培养学生健康的生活方式外,学校还应该注重学生的生活技能教育。这里所说的"生活技能教育",并不是简单地指称"洗衣、做饭、整理内务等"生存性能力,而是指"一个人能有效地处理日常生活中的各种需要和挑战的能力;是个体保持良好心理状态,并且在与他人、社会和环境的相互关系中表现出相适应的积极行为的能力"。

第二节　学校教育与生活的关系

一、西方教育学家的理论探索

(一)杜威的"教育即生活"论

美国教育家约翰·杜威在《民主主义与教育》(*Democracy and Education*)一书中探讨了教育与生活的关系。他指出:"努力使自己持续不断地生存,这是生活的本性。因为生活的延续只能通过持久的更新才能达到,所以生活便是一个自我更新的过程。教育和社会生活的关系,正如营养和生殖、生理的关系。"他指出,要解决非正式教育和正式教育之间的矛盾,就必须在两者之间保持恰当的平衡,由此杜威提出了"教育即生活"的主张,认为教育是生活的过程,学校是社会生活的一种形式。

杜威指出理想的学校生活应满足以下条件:首先,学校生活应与儿童自己的生活相契合,满足儿童的需要和兴趣,使校园成为儿童的乐园而不是牢笼,让儿童在学校生活中得到乐趣;其次,学校生活应与校外社会生活相契合,适应现代社会疾速变化的趋势并成为推动社会进步与发展的重要力量,校园不应该是世外桃源而应积极地参与社会生活。杜威关于"教育即生活"的主张之核心就是要使学校生活成为儿童生活和社会生活的契合点,其实质是改造不合时宜的学校教育和学校生活。①

(二)斯宾塞的"教育为生活准备说"

斯宾塞是19世纪英国的社会学大师,是"教育为生活做准备"思想的代表人物。《教育论》(*Education: Intellectual, Moral and Physical*)是斯宾塞教育思想的完整表述,在其中,斯宾塞第一次明确地提出了"教育为生活准备说"。他指出,怎样生活是我们的主要问题,如怎样对待身体、怎样培养儿童的心智、怎样处理事务、怎样带好儿女、怎样做好公民、怎样利用自然资源等。因此,怎样帮助儿童去过完美的生活?这既是我们需要学的大事,当然也是教育应当教的大事。为我们的完美生活做准备是教育应尽的职责。斯宾塞指出,教育就是教导一个人如何生活,使他获得生活所需要的各种科学知识,为他今后的完美生活做好准备。②

① 吴式颖．外国教育史教程[M]．北京:人民教育出版社,1999:508.
② 郝经春．教师必读的外国教育名著导读[M]．长春:吉林大学出版社,2007:79.

(三)卢梭的“自然教育论”

卢梭在巨著《爱弥儿》中表达了他的自然主义教育思想。他认为,幸福的生活应是教育的目标,而要获得幸福的生活就必须进行自然教育,即顺应儿童的自然本性进行教育。卢梭反对经院主义的教育,认为当时的书本知识脱离人的生活实际,教给儿童的是一些无用且空洞的书本知识。他指出,大自然希望儿童在成年以前就要像儿童的样子。如果我们打乱了这个次序,我们就会造成一些早熟的果实,它们长得既不丰满也不甜美,而且很快就会腐烂,最终只会造就一些年纪轻轻的博士和老态龙钟的儿童。

(四)伊里奇的“非学校化社会说”

伊里奇是当代美国批判教育学家和社会批判家。他在《非学校化社会》一书中完整地展现了“非学校化社会”思想。在书中,他猛烈地抨击现代学校制度的种种流弊,号召人们废除学校,代之以“学习网络”,建立一种人人平等、自由、自律、自助、愉快交往的“非学校化社会”。该思想一经问世,随即席卷西方世界,形成一股“非学校化”浪潮,强烈地震撼了20世纪70年代的国际教育界。其主要内容涉及:①揭露了学校的组织化和工业化特征,批判了学校中潜在课程的社会灌输和妨碍真正学习的消极作用;②指出现代学校垄断了教育,造成社会中各种教育资源的浪费;③提出了现代学校的强迫性质,深刻地批判了学校脱离现实生活的现象;④认为现代教育的根本出路在于建立广泛的、开放的、交流的社会教育网络,发挥各种教育资源的价值,形成普遍化的学习和教育。

尽管伊里奇为我们描绘了一幅人人参与、愉快学习的未来教育蓝图,但是他的彻底取消学校的思想并不符合人类历史发展的实际需要。在人类社会高度发展的今天,学校仍具有不可替代的教育价值。

二、我国的生活教育思想

生活教育思潮是近现代中国最主要也是最重要的教育思潮之一,深受杜威“教育即生活”思想的影响,在20世纪初以陶行知为代表,形成了生活教育学派。该学派以“生活即教育”“社会即学校”为基本的理论主张。

(一)陶行知的生活教育理论

陶行知是我国近代教育家,毕生致力于教育和社会改革事业。“生活教育”是陶行知教育思想的核心,集中反映了他在教育目的、内容和方法等方面的主张,反映了他探索适合中国国情和时代需要的教育理论的努力。该理论的基本内涵是:“从定义上说,生活教育是给生活以教育,用生活来教育,为生活向前向上的需要而教育。从生活与教育关系上说,是生活决定教育。从效力上说,教育要通过生活才能发生力量而成为真正的教育。”“生活即教育”是陶行知生活教育理论的核心;“社会即学校”是生活教育理论的另一重要主张,是“生活即教育”思想在学校与社会关系问题上的具体化;“教学做合一”是“生活即教育”在教学方法问题上的具体化。生活教育理论针对当时传统教育的弊端:学校与社会割裂、书本与生活脱节、劳心与劳力分离等现象,积极倡导并践行学校教育与社会生活相结合、与生产劳动相结合以及手脑并用等观念。①

(二)杨贤江的特殊生活论

杨贤江(1895—1931)是我国最早运用马克思主义学说、比较系统地阐述现代教育原理的教育学家,他对于教育与生活关系的论述构成了其教育理论的重要部分。他从历史的角度,立足于当时的教育现实,对教育与生活的关系、学生生活的质量以及生活的丰富性等问题作了集中论述。他指出要高度重视教育中儿童的生活状态,认为学生个体生活的内容与形式非常重要,不仅表现出他个人的人格,而且将影响到全社会的活动。因此,他对教育者提出了观察学生生活的要求,通过观察来发现学生生活有待改进之处,进而通过教育手段改善学生的生活状态。他分析了导致病态学生生活的几种认识误区,即认为学生生活"是受教育的生活""是学人生活""只是读书""是预备生活"等。他强调指出,学校生活有其特殊性,学校生活应该"是秩序的生活""是自主的生活""是服从的生活""是简约的生活""是愉快的生活""是礼法的生活",作为人生最重要的时期,应特别重视儿童的学校生活质量。

(三)陈鹤琴的儿童生活教育思想

陈鹤琴(1892—1982)是我国近代教育家、儿童教育专家。他在《儿童心理及教育儿童之方法》一书中批判了常人的"儿童观",他认为人们总是把儿童错看成与成人一样的"小人",对他们实施成人一样的教育,但是这样做并不能收到良好的教育效果,所以必须改变这种错误的观念。针对当时我国的幼儿园采取欧美式的幼教模式和远离儿童现实生活的现状,他提出"幼稚园要适应国情"的观点。他非常注重教材与儿童生活的联系,主张"凡教材须以儿童的经验为根据",批判了私塾教育死读书的弊端,指出:"我们从前在私塾里读书的时候,天天念三字经、千字文和四书五经等书,虽然能够背诵得很熟,但是觉得毫无意义;因为书上所讲的与儿童的经验隔离得太远了,所以我们应当以儿童的经验为选择教材的根据才好。"②

三、学校教育是生活的必要组成部分

一般认为,当人类的活动与动物的活动有了本质区别的时候,人类的教育活动就产生了。教育的劳动起源说明确指出,教育的产生是劳动的结果,而劳动是人生活、生存的一种重要形式,可以说"原始社会教育就是要把每个成员培养成为一个劳动者"③。早期人类的教育主要以生产劳动、生活习俗的教育为主。那时学校还没产生,教育和劳动生活浑然一体,"原始社会的教育没有从一切社会实践中完全分化出来成为专门的活动,没有专门人员和专门场所进行教育工作"④,因此,可以认为教育起源于原始社会的日常劳动生活,又以生产劳动、生活习俗这些维系社会运作和延续的日常生活为主要内容,体现了教育与生活的

① 孙培青. 中国教育史(修订版)[M]. 上海:华东师范大学出版社,2008:467－470.

② 田正平,肖朗. 中国教育经典解读[M]. 上海:上海教育出版社,2005:578－594.

③④ 毛礼锐. 中国原始社会的教育起源与教育性质问题[M]//瞿葆奎. 教育学文集·教育与教育学. 北京:人民教育出版社,1989:240.

最原始的关系,即教育起源于生活,又以生活为内容,同时为生活服务。

从学校的产生来看,学校是专门从事教育教学活动的专门机构,但是学校的产生要晚于教育现象的出现。"学校"这个术语的希腊文原意是"闲暇"。所谓"闲暇",并非无所事事,是指脱离体力劳动的脑力劳动。到了奴隶制社会,生产力已经发达到有可能使一部分奴隶主脱离体力劳动,成为有闲暇的人,有时间从事脑力劳动,组织学校来专门进行教育工作。由此,学校教育开始"脱胎"于体力劳动,逐渐成为一种专门的社会活动。

概言之,从教育的起源到学校的产生,均表明学校教育乃是人的生活的必要组成部分,教育本质上是以人的生活为基础和背景而展开的。当然,教育作为生活的过程乃是一种特殊的生活过程。①

四、学校教育脱离生活的现象

教育不仅是一种技术性、工具性的知识传授和科学探索活动,更是人类寻求自我完善与发展的基本方式与途径。教育不是游离于生活之外的活动,而是生活的一种形式。学校生活作为人整体生活的一部分,占据人生很大一部分的生活实践,对人的生存状况与方式、生存质量都有着很大的影响,可以说,学校教育内在地承载着生活的功能。

但在教育实践中,学校教育常常表现出脱离学生生活的状态,尤其表现为以下几个方面:①完美的、高标准的、理想化的教育目标远离生活世界,理想性有余,基础性不足;②膨胀的"书本世界"的课程远离儿童的生活世界,导致学生对人生与社会自主思考的忽视;③偏重"书本世界"或"科学世界"的教学,学生被淹没在科学知识的海洋里,单一的学习方式导致课堂教学缺乏生命活动;④ 教育中学生生活的物质空间和精神空间狭小,学校不仅没有成为学生的精神家园,相反成了他们的精神牢笼;⑤ 脱离生活的道德观和说教式的德育,不能把学生培养成道德生活的主体,难以使学生完成人格的自我建构;⑥ 重认知结果,轻社会性发展和人格自我建构的教育评价,滋生"分数崇拜"现象,导致教育丧失生活的意义。②

学校教育脱离学生生活的上述现象,最终将导致学校教育的危机。因为脱离了学生生活的学校教育还将进一步表现为对学生生活的限制,尤其表现为两个方面:一是学生课业负担过重,从而严重地影响了学生的正常生活。二是"过度学习"。所谓"过度学习",指的是要求学生对教学内容过多地进行反复学习,主要表现为重复学习、超量学习、过难学习。这种过度学习的危害性很大,使得学生的生活世界"被殖民化",不仅损害了学生的健康,而且耗尽了学生的潜能,更严重的是,扼杀了学生的天性、压抑了学生的个性。③

① 刘铁芳. 走向生活的教育哲学[M]. 长沙:湖南师范大学出版社,2005:31-49.

② 郭元祥. 生活与教育——回归生活世界的基础教育论纲[M]. 武汉:华中师范大学出版社,2002:15-43.

③ 罗祖斌,杨娥. "过度学习"的危害及其救赎——兼谈建立"全面而有个性地发展"的教育制度体系[J]. 全球教育展望,2013(5):26-29.

第三节　生活环境与学生的心理及行为失范

由于学生生活的环境不同,整个社会生活中的任何一类因素都会或主或次、或隐或显、或直接或间接地影响学生的成长与发展,如果处理不好各种生活环境之间的差异、矛盾和冲突,那么就很可能导致学生的心理障碍和失范行为。比如,学生的家庭生活与学校生活的差异,学生的同辈群体生活与学校生活的差异,学生的社会文化生活与学校生活的差异等。

一、生活环境差异导致各种适应问题

(一)教育孤岛现象

生活环境的差异,使得学生经常面对生活适应问题。一方面,由于学生直接面对着多重社会生活环境,而它们之间又各有一套价值、规范、期待及其行为方式,因而在它们之间不可避免地存在着如何协调与适应的问题;另一方面,由于现实社会生活的复杂性,学生在现实社会生活中所遭遇的常常会与学校生活中所经历的发生矛盾、冲突甚至对立,这就使得学生的心灵成长与自我发展面对各种适应的困难。面对这种生活环境的差异,一种认识是把学校生活理想化,认为学校生活的一切都是健全的、合理的,进而排斥其他社会生活对儿童的影响,把儿童封闭于校园之内,学校成了教育的孤岛。但是经过这样长期的学校生活后的学生一旦踏上社会,往往会因感到强烈的反差而产生眩晕,难以适应社会,进而在复杂的社会竞争面前失去了生存能力。另一种认识则是看到了现代学校制度化生活的负面,认为学校生活单调压抑、封闭刻板,妨碍了学生的发展,总相信外面的生活很精彩,却在不知不觉中放任学生自我发展,使儿童迷失在社会生活的负面影响中。美国教育家伊里奇主张"非学校化生活",认为现代学校制度化生活是压抑人的个性自由发展的生活,提出学校生活应由教育媒体咨询服务、技艺交流、同伴切磋、非专职教育家咨询服务所组成的教育网络生活所取代。因此,协调好学生学校生活和其他生活的关系,引导学生健康成长,是学校及其教师的一项重要职责。

(二)花盆效应

在教育生态学上,"教育的孤岛"现象也被称为"花盆效应"。所谓"花盆效应",是一种生态学的"局部生态效应"。花盆是一个半人工半自然的微型环境。首先,它在空间上有很大的局限性,只局限在花盆及有限的环境内。其次,它的生活环境具有人为性,花盆及其周边的环境是由人创造出来的,由人工控制湿度和温度,正因为这种人造因素,花卉在一段时期内可以长得很好。但是,一旦离开人的精心照料,花卉将经不起温度、湿度的变化,更经不起风吹雨打。在过去的学校教育中,由于封闭或半封闭的教育系统,学生整天被关在教室里,与鲜活的现实生活相脱节,加之教学内容、教学方法陈旧落后,从书本到书本,进行闭锁式小循环。只要求记得住、背得出、答得上,不要求独立思考、鉴别真伪、理解应用;只要求掌握现成的结论,不要求洞察产生这种结论的过程;只强调求同思维,验证某种原理法则,不允许求异思维,发展创新;只提倡认真读书,继承前人积累的丰富知识宝藏,不强调在教授

知识的过程中,教方法、练思路,丰富和完善学生的思考力,不要求开拓、进取和创造,从而探索未被人们认识的“必然王国”。①

总体而言,学生对各种生活环境的适应存在良好的适应与不良的适应两大类型。当学生出现不良适应时,在心理上可能表现为烦躁、焦虑、压抑、挫败感等多种心理问题,在行为上则往往表现为各种失范行为。

二、学生心理障碍的各种表现

学生心理障碍是指学生在学校生活和其他社会生活的矛盾冲突下,不能很好地适应差异,产生了心理异常和心理疾病,严重影响了正常的学校生活,主要表现为人格障碍、神经症和精神病三类。研究发现,在学生中常见的心理障碍主要有以下四种。

攻击 例如,有些学生在学校受到挫折,回到家里向家人出气,以发泄自己的情绪。在学校可能会有违反课堂规则、破坏公共秩序、顶撞老师、打架、骂人、破坏公物等行为。

退缩 例如,一些学生受到挫折后,会表现出一种与自己的年龄、身份很不相称的幼稚行为。特别是一些在家庭生活中受到父母溺爱的学生,一旦在学校生活中受到较强烈的刺激,就很容易形成胆怯、退缩、冷漠、封闭的心理障碍。

焦虑 焦虑是一种特殊的恐惧或忧虑,是一种不愉快的情绪状态。在学生中,考试焦虑、人际关系紧张的焦虑是最常见的表现形式。事实上,多数学生的厌学、逃学都与学生对考试、校园人际关系的焦虑有关。

恐怖 研究表明,一些学生如果在学校生活中受到了强烈的负面刺激或长期不当的影响,就可能形成学校恐惧症,极度讨厌学校生活,坚决拒绝上学,形成怕课堂、怕教师、怕校园的心理障碍。

专栏 8-2

青少年自杀呈现上升趋势

有关数据表明,我国平均每年有28.7万名青少年死于自杀,200万人自杀未遂,相当于每两分钟就有一人自杀身亡。青少年自杀人数不仅在上升,而且成为青少年死亡的首要原因。青少年死亡除交通事故、疾病和自然灾害外,主要原因是自杀,呈现低龄化趋势,家庭困难且成绩优秀的学生自杀率高,农村家庭学生自杀率高于城市家庭,成绩优秀学生更易于自杀,而成绩差的所谓差生则易发生犯罪,家庭和睦、受到关爱的学生自杀率低于家庭关系紧张的学生,留守儿童或隔代抚养的孩子易发生自杀。

[资料来源] 青少年自杀呈现上升趋势 多措并举铸就生命防线[EB/OL].江西新闻网,2012-03-29.

① 吴鼎福.教育生态学[M].南京:江苏教育出版社,1990:144-146.

三、学生失范行为的各种表现

学生的失范行为主要表现为越轨行为与违法行为两类。学生的越轨行为主要是指违背教育习俗、教育规章的行为，即违规、违纪行为，具体包括不诚实行为、逃学行为、欺骗行为、违纪行为等。学生的违法行为主要是指违背教育法律以及国家其他法律、法规的行为，即普通违法行为和犯罪行为。一般性违法行为数量很大，人们已经司空见惯。最常见的违法行为是小偷小摸、打架、流氓行为、赌博、违反交通规则等。普通违法行为与犯罪行为最主要的区别是前者的社会危害性还不足以用刑罚来惩罚。普通违法行为与越轨行为的区别是前者的危害性显然比后者严重，因而遭到的惩罚方式、执行力量也截然不同。当前，学生的失范行为尤其表现为以下几个方面。

（一）校园暴力触目惊心，欺侮现象日渐增多

校园暴力或称校内暴力，日本法学家解释为三方面的内容：一是对教师的暴力事件（殴打教师）；二是以集团或集团的威力为背景而发生的学生之间的暴力事件（如学生之间打群架、欺辱弱小同学）；三是毁坏学校设备等事件。校园暴力早已是一个国际性的社会问题，西方发达资本主义国家早在20世纪七八十年代就有突出的表现，近年来更是触目惊心。

专栏8－3

日本：校园欺凌愈演愈烈

近年来，日本校园欺凌问题愈演愈烈。日本放送协会（NHK）电视台消息称，日本警察厅针对校园欺凌中性质恶劣的案件展开了详细调查。警察厅介绍，截至2013年6月的半年时间里，校园欺凌案件中，被警方处理的人数是去年同期的2.15倍，达到269人。其中，初中生人数最多，有191人；其次是高中生，为44人；小学生也有34人。从罪名来看，犯有伤害等暴力罪行的各有85人，人数最多；因抢夺被逮捕的还有4人。

［资料来源］　日本校园欺凌愈演愈烈 被警方处理人数成倍增长［EB/OL］. 中国新闻网，2013－08－26.

近年来，校园欺侮现象逐渐进入研究者视线，常见的表现形式有谩骂、嘲笑、戏弄、侮辱、起外号、殴打、名誉诋毁、恐吓、破坏物品、敲诈勒索等。欺侮不是简单的学生间的打打闹闹，而是一种变相的或前兆性的校园暴力，发展到后来往往会成为严重的校园暴力事件，这给维护学校的校园安全带来了极大威胁。校园欺侮现象对被欺侮者的身心造成极大摧残，有可能导致抑郁、焦虑、自卑、失眠、做噩梦，甚至自虐、自杀。同时，它还严重破坏了本应该和谐、安全、宁静、愉快的校园气氛，影响了学生间的正常人际交往。最重要的是，它严重侵犯了受害学生的个体权利。校园欺侮通常具有以下特征：①形式多样；②行为普遍；③行为的非均衡性；④行为的持续性；⑤行为的隐蔽性和难以判断性。

当前，我国许多地方的校园暴力事件也屡屡发生，而在学校内恃强凌弱、诈骗钱财、挟持他人、从事不法行为等更是屡见不鲜。所有这些，令人不寒而栗，给家庭和学校带来了恐

慌,给社会造成了不稳定,已成为一个突出的社会问题引起人们的关注。

专家分析,产生日趋严重校园暴力现象的原因,除青春期本身具有暴力倾向外,家庭教育和学校教育的失误、不良大众传媒的毒害以及其他社会问题也是主要原因。据调查,多数暴力少年在心灵和肉体上都曾遭到父母或教师不同程度的伤害,结果孩子变得感情冷漠、自我中心、情绪失控、与人疏远,有的逐渐变成施虐狂。影视片中的暴力镜头过多过滥,则是暴力犯罪的直接诱因。当前,我国在对外开放的同时,文化市场的管理有所放松,一些暴力影视片及黄色书刊侵入文化市场,毒害着青少年的幼小心灵。

(二)青少年色情犯罪严重

在不良的大众传媒中,淫秽物品的失控对青少年越轨犯罪的影响非常严重,通过大众传媒(如某些小报、杂志、手抄本、网络)广为流传的荒诞离奇、低级下流的武侠、侦探、风流故事,极易对青少年产生不良影响。北京市海淀区人民法院少年法庭的一次随机调查显示,100 名在押少年犯中,61% 的人经常浏览色情网站。① 美国著名传播学者威尔伯 · 施拉姆(Wilbur Schramm)在他的著作《传播学概论》(*Men, Messages and Media: A Look at Human Communication*)中曾说:“所有的电视都是教育电视,唯一的差别就是它在教什么。”②看来,大众传媒对青少年一代的影响不可忽视。

(三)青少年以侵财为目的的越轨犯罪比例最高

改革开放后,西方的价值观念和生活方式对青少年的影响极大,在相当一部分青少年当中,存在着盲目追求高消费、讲排场、摆阔气、贪图享受、不思进取的倾向。青少年学生本身又缺乏经济收入,拜金思想和享乐主义往往驱使他们为满足个人私欲而不顾一切地去犯罪,使国家和人民的财产受到严重损失。大连市工读学校在校生中,侵财犯罪率高达 98.9%,侵财的主要方式有盗窃、抢劫甚至暴力抢劫。上海市一少年犯在一份悔过书中写道:“钱、钱、钱,一切向钱看,金钱至上,没有一个念头不和金钱沾边。”这说明,目前的消费膨胀与金钱万能是青少年越轨犯罪的重要原因。

(四)青少年违法违规行为的新倾向

1. 吸毒威胁着青少年的成长

青少年成为毒品威胁的“高危人群”,吸毒已成为当前我国青少年违法行为中突出的新现象。近年来,我国合成毒品违法犯罪问题突出,合成毒品吸食滥用人群低龄化趋势明显,青少年成为消费主体。据统计,截至 2011 年年底,在新发现登记的吸毒人员中,35 岁以下青少年占 74.9%。如果不加强预防教育,未来 10 年,“90 后”很可能成为国内涉毒人员的主体。③

2. 网络欺凌取代校园暴力

网上违法行为是当前出现的又一新倾向。随着网络盛行,青少年之间网络欺凌行为已

---

① http://www.china.com.cn/city/txt/2007-04/23/content_8157858_2.html.

② 威尔伯 · 施拉姆,等. 传播学概论[M]. 陈亮,等,译. 北京:新华出版社,1984:261.

③ http://news.youth.cn/jrht/201206/t20120626_2239123.html.

经取代以往的校园暴力,他们在网络上可以不受师长监督,用言辞威吓、欺侮或骚扰同学。据报道,超过 1/3 的美国青少年在进行实时对话和访问社交网站时,成为被欺负的对象,而那些电子恶霸往往是他们的同学。网络上的恃强凌弱行为包括在个人网页贴上脏话,或是透过实时对话一再传送文字以侮辱对方。

3. 不良"短信"隐蔽性强、危害性大

随着科技的进步和社会生活水平的提高,手机已经成为人们日常生活的必需品,它在少年儿童中的普及率已经非常之高。某中学所作的一份调查表明,学生发送接收的手机短信息中,70% 是与正常学习和生活无关的信息,10% 以上是黄色短信息。部分学生收到这样的短信后,还转发给同学取乐,个别学生甚至把相互转发"黄段子"当作时尚。手机短信的隐蔽性强、危害性大,成为当代青少年违法违规行为的又一新形式。

青少年违法犯罪正日益呈现出专业化、智能化、多样化等特点,并在一些新兴领域、交叉领域呈高发态势,在一定程度上已经成为影响社会和谐稳定的重要因素。

四、学生心理障碍和失范行为的归因分析

学生心理障碍和失范行为产生的原因是多方面的,而最主要的问题是当前学生的整体生活环境正在发生着急剧变化,导致心理障碍和失范行为猛增。其中,最典型的原因为社会规范失控、文化的商品化、城市化的影响、家庭教育功能弱化和学校教育的失误。

(一)社会生活环境中的问题

目前,我国正处于社会转型时期,新旧体制与新旧价值观冲突表现得尤为明显。由此所导致的社会问题很多,主要表现为社会规范失控、文化的商品化、城市化的影响、价值观多元化以及人口流动问题等。

1. 社会规范失控

在社会转型期,由于人的社会需求在不断发展,当新的需求发展到一定程度,原有社会制度再也无法有效地、全面地满足这些新的需求时,一些原有的制度规范被打破,而新的制度规范尚未建立或不完善,出现了空范或者乏范,进而使人们的思想和行为发生矛盾和冲突,导致社会秩序的混乱。在这种情况下,个人主义、自由主义、拜金主义、享乐主义等腐朽的东西也在侵蚀着青少年的心灵。

2. 文化的商品化

文化既能使人从善,也能使人作恶。当前的大众文化是在现代化背景下产生的与市场经济发展相适宜的商业文化,其实质是经济利益驱动。[①] 同时,文化市场的社会管理控制系统失调,导致反主流文化的泛滥、失控。青少年活动场所如少年宫、少科站、少年之家等,因受到经济社会的冲击,其教育功能难以正常发挥。与此同时,色情、暴力影片,不良文化传播物等禁而不止,在社会上泛滥、毒害青少年,而真正激人奋进、冶人情操、健康向上的高雅文化、艺术作品则不能满足需要,使整个文化娱乐市场呈现出低俗化倾向。

---

① 马和民. 从"仁"到"人":社会化危机及其出路[M]. 北京:北京师范大学出版社,2006:224.

3. 城市化的影响

城市化对社会进步的意义是显而易见的,但也会引起社会解组力量的扩大,即原有社会控制力削弱,疏远的人际关系取代亲密的人际关系,社会规范及道德出现迷失状态。另外,城市化引起了个人行为的空间结构(或区位结构)以及社会心理的变化。城市中大量"空间死角"的存在,使得个人行为渐趋隐蔽、不受干涉和自由化,人与人之间相互监督的锐减,都助长了城市失范行为的增加。加上核心家庭化趋势的扩大,青少年各种违法行为的隐蔽性、自由性也就有了更大的空间。

4. 价值观多元化

社会变迁必然带来人生观、婚姻观、性观念、金钱财产观等一系列价值观的巨大变化。价值观变化的显著特征较之物质形态的变化更复杂多元,传统的、稳定的、单一的价值观受到挑战,对失范行为的产生更具深刻影响。

5. 人口流动问题

人口快速流动是现代社会的重要特征,也是劳动力资源优化配置的必要途径。我国在较长时期内是以人口少流动甚至不流动的户籍管理制度来建立社会控制机制及其网络的,当遇到突如其来的大量人口流动,社会控制就显得苍白无力,从而使得反社会行为更为猖獗。流动人口中的犯罪、流浪、拾荒、超生、乱搭乱建、小偷小摸、不讲卫生、性混乱等失范行为,给流入地的社会秩序和社会管理带来了极大的冲击和破坏,进而强烈影响着流入地青少年的心理和行为。

专栏 8-4

流动青少年犯罪时多处闲散状态

2012 年,中国青少年研究中心开展了"青少年重新犯罪预防"课题研究,先后对江苏、河南、湖北、四川、广东五省的在押未成年犯和成年犯进行了问卷调查。研究选取了14~25 周岁的流动青少年罪犯样本 1356 人,其中未成年犯占 23.7%,18~25 周岁的成年犯占 76.3%。调查显示,流动青少年的再犯罪行为呈现低龄化特征。

青少年犯罪时多处闲散状态。调查表明,无论是初次犯罪还是再次犯罪,流动青少年犯罪时无业状态所占比例最大。初次犯罪时,无业比例为 55%,失学比例为 5.5%,流浪比例为 0.8%,合计为 61.3%,即在初次犯罪的流动青少年中,六成左右处于闲散状态。再次犯罪时,无业比例为 47.8%,失学比例为 17.7%,流浪比例为 3.5%,合计为 69%,处于闲散状态的比例高于初犯人群。

[资料来源] 流动青少年犯罪时多处闲散状态[N]. 中国教育报,2013-10-02.

(二)学校教育失误问题

学校教育的失误集中表现为四点,即学校教育与生活脱节、学校教育指导思想的偏差、个别教师素质差以及心理健康教育和法制教育的薄弱。

1. 学校教育与生活脱节

长期以来,学校教育一直在"为生活做准备"而努力着。在这种理念下,学校成为技能的训练场。知识从生活中被抽离出来,放置于各种分科教材中,并被一代代传承下去。学科教师以专家身份出现并努力将学生培养成某学科精英,从而使得学生作为整体人的意义被消解。学生从丰富的日常生活走进学校和教室,成为教学流水线过程中的一个环节。这样,学校成为单调乏味的文化孤岛,学校教育成为知识传递的代名词,学生发展简化为掌握知识与技能的过程,学校生活成为获得某种功利价值的表演。没有丰富的生活做积淀的教育,最终必然会导致教育资源的枯竭。

2. 学校教育指导思想的偏差

改革开放以来,面对市场经济大潮,在多元文化与观念的矛盾与冲突中, 在青少年一代最需要学校德育的时候,学校德育却陷入了适应困难:以不变应万变遭到新时期青少年的反感;甚至干脆把德育拱手相让于社会;或者唯升学是追,把德育作为软任务,放弃了应有的任务。14 ~ 16 岁是青少年越轨犯罪的多发年龄段,也是青少年个性最为突出、心理最为脆弱的时期。然而,在升学至上思想的指导下,学校只按统一的教材,用同样的方法,朝着升学的方向教育学生,而不考虑学生个体的性格、能力及不同的生活经历。美国学者詹宁斯(R. Jennings)说:自然界用尽所有的心力,尽可能使得我们的一群孩子禀性各异,自然界不遗余力地把无限的可能性隐藏其中,没有人能够确定或预言这些可能性,但我们对孩子的教育,却往往要根除这种多样性。① 这意味着学校教育的指导思想必须重新纠正。

3. 个别教师素质差

个别教师素质差导致师生间的人际关系紧张,是学生失范行为产生的又一重要原因。客观上分析,教师在追求升学率的指挥下,易重视优秀生而忽视学困生,导致学困生流入社会,走上犯罪道路;主观上分析,有些教师自身素质差甚至品质恶劣会导致学生厌学、恐学,最终走上越轨犯罪道路。教师低水平的教育技巧甚至反教育的方法,是导致学生失范行为不可忽视的原因。有些教师的教育观念存在偏差,或本身不懂法,采用的方法本身就具有违法性,尤其是教师的违法言行对学生的影响十分巨大。例如,有些教师体罚学生,将学生推出教室,剥夺了学生学习的权利;有些教师采取搜身和检查书包的方法来破获校内案件;有些教师私拆学生信件以杜绝早恋现象等,容易导致师生之间的对立、冲突,从而出现“反教育”的后果。

4. 心理健康教育和法制教育的薄弱

1949 年,美国心理学家托尔曼(E. C. Tolman)针对当时美国社会流行的以追求物质享受为目的的“经济人”(economic man),从心理学本身所包含的意义和价值出发,提出了“心理人”(psychological man)的概念,呼吁人们注重生活的品质,注重生活中的心理感受和意义。从此,“心理健康”被人们广泛接受,并成为人类健康的一个重要组成部分。学生心理健康教育的目标是帮助学生认识自己、认识自己与他人的关系、确定有益于个人与社会的生活目的,使之在学习、工作、人际关系方面,发挥自己的潜能,实现学校、家庭和社会生活的最佳适应。但是,目前我国开展心理健康教育的中小学还相对较少,缺乏专业人员,一些

---

① J. S. Coleman. The adolescent society[M]. New York:Free Press,1961:234.

学校还往往把学生中出现的各种问题当作“思想政治”问题对待，未能从心理学角度去正确把握教育对象，有效地进行心理疏导。例如学生逃学，教师往往认为是思想品质问题造成的，导致学生出现了违反校纪校规的行为，而很少注意到学生逃学背后可能隐藏的心理障碍。

学校中法制教育的薄弱，往往使学生不能正确地把握学校生活和其他社会生活的冲突。在没有接受法制教育以前，青少年不可能懂得什么是违法犯罪，他们一般只有道德判断的标准，而没有法律判断的标准。当前，学校法制教育存在的问题有：重视程度有待提高，法制课还没有作为一门必修课纳入到中小学生课程计划之中；师资和教材相对缺乏；学生学习的积极性不高，很多学生认为自己不犯法，只要学习好文化课，学不学法没有关系；法制教育缺乏规范，不能与学生的生活实际相结合。

青少年违法犯罪究其根源往往都是社会生活不良因素的影响，因此在学校生活中加强法制教育，教育学生知法、守法、用法、护法，使学生认识到遵纪守法是每一个公民的义务，树立法制观念，对保障青少年健康成长具有十分重要的意义。

（三）家庭生活环境中的问题

家庭生活环境中的问题多种多样，主要表现为两个方面：一是家庭生活中的“四过现象”（即家长对子女的过高期望、过多照顾、过分爱护、过度保护）十分普遍；二是家庭教育中出现了“教育真空现象”。导致上述现象的出现又有其他原因。

当前，核心家庭已成为家庭结构的主流。核心家庭削弱了家庭对青少年的监控功能和社会化功能，使不少青少年的大部分业余时间处于无人管教的状态之中。“挂钥匙儿童”日益增多，造成孩子的“感情真空”也趋扩大。离婚率迅猛上升导致单亲家庭大量出现。根据民政部提供的自2003年至2012年的数据对比，2012年国人离婚率增幅首次超过结婚率增幅。大量材料表明，因家庭结构裂变后出现的种种家庭问题，对儿童的成长明显不利。在缺损家庭中，不良少年的比例比健全家庭中不良少年的比例要高得多。在日本，1968—1972年的《科学警察研究所报告》显示，暴力团伙中43%的成员来自不健全家庭，42%的成员是离家出走的。

当前，破裂家庭越来越多。破裂家庭包括结构破裂和心理破裂两类，这些家庭的青少年，由于在家难以得到温暖，很容易与社会上的不法分子混到一起，走上越轨犯罪的道路。有研究表明，无论是由单亲父亲抚养的孩子还是由单亲母亲抚养的孩子，都比生活在“完整型”家庭中的孩子更容易出现性格扭曲或个性畸形。事实上，有许多离异家庭的孩子处于被遗弃或半遗弃的状态，其学习、生活、思想等方面的困难得不到解决，反常行为不能及时被发现。青少年在得不到家庭温暖或父母关爱的情况下，很容易脱离家庭，在外寻找温暖、寻觅关爱，而这样往往更容易误入歧途。①

① 高中建. 社会转型期青少年犯罪研究[M]. 南昌：江西人民出版社，2003：49－50.

五、学生失范行为的理论解释

关于学生心理障碍和失范行为的理论解释,主要来自心理学和社会学方面。

(一)心理学解释

心理学上主要有两种观点来解释学生的失范行为。

“心理缺陷说”　一些心理学家力图把越轨、犯罪解释为“心理缺陷”的结果,认为正常人知道限制他们的越轨冲动,但“心理缺陷者”却不知道限制他们的越轨冲动。而“心理缺陷”主要是因童年的社会化失调造成的。在童年时代,孩子如果遭到双亲的遗弃,就会使孩子正常的社会化过程中断,使他们在心理和情感上受到严重的挫折,难以发展成健全的人格和自我,将来就难以适应社会环境,容易产生越轨和犯罪行为。

“挫折—侵犯说”　一些心理学家认为,越轨行为是一种由挫折产生的针对他人和社会的侵犯形式。而挫折的程度是以需要强度或者受阻的程度为基础的,进而推断侵犯的强度与挫折的强度有关。

心理学解释在分析一个具体个人为何会产生越轨或犯罪行为时富有成效,但它难以解释作为一种群体或社会现象的越轨或犯罪。

(二)社会学解释

社会学在解释学生失范行为时主要分为两类研究取向:一类是“结构模式”,主要从社会结构和文化的角度去探讨;另一类是“过程模式”,主要从越轨的过程进行分析。其中,结构模式的种类最多,包括以下几种。

“差异交往说”　美国犯罪学家萨塞兰德(Sarander)在其《犯罪学原理》(*Criminology Principle*,1939)一书中提出其基本假设:所有的人都要经历社会化过程,但他们如何社会化则取决于他们与谁交往。一个孩子通过与越轨群体的交往学到了对越轨行为的理解、态度和相应的越轨技能,他与越轨群体的交往越密切,学到的犯罪手段就会越多,犯罪的动机就会越强烈,犯罪的可能性也就会越大。这种理论也正印证了中国的老话:“近朱者赤,近墨者黑。”

“控制缺乏说”　这一理论是由雷克里斯(Rackles)提出的。他认为,群体的成员资格和社会生活环境决定个人的行为,但他特别强调社会环境中的社会控制对个人的效用,并认为越轨和犯罪是由于社会内外部的控制削弱和受到破坏而引起的。

“失范说”　“失范”一词,源于希腊文,在16世纪的神学中是指不守法,尤其指亵渎神的现象。法国社会学家涂尔干以此说明“与道德规范不一致的社会现象”。在他看来,道德规范是维持人与人以及社会团结的基础,由于社会剧变,尤其是法国处于从传统农业社会向工业社会的大转变时期,因此控制个人行为的道德规范越来越松弛,个人之间的道德制约丧失了,这就是失范现象。

“手段—目标说”　美国社会学家默顿认为,社会整合的缺乏会造成极度紧张,从而引起越轨行为。但他提出这种极度紧张不是因社会整合的缺乏引起的,而是因社会手段和目标不统一造成的。社会在文化上为每个人规定了合法的正确目标,但社会并没有在结构上为每个人提供合法的手段去实现这些目标,这样就会使人产生挫折和紧张,在没有合法的手段时就会用非法的手段来实现这些目标,因而出现越轨行为。

“亚文化群理论” 以美国社会学家科恩(J. Cohen)为代表,他在《亚文化群体》(*Subculture Group*, 1955)一书中提出,犯罪者亚文化群所具有和维护的价值观及行为倾向,与主流文化的价值观及行为倾向相抵触、相背离,这是犯罪的真正根源,而亚文化的产生是社会化过程不完善、不适当引起的,并且通常是在社会下层阶级居住区形成的。这种观点从文化角度分析了失范行为,体现了社会学的洞察力。但是这种理论的适应面较窄,难以解释“白领犯罪”、高科技犯罪以及为什么犯罪率有起伏差异等现象。

“标签理论” 美国社会学家贝克(R. H. Beck)是这一理论的代表,他主要是从越轨行为发生的过程进行解释。该理论盛行于20世纪60年代,主要运用互动理论探讨了越轨—犯罪的过程,而非它的原因;强调了违法、犯罪是社会创造的,而非本体所赋予或自然发生的。其要点为:第一,失范是一种政治现象,权力常常是决定谁去贴“失范者”这个标签,以及谁被贴这个标签的关键因素;第二,必须改造的是社会关系,而不是失范者;第三,认为失范与控制失范是同一社会现象的两个相互联系的组成部分。这种理论因此特别强调了犯罪的过程,分解了从“初级越轨者”到“次级越轨者”的变化过程。

如果从发生的角度分析学生的失范行为,可以分解为“理性行为”和“非理性行为”两大类。但是这种分类仍过于笼统,因为理性或非理性行为内部还存在着一定的差异。而德国社会学家韦伯(M. Weber,1864—1920)所提出的关于社会行为的“理想类型”是对所有社会行为的高度的理论概括,这种解释有助于走出仅依据某一“失范理论”的解释有限性的困境。如此,可以把学生失范行为划分为目的型失范行为、价值取向型失范行为、情感型失范行为、传统型失范行为这四类理想类型(见表8-1)。

表8-1 学生失范行为的特征及其失范理论比较

失范行为类型	行为目的	行为特征	行为举例	适用理论
目的型失范行为	谋取个体或群体的功利性利益	理性行为	财产型违法、犯罪,如盗窃、抢劫、诈骗等	差异交往论 亚文化群理论 经济犯罪论
价值取向型失范行为	反对学校主导目标、价值观	理性行为	逃学、不诚实行为 教师某些非正常行为	亚文化群理论 控制缺乏说 标签理论
情感型失范行为	满足生理、心理或情感上的需求	非理性行为	未成年学生杀人 体罚等	心理学解释
传统型失范行为	遵循传统习俗、维护传统秩序	非理性行为	学生讲哥们儿义气 教师非正常行为等	失范理论 控制缺乏说

目的型失范行为是指行为失范者采用违背教育规范的手段谋取个体或群体利益的失范行为。这种失范行为可能仅仅是非正常行为或越轨行为,也可能是违法甚至犯罪行为。

其主要特征是:目的是理性的,手段是违规甚至违法的。这种行为可能是物质利益驱使之下的理性选择,也可能是社会学习和模仿的社会化结果。

价值取向型失范行为是指行为失范者的价值观念与教育主导观念相背离,力图诋毁或改变教育主导观念而违背教育规范所造成的失范行为。亚文化群理论和标签理论均能有效地解释这种失范行为。

情感型失范行为是指为了满足生理、心理或情感上的需要而做出的失范行为。尽管有时失范行为者是经过"理性"选择的,但这种行为的目的是满足个体生理、心理或情感上的需要,所以实际上是一种非理性行为。例如,未成年学生杀死自己的父母。再如,出于报复心理、满足虚荣心的打架斗殴等。其共同特征是:行为目的既非功利性,也非价值取向型,而是个体需求型。这种行为主要可以用心理学的失范理论进行解释。

传统型失范行为是指行为失范者没有主观上的失范构想,仅仅是因遵循传统习俗而违背教育规范所造成的失范行为。例如,学生之间因讲"哥们儿义气"而导致的失范行为,教师因遵循传统的教育观念、方式、方法而出现的失范行为。这种情况主要可以用失范理论、控制缺乏说等作出解释。

显然,上述借鉴韦伯的理想类型所勾勒的学生失范行为类型具有典型的理论分析价值。每一种学生失范行为,均可以通过一种或有限的几种"失范理论"作出较好的解释。但是,这种分类毕竟只是"理想类型",实际生活中的学生失范行为种类繁多,很难被完全概括。正如韦伯所告诫的:"理想类型的结构越是清楚、精确,它的抽象性和不真实性就越大,而它方法论上系统地将术语、分类、假设等公式化的功能就越好。"①

第四节 学生的学校生活

一、学生对于学校的态度

学生对于学校的态度,主要反映在学生对于学校以及与学校有关的各种活动的感觉,如喜欢、满意、欣赏等方面。教育心理学者强调学生对于学校态度的重要性,甚至力图找出种种培养学生对于学校具有积极情感与态度的方法,并认为学生对于学校具有积极态度可以提高其成绩。教育社会学者主要着眼于了解与分析学生对于学校的真实态度以及与此相关的行为方式,通过测量学生对学校的态度来了解真实情形。

关于学生对学校态度的研究已有近百年历史,然而当前的研究结论并不比过去有明显变化。绝大多数研究表明,学生对于学校抱积极态度,但也有不少研究得出了相反的结论。例如,美国全美纵向研究(1981)表明,75%的高中生毕业两年后仍认为他们的母校有好声誉;80%的学生认为教师关心、爱护他们。法国《时代教育增版》(1978年10月10日)则报道了2/3的中学生认为他们从学校学到了很多东西。然而,美国学者杰克逊(D. Jackson)则认为学校失败了,因为学校使学生总数中20%的学生出现了心理疾病,有20%的学生憎恨

① 郑也夫,李强.西方社会学史[M].北京:能源出版社,1987:72.

学校,而大多数学生认为学校对他们不关心。他的结论是发人深省的:相当多的学生恨学校,大多数学生对学校毫无感情。

学生对于学校的态度受制于多种因素,可以选择宏观的社会大背景来进行分析,也可以从微观的学校背景或学生自身特征来寻找原因。

(一)学生自身特征对学校态度的影响

学生的自身特征主要包括年龄和年级水平、性别、家庭背景、认知能力和学习成绩等。年龄和年级水平是一种制约因素:学生对学校的积极态度会随年龄和年级水平的增高而下降,而且这种下降是持续性的。不过,也有少量的研究指出一种完全相反的趋势,这种情况的出现是基于一些特定的教育教学环境。

大多数研究表明,性别差异对学校态度的性质以及内容均有明显影响。在任何一个年级水平,女生对学校的态度都较男生积极。而杰克逊等人的研究(1959)表明:男女生对学校不满情绪的表现各不相同。男生常常把不满归咎于学校,而女生则更多的是自责,她们在学校中的行为一般与那些满意学校的女生的行为相差不大。这种情况往往使教师比较容易识别对学校不满的男生,而较难分清对学校同样不满的女生。

通常,家庭社会经济背景与学生对于学校的积极态度成正相关,同时家长的保守态度也与学生对学校的态度关系密切。

学生的认知能力、学习成绩与其对学校的态度关系密切。布卢姆的研究论证了成绩与对学校态度之间的积极关系,并认为对学校的积极态度是学习成功的必然结果,也是学习成功的先决条件。

(二)学校特征与学生对学校的态度

学校特征可以包含多种变量,如学校的开放性、男女同校情况、学校规模、学校的社会声誉等。多数相关研究报告指出:在开放性学校中,学生对学校态度的积极性比传统且封闭的学校高。具体表现在:如果学生能按照自己的进度学习,则会更喜欢学校的各项工作;如果他们能与教师自由交流,就会激发学习动机,不仅自己选择作业,而且会从课外的各种渠道选择学习内容。弗兰克斯(Franks,1976)的一项“自然实验”也得到了同样的结果。他把学校开放程度分解为选择的自由度、控制程度、控制质量、儿童对开放的感知等评估指标,在排除了性别、种族等控制因素后,结果表明:实验组(开放程度高的班级)对学校的积极态度明显比对照组(开放程度低的班级)高。图 8－1、图 8－2 和图 8－3 分别表示了小学生、初中生和高中生对学校生活的态度。

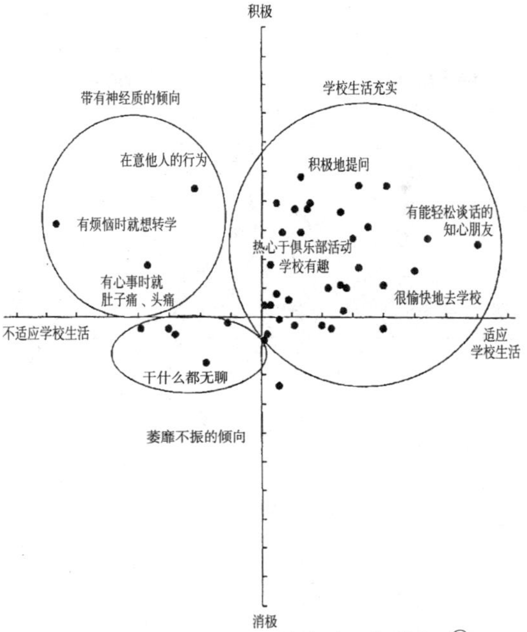

图 8－1　对学校生活的态度(小学生)①

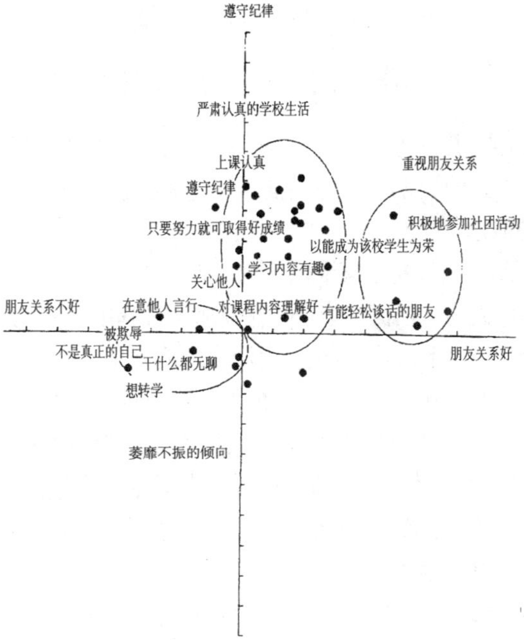

图 8－2　对学校生活的态度(初中生)②

①② 田畑元春,水野善亲. 日本中小学生的烦恼[M]. 阎瑞,译. 成都:四川大学出版社,1998:75,76.

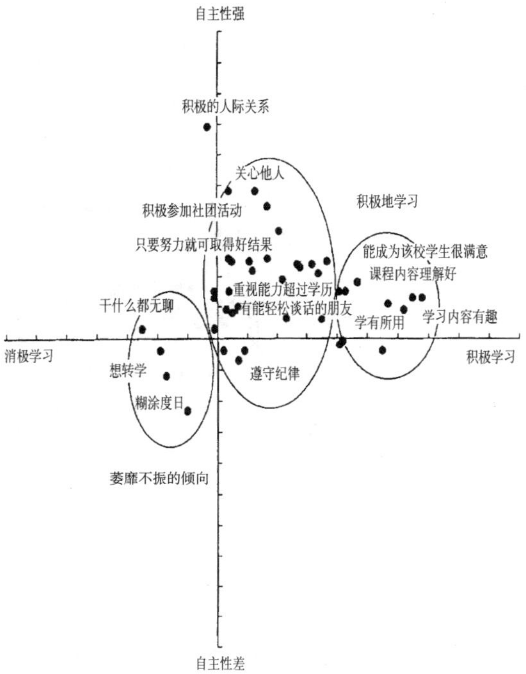

图8－3 对学校生活的态度(高中生)[①]

二、学生的重要他人及其影响

每个人的一生都存在着一些对自己影响特别大的具体个人,这一类人被称为“重要他人”。因此,分析学生的“重要他人”是考察其学校生活状态的一种重要途径。

(一)重要他人的概念

“重要他人”一词是美国社会学家米尔斯(C. W. Mills)提出的,专指对个体的社会化过程具有重要影响的具体人物。任何一个个体在其成长过程中,都会受到一些重要人物的影响,如家长、同伴、教师、历史上的英雄、现实生活中的典型等。由于重要他人对学生社会化的影响远大于非重要他人,因此,学生社会化的发展主要取决于其重要他人的类型与特征。以“重要他人”为依据,可以把影响学生社会化的因素区分为两种水平:一是重要他人及参照群体组成的“主导性影响因素”;二是非重要他人与其他因素组成的“一般性影响因素”。学生的重要他人可分为两个层次:互动性重要他人与偶像性重要他人(吴康宁,1998)。

(二)学生的互动性重要他人

所谓“**互动性重要他人**”,是指学生在日常交往过程中认同的重要他人。学生日常交往的对象可能成为也可能不成为其重要他人。就学生三重社会中的具体人物(家长、教师、同伴)而言,如果他们已成为学生的互动性重要他人,则他们在学生心目中的角色形象将分别为楷模、导师及知心朋友;如果他们并未成为其互动性重要他人,则其角色形象将分别仅是

① 田畑元春,水野善亲.日本中小学生的烦恼[M].阎瑞,译.成都:四川大学出版社,1998:77.

监护人、社会权威及一般的活动伙伴。

学生互动性重要他人的出现往往受学生年龄阶段的影响。一般而言,学生的自主性与独立性随其年龄的增高而增强。这易使学生的互动性重要他人的主导类型出现相应变化,即由可依赖性强的重要他人逐渐转变为可依赖性较弱的重要他人,直到最终出现基本不属于学生现实生活中存在的互动性重要他人。所以,就最一般意义来说,学生的互动性重要他人的主导类型是依据“家长—教师—同伴—个体生活中并不存在的互动性重要他人”而逐渐变化的。

同时,学生互动性重要他人的出现还因其社会属性而异。所谓“社会属性”,是指学生的性别、家庭背景、学习成绩、班级职务、社会地位等。任何一种社会属性的差异都可能使学生在互动过程中认同与选择不同的重要他人。如成绩差者,一般不会以该门课程的任课教师或成绩好者为互动性重要他人。

学生的互动性重要他人往往会有层面差异,即学生可能同时有几个不同的重要他人,他们分别对应着学生社会发展的不同方面或学生社会需要的不同方面。如消费观念方面,学生的互动性重要他人可能主要是家长;兴趣方面,学生的互动性重要他人可能主要是同伴;职业选择方面,学生的互动性重要他人可能主要是教师。

由于学生的互动性重要他人存在差异,以及学生在不同阶段互动性重要他人又会出现差异,这就对教师提出了一个必须直面的严酷事实:教师未必能在所有方面成为学生的重要他人,甚至可能在任何方面都不能成为学生的重要他人。

(三)学生的偶像性重要他人

所谓“**偶像性重要他人**”,是指因受到学生特别喜爱、崇拜或尊敬而被学生视为学习榜样的具体人物。其与互动性重要他人的共同之处是:两者都对学生的社会化有重要影响,而主要区别表现为三个方面:第一,互动性重要他人是学生生活环境中的具体人物,往往是学生的互动对象,而偶像性重要他人则一般是社会知名人士,并非学生的直接互动对象;第二,互动性重要他人是学生与其双向交流的产物,而偶像性重要他人是学生单向选择的结果;第三,互动性重要他人对学生的影响涉及个体社会化的几乎所有方面,其影响方式大多是潜移默化地进行的,而偶像性重要他人对学生的影响则主要是人生观、价值观等方面,其影响方式往往是突发的、短暂的,但又是刻骨铭心的。

学生的偶像性重要他人的出现,往往是对于社会中某种代表性的或具有一定典型意义的价值取向的认同与选择的结果。当社会的价值取向发生变化时,学生的偶像性重要他人的构成也会发生变化。这就意味着,学校教育中的“榜样人物”经常未必能成为学生的偶像性重要他人。

三、学校生活与学习压力

学校生活的一个主要特点是竞争和选拔。“高考”或“中考”是目前大多数国家教育体系中最重要的竞争和选拔制度,考试成绩或分数成了选拔过程中最根本、最主要的标准。目前,人们过分重视选拔、考试和文凭。这种制度奖励强者和顺从者,而责备和惩罚弱者、迟钝者、不能适应环境者以及那些与众不同者和感到与众不同者。这种现象导致了教育中的另一类重大问题,这就是学校中的学习压力问题。

(一)学习压力的含义

学习压力是一个综合的概念,可以解说为:学生在就学过程中所承受的来自环境的各种紧张刺激,以及学生在生理、心理和社会行为上可测定、可评估的异常反应。学习压力状态实际上包括三个层面的因素:一是来自环境的紧张刺激(即压力源),如考试压力、作业压力、课业负担等;二是个体的内部紧张状态(即压力体验),包括焦虑、紧张、挫折、强烈的情绪体验等;三是个体的反应(即压力反应),如躯体反应、各种行为反应等。

(二)学习压力的现状

通过对小学生所承受的各种压力的调查及分析,可以探明学生的压力来源和构成,及压力所产生的影响和后果,进而为寻找改善学生学校生活的途径、构建一种"良性压力状态"的学校生活提供一些依据。一项对广州市前进路小学关于"良性压力教育实验"的研究,分析了小学生所承受的学习压力现状。结论如下:当前小学生普遍承受着较大的学习压力,同时亦明显体验着其他压力的威胁。社会广泛关注的学生学习负担过重问题在小学中依然存在。调查中可以看到,一年级时已有很大比例的学生表示感到学习压力大,而有着这种感受的人数随着其年级的升高而增多。特别是毕业班的学生,认为压力很小的学生仅有4.49%。令人颇感忧虑的是,在一年级的小学生中,感到学习压力大的就已超过26%。①

学生的这种学习压力感受主要来自对考试(或说是对考试成绩)的紧张焦虑。学习压力除了应试方面外,作业量问题亦是让小学生感到学校生活中比较可怕的事件。总体上看,"测试成绩不好"为最怕事件,占48.6%;其次是"没能完成作业",占37.66%,而在一年级更有高达52.87%的学生担心此事。在"应试教育"背景下,以作业为强化手段是不可避免的,因而,实践中减轻学生的学习压力将是一件错综复杂的工作。除了学习压力外,调查表明学生在实践中还体验到组织、社交等方面的压力,如违反纪律、被老师批评、被同学欺负、没有朋友等(见表8-2),这些感受在不同年龄段上有一定的差异。

表8-2　小学生在学校中最怕的事情　　单位:%

项目 数据 年级	测试成绩不好	没有完成作业	被老师批评	被同学取笑	被同学欺负	没有朋友	违反纪律
一年级	81.12	52.87	41.15	17.01	17.01	25.30	39.20
三年级	54.83	47.75	47.08	29.66	21.80	17.53	51.35
五年级	74.04	32.70	53.37	24.27	18.76	24.27	36.30

---

① 马和民,等.教育社会学研究[M].上海:上海教育出版社,1998:417.

(三)学习压力的影响

沉重的学习压力所导致的是各种严重的后果,尤其是“恐学症”和心理疾患两个问题。“恐学症”可以表现为逃课、逃学等越轨行为,其极端表现就是“学校恐怖症”。“学校恐怖症”是一种较为严重的儿童心理疾病,多见于 7 ~ 14 岁中小学生。它是指儿童对学校特定环境异常恐惧,强烈地拒绝上学的一种情绪障碍。这类儿童青少年对上学产生紧张、焦虑和恐惧情绪,并可能伴有躯体及神经症状,如头疼、头晕、腹痛、腹泻、呕吐等症状。

学习压力过大也直接导致学生的其他心理问题。心理学的研究早已指出,压力与焦虑之间存在着紧密关系。关于心理疾患,心理学家明焕斌把它分成三类:一是适应环境不良,人际关系不好,常有不安全感;二是情绪轻度抑郁;三是人格障碍,如孤僻多疑,以自我为中心等。心理“偏移”并非不可逆,严重的心理疾患经治疗能够得到缓解。但是,业已证明,儿童的心理“偏移”如不及时防治,就可能产生情绪问题、行为问题和性格问题;不健康的心理如果长期得不到矫治,就会导致当事人厌学、逃学、辍学、学业失败、犯罪甚至自杀,并使班级、家庭等组织事端丛生。

(四)学习压力的形成机制

导致学习压力及其影响的成因十分复杂,但主要可以分成两类:环境因素和个体身心素质因素。撇开个体身心素质因素(事实上,个体身心素质大多也是环境教育的结果),就其环境因素而言主要是两个:分流教育制度和家庭。

分流教育的基本方法是把学习者按其原初状态分类,然后加工成不同规格的“人力产品”。根据分流教育的观点,在分流点之后,社会要提供全然不同类型的教育,办不同类型的学校以应分流之需要,各类学校的规模或数量则按“人力规划”的原则事先加以设定。在我国,这种分流点主要有两个:初中升高中和高中升大学。

当前,有些校长要办“明星学校”以便取得好考绩,作为“升迁”或赢得声誉的依据;教师要成为名师以便获取更多收益;而所谓“明星学校”“名师”,都是用高升学率来定义的。为了提高升学率,学校卖出的是整套升学程序、考试方法和补习规则,而忽视的是育人的一套方式方法。学校为了升学率,学生一入学就先按能力分班,只有“升学班”或“A 班”才配给名师;名师为了提高效率,使学生适应升学考试的一套规则,特别强调如何应付考试的方式方法,于是为应付考试而编的参考书取代了教科书。这样的教育自然会使学生的学习动机荡然无存,于是打骂盛行、补习盛行。

学生怕考试并非不正常,不正常的是学生怕考试的背景。就后者而论,家长期望值高是导致学生怕考试,进而导致学生学习压力的最重要的间接原因。调查表明:当学生考试成绩不好时,最担心发生的事情是父母的责骂,相比之下,老师的批评或同学的看不起处于较不重要的位置(见表 8 - 3)。

表8-3 当考试成绩不好时,小学生最担心发生的事情 单位:%

数据 项目 年级	父母责骂	老师批评	同学瞧不起	亲戚瞧不起	没有奖励	失去宠爱
一年级	69.54	51.49	41.61	37.24	22.00	44.60
三年级	83.15	43.30	66.97	44.38	16.69	17.42
五年级	88.88	55.17	46.54	54.94	18.43	0.08

美国教育心理学家奥苏贝尔的学习动机理论表明,在儿童早期的学习动机中主要以附属内驱力为主,儿童以获得父母的认可、赞许为基础的派生地位为追求目标,从而享受生活的乐趣。在小学阶段,"成绩"似乎成了唯一可以向父母证明自己成功的事物。同时,家长对子女成长的要求也大多是以"成绩"为主,而且普遍表现出期望值过高。所以,我们就不难理解为什么那么多学生首先担心的是来自父母的压力。

值得注意的是,因学习成绩不好而害怕被亲戚瞧不起的,在不同年级小学生中均占较大的比例。亲朋关系介入学生的学习压力这一特点是出人意料的。很大的一种可能是由于当前学生中独生子女占绝大多数,相对于传统的家庭结构而言,缺乏原有的家庭内部的直接比较,在这种情况下,"比较"泛化为家族外部或生活圈中同龄儿童的比较。因此,当儿童意识到自己成了父母与他人(主要为亲朋)之间比较(甚至可以说是攀比)的对象时,也就可能产生一种紧张、焦虑,因为攀比的结果往往影响父母对自己的态度。这种比较的行为随着儿童的成熟越来越被他们反感,并且这种变化是很显著的。为此,家庭教育中针对不同年龄特征的儿童采用不同的教育策略是值得研究的。

通过对上述三种现象的分析可以得出这样的认识:第一,学生的学校生活并非一种简单的生活,他们有着自己对学校以及生活的理解与认识,他们不是被动的受教育者。第二,学生的学校生活同样存在着一个生活质量的问题,他们是否喜欢学校、是否能在学校中快乐健康地成长,实际上是与办教育者的思想、观念、措施等紧密相关的。第三,也是最重要的一点,因为学生面对着丰富多彩的社会生活,他们所接受的也就是现实社会生活的各种影响。在这个意义上,我们说生活就是教育。第四,从学生对待学校的态度,以及教师能否成为学生重要他人的比较中,我们发现了学校教育影响的有限性问题,这促使我们反思:学校教育是学生的生活过程还是为他们将来生活的预备?

第五节 书本知识与生活经验

一、什么是知识

在日常生活中,人们常常谈论各种各样的知识。由于其内涵和外延比较宽泛,所以对于"什么是知识"难以有精确的定义。19世纪法国社会学家孔德提出了人类知识发展的三个阶段,即神学阶段、形而上学阶段和科学阶段。我国学者石中英将知识分为四种类型,即原始知识型(神话知识型)、古代知识型(形而上学知识型)、现代知识型(科学知识型)和后现代知识型(文化知识型)。[①]

原始的神话型知识出现于蒙昧时代,由于人类无法认识大自然的神秘性,因而诉诸神话与图腾等神秘力量,通过仪式的方式进行传递。进入文明时代,知识的神秘性被打破,人们认识到真正可靠的知识是有关事物本体的知识。而对本体的认识需要借助逻辑和思考,于是教学方法开始注重理性的训练。到了现代,对知识的认识有了进一步的发展,认为知识是由外在于人的客观事物本体决定的,是一种客观存在、客观对象的代号,是固定的、唯一的科学型知识。人类对知识只能不断地发现而不能随意地创造。这种对知识的理解在理论上导致了"教学过程是一个认识的过程,是在教师指导下认识间接经验、获得发展的过程"[②]。面对知识,人们只能记忆、占有,教育的目的在于使学生获得唯一的知识。

知识的客观性在19世纪三四十年代的实证主义那里达到了顶峰。实证主义以实证化的研究方法把世界当作对象来把握,旨在达到对世界本质的认识。实证主义的知识具有客观性、普遍性和中立性特征,这意味着知识是客观存在的东西,不以认识者的主观意志为转移,而只与客观事物有关,与认识者本身的能力、经验、兴趣无关。因此,人在接受知识的过程中要摒弃所有个人的主张、见解、情感、常识等。

后现代型(文化型)知识是伴随着20世纪对现代知识客观性的质疑而不断发展的,这种批判到20世纪下半叶达到高潮。从现代知识性质到后现代知识性质的转变主要体现在三个方面,即从客观性到文化性、从普遍性到境域性、从中立性到价值性。[③]这种转变同样会引发基于其上的原有教育观念、教育制度和教育活动的变革。

此外,美国学者尼勒(G. P. Kneller)将知识分解为天启的知识、直觉的知识、理性的知识、经验的知识和权威的知识。[④] 其中,他所强调的"经验的知识"是指"通过看、听、嗅、触、尝,我们形成了对周围世界的看法。所以,知识是由根据所观察到的(或所感觉到的)事实而形成的各种观念构成的"。"经验的知识"强调的是通过观察与发现来获得。经验知识的最高形式就是"科学知识",而最低形式则是"生活经验"。

长期以来,教学过程就是在这种对知识的认识基础上进行的"授—受"的过程。在学校教育中,这种知识主要指的是书本知识,也就是被符号记载下来的科学知识。不可否认,教学需要以知识为中介,但是,以什么样的知识为中介是一个首先值得讨论的重要问题。

二、什么知识最有价值

在人类历史上,对知识以及知识价值的认识有着十分悠久的历史,而关于应该把什么样的知识、怎样把这些知识以一种合适的方式(例如,人类社会早期的口传身授、成年仪式,家庭中长辈对子女的教育,中国私塾教师对儿童的教育,西方上层社会的家庭教师,近代学校形成以后的学科教学等)传递给儿童等问题的研究史则并不很长,后者是近代社会随着

---

①③ 石中英. 知识转型与教育改革[M]. 北京:教育科学出版社,2001:46,143-155.

② 王策三. 教学论稿[M]. 北京:人民教育出版社,1985:114-135.

④ 尼勒. 知识的类型[M]//瞿葆奎. 教育学文集·智育. 北京:人民教育出版社,1993:248.

教育学作为一门学问形成以后,主要是以书本知识的形式传递的。

18 世纪的启蒙运动,尤其是肇始于60 年代的英国工业革命,使人们在知识的道德价值之外,更发现了知识的经济价值。教育可以产生额外的“利润”,教育可以产生金钱。这一“发现”极其深刻地影响了教育的进程。此后,教育事业得到了蓬勃发展,并很快地形成了现代学校教育体制。然而,由于刺激教育事业发展的内在动力是“经济发展”,所以学校传授的就应该是与工业时代“经济发展”有直接联系的知识。于是,“什么知识最有价值”的问题便成为影响学校教育实践和理论发展的一个关键问题。

自工业革命以来,围绕着知识和知识传授问题所展开的种种教育教学实践的改革和理论探讨,便形成了工业时代学校教育的基本模式。迄今为止,这种模式始终影响着包括我国在内的世界各国学校教育的理论和实践。在一定的意义上,这种模式可以用一句话加以概括:学校教育和教师的主要任务是传授知识。

传递什么知识最有价值呢?英国近代自然科学教育运动倡导者斯宾塞的观点很具有代表性,他认为,科学知识肯定是最有价值的知识。因为对于“直接保全自己或是维护生命和健康”,谋生以“间接保全自己”“正当地完成父母的职责”“解释过去和现在国家生活”“合理地调节他的行为”“各种艺术的完美创作和最高欣赏”,以及“智慧、道德、宗教训练”来说,科学知识都是不可或缺的。由于工业经济对于“效率”的崇拜又决定了学校教育就是要通过简约、规范的形式传授知识,因此,教科书在学校教育的过程中就获得了至高无上的地位,教师唯一能够做的就是把教科书中规定的知识原原本本地教给学生。换言之,教师的主要任务只能是教书。在我国的日常口语中,教师几乎等同于“教书匠”,实际上也是对这种状况的最好概括。

到了现代,人们越来越发现教育仅仅传递科学知识的弊端所在。一方面,科学知识的价值在人的成长中的意义正在逐渐降低。科学知识游离于人的生活之外,儿童在学校里只能记住大量的标准知识,而不能获得生活的意义。一个人可能会学富五车,但是其创造力可能为零。单纯的知识灌输使本来丰富的教育变得枯燥乏味。另一方面,科学知识培养出来的人已经远远不能满足现代社会对人的需求。

当然,学校系统地向学生传递书本知识无疑具有其重大意义,为现代工业文明做出了巨大的贡献,而且可以断言,不管今后各国的基础教育如何改革,发生怎样的变化,向年轻一代传授知识和技能仍然是基础教育必须承担的一项不可推卸的职责。然而,这丝毫也不意味着这就是基础教育和教师所应该承担的唯一职责或任务。人类的情感、价值、精神的力量、道德的意义同样也需要在学校里得到培养。

20 世纪是个科学盛行的时代,人们享受着科学带来的舒适。然而,第二次世界大战以后,在环境、生态、资源、人口等方面出现并日益严重的所谓“全球问题”迫使人们对工业化以来人类社会发展模式进行了深刻的反思。从 20 世纪 70 年代起,人们提出了诸如协调发展模式、文化价值重构模式、可持续发展的新战略和新观念等。在教育领域,人们对工业化以来把人逐渐简约为仅仅是“生产者和消费者”,把学校简约为职业技术养成所的观念进行了深刻的反思。1972 年,联合国教科文组织发布了题为《学会生存》的报告。该报告发出了

"培养完人"的呼吁,提出教育的基本目的应该是把一个人在体力、智力、情绪、伦理各方面的因素综合起来,使他成为一个完善的人。

1990 年 3 月,在泰国宗迪恩(Jomtien)召开了"世界全民教育大会",大会通过的《宣言》的副标题是"满足基本学习需要"。从该《宣言》第一条第一款关于"基本学习需要"的定义中可以清楚地看到基础教育概念的内涵有了新的变化。"基本学习需要包括基本的学习手段(如读、写、口头表达、演算和问题解决)和基本的学习内容(如知识、技能、价值观念和态度)。这些内容和手段是人们为能生存下去、充分发展自己的能力、有尊严地生活和工作、充分参与发展、改善自己的生活质量、作出有见识的决策并能继续学习所需要的。"①1996 年,联合国教科文组织发布了《教育——财富蕴藏其中》的报告,强调了教育应该"旨在促进人的发展",要通过教育"促进每一个人将其思想和精神境界提高到普通行为模式和在某种程度上超越自我的高度"。

总之,无论是从如何促进学生更好地发展,或者是从人类生存和国家发展的需要而言,那种以传授知识为己任的学校教育都必须加以改革。因此,学校教育的宗旨也必须实现由"教书"向"育人"的转变。

三、生活经验

关于学习什么知识的问题,长期存在着是以学习直接经验(生活经验)为主,还是以学习间接经验(书本知识)为主的论争。② 知识与生活经验的关系可追溯到原始社会。人们为了求生存,必须将生产生活的经验通过口耳相传的方式传递给年轻一代,生活经验即为原始的知识。随着生产力的提高,专门的教育机构——学校产生了,教育开始与生活分离,知识也开始与经验分离。这一方面表现为在阶级社会里脑体的分离,统治阶级具有统治之术而没有生产的经验,被统治者具有生产的经验而没有专门的书本知识。另一方面由于现代印刷技术的发展,原始的、直接的知识被逐渐独立并凸显出来而成为书本知识(间接经验),书本取代直接经验成为儿童最重要的知识来源。但是,传统教育过分强调书本知识的重要性,从书本到书本,脱离实际,从而导致知识与生活经验相分离。到了近代工业时期,人们更是看到了知识的经济价值,在弘扬科学精神的时代,知识的价值被愈来愈夸大,而经验的知识则被湮没。尤其在当前的学校教育中,教育实践正在日益远离学生的实际生活,具体而言,就是学生所获得的书本知识与其个人生活经验正在出现越来越大的鸿沟,进而导致教师作为教育者的职能日趋简约。

长期以来,我国中小学教师对于自己的工作最为耳熟能详的要求或教诲是,教学工作必须紧扣"双基",即基础知识和基本技能。这是依据关于未来工业社会中生产者和消费者需要的设想,由教育者规定的。在教学过程中,学生始终处于被动的地位。更有甚者,为了

---

① 赵中建. 教育的使命——面向二十一世纪的教育宣言和行动纲领[M]. 北京:教育科学出版社,1996:15 - 16.

② 黄济. 关于教育改革的几点思考[J]. 教育学报,2005(1):15.

保证这些知识和技能的传授和掌握,教育者往往会采用一些强制的手段或措施,这样对于学生来说,学习就不仅是被动的,而且是被迫的。学校教育对学生日常经验的轻视已经到了十分严重的地步。不论是对学生日常生活能力、动手能力、人际交往能力的批判,还是对学生自理能力、自主能力等过弱的感叹,其实都说明了一个道理:学校教育的确忽视了对学生日常生活经验的注意。学生的生活经验一直很少成为传统课程研究的关注中心,但是学生的日常生活以及生活经验均为一种重要的教育经验,这是一种有别于课程、学校文化影响的特殊教育经验,它透过整个教育、教学过程的人际互动,以及自我教育的过程得以传递。

可以说,以知识为本的教育模式成功地培养了工业社会的生产者和消费者、有效地促进了工业经济发展,但是在知识经济时代,这种模式再也不能适应时代的需要。在以知识为本的教育模式中,衡量教师工作业绩的一个重要标准就是学生是否学会了所规定的知识;而对于学生来说,在整个教学过程中,他所能学会的充其量不过是一堆书本知识。

美国哲学家和教育家杜威早在20世纪初就尖锐地指出,"学校中过分重视学生积累和获得知识资料,以便在课堂问答和考试时照搬。……知识常视为目的本身,于是,学生的目的就是堆积知识,需要时炫耀一番"①。然而,这种状况并未因为杜威的批评而消失。

正是在这样的意义上,杜威才强调了经验的重要性。在杜威之前的柏拉图和亚里士多德那里,他们同样重视经验的作用。他们认为,经验是通过身体感官与事物的反复接触,将感官活动的结果保存在记忆和想象之中,并应用于事物的操作,从而获得关于事物的知识和操作能力。这种经验观虽然注意到了主体的能动性,但仍然是主客二分的。而杜威则强调,"经验是人与环境主动交互作用的过程与结果。它是行动与行动后果的结合"②。杜威的最大贡献在于揭示了经验的主动性、理智性和整体性,消融了主体与客体的二元对立。但是他的问题在于,他认为经验的获得是建立在理性的基础之上,通过反省思维来解决问题,在与环境交互作用并控制环境的过程中形成的理智认识。

胡塞尔的现象学提出的是对杜威"经验说"的一种反驳。现象学的基本精神是"面对事实本身"。胡塞尔主张在主客体关系上要"悬置"客观世界,终止与自然界的交往关系,主体要绝对回归精神世界,通过体验来直觉必然性知识,而不是通过理性的反思来获得经验性知识。因为体验是实实在在感觉到的自我的存在价值,自我的理智力量和情感的满足以及与自然、社会之间的内在联系。

到了威廉·狄尔泰(Wilhelm Dilthey,1833—1911)这里,他首次将"经验"和"体验"作了划分,认为经验是一种主体与对象分离的方式,是一种认识自然界的方式;而体验是主体与对象的融合,主体全身心地进入对象之中,是一种认识人的精神世界的方式。没有心灵的体验,精神世界将是贫乏的,精神家园将是荒芜的。教育在于开发丰富的课程资源,让学生在自然界中、在社会中去体验,因为体验学习更能反映出教育的生命意蕴。

---

① 杜威. 民主主义与教育[M]. 王承绪,译. 北京:人民教育出版社,1990:168.

② 张华,钟启泉. 经验课程论[M]. 上海:上海教育出版社,2000:233.

四、终身学习与学会学习

由于工业社会以来以“教”为主或者以“传授知识”为主的教育模式的长期影响，人们对“学习”之于学习者个人和社会发展意义的认识经历了一个逐步深化的过程。

传统的教育将人的一生分为两个部分，前半生学习后半生工作。但这种教育已远远不能适应社会的可持续发展。社会的发展首先是人的可持续发展，因此，人们必须终身学习，终身受教育。20 世纪 60 年代，终身教育作为一种国际教育思潮应运而生。法国教育家保罗·朗格朗（P. Lengrand）在《终身教育引论》（*An Introduction to Lifelong Education*）中提到的“现代人面临的各种挑战”，如社会急剧变化、人口增长、科学知识和技术的进步、政治挑战以及闲暇时间的增多等，对正规的学校教育提出了挑战，要求学校必须改变传统的功能，实施终身教育。《学会生存》在叙述“教育体系受着内部和外部两方面的压力”时，也谈到了“知识正以惊人的速度向前跃进”和“科学发现与大规模地应用这种发现之间的时间间距也正在逐渐缩短”的事实，从而率先明确地提出了“终身学习”这一名词。对于正在扑面而来的知识经济而言，“知识爆炸”的现象将更趋明显。知识经济不仅给人类的生产、生活带来了巨大甚至根本性的变化，而且也改变了传统的“文盲”概念。在知识经济时代，所谓“文盲”，不再是没有掌握一定文化科学知识的人，而是不会学习、不能不断更新知识的人。换言之，在现代社会，任何人都不能把学习看成一劳永逸的事。

1983 年，美国“国家教育优异委员会”（The National Commission on Excellence in Education）发表的《国家处在危险中：教育改革势在必行》（*A Nation at Risk: The Imperative for Education Reform*，1983）的报告引发了美国的又一次教育改革。这次旨在克服“平庸”而达到教育“优异”改革的一个重要目标，就是为学生的“终身学习”打下必要的基础。与此同时，80 年代日本的教育改革也提出了“终身学习”的概念。1987 年，日本内阁会议通过的《关于当前教育改革的具体方略》第一条就是“完善终身学习体系”。1989 年 11 月，联合国教科文组织在北京召开了“面向 21 世纪国际研讨会”。这次会议的一个文件提出，在 21 世纪的教育哲学中需要包括“学会怎样学习”。该文件第三部分的标题为“发展一种 21 世纪的新的学习观”，其中明确提出，学习将成为一个终身的过程，学校再也不是一个为学生一生准备一切的地方。

由于知识经济自身的性质及其主要特征，人们对于“终身学习”在知识经济时代的作用和意义的认识也在不断加深。知识经济不仅要求员工掌握适应高科技产业的一系列技能，而且要求他们能够通过学习来不断适应这些技能的更新。正是在这个意义上，知识经济优势也被人们称作“学习经济”。经济合作与发展组织（Organization for Economic Co-operation and Development，简称 OECD）发布的《以知识为基础的经济》的报告始终强调“学习”对于知识经济的意义，并把“知识与学习”作为知识经济 5 项指标中的一项。

显然，终身学习和学会学习不仅关系到学习者个人未来的发展、成长乃至生存，而且也关系到国家和民族的前途与命运。而现代信息科学技术的发展，极大地丰富了人们获取知识与信息的资源、途径和手段。这些信息可谓鱼龙混杂、良莠不齐，因此如何有效地获得、辨别、评价、选择和使用这些唾手可得的资料和信息，乃是社会各界尤其是教育工作者必须解决的一个重要问题。这种现实使基础教育及教师面临着新的、严峻的挑战：在教育教学的全部过程中，学校教育与教师工作的一个极其重要的任务就是使学生“学会学习”。

第六节 回归生活世界的学校教育

一、教育回归生活世界的必然性与可能性

（一）教育回归生活世界的必然性

1. 美好生活是教育的永恒主题

在从“学历社会”向“终身学习社会”转型的21世纪，对于人类教育方式、学习方式的反思与创新，成为当前世界范围内这场着眼于“培养什么样的现代人”“如何培养现代人”的教育改革的战略性基点，而这一基点的核心就是促进人类的美好生活。

人需要教育，不只是为了谋生或成为社会所期望的人，更是为了自身精神的追求，为了丰富自己的生活，过一种“美好的生活”。教育就是如何使人成为人，使人成为既适应社会的需要、承担必要的义务和责任，同时又能使自己快乐和幸福地生活的活动。学校教育的使命是告诉学生如何成为现代人，在解决与现代人的德行、品格、能力、素养有关的所有问题方面提供专门的训练和帮助。因此，研究学生的生活、学生的生活世界、学生的生活质量乃是学校教育的基本责任。

现实的社会生活是学校教育内容的重要源头，也是学校教育必须直面的问题来源，学校教育是现实社会生活的一个有机组成部分，它不可能独立于现实生活之外，因而对现实社会生活的接纳、批判、融合和提升，皆属于学校教育变革和创新的范畴。封闭、保守、划一的学科中心主义，与现实中鲜活的社会生活脱节，与科技知识更新的速度脱节，抑制学生个性的发展，使学生面对各种有问题的生活，导致学生各种各样的身体、心理和精神的问题，则属于当前学校教育必须摆脱的问题和变革创新的内容。

因此也可以说，学校教育本质上是一种唤醒，它要唤醒学生的积极性、上进心和责任心；是一种发现，它要发现学生的美德、善行、创造和心灵的火花，使星星之火发展为燎原大火；是一种提升，它要提升学生的幸福感、成就感和责任感，让学生体验美好的生活并向往更美好的生活。

2. 基础教育改革的时代要求

2001年6月，国家颁布了《基础教育课程改革纲要（试行）》（以下简称《纲要》），其基本理念是：走出知识传授的目标取向，确立培养“整体的人”的课程目标：谋求学生智力与人格的协调发展，追求个体、自然与社会的和谐发展；统整学生的生活世界和科学世界，破除书本知识的桎梏，构筑具有生活意义的课程内容；摆脱被知识奴役的处境，恢复个体在知识生成中的合法身份；改变学校个性缺失的现实，创建富有个性的学校文化。《纲要》对基础教育课程改革的具体目标要求之一是：改变课程内容“繁、难、偏、旧”和过于注重书本知识的现状，加强课程内容与学生生活以及现代社会和科技发展的联系，关注学生的学习兴趣和

经验,精选终身学习必备的基础知识和技能。“为了每个学生的发展,为了中华民族的腾飞”,是此次课程改革的基本宗旨,从此学生开始逐渐受到关注。

其中,“整体的人”“生活意义”“学生主体”“学校文化”的概念正是生活世界的基本理念。首先,科学世界是建立在生活世界的基础之上,并应该具有丰富的生活意义,所以,课程内容不应是单一的、理论化的、体系化的书本知识,而是要给学生呈现人类群体的生活经验,并把它们纳入到学生生活世界中加以组织,使文化进入学生的“生活经验”。

因此,首先,教材要联系生活、贴近生活,学生不仅仅是记住单调的知识,更重要的是获得一种意义。其次,课程学习方式应以理解、体验、反思、探究和创造为根本,体验或感悟是学习活动的基本方式。因此,教室不应是学生学习的唯一场所。教学不应是你讲我听的单向灌输,而应是“我—你”之间的对话,学生在学习中是始终作为真正的主体参与其中的。再次,学校文化体现着学校生活的丰富性,包括学校的物质环境、师生的精神环境。学校应该充满人文气息,体现出生活的情趣,真正成为涵养人美德品格的生活场所。

3. 提高师生生活质量的需要

教育回归生活世界看起来是教育关注的对象的转移,即从关注知识转向对人的生活意义的关注,其最终目的则是提升教师和学生的生活质量和生活品位。师生的生活质量可以从身心愉悦程度、内心充实程度和成就感三个维度来判断。其中,身心愉悦程度意味着没有疲惫感、没有压抑感以及身体上的放松;内心充实程度意味着丰富的精神生活,没有空虚感和无聊感,有明确的生活目标,对生活于其中的世界有更为丰富的认识;成就感意味着能体会到成功的快乐。① 传统的教育只见物不见人,严重忽视学生的生命存在。学生在学校里感受到的不是愉悦、充实和成就,而是单调、乏味甚至压抑和歧视。教育同样忽视教师的存在。尽管教师在教学中占有主动权,但仍摆脱不了诸如教育内容、教育方法、教育场所等的束缚。教师生命中的大多数时间是在学校里或课堂上度过的,但是教师在课堂上过的并不是一种真实的生活。教学仅仅作为教师谋生的工具和手段而游离于其生活之外,师生的生活质量无从谈起。因此,提升师生的学校生活质量成为教育回归生活世界的目的之一。

(二)教育回归生活世界的可能性

既然教育回归生活世界成为一种趋势,那么教育能否回归以及怎样回归更应值得关注。

1. 理论上的可能性

从理论上讲,教育回归生活世界的可能性可以从两个角度来解释:一方面,教育的目的在于过一种“美好的”生活,那么,什么样的生活才是“美好的”生活呢?“美好的生活”,实质上就是“有意义的生活”。有意义的生活必定是有人的共同参与、相互理解、内心接纳并积极践行的生活。科学世界从生活世界中分离出来,因为它的某些鲜明的特征迎合了学校教育的需求,所以,学校教育听从于科学世界的召唤而从生活世界中脱离出来。因此,教育要寻求一种有意义的生活,必然需要重新回到生活之中。教育向生活世界回归也就是一个

---

① 肖川. 关注师生的校园生活质量[J]. 中小学管理,2000(10):42.

自然的回归母体、寻找意义家园的过程。另一方面,教育本身即生活。过什么样的生活就是接受什么样的教育。在知识迅猛增长的今天,尤其要保证主体的人不能被知识异化。为此,首先要为教育找到一种生存的“根源”,即教育要作为一种生活方式而存在,教育在生活中进行,其回归生活也就成为可能。

2. 实践中的可能性

尽管学校教育是一种制度化的生活,师生进入其中的确要遵循一定的规则而改变自己,但是,无论是对教师还是对学生而言,他们在进入学校后,都不可能将生活世界中的一些习惯、喜好等完全丢掉。比如,教师在教学过程中所传递的信息一定是经过自己对文本解读后的理解。教师在与学生的交往过程中一定是按照自己的价值观来进行的,他的人生态度、行为习惯会潜移默化地影响着学生;此外,学生在学校里虽然遵循学校的规章制度,但是其长期形成的一些性格特征等仍然在一定程度上被带到学校、带进课堂,如个人喜好、性格特征、价值观念、行为习惯等。这些特征会体现在师生的日常交往中,从而使学校教育回归生活成为一种可能。

二、教育回归生活世界的基本内容

“学校教育要回归生活世界”既是一个哲学命题,也是一个教育基本理论问题。它的内涵是教育来自生活,要与生活建立密切联系,要服务于师生生活质量,促进师生的美好生活;它是对当下教育存在的各种错误的教育观念、知识中心弊端的否定。把“学校教育回归生活世界”理解成“学校教育生活化”“学校课程生活化”“教学过程生活化”均是片面的,“学校教育回归生活世界”应包括以下基本内容。

(一)重建各种教育观念

教育要回归生活世界,首要的是重建各种教育观念,包括教育观、教材观、教师观、学生观、师生观、教学观、环境观等,因为观念是行动的先导。

教育观 教育即解放。这就需要将教育从理性主义的禁锢中解放出来,反对用统一的理念和规范塑造学生,主张从个体差异出发建立一个开放、多元的教育,塑造具有丰富个性特点的学生,使教育真正成为自主的教育,成为训练学生批判性思维和个性自由发展的解放过程。这就意味着教育需要重视人的自主性、人的尊严、人的差异性和自由发展的可能性;意味着教育是探索和启蒙,而不是宣传和灌输;意味着教育是平等对话和自由交流,而不是指示和命令;意味着教育是丰富认识,而不是统一思想;意味着教育是尊重和信任,而不是防范和严控。教育中的解放是真正促进学生创造和自主发展的前提。

教材观 重视体验和发现。教材要改变以往脱离学生生活实际、难繁偏旧的状况,而要逐渐贴近学生生活。在课程设置方面,要由经验型课程向体验型课程过渡。体验型课程是对经验型课程的补充,二者并不对立。经验型课程虽然也尊重个性,但是个性在经验型课程里成了手段。而体验型课程则是把经验型课程所忽视或置于边缘的个性意义置于核心地位,它意味着教育与自然、社会、学生生活融为一体,尊重个性差异等。

教师观 共同成长者。在教学过程中,以往的教师常常扮演“发号施令者”的角色,将现成的知识或“清规戒律”告诉并要求学生接受。因此,教师应该参与到学生的学习中来,不断更新自己的观念,在与学生的合作过程中与学生共享共创,体验成长的快乐,真正转变为“与学生共同成长者”。

学生观　有尊严的生命个体。学生是一个有尊严、发现和创造能力的生命个体,不应是一个被动的受训者,他们应该能主动地获取信息,并将信息在大脑中进行批判、筛选,摒弃一些不合理的因素,选择符合自我成长需要的东西,将其内化为自己所有,使自己从“知识的容器”转变为“具有主体性的人”。

师生观　教学合作者。相应地,师生关系则从上下级关系、权威与服从关系转变为教学合作者关系。如果一个学生能做到“亲其师”,乐于与教师进行沟通,他就必然会“信其道”。这不仅不会降低教师的身份,反而可以抬高教师在学生心目中的地位。当学生接受教师、尊重教师、爱戴教师时,教育便成功了一半,这也就是真正意义上的“教学相长”。

教学观　建构的过程。传统的教学观认为,教学是传授知识、发展智力的过程,教学关注更多的是如何将知识传递给学生而不是学生的发现。新的教学观应该意识到教学是教师与学生之间具有建构性的交往活动过程,是师生间的对话与交流的过程,是知识不断积累和建构的过程。

环境观　多彩的生活环境。就成长环境而言,学生不应被局限在狭小的教室,学生成长的时空环境应该是充满生活气息、丰富多彩的周围世界。学生不仅是学习者,更是生活者,学校是他们的生活世界,而真实的生活是丰富多彩的。这就意味着学校文化不能是枯燥无味的理论说教,而应是潜移默化地使学生获得感悟、得到发展。为此,学校教育应该在生活中进行并为生活而设计,丰富学校文化的展现方式和途径。

(二)让课堂焕发生命活力①

“让课堂焕发生命活力”是新基础教育改革的重要理念之一。课堂对于师生的重要性体现在它是师生生命中一段重要的人生经历,是教师和学生生活的最基本的构成,它的质量直接影响着教师和学生的当下生活、今后的发展,它对个体具有生命质量的意义。

有生命力的课堂首先是丰富的,丰富性主要体现在教学过程中。为此,课堂教学要超越仅仅传递知识的作用,而应该使师生共同参与、相互作用,创造性地实现教学目标。为此,教师课前备课工作尤为重要。教师要时刻顾及学生多方面的发展,在设计教案、组织内容、选择方法等方面灵活机智。有时候,在课堂发生的一切不都是可以预料的,这就需要教师有教育的智慧和能力,面对学生出现的各种问题有效地作出处理,使师生在课堂上能感受到欢快和愉悦,感受到生命的涌动和成长。

为此,首先要解放儿童。正像陶行知先生所言,教育要“解放孩子的眼睛”“解放孩子的头脑”“解放孩子的双手”“解放孩子的嘴”“解放孩子的空间”“解放孩子的时间”。所以,教育要把儿童从课堂中解放出来,让孩子能说、能笑、能想、能动,当然这种解放是在一定的纪律约束下的解放。其次要让课堂充满人文关怀。课堂主要是传递知识的地方,以往的课堂

---

① 叶澜. 让课堂焕发出生命活力——论中小学教学改革的深化[J]. 教育研究,1997(9):3－8.

教师与学生是权威与服从的关系,现在则要使师生之间形成一种对话、理解和共享的关系,是“我”与“你”的关系。师生间是平等的和宽容的。这就要求教师在课堂上和学生的对话要有一定的预见性和引导性,对教育内容进行激活,使学生积极参与。师生之间还要有一种理解的态度,不仅要相互理解,而且要理解符号和文本。再次要让课堂融入生活。为了生活、在生活中、通过生活而教育,这也应是现代学校教育的基本理念。这就需要教师在教育内容、教育方法与途径等方面作出努力,尽可能地使符号化的文本更贴近学生生活。

(三)把时间还给学生

根据有关调查发现,尽管教育行政部门一再强调“减负增效”,但是由于作业量偏大完不成而导致学生学习压力等负性事件时常发生。以某省 2012 年教育质量监测报告为例,被抽样的小学生每周用于课业总时间为 36.7 小时,比全国平均水平少 1 个小时。而被抽样的初中生,每周花在学业上的总时间为 53.8 小时,以一周学习五天为单位进行计算,平均每天有 10.76 个小时用于学习,超出成人 8 小时的工作时间。可见,学生的生活基本被学习、升学所“充斥”,根本没有其他更多的时间来自由支配。学生不但要应付教师布置的各种各样的作业,还要应付由于“减负”而引起的形形色色的“补缺”与“填空”。有报道称,尽管教育部已经颁布了《关于全面贯彻教育方针,减轻中小学生过重课业负担的意见》,但是“减负”之后,学生“多”出来的时间交给了培训班,学生依然轻松不起来。[①] 人一生最宝贵的时间大都是在学校度过的,但是很多学校和家长为了升学的需要,剥夺了学生支配和掌控个人时间的权利。在这种情况下,时间成为“规训”学生最精巧的工具与手段,学生不但失去了自我锻炼的机会,也失去了自我管理的能力。

在当前的学校教育中,学生用于消化学校课程知识的时间逐渐增多,而自由地游戏、自由地学习、按照自己的兴趣做事的时间却越来越少。正如杜威所说:“现在教育上许多方面的失败,是由于它忽视了把学校作为社会生活的一种形式这个基本原则。现代教育把学校当作一个传授某些知识、学习某些课业或养成某些习惯的场所——结果是,它们并不成为儿童生活经验的一部分,因而并不真正具有教育作用。”[②]学生应该有权利支配自己的时间,在时间的自我管理过程中学会规划自己的人生。因此,应该把时间还给学生。

三、学校重心的转移

学校生活与现实社会生活的隔离尽管有多种原因,但是从学校层面来看,则是因为学校生活过多地强调了知识传授的方面。因此,我们必须把学校生活的重心从传授知识转变为培育丰富的人性。

(一)学校教育目标的转变

1. 要培养学生的创新精神和创新能力

创新是人类社会发展的动力。近 500 年的世界重大科技发明统计表明,社会发展与科

---

① 学校喊“减负”,家长忙“填空”[N]. 工人日报,2013-03-22(005).

② 赵祥麟,王承绪. 杜威教育论著选[M]. 上海:华东师范大学出版社,1981:5.

技创新是同步前进的。16 世纪有 26 项,17 世纪有 107 项,18 世纪有 156 项,19 世纪有 546 项,20 世纪上半叶则达到了 961 项。可见,创新在社会发展中的重要作用。

知识经济所需要的不是一般的知识,而是不断创新的知识。无论是国家还是企业,只要能不断地进行知识创新、技术创新、制度创新,并不断地把这些创新转化为现实的生产力和劳动产品,就能够走在知识经济时代的前列。在创新能力方面,目前我国的水平同国际先进水平还有一定的差距。因此,创新应当成为一流大学的标准。而创新能力和创新精神的培养则必须从中小学就开始重视。这就要求我们正确认识创新与全面发展教育目的之间的关系。

创新并不意味着彻底的破旧立新,而是旧中求新。离开既有的基础,否认已经被实践证实了的科学结论,而奢谈所谓创新,其结果毫无意义。所以,尽管要花大力气进行教学目标、教学内容、教学方法等环节的改革,但决不能因此而放弃学校教育,尤其是基础教育在传递知识方面应该肩负的使命。创新不是异想天开,缺乏全面而扎实的知识基础,所谓创新能力的培养无异于缘木求鱼。因此,我们要把握创新的正确导向。创新固然以突破旧领域、开拓新领域为其主要表征,然而,并不是所有新颖的、前所未有的活动都配称作创新。任何创造思维、创新活动都必须有一定的价值承担。换言之,只有对于促进社会发展、社会进步具有积极意义的新颖事物才能真正称得上创新。因此,创新活动决不能偏离政治和道德的准则,否则,所谓创新只能给社会和人类带来混乱和灾难。离开了正确的导向,所谓创新人才必将误入歧途,最终导致教育本身的毁灭。

2. 要培养学生的人文精神

第二次世界大战以后,科学技术不但成为促进经济发展的决定性因素,而且与人类社会和人的生活的各个方面都发生着日益密切的联系,人类诸多问题的解决,在愈来愈大的程度上依靠科学技术的进步。然而,科学技术是一把双刃剑,它既可能造福于人类社会,也可能给人类社会带来灾难。目前,日益严重的生态危机、环境污染、核威胁、能源危机、“恐怖主义”等“全球问题”的出现,都反映出人与自然、人与人以及人与社会的和谐关系的破坏与残缺不全。

正是由于对人类面临的危机或威胁的清醒认识,人们才开始对现代化或工业化以来人类社会的发展模式进行了深刻的反思。1980 年,联合国大会首次提出了“可持续发展”的概念。1992 年 8 月,在里约热内卢召开了联合国环境与发展大会,180 多个国家的代表团和 70 多个国际组织的代表出席了大会。这次会议提出了人类可持续发展的新战略和新观念。

正是在这样深刻的社会背景下,人文精神培育的问题在教育领域日益受到重视。联合国教科文组织于 1972 年公布的《学会生存》报告,明确提出了科学的人文主义的教育目的。1996 年,联合国教科文组织公布了《教育——财富蕴藏其中》的报告,进一步强调了 21 世纪还要消除精神和物质之间的紧张关系这一永恒存在的问题,并指出要通过教育“促进每个人将其思想和精神境界提高到普通行为模式和在某种程度上超越自我的高度”,因为“这关系到人类的生存问题”。

所谓“人文精神”,是一个历史范畴。换言之,不同历史时期人文精神的内涵是有区别的。在知识经济时代,基础教育对于学生人文精神的培养,旨在更好地协调人与自然的关系,能够热爱大自然、探索大自然、保护大自然,增强环境意识;协调人与社会的关系,增强社会责任感,很好地应对信息社会的各种挑战;协调人与人的关系,增强团队精神和合作意识。这就对学校教育提出了全新的任务。

第一,培养科学精神。科学精神是人文精神的一个重要组成部分。人类在认识自然、协调与自然关系的过程中所表现出来的探索、研究精神、实事求是的态度、百折不挠的坚强意志、造福人类的愿望、为真理而献身的勇气等,都是人文精神的具体表现。培养学生科学精神的目的,并不仅仅局限在物质生产和社会生活中"解决问题"。科学精神所体现出来的客观性,可以矫正我们的态度和行为,克服偏见,使人们在客观事实的基础上共同追求真理;科学精神不承认任何终极性的结论,这是人类得以发展的内源性动力,这同教条主义和形而上学的思想方法是背道而驰的;就人的社会生活而言,科学精神蕴含的相对性和辩证思想可以培养人的民主思想。所以,科学是培养学生个性的各个方面和涉足学生个性发展各种需要的具有决定意义的因素。

第二,增强社会责任感。在全球性的相互依赖、人与自然关系不断恶化的倾向日渐明显,"地球村"的概念日渐被普遍接受的时代,所谓社会责任感无疑不仅意味着对人类自身命运负责,还要对环境负责。然而,在实现大同社会之前,所谓社会责任感,应该主要指作为国家公民的社会责任感。瑞典著名教育家胡森(T. Husen,1916—)曾经说过,教育作为一个实践的领域,其真正的本质在于地方性和民族性。因此,在增强学生社会责任感方面,爱国主义精神的培养无疑是至关重要的。知识经济的全球化并不能消除国家之间的差异,更不能消除国家之间在政治、经济、文化等社会生活各个领域内的矛盾和斗争,这是一个铁的事实。在信息社会时代,未来的一代不仅要捍卫国家的领土、领海、领空,而且还要抵制西方的文化霸权,捍卫并拓展国家的信息疆域,这同样是关系到国家、民族兴衰存亡的大事。

总之,知识经济时代的基础教育,必须要在思想、知识、能力、情感、意志诸方面为学生未来丰富多彩的生活、富有成效的工作做好准备,为接受他们面临的国际竞争、社会变革、环境保护、科技发展等方面的严峻挑战做好准备,真正把握好人类自身的命运。

(二)学校教育实践重心的转变

要形成培育学生丰富人性的学校生活,学校需要在以下几方面开展必要的变革。

1. 要让学生从受到管制的生活转向自主的、创造性的生活

这就要求学校在深入领会国家基础教育改革精神下进行多方面的变革。例如,精选教育内容,特别是学校课程,变革教学方法,改变学生学校生活的时间,培养学生自制的、创造性的生活态度,使他们从受管制的生活下获得解放。

2. 给予学生充分发展的时间和空间

要使学生发展丰富的人性,就必须使他们在身心安定、愉快的情境下学习,这就要求学校生活具有一定的自由度和自主性。因此,就必须整顿学校教育教学的方式、方法。例如,改变传统的学校生活和课堂生活,给予学生充分的时间。此外,儿童的学习是以其自身独

特的方式来进行的。所以,教师要为儿童创造出能够以他们自己的理解方式进行学习的学习环境,让学生独立摸索着前进。

3. 重建校园文化

校园文化也是一种“隐蔽课程”,这已经成为共识。以往的学校忽视了校园文化建设,使学校成了文化的孤岛,造成了教育资源的浪费。重建校园文化,意味着有意识地设计、精心策划、营造一种教育的氛围,使学校的一草一木、一人一物、一言一行都成为教育的资源。它对学校成员(尤其是学生)具有强烈的教育影响,达到润物细无声的教育效果。而且,学校文化本身也就成了学生一种十分重要的“生活环境”。

【主要结论与启示】

1. 生活世界既不是原始的自然世界、主客二分的科学世界,也不是文本化的符号世界,而是人在其中的世界,主客和谐统一的世界以及生动鲜活的生活意义的世界。人在生活世界中是能动的、不外在于他人和依附于他人的生活世界。因此,学生的生活世界不能简单地理解为学生的日常生活世界,而更应该强调学生所理解的具有生活意义的世界。

2. 学生的成长与发展受制于其整体的和现实的生活环境,学校则是学生一个最主要的生活环境。学校教育工作者不仅要考虑到学校环境对学生成长与发展的影响,更要考虑到宏观的社会环境与学生具体的生活环境对学生成长与发展的影响。

3. 传统学校生活的典型表现是强调知识和技能的学习,以强制为根本特征。学校的重心完全是在学生的生活之外,学习活动和行为训练成为学校生活的联结中心,于是“教师中心”“教材中心”“课堂中心”“划一的标准”等便构成许多学校基本的生活形态。学校成了“教育的孤岛”,呈现一种“花盆效应”,学校生活远离了符合学生人性的生活。

4. 学校生活与学生日常生活的隔离,还表现为学校对学生日常生活经验的忽视。学生拥有各种知识来源,他们的生活经验往往来自非学校教育渠道,这种教育影响有时是正确的,但更多的时候是非科学的、不系统的甚至是谬误的。因此,教育应该回归学生生活世界。这在理论上和实践中均是可能和可行的。为此,教育工作者需要关注并对学生的日常生活经验进行适当的指导,学校也应当作出适当的努力。首先,要重建各种教育观念,改变课堂生活形态,把时间还给学生;其次,学校要做好教育工作重心的转变,形成培育丰富人性的校园生活环境,不断促进学生对美好生活的感受并向往更美好的人生。

5. 学校必须改变以知识传授为核心的生活方式,而成为培育丰富人性的场所。因此,学校生活应该呈现学生当前的生活,即对于学生来说真实的生气勃勃的生活,就像他在家庭、在邻里、在同辈群体中那样。学校教育的一项重要任务是加深和扩展学生关于与家庭生活、同辈群体生活等相联系的价值观。教育应当是学生生活经验的继续改造,教育过程与教育目的应该是一致的。

6. 学校应该提供帮助学生进行生活适应的指导。学校不仅是知识的殿堂,更是人性养育的圣殿。学生作为未成年者,对于玩乐与学习、消遣与体育、如何实现自己的价值等问题常常不知道如何解决,他们需要在自己的生活中找到出路。学校可以帮助他们学会应当如何生活、发展解决未来人生问题的态度与能力，帮助他们改变对待事物的看法、想法、感受方法、行为方式，使得每个人都能在社会中实现各自的人生价值。

【学习评价】

1. 名词解释：生活世界、学生失范行为、心理缺陷说、挫折—侵犯说、差异交往说、失范说、控制缺乏说、亚文化群理论、标签理论、重要他人、学生人文精神。
2. 学生的家庭生活、学校生活、同辈群体生活与社会文化生活各自的最大特点是什么？
3. 学生失范行为产生的主要原因有哪些？试举例分析。
4. 从教育与生活关系的角度，谈谈当前学校教育实践中的缺失。
5. 结合个人成长经历，谈谈学生生活中的重要他人对其个人成长的影响。
6. 怎样理解教育的过程也是学生生活的过程？
7. 结合当前学校实际，谈谈教育应如何回归生活世界？

【学术动态】

- 20世纪90年代以来，教育现象学介入生活体验和生活世界的研究。其领袖人物之一加拿大的马克斯·范梅南(Max van Manen)教授在《生活体验研究——人文科学视野中的教育学》(2003中文版)一书中特别强调了面向生活的世界、面向孩子，强调教师、父母面对孩子生存和成长过程中的最基本的经验。他认为现代教育理论研究面临诸多问题，其中最突出的问题就是与儿童生活世界失去联系，难以发现生活世界的普遍的教育意义。教育现象学研究的特点是“以生活体验为教育的起始点”，“关注学生和教师的种种生活体验，并从中获取有益的反思，从而形成一种特有的教育机智和对具体教育情境的敏感性”，它是“能看得见、摸得着的”，反对“将教育的活动理论化、抽象化”。正因为它更加关注人的本身，具有很强的人文精神，所以范梅南教授又将现象学方法称作“人文科学的研究方法”。

- 由全国教育基本理论专业委员会主办、北京师范大学教育学部与教育基本理论研究院承办的教育基本理论专业委员会第十三届学术年会于2011年9月25—26日在北京师范大学召开，此次年会主题为“教育与生活”，学术年会除了主旨发言外还设有八个分论坛，分别是教育中的生活世界研究、教师生活与教师教育、道德教育与道德发展、多元文化视野中的教育问题、生命教育与公民教育、日常教育实践之再审视、教育学中的话语实践和农村教育与穷人教育。

- 有关教育与生活的课题研究代表了该领域的学术动态，以全国教育科学规划年度立项课题为例，网络对学生生活的影响，流动儿童的生活适应性问题以及德育生活化等是近年来的研究主题，如青少年网络生活状况的调查研究、公民教育的拓展与学校公共生活的重建研究、流动儿童城市生活和学习适应性研究、流动人员子女城市生活和学习适应性研究、身体现象学视野下中小学生的日常生活体验研究(2010)；重构学校制度生活培育现代公民精神研究、民工子女城市学校生活的适应性研究、近代社会的学生生活研究、网络生活对学生道德成长影响的深度研究、初中生生活经验课程参与形态研究(2011)；品德课新课改十年的回顾与展望：基于生活德育的视角、促进民族地区学生创新能力养成的学习生活研究、知识德育与生活德育的统一性研究、基于学校生活变革的小学生分享品行养成研究、小学生低碳生活行为习惯养成教育研究(2012);中国发展型家庭生活教育的理论与制度创新(2013)。

● 近几年的"两会"期间,许多人大代表和政协委员对青少年的成长与教育问题提出了自己的建议,主要体现在青少年思想道德建设、青少年网络阅读、青少年体质健康水平、青少年歌曲、青少年心理健康成长、青少年网络成瘾、青少年文化精品建设、青少年社会教育、青少年犯罪、中小学生减负等方面。基于以上这些现实问题,学术界正在日益关注学生的学校生存状况,并特别强调在"教书"与"育人"之间找到真正的联结点。

【参考文献】

1. 联合国教科文组织国际教育发展委员会. 学会生存[M]. 上海师大外国教育研究室,译. 上海:上海译文出版社,1979.
2. 杜威. 民主主义与教育[M]. 王承绪,译. 北京:人民教育出版社,2001.
3. 埃德蒙德·胡塞尔. 欧洲科学危机和超验现象学[M]. 张庆熊,译. 上海:上海译文出版社,2005.
4. 筑波大学教育学研究会. 现代教育学基础[M]. 钟启泉,译. 上海:上海教育出版社,1986.
5. 赵中建. 教育的使命——面向二十一世纪的教育宣言和行动纲领[M]. 北京:教育科学出版社,1996.
6. 郭元祥. 生活与教育——回归生活世界的基础教育论纲[M]. 武汉:华中师范大学出版社,2002.
7. 高德胜. 生活德育论[M]. 北京:人民出版社,2005.
8. 马和民,吴瑞君. 网络社会与学校教育[M]. 上海:上海教育出版社,2002.
9. 刘铁芳. 走向生活的教育哲学[M]. 长沙:湖南师范大学出版社,2005.
10. 牛利华. 回归生活世界的教育学省察:兼论教育与生活的关系样态[M]. 长春:东北师范大学出版社,2010.
11. M. Young & G. Whitty. Society, state and schooling(eds.)[M]. Brighton, UK: Falmer Press, Lewes, 1977.

第九章　班级管理与班主任工作

【内容摘要】

班级是学生在校生活的基本单位,也是促进学生成长的正式组织之一。本章厘定了班级组织的概念,探讨了班级组织形成和发展的三个阶段,系统地分析了班级组织的结构、特点和功能;围绕学校教育的育人目标,提出了现代中小学班级管理的主要内容,包括班级组织建设、制度管理、教学管理和活动管理四个方面;强调了班主任在班级组织中的角色作用、建设和管理班级的策略以及班主任的自我学习与教育。本章旨在使学习者能够认识到班级组织在学生成长中的作用,修正长期以来在班级工作中的一些片面认识和做法,并形成科学民主的班级管理理念及策略。

【学习目标】

1. 掌握班级组织的概念。
2. 了解和领会班级组织的基本结构。
3. 理解班级组织的基本属性及特点，分析班级组织的功能。
4. 理解、领会班级组织建设、制度管理、教学管理和活动管理的内容。
5. 分析评价班主任在班级组织中的角色作用。
6. 领会班主任建设和管理班级组织的策略。
7. 了解班主任提高自身素养的途径和方法。

【关 键 词】

班级组织　班级组织的结构　班级组织的特点　班级组织的功能　班级管理内容　班主任工作

第一节　班级组织

一、班级组织的概念

(一)班级组织概念的历史考察

班级组织是随着班级教学的产生而形成的。中世纪末期,社会生产的发展要求更多的人接受教育,科学技术的发展也需要教学有比较固定的结构与模式,于是,教育者便采取了将相同年龄和相近知识经验的学生组织起来施教的教学方式。这种学生群体就是最初的班级组织。此后,班级教学替代了经久以来的主要教学方式——个别教学,成为学校教学的主要形式,班级组织也因此成为师生从事教育教学活动及学校管理活动的基本单位。17世纪伟大的捷克教育家夸美纽斯为班级授课制的确立奠定了理论和实践的基础。他提出了“一个教师同时教很多学生是可能的”假设,进而对课堂教学的课程、时空模式、班级组织等进行了界定。但是,对班级教学的实施产生重要推动作用的当数“导生制”。到了19世纪,德国教育家赫尔巴特提出的形式日趋规范。后来,苏联教育家凯洛夫又集夸美纽斯、赫尔巴特之大成,提出了分科课程论、教师主导论和课堂教学的原则、环节等,构筑了班级授课制的教学论模式。在这个理论模式中,作为班级授课制基本组织形式的是教学班,“班”与“课”是形式与内容、手段与目的的关系,授课是教学班唯一的内容和目的。

专栏9－1

导生制

导生制也称“贝尔—兰卡斯特制”“级长制”,是英国国教会的牧师贝尔(Dr Andrew Bell,1753—1832)和公谊会的教师兰卡斯特(Joseph Lancaster,1778—1838)所创行的一种教学组织形式。

导生制是为了适应资本主义生产的需要而产生的。由于采用机器进行生产,需要工人掌握基本的科学文化知识,而教育对象的增多与师资力量的缺乏形成了一对矛盾,因此,“导生制”的产生大大缓解了这一矛盾。在使用“导生制”的学校里,一个大教室安置许多排长课桌;每排10多个学生,其中有一个导生。教师首先教这些导生,然后由他们领着一排学生围站在一个地方,把刚学到的教学内容再转教给其他学生,以后也由导生对这些学生进行检查和考试。有了作为助手的导生,一位教师在一个教室里往往能教几百名学生。

导生制教学有几个明显的优点:(1)省钱。传统的教学,一个教师教一名或数名学生,费用昂贵,而导生制以导生代替教师,费用就大为减少。(2)省师资。由于每位教师可以教上千名学生,所以就解决了学生多教师少的矛盾。当学生人数激增时,教师的数量也不必成比例地增加。(3)扩大受教育者的范围。学生的人数不会因师资缺乏而受到限制,低廉的收费促使大多数贫苦儿童能进学校。(4)有助于儿童自我管理能力的培养。导生起初只负责教授其他学童的学业,后来又有负责簿本的导生、报告出缺席状况的导生、调查缺席原因的导生、负责升降级的导生等。大家分工合作,使多数学生受到了锻炼,提高了自我管理能力。

导生制的出现,促进了英国及其他国家初等教育的发展。但导生制也有许多缺陷:一是教学太机械化,导生制容易使教学成为呆板、机械的训练;二是此种方法只能运用于背书或简单的书写和计算教学中,对于要导生代替教师教授其他理解性的科目或传授系统的知识,导生的经验和能力都不能胜任;三是有些家长反映,在学校充任导生的子女说话和行动都显示出骄傲态度,语气多为命令式,专制及权威味甚浓,不利于他们优良品质的培养。

[资料来源]　滕大春.外国教育通史:第三卷[M].济南:山东教育出版社,1990:23－26.

但在传统的教育学理论体系中,教学班和班级组织等概念既是被肢解的,又是相互混淆的。教学理论视班级组织为课堂教学的组织形式,与教学班同义;而教育论则将班级组织与学生个体一样视为教育的对象,将培养班级组织与集体主义教育相等同,班级制度则被列为学制和教育管理的范畴。这种概念上的不清楚,导致教育实践中出现了两种倾向:

一是把班级组织等同于教学班,使班级授课制的主体、活动和组织相互混淆;二是在实际的教育教学工作中,由于班级授课制的“教师中心、课堂中心、书本中心”的传统模式,使学生集体淹没于“班”“课”“书”之中,丧失了主体性地位,从而导致无儿童的教育学、无主体的教学论。

有关研究表明,班级组织作为班级课堂教学过程中的社会心理共同体,其目标、交往、人际关系、规范、心理气氛等因素和变量具有不容忽视的教育和发展可能性。这就需要人们从教育主体的高度改造传统教学论,科学地认识班级授课制的班(组织)、课(活动)、书(媒体和对象)与人(集体及其成员)的关系,确立班集体的主体地位,揭示班级教学过程中主体(集体)与活动(课)的辩证关系和激励教育主体积极性的动力机制,改变无主体、无儿童的传统教学论模式。

而把班级组织视为德育的手段,以致局限于德育范畴来研究班级组织的教育和培养的观点,也值得我们重新审视。首先,在班集体建设的目标设计和评价上,以德育的目的、任务为标准,片面地把思想政治教育视为班集体发展水平的评价标准,必然在理论和实践中肢解和割裂班集体对儿童、青少年学生实施德、智、体全面发展教育的整体目标,导致集体教育的政治伦理化倾向。其次,班级组织建设过程与教学过程相分离,使人们形成一种认识误区:建设班级组织只需要那些与教学过程无关的活动,如劳动、社会公益活动、旅游考察活动以及共青团、少先队的活动等。这种认识极易造成班主任工作与科任教师工作“两张皮”现象。有关研究表明,集体地组织课堂教学的认识活动是对班级组织进行最优化教学和教育的强大潜力之所在,而课堂教学方式的改革又必然促进班级组织的形成和发展。再次,班级组织在德育过程中的起点被视为被控制和规范的对象,终点又是制造“标准件”的模具,严重忽视了学生集体是一个具有活生生的需要、情感、意志的能动的教育主体。实践证明,只有使班级组织成为班级教育过程中的主体,探索班级组织自我教育的社会心理机制,才能开拓集体教育的新领域。

专栏 9－2

班级组织的特性

班级区别于其他社会组织的首要特征是“自功能性”。班级作为一种社会组织得以建立,不仅是为了实现某些外向性的指标(如提高教学效率,便于学校管理等),而且按照现代教育原理,更重要的首先是基于其成员——学生——自身的奠基性学习的需要。在现代社会中,青少年学生的奠基性学习,尤其是“社会文化”的奠基性学习不可能在个体独处的空间里完成,而是需要借助于群体生活的环境。班级组织可视为社会向青少年提供的一种在校期间群体生活的基本环境。如果说夸美纽斯在17世纪论述班级授课制时,更多地看到的只是一种“大生产”组织的班级在提高教学效率方面的价值的话,那么,在现代学校教育中,人们更多关注的似乎是作为一种社会组织的班级对其成员的社会性发展的影响。因此,在现代教育中,班级组织的生存目标具有“内指向性”,班级组织所产生的首先是与其成员的自身发展密切相关的功能。舍此功能,班级组织便失去其存在的意义,其对于外部社会的各种功能也就失去了评价的参照标准。在这个意义上,班级首先是一种“自功能性组织”。

班级组织以其成员的基本属性,同其他社会组织明确区分的第二个重要之处在于:它是非成人组织。这虽然是近乎寻常的事实,却使班级具有区别于其他社会组织的又一重要特性——“半自治性”。所谓半自治性,是指作为非成人组织的班级,并非完全靠自身的力量来管理自身,而是在相当程度上借助于外部力量。如果我们将前述的“自功能性”视为班级组织在功能对象方面的主要特性的话,那么,这里所说的“半自治性”则是班级组织在运行机制方面的主要特性。

[资料来源] 吴康宁. 教育社会学[M]. 北京:人民教育出版社,1998:277-279.

(二)班级组织的改造

班级教学替代了数百年以来主要的教学方式——个别教学,登上了近代教学方式的舞台,对世界教育产生了巨大的影响。然而到了19世纪70年代,这种班级教学开始遭到批判。适应个别差异的班级教学组织的改造运动以美国为中心开始活跃起来。

最早提出对班级教学进行改造的是“道尔顿制”(Dalton Plan)。道尔顿制主张改善传统教授法几乎不顾及每个儿童本身特点的弊端,使学习者能按照自定的步调学习;针对传统方法中各科的课程时刻表不分优劣生一律平等的弊端,依据每个儿童学习各学科的难易度,适当分配课程时间。又如哈利斯(W. T. Harris,1835—1909)在圣路易创始的“圣路易编制法”(St. Louis Plan),其特点是根据儿童的能力在短期内随时升级。这个方法的重点是将小学八个年级的学科内容分配在几个学期之间,一个学期以5周或10周计,学期结束时,编制新的班级,视儿童能力予以升级。而从教学法角度改造传统的班级教学组织的代表是1898年创始的“巴达维亚法”(Batavia Method)。它规定该市当时凡有一个班级招收60名以上儿童的学校,都应设立辅导教师,以收到个别教学之功效。传统的教学是同步的班级教学,结果牺牲了优等生和劣等生,教师负担过重。为了纠正这个弊端,把同步教学与个别教学结合起来以提高教学效率。一个班级儿童在50名以下者设一名教师;50名以上者,将一个班级的儿童分成两个团体,设两名教师。教师一名的场合,每日必须有一段时间用于个别教学,监督儿童学习;教师两名的场合,其中一名专门从事个别教学,另一名负责同步教学。

20世纪50—60年代,教育改革浪潮在世界范围内蓬勃兴起,西方各国在重点进行课程改革的同时,也进行了教学组织形式方面的改革尝试。其改革的主要目标是:“(1)进一步完善班级授课制,实现以班级为基础的教学组织形式的多样化,为每个学生提供适合其特点的教学活动形式和学习环境;(2)探索能最大限度地利用现代技术手段的教学组织形式,提高教学活动的效率;(3)寻求既不失集体影响,又有个人独立探究的教学组织形式,扩大学生的教育影响源和信息源。”①

① 李秉德. 教学论[M]. 北京:人民教育出版社,1991:236.

改革班级组织的尝试主要包括特朗普制(Trum Plan)、活动课时制、开放课堂、个别教学、小队教学(协同教学,Team Teaching)等。特朗普制是把大班上课、小班讨论、个人独立研究结合在一起,并采用灵活的时间单位代替固定划一的上课时间。大班课把两个或几个平行班结合在一起(约上百人),讲课采用现代化技术手段,由优秀教师主讲。大班课后上小班课(15~20人),最后是学生个人研究。协同教学是哈佛大学倡导的教学管理组织形式,其重点是从小学阶段开始就将教师和儿童从固定的班级中解放出来,采取较有弹性的教学组织。将儿童按不同学科分为大组与小组,看电影时以150~200人为一大组;数学课则以10~15人为一小组。通过编制大组,教师们才有时间专注于小组教学与教材研究。这种方式可以避免死守40~50人的固定班级式的僵化的学科教育,而视不同学科的性质,使学生团体具有弹性。如此一来,大组可以采取讲课式的同步教学,小组就可以彻底地实施个别教学。这样既可以发挥教师的专长,又可以唤起儿童的学习动机,为充实和提高教学活动奠定基础。

许多研究者认为,虽然新的教学组织形式不断涌现,且各有其长处和理论、实践依据,但各国采用的主要教学组织形式仍然是班级授课制。班级教学尽管存在一些缺陷,但其优越性是显而易见的,在许多方面是优于个别教学的(见表9-1)。特别是班级组织作为社会集体所发挥的教育职能,也是其他学校组织所不能替代的。

表9-1 班级教学与个别教学的比较

	个别教学	班级教学
师生关系	教师只同个别学生发生联系,难以形成学生集体	教师以班为单位进行教学,班级成员的人数相对固定,学生在集体中学习
学生来源	学生年龄和文化程度参差不齐,学习内容与进度缺乏计划性与系统性	学生年龄相同,文化程度相近,学校以"课"为教学单元,学生的学习循序渐进、系统完整
教育管理	教学活动和学习时间没有明确规定,学生入学、毕业、退学等学籍管理没有制度化	教学内容按学校和年级分成许多既有系统又相对独立和均衡的部分,每部分采用相应的教学方法和手段,有计划、有步骤地展开教学活动;学籍实行制度化管理

专栏9-3

"三三六"教学模式

由山东省茌平县杜郎口中学创立的"三三六"教学模式,形成了一套以学生为中心的教学模式和程序,既调动了每个学生的主动性、积极性,又全面地提高了教学的效果和效率。其教室都是方阵式排位,四桌8人一组,学生围桌而坐。学生分组遵循"兵教兵、兵练兵、兵强兵”的原则，组内建立“一帮一”的学习制度，共同捆绑计分，形成“共同体”，考试时看二人的平均分，组与组之间看小组平均分，有效地缩小学优生、学困生之间的差距。该改革模式的贡献就在于创立和形成了一套以学生为中心的课堂教学模式和程序，找到了在现有教育体系特别是在统一课程标准、统一教科书、统一考试下课堂实施素质教育的突破口，在班级授课制特定的时空里，构建和形成了以学生为主体、以学习为主线、以展示为特征的教学模式。

［资料来源］ http://www.dulangkouzhongxue.com.

（三）班级组织概念的界定

通过上述分析可以看出，班级组织本是开展教学活动的集体；也曾有人将班级组织单纯地看作进行集体主义教育和思想品德教育的团体。发展到现在，教育理论及实际工作者为了开发班级的多种职能，更倾向于把班级看作教育性的学习集体和生活集体。

由此，可以把班级组织定义为：**班级组织**是一个有一定人数规模的学生集体，是学校行政根据一定的任务、按照一定的规章制度组织起来的有目标、有计划地执行管理、教育职能的正式小群体。班级不仅是学生在校生活的基本组织单位，而且也是促进学生成长的正式组织之一。

二、班级组织的形成

班级组织这个群体是由不同个体集结而成的，但要成为具有组织特性的团队，需要一个发展变化的过程，在不断地分化与整合中成长和发展。班级组织的形成一般经历了三个发展阶段。

第一阶段：**个人属性之间的矛盾阶段**

在班级建立之初，学生的注意力主要集中于了解班主任和任课教师，建立与同学的稳定关系。因此，学生还不能公然地反对班主任和任课教师，班级中的主要问题是同学之间的矛盾。这时的班级特点为：首先，群体成员彼此缺乏充分交往，只是由于好感或者原来有一定关系，比如是来自同一学校或地区，性格的互补等，因此人际关系是情绪性的，而不是以共同活动的目的、任务为中介；其次，群体还没有形成大家认同并愿意遵守的行为规范，每个人只是从自己的角度去理解并参与共同活动；再次，群体的心理气氛是由这种直接的相互接触决定的，因此群体意识差、聚合力弱。这个阶段可分为两个时期：第一个时期是谨慎试探期。此时班级刚刚形成，同学们对新的环境都或多或少地存有疑虑。这种疑虑源于不熟悉教师、不熟悉同学，以及不了解新班级的行为准则，于是，同学们把主要的精力放在了解班主任和教师、了解同学、了解班级的基本行为准则上。班级充满拘谨的气氛，旧的伙伴关系已失去效用，同学们在试探与新班级的伙伴交往；并且也在观察班主任和教师的言行、试探班主任和教师的行为，以便了解班主任和教师。第二个时期是小团体形成期。学生在班级中忐忑不安地度过第一个时期后，就获得了某种程度的安心，其注意力开始转向建立稳定的新的伙伴关系，以满足自己的需求。渐渐地，在同学关系中出现了“地盘”，形成了基于需求、兴趣、游戏倾向等类似因素结合起来的小团体。在稳定之前,会产生决定“胜负”的小纠纷和同学之间的拉拢。因此,小团体形成期也是班级中个人之间及友好小组之间的序列同时得以形成的时期。

第二阶段:**团体要求与个人属性之间的矛盾阶段**

在小团体稳定下来之后,学生们就想在班级中积极采取行动以满足各种需求。他们的各种需求往往与团体的要求发生冲突。这个阶段可分为三个时期:第一个时期是师生矛盾时期。班级中每个学生的注意力都集中在得到班主任、教师和同学的承认上,以此来满足自尊和成就感的需求。在一般情况下,由于班级要依照班主任或教师的要求来展开学习和活动,因此班级中接受程度高的学生和较为依赖班主任或教师的学生将会受到教师和同学的承认。而有些学生则对班主任或教师在班级中的决定和做法感到失望、不感兴趣、不配合,他们就会以小团体为据点,开始对班主任或教师的指导作出公然或隐藏的对抗。还有一些懒惰的、对学习无兴趣的学生,也会抗拒班主任或教师的指导。在这一时期,班级的学生就容易分为顺应团体要求和对抗团体要求的对立的小团体。值得注意的是,这一时期如果班主任或教师培养起骨干作用的班干部队伍,开展有意义的、自觉的、自主的活动,发展学生的自主性与自治能力,同学之间的融洽关系和开放型的班级气氛是完全可以形成的。第二个时期是班主任、教师、学生与学生之间的矛盾。为了实现班级发展的目标,班干部接受班主任或教师的支持和指导,带领全班开展各项活动,这时学生的注意力开始转向活动的内容、决定及班干部的做法。一些学生在不满班干部的做法时,就要求改变,于是产生了对立。他们往往是把个人需求置于优先的地位来考虑小团体的带头人,有时会影响班级自主活动的展开。而班级中更多的学生会感到班级生活的满足和充实。但在这一时期,学生在活动中依赖班主任、教师和班干部的倾向还较明显,所有学生的主体性、自立性的形成还不充分。第三个时期是学生团体之间的矛盾。在这个时期组成了以班干部为中心的群体,他们一方面接受班主任或教师的指导,另一方面自主地带领全班同学开展多种活动,班主任、教师与学生的矛盾减少了,而“干部群与支持干部的学生”和“反对干部群领导作用的学生”之间的矛盾却增加了。班干部一般约占班级人数的1/4,他们自主活动的能力和水平越高,就越能够带领全班同学开展丰富多彩的班级活动,学生们在活动中也就越能获得自我需求的满足,生动活泼的活动自然也会激发学生间的沟通,增强全体学生的亲和力、凝聚力,促进学生的主体性、自立性进一步形成。反之,班干部自主活动的能力和水平低,组织的各种活动不能吸引大多数学生参加,学生们的自我需求得不到满足,学生中的小团体组织就会异常活跃,他们就会主动地评价活动的内容、方法、班干部的做法等,毫无顾忌地发表不同的看法,并要求改弦更张。

第三阶段:**团体要求架构内的矛盾**

当班级中大多数学生都能接受团体要求时,班级内部的主要矛盾就不是团体要求与个人属性间的矛盾,而是团体要求架构内个人属性间的矛盾。这一阶段可根据矛盾的性质划分为两个时期:第一个时期是学生团体与学生团体的矛盾期。主动积极的团体学习与活动一旦确立,在班级得到承认的行为就是积极地参与活动。学生的自尊心由于在各项活动中发挥了积极的作用而得到提高，于是他们关注的焦点也就转变为如何积极地参加活动、发挥作用。因此，即使强烈违反团体要求的学生也会试图在参与活动中获得自身需求的满足。而且这类学生往往精力充沛，在团体要求中又不能发挥太大的作用，干部队伍一旦扩充，他们就会提出对班级活动的不同修订方案，来争取在班级中的管理权。这一时期替代现有班干部、争夺统帅力的竞争会频繁进行。值得注意的是，这种竞争并不是情感上的对立，而是所有学生之间亲和的、无所顾忌的必要关系的反映。第二个时期是个性矛盾期。这一时期每个学生不再认为违反团体要求的行为是有价值的或是有必要的。此时，每个学生都能自觉地在课内外自主地开展学习，他们关注的已经不再是通过夺取各种活动的主要角色来提高威信，而是开始较为重视谋求自我实现，愿意为了自身及其他同学的成就而共同合作。这一时期班级中的对立不再是情感上的对立，而是针对逻辑原则的贯彻。认识深浅的不同、价值观和体验的不同、个性的不同等，造成了逻辑上和个性上的对立。活泼的学生不再具有影响力，只有视野广、洞察力敏锐的学生才具有号召力来引导班级团体。

三、班级组织的结构

班级是一种社会组织，其基本成员是班主任、教师（特指不担任班主任的任课教师，下同）和学生，它通过师生相互影响的过程来达到预定的教育目标。美国社会学家帕森斯（T. Parsons，1902—1979）从系统的角度把班级视为一种特殊的社会系统。他认为，任何社会组织都必须具备适应、目标达到、整合、模式维持四个基本条件。“适应”包括从环境中获取足够的设备和工具，然后在整个系统中进行分配。具体到班级，就是如何适应外在社会文化系统的变化，调整其内在的功能。“目标达到”是指在系统目标中确立优先顺序，并调动系统的资源以实现这些目标。具体到班级，就是确立师生在班级教学中应当实现的目标。“整合”意味着协调和维持各子系统之间的相互关系。具体到班级，就是如何使教师与学生之间以及学生与学生之间成为一个有机联系的整体。“模式维持”涉及怎样确保社会组织的行动者表现出适当的特征（动机、需要、角色扮演技巧等）的问题。具体到班级，就是维持班级团体，使教学井然有序。① 根据帕森斯的社会组织理论，可以对班级组织的结构作以下分析。

（一）班级的正式组织和非正式组织

班级组织是由不同个体组成的群体，它反映正式组织层面与个人属性层面的需求，在结构上存在正式组织与非正式组织。

班级组织是由学生组成的正式组织，旨在实现班级组织的公共目标。这是一种制度化的人际关系。每个班级组织都有工作目标，都要建立根据班级分工的组织机构。我国中小学班级的正式组织一般分为三个层次：第一层是对全班工作负责的角色，即班干部；第二层是对小组工作负责的角色，即小组长；第三层是只对自身的任务负责的角色，即小组一般成员。正式组织结构与学校组织结构基本一致，基本都是金字塔形。正式组织大多是预先决

---

① 特纳. 社会学理论的结构[M]. 吴曲辉，等，译. 杭州：浙江人民出版社，1987：82－83.

定好时间、场所和活动内容,要求班级每一位成员接受。

非正式组织是源于班级组织的个人属性层面的人际关系,是学生在共同的学习与活动中基于成员间的需求、能力、特点的不同,从个人的好感出发而自然形成的。作为个人属性的需求,往往要求安逸。它没有定员编制,没有明确的组织形态,却是客观存在的。非正式组织强调的是情感的沟通和非正式的互动与交往,它的行为方式是比较松散的、非规范性的。学生的这种非正式组织有四种类型:(1)积极型。这种群体的价值目标与班级正式群体的价值目标是一致的,是班级正式群体的补充。例如,学生自发组织的文艺活动小组、公益活动小组、体育活动小组等。(2)娱乐型。同学们由于情绪上的好感和消磨课余闲暇时间的需要而聚集在一起,他们的主要目的是玩好、有趣。这些小团体有时格调不高,甚至庸俗,但他们却感到了满足。(3)消极型。这种群体会自觉、不自觉地与班主任、班委会发生对立,如破坏纪律、发牢骚、不参加集体活动等。(4)破坏型。这类群体已经游离出正式组织,他们没有是非善恶标准,凭借一种所谓的江湖人的欲望、勇气和胆量而作为,常常对班级组织产生破坏甚至震慑作用。

正式群体与非正式群体往往是同时发生作用、交互影响的。两者相比,在形成特点上具有普遍性、自发性、随意性、选择性等特点。前者在学校人际关系系统中起主导作用,后者具有满足个体需要、保护心理健康、沟通信息、调节平衡等正式关系所不能替代的功能。在学校、班级的教育管理中,班级的正式组织和非正式组织是相互制约的,教师稍有不慎,就会陷入“管理主义”的泥潭,因为要实现班级组织的目标,教师往往视学生的个人属性需求为障碍,强制性地压抑学生的需求。有研究表明:非正式群体产生破坏作用的是极少数的,导致非正式群体产生的根本原因源于人的需要,一方面是归属的需要,另一方面是交往的需要。因此,教师应该改变对青少年学生非正式群体的不当看法,不要简单地把班级中的非正式组织作为管理和防范的对象,而应更多地考虑如何为其提供良好的成长环境,不是强制性地压抑学生的需求,而是引导他们个体的需求、情感和个性合理地在班级释放,并使其归属与交往的需要得到满足,拥有安全感和快乐的体验。

专栏 9-4

可怕的伤害

拜迪是从俄亥俄州的克利兰朵转来玛丽所在学校的。当班主任约翰逊太太在教室第一次把拜迪介绍给同学们时,同学们便开始找拜迪的麻烦——也许这一切都是因为老师夸拜迪的作文写得比苏珊好。

有一次,拜迪的作文又被当堂朗读。这次她讲的是雷格思坦在一首诗里写道:西瓜是如此美味,如果他有幸见到英国女王的话,他会骄傲地建议她来一块。爱格尼斯和玛丽对视了一下,就开始滑稽地模仿英国女王吃西瓜的样子。全班顿时哄堂大笑,作文也没读完,这时班主任约翰逊太太刚好走进了教室。那天放学后,除了拜迪,同学们都被罚留下来刷洗地板。第二天午饭时,拜迪就在她的生菜叶下发现玛丽留的字条:“对不起,但是食堂的西瓜卖完了!”从那以后,拜迪成了其他同学的笑料,无论她穿什么、说什么、吃什么,总会被一两个家伙找出大做文章的理由。

拜迪开始不断地请病假,但是即使她不在,同学们也没有停止编排她的故事。后来有一天,玛丽和拜迪被分在同一个组做作业。其他人都选好了队友,而玛丽在分组那天参加学校的游泳集训,剩到最后只好和拜迪一组,同学们都打趣玛丽,玛丽也和他们一起笑。作业要交的前一天晚上,玛丽不得不到拜迪家去和她一起把任务完成。拜迪的妈妈为玛丽考了一大盘点心,而且还不断进来问要不要汽水或别的什么。拜迪的妈妈说:“你是拜迪唯一的朋友,放学后没人来找拜迪玩,我很高兴你能来。”

这时,电话铃响了,找玛丽的。玛丽听到同学马吉嘲笑的声音:“嘿,你吃了那傻瓜家的枫糖点心和西瓜了吗?”说完,她停下来等着玛丽哈哈大笑,当时拜迪的妈妈也在旁边,玛丽看到她在厨房里,背对着自己装作什么也没看见。其实,马吉的尖嗓子再远都能听得到。玛丽无声地挂上了电话。那一刻她才明白他们对拜迪一家的伤害有多么可怕。

拜迪不知道什么时候已经站在了玛丽的旁边,她流着眼泪问玛丽:“为什么你们不喜欢我?我很喜欢你们……”玛丽想:“如果感情可以弥补,我会……”但是太晚了,拜迪父母把她转到了另一所学校。后来,玛丽听说拜迪神经衰弱退学了。

[资料来源] 王燕叶.让中学生学会与人沟通的128个故事[M].北京:九州出版社,2008:110-111.

(二)班级组织的角色结构

角色是由组织规定的权利、义务和行为规范构成的,组织中的每一个成员都需通过角色学习充任一定的角色而参加群体活动、交往和生活,从而与整个社会联系起来。班级组织结构也是一种角色结构。班级组织的角色常常成对出现,成为对偶角色,比如教师与学生、集体与个体等。同时,角色的多重性也是班级组织角色结构的基本特点,如教师不仅要教书,还要育人;每个学生在班级里都扮演了学习者、受教育者的角色,这是学生主导的角色。但是在班级组织里,学生之间又充当各种角色,有的是班干部、有的是班级的一般成员;有的在学习上是落后的、不被看好的角色,而在文体活动中则可能是处于领导地位的角色;有的在班级正式群体中是被排斥的角色,而在非正式群体中则可能是被拥戴的角色;有的在班级组织成立的初期是不被重视的角色,而后来则可能成为处于班级核心地位的角色。学生的角色转换要求班主任和教师以全面、发展的眼光教育、引导、评价学生,发挥每一位学生在班级组织建设中的积极作用,调动一切积极因素,促进班级组织的健康发展。班主任或教师是班级的中心角色,由于时空、条件的变换,班主任或教师的中心角色也在变换。如在学生自行组织的活动中,班主任或教师可能是参谋,也可能是一般的参与者;在某些教学活动或课余文化、体育活动中,班主任或教师则可能完全是充当学生的角色。因此,班主任和教师一方面要强化角色意识,认真履行自己的角色职责和义务;另一方面还要善于转换角色,不以教育者自居,发扬教育民主,做到教学相长。

专栏 9-5

雷夫访谈录

在我眼里,学生分三种,我称为孩子一、孩子二、孩子三。孩子一是天才,聪明,爱上学,爱老师,出身好,有他们在,我的班级真的很幸福。孩子三,不喜欢上学,每次考试都不及格,非常憎恨老师,父母也恨你,如果你敢骂他的孩子,父母就会来杀掉你(大笑)。我们大部分老师都把时间花在孩子一和孩子三身上,因为孩子一聪明,学得快,我们不需要花很多时间就能教会。孩子三我们如果不花时间,他就会毁了你的生活(笑),给你带来很多的麻烦。而我呢,就把时间花在普通的孩子二身上,他们普通、平凡,数学不是最好,写作文不是最好,其他都一般般,但是他们不捣乱,老师不会在他们身上花太多精力。我大部分精力放在他们身上,让他们做得更好。我看到一个小女孩,我会告诉她,你的声音很好听,我最幸运的一件事就是有你在我的班级,我迫不及待地等着你的成功,她会非常兴奋,她就会转化成孩子一的行为。当孩子三在那里找麻烦的时候,他们就会找不到捣乱的伴。让孩子二来影响班级,就会形成良好的班风,安静,和谐。对于所谓的孩子三,老师的任何办法都不会奏效,我们只有为他们创造更有趣的课程,让他们产生兴趣,才能改变他们。

[资料来源] http://news.takungpao.com/mainland/yangguang/q/2013/1015/1974168_5.html.

(三)班级组织的信息沟通结构

沟通是在个人或组织中运用语言、体态、表情来传递信息和情报的过程。信息沟通是班级组织的神经系统,没有信息沟通,班级组织就没有活力,就会僵化。班级信息包括知识信息和人的思想、态度、情感与行为等方面的信息。班级组织信息沟通的主体是单一性的,主要是在教师与学生之间进行,如教学过程的沟通与课堂教学之外的生活指导;师生之间与同学之间的沟通;语言与非语言的沟通等。但是,班级组织系统的开放性又决定了其信息沟通的渠道是复杂的。班级要与学校沟通信息,班级之间要沟通信息,班级要与家庭沟通信息,还要与社会沟通信息。沟通渠道的复杂多样,必然带来信息的纷繁复杂。而且信息对班级的影响可能是有益的,也可能是无益的。因此,班主任和教师应向学生提供正确健康的信息源,培养学生对信息的识别和判断能力。同时,还应该充分利用各种信息渠道,广泛收集学生在学习、思想、生活等方面的信息,以实施有针对性的教育和管理。

(四)班级组织的规模

经济的发展和科学技术的进步,已使教育的发展从原来注重数量、规模、速度转向注重质量和效益。创造性人才与个性化人才的培养成为当代学校的重要目标,但较大的班级组织规模却不利于照顾到班级每一个成员的个性和创造性的培养。我国传统的班级规模一般在50人左右。目前,有的城市重点学校和农村学校的班级规模甚至超过70人。这样的班级组织规模使得学生受到教师直接指导的机会较少,学生与教师交流的时间、次数也受到很大限制,不利于因材施教,也不利于班级组织的管理。一般来说,班级组织的规模越大,教师就越会动用各种严格的规章制度和纪律来维持班级秩序。而缺乏广泛情感交流基础的严格管理会显得生硬呆板，疏远师生之间的关系，使教育的效果大大降低。发达国家基础教育的班级规模通常是25人左右，我国小学班级人数都超过欧美发达国家班级人数。随着教育开放化、活动化趋势的增强，过大的班级规模就愈加凸显其不适应性：其一，不适应现代化教育尊重个性、发展个性的趋势；其二，不适应现代化教育以学习者为中心的理念；其三，不适应现代教育开放的潮流。近年来，由于城市人口增长率逐渐下降，上海、天津、北京等城市小学班级人数开始逐渐减少。他们实施了小班化教学的改革实验研究，并在全国推广。实验结果表明，"小班学生的学科成绩明显高于平行的大班，学生的个性和特长的发展比大班更为充分，合作精神得到培养，特别是自理、自治、自学能力明显提高。"①

表9-2　部分国家基础教育班均人数及师生比②

数据 指标 国家	小学班均人数（人）	中学班均人数（人）	小学师生比（以教师为1）	中学师生比（以教师为1）
美国	24.5	24.5	17.2	17.2
英国	26.8	21.0	22.2	15.5
日本	40.0	40.0	/	/
法国	22.5	24.3	16.0	14.9
德国	27.4	27.0	23.3	19.2
苏联	40.0	35.0	/	/
韩国	57.0	54.0	53.8	31.2
新加坡	35.0	30~35	/	/

四、班级组织的特点

班级组织的管理具有一般管理过程的特点，是一个计划、组织、检查、总结的动态过程。但它除了具有社会一般组织的共性之外，还是一种教育性组织，是学生在学校中学习、成长和开展各种活动的基本场所。该组织的个性特点表现为以下几个方面。

（一）班级组织的目标是使所有学生获得发展

班级管理过程是以育人为目标，学生既是班级组织教育过程的主体又是班级组织教育的对象。学校的班级管理不同于工厂企业的管理，它是"人—人"的关系，管理的成果体现在是否使每一个学生的身心获得了和谐、全面的发展。班级组织是一个动态生长着的有机体，这个有机体的功能大小、价值取向等都与班级中的每一个成员的发展具有密切关系。因此，班级组织运行的各个环节都必须服从培养人、塑造人这一目标，班级管理的过程要与教育过程有机配合，创设一个优化的微观社会环境，使班级组织成员的智力、能力、个性都能得到充分的发展。

---

① 史爱荣，孙宏碧．教育个性化和教学策略[M]．济南：山东教育出版社，2000：110.
② 谢维和．教育活动的社会学分析——一种教育社会学的研究[M]．北京：教育科学出版社，2000：191.

(二)班级组织中师生之间是一种直接的、面对面的互动

班级组织为了实现育人目标,依照教育的有关法律及课程标准,制定教育目标、教育内容及课程的时间分配。它作为学校开展教育教学活动的基层单位,其活动本身就要求班级中教师与学生、学生与学生之间的互动必须是直接的、面对面的。教师总是在认识学生的特性、当前的心理状态、对教学内容的理解程度之后,才能对学生施加有针对性的影响。而教师对学生所采取的认知策略会对学生在班级中的活动产生影响,尤其是教师与学生的关系,在班级管理与学生指导中极为重要。日本学者夫根哲治、吉田寿夫研究了教师对儿童个性的认知维度,认为教师对儿童个性的认知有五个维度:活泼度——开朗、外向、积极、健谈;温厚度——体谅、温和、善良、诚实、沉稳;聪明度——认真、机敏、理智;沉着度——理智、沉着、慎重、稳健;刚毅度——意志坚强、积极进取、毅力强。其中,聪明度、沉着度和刚毅度三个维度是与儿童学业成就相关的认知维度。① 另外,日本学者近藤邦夫对"教师掌握每个儿童的认知架构"的研究结果显示:教师掌握每个儿童的认知架构集中在两点上,一是"是否有学习积极性"之类的学习动机和积极性的观点;二是"是否遵守团体纪律"。教师把握儿童认知架构的内容有极大的个别差异,反映了教师自身的内部需求和内部问题,表现出教师对儿童的期待色彩很浓。教师要求儿童的与儿童拥有的特性发生不协调,那些被教师视为"不知在想什么""不感到亲近"的儿童,会遭到教师的忽视和放弃。②可见,班级组织的健康发展在很大程度上取决于班主任和教师对班级成员的认知和理解程度。因此,需要班主任和教师与学生建立和谐的、互动的、相互信任的人际关系。

(三)情感是班级组织中师生之间、生生之间的纽带

情感是一种体验,它反映的是主体与客体的关系。一个人的需要得到满足与否会产生不同的情感体验。积极的情感体验能成为一种巨大的教育力量,引起共鸣,起到潜移默化的作用。让学生在班级里获得积极的情感体验,使集体生活赋予学生多样而深刻的认识和感受,这些情感具有唤起动机的功能,发挥深化或巩固教育教学内容的作用。首先,中小学生由于心理和意识发展的程度不高,情感就成为他们认识事物的一种非常重要的形式;其次,班主任和教师在教育教学活动中,为了促进学生的全面发展,充分利用情感的力量,会起到事半功倍的效果。班主任和教师的教育艺术就在于使班级组织对学生产生巨大的吸引力,唤起学生对班级的向往感、荣誉感、友爱感,使学生的良好个性品质在班级组织中得以培养和生成。正如美国教育心理学家海姆·吉诺特(H. G. Ginatt,1922—1973)说过的那样:"在经历了若干年的教师工作后,我得到了一个令人惶恐的结论:教育的成功与失败,'我'是决定性因素。我个人采用的方法和每天的情绪是影响学生学习气氛和情绪的主因……作为一名教师,我拥有让一个孩子的生活痛苦或幸福的权力。我可以是一个实施惩罚的刑具,也可以是给予鼓励的益友,我可以伤害一个心灵,也可以治愈一个灵魂,学生心理危机的增加或减缓,孩子长大后是仁慈还是残忍,都由我的言行所致。"③

---

①② 钟启泉. 班级管理论[M]. 上海:上海教育出版社,2001:181,182.

③ 殷朝芹. "我们"决定着学生的成长[J]. 人民教育,2004(5):5.

（四）班级组织中的师与生交往是全面的和多层次的

在现实的班级活动中，由于班级组织中存在着各种交往的情感因素，因此班主任和教师与学生之间、学生与学生之间的交往不是单一的、片面的，常常是全面的和多层次的，既有知识传递与接受的交往，也有情感方面的交流与分享，等等。日本学者片冈德雄认为，班级应该满足学生六个方面的需求："懂"的满足（知识的认识领会）；"会"的满足（技能方面的进步）；"变好"的满足（道德态度的转化）；"快乐"的满足（解放感的获得）；"得到承认"的满足（承认与被承认的问题）；"有用"的满足（贡献与成果的问题）。在实现班级这些功能时，既有教师与学生、学生与学生之间正式角色的关系，又有他们之间各种非正式角色关系。因此，在班级交往中，其成员的个性暴露得比较充分，情感投入得也比较深厚。良好的班级组织能满足学生社交和归属的需要，能满足学生自尊和自我实现的需要。① 班主任和教师要重视通过教学、课外活动、社会实践活动、个别交流等多种途径与学生进行广泛的交往，满足学生发展过程中的多方面需要。

（五）班主任和教师的人格力量使班级活动得以有效开展

班级是学校的一个正式的基层组织，在建立之初具有一定的偶然性，但作为一个社会组织，为了完成教育目标，必须有规章制度来维持。因此，教师与学生各自扮演的角色在班级建立之初就已经规定了，班级的互动主要在教师与学生之间和学生与学生之间进行，它不仅需要通过正式的规章制度来维持，也需要各种非正式的方式和手段来维护。从某种意义上讲，由于班级中互动的直接性、全面性以及具有较强的情感色彩，因此班级中的非正式方式和手段的采用就显得更加重要。美国学者弗伦奇（J. R. P. French）和雷文（B. H. Raven）从儿童对教师认知层面的角度考察了教师对儿童所拥有的势力，认为有以下五种形成基础：(1)正当势力：教师对儿童拥有施加影响的正当权利，儿童则有接受此种影响的义务——这一价值观被儿童内化而激生的势力；(2)强制势力：儿童认识到教师对其拥有处罚的能力而形成的势力；(3)报酬势力：儿童认识到教师拥有给予报酬（奖励、表扬）的能力而形成的势力；(4)参照势力：儿童尊重教师并视之为典范而形成的势力；(5)专业势力：儿童认识到教师拥有专业知识和特长而形成的势力。在这五种势力中，正当势力是法制赋予教师的权限，儿童接受教师的影响是理所当然的，只要是教师，都会拥有此种正当势力。教师要激发学生的动机，或表扬或批评儿童，当儿童认为教师有这种力量时，教师便有了报酬势力和强制势力。教师在职务上必然拥有专业知识和技术，如果儿童不能认识到只有知识和技术才能满足自身的需要，教师的专业势力便不能形成。为了创造良好的师生关系，形成两者之间的关系势力是必要的。这种势力是构成感化力的必要条件。② 班主任和教师作为班级中的主要管理者，一方面需要通过纪律来维持班级组织的教育教学活动，另一方面更需要以自己的人格力量和道德感召力以及情感的联系等来开展班级活动。

---

① 片冈德雄. 班级社会学[M]. 贺晓星，译. 北京：北京教育出版社，1993：8.
② 钟启泉. 班级管理论[M]. 上海：上海教育出版社，2001：185 – 186.

五、班级组织的功能

班级组织的功能是由其结构和特点决定的。班级不仅是一种社会组织，而且是由不同个体组成的群体，因此这就决定了班级组织既具有社会化功能，又具有个性化功能。

(一)班级组织的社会化功能

班级组织能够按照一定社会的要求，在集体的教育教学过程中，以集体目标为导向，借助课程、文化规范、交往和人际关系等载体，对学生传授社会经验、指导社会生活目标、教导社会规范、培养社会角色，使学生从一个自然有机体发展成为一个社会成员。其社会化功能主要表现为以下方面。

1. 传递社会价值观，指导生活目标

班级组织按照社会需要和教育目标，在组织学生开展学习、交往、游戏、劳动和社会实践活动中，向学生进行世界观、人生观、道德观、审美观和知识观教育，引导学生正确处理个人目标、集体目标与社会目标的关系，在社会主体价值观和公民精神的指导下，把个人的兴趣、需要、愿望升华为符合社会期望的生活理想、职业理想和社会理想，使学生成为热爱祖国、造福人民的集体主义者。

2. 传授科学文化知识，形成社会生活的基本技能

班级教学目标的规范性、课程结构的系统性以及教学过程的简约性和可控性，是学生学习社会经验，获取文化科学知识、技能的独特条件。教师通过班级组织将人类社会长期积累的文化科学知识传递给学生，使他们获得社会生产生活的经验和技能，并为其进一步发展社会文化科学知识奠定基础。

3. 教导社会生活规范，训练社会行为方式

班级组织的教育教学活动是在师生交往及同龄伙伴交往中展开的，而班级的人际交往和社会关系必然形成相应的社会规范。如班级制度、课堂规则、学生守则、学习纪律，加之集体的传统、舆论、风气等，还有学生之间使用的特别的语言、行为方式，教师的举止、言谈、仪表等，都扮演着传递社会规范的角色，对学生具有一种同化力和约束力，使生活在其中的学生潜移默化地受到影响和熏陶，这对于培养学生的社会态度和社会行为方式具有重要作用。

4. 提供角色学习条件，培养社会角色

一个人要符合社会的要求，取得社会成员的资格，就必须通过学习适当的角色进入社会，获得一定的地位。在班级组织中，每个学生都需要承担其服务者、管理者和被管理者的多重角色，为他们的角色学习提供了多方面的条件：班集体的目标、规范和人际关系结构对每个学生都提出了明确的角色期望，而学生在课程学习中的态度、成绩和教师、伙伴的社会评价决定了他们在人际关系中的角色地位。班级教学过程中的师生交往和小组学习中的伙伴交往，以及集体生活的多种多样的教育情境，为学生积累交往经验、学习变换角色、提高担当角色的能力，提供了锻炼和体验的机会和条件。

(二)班级组织的个性化功能

一个充满活力的班级组织,将为每个学生提供发展的多维空间,将为每个学生创造性的发挥提供机遇与条件,班级生活将成为学生展现、形成自己独特性的舞台。因而,在一个充满生机与活力的班级组织中,学生的个性发展功能才能得以实现。

1. 促进发展功能

学生是正在成长中的人,班级组织应该为每一个成员提供多元的、不同层次的发展机会。学生的发展涉及多个领域:(1)知识及认识的发展。包括知识的增长、认识的深化、观点的扩大、自我理解和对他人理解水平的提高等。(2)情感的发展。包括友情、亲和感、共鸣感、优越感、自卑感以及称赞、嫉妒、憎恨、敌意等积极或消极的个体情感的产生和深化。(3)兴趣态度的发展。包括对自己、对他人、对规范和规则、对文化与社会的关心与态度等方面的发展。(4)社会技能的发展。包括自我控制的能力、讨论与决策的技能、人际沟通的技能、处理人际关系矛盾的技能、解决社会问题的技能等水平的提高。

2. 满足需求的功能

人处于一个团体中,会对团体产生各种需求,良好的班级组织应当能够满足学生的正当需求。如安全与安心的需求、归属的需求、亲和的需求、依存的需求、独立的需求、承认的需求、显示的需求、自我价值观的需求、自我实现的需求、社会有用性的需求等。班级组织既能提供满足归属的需求、亲和的需求和依存的需求等基本需求的机会,又能创造满足自我实现的需求与社会有用性的需求等高级需求的途径。

3. 诊断功能

学生置身于班级组织中时,其人格及能力上的特点、差异以及不足就会显现出来。在班级开展的各项活动中,每一个成员都会通过自己和他人的表现以及在所获得的评价中,判断其表现的优势与不足。如社会技能的欠缺、共鸣的欠缺、情绪不稳定、自我控制的欠缺或过剩、过度利己主义、极端个人主义、极端内向或外向、过度的不安、洁癖、坏心眼、粗暴、说谎以及其他人格偏颇。特别是在班级组织有团体要求时,学生违反这种要求的倾向将会显现无遗。这些问题的暴露,为班主任或教师开展有针对性的教育、引导和矫正学生的不良倾向创造了有利条件。

4. 矫正功能

班级组织在发挥诊断功能的基础上,还可以通过各种活动和集体舆论,有针对性地让学生扮演一定的角色、承担一定的责任,以形成学生的能力、责任感、自信心及合作意识。例如,以自我为中心的学生会因受到伙伴的批评而改变行为;自我控制能力欠缺的学生能够在集体的监督约束下逐步形成自律意识。

需要强调的是,班级组织的教育力并不是自动地发挥作用,它必须形成积极的团体规范才能发挥作用;否则,班级组织便不可能发挥所期待的功能。例如,在排斥性气氛中,学生对安全的基本需求一旦满足不了,就会形成教师所不期望的防卫性行为方式;在竞争激烈的气氛中,如果评价过于强调学生个人的学业,班级中利己主义之类的问题即使存在也会被忽略,甚至会加深利己主义的倾向。

第二节　班级管理的内容

新型的班级管理系统，是以育人为目标，着眼于班级所有学生精神健康地生活，使其个性获得和谐发展的有序而又开放的系统。所谓**班级管理**，就是班主任和教师以关注每个学生在班级生活中的参与和成长为宗旨，以开放的而非外在控制的方式推进班级发展，共同建设一个和谐且富有成长气息的班级组织。班级管理主要包括以下几个方面的内容。

一、班级组织建设

班集体是学生学习、生活和成长的重要场所，班级管理是以班集体为基础展开的。因此，建设和培养良好的班集体是班级管理的核心工作，也是班主任工作成果的体现。对于学生来说，良好的班集体可以成为一个成长的熔炉，混乱和风气不正的班集体可以成为一个染缸，生活在什么样的集体里，对学生的成长至关重要，甚至能影响他们一生。没有良好的班集体，集体教育就难以存在，班主任工作就成了游离状态；没有良好的班集体，学生就成了一盘散沙，不仅不能凝聚成一种相互激励、相互影响的力量，反而会形成一些反作用力；没有良好的班集体，许多集体活动就不能够开展，对学生的教育也难以实现，班主任只能针对着每个“个体”开展工作，事倍功半，难以形成稳定的教育效果。

建设和培养良好的班集体还可以提高班主任工作的效率。当一个班集体组织健全、学生积极向上、师生关系融洽、班级工作能够形成良好的运行机制时，班主任就可以从日常琐事中解脱出来。全国优秀班主任魏书生的社会兼职和社会活动很多，能够用于班级管理的时间很少，但他依靠科学民主的管理方法，极大地调动和培养了学生自我教育、自我管理的自觉性和能力，班集体的凝聚力和战斗力反而更强。

班级组织建设要做的主要工作包括以下几个方面。

(一)班级组织建设的设计

班级是一个社会组织，为了实现班级组织目标，首先必须对班级的发展进行设计，班级据此开展活动。而学生正是通过班级中多样性的实践活动来得到发展的。

班级组织建设的设计主要依据两方面因素：一是社会的政治、经济、文化发展对青少年的要求，具体表现为按照教育方针的要求；二是班级群体现有的发展水平。班主任在对班级周围的环境、学生家庭及宏观社会中潜在的教育因素及教育功能进行调查的基础上，在主客观条件许可的范围内，充分发挥学生的主动性、积极性，在充分酝酿的基础上提出相对理想的班级模式。而且，社会要求与班级的现实发展水平之间的矛盾运动，又推动着班级组织建设的发展。

班级组织的形成经历了不同的发展阶段，因此，班级组织建设的设计也要遵循班级群体的客观发展规律、不同年龄阶段班级组织的发展特点，具体分析和确定班级的正式群体、非正式群体，参照不同发展阶段班级组织的群体特征，分析班级组织的现有发展水平，才能进一步确定班级未来的发展目标，直至形成具有高级组织水平的班级。

衡量一个班级组织水平高低的标准是:第一,群体目标导向的积极性与成员对目标的内化水平。也就是说,社会的要求被班级成员认同且内化为自己的抱负水平。第二,健康舆论对集体的整合性与对成员的参照水平。一个团结的、对原则问题有一致认识和高度情绪认同的组织,必然有统一的对成员起参照作用的舆论。第三,人际关系的民主平等性与成员的归属感水平。班级组织成员彼此之间能够心理相容,每个人在组织中都有归属感、满意感、责任感和义务感。第四,共同活动的动机、目的、价值的中介性与成员对活动的积极性水平。以具有积极社会意义的共同活动为中介,班级成员才能形成各种特殊关系。第五,管理与自我管理机构的完善性与成员的自主、自觉性水平,是班级形成教育主体、教育力量的保证。第六,班级成员的个性与能力得到充分发展。以上六点是设计班级组织建设的主要依据和达成目标。

(二)指导班级组织建设

班主任不仅是班级组织建设的设计者,而且是班级组织建设的指导者。班级组织在目标达成中,深受班主任指导风格和方式的影响。应该说,班主任的指导风格和指导方式对于班级组织中学生个性和人格的形成、对于班级气氛的形成,都具有重要的影响。

一般地说,在班级管理中存在三种风格类型的班主任:专制型、放任型、民主型。不同类型的班主任具有不同的领导风格和行为方式。

专制型　这种类型的班主任喜欢学生听命于自己,他的话就是指示、命令,对不服从者动辄发怒、批评、威吓和谩骂。他无论在生活和学习方面都尽量限制学生的自由,让他们跟着自己的思路走,管理与支配学生的一切行为,而且还会不由自主地压抑学生的独立思考和创造性的发挥。他们视自己为权威,要求学生服从自己,对不服从者给予处罚。学生在这样的班级中总是怀着恐惧的心情,循规蹈矩,战战兢兢地学习和生活着。整个班级表面看起来是统一的,班主任也坚信自己的做法是正确的,然而学生失去的是遵守法纪和学习的喜悦。比如,在专制型班主任管理的班级中,竞争替代了合作。班级成员为了获得班主任的器重而展开竞争,由此导致一些班级管理的负面结果。所谓的"好学生",学习不再是为了获得学习的喜悦,而是一心为了博得班主任的器重和在班级中的地位,生怕自己被视为劣等生,被人瞧不起。

放任型　这种类型的班主任主张无为而治,而真正的动机是不愿意负责任。他们会不分青红皂白地宽容学生的一切言行,使学生错误地以为自己可以为所欲为,而且学生也绝对不会对自己的行为负责。在这样的班级中,班主任与学生、学生与学生之间不过是物理空间上的集聚,在精神上则完全是疏远的、离散的。这种班级有群体但无组织,不存在有意义的关系,所谓的群体不过是乌合之众。这类班主任管理的班级很快会分崩离析,丧失有机统一体的生命力,变得既无生机又无秩序。因此,班主任无法把握班级里究竟发生了什么,学生形形色色的奇怪要求、意见也会让他感到应接不暇,又苦于无力把班级整顿好,只好不负责任地听之任之,放弃自己所应履行的职责。

民主型　这种类型的班主任赞同自己与学生作为一个人是完全平等的。他们善于倾听学生的批评,并且积极地采纳学生的合理化建议。在班级管理中,他们主要不是以直接的方式领导，而是以间接的方式引导班级组织的发展。他们管理的班级有规则，但规则是在班主任的提议下学生自己制定的。学生通过讨论知道应当如何遵守规则，而且知道制定这些规则的目的不是监督和处罚，而是在班级形成一个充分自觉维护规则的氛围，使每一个学生都能把自己身上最美好的品质展示出来，体验成功和快乐。民主型的班主任既非专制，亦非放任，他们深知没有爱的规则是危险的，而没有规则的爱是无力的。他们在尊重和爱学生的同时，知道作为班主任所应担负的责任。

上述三种类型的班主任对学生发展的影响有着很大的差异：专制型的属于支配性指导，无视学生的个别差异，以僵硬的对策为基础，只给予统一强制的指导，或一味地斥责、威胁。在强制性、指令性的指导下，学生的自主性、能动性行为显著减少，消极性、依存性行为增多。放任型的属于不干预性指导，容忍班级生活的种种冲突，更无意组织班级活动，回避学生的主动精神。学生在无指导的班级中生活，有目的的活动水平低下，违背团体原则的自发行为增多。民主型的属于综合性的指导，能够灵活地适应学生的个别差异，以此为基础引出学生的自发行为，促进班级学生的思想在合作中进行交流。学生在民主的指导下，行为较稳定，自主积极的行为较多。值得注意的是，学生的身心发展一直处于变化之中，随着这种变化，学生的活动范围扩大了，人际关系也发生了质的变化。因此，班主任的指导内容、指导重点也应视学生发展水平的不同而有所改变。有研究表明，学生理想的教师形象从初中至高中会发生很大变化。高中生、大学生倾向于把允许自己决定自己的行为，采取独自的方式行事，具有明确的信念并果断地作出决策的教师视为理想的教师形象；而初中生则认为严守纪律、照章办事是他们心目中向往的理想教师形象。从呆板的教师到独立性极强而富有个性的教师，学生心目中的教师形象发生了变化，学生对教师要求的内涵也随其身心的发展而不断地改变。

（三）发挥好班集体的教育作用

建设和培养良好的班级组织，发挥好班集体的教育作用，需要做好以下工作：(1)培养集体意识，使班集体中的全体成员能够自觉按照集体的目标信念、价值标准和行为规范要求自己，正确认识和处理个人与集体、个人与社会的关系，确立“个人归属集体、献身社会”的道德和社会信念。(2)培养集体主义情感，引导学生在集体中友好合作、乐于助人、平等交往、相互团结，形成和发展热爱集体的荣誉感、自豪感、责任感等积极的情感体验。(3)培养学生具有组织集体和管理集体的能力和技能。(4)培养学生自觉遵守纪律的行为和习惯，勇于批判错误舆论、善于坚持正确意见、敏于接受新生事物、进取开拓的集体主义自决能力。(5)培养公民意识，使集体中的每个成员都自觉地意识到自己在集体中的地位，扮演好不同的成员角色，为适应未来的社会生活打好基础。

二、班级制度管理

班级中存在着各种比较严格的规章制度，这是维护班级正常教育教学活动的保证。因为班级的教育教学活动是在师生交往中展开的，而班级群体中的人际交往和关系必然形成相应的组织、规章和制度。班级制度管理的内容主要包括两个方面。

（一）成文的制度

成文的制度是学校教育教学工作的基本规范要求，即实施常规管理。它直接受社会的政治制度、经济制度和文化规范的制约，既反映国家的教育方针、政策、法令、条例等方面的宏观层次的内容，又反映学校拟定的规章制度和公约等微观层次的内容。对于学生来说，最具体的就是学生守则。常规管理具有基础性、强制性、实际操作性等特点。它一方面调节团体与个人的行为，保证共同的活动目标得以实现；另一方面保护成员在团体中的权益，使个体获得发展。每一个班级都应遵守和服从规章制度，这是衡量和评价班级工作的基本标准。每个学生在群体中生活也必须有基本的规范，表现为角色意识、公众意识、责任感和义务感。

值得注意的是，强调班级制度管理还应避免"控制主义的层级化管理"，也就是班主任或教师按照校领导的要求，直接或间接地通过班干部，借助一定的规章制度去约束学生，实现对学生思想与行为的控制。这种管理方式会导致班主任或教师只关心如何矫正学生表现出来的形形色色的错误行为与利己意识；学生只关心如何表面地、形式地维护规章制度；班长、班委会只从事监视活动，要求伙伴不违纪、不迟到、不做小动作，行使的是"警察"的职能。这一过程是从处在高位的校领导的要求，到班主任或教师对上级指令的遵行、对下级学生的指导，再到学生班干部的执行，最后到学生群体的服从。这种管理观实际上是把集体与个人对立起来，学生的主动性、积极性，以及情感、态度、愿望和兴趣等常处在抽象认识的状态，被具体落实的往往是规章制度的遵守和群体行为的统一，其结果是束缚了学生的发展，并人为地造成学生在班级地位中的差异，而且学生的社会化将沿着学会服从要求和循规蹈矩的方向发展。

（二）非成文的制度

非成文的制度是指班级的传统、舆论、风气、习惯等，即是不成文的、约定俗成的非常规管理。班级中开展的教育教学活动，常常是根据班主任、教师和学生的具体情况而定的。每一位班主任或教师都会以自己独特的方式对待和要求班级中的学生，而每一个学生在班级中的地位也是由其个性特征和具体的行为方式决定的，由此班级就形成了特定的文化时空，诸如班级的风气、传统等。学生在学校里生活的质量取决于班级生活质量的高低，而班级的生活质量不仅仅是课程计划中规定的东西，更是由班级群体所创造出来的一种班级生活决定的。它是隐性的，学生生活其中就能逐渐形成一种班级共有的生活方式，在这种生活方式中，群体和个体都能得到发展与成长。

班级制度管理的内容不同，在班级组织的建设中就发挥着不同的作用。成文的制度管理既是学校的规章制度，也是班级的规章制度，它是学校中每一个班级都必须遵守的，具有普遍性的舆论，在班级建设中发挥着引导、评价、调节和指标作用，对班级建设起着重要的规范作用，属于定型性的管理。在定型的班级组织中，个人的角色作用是固定的，以维护团体的共同目标。非成文的制度管理是班级组织在形成过程中班级本身建立的规范，常常是班级个性的体现，属于不定型性的管理。在不定型的班级组织中，个人的角色是相互流动的，彼此之间的关系具有相互扶助的性质。成文的制度管理具有普遍的规范性和约束力，是刚性的管理;不成文的制度管理则具有个别性和针对性,是柔性的管理。由于班级管理的对象是活生生的、有思想有感情的、可塑性很强的学生,所以,班级管理应该积极倡导体贴人的纪律和柔性的管理方式。

班级组织的风气、传统等不成文的制度影响着成文制度的管理程度和效果。班风,简言之就是班级组织的凝聚力、士气、组织结构等班级气氛,一般划分为两种。一种是民主型气氛或支持性气氛。在这样充满关怀与宽容的班级气氛中,同学之间能坦诚相待、相互扶持,发生矛盾和冲突能积极地调解,每个人充满适应班级生活的自信和依赖。为了达成班级目标,班级成员还能够积极地、创造性地参与工作,所采用的方法多是正直的、坦率的、开放性的和上下左右沟通的。另一种是专制型气氛或防卫性气氛。在这样的班级组织中,同学之间怀有不信任和恐慌,当自己不适应班级组织的要求时就会陷入不安,或者形成相互庇护的小团体,或者相互抱怨,直至伤害。

因此,班主任和教师在班级组织形成的过程中,除了要进行制度建设,还要重视班级成员合作意识的培养,做到相互体谅、彼此理解;要能够敏锐觉察到班级成员的活动状况,采用多维评价的方法,及时表扬先进、鼓励后进,要努力营造这样一种健康的人际关系:没有固定的成员角色和严格的上下级关系,在合作中进行善意的竞争。

三、班级教学管理

教学是学校的中心工作,教学质量管理是班级教学管理的核心。传统的教学视课堂教学为个体活动的复合体,而不是一种群体的共同活动,只注意对学生灌输某些知识技能和引导学生个体的发展,而没有把课堂教学看成师生、生生交往和对话的平台,更没有把课堂教学看成一种集体的教学力量。其实,教学的社会功能表现为两种水平:一种是个体水平,即教学对参与者个人所具有的功能;另一种是群体水平,即在教学中,学生不仅向教师学,从书本中学,还要互相学习。班级教学管理包括以下几个方面。

(一)明确班级教学管理的目标和任务

现代教学理论主张,教学活动应该使学生学习目标共有,并在学习活动中学会合作。由于教师和学生在教学中特定的角色分工,教学目标一般都是由班主任和教师制定的。学习目标共有,就意味着班主任和教师把代行制定的目标当作师生合作的目标,它不仅表示让学生理解应该学习哪些内容,而且更重要的是让学生共有学习内容的价值,培养每一个学生的主体意识,让他们在生活和教学中认识到学习的目的,实际感受到自己的学习成果和自己的见识发展了。学习内容的价值一旦共有,就会产生合作性的学习观——让每一个学生在学习中体验成功。

(二)建立有效的班级教学秩序

教学是在知识经验存在差异的人们之间进行的,亦即是在有某种经验的人(教师)与准备学习这种知识经验的人(学生)中进行的,是在对教材的理解程度和速度有差异的学生中进行的。这就需要建立师生及学生之间的合作。苏联心理学家维果茨基曾揭示教学中教师对学生现有发展水平给予援助的重要性,他把儿童在有指导的情况下借助成人的帮助所达到的解决问题的水平与在独立活动中所达到的解决问题的水平之间的差异确定为“最近发展区”,他对教学中教师协助儿童的合作性学习活动给予了积极的评价。所谓合作性学习活动,就是利用个别差异进行“智慧借用”和“帮助对方”,在此基础上,通过争论,逼近真理、真实,实现一定的学习目标的活动。班级组织可以制造这样一个教学秩序:超越每个学生所拥有的知识的量与质的差异及理解的差异,在教师的引导下发挥学生的主体作用。正如英国大文豪萧伯纳(G. B. Shaw,1856—1950)所说的那样,如果你有一个苹果,我也有一个苹果,交换一下,每个人还是一个苹果;但是如果你有一种思想,我也有一种思想,交换一下,我们便有两种思想或者激发出更多的思想来。创设互相支持的班级气氛,师生、生生通过教学中的交往,使知识得到扩大、深化和增值,这个过程又会影响学生态度和个性的形成。

(三)建立班级管理指挥系统

班级管理指挥系统是顺利实现班级发展目标的组织保障体系,它主要包括三个方面:一是以班主任为核心的班级任课教师群体。班主任要调动全体任课教师的积极性、主动性与创造性,互相尊重、取长补短、彼此协调关系,使之在班集体工作中形成合力。任课教师要支持和协助班主任做好班级工作,结合课堂教学帮助学生制定和实现班级组织和学生个人的发展目标,同时还可以协助班主任共同指导课外实践活动。二是以班长或学习委员、课代表为骨干的教学沟通系统。三是以学习小组长为中心的执行系统。

(四)指导学生学会学习

对学生的学习指导是班主任和教师的重点工作内容之一。学习指导能够调动学生学习的积极性,督促学生完成学习任务,帮助学生掌握正确的学习方法、克服学习上的困难、养成良好的学习习惯,使学生体验到学习上“成功的快乐”。许多班主任和教师在班级教学管理中意识不到学习指导的重要性,或以学习要求代替学习指导,或习惯于“逼”学生完成学习任务,或只看分数不重能力,或只重视智力因素不重视非智力因素。这些都是班级教学管理的误区。学习指导包括培养学生正确的学习动机、浓厚的学习兴趣、积极的学习情绪、坚韧的学习意志,也包括培养学生稳定的注意力、敏锐的观察力、高超的记忆力、敏捷的思维力和丰富的想象力,还包括较强的动手操作能力、自学能力和较高的学习效率。

专栏 9－6

培养学生的效率感

教学中,我们经常目睹这样的现象:学生写两遍就能记住的生字,也非要写十遍不可;有的学生教材上的习题还没有弄清楚,却忙着解《全国数学竞赛试题》;有的学生一篇作文写两周还没有结尾;有的学生一节自习什么都想学,主意还没拿定,下课铃响了;更有的学生广播不听,报纸不看,歌曲不唱,体育不上,埋头在书堆里,成绩却不好。这些现象向我们提出了两个问题:首先,学生所付出的劳动是不是都有效;其次,单位时间的利用率究竟有多高。这两个问题,中学生特别是中学低年级学生很少想到。这两个问题若不解决,学生便无法摆脱学习时间长而效果不好的局面。

在单位时间内增大劳动量,需注意以下四点。

1. 减少犹豫的时间,明确任务。学生每天有许多时间属于自己支配,自己支配时间效率不高的主要原因是犹豫。自习课,如果老师留的作业已做完,不少学生下一步做什么没有准主意。是看还是写?是复习数学还是预习物理,还是背英语单词?有时拿起数学书看几眼,很快又改了主意背英语;刚刚背了几句,又想做物理习题。主意还没拿定,下课铃声就响了。许多学生同我谈心时都痛感被犹豫占去的时间实在是太多了!我和学生商量了一些治疗犹豫的措施,其中之一便是,在自己支配的时间里,拿出23%的时间规定这段时间的任务共几项,哪个为主,哪个为次,然后排上队。比如一节自习,先复习数学20分钟,再预习物理15分钟,其余时间背单词。这样任务明确了,马上动手,效率往往是过去的几倍。

2. 持之以恒,形成习惯。一个人经常在固定的时间内做同类的事,做得多了,便形成习惯。习惯了的事情,常常不由自主地去做,想停止都难。我认为,牛顿第一运动定律应用于人的思维也不无道理。显然,巧妙地利用惯性是提高效率的好方法。习惯的事,既不会犹豫,也最少拖拉。有些学生,过去舍不得花时间参加音、体、美活动,可是长期坚持,养成习惯,用的时间不多,却取得了显著的效果。到了三年级不上美术课了,许多学生想不通,就自己画起来。学生养成写日记的习惯,有一天高温33℃,我劝学生,天太热,今天的日记就先不写了,明天再补吧!第二天,我一看,有一半学生照旧写了500多字。原来,他们怕因为这一天拖拉而破坏了已坚持了几百天的每天写日记的习惯。

3. 利用生物钟的规律。有关资料表明:一个人确实存在着在某一固定的时间内,做某一类事情可获得最佳效果的生理、心理规律。生物钟不是一成不变的,特别是关于学习方面的生物钟,通过养成习惯,可达到调整生物钟的目的,因此应尽可能地使学生一天的生活有规律。天天如此,月月照旧,日久天长,生物钟就会助人提高学习效率。

4. 订计划,作总结。班级制订了每人每年完成12项任务的计划,然后落实到每学期、每月、每周、每天分别完成多少,数量都很明确。每个月全班总结一次,鼓励超额的,督促欠债的。学生每人有一张本年度计划和计划完成情况的统计表,这张表上共有156个数据,每个月德、智、体、美任务完成情况一目了然。这样学生比有对象,赶有目标,效率也提高一些。

[资料来源] 魏书生. 班主任工作漫谈[M]. 桂林:漓江出版社,1993:268-270.

四、班级活动管理

班级活动是班级群体为了满足彼此的需要,有目的地作用于客观事物而实现的相互配合的动作系统。其基本特点是:第一,班级活动是一种交往活动;第二,班级活动目的的一致性产生了共同遵循的行为准则与规范;第三,班级活动的时空具有一致性;第四,班级在活动中分工合作,互相配合,责任依从;第五,班级活动导致一系列诸如暗示、模仿、感染、舆论、心理相容等社会心理现象的出现,产生良好、健康的人际关系。

班级活动的种类多种多样。按活动方式分,可分为课内活动和课外活动;按活动内容分,可分为思想品德教育活动、文化学习活动、科技活动、文艺活动、劳动活动、游戏活动、综合活动等;按活动目的分,可分为目标内化活动、建设舆论活动、建立良好人际关系活动、班级常规管理活动、培养自觉遵守纪律活动、培养学习兴趣活动等。

所有这些班级活动,都有极强的目的性和严格的要求,要求班主任和教师加强对活动的管理和指导,确保达到应有的成效。例如,对思想品德教育活动的管理要努力形成一种有效的运行机制,即有达成目标、有活动原则、有基本的教育内容、有活动的安排、有时间的保证、有科学的评价和考核办法、有环境氛围、有畅通的教育渠道。管理者只有不断落实和充实以上条件,才能避免活动的形式化、随意性和短期行为,保证活动的实效性。对体育卫生活动的管理,班主任和教师要帮助和督促学生养成良好的体育锻炼习惯和卫生习惯,如按时上早操和课间操、按时作息、科学地安排时间等。优秀班主任魏书生要求学生:每天做100个仰卧起坐、俯卧撑;坐如钟、站如松、行如风、卧如弓,变"?"为"!";每天坚持越野长跑10千米。这些做法都值得班主任和教师在班级活动管理中借鉴和效仿。

第三节　班主任工作

班主任是班级的组织者、教育者和指导者,在班级建设中行使着多种职能,扮演着多种角色。而班级建设的质量、班级建设对学生成长价值的实现,又都受制于班主任的素养和能力。

一、班主任的角色作用

(一)班主任是学生成长的关护者

班级教学强调整齐划一,但班主任能在一定程度上弥补班级教学的缺陷。他可以对学生各科学习的情况作深入细致的了解,并给学生更细致、更有针对性的指导或辅导,关照集体教学未曾关照到的方面。

1. 班主任能够与任课教师进行有效的沟通

班主任根据学生在学习中的种种表现,向任课教师反馈学生对该门课程的学习情况,与任课教师一起探讨有针对性的教学和指导策略,以取得更好的教学效果。

2. 班主任关心班级成员在品德、能力、身体和心理等方面的发展

教书育人是每一位教师的天职,但班主任对学生的成长负有第一位的责任。班主任只有了解班级成员的发展方向和发展需要,才能对每一个成员进行有针对性的帮助和教育。

3. 班主任能更敏锐、更有效地使班级工作按正常轨道运行,防患于未然

班主任总是能对班级的不良思想意识和行为有高度的警觉,采取有效的预防措施,将问题消灭在萌芽状态,营造利于学生健康成长的班级氛围。

4. 班主任是学生在学习期间宝贵时光的见证人

班主任能综合各科教师的意见,对学生的德、智、体、美各方面的发展情况进行综合评价。优秀的班主任总是能够真挚、公正、客观地记录学生成长的点滴进步,寄语每一个班级成员。

班主任的角色特点决定着他对学生的全面发展负有以下责任:**教育的责任**,即教育学生学会做人,学会做事;**培养的责任**,即利用和创造条件,使学生的整体素质得到提高,健康

和谐地发展;**发现的责任**,即发现学生的个性特点、兴趣爱好、特殊才能、发展的内驱力等,挖掘他们的潜力,使他们得到充分的发展;**激活的责任**,即启动学生的积极意识和进取心,给予他们成功的体验,引发他们产生健康的积极的欲望和需求,使他们形成自我教育的要求和能力;**夯实的责任**,即为学生的发展打下坚实的基础,使学生在德、智、体、美各个方面具有可持续发展的能力。

(二)班主任是学生发展的指导者

1. 教学生学习做人、做事

作为教育因素,班主任是能动的,是要以自身的修养为基础的。教学生做人、做事,需要靠自身的主体表现去实现。班主任身上所反映的价值观念,全心全意为学生服务的精神,不懈地追求和创造的精神,都是宝贵的、直接的教育因素。班主任在与学生的交往活动中,每当出现在学生面前时,就成为一种教育信息。这种"信息"通过在学生面前的表现,告诉学生怎样做人,如何做事。这种信息的表现形式是多样的,教育功能是潜移默化的。此外,班主任的穿着打扮、举止言谈、兴趣爱好、人格风范、处世态度、工作表现、活力和热情等,也都是重要的教育因素。因此,班主任在学生面前始终要规范自己的言行,并积极主动地释放出教育因素的能量。

2. 靠自身的威望激发学生接受教育,形成自我教育的能力

班主任的威望来自学生的向师性,而学生的向师性又来自班主任的教育水平和教育智慧。当班主任的教育水平能够为学生所接受和认同,在学生心目中班主任确实成为教育形象时,才能够产生威信。一般来说,班主任在管理班级时,要对学生提出许多要求。这些要求有时不仅是针对学生的,也是针对教师自身的。因此,班主任的威望很多时候是从其自身合乎"要求"的表现中形成的。班主任的威望本身也是教育因素,威望越高,教育影响力就会越强。威望能激发人的追求,当这种追求成为学生的心理表现时,他们就有了自我教育的力量。这时候学生在学习做人、做事时,一种有形无形的目标就会激励他们奋发向上。这是一种无声的驱动力量,任何说教的方式和外在的要求都无法达到这一效果。

(三)班主任是班级的领导者

班主任受学校和校长的委托,担任班级组织的领导者。由于领导对象的特殊性,班主任在行使其领导职能时,如果不以领导者的姿态出现,工作的效果会更好一些。因此,班主任在领导班委会工作时,切忌成为班委会议的主持者和班委会工作计划的包办者,而应把班委会视为自己工作的最得力助手、最实在的核心层。在班级活动中,班主任切忌做直接的指挥者,而应该是班级活动的参与者、指导者和鼓舞者。

班主任要想成为班级成功的领导者,首先,应该明确自己不是单纯的管理者,而是在教育教学的同时行使管理和育人之职的。因此,班主任应该成为优秀的任课教师,用自己的学识、人品、工作态度、教学方法、工作艺术等智力因素和非智力因素去熏陶和感染学生,这是班主任取得成功的前提条件。其次,在班级的日常管理中,班主任要经常找机会接触班级成员,他的真诚和善意是赢得每个学生尊重、信任和平等交流的金钥匙。

二、班主任建设和管理班级组织的策略

(一)创造性地规划班级发展目标

班级发展目标的确定与实施是班级建设管理的基本要素。班级发展目标的规划,要以教育方针的培养目标为依据,以课程的教学目标为中介,落实为班级成员的学习目标。班级发展目标规划的策略有以下几个方面。

1. 以提高素质、发展个性为导向,制定适合班级组织实际水平的发展目标

在班级建设和管理中,需要将学生成长、发展的现有状态及其问题作为工作的起点,提出班级发展的目标。不仅不能用培养目标代替班级发展的目标,而且也不能用空洞的口号或是笼统的表述来确定班级发展目标,它应该是具体的、有形的、经过努力能达到的、可以评估的目标。班级建设和管理唯有植根于班级实际的基础上,才有可能产生真正的发展效应。

2. 在班级组织的目标管理中,既要注重提高班级的整体发展水平,又要为班级中的每个成员精心规划其个性发展目标,并创造达成合理的个人发展目标的机会和条件,使班级中的每个成员在集体目标下树立自尊、自信、自强的自我形象

班主任在班级建设和管理过程中需要不断强化目标意识,让班级全体成员都知道班级建设和管理的目标是针对集体和个人的要求;让班级中的每个成员都明确自己应该做什么,当前的表现与班级的发展目标是否有距离;还要让班级中的每个成员能够关注其他成员的表现,相互促进、相互勉励,共同努力实现班级建设和管理的发展目标。

(二)合理地确定学生在班级中的角色位置

班级建设应该通过动态的角色定位,使班级中的每个成员都拥有满意的位置,形成班级人际关系的新结构,这是班级建设和管理中一项富有创造性的工作。

1. 科学地诊断班级人际关系的现状

班主任要分析每个学生在人际关系中所处的地位及其原因,根据班级活动的目的、任务和成员的年龄特征、学习水平、个性品质及交往风格的差异性,设计新的交往结构,形成师生之间、生生之间、班干部与普通同学之间、学习优秀者与学习落后者之间的正常、和谐的心理状态和人际关系。

2. 实行班干部轮换制

班干部的轮换和班级岗位的设立,有利于学生公民意识的形成和综合素质的提升,对班级的发展也能起到积极的促进作用。一是干部角色对于学生的成长具有重要的价值。学校和班级中的干部是为同学服务的职位,是代表同学对班级进行管理,以组织者的身份将同学聚集在一起。凡是做过班干部的同学,在自我意识、民主意识、能力发展等方面都有较出色的表现。二是学校中干部的任用不应以能力为标准,而应以能力的发展为旨归。组织管理能力强的学生需要班干部的职位来体现,组织管理能力较弱的同学更需要班干部的职位来锻炼和发展自己。三是需要孕育学生干部轮换的机制和文化。干部轮换是一项长期的工作,不应以急功近利的心态来对待,而要培养每一位学生的责任意识和服务意识,还

要培养学生一种相互扶持和为班级发展献计献策的主人翁意识，更要培养每个班级成员的宽容和合作意识。

3. 丰富班级管理角色

优秀班主任的工作经验表明，在班级管理中增加管理岗位，使更多的学生在集体中承担责任、服务于群体，不仅能增加班级凝聚力和学生集体的自我管理能力，而且能激发学生个体的积极性、锻炼管理能力，从管理者的角色中学会自我管理。其具体做法有：增设管理岗位，如魏书生在班级中设常务班长、值周班长和负责养鱼、养花、生炉子的鱼长、花长、炉长等；一岗多人，即让几个人承担同一岗位，让"老干部"带动"新干部"；动态分配管理岗位，即实行干部轮换制，让学生在不同岗位上得到多方面的锻炼；等等。

4. 正确对待班级中的非正式群体

学生中的非正式群体是客观存在的，也是非常复杂的。应该看到，无论是正式群体还是非正式群体，都是学生在成长和发展中不可或缺的。首先，班主任要能够正确地认识非正式群体的复杂性。非正式群体具有内生性，是一个自发组织群体，是源于学生之间共同的兴趣、爱好、地位、习惯、处境，甚至于地域、文化、偶然事件而自发形成的。因此，在班级生活中，班主任不仅需要承认、正视学生非正式组织的存在，还需要学会与非正式组织共存，确定非正式群体在特定时空的特性和价值，同时要认识到非正式群体的变动性、发展的可能性和过程的复杂性。其次，班主任要能够认识到学生非正式群体的合理性。研究表明，非正式群体产生的根本原因源于人的归属需要和交往需要。所以，不能简单地认为非正式群体都是不当的，一味地采取防范和干预的措施加以阻止。事实上，班级中存在着的大多数各种非正式群体都不同程度地满足了学生成长中个体的情感、归属的需要，弥补了班级正式组织的不足。不过，不可否认学生非正式群体也存在着不利于学生健康成长的因素和倾向，这是需要班主任抵制和疏导，并加以改变的。此外，班主任还应该考虑如何为班级发展提供良好的成长环境，以满足学生归属与交往的需要，使其拥有安全感和快乐的体验，以促进学生个体的社会化。

（三）协调好班内外各种关系

1. 协调班级内的各种组织和成员的关系

如班委会与其他组织或群体、班委会内部各成员的关系，学生骨干与一般同学的关系，品德有缺欠、学习有困难的学生和大多数同学的关系等。

2. 协调与各任课教师及学校其他部门、其他班级的关系

各任课教师也是班级的组成部分，他们不应该以"第三者"的身份对待班级工作。但是各任课教师的教学任务繁重，又可能兼任其他班级的教学或其他工作，所以班主任应该主动请他们关心班级工作，向他们征求班级管理的意见，请他们参加班级活动等。这种协调不仅能够集思广益、增强教育学生的力量，同时也能促进各科教学工作。学校其他部门如教务、总务、团队组织及兄弟班级也与班级管理工作有着密切的联系，班主任也要协调好与这些部门的关系，使班级管理能够排除不必要的干扰，得到更广泛的支持，取得更大的效果。

3. 协调班级与社会、家庭的关系

班级管理不只是“教室内”的活动,更不应简单地理解为班主任与学生之间的活动。它不仅受到班级内部条件因素的制约,而且也受到班级外部条件(主要是社会和家庭因素)的制约和影响。首先,社会的风气、学校的文化环境、社会某个时期的动态、其他的社会条件等,都时刻影响着学生。这种影响既有正面的也有负面的,对班级管理的影响既有促进作用也有干扰作用。因此,班主任应该采取积极主动的态度,把握主动权和主导权,充分利用积极的社会因素促进班级管理工作;同时也要正确对待和处理社会因素中的负面影响,努力化消极因素为积极因素,让学生从负面影响中得到正面的收获。其次,家庭中家长的思想观念、道德品质、文化素质、对学校教育工作的认同度、对孩子的态度和要求等,都潜移默化地影响着学生。因此,班主任应能把握这些影响因素,及时与家长沟通和协商。家长如能和学校保持对话和一致,将会给班级管理带来积极的效果;相反,则会给班级管理工作带来不利的影响。所以,班主任要善于做家长的工作,争取家长与学校教育的一致,形成教育的合力。

4. 协调好班级内的各种活动和事务

班级工作千头万绪,不可能平均用力,所以,在班级管理过程中要协调好重点工作与一般工作、应急工作与日常工作的关系。只有这样,班主任的工作才能做到重点突出、有条不紊。

(四)建构“开放、多维、有序”的班级活动体系

班级活动可分为日常性活动和主题性活动,都蕴藏着丰富的教育资源。它们不仅是班级组织形成和发展的主要因素,也是开发班级成员身心素质潜能的时空条件。班级建设必须建构一个由自主性的课堂教学活动、选择性的课外活动、创造性的社会实践活动有机组合的开放、多维、有序的共同活动体系,从而为每一个成员提供发现、尝试、锻炼和表现自己天赋和才能的自由时间和空间。

任何人的发展都需要在具体的实践活动中实现。班主任在班级日常性活动中,应注意唤醒学生的自主意识,主动地参加到班级的日常性活动中去。例如,每周的班会、晨会、班干部的选举、总结交流、少先队和团队活动的表彰等,都可以放权让学生参与设计、实施。而班级的主题性活动则是更加集中、综合和有针对性的教育活动。不过,要真正体现主题性活动的教育价值,在活动主题的选择和方式上还须注意以下方面。

(1)主题性活动的确定要贴近学生成长的实际。班主任要努力形成以学生成长为主线的系列活动,主题的选择应来自于对学生当前发展问题的判断和成长需要的认识,各项具体活动的设计围绕主题进行,从多个方面深入。而且,不同地域、学校、年级在开展主题性活动时,都需要关注自身的独特性。

(2)主题性活动的开展应体现学生的全员参与和获益。主题性活动的开展从准备、实施到总结、反思,都是学生主动参与、建设的过程。在不同的年龄阶段,学生的参与意识和参与能力是有差异的,这正是主题性活动的出发点。通过系列的主题性活动,最大限度地吸引学生全面参与,提升学生的素养。

(3)主题性活动要达到使学生在活动中有新的体悟和变化,避免形式主义。学校在发展的过程中,除了正常的教学活动外,还会举行各种形式的活动来树立学校形象,从而获得他人的认可。如果活动没有建立在学生真实感受与发展的基础上,而是表面地、烦琐地搞形式,那么教育的效果就会适得其反。相反,如果主题性活动关注的是学生生存和发展的问题,活动的设计吸引学生真实地投入其中,那么不仅会解决学生成长中的问题,而且会促进学生的发展。

(4)主题性活动的形式要丰富而富有创意。围绕主题而设计的系列班级活动,需要进一步细化主题,制定每一次分活动的主题。这显然还是不够的。班主任还应根据班级学生的年龄特点、组织特征和独特性,来选择活动的方式。值得注意的是,主题目标的制定还只是存在于理念范畴,重要的是围绕主题有效地开展各项活动。对于青少年来说,过于老套和千篇一律的活动形式,会打消学生参与活动的兴致;新颖、独特、有创意的活动方式,则能吸引学生的广泛参与。而这取决于班主任的独特魅力和教育智慧。

(五)营造健康向上、丰富活跃的班级文化环境

学生的在校生活主要是在班级中度过的,其生活质量主要是指班级生活的质量,而班级生活质量的高低,又依赖于学生在班级中获得的教育,以及班级文化满足他们发展需要的程度。学生在学校中所学到的东西远比教育教学计划的内容多,这是因为学生在学习教育者有意识传递的知识的同时,也受到班级文化的影响。所谓**班级文化**,是班级中教师和学生共同创造出来的联合的生活方式。它包括三种状态:最为显性的班级环境布置,最为隐性的班级人际关系和班风以及处于中间状态的班级制度与规范等。创建班级文化要做到以下几个方面。

1. 营造文化性物质环境

文化性物质环境主要是指微观物质环境,如班级中的标语、图画、图书资料、教学设施、学习园地、作品角、光荣榜等,从而实现"让每一面墙壁都说话"。这类物质环境能对学生的心理发展产生经常性的影响,起到"润物细无声"的渗透作用,陶冶学生的心灵,培养学生对班级的认同感和自豪感,成为师生团结进取、顽强拼搏的强大精神动力。

2. 营造社会化环境

当今社会的学生在享受现代物质文明的同时,又处在不利于社会化的环境之中。例如,独生子女与电视机、电脑做伴的时间越来越多;独门独户的公寓式建筑,使他们失去了许多与外界交往的机会;核心家庭的增多,更容易养成自我中心、自我封闭和不合群的孤僻性格;等等。因此,学校要创设社会化环境,增长学生的社会知识和交往经验。尤其要注重发挥班级的社会化功能,为学生提供有利于他们进行社会性交往的丰富环境,让他们有机会了解社会、熟悉社会、学习社会和适应社会,获得与周围环境相互作用的各种感受,从而增强人际沟通能力。例如,让学生参加具有文化传统的中秋节、元旦、元宵节等活动,使学生受到传统文化的熏陶;有组织地参与一些社会管理活动(如维持交通秩序),使学生对社会性行为与社会角色获得感性认识和真实体验;让学生参与具有劳动服务性质的活动,使学生获得各种人际交往的能力与多种社会性情感的体验等。

3. 营造良好的人际环境

教育的本质就在于建立个人、团体与社会的实际联系,实现个人的社会化。在班级建设中,班主任负有指导学生形成良好人际关系的职能。交往是班级人际关系形成和发展的手段,其主体和结构决定着人际关系的性质和水平。班主任指导班级学生交往,一是要把学生作为交往的主体,研究学生的交往需要、能力的差异性,指导学生正确理解周围的人和事,懂得如何沟通、如何避免和解决冲突,积累积极的交往经验,正确地确立自己在班级中的角色。二是设计内容充实、频率高的交往结构,即根据班级活动的目的、任务和班级学生的年龄特征及交往风格的差异性,形成一个公务性交往与自主性交往、班级内部交往与开放性交往、学生间的交往与学生和教师群体、成人社会的交往相互渗透、交互作用的多渠道、多层次、多维度的交往网络。在交往过程中,一方面要允许选择性交往,指导学生逐渐和公务性交往相结合,并逐渐开展深层的伙伴交往,交知心朋友;另一方面又要为学生与异性交往、与非同龄的儿童交往、与家庭成员交往、与成人的交往创造条件。此外,班主任与学生交往应建立起充满信任的关系。这就要求班主任易于接近,善于轻松而灵活地和具有多种多样心理特点的学生交往。充满信任的教育情境是班级组织形成的重要手段,要充分利用自然环境,努力创设人为环境,如成功情境、考验情境、冲突情境、道德选择情境、集体讨论情境等。这些情境有助于强化班级成员间的相互影响,有助于与同龄伙伴、年长同学、年幼同学和成人产生共同感受。

4. 营造正确的舆论和班风

舆论是在班级中占优势的、为多数人所赞同的言论和意见。它以议论、褒贬的方式肯定或否定集体的动向或集体成员的言行。班风是班级组织长期形成的言论上、情绪上和行动上的共同倾向,是学生思想、道德、人际关系、舆论力量等方面的精神风貌的综合反映。舆论和班风对班级建设和学生成长都有很大作用,因此班主任必须努力培养正确的集体舆论和优良的班风。正确的舆论和优良的班风来自明确的是非观念,教师要在重大的、基本的人生价值观念、社会观念、道德观念上对学生进行明确的教育,使他们懂得是非曲直;正确的舆论和优良的班风还来自集体中的活动准则,来自通过规章制度体现的各种要求,班级管理中的规章制度要健全,要明确具体,要深入学生的内心深处;正确的舆论和优良的班风也来自学生对集体的责任感,来自他们敢于坚持真理的精神,来自对待批评与自我批评的正确态度。不过,仅仅有了正确的认识和健全的规章制度,如果学生一团和气,老好人作风泛滥,那么也形成不了正确的舆论,舆论的战斗性也就失去了,好的班风自然也就难以形成。因此,要培养学生实事求是、敢讲真话、弃恶扬善、正气凛然的好思想、好作风。

5. 营造健康的心理环境

心理环境主要是指具有积极健康的目标导向,能激发学生进取精神的环境。如上海外高桥实验小学采用设立特色小组:英勇顽强、奋勇搏击的"雏鹰小组";辛勤耕耘的"蜜蜂小组";探索知识、热爱学习的"智慧小组";守纪律、讲文明的"大雁小组"等。每个小组的成员都要为维护自己小组的形象而努力并能恪守本组的纪律。又如魏书生要求学生"课前陶醉在一支歌里",用不同的声音高呼三遍"我能成功"等。这些做法都是为了创设一种积极的班级心理环境,对学生的发展起到心理上的暗示作用,让学生在班级生活中不断地受到自我激励和同辈群体激励,最终实现对现有发展水平的超越。

三、班主任的自我教育

班主任作为教育因素,对班级组织和学生的影响表现为两个方面:一是以自身修养为基础,通过自己的价值观念、人品、学识、态度、行为习惯等潜移默化地感染学生;二是通过做好班级管理工作,使学生受到更多更好的教育。班主任工作是一项发展性的专业工作,既要促进学生的发展,又要与时俱进,不断发展和完善自身;同时,班主任的自我发展意识也是影响其做好班级工作的重要因素。因此,一个有事业心的班主任应该认真学习教育管理理论,潜心研究班级管理工作,及时更新教育管理理念,不断调整班级管理策略。此外,班主任还要不断加强自身修养,以自身的高素质树立榜样,以实际行动来教育学生。

专栏 9－7

喜欢沈老师的八个理由

这是江苏启东实验小学分校沈虹霞老师教过的一个学生写的日记。

1. 我们班设立了图书角,每个同学带 2 本课外书,沈老师却带来了 6 本,大家都爱看。

2. 春游时,我把食品弄丢了,沈老师送给我一袋面包、两瓶酸奶。其实,她自己带的也不多。

3. 上次语文考试,我只得了 85 分,很伤心。沈老师借给我 5 分,让我下次考试还给她。

4. 沈老师买了一个漂亮的卷笔刀摆在教室的书橱里,我们再也不用担心忘记削铅笔了。

5. 上星期,我不小心打碎了沈老师的红墨水瓶,同学们都怪我。我哭了。沈老师知道后,没有批评我,反而安慰我。

6. 沈老师每天和我们一起背古诗。古诗文擂台赛时,她得了第一名。

7. 生水痘了,我一个人在家很孤单。沈老师带了水果来看我,还给我补课。

8. 大扫除时,沈老师不让我们擦天窗,怕我们摔着,自己擦了所有的天窗,累得满头大汗。

[资料来源] 魏薇,等. 中外学校教育经典案例评析 100 篇[M]. 济南:山东人民出版社,2010:273.

基于此,还可以进一步对班主任的自我教育提出以下建议:(1)形成较强的职业认同感。教师职业认同感是指教师内心对所从事职业的价值与意义的认定。一名教师是否能主动、积极地投入到教育工作中,取决于他所拥有的职业认同感的高低。(2)树立正确的教育理念。教育理念不仅指拥有教育知识,更重要的是有对教育工作的观点和信念。(3)练就高超的管理艺术。班级管理的最终目的不仅是提高效率,更是为了学生的发展。所以,教育的力量要大于管理的力量,榜样的力量要大于权威的力量。优秀班主任的班级管理艺术可概括为:懂得心理、善于沟通和擅长激励。(4)持续的教育实践。人的发展是一个缓慢的过程,不同个体的发展又是千差万别的。只有持续地教育实践,才能真正地领悟到培养人的真谛。

【主要结论与启示】

1. 班级要成为具有组织特性的团队,需要有一个发展变化的过程,它经历了个人属性之间的矛盾、团体要求与个人属性之间的矛盾、团体要求架构内的矛盾三个发展阶段。

2. 班级组织是一个有一定人数规模的学生集体,是学校行政根据一定的任务、按照一定的规章制度组织起来的有目标、有计划地执行管理、教育职能的正式小群体。它不仅是学生在校生活的基本组织,而且也是促进学生成长的正式组织之一。班级的基本成员是班主任、教师和学生,班级通过师生相互影响的过程来达到预定的教育目标。

3. 班级组织是由旨在实现共同目标的正式组织和基于成员间的需求、能力、特点的不同,从个人好感出发而形成的非正式组织构成。正式组织和非正式组织相互制约,教师不仅要使班级组织对每个学生有吸引力,有满足感;同时,还要正视班级非正式组织的存在,引导他们的需求、情感和个性合理地在班级释放。班主任是班级的中心角色,学生则主要扮演学习者和受教育者的角色。班主任一方面要强化角色意识,同时还要善于转换角色,不要总是以教育者自居,要发扬民主。而学生的角色转换要求班主任和教师以全面、发展的眼光教育、引导、评价学生,调动其积极性。班级信息包括知识信息、人的思想、态度、情感与行为等方面的信息,而且班级信息的沟通主要是在班主任、教师与学生中进行,其系统的开放性又决定了信息沟通的复杂性和多样性。因此,班主任应向学生提供健康正确的信息源,培养学生对信息的识别和判断能力。同时,班主任还要收集来自学生各方面的信息,进行有针对性的教育,保证班级信息沟通健康向上。

4. 班级制度管理主要有成文的制度管理(即班级的规章制度)和非成文的制度管理(即班级的舆论、传统、风气、习惯等),二者共同作用于班级的管理,刚柔相济、相辅相成。班级教学管理的核心是教学质量的管理,其主要内容包括目标管理、教学秩序管理、指挥系统管理和指导学生学会学习。而课堂教学是实现班级教学管理的主要途径。现代班级教学管理注重把课堂教学看成师生、生生交往和对话的平台,更注重把课堂教学看成一种集体的教学力量。因此,班主任要把课堂教学看成一种群体的共同活动,是促进班级组织形成与师生个性化的主要阵地,也只有这样的班级教学管理系统才具有生命力和创新性。班级组织从封闭走向开放,活动对于班级组织的形成、学生能力及个性的培养、师生间的平等合作等都有着重要的理论及实践意义。由于班级管理的对象是活生生的、有思想有情感的、可塑性很强的学生,所以班级管理应积极倡导以人为本的管理理念。班级活动是为了达到教育目标和满足班级成员需要而有目的地组织的。活动只有具有时代感、贴近学生生活、吸引师生共同参与,才能使师生身心受益、团队精神加强。

5. 班主任在班级建设中担任着多种角色,行使着多种职能。班主任是班级成员成长和发展的关护者、指导者,是班级管理的领导者。班主任有其特殊的工作职能和工作要求,班主任管理班级的目的是让每一个学生在参与班级的各种活动中取得有利的地位,激发他们的成功感和成就感。班主任要履行好岗位职责必须不断地加强自身的修养,在思想、品行、工作和生活作风及学习精神等方面成为学生的楷模。

【学习评价】

1. 什么是班级组织?班级组织的结构包括哪些方面?
2. 结合班级组织的特点,比较班级组织与社会其他组织的异同。
3. 根据自己的所见所闻,思考班级组织在形成中存在的问题,并提出解决对策。
4. 班级管理的内容包括哪些方面?
5. 以一个具体的案例说明如何实现班级主题性活动的教育价值。
6. 班主任应具备怎样的个性品质和工作作风才能民主地管理班级?
7. 班主任建设和管理班级组织的主要策略是什么?

【学术动态】

● 据联合国教科文组织国际教育局编制的《国际教育标准分类》(1976),“班级管理”是当今师范学校教育类课程中的一门独立的学科。

● 班级组织在发展过程中经历了严峻的舆论责难和改造,但近年来班级组织的研究又日益受到重视。原因有二:一是教育本身是在团体中形成的社会现象,团体成员通过班级中的人际交往,可以更容易、更强烈地接受相互影响和感化;二是班级团体内的师生关系、同学关系左右着班级中儿童的学习活动。

● 在我国,基础教育阶段的班级建设工作经历了三度变迁。新中国成立初期至20世纪80年代,基础教育非常重视班级工作,其主导价值观是集体主义思想,尤其以马卡连科等为代表提出的苏联“班集体建设”的思想:在集体中,通过集体,为了集体而进行教育。改革开放后,又强调组织和培养班集体是班主任工作的中心环节;20世纪80年代至90年代中期,班级工作的整体价值观开始发生变化,其指导精神是:集体主义与个性特长相结合,强调集体尊重个体的权利与价值,个体尊重集体的规范与利益。但是,在集体与个体利益发生矛盾时,个体需要服从集体利益。20世纪90年代中期之后,基础教育阶段的班级工作进入到了创新阶段,对班级工作的改革研究也进一步丰富和深化,班级工作趋向于重新确立合理的价值追求,将造就一代适应社会转型需要的新型个体作为自己的价值取向,关注学生的成长和班主任自身的成长,并由此带来对班级工作性质、价值、内容、工作方式等一系列的新挑战。

● 2009年,从教25年的美国雷夫老师被介绍到中国来,他是一名小学教师。他在第56号教室里营造了一个快乐的天堂,他用爱心和智慧走进学生的心灵,他的学生因为有了这样的老师而学会了遵守规则、自我计划和自我教育。第56号教室就是他的教育田野,在这里发生了许多间教室都会发生的小事,但他的教室却让这些小事具有了不同的功能和意义。一些孩子,他们有幸从这间教室走过,他们的人生因此改变了走向、改变了高度……因为,一间教室的容量可以是无限的。我们一直认为中美教育的价值观、思维方式差异巨大,但是,从雷夫老师的教育实践中,我们读到了许多熟悉的人和事,使我们确信在教育场所发生的一切其内涵与实质是相同的,优秀教师的人格和气韵也是惊人的相似。

● 对班主任的研究,我国教育学者开始从理论的应然研究转向对实践的实然研究。例如,2013 年山东师范大学的路书红老师对山东省 17 位优秀班主任进行了深度访谈,从新时期班级管理面临的问题、成就班主任主客观因素等诸多方面呈现了班主任的内心世界,旨在透视优秀班主任的成长规律与个性所在。

【参考文献】

1. 钟启泉. 班级管理论[M]. 上海:上海教育出版社,2001.
2. 鲁洁. 教育社会学[M]. 北京:人民教育出版社,1990.
3. 班华,等. 发展性班级教育系统[M]. 南京:南京师范大学出版社,2000.
4. 龚浩然,黄秀兰. 班集体建设与学生个性发展[M]. 广州:广东教育出版社,1999.
5. 叶澜. “新基础教育”探索性报告集[M]. 上海:上海三联书店,1999.
6. 唐迅. 班集体教育实验的理论与方法[M]. 广州:广东教育出版社,2000.
7. 吴康宁. 教育社会学[M]. 北京:人民教育出版社,1998.
8. 谢维和. 教育活动的社会学分析——一种教育社会学的研究[M]. 北京:教育科学出版社,2000.
9. 雷夫·艾斯奎斯 . 第 56 号教室的奇迹[M]. 卞娜娜,译. 北京:中国城市出版社,2009.
10. 高谦民,黄正平 . 小学班主任[M]. 南京:南京师范大学出版社,1997.
11. 班华,王正勇 . 高中班主任[M]. 南京:南京师范大学出版社,1997.
12. 魏书生. 班主任工作漫谈[M]. 桂林:漓江出版社,1993.
13. 路书红. 优秀班主任透视[M]. 济南:山东人民出版社,2013.

第十章　学 生 评 价

【内容摘要】

教育评价是依据一定的教育目标,通过使用一定的技术和方法对教育活动进行评定的过程。在现代教育活动中,教育评价主要包含学生评价、教师评价和学校管理评价等几个领域,其中,学生评价是教育评价的基础和重点。本章的基本理论部分主要介绍了学生评价的类型、方法、功能与当代走向,实践部分重点阐述了学生的学业评价、品德评价和学生综合素质评价,旨在帮助读者初步了解学生评价的有关理论与实践,构建合理的学生评价理念,为有效地实施学生评价提供了参照。

【学习目标】

1. 了解学生评价的含义、类型、方法、功能及当代走向。
2. 理解学生学业评价的含义及基本内容。
3. 能结合学科编制有效的测验。
4. 明确学生品德评价的含义及常用方法。
5. 理解学生综合素质评价的实施意义、基本原则及内容构成与方法。
6. 举例分析说明学生评价实施中存在的问题及对策。
7. 评价学生发展的某个侧面,并设计评价方案。

【关 键 词】

学生评价　诊断性评价　形成性评价　终结性评价　学业评价　品德评价　综合素质评价

第一节　学生评价概述

一、学生评价与教育评价

教育评价是指在一定教育价值观的指导下,依据确立的教育目标,通过使用一定的技术和方法,对所实施的各种教育活动、教育过程和教育结果进行科学判定的过程。纵观教育评价理论与实践的历史发展,一般认为教育评价大致经历了古代的传统考试、近现代的科学测试和当代的科学评价三个不同时期。因此,教育评价来源于古代学校对学生的学力检验,但是,教育评价系统的理论和方法的形成则直接来源于 20 世纪初兴起的一种以追求考查教育效果的客观性为目的的教育测验运动。教育测验克服了传统考试中的主观性,强调了测验的客观性、标准化,却无法测得学生学力的全部领域,而且容易形成学生被动的学习态度,这显然不符合新教育的精神。由此,1931 年美国心理学家西蒙兹(P. M. Symonbs)发表了《人格与行为的诊断》(*Diagnosing Personality and Conduct*)一书,从思想观念上否定了单纯的人格测验,开始了对教育测验运动的批判,亦促使教育测验向教育评价发展。教育评价的概念是由美国俄亥俄州立大学教授泰勒在其主持的“八年研究”(the eight-year study)中首次正式提出的,其《学生进步的评估与记录》(*Appraising and Recording Student Progress*)被称为“划时代的教育评价宣言”,并通过这项研究提出了教育评价的原则和方法,成为现代教育评价理论和方法的开端。教育评价发展至今已经涉及教育领域的方方面面,就其评价的范围分类,有以教育的全领域及宏观决策为对象的宏观教育评价,有以学校各方面工作为对象的中观教育评价,有以学生为对象的微观教育评价。而且,教育评价的理论与实践已成为现代教育改革与发展不可或缺的重要组成部分,并与教育基本理论研究、教育发展研究共同构成为当代教育科学研究的三大领域。

学生评价是指根据一定的标准,通过使用一定的技术和方法,以学生为评价对象所进行的价值判断。它是教育评价的重要领域之一,也是学校教育中每一位教师都必须实际操作的一项重要内容。它既是教育评价的基础和重点,也是学校教育评价的核心。它是教育评价中历史悠久而又永恒的话题,有了学校教育就有了对学生如何评价的问题。因为学生的质量既是衡量一所学校教育工作质量的标准,也是提高学校教育工作水平的根本所在和关键要素。所以,构建合理的学生评价体系、有效地实施学生评价、促进学生发展,是教育的必然追求。

专栏 10-1

“八年研究”

“八年研究”是指1933—1940年由美国进步主义教育联盟会长艾钦(W. M. Aikin)领导的旨在革新教育的新课程改革实验。实验中专门成立了以泰勒为首的评价委员会,边实验边评价,引发了人们对教育评价的重视和研究,也确立了现代教育评价的理论和方法。“八年研究”评价委员会对教育评价的基本假定是:

(1)教育是致力于改变人和行为范型的过程。

(2)学校所要引起的人的行为范型的变化,就是学校的教育目标。

(3)教育计划要依据该计划的目标在多大程度上实际地得到了实现来评价。

(4)人的行为通常是非常复杂的,用单一的术语和单一的维度是无法适当地记述和测量的。

(5)学生自身的行为范型的组织方式,是评价的重要侧面。

(6)评价的方法不限于纸加笔的测验。凡能表明学生在教育目标达成上所获进步的可靠证据的任何方策,都是适宜的。

(7)评价的性质影响到教授与学习。

(8)评价学校计划的责任在于学校职员和家长。

[资料来源] 筑波大学教育学研究会.现代教育学基础[M].钟启泉,译.上海:上海教育出版社,1986:400.

二、学生评价的标准

为了使学生评价发挥其应有的作用,实施时首先要制定恰当的评价标准。**评价标准**是在实施评价过程中进行价值判断的准则,具有显著的社会性特征,并因评价对象和要求的不同而千差万别。学校教育工作以教育目标作为其出发点、依据和归宿,因此教育目标制约着学生评价标准必须与其相一致,它是教育目标在各个评价项目上的具体化。我国尚未有一个独立的学生评价标准,而主要依据教育目标并依托于课程目标,将抽象的目标具体化,分成不同的阶段水平,以此作为学生评价的标准。我国的教育目标由国家的教育总目标、各级各类学校的培养目标、课程或教学目标三个层次所构成。从国家的教育总目标来看,虽然我国各个时期的提法有所不同,但基本精神是一致的,即要求受教育者在德、智、体、美方面全面发展,成为社会主义的建设者和接班人,近年来主要强调以培养学生的创新精神和实践能力为重点。各级各类学校的培养目标主要是依据国家的教育总目标,结合学校的性质、任务和学生的年龄特征而提出的,如义务教育阶段的培养目标是"全面贯彻国家的教育方针,努力提高教育质量,使儿童、少年在品德、智力、体质等方面全面发展,为提高全民族素质,培养有理想、有道德、有文化、有纪律的社会主义建设人才奠定基础"。课程目标是目前教育改革的重点,我国在《基础教育课程改革纲要(试行)》中提出,"新课程的培养目标应体现时代要求。要使学生具有爱国主义、集体主义精神,热爱社会主义,继承和发扬中华民族的优秀传统和革命传统;具有社会主义民主法制意识,遵守国家法律和社会公德;逐步形成正确的世界观、人生观、价值观;具有社会责任感,努力为人民服务;具有初步的创新精神、实践能力、科学和人文素养以及环境意识;具有适应终身学习的基础知识、基本技能和方法;具有健壮的体魄和良好的心理素质,养成健康的审美情趣和生活方式,成为有理想、有道德、有文化、有纪律的一代新人。"在具体实施中,主要从知识与技能、过程与方法、情感态度与价值观三个维度对学生进行全面的评价。因此,现代的学生评价标准是以促进学生发展为主题,不仅要关注学生的学业成绩,而且要发现和发展学生多方面的潜能,了解学生发展中的需求,帮助学生认识自我、建立自信。

三、学生评价的类型

(一)诊断性评价、形成性评价和终结性评价

根据学生评价在教学活动中的不同作用可以分为诊断性评价、形成性评价和终结性评价,这是由美国教育心理学家布卢姆提出的影响较大并被广泛使用的分类法。

1. 诊断性评价(diagnostic evaluation)

诊断性评价一般是在教育、教学或学习计划实施的前期阶段开展的评价,重在对学生已经形成的知识、能力、情感等发展状况作出合理的评价,为计划的有效实施提供可靠的信息资源,以获取更好的效果。它一般通过以下手段获取相关信息。

(1)查阅被评价者在此之前的有关成绩记录。人的发展是一个连续的整体,学习的过程和内容也都有一定的连续性。因此,对学生进行诊断性评价必然需要详细了解其先期的

相关成绩记录。但值得注意的是,评价者必须对提供的记录作整体分析,不应只看一个分数或一科成绩,应尽可能多地揭示分数所表达的内涵和实质,如有可能,还可以对形成的原因作出分析,从而提供充足的诊断信息。

(2)摸底测验。如果评价者无法从以往的成绩记录中寻求到有价值的信息,那么评价者可以准备一些有针对性的合适的测验,以便了解被评价者的发展状况。

(3)必要的学习要素调查表。调查表主要包括对学习技能、习惯、学习态度等方面的调查。评价者可以采用调查问卷、小组座谈、个别谈话等方式全面了解学生已经形成的行为习惯,必要时也可以采用智力测验量表来帮助诊断。

2. 形成性评价(formative evaluation)

形成性评价主要是在教学和学习过程中进行的评价,一般以学习内容的一个单元为评价点,采用及时的反馈和根据学生个体的差异进行有针对性的矫正。与其他两种评价类型相比较,它测试的次数较频繁,概括的水平较低,重在实施过程中依据评价所获得的信息及时调整和改善教育教学过程及学习过程,给学生提供有效的帮助,即对未达到要求的学生及时地发现问题并予以有步骤地矫正,对已经掌握的学生进行强化和鼓励,从而实现全体学生的掌握学习。形成性评价主要通过形成性测验来判断,同时也应辅之以日常作业和评价者的观察来共同完成。在实施过程中,一般步骤如图 10-1 所示。

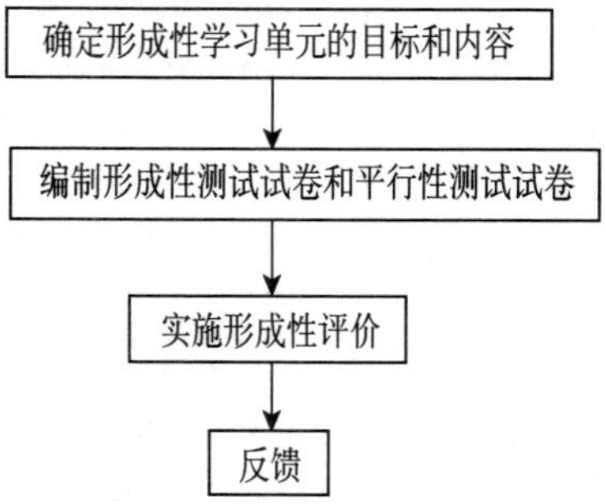

图 10-1　形成性评价的实施过程

一般而言,经过形成性测验未能达到要求,即在测验中的准确率未达到 80%(或 85%,可视教师规定的标准而定)的学生,教师应给予反馈和帮助,并在形成性测验后的三天左右进行平行性测验。同时,对大多数学生(通常为 2/3 或者 2/3 以上的学生)答错的那些测试题目教师应进行必要的鉴别,以判断测试题目是否有缺陷,或者教学、教材中是否有特殊的难点,教师可以采用不同于原先的教学方式予以讲述。

3. 终结性评价(summative evaluation)

终结性评价主要是在教学和学习后进行的评价,是对教学和学习全过程的检验。它表示距离最终目标的程度,并对学生进行必要的区分,一般在学期中和学期末进行,次数较少。它的测验内容和范围都要高于前两种评价的要求,概括的水平也较高,并鼓励学习中的竞争和优秀学生获得更大的进步。因此,终结性评价最关注的问题是测验的准确性和可靠性,即试卷的信度和效度。为满足这两个基本要求,在编制终结性测验时,一般步骤如图 10-2 所示。

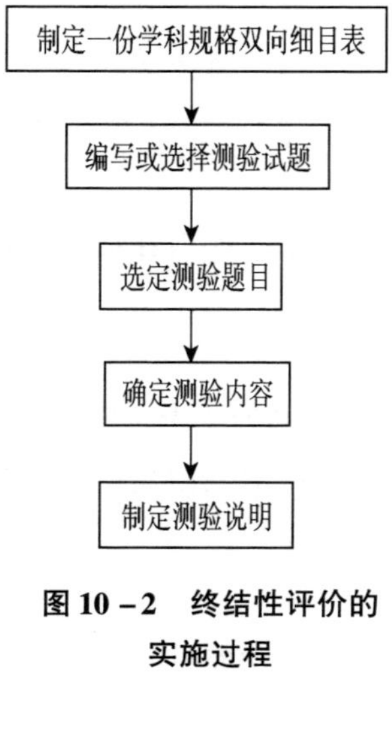

图 10-2　终结性评价的实施过程

总之,诊断性评价、形成性评价和终结性评价共存于教育教学过程中,并各有侧重地发挥着不同的功能,而且这三类评价也互为提供信息和依据,对评价所作的类型划分只是相对的而非对立的(见表10-1)。

表10-1 诊断性评价、形成性评价、终结性评价的异同[1]

评价类型 / 评价特点 / 项目	诊断性评价	形成性评价	终结性评价
职能	分班: ——确认必要的技能具备与否 ——确认现有的掌握水平 ——确认源于教授方式的特点而造成的学生分类问题 ——确认影响不同类型学生继续学习的因素	对师生作出关于学生学习进展的信息反馈 明确单元结构的错误,以便明确地制定矫正教学的方针	在单元、学期、课程的终了,认定学分,评定成绩
实施时期	在单元、学期、学年开始时,在正常的教学活动尚未纳入轨道之前实施,以便分班	在教学展开过程中实施	在单元、学期、学年终结时实施
评价重点	认知能力、情意及技能 生理因素、心理因素、环境因素	认知能力	一般侧重认知能力,有的学科则强调技能和情感能力
评价手段的类型	摸底测验用的形成性测验与终结性测验 标准学力测验 标准诊断测验 教师编制测验 观察和检验表	特别制作的正式测验	期末测验或终结性测验

(二)相对评价法、绝对评价法和个体内差异评价法

根据评价的价值标准不同,学生评价方法一般可以分为相对评价法、绝对评价法和个体内差异评价法。

1. 相对评价法

相对评价法是根据所要评价对象的整体状态确定评价标准,以评价对象中的某一个或若干个为基准,通过把各个评价对象与基准进行对照比较,判定出每个评价对象在这一集体中所处位置的一种评价方法。

---

① 筑波大学教育学研究会. 现代教育学基础[M]. 钟启泉,译. 上海:上海教育出版社,1986:400.

如图 10－3 所示，图中 Aa、Ab、Ac…An为评价对象整体中的单一个体，Mo 为选定的评价基准。相对评价即通过 Aa、Ab、Ac…An 与 Mo 的比较，从而确定其在这一整体中所处的相对位置。

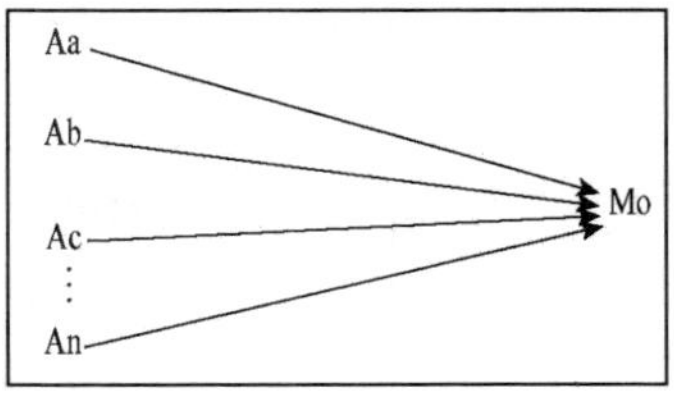

图 10－3　相对评价法示意图

相对评价法是以建立在机遇规律基础上的正态分布原理为理论依据，一般采用标准的正态分布曲线来描绘评价的结果。这一方法的最大优点在于评价的客观性，它不易受评价者主观标准差异性的影响，能准确地表示出被评价者在某一整体中的相对位置。但是，这一方法也有明显的局限性，即它无法给评价对象以绝对的水平评估，准确地反映评价对象发展的真实水平；同时，由于遵循正态分布的原则，不易满足评价对象尤其是后进者的上进要求。

2. 绝对评价法

绝对评价法是在评价对象的整体之外，确定一个客观标准，将评价对象与这个客观标准进行比较，以判断其达到标准程度的一种评价方法。

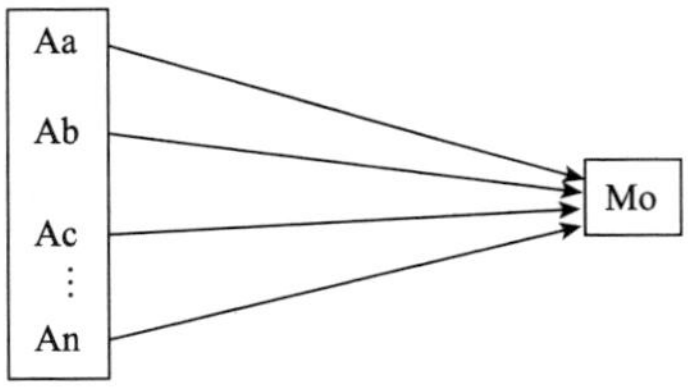

图 10－4　绝对评价法示意图

如图 10－4 所示，图中 Aa、Ab、Ac…An 为评价对象整体中的单一个体，Mo 为独立于评价对象的客观标准。绝对评价即通过 Aa、Ab、Ac…An 分别与 Mo 的比较，从而确定其达到 Mo 的程度。

由于绝对评价法只考虑评价对象应该达到的水平，而不受评价对象在其特定整体中位置的影响，因此其最大的优点就是易于使评价对象能了解自己的发展状况，明确目标，主动学习。但是，由于客观标准的制定要达到绝对的客观、公正、合理和有效，因此在技术上还有一定的难度，这使得绝对评价法在实际操作中有一定的困难，同时也会影响评价的信度。

3. 个体内差异评价法

个体内差异评价法是以评价对象自身某一时期的发展水平为标准，判断其发展状况的评价方法。

如图 10－5 所示，图中 Aa、Ab、Ac…An 为各个评价对象，Aa′、Ab′、Ac′…An′为以各个评价对象自身某一时期的发展水平构建的标准。

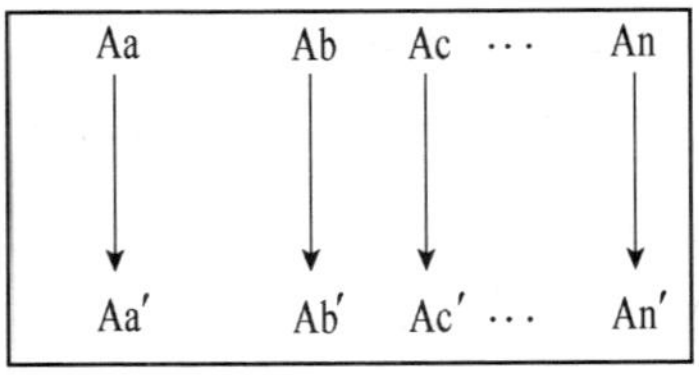

图 10－5　个体内差异评价法示意图

个体内差异评价法是从评价对象的实际出发，判断其发展状况的评价法。其最大的优点就是充分体现了尊重个体差异的因材施教原则，并适当地减轻了评价对象的压力。但是，由于评价本身缺乏客观标准，不易给评价对象提供明确的目标，因此难以发挥评价的应有功能。

总之，相对评价法、绝对评价法和个体内差异评价法各有其优、缺点和适用范畴，一般应相互结合起来使用，以全面发挥评价的功能。

专栏 10－2

学生评价类型的其他划分方法

A. 按心理与教育研究方法中有关实证与思辨的特色分类

——实证化评价与人文式评价

实证化评价是指用实际的证明来判断事物属性或发展变化规律的一类方法，主要有观察法、调查法、测验法、实验法、模拟法、理想化方法、逻辑方法、数学方法、控制方法、信息方法和系统方法。其优点是准确高效，操作性和移植性强，说服力大；而重结果轻过程，评价信息易失真，忽视评价者与评价对象之间的交流，灵活性欠佳，则是其缺点。

人文式评价是侧重于个体的主体意识和心理活动规律，强调评价者与评价对象的交流，对评价对象作出价值判断的一类方法，主要包含哲学方法、历史方法、伦理方法等。其优点是不仅重结果的评价，而且重过程的评价，重视评价中多种因素的交互作用及深层次的原因分析，即强调评价者与评价对象之间的交流，所使用的方法灵活多样。但是，人文式评价对评价者的依赖性较大，主观性强，易受干扰，而且其投入与产出的比例不如实证化评价方法，因此总体效益较低。

B. 按参与评价的主体分类

——自我评价与外部评价

自我评价是指被评价者依据指标，参照一定的标准，对自己的工作、学习、品德等方面的表现进行自我评价。这种评价容易开展，如果态度端正，会有较高的准确性，能增强被评价者的自我评价意识和评价能力，有利于及时自我反馈、调节；但主观性大，容易出现偏高或偏低的趋向，也难以进行横向比较。

外部评价是指被评价者之外的他人评价。外部评价一般较为严格、慎重，也比较客观，可信度较大。但是，评价者与被评价者容易产生对立情绪，从而影响评价结果。

[资料来源] 范晓玲．教学评价论[M]．长沙：湖南教育出版社，1999：20－27；张人杰．大教育学[M]．广州：广东高等教育出版社，1995：460－461.

四、学生评价的功能

（一）诊断功能

学生评价的诊断功能主要表现在通过评价能有效地判断学生的发展状况。具体而言，一是帮助学生及时客观地了解其发展中的优势、不足及存在的问题；二是协助教师判断教学目的实现的程度，并发现其教学中存在的问题和学生学习中的问题及表现方式和困难所在。从而，为教师和学生分析存在的问题和困难的原因、寻求解决的方案和采用合理有效的对策提供依据。

（二）导向功能

学生评价是依据一定的标准和所要完成的目标进行的价值判断。因此，学生要获得理想的评价，就必然要了解评价的标准和方式，并倾向于依据标准来调整其发展状态，以期获得好的效果。同时，教师也会采用此目标并将其有效地反映在教学过程中。这样势必会对学生的发展起到导向作用。

（三）发展功能

学生评价的发展功能是当代教育评价最为关注的问题。它是指评价应是基于以学生发展为根本目的的一种评价制度，其评价的目标、内容和方法以及评价结果的处理等都是为促进学生的有效发展服务的。而且，实施评价的过程就是学生不断地认识自我、发展自我和完善自我的过程，强调学生评价的形成性作用。

（四）管理功能

学生评价作为一种价值判断，客观上能够对学生知识的掌握状况和发展水平给予鉴定并作出一定的区分，有益于高一级学校的选拔；同时，学生评价的结果也可作为评价教师工作质量的依据之一。因此，世界各国的学校教育都利用学生评价的管理功能，作为对学生有效分流的主要依据之一，并以此调整学校教育的发展方向，改善教育教学活动。

五、学生评价理论与实践的当代走向

学生评价是教育评价领域改革的重点，国内外教育工作者对此进行了大量的研究，广泛涉及学生评价的特点、类型、目的以及具体操作等。就其总体发展的特点而言，有以下几个方面值得关注。

（一）倡导构建“以发展为本”的学生评价体系

发展性教育评价制度最先是由英国开放大学教育学院的学者在20世纪80年代提出并倡导的。在对传统的以奖惩为主的单向性评价制度批判和反思的基础上，他们认为评价制度的构建应以促进被评价者的发展为目的，强调评价者与被评价者之间的合作与交流，评价的目标应是有层次和动态性的，应尊重被评价个体的差异性和多样性特征，评价的过程是开放式的。当前，这一“发展性”理念已经广泛地渗透于学生评价制度的改革中，“以发展为本”成为当代学生评价的重要价值取向。

（二）以质性的评价模式取代量化的评价模式

传统的学生评价模式强调对学生的评价实施科学范式下的量化方式，试图把复杂的教育现象简化为数字，把丰富的质还原为量，把无法量化的内容排斥于评价系统之外，这样势必使评价存在局限性，从而影响评价的信度。因此，从20世纪60年代末，人们开始对传统的注重量化的评价模式进行反思和批判，在70年代中期提出了“解释的评价”（illuminative evaluation），强调在评价中使用观察、访问等质性探究的方式。自80年代中期以来，“评价”（evaluation）这一概念正在被“评定”（assessment）的概念所替代，相应的，与此相关的质性评价模式也逐渐地流行起来。质性评价模式是在对量化评价模式不断反思和批判中形成的，但是它并不是对量化评价的简单抛弃和否定，而是有机地包含了量化评价，如回应性评价（responsive evaluation）、教育鉴赏与教育批评（education connoisseurship and educational criticism）等评价模式。

（三）强调测评的真实性和情境性

与发展性学生评价体系相适应，在学生评价手段的使用上，表现性测验和实验技能教学考试在课堂教学及学生评价中受到普遍的重视和应用,强调测评的真实性和情境性,重在形成学生对现实生活的领悟能力、解释能力和创造能力。该走向强调把考试和评价方法从表征性分数机制转变到实质性内容机制上来,在考试和评价中重视考查学生综合运用所学知识解决实际问题的能力。因为学生对学习内容的认知和学习,都与其所发生的情境密切联系;而且,现代认知或学习理论也都强调学习的真实性、情境性。因此,强调测评的真实性和情境性是当代学生评价改革的一个重要特征。

(四)鼓励学生评价中的合作行为

与传统注重评价的甄别、选拔功能不同,发展性学生评价已不再是单一的选择功能,而是尊重学生的个别差异和个性特点,关注学生的实际发展。它既重视学生在评价中的个性反应方式,又倡导鼓励学生在评价中学会合作。评价学生的发展进步采用多种参照法,如个人发展参照法、教育常模参照法等。对学生发展进步的评价,已从考核掌握文化知识内容为主的测试扩展到教育目标的多个方面,顾及教育目标的整体性、广泛性和多元性,鼓励学生之间的合作、相互交流和探讨,允许学生通过分工协作的形式共同完成任务。如各个学生在小组合作中的表现、对问题解决所作的贡献,也成为必要的评价内容。

(五)重视思维过程的评价

传统的量化评价由于比较多地使用客观性测验,如选择题、判断题等,因此必然只关注学生提供的结果是否正确,而对学生获得结果的思维过程却无任何要求,这显然不利于学生形成良好的思维品质和对思维乐趣的深刻体验。鉴于此,新的评价方式要求测评作业的设计要充分体现学生解决问题的过程,即收集资料、推理、判断并获得结论的过程。

专栏 10-3

质性评价的典范之一:档案袋评定

档案袋评定是20世纪80年代在美国教育实践中涌现出来的评定方法,它与传统的评价最大的不同在于学生是评价的直接参与者,是选择档案袋内容的决策者甚至是主要决策者,从而,档案袋评定为学生提供了一个学习机会,并使他们能够学会自己判断自己的进步,拥有了判断自己学习质量和进步的机会。特别是在使用某些档案袋类型,如精选性档案袋或过程性档案袋时,学生成了提交作品质量和价值的最终仲裁者。而考虑档案袋体系的开发时,其中允许学生自我反省和自我评定的可能性是最为重要的。档案袋的类型是多种多样的。美国教育心理学教授格莱德勒(M. E. Gredler)根据档案袋的不同功能标准把档案袋评定分为以下几种类型。

类型	构　成	目　的
理想	作品产生和入选说明,系列作品,以及代表学生分析和评定自己作品能力的反思。	提高学习质量。通过一段时间的成长,帮助学习者成为自己学习历史的思索者和非正式的评价者。

续表

类型	构成	目的
展示	主要由学生选择出来学生最好和最喜欢的作品集。自我反思与自我选择比标准化更重要。	给由家长和其他人参加的展览会提供学生作品的范本。
文件	根据一些学生的反应以及教师的评价、观察、考查、逸事、成绩测验等得出的学生进步的系统性、持续性记录。	以学生的作品、量化和质性评价的方式，提供一种系统的记录。
评价	主要由教师、管理者、学区所建立的学生作品集。评价标准是预定的。	向家长和管理者提供学生在作品方面所取得成绩的标准化报告。
课堂	由三个部分组成：依据课程目标描述所有学生取得成绩的总结；教师的详细说明和对每一个学生的观察；教师的年度课程和教学计划及修订说明。	在一定的情境中与家长、管理者及他人交流教师对学生成绩的判断。

值得注意的是，档案袋的使用要伴随着一系列课程的教学观念、评定观念乃至学生观念的变革，否则仅仅是把学生的一些作业收集起来放在一起，其结果也未必符合档案袋评定的精神实质。目前，档案袋评定的标准一般有三种类型：第一种是集中关注作业的关键特征，如目标、组织、文章的技巧等，并给不同特征划分 1～4 个等级；第二种是运用一般等级如 1～4 或 1～5，反映不同的能力水平某一组特征都与一个分数相关联；第三种是确认主要的维度，如流畅性或精致性，以此来确定成就水平。

[资料来源] 钟启泉，崔允漷，张华. 为了中华民族的复兴，为了每位学生的发展——《基础教育课程改革纲要（试行）》解读[M]. 上海：华东师范大学出版社，2001：290－297；新课程实施过程中培训问题研究课题组. 新课程与评价改革[M]. 北京：教育科学出版社，2001：90－91.

第二节　学生学业评价

学业评价是学生评价的重要组成部分，主要是指以国家的教育教学目标为依据，运用恰当、有效的工具和途径，系统地收集学生在各门学科教学和自学的影响下认知行为上的变化信息和证据，并对学生的学习水平进行价值判断的过程。① 根据布卢姆等人的教育目标分类，学习活动可分为认知、情感和技能活动三类。加涅则根据学习的结果把学习分为认知学习、动作技能学习和态度学习。我国著名教育心理学家潘菽（1897—1988）则根据不同的内容和结果把学习分为知识的学习、技能和能力的学习、道德品质和行为习惯的

① 袁振国. 当代教育学[M]. 北京：教育科学出版社，1998：249.

学习。虽然这几种分类所依据的标准不同,但结论却基本是一致的,即学习活动主要包含认知活动、技能活动和情感活动三个基本领域。因此,学生的学业评价也从这三个领域展开。

一、学生认知学习的评价

当代认知心理学把知识分为陈述性、程序性和策略性三类。因此,学生的认知学习主要是指学生对知识的理解、掌握和运用的过程。

(一)认知学习评价的种类

对认知学习的评价一般可以采用测验、行动观察、实验、评定等方法,其中测验是使用最多、最经常和最便利的;同时,其结果与其他评价方式相比较具有较强的客观性。而且,以测验为核心的认知学习评价也是学生学业评价理论研究中最早和最成熟的部分,在现行的学生学业评价中,测验依然居主流地位。

测验就是通过让学生回答一系列与教育目标相关的有代表性的问题,从学生对问题的回答中提取信息,并根据一定的标准进行判断的过程。现代的测验手段源于中国古代的科举考试,其理论发展源于20世纪,至今进入了多种测验理论的并存时期。现行较有代表性的理论有经典测验理论、项目反应理论、概化理论和自适应理论。以下是中小学教育中比较常用的测验类型。

1. 准备性测验和结果性(终结性)测验

这是依据测验目的进行的分类。**准备性测验**一般是在教学前和教学过程中进行的,也称诊断性测验和形成性测验,它可以采用标准参照测验的方法。教学前的测验主要是为了了解学生的知识准备情况,为合理地组织教学提供准确的资料和信息。教学中的测验主要在于及时反馈教学效果和学生对所教知识的掌握情况,如单元测验等,以便教师根据测验所获得的信息,对学生进行更有针对性的教学指导,及时采取补救措施。

结果性测验也称终结性测验,一般是在一个学期结束或一门课程完成时进行,测验的目的主要在于鉴别学生的学习状况,具有一定的区分意义,可以采用常模参照测验法。相比较而言,这一测验的组织较为严密,实施过程较为严格,试题难度适中,尽量对所有的学生都有较强的鉴别力和区分度。所以,它强调测验的准确性,以便达到此类测验的目的。

2. 标准化测验和教师自编测验

这是依据测验编制方式进行的分类。**标准化测验**是按照一定的方法和步骤,由学科专业人员和测验编制机构共同编制的。在编制过程中,一般有测验指导书或测验大纲,以及根据测验大纲制定出的测验命题细目表,而后再编制出成套试题;同时,还要对试题进行预测,严格制定评分标准,统一要求阅卷步骤,提供解释分数的常模等。因此,标准化测验最突出的优点就是测验结果具有较高的信度、效度和较强的客观性,从而使标准化测验成为学生学业评价的重要手段之一。

教师自编测验主要是指教师根据自己的教学情况、经验及对教学目标的认识,自行设计与编制并确定评分标准的测验。教师自编测验一般是个体经验式的,缺乏严格的论证过程。因此,此测验的信度和效度不如标准化测验,客观性较差,容易使测验结果不准确。但是,由于它的编制过程较为简单、使用简便,而且可以根据不同教师的情况和需要随时进行调整,针对性较强,所以在现行中小学中应用较为广泛,尤其在小范围内如教师任教的班级、学校等以及在实施形成性评价中使用较多。

3. 客观性试题测验和主观性试题测验

这是根据测验试题的应答方式进行分类。**客观性试题**是学生在测验中从事先提供的多种答案中确认出一个正确答案,如选择题、是非题、匹配题等。客观性试题强调试题答案的确定性,评分标准统一且易于掌握,可以完全克服主观因素对评分标准的影响,直至用机器评分,阅卷方便;而且,由于答题方式简单,较少书写,在单位时间内可以测验较多题目,因此使测验内容的覆盖面广、容量大,减少了随机因素的影响,保证了测验效果的可靠性。但是,其局限性也较为明显,如试题编制难度较大,不利于有效测出学生对问题的思考过程以及组织材料的能力、文字表达的能力和创造力,而且无法排除猜测答案的可能性。客观性试题一般适用于测验学生对基本知识的记忆和判断能力。

主观性试题是让学生根据对测验所提问题的认识和理解,用自己的语言来形成答案,如简答题、论述题、案例分析题、应用题、作文题、比较题等。主观性试题强调学生的主动性和答题中对所提问题的思考过程,这有益于测量学生分析问题和解决问题的能力,是对较高级思维过程和能力的测验。但是,由于这类试题的主观性强、评分标准也难以统一,而且测验中较费时、题量小、覆盖面窄,所以,主观性试题的测验效果的可靠性和有效性相对较低(见表10-2)。

表10-2 客观性试题与主观性试题的比较①

比较的维度	客观性试题	主观性试题
运用目标	知识、理解、分析、应用	理解、应用、分析、综合、评价
答题时间	短	长
时间的使用	阅读题目和思考答案	思考问题和书写
覆盖面与代表性	覆盖面大,代表性好	覆盖面小,代表性差
题量及问题含义	题量多,含义窄	题量少,含义广
测验信度	较高	较低
猜题的可能性	答案的猜测性大,题目范围的猜测性小	答案的猜测性小,题目范围的猜测性大
编制难度与时间	命题费时困难	命题省时容易
评分与计分	客观、简单、可靠	主观、复杂、不太可靠

① 范晓玲.教学评价论[M].长沙:湖南教育出版社,1999:107.

续表

比较的维度	客观性试题	主观性试题
影响得分的无关因素	阅读能力和猜测	写作能力与表达能力
试题质量	取决于编写者的水平	取决于评分者的水平
测量效果	鼓励记忆、理解、分析他人的观点	鼓励组织、整理和表达自己的观点,可测表达力、创造性及知识面

(二)测验的有效编制

测验是学生认知学习评价的重要手段,要确保测验具有其应有的效果,就必须做好测验的编制工作。

1. 有效测验编制的基本标准(要素)

(1)信度。**信度**是指测验结果的可靠性或一致性的程度。如果一个测验在不同的条件下对学生进行多次,且所获得的结果大体一样,即成绩好的学生和成绩差的学生都是相对稳定的人群,那么,我们就认为这一测验的信度较高。但是,在实际测验中其结果往往不可能达到100%,总是存在一定的误差。因此,要使测验的信度高就要尽可能缩小其误差。以信度的最高值是1为例,通常认为正规测验的信度应不小于0.9,否则测验就没有意义。一般认为,在编制测验中可以通过适当增加测验试题的数量、控制试题的难度(适中)、选择测验内容(应尽量同质)等方法来提高测验的信度。

(2)效度。**效度**是指测验结果的准确性或有效性的程度,即通过测验能否准确地反映学生的实际水平。值得注意的是,一个测验只能在其特定的范围内才是有效的,其效度始终是针对一定的测验目的进行的,否则无效度可言。如小学低年级的数学测验,学生常因对文字理解能力的欠缺而影响其正确解题,那么它就无法正确测量学生数学学习的状况,这一数学测验就是低效度的。而一个好的有效测验应该是能最大限度地测量出它所要测量的东西。因此,只有明确测验目的,使测验内容与原设计的教学目标相一致,才能提高测验的效度。

总之,信度和效度是编制测验必须考虑的最基本要素。但值得注意的是,一个有较高效度的测验,一定是有信度的测验;反之,则不成立。

2. 测验编制的过程

(1)明确测验的目的。在编制测验时,编制者首先要明确此次测验的目的和用途,不同的测验目的决定了不同的测验方式和测验内容的选择。从现行评价体系的构建和使用情况来看,在中小学生认知学习评价中,最主要的是有效区分所要进行的测验是归属于诊断性测验、形成性测验还是终结性测验,最大限度地减少测验的盲目性,增强测验的信度和效度。

(2)界定测验试题的难度。一般而言,不同目的的测验对试题难度的要求不同。测验试题难度的合理性是指测验试题的难度应与测验对象、测验目的相符合,测验中的各个试题难度适当,而且整个测验试题在试卷中的难度分布与构成也要合理。测验试题难度的大小一般按照通过此试题的人数多少的统计指标来表示,如果通过的人数占绝大多数,即这一试题的难度较小,否则,通过的人数较少则试题的难度较大。如一个试题在被测群体中的得分率是70%,就表示这个试题的难度是0.7;如要求试题的难度适中,即试卷的平均难度为0.5左右。如果是教师自编测验,一般在测验实施前难以统计难度,所以通常只能依靠教师以往的经验和当前对学生观察的主观判断作出估计。相比较而言,标准化测验则相对较为规范。

对学生认知学习评价测验难度的合理界定离不开对认知学习目标的正确认识与恰当把握,一定的教学目标通常也构成测验的目标体系。现行的认知教学目标一般是根据布卢姆的目标分类,即认知领域包含知识、理解、应用、分析、综合、评价六个方面,同时布卢姆还根据这六个方面罗列了相应的认知动词,便于教师能比较准确地了解学科教学目标(见表10-3)。

表10-3 认知目标分类及相应的认知动词①

认知目标	认知动词
知识水平	知道、记住、背出、说出、背诵、再认、列举、复述等
理解水平	转换、改写、举例、说明、解释、归纳、计算、摘要、推断等
应用水平	解答、解决、证明、计算、操作等
分析水平	指出、找出、识别、区别、分类、分析等
综合水平	归类、总结、创作、拟定、设计、编制等
评价水平	评定、评判、评价、鉴别、欣赏、比较、选择、反驳等

这六个方面所表达的目标水平分别按照由低到高的方式进行排列,且高一层次的目标包含了低一层次的目标,但在单次的测验中,这六个目标层次所表达的内容并不是平均分布的,而主要是依据测验的要求来确定。这里需要注意的是,如果测验对象已经对试题的相关内容很熟悉甚至已经练习过,那么试题的难度就降低了,否则反之。

(3)确认测验的可行性。测验的可行性主要包含两个方面:一是在制定测验的指标时应具有可操作性。制定的指标应具体明确,易于测量和比较,否则容易造成误差。二是测验标准的制定要合理恰当,应注意不同对象不同内容的不同选择。如测验需要信度和效度,而在测验的编制中试题的类型越多、容量越大,测验的信度和效度一般也就越高,但是如果大部分测验对象在规定时间内难以完成,势必容易造成误差;同样,如果试题容量太小,且试题取样过深,也容易形成误差;还有如学生的地区差异性对测验的影响问题等,也会影响测验结果的可靠性。

(4)提供测验的评定标准。即在有效的测验编制过程中应同时考虑制定测验的答案和评分标准。具体而言,一是提供客观性试题的标准答案;二是提供主观性试题的答案要点;三是说明评定的计分规则。这里容易出现误差的是主观性试题的评定,因此在给主观性试

① 柯孔标.教学评价[M].北京:知识出版社,1999:23.

题提供答案要点的同时,应尽可能进一步作出详细说明,如答案准确、简单、详细、有创造性的应分别给出得分标准,尽量缩小不同教师评定时产生的误差。

二、学生技能学习的评价

技能是指顺利完成某种任务的一种活动方式。形成技能是学生学习的重要组成部分,学生对各学科知识的学习不能只停留在领会的水平上,在一定条件下还必须将其转化为相应的技能,才能使知识在完成任务中起到应有的作用。所以,技能学习与认知学习密切联系,却并不等同,亦不可相互替代,自有其特定的发展规律和学习过程,它主要依靠练习来获得。如一个学生具有很好的乐理修养,但如果没有练琴的经历并花相应的时间练习,他也不可能成为演奏家。因此,学生技能的学习过程就是通过示范、模仿、练习、独立等阶段反复训练,以达到熟练化和自动化的过程。

(一)学生技能学习评价的内容和方法

技能按其性质和特点一般可分为动作技能和心智技能两种。**动作技能**是指在完成一项任务中,由肌肉、骨骼运动和与之相应的神经系统部分以完善、合理的方式组织起来并顺利进行的活动,如写字、演奏、体操、操纵生产工具等,即在学习活动、体育运动和生产劳动中的实际动作。**心智技能**是指借助内部言语顺利完成某项任务的活动,它又可分为专门的心智技能和一般的心智技能两类。专门的心智技能如阅读、作文、计算技能等,一般的心智技能如观察、倾听、理解、分析问题和解决问题等。动作技能与心智技能之间既有联系又有区别,外部动作是心智技能形成的最初依据,也是它的经常体现者;心智活动又是外部动作的调节者。在学校教育中,技能的学习主要渗透在各个学科中,如语文、数学、物理、化学、生物、地理、体育、音乐、美术等课程。具体而言,主要包含读写算技能、社交技能、使用工具的技能、动作技能、实验技能等,同时这些技能也构成了学生技能学习评价的主要内容。由于技能学习不同于认知学习,根据研究,技能学习必须经过认知、定位、自动三个时期,在学习期间必须掌握接近、练习、反馈三原则才更能奏效。显然,认知学习评价中使用较多的书面测验不适合于对技能学习的评价。因此,对技能学习的评价一般多采用观察法、作品表现法、表演评价法等,其中观察法是最常用的方法之一。

(二)学生技能学习评价的实施

学校教育中将学生技能学习作为独立项目予以评价且实施较多的主要有以下评价。

1. 口头语言表达技能的评价

口头语言表达技能包括使用特定语言回答问题的能力和为获取一定信息提出问题的能力。在现代语言中,口头语言表达技能与听力是重叠的。具体而言可以从六个方面予以评价:第一,语用。正确运用语言知识,进行语言交际。第二,语脉。说话有条理,表达通顺、连贯。第三,语态。神态自然,并有恰当的表情。第四,语意。说话意思清楚明白。第五,语汇。说话具体,用词丰富、生动。第六,语量。能自主地控制音量和速度。其中,语用、语脉、语态三个因素尤为重要。在评价学生口头语言表达技能中,使用最多的是口试,它分为间接、直接、半直接三种形式。间接测试要求学生听或读一段材料后,用书面形式回答问题,如英语考试中的听力测试,一般较多地使用在大规模的统一考试中,但效度较差。直接测试主要是通过教师与学生面对面的交流来评价学生的口头语言表达技能。这种测试能综合地反映学生的表达能力,但评定过程受主试的影响较大,主观性较强。半直接测试是使用课文、图片、录音、计算机等设置说话情境和提示,主试和被试不直接当面交谈,而是录下被试的回答,事后请多名教师作出评定。

2. 实验操作技能的评价

实验操作技能是一项综合性的技能,包含对知识的理解、分析、实验态度、实验技术等方面,是学校理科教学中的一项重要内容,也是进行科学研究的基本手段。在学生认知过程中,通过实验可以加深其对知识的理解,培养其动手能力,同时也是衡量教学效果和学生学力的一项重要指标。实验操作技能的评价主要是指对学生使用和直接操纵相关仪器设备或处理实验材料,动手进行实验操作以及应用实验研究问题的能力等方面的评价。实验操作技能的测试一般可以通过对学生实验过程的观察和对学生实验报告的检查来获取评价材料,可以采用观察法、实际操作法并辅之以笔试和口试。就评价的具体内容而言,实验操作技能一般通过对仪器和设备的使用、实验操作、实验记录和报告、实验设计等项目的测验实施评价。下面以化学科为例具体说明实验操作技能应达到的各级目标(见表 10－4)。

表 10－4 化学科实验操作技能指标体系

项 目	指 标
仪器的使用	①识别:能识别仪器,了解其用途,能按比例绘出常用的或某些重要的仪器图。 ②初步学会:在教师指导下,能正确使用(学生自己使用过 1～2 次)。 ③学会:能独立正确地使用(学生自己使用过两次以上的)。 ④熟练:能正确无误、快速、顺利地使用仪器。
实际操作	①识别:看过演示、装置或图示,学生虽未动手操作过,但能叙述实验过程,能判断实验操作和装置的正、误。 ②初步学会:在教师指导下,学生能正确进行操作一次或两次。 ③学会:能独立、正确地进行操作(两次以上的)。 ④熟练:能独立准确地、有条理地、迅速地进行操作。
实验记录和报告	①学会:能正确地记录实验中观察到的现象,并能根据现象得出结论。 ②熟练:不仅能正确地记录实验中观察到的现象,根据现象得出结论,还能对有关现象与问题进行解释,并能迅速、准确地绘制出有关仪器装置图。
实验设计	①初步学会:在教师指导下设计简单实验。 ②学会:能独立地设计实验,并通过实验设计能对科学方法有些认识。

这里值得注意的是,观察能力不宜与具体实验技能一一结合。进行量化测试,一般可以通过定期测试、分等级进行评价。实验观察(包括对图表的查看)评价的目标等级内容有以下几个方面。

第一,初步学会:①能观察描述仪器装置、物质发生的变化和现象;②观看有关的图表和装置图;③注意观察自然界及日常生活中有关的化学变化和现象。

第二,学会:①能准确地、有条理地观察描述仪器装置、物质发生的变化和现象;②观看、查阅、描述有关图表;③能观察描述自然界及日常生活中的有关化学变化和现象。

第三,熟练:①能敏锐地观察描述现象(观察到那些稍纵即逝的现象、预期外的现象);②能迅速准确地查阅有关图表;③善于观察描述自然界及日常生活中有关的化学变化和现象。

3. 动作技能的评价

动作技能的形成一般经历三个阶段,即泛化阶段(粗略地掌握动作阶段)、分化阶段(改进和提高阶段)、自动化阶段(动力定型阶段)。动作技能发展的最重要特点表现为动作的熟练化和自动化,动作的准确性和协调性是评估的重要内容。由此,动作技能的评价不易依靠量化的手段予以实施,而较多地运用观察方法给予定性的评价。在学校教育中,以动作技能为基础的课程主要有体育、音乐、美术等,其实施主要是依据各学科的教学目标及对动作技能的发展要求进行等级化。这里主要谈谈体育运动技能的评价。

一般认为,构成动作的要素有七个方面:第一,身体姿势。即身体和身体的各个部分在做动作过程中所处的状态和位置。它属于动作的空间特征。第二,动作轨迹。即身体或身体的某一部分在做动作时所移动的路线。它属于动作的空间特征,可以是整个身体重心的轨迹,也可以是身体某一部分的轨迹。第三,动作时间。即完成动作所需要的时间或动作所持续的时间。第四,动作频率。即周期性动作在单位时间内重复的次数。它属于动作的时间特征。在一定时间内,动作重复的次数越多,频率就越大。第五,动作速度。即在单位时间内,人体在空间的位移。它属于动作的时空特征。第六,动作力量。即身体移动时对外部物质对象所产生的物理作用。它属于动力学特征。第七,动作节奏。这是动作的快慢、用力大小、肌肉收缩和舒张与时间间隔的长短、合理交替的一种综合特征。它既具有时间、空间特征,也具有动力学特征,是一种综合性特征。

因此,动作技能的测量是指依据教学目标,针对动作技能等级质化与量化的标准,采用各种测试手段,将测量所获取的数据与信息经过科学分析,最后对动作技能给予评定与评分的过程。① 从目前中小学体育动作技能的评价实施来看,全国没有一个统一的评价标准,主要依托体育课程并联系中小学体育考核项目的实际予以进行,这样既便于操作,同时也有益于体育任务的完成(见表 10-5)。

表 10-5 动作技能测量标准及等级分值②

等 级	分 值	动作技能标准	技能评分数段
优秀	90 分以上	能熟练掌握与完成动作: 1. 动作正确、规范、协调 2. 动作连贯、有节奏感 3. 完成动作表情自然,姿态端正	 100 95 90

①② 张奇,等. 音体美教学心理学[M]. 北京:北京教育出版社,2001:152,156,159.

续表

等级	分值	动作技能标准	技能评分数段
良好	75～89分	能较连贯地完成动作： 1. 动作基本正确，符合技术要求 2. 动作比较协调和连贯 3. 有小的缺点和不足	89 85 80 75
及格	60～74分	能基本完成动作： 1. 动作有些僵硬、不协调 2. 动作不够连贯，表情紧张 3. 有较明显的错误	74 70 65 60
不及格	59分以下	未能完成动作： 1. 全部动作有部分完成 2. 需要他人保护与帮助才能完成动作 3. 关键的技术环节不能完成 4. 全部动作不能完成	59 55 50 45 40～30 25 20 15 10

注：① 各分数段之间可依据完成动作质量的程度不同，适当评出差异。

② 不及格者也要依据实际给予一定的分数。

实施动作技能评价应关注几个问题：第一，要重视形成性评价。因为动作技能的训练过程就是动作不断熟练化和自动化的过程，它追求的是动作熟练化和自动化的效果，因此技能一旦形成就难以改正。所以，应重视形成性评价，在学习过程中不断给予反馈，对学生在学习中的表现的评价应在总成绩中占有一定比例。第二，要重视克服评价的主观性。因为动作技能的评价难以量化，它更多进行的是定性评价，受评价者的主观性影响较大，因此要尽可能做好客观记录工作。第三，适宜采用等级性评价。第四，动作技能评价标准的制定应符合中小学生的实际状况，应以锻炼提高学生的体质为根本，适当考虑当地学生的实际体质发展状况。

三、学生情感学习的评价

学生的学习活动是认知活动与情感活动的统一过程，认知可以改变情感，同时情感也能影响认知，布卢姆提出学生成绩差异的1/4可以由个人情感特征加以说明。正如“史密斯指出的，‘讲授任何概念、原理或理论，都不仅仅是为了理解，同时也是为了寻求对待它们的态度——对其有用性、可依赖性等表示接受或是拒绝’”①。因此，学生情感系统的习得

① B. S. 布卢姆，等. 教育评价[M]. 邱渊，等，译. 上海：华东师范大学出版社，1987：475.

过程是现代教育目标的重要领域之一,并日益得到广泛的重视。

我国新一轮基础教育课程改革的《义务教育数学课程标准(2011 年版)》对情感态度提出的要求是:(1)积极参与数学活动,对数学有好奇心和求知欲;(2)在数学学习过程中,体验获得成功的乐趣,锻炼克服困难的意志,建立自信心;(3)体会数学的特点,了解数学的价值;(4)养成认真勤奋、独立思考、合作交流、反思质疑等学习习惯;(5)形成坚持真理、修正错误、严谨求实的科学态度。

(一)学生情感学习评价的类别

对学生情感学习评价的分类,现在并没有一个统一的标准体系。在布卢姆的《教育评价》(*Evaluation to Improve Learning*)中主要应用《教育目标分类学》(*Taxonomy of Educational Objectives*)把目标根据等级层次排成一个连续体,并将这一连续体描述成为一个内化的过程,在这个过程中,情感成分从单纯觉察开始,经过一定的动力阶段,最后达到对一个人行为的控制。这一内化过程主要由五个范畴组成:接受(receiving)、反应(responding)、估价(valuing)、组织(organization)、性格化(characterization by a value or value complex)。同时,这五个范畴又各自可进一步分解为 13 个不同的层次水平。这些目标覆盖面广,实际上已经趋近于把个人的性格特征几乎完全表明出来,有些目标已经超出了单个教师力所能及的范畴,显然在现行的教育教学实际运行中有相当的难度。因此,目前学生情感学习的评价一般由兴趣、态度、品德三个类别构成。在此重点介绍兴趣和态度的评价,品德评价将在第三节中作具体表述。

(二)学生情感学习评价的个案

对学生学习兴趣的评价一般有两个方面:一是学生兴趣的倾向性,即学生喜欢学什么,帮助教师更好地了解学生,实施因材施教;二是学生对各个学科的学习兴趣,有助于教师更好地获取教学反馈信息(见表 10-6)。

表 10-6 中学生兴趣倾向表①

姓名＿＿＿＿＿ 性别＿＿＿＿＿ 班级＿＿＿＿＿

下面列举了 78 项活动,请你根据自己喜欢的程度,在每项活动后面的括号里画上记号。非常喜欢,想成为这方面的专家,画"○";喜欢了解,但不想做,画"△";不喜欢,画"×"。

1. 阅读有趣的物理和数学书籍。	( )
2. 阅读关于化学发明的书籍。	( )
3. 查阅无线电仪器的构造。	( )
4. 阅读科技杂志《我们爱科学》《科学 24 小时》等。	( )
5. 了解世界各国的政治制度和生活方式。	( )
6. 阅读世界文学的经典著作。	( )
7. 了解世界动、植物的生存状态。	( )
8. 讨论国内外时事政治事件。	( )
9. 关心住宅、班级和学校的舒适环境。	( )

① 柯孔标. 教学评价[M]. 北京:知识出版社,1999:83-86.

续表

10. 了解医生的工作。	( )
11. 阅读关于教育的书。	( )
12. 看戏,参观艺术博物馆、艺术展览会。	( )
13. 阅读有关战争和战斗的书籍。	( )
14. 阅读有关物理发明的科普读物。	( )
15. 做化学的家庭作业。	( )
16. 修理日用电子仪器。	( )
17. 参观技术展览会,收看科技新消息。	( )
18. 到家乡附近实地考察。	( )
19. 学习有关生物学、动物学和植物学的知识。	( )
20. 阅读有关文学评论的文章。	( )
21. 参加社会工作。	( )
22. 如果有同学自己不能完成作业,向他们讲解如何做作业。	( )
23. 阅读有关人们如何同疾病作斗争的书籍。	( )
24. 缝衣、绣花、做饭。	( )
25. 阅读有关艺术的书籍。	( )
26. 了解军事技术。	( )
27. 做物理实验。	( )
28. 做化学实验。	( )
29. 阅读科普读物上有关电子技术的最新消息。	( )
30. 装配和修理机器,如自行车、钟表等。	( )
31. 搜集矿物收藏品。	( )
32. 在花园、菜园里劳动。	( )
33. 记叙自己的观察和思考。	( )
34. 阅读有关历史的书籍。	( )
35. 给小朋友讲故事,同他们一起玩耍。	( )
36. 照料病人,教他们以正确的方式服药。	( )
37. 帮助家长料理家务。	( )
38. 参加业余文艺活动小组。	( )
39. 参加军事游戏或行军。	( )
40. 在数学小组中学习。	( )
41. 准备溶液。	( )
42. 装配收音机。	( )
43. 制作模型,如做滑翔机模型等。	( )
44. 参加地质或地理活动。	( )
45. 观察生机勃勃的大自然。	( )
46. 研究外国语。	( )
47. 听历史题材的报告。	( )
48. 参加少先队辅导员的活动。	( )
49. 照看小朋友。	( )
50. 采购物品。	( )
51. 与同学谈论艺术。	( )
52. 在军事活动中学习。	( )

续表

53. 参加物理(数学)有奖竞赛。	( )
54. 解化学习题。	( )
55. 做用测量仪器完成的作业。	( )
56. 做简单计算的力学作业。	( )
57. 熟悉地质(地理)图。	( )
58. 做生物实验的作业。	( )
59. 与同学们讨论读过的书籍。	( )
60. 研究各国的政治问题。	( )
61. 讨论教育问题。	( )
62. 了解人类有机体是如何构成的。	( )
63. 做说服人的工作。	( )
64. 了解艺术史。	( )
65. 做行军和游戏的组织者。	( )
66. 用公式解数学题。	( )
67. 寻找自然界的化学现象。	( )
68. 搞清楚无线电图解。	( )
69. 制图。	( )
70. 做地形测查。	( )
71. 照料动物。	( )
72. 听文学问题的报告。	( )
73. 了解文学史。	( )
74. 给同学讲故事。	( )
75. 研究各种疾病发生的原因。	( )
76. 与各种人结识、交际。	( )
77. 参加业余文艺会演或造型展览。	( )
78. 遵守作息制度。	( )

《中学生兴趣倾向调查》分类答案

将学生回答的结果,按次序排列如下,则形成各横行相应的兴趣倾向

行 类	兴趣倾向	回答序号						合 计
第一行	物理、数学	1	14	27	40	53	66	
第二行	化学	2	15	28	41	54	67	
第三行	电子、无线电	3	16	29	42	55	68	
第四行	技术	4	17	30	43	56	69	

续表

第五行	地理学、地质学	5	18	31	44	57	70	
第六行	生物学与农学	7	19	32	45	58	71	
第七行	语文与新闻	6	20	33	46	59	72	
第八行	历史与社会活动	8	21	34	47	60	73	
第九行	师范与教育工作	9	22	35	48	61	74	
第十行	医学与医务工作	10	23	36	49	62	75	
第十一行	家政	11	24	37	50	63	76	
第十二行	艺术	12	25	38	51	64	77	
第十三行	军事	13	26	39	52	65	78	

对学生回答的结果，按下列标准计分："○"计 5 分；"△"计 3 分，"×"计 1 分。依次算出每一类兴趣倾向的分数，然后把这 13 类兴趣倾向按得分多少依次排列顺序，就可以了解每一个学生的主导兴趣倾向性。

（三）学生情感学习评价应注意的几个问题

1. 一般采用观察法和问卷法

在评价实施中重在诊断性评价和形成性评价，终结性评价通常较少使用。学生情感学习的评价不适宜采用认知学习评价中使用较多的单一而具体的量化评价模式。

2. 应尊重学生的学习情感表现

学生的学习情感是一个富有个性色彩的要素，是家庭、学校、社会共同影响的结果。因此，学生的学习情感是多方位和多层次的，既有来自学生年龄阶段的客观差异，也有来自个体的主观差异，在评价中应认可这一差异性，并尊重学生的学习情感。

3. 应保护学生的个人隐私权

情感通常被认为是私有而非公有的，对学生情感学习的评价势必要涉及个人的隐私，而且要给学生的情感学习评价出分数、等级，似乎也不容易为大家所接纳。所有这些必然影响情感学习评价的有效实施。事实上，当教师在评价过程中忽视情感学习评价时，在教学过程中也极容易忽视学生的情感学习。

总之，学生情感学习的评价在教育教学的评价实施中，其评价技术存在一定的问题，有一定的难度，并受一定条件的局限。但是，"有证据证明，许多情感目标能像某些认知目标一样较快地达到，并能予以评价"①。因此，教育教学中的情感目标和评价已经越来越成为大家关注的焦点。

第三节　学生品德评价

品德是指"个人依据一定的道德行为准则行动时所表现出来的某些稳固的特征，它是个性中具有道德评价意义的核心部分"②。品德心理结构一般包括道德认知、道德情感和道德行为三个部分，因此，从目前的理论研究和实施状况来看，品德评价也主要以对道德认知、道德情感和道德行为的评价而展开。学生的品德评价也大致如此，即测评者依据一定的标准对学生所表现出来的品德特征进行定性和定量的分析，并通过价值判断给出相应的结论。在我国现行的中小学教育中，品德评价主要依托德育工作而展开。

一、学生道德认知的评价

学生道德认知的评价主要是以学生道德认知水平即个体对道德规范和道德范畴及其意义的认识为对象所进行的评价。它始于19世纪英国巴恩斯（F. M. Barnes）采用问卷法对儿童惩罚观念进行的测评，瑞士心理学家皮亚杰在1932年出版的《儿童的道德判断》（*The Moral Judgement of the Child*）中则为道德认知的测评研究奠定了坚实的基础。皮亚杰认为，只有在儿童对特定行为的评价中才能准确判断儿童的道德认知水平，反对采用直接提问的方式来测评。因此，皮亚杰和他的同事们设计了许多道德价值内容的对偶故事，通过对儿童讲述故事及儿童对故事内容的判断来确定其道德发展水平，形成了道德认知评价的基本模式。后来的研究者也在对其测评方法不断反思的基础上予以发展，其中影响较大的如美国心理学家科尔伯格（L. Kohlbreg，1927—1987）的"道德两难故事法"，并以此研究建立了著名的"三水平六阶段"道德发展阶段模型；莱斯特（Rest）的"限定问题测验"；艾森伯格（Nancy Eisenberg）的关于亲社会道德两难故事法等。我国也有许多学者对此进行了大量研究，如我国学者陈会昌、李伯黍应用6对对偶情境故事对公私财物损坏的道德判断的测评研究；我国心理学家李伯黍教授领导的儿童道德发展研究协作组编制的4个情境故事，用于公正观念的测评；我国学者李伯黍、岑国桢、叶惠珍等编制出3类9对故事用于集体观念的测评；我国心理学研究者陈会昌、顾鹏飞、李伯黍、岑国桢、刘京海、谭秋桂、郑和钧等采用问卷法或情境故事法等对儿童的爱祖国观念、助人观念、公益劳动观念、分享观念、纪律观念等进行了深入的测评研究，揭示了我国文化背景下小学儿童助人观念、公益劳动观念等道德观念的发展特点。③ 但是，从我国现行中小学教育具体实施的品德评价来看，较少甚至不运用这一评价方式，大多仅是将此研究成果作为有效进行品德教育的心理学依据，对道德

---

① B. S. 布卢姆，等. 教育评价［M］. 邱渊，等，译. 上海：华东师范大学出版社，1987：478.

② 潘菽. 教育心理学［M］. 北京：人民教育出版社，1983：156.

③ 寇彧，张文新. 思想品德教学心理学［M］. 北京：北京教育出版社，2001：242.

认知的评价主要还是借助于政治课、思想品德课等一般采用测验法(主要用书面考试)来进行,其局限性是不言而喻的,同时也在一定程度上影响了德育工作的有效性。

专栏 10－4

科尔伯格的道德判断谈话形式——故事Ⅰ

乔是一位14岁的男孩,他很想去野营。他父亲许诺,如果他攒到一笔钱,就允许他去野营,于是乔送报就更加卖力,终于攒下了100美元。这笔钱除了用于野营外,还有点儿剩余。但就在野营出发前,乔的父亲改变了主意。因他父亲的一些朋友决定去进行一次钓鱼旅行,而他父亲缺少这笔旅行的费用,就告诉乔把送报攒下的钱给他。乔不想放弃将要进行的野营,于是他想拒绝给他父亲钱。

1. 乔应该拒绝给他父亲钱吗?

1a. 为什么或为什么不?(联系故事)

(问题2、3是用来引发被试的道德类型,应该考虑选择)

*2. 父亲有权利向乔提出要钱吗?

*2a. 为什么或为什么不?(联系故事)

*3. 给钱与做好儿子有什么关系吗?

*3a. 为什么或为什么不?(核心问题)

*4. 在这个故事中,乔自己挣钱的事实是重要的吗?

*4a. 为什么或为什么不?(核心问题)

5. 父亲答应乔,如果他挣到钱就可以去野营。在这个故事中,父亲的许诺是最重要的吗?

5a. 为什么或为什么不?(核心问题)

6. 一般来说,为什么应该信守诺言呢?(一般问题)

7. 对一个你不太熟悉或你可能不会再见到的人信守诺言是重要的吗?

7a. 为什么或为什么不?(一般问题)

8. 在父子关系中,你认为应该关心的最重要的事情是什么?

8a. 为什么那是最重要的事情?(一般问题)

9. 一般来说,父亲对儿子的权威应该是什么?(一般问题)

9a. 为什么?

10. 在父子关系中,你认为儿子应该关心的最重要的事情是什么?

10a. 为什么那是最重要的事情?(一般问题)

(下列问题是用来引发被试的道德类型,应该考虑选择)

*11. 回想一下这个故事,你认为乔做什么才是最负责任的?

*11a. 为什么?

注:如果谈话时间有限,带星号的问题可以省略。

[资料来源]　郭本禹. 道德认知发展与道德教育——科尔伯格的理论与实践[M]. 福州:福建教育出版社,1999:234－235.

二、学生道德情感的评价

道德情感是人的道德需要是否得到实现所引起的内心体验。每个人都会运用一定的道德标准去衡量或评价自己的道德行为,当道德认知与道德行为符合道德标准时,便会产生肯定或积极的内心体验,否则会形成否定或消极的内心体验,如内疚、羞愧、悔恨等情绪。道德情感就其形式而言主要有三种类型,即由对某一情境的感知而引起的直觉情绪体验;与具体的道德形象相联系的情绪体验;以对道德要求的清晰认识为中介而形成的情感。对道德情感的评价也大体由此而展开。但是,由于道德情感具有复杂性、不稳定性和情境性等特征,使得对道德情感的评价具有了相当的难度。因此,相对于道德认知、道德行为的评价而言,道德情感的评价还非常不成熟,不具有系统性。现行对道德情感评价的研究主要集中在对人的移情感、内疚感、羞愧感、义务感、荣誉感、爱国主义情感、良心和幸福感等方面的测评,大部分采用量表测评、情境测评、完成故事测验、实验测评等方法,但还没有广泛地应用在中小学日常的品德评价中。

专栏 10－5

布莱安特(Bryant)儿童青少年移情测验

陈述	反应
1. 当看见一个女孩没找到人与她玩时,我会感到伤心。	(＋)
2. 在公共场所接吻、拥抱是一种愚蠢的行为。	(－)
3. 因高兴而哭泣的男孩是傻家伙。	(－)
4. 我真的喜欢看见打开礼品盒,即使我不会得到礼物。	(＋)
5. 看见一个男孩哭泣使我觉得自己好像也要哭似的。	(＋)
6. 当看见一个女孩痛苦时,我会感到不安。	(＋)
7. 即使我不知道别人发笑的原因,我也会发笑。	(＋)
8. 有时,我在看电视节目时也会哭泣。	(＋)
9. 因高兴而哭泣的女孩是傻家伙。	(＋)
10. 对我来说,要明白别人感到不安的原因是很难的。	(－)
11. 当我看见一个男孩找不到人与他玩时,我会感到伤心。	(＋)
12. 当我看到一只动物痛苦时,我会感到不安。	(＋)
13. 有些歌让我如此伤心,我觉得好像要哭似的。	(＋)
14. 当我看到一个男孩痛苦时,我会感到不安。	(＋)
15. 有时成年人也会哭泣,即使他们没有什么伤心的事情。	(－)
16. 把狗、猫看成有人一样的情感是愚蠢的。	(－)
17. 当我看见同学总是假装需要老师帮助时,我会生气。	(－)
18. 没有朋友的小孩极有可能是他们不想交朋友。	(－)
19. 当看见一个女孩哭泣时,我觉得自己好像要哭似的。	(＋)
20. 我认为在观看伤感电影和阅读伤感小说时,有些人哭泣是很可笑的。	(－)
21. 我能够吃掉所有的饼干,即使有人看着我想要一个吃。	(－)

22. 当我看见一个同学因没遵守校规而受老师惩罚时，我不会感到不安。　　（－）

说明：（＋）号表示肯定的回答，代表儿童产生了移情；（－）号表示否定的回答，代表儿童未产生移情。对被试回答的要求因年龄不同而不同，年龄较小的儿童用“是”与“否”回答，年龄较大的则采用九级评定，以更精确描述被试对某个题目赞成或不赞成的程度。该测验备有标准反应，将所测与其对照，说明儿童是否具有移情。

［资料来源］　寇彧，张文新. 思想品德教学心理学［M］. 北京：北京教育出版社，2001：243－244.

三、学生道德行为的评价

学生道德行为是指学生个体在一定道德认知的支配下所采取的行为，它是学生品德形成的关键和重要标志。因此，学生道德行为的评价也成为学生品德评价中的重要组成部分。我国现行中小学教育中的学生品德评价也主要集中在对学生品德行为的评价上。

（一）我国中小学生品德评价标准

学生品德评价的根本目的就在于准确、客观、科学地反映学生品德的发展水平和状况。因此，确定一个切实可行的品德评价标准是做好评价工作的必要条件。但是，目前我国还缺乏一个为大家所认可并切实可行的理想的指标体系，而品德评价的实施又是学校德育工作的一项重要内容。所以，目前在实施评价中主要以《中小学德育大纲》规定的教育目标、要求和内容以及《中小学生守则》和《小学生日常行为规范（修订）》《中学生日常行为规范（修订）》为根本依据，并根据各地、各年级学生的实际提出要求，制定具体标准。

优秀：对评定的内容诸方面都做得好，或在某些方面有突出表现。

良好：对评定的内容诸方面基本能做好。

及格：对评定的内容诸方面大部分能做到，但在某些方面做得不好，有严重缺点，或有错误，但已改正。

不及格：对评定的内容诸方面大部分不能做到，或在某些方面有严重错误，或有违法和轻微犯罪行为，不接受教育，无改正表现。

（二）我国中小学生品德评价的常用方法

20世纪80年代中期以来，我国学生的品德评价日益受到教育界的广泛重视，并进行了大量研究，改变了传统单一的定性评价方式，逐渐倾向于定性和定量相结合的方式。这里主要介绍我国中小学生品德评价常用的方法。

1. 整体印象评价法

整体印象评价法是评价者依据一定的评价内容和标准，通过日常对评价对象的观察和了解，经过综合分析并以此对评价对象的品德状况给予终结性整体评定的方法。如每一个学期结束时，班主任要对每一个学生的品德发展状况作出优、良、及格、不及格的评定或提供学生操行评语，一般采用的都是整体印象评价法。

整体印象评价法由于主要依靠评价者平时对评价对象的观察来进行，不需要做什么特别工作，过程简单易行、花费最小，同时也由于学生品德评价的特殊性，在现有的状态下做科学量化的测评工作还有一定的难度。所以，它是教师在进行学生品德测评中最常用的一种方法，也成为其他品德测评方法的基础，被广泛地应用于学生日常的品德考核中。但是，由于这种方法主要依靠评价者来实施，测评的可靠性更多地依赖评价者的经验。因此，这一评价结果的主观性较强，从而必然使评价结果具有很强的随意性和片面性，同时也就影响了评价的准确性和科学性。为了加强这一方法的可靠性、克服这种方法的弊端，现在中小学使用较多的是多重评定法，即改变原评价者的唯一性，由多重评价者来共同实施；同时，也根据《中小学德育大纲》《中小学生守则》《小学生日常行为规范（修订）》《中学生日常行为规范（修订）》的要求等提供一些评价标准，并确定每项内容的等级指标以便操作。一般而言，在评价步骤上首先由学生进行自我评价，其次是学生小组的评价，再次是班主任的综合评价。当然，在评价实施中，无论是学生的自我评价还是小组评价，实质上使用的还是整体印象评价法。

2. 操行评定评价法

操行评定评价法是评价者根据一定的标准和要求，通过平时对评价对象的观察和了解，用书面语言描述的形式对评价对象品德发展的状况作出评价的方法。这是中小学使用最广泛的一种品德评价法，它既有整体印象评价法的优点，而且更具体形象，能比较全面地反映评价对象的品德面貌，便于评价对象及时了解自己。但是，这种方法的可靠性依然要靠评价者来把握，而且班主任面对几十个评价对象要用简短的语言作出较为全面的评价，实际上有相当的难度，对评价者有较高的要求。所以，评语容易出现套话、缺乏有效内容，而且这种方法仍属于主观评价法，随意性、片面性等问题依然存在。

现行对操行评定评价法的改革主要集中在对评语的表述方面。就目前评语中存在的问题，如评语缺乏个性化、语言贫乏流于俗套且不亲切、重视结果不注重教育性等进行改革并予以实施，如山东省烟台、青岛等地提出并实施的鼓励性评语，华东师范大学教育学系和无锡市扬名中心小学提出并实施的教育性评语等。总体而言，评价者在书写评语时应注意：一要全面深入地了解学生，既要了解学生的行为状况，更要了解学生品德发展的需要和发展规律；二要提高评语的规范性，即应适当界定评语的基本项目和指标，要求提供给学生一定的信息量，同时“要区分不同阶段的评语功能，如学期学年评语主要针对学生，强调针对性、激励性；毕业鉴定主要针对社会，强调综合性、客观性”；①三要增强评语的情感色彩，尽可能多地使用鼓励性语言。

① 陈桂生. 到中小学去研究教育［M］. 上海：华东师范大学出版社，2000：176.

专栏 10－6

评语情感的差异

评语 1 按时到校上课，作业基本能按时交，上课较认真听讲，但举手发言方面欠佳，接受知识能力较强，但容易骄傲自满，对自己没有严格要求，故成绩一直停滞不前。

作为班干部，不能以身作则，违纪情况严重。对老师的批评不能立即接受并改正，劳动态度也不够认真。望今后对自己严格要求，做事不能单凭兴致，而应动脑子去做。

＊这是某区重点中学初一一位班主任给学生的评语。班主任对学生是比较了解的，评语对学生也很负责，但看后使人有一种压抑的感觉。主要原因是每写一个优点，马上就是一个缺点，讲优点没讲足，讲缺点没抓住主要的，因此没能表达出班主任的满腔热情。

评语 2 该生最大的特点是认真，能认真参加班组活动，尊师守纪，友爱同学，认真劳动，成绩良好，且稳步上升，但学得不够灵活，全面素质有待提高，特别要注意身体素质的锻炼，争取全面发展。

＊这一评语抓住了该生的基本特点就是认真，指出了两个弱点，学习上欠灵活和身体素质不够理想，但使人感受到班主任对其充满着一种期望的情感。

评语 3 该生热心参加集体活动，能配合体育委员开展工作，对班长的工作也能大力协助和支持。尚能认真完成班级交给的工作，建校劳动表现好，受到好评。在学习方面，主观上想努力，但力度还不够，成绩尚不够理想。希望进一步学习中学生行为规范，加强政治理论学习，力争在各项实践活动中得到更好的锻炼，在素质教育方面取得更大的进步。

＊这是一位各方面都欠佳的学生，但老师还是竭力挖掘其向上的闪光点，对缺点不姑息，并且批评很婉转，如学习努力程度不够，基本行为规范不够理想，政治思想方面要求不高等，使人感到老师的理解与期望。

［资料来源］ 陈桂生. 到中小学去研究教育［M］. 上海：华东师范大学出版社，2000：171－172.

3. 操行计量评定法

操行计量评定法是指使用以百分为满分或实行百分制计分法，评价者根据一定的标准和计分规则，依据学生的品行表现予以加分或减分，以对学生的品德作出评价的方法。这是一种侧重于进行量化品德评价的方法，一般而言，其具体步骤是首先提出系统的评价项目和评价标准及其计分标准和规则，其次在实施前向学生公布和提出具体要求，而后结合日常的学习工作对照标准予以计分，最后在学期结束时计算出总分。目前，就这一方法的使用情况来看，虽然全国尚无一套完整而统一的指标体系和具体做法，但各学校都进行了许多有益的探索和实验，也积累了一定的经验。

这种方法在一定程度上克服了原品德评价只有定性而无量化容易出现主观随意性和片面性等问题，有利于使品德评价精确化，也便于学生之间、学校之间和班级之间进行比较，且方法简单易行，便于操作，尤其适用于对道德行为习惯等外部表现进行的形成性评价，有益于发挥评价的教育功能。与这一方法有异曲同工也经常被使用的还有如等第赋分累积评定法等。但是,它依然无法从根本上克服品德评价中的主观性问题,表现在对评价项目、指标等的界定无法规范,仍受主观因素影响较大,这势必影响评价的客观性和可靠性。此外,它对学生形成道德行为的动机无法考察,评价的结果也难以体现个性特征等,这也局限了这一评价方法的适用范围。因此,这一方法只能是终结性品德评价的依据之一,但作为形成性品德评价的依据确是极好用的。

在品德评价方法中,除了以上介绍的几种常用方法外,还有如问卷法、代表性品德行为整体测评法、操行测试评分法、综合评判法等。总体而言,追求品德评价的教育性和品德评价的量化仍然是品德评价研究的热点和难点,也是广大中小学教育工作者十分关注的话题。但鉴于品德的内涵十分复杂,品德评价量化指标的构建还有相当的难度,因此,定性的品德评价方法在一定意义上仍将居于主流地位。

第四节　学生综合素质评价

实施学生综合素质评价,关注学生的个性和综合素质的发展,是新课程改革的亮点之一,也是全面推进素质教育的必然要求。它对改变我国中小学评价与考试长期以来存在的忽视改进与激励的功能、忽视学生全面发展和个体差异、忽视过程评价等突出问题,发展和完善学生评价体系,引导学校落实科学的学生发展观,具有重要的意义。

一、学生综合素质评价实施的意义

(一)促进发展性学生评价体系的构建

学生评价是在客观描述评价对象的基础上所进行的价值判断。客观描述可以分为定性描述和定量描述,定性描述是对事物质的方面的分析与研究,定量描述是对事物量的方面的分析与研究,二者相互结合、相互补充,才能真实地反映事物的本来面目,从而提高学生评价的信度和效度。但是,传统的学生评价试图把复杂的教育现象简化为数字,把丰富的质还原为量,把无法量化的内容排斥于评价系统之外,这样势必使评价存在局限,缺乏对学生成长的关注。因此,学生综合素质评价的实施强调持续性描述,即成长记录,全面、准确地描述学生的成长历程,而这正是发展性学生评价的灵魂,也是学生综合素质评价构建与实施的必然追求。

(二)有效发挥学生评价的引领作用

教育评价的基础和核心是价值判断和价值引领。价值判断是在客观描述的基础上,根据评价者的需要和愿望对客观事物作出的评判,它是一种客观性与主体性统一的活动。对于学生评价而言,评价者教师的教育价值观是实施价值判断的内在依据,也就是说,学生评价容易受教师个体价值观的影响。因此,学生综合素质评价指标体系的构建和实施,既充分表达了当代学校教育的价值追求,使各种价值取向在教育评价中保持一种“合理的张力”,也以此引领教师的教育价值观的重建,反思现实中的教育问题,实现教育评价的增值探索。

(三)完善人才的选拔方式

教育评价作为一种价值判断,在客观上能起到对学生的学业成绩和发展状况进行鉴定的作用。实施学生综合素质评价,改变了以往把学科的学业考试分数当作评价人才、选拔人才的唯一标准的单一模式,运用综合的评价方式选拔人才,从学科学习和基本素质两大维度实行学业成绩与成长记录相结合的综合评价方式,真实、全面地反映了学生的成长历程,为高一级学校和社会选拔人才提供了全面、丰富、具体的学生发展状态的描述。

二、学生综合素质评价实施的基本原则

实施学生综合素质评价的基本出发点是为了真实、全面地反映学生在校期间整体素质和个性发展状况,尊重学生之间的差异,关注学生的特长和潜能,促进学生富有个性地全面发展。同时,实施学生综合素质评价也有助于改变长期以来中小学评价只强调甄别与选拔功能、忽视改进与激励作用,只注重学习成绩、忽视学生全面发展和个体差异,只关注结果而忽视过程,且评价方法单一等问题,从而形成合理的评价机制,把素质教育真正落实到日常教育教学工作之中。

(一)导向性原则

对学生的评价是依据一定的标准和所要完成的目标进行的价值判断。学生要获得理想的评价,就必然要了解评价的标准和方式,并倾向于依据标准来调整其发展状态,以期获得好的效果;而教师通常也会采用此目标并渗透在教育教学过程中,影响学生的发展。学生综合素质评价除了拥有一般教育评价的导向功能外,更有其特殊的导向意义和价值,希望以此为基点,改变以往学生评价只注重学生的学业成绩,忽视发现和发展学生多方面潜能等问题,通过学生综合素质评价体系的建构和使用,具体化素质教育的理想,体现新课程改革的精神,引导各个中小学明确学校教育的培养目标和学生的发展追求。

(二)发展性原则

学生综合素质评价应是基于以促进学生发展为根本目的的一种评价制度,其评价的目标、内容、方法和评价结果的处理等都应是为了促进学生的有效发展服务的,应坚持形成性评价与终结性评价相结合,注重学生的日常行为表现,注意收录反映学生成长过程和发展水平的描述与实证材料,关注和体现学生的个体差异或特长,用发展的眼光全面评价学生的综合素质。实施综合素质评价的过程,就是学生不断认识自我、发展自我和完善自我的过程。

(三)公平性原则

综合素质评价是学生评价的一个重要组成部分,与其他评价内容相比较而言,其主观性相对较强,又与高一级学校的录取有一定的相关性,这必然触及每一个学生的利益。因此,学生综合素质评价的实施应遵循公平的原则,提前公布评价的内容、标准、方法、程序以及相关人员和制度,提供教师、学生、家长等多种人员参与的评价体系,建立相应的学生申诉制度,确保评价工作公开、公正、公平地进行,对学生作出客观的全面评价。

(四)多样性原则

每个人都是一个完整、独立的生命体,其发展是各方面素质的综合体现,在实际行为中通常是以一个整体来表达的,只是为了研究的方便而将其作为一个个要素进行分化和独立。因此,任何一个评价方法都有其适用的条件和范围,当它面对一个人时,如果只用一种单一的方法进行评估,显然容易出现偏颇,不能全面地反映一个人的发展状态。学生综合素质评价涉及人发展的各种复杂状况,难以从单一的视角、用某一方法实现其准确的观测和评价,必须采用多样化的评价方式,如学生成长记录、测验、行为观察等方式,把自评与他评结合起来,多方面、多渠道地收集反映学生素质发展的有效信息,形成相对客观的综合判断,保证学生综合素质评价的准确性。

(五)可行性原则

由于学生综合素质评价涉及对一个人整体的判断,全面性是其必然要求。但在评价的实施中,很难做到“面面俱到”,而且,有的项目可以量化,有的项目则带有很强的主观色彩,容易受评估者情绪和偏好的影响,或者受技术条件的限制,不能马上作出准确的判断。因此,为了保证评价的公平性,要合理地制定评价指标体系,应倾向于选择具有较强的可评行为作为其观测点,尽量使用客观的描述性语言,评价的内容要符合各个学校和学生的实际情况,与学校的固有生活相联系,不过多增加教师和学生的负担,充分利用学校的各项活动,使学生综合素质评价做到简便、直观,具有可操作性,力求评价结果的科学和公正。

三、学生综合素质评价的主要内容和方法

目前,我国中小学生综合素质评价的内容主要是依据2002年教育部颁发的《关于积极推进中小学评价与考试制度改革的通知》(以下简称《通知》)的精神和提法,包括基础性发展目标和学科学习目标两个方面。其中,学科学习目标的评价内容以各学科课程标准所罗列的学习目标和各个学段学生应达到的目标为准,对这部分内容《通知》不再作其他要求和说明。《通知》重点说明了学生的基础性发展目标,提出基础性发展目标主要包含以下内容。

第一,道德品质。爱祖国、爱人民、爱劳动、爱科学、爱社会主义;遵纪守法、诚实守信、维护公德、关心集体、保护环境。

第二,公民素养。自信、自尊、自强、自律、勤奋;对个人的行为负责;积极参加公益活动;具有社会责任感。

第三,学习能力。有学习的愿望与兴趣,能运用各种学习方式来提高学习水平,有对自己的学习过程和学习结果进行反思的习惯;能够结合所学不同学科的知识,运用已有的经验和技能,独立分析并解决问题;具有初步的研究与创新能力。

第四,交流与合作。能与他人一起确立目标并努力去实现目标,尊重并理解他人的观点与处境,能评价和约束自己的行为;能综合地运用各种交流和沟通的方法进行合作。

第五,运动与健康。热爱体育运动,养成体育锻炼的习惯,具备锻炼健身的能力、一定的运动技能和强健的体魄,形成健康的生活方式。

第六,审美与表现。能感受并欣赏生活、自然、艺术和科学中的美,具有健康的审美情趣;积极参加艺术活动,用多种方式进行艺术表现。

需要说明的是,因学科学习目标的评价相对独立,因此,人们一般将综合素质评价内容构建的探讨焦点放在基础性发展目标中,形成了符合各地特点的学生综合素质评价的指标和内容。

专栏 10－7

普通高中学生综合素质评价内容

普通高中学生综合素质评价包括课程修习评定和基本素质评价两个方面。课程修习评定反映学生在校期间各科目和模块修习情况以及各科目学分获得情况;基本素质评价反映学生的道德品质、公民素养、学习能力、交流与合作、运动与健康、审美与表现等各方面情况。以下是某省普通高中学生基本素质评价指标体系,仅供参考。

一级指标	二级指标	三级指标
道德品质	是非观	崇尚科学,信仰真理;明辨善恶,有正义感;对事物或事件作出符合社会价值取向的合理判断。
	亲社会	乐于帮助他人或集体,富有爱心;尊重交往对象,理解他人的情绪情感,合群,不偏激;能服从集体决定;不妒忌他人的成绩,能与他人共同分享。
	诚实守信	没有欺骗他人的言行;勇于践行自己的诺言;负责任地完成所承担的任务;考试守纪。
公民素养	热爱祖国	拥有民族自尊心、自豪感;尊敬国旗、国徽、国歌;关心国家、家乡的建设。
	社会责任	关心时政;自觉维护公共利益;对个人行为负责;对他人的违法行为能够做到及时报告;对违反社会公德的行为能够以合适的方式予以劝阻;积极参加各种公益活动。
	遵纪守法	知法、懂法、守法、用法;遵守校规校纪。
	文明习惯	礼貌待人,语言、行为文明;遵守公共秩序;爱护公共设施;无不良嗜好。
学习能力	学习态度	自觉主动学习;学习勤奋,努力克服困难,认真完成学习任务;学习专注,对自己的学习行为负责。
	学习兴趣	能在学习中寻找快乐;求知欲强,爱提问;主动通过各种途径,能保持并丰富自己的学科兴趣。
	学习习惯	讲究学习策略;养成独立思考的习惯;善于反思与自我调整;合理安排学习时间;善于收集和使用学习资料;善于合作学习。
	创新意识	善于观察,有强烈的好奇心;在学习过程中能大胆质疑,敢于提出自己的见解;喜欢寻找多种解决问题的方法。

续表

一级指标	二级指标	三级指标
交流与合作	倾听习惯	尊重对方，耐心倾听对方的表达；在听取别人意见时注意提取有益的信息；虚心接受他人的忠告和建议。
	表达能力	能明确地表达自己的思想；能准确地回答他人的问题；善于运用各种方法与人沟通。
	评价能力	能充分地认识自己的优势和不足；尊重并理解他人的观点和处境；能客观地判断问题；能与他人一起确立目标，并努力去实现目标。
运动与健康	生活方式	热爱生命，不吸烟，不喝酒，拒绝毒品；有良好的卫生习惯；合理安排课余生活；合理消费，勤俭节约；拥有健康意识；养成锻炼的习惯。
	体能	达到学生体质健康标准。
	情绪	了解自己，接纳自己，客观评价自己，对自己充满信心；经常保持积极乐观的情绪状态；能根据情境，适当地表达并控制自己的情绪。
	意志	能够自觉确立目标；做事能坚持到底，不半途而废；客观认识现实环境，并能自我调适。
审美与表现	感受美	具有美的鉴别能力，对于艺术和生活中的美好事物有敏锐的感受能力；积极体验自然、社会、生活中的美。
	表达美	精神饱满，富有朝气；积极参加艺术活动，能用某种艺术形式并自信地表达；能自主地美化环境。

[资料来源] 福建省普通高中学生综合素质评价课题组. 福建省普通高中新课程实验工作文件汇编[G]. 福州：福建教育出版社，2006：138，139.

学生综合素质评价主要着眼于学生的成长过程和整体表现，既要反映学生德、智、体、美等方面的综合素质，又要彰显学生的个性、特长和发展潜能。因此，学生综合素质评价主要采用学生自评和他评相结合的方式，重视形成性评价与终结性评价的有机结合，评价结果由等级与写实性文字描述予以表达，辅之以实证性材料。坚持以发展的眼光看待学生，将评价过程变成教育与指导过程，有效实现学生评价的导向、激励和发展功能。

【主要结论与启示】

1. 学生评价是指根据一定的标准，通过使用一定的技术和方法，以学生为评价对象所进行的价值判断。它是教育评价的基础和重点，也是学校教育评价的核心，具有诊断、导向、发展和管理功能。

2. 倡导构建“以发展为本”的学生评价体系、以质性的评价模式取代量化的评价模式、强调测评的真实性和情境性、鼓励学生评价中的合作行为、重视思维的过程是当代学生评价中值得关注的几个发展趋势，但对发展的界定及合理量化则是其难点。

3. 学业评价是学生评价的重要组成部分，主要是指以国家的教育教学目标为依据，运用恰当、有效的工具和途径，系统地收集学生在各门学科教学和自学的影响下认知行为上的变化信息和证据，并对学生的认知水平进行价值判断的过程。它主要包含对学生学习中认知活动、技能活动、情感活动三个领域的评价。在认知活动评价中，测验是学业评价理论研究中最早和最成熟的，具有较强的客观性，在实践中使用最多、最便利的评价，在现行的学生认知学习评价中依然占据主流地位。学生学习中的技能和情感领域的评价虽然还不成熟，但已经引起教育工作者的广泛关注并作了许多有益的尝试。

4. 学生的品德评价是测评者依据一定的标准对学生所表现出来的品德特征进行定性和定量分析，并通过价值判断给出相应的结论。在我国中小学教育中，品德评价主要依托德育工作而展开。我国中小学常用的品德评价方法有整体印象评价法、操行评定评价法、操行计量评定法等。当前，定性的品德评价方法在实践中仍居主流地位，追求品德评价的教育性和量化是其研究的热点和难点。

5. 学生综合素质评价的探索开始于2002年教育部颁发的《关于积极推进中小学评价与考试制度改革的通知》，在2004年教育部印发的《国家基础教育课程改革实验区初中毕业生考试与普通高中招生制度改革的指导意见》中，首次明确使用了综合素质评价这个提法，主要包含道德品质、公民素养、学习能力、交流与合作、运动与健康、审美与表现六个维度的评价内容。其目的是要改变以往学生评价过于强调甄别与选拔功能，评价方法单一，只重视评价的结果、学业成绩，忽视评价的过程、学生素质个体差异和全面发展等问题。学生综合素质评价的合理定位、指标体系的构建以及评价结果的表达和应用是人们关注的焦点。

【学习评价】

1. 名词解释：学生评价、相对评价法、绝对评价法、个体内差异评价法、学业评价、测验、品德评价、整体印象评价法、操行评定评价法、操行计量评定法。

2. 评析相对评价法、绝对评价法和个体内差异评价法的优、缺点。

3. 试析学生评价理论与实践的当代走向。

4. 试述中小学比较常用的测验类型及其适用范围。

5. 教师应如何做好测验的编制工作。

6. 结合专业设计一份技能评价的测试试卷，并说明在实施技能评价中应注意哪些问题。

7. 进行一次中学生兴趣倾向评价，并作简要分析。

8. 举例说明实施学生情感学习评价应注意哪些问题。

9. 结合我国的教育实际，谈谈学生综合素质评价的实施意义。

【学术动态】

在学生评价的理论与实践中，各国中小学评价重视运用表现评定（Performance Assessment）对学生进行评价，这是近年来评价领域改革的重点。关于表现评定，国外已经进行了大量研究，涉及其特点、类型、目的及具体操作等。鉴于这类评价存在的问题，近年来也出现了改进模式，如 Model-based Performance Assessment 等。目前，以下几个问题值得关注。

- 构建合理的以质性的评价模式取代量化的评价模式。
- 强调测评的真实性和情境性,把考试和评价方法从表征性分数机制转变到实质性内容机制上来,在考试和评价中重视考查学生综合运用所学知识解决实际问题的能力。
- 评价中关注个性的反应方式,倡导鼓励学生在评价中学会合作。
- 重视思维过程的评价。
- 建立多元化的评价标准。

【参考文献】

1. B. S. 布卢姆,等. 教育评价[M]. 邱渊,等,译. 上海:华东师范大学出版社,1987.
2. 张玉田,程培杰,腾星,等. 学校教育评价[M]. 北京:中央民族大学出版社,1998.
3. 柯孔标. 教学评价[M]. 北京:知识出版社,1999.
4. 肖鸣政. 品德测评的理论与方法[M]. 福州:福建教育出版社,1995.
5. 马永霞. 教育评价[M]. 北京:当代世界出版社,2001.

第十一章　教师的教育研究

【内容摘要】

在现代社会变迁和教育改革发展的背景下，教师应当而且必须成为研究者。这不仅有利于教育教学质量的提高，而且也更有利于教师的专业成长。教师的教育研究既有相同于科学研究的特点，也有其自身的内在特性，属于行动研究。它要求教师围绕教育教学工作，通过自主反思意识的确立，采用多种方法研究和解决自身实践中遇到的困难和问题。

本章在提出教师教育研究观念的基础上，分析了教师进行教育研究的优势和应具备的素养；阐述了教师教育研究的特点、教师教育研究与教育行动研究的关系以及教育行动研究的基本过程；着重阐述了教师如何通过研究学会教学，在教学中开展研究，从而实现教学与研究的有机结合。此外，本章还介绍了教师从事教育教学研究的一些基本方法。

【学习目标】

1. 了解教师参与教育研究的必要性和重要性。
2. 明确教师的教育研究所具有的基本特性。
3. 初步掌握从事教育行动研究的主要方法。
4. 能说明和分析教育行动研究的过程。

【关 键 词】

教师　研究者　教师专业发展　行动研究　教育行动研究

第一节　教师即研究者

一、"教师即研究者"观念的提出

当人类社会出现了以教育和教学为职业的教师后，人们对教师的角色认识就从未停止过，并且形成了各种各样的观念，教师作为"研究者"的观念就经历了一个艰辛的过程。

学校教育的产生，标志着教育作为一个独立的社会存在体系而出现，教育教学问题及其规律逐步成为研究对象，后来又出现了专门的教育研究机构以及以研究教育为专门职业的专业工作者。在这一过程中，由于教育研究受到"制度化教育"的驱动，并被赋予了"科学化""规范化""程序化"的特征，因而使得教育研究逐渐成为某些专业人士的"专业"，成了置身于直接的教育教学过程以外的"研究者"的专职。而且，课程系统化和教师教学技术化观念开始出现，并很快成为"正统观念"。在这种观念的影响下，教育教学被看成一个知识的传授系统，教师所关心的是把别人给定的内容完好无缺地传授给学生；教师的视野也被限定在固有的方法模式以及内容范围内，不能完全透彻地理解其背后的目的与理念。因此，活生生的教育教学实践被视为运用一定技法知识的传授过程，教师凭借所掌握的知识和技能就可以保障其职业。于是,教师在教育教学中,只需照本宣科,不必思考和改进;只需墨守成规,不必实验新法;只需接受别人产生的知识,不必有个人的创造。这种消极、被动的角色形象,也是造成教师地位不高、教师越来越像“技术操作工”、越来越像“教书匠”的重要原因之一。

由于研究与实践的分化与对立,因而专门的教育研究者总是试图把自己的思想推荐给教师,期待教师按照他们的意图去行动。而教师在研究者眼里,又常常因为教师达不到他们的期待而被指责、被抱怨、被贬低,进而形成了教师的“自卑情结”,以致出现“教育研究成果越丰富、越复杂,教师的思想就越简单”的现象。① 结果,教师普遍认为自己的本职工作就是教好书、上好课,搞研究是专家学者的事,与己无关。这种观念阻碍了教师真正成为教育教学的主人。当教师不能从研究者那里得到自己所需的东西时,也反过来埋怨专家的研究。因此,就出现了“理论是理论,实践是实践,二者各不相干”的情况。于是,教师天天进出课堂,却对教学缺乏理解和探索;天天要面对学生,却不能成为学生心灵的导师;天天面对教材,却不能创造性地设计和使用;天天面对困惑,却习以为常,不想也不能思考和解决。正因为这样,教师的教学很容易变成年复一年、日复一日的机械劳动,成了不能使自己体验到乐趣感和成就感的工作。

20 世纪 50 年代以来,随着教育改革的不断深入,人们开始反思性的认识到,理论观念的倡导者应当和实践场域中的教师建立共生共荣的关系,教师也应当成为教育科学团体中的一员,应当有责任审慎地对待自己的教育实践,有责任对自己的行为进行反思,只有这样,才能积极地应对教育的新思想和新方法。也就是说,教师的教育教学生活不仅要被研究,而且要由教师自己来研究;教师不再仅仅被视为外在的研究对象,而且是自己主动进行研究的研究者,能够敏锐地观察、探索自己的教学,参与教育教学革新行动。这就是“教师的教育研究”的真义。

1966 年,联合国教科文组织发表了《关于教师地位的建议》,明确指出教师职业是一种“专业”。自此,世界各国普遍以专业化的理念来培育教师,加强师资队伍建设。教师专业化的含义丰富,但要义有二:一是教师工作具有不可替代性,不是人皆可师,人易成师;二是这种专业必须经过不断的学习而获得持续的成长与发展。要使教师职业不可替代,真正成为教育教学的行家里手,要使教师不断获得专业发展的能力,必须通过对教育教学问题的研究,促进其学习、思考、探索和创新。

20 世纪 80 年代以来,伴随着社会发展对教育教学要求的提高,对教师专业化的探讨达到了空前高度,“教师即研究者”也成为教育界乃至全社会普遍认同的理念和努力追求的目标。教师作为有自己特定思想和认识能力、思考能力的人,应该结束长期被动的“教书匠”形象,代之以积极主动的“教育家”形象。在此趋势下,我国近年来也开始注意探求教师专业化发展之路,“教育家办学”“校本教研”“科研兴校”“向教研要质量”“做研究型、专家型教师”等一系列观念的倡导,已成为我国基础教育改革与发展的重要特征。教师开展教育教学研究已逐渐成为教师在专业发展过程中的个体与群体自觉。我国基础教育的政策法

① 陈桂生. 到中小学去研究教育[M]. 上海:华东师范大学出版社,2000:7.

规也一直鼓励教师立足于工作岗位开展教育教学研究,并作为对教师的权利与义务加以保障和要求,作为对教师职称评定和对教师奖励的重要条件,这一方面反映了深化教育改革、实施素质教育、提高教学质量对教师教育教学研究的新要求,另一方面也体现出教师广泛参与教育教学研究也是教育科学蓬勃发展的重要资源与力量。

二、教师进行教育研究的优势和素养

由于受传统的“教育研究”观念的影响,许多教师缺乏研究教育教学的意识,也缺乏自信。在许多教师的观念中,一谈到开展教育教学研究,总认为有很多“消极因素”:整天忙于上课,批改作业,从早到晚,疲于奔命,哪有时间去搞研究?也有些教师认为自身理论素养不高,缺乏资料,不能开展研究;等等。这些都是认识误区。对于时间,应辩证地去看,需认真考虑两个问题:一是为什么没有时间?是否浪费了时间?二是既然时间紧,就更应该科学利用。如一种常见的教学现象,教师见学生写错了字,动不动就罚写十遍甚至几十遍;见学生做错一道题,就罚他重新抄写。试问教师为什么不探索一下学生抄写的规律,分析一下学生出错的原因,思考一下学生防错的方法,这样不就节省时间了吗?对于缺乏资料的认识,也应当改变。许多教师总认为做研究就是从别人的成果中找自己的成果,而忽视了自己身边就有的鲜活、真实、感人、生动的资料。

其实,教师进行教育教学研究有很多优势,这些优势主要有以下几个方面。

(1)教师工作于真实的教育教学情境之中,最了解教学的困难、问题与需求,能及时清晰地知觉到问题的存在。

(2)教师与学生的共同交往构成了教师的教育教学生活,因此教师能准确地从学生的学习中了解到自己教学的成效,了解到师生互动需要改进的方面,尤其是能从教育教学现场中、从学生的各种资料(如考卷、作业、作文、周记等)中获得第一手资料,这就为研究提供了良好的条件。

(3)实践性是教育教学研究的重要品性。教师是教育教学实践的主体,针对具体的、真实的问题所采取的变革尝试,能够在实践中得到检验,进而产生自己的知识,建构实践性的教学理论。

上述这些优势常常是专门研究者的研究中所不具备的,很好地认识和发挥这些优势,有助于教师增强开展教育教学研究的信心与信念。

当然,教师要想真正成为教育教学的研究者,还应当具备以下一些基本素养。

(1)有对于教育教学改进的热情,有对于教育教学问题研究的意识。这种意识是发自内心地对教育教学改进的一种需要的心向,是潜在的捕捉问题、解决问题的欲望。

(2)有终身学习和思考的习惯,及时了解和把握教育教学改革与发展的新动向与新知识。

(3)具有自我反思和批判的能力。不断突破定型思维方式,使熟悉的变得陌生,使习惯的变得新奇,使原来被忽略的变得清晰,一切习以为常的事被重新审视。

(4)掌握教育教学研究的基本方法,使教育教学研究体现客观、科学的本真特性。

(5)具有独立的研究精神。教育研究是一种创造性劳动,靠外力推动是不够的,还要有来自教师内在的执着、求真、创新的精神,才能推动教师进入“研究”的境地。

三、教师教育研究的意义

教师作为一个研究者,能够进入到研究状态,以研究的态度、行为来对待教育教学工作,其意义重大。这种意义主要从以下几个方面表现出来。

(一)教师的教育研究有利于解决教育教学实际问题

教育教学工作是培养人的工作,其间充满着各种各样的问题。我们常说,教育事业的意义在于奉献,教育科学的价值在于求真,教育艺术的生命在于创新。教育本身的复杂性和创造性,使得教师必须基于他对教学实践的判断和深思作出决定,对自己的行为进行审慎的、理智的安排。因此,教育研究不仅能增进教师对有效教学的认识,扩展教师对新思想、新方法的运用,引发他们对教育教学信念的追求;而且更能增进教师对学生学习需求的关注和了解,更有效地促进和指导学生的学习与成长。尤其是面对日益频繁且日渐深刻的教育教学变革,新的观念、思想、方法不断涌现,教师需要不断地直面新情况、分析新问题、解决新矛盾,以主动研究者的身份进行主体参与,以不断研究这一“不变”,才能应对社会和教育发展这一“万变”,才能使自己的工作与时俱进。

(二)教师的教育研究可以使课程、教学与教师真正融为一体

现代课程与教学观认为,课程不是一项事先规范教师执行的规定或计划,也不只是一套教材或教材包含的纲要和内容,而是一种特定形式的教学实际说明;教学也不只是转化课程内容以达成学生学习的过程,而是师生共同建构知识的过程。课程中的教育观念只有通过教师的注释才能转化为实际,教师只有通过基于研究的教学,才能真正实施课程。因而,“没有教师自主的专业研究,就没有过程模式的课程,也就没有自下而上的课程改革”①。从我国实施的新一轮基础教育课程改革来看,教师必须将新课程所蕴含的教育理念与知识本质付诸实际行动,才能使课程变为实际。因为新的课程改革需要调整课程功能、优化课程结构、更新课程内容、改变教学方式,它不仅改变学生的学习生活,也将改变教师的教学生活。在新课程实施过程中,教师要对新课程充分理解、接受、认同,并且不断检验和完善。尤其是学校课程开发,更要求教师通过研究进行积极的创造,只有这样,才能将课程落到实处。

(三)教师的教育研究也是教育科学发展的需要

教师的教育研究是教育科学发展不可或缺的重要力量。教师不仅是教育实践的主体,而且也应当成为教育研究的主体。教师基于实践情境、实践问题和实践智慧而开展的教育教学研究,是对理论性研究的重要补充,是推动教育科学繁荣和发展的重要资源与力量。同时,教师的教育研究必然要求教师关注新动向、了解新趋势、掌握新思想、探索新方法,进而对教育教学保持一种开放的心态,学习和内化新的教育教学理论,而这些理论又通过教师的实践探索,落实到特定的教育教学情境中,裨益于解决实际问题,这对于教育科学的发展又具有非常重要的意义。

---

① 欧用生. 教师专业成长[M]. 台北:师大书苑,1997:124.

(四)教师的教育研究可以促进教师持续的专业成长与发展

长期以来,教学的发展性总被限定在学生的发展和变化上,而忽视了教学过程中教师的发展。实际上,在教育教学过程中,教师应当而且必须与学生共同成长、共同发展。没有教师的发展,也就没有学生更好的发展。教师的教育研究,可以使教师真正成为有思想、有能力、有智性、有悟性的教育实践主体。通过教育教学研究,教师才能不断地找到专业发展的新基点。有研究表明①,教师发展有两种形式,即“拉磨式”循环和“螺旋式”上升。“拉磨式”循环是一条形式上动态、实际上停滞的发展道路,它主要是指教师凭借自己原有的知识经验就书本讲书本,知识不更新,方法不改变,又不善于思考和总结,年复一年、日复一日,总在一种机械重复的圈子里循环。沿着这条路,许多教师经验无几,成绩平平,汗水与成果不成比例,最后只能按部就班,亦步亦趋,陈陈相因,累了学生,也苦了自己。而“螺旋式”上升则是一条教师内在充分发展之路。沿着这条路,教师对外虚心学习,广泛吸收先进的教改信息和经验,对内则兼收并蓄,进行创新和研究,不断追求新的教学境界,教学能力一步一个台阶,真正成为教育教学专家。由此可以看出,教师专业化是一个不断发展和变化的过程,也是教师不断追求专业化成熟和发展的过程。“自我更新关注” 是教师专业成熟的标志,表现为教师有意识地自我规划,以谋求最大程度的自我发展,关注课堂内部活动及其实效,关注学生是否真在学习。在这一过程中,教师不断超越实然、追求应然,超越现实、追求理想,不断达到教育教学的“自为”和“自由”境界。正因为这样,教师才能真正体验职业的乐趣,感受职业的内在尊严、价值与自信;才能焕发出自身生命的活力。这也正如苏联著名教育家苏霍姆林斯基所说:“如果你想让教师劳动能给教师一些乐趣,使天天上课不至变成一种单调乏味的义务,那么你就引导每一位教师走上从事一些研究这条幸福的道路上来。”②

第二节 教师教育研究与教育行动研究

一、教师教育研究的特点

教师应成为研究者,教师的教育研究具有重要意义,这一切都是靠正确的“研究”观念、过程和方法来体现的。也就是说,必须认识这样一个问题:教师需要的究竟是什么样的研究?教师的教育研究与专门研究者从事的教育研究有何区别?这是一个带有根本性的问题,因为它不但关系到对教师教育研究的定向和定位,而且在现实中也存在较大的困惑和误区。

伴随着人们对教师教育研究的重要性和迫切性的认识,自20世纪80年代以来,我国中小学开展了大量的教育教学改革研究,涌现出了许多新理论、新思想、新模式和新方法,呈现出一片繁荣景象。但在这一过程中,却隐藏着令人担忧、值得深思的现象,归纳起来有这样几种:一是许多教师追求课题立项,以承担所谓“国家级”“省级”“地级”“县级”“校级”科研课题为目标,似乎只有承担课题才能叫作研究,只有承担课题才能被别人所认可。有

---

① 徐世贵. 中小学教师教育科研[M]. 沈阳:辽宁民族出版社,2001:36-37.

② B. A. 苏霍姆林斯基. 给教师的建议[M]. 杜殿坤,编译. 北京:教育科学出版社,1984:494.

些教师尤其热衷于按自上而下的各级课题指南申报课题，结果是课题“挂号”立项便销声匿迹了。二是学校以教师发表多少篇各级各类论文作为“科研兴校”的标志，因而，许多教师也就把教育研究简单地认为是写文章。这种“文章型”研究，掺杂了许多虚假的和功利的东西，甚至出现了某些替教师“提刀”的卖文公，一些杂志和网络也投其所好，加入到为教师写文发文的行列，大敛教师的“文章财”。三是方法上追求所谓严格的“实验”，盛行定量化方法，似乎只有实证—实验才是科学的，而忽视了对自己教育教学行动的有效性、合理性的研究。四是在过程上遵循专业套路，立项论证，结题鉴定，评价获奖，而且必须尽力拔高，企图建构出某种理论，其结果是所谓“成果”既出，便僵化无用。

对上述不正常现象进行冷静的分析就会看出，教师们正在进行着一种错了向、走了样、偏了道的“研究”。这种研究归根结底是受了传统的、经典的教育研究观念的影响，忽视了教师教育研究的内在特性。这样的研究注定是无益于教育教学实践的。

教师所从事的“研究”应是什么样的？或者说教师的研究有什么特点呢？这可以通过比较专门研究的教育研究和教师的教育研究之间的区别来理解和认识。

教师的教育研究和专门研究者的教育研究之间的不同可以概括为以下几个方面。①

1. 改进教育的研究与描述和解释教育的研究

教师的教育研究主要是一种直接指向实践、重在改进教育教学工作的研究，其所研究的问题一定是自己学校中的、自己课堂中的、自己学生中的、自己教学中的；专门研究者的教育研究主要是一种以理论探讨为取向，重在描述和解释教育的研究，从而达到理论上的突破、创新和建树。可以说，前者指向变化中的教育现实和教育未来；而后者则指向教育的过去，解释教育的现实。

2. 置身教育之中的教育研究和置身教育之外的教育研究

专门研究者也研究教育实际问题，但受条件的制约，只能以“旁观者”的身份，在教育之外研究教育；而教师就是教育过程的当事人，置身于真实、鲜活的教育教学情境之中，并自始至终亲历现场，能够自然地以参与者身份在教育之中研究教育。“旁观式”研究即使有效，也仅仅是用于描述教育事态现象；而“参与式”研究却适合于揭示教育事件的深层状态。

3. 为了教育的研究和关于教育的研究

专门研究者直接的研究目的是促进教育知识的增长，他们的研究是关于教育的研究；而教师直接研究的目的是改进教育教学工作，虽然教师的教育研究有助于对教育理论的贡献，但一开始并不取悦于理论界，也不勉为其难仿效他们的研究方法。

由以上比较可以看出，教师的教育研究有自己独特的价值和内在的特性，只有把握这些特性，才能不受固有的研究模式的影响，也就“不宜用专家学者旨在建构理论的严格的学科规训来规范教师丰富多样的个别化研究之路，不能用专家学者的研究范式来排斥、否认教师的研究及其成果的价值和水准”②。这种特性就属于“行动研究”或称为“教育行动研

① 陈桂生. 到中小学去研究教育[M]. 上海：华东师范大学出版社，2000：15－17.

② 柳夕浪. 教师及研究者[J]. 教师博览，2001(12)：28.

究”。这样的“研究”才是广大教师所需要的。

二、行动研究与教育行动研究

行动研究不是一种独立的研究方法，而是一种研究活动，它是一种与基础研究、应用研究并列的研究活动类型。**基础研究**是指研究者希望自己的发现能合乎自己或专门研究领域学者的兴趣而进行的理论研究，其目的在于揭示普遍规律而促进理论的建树与发展；**应用研究**（或称“开发研究”）是指研究者利用已有的研究成果，为实际问题的解决提供可行的方案和实践方法；**行动研究**则是一种由实际工作者在现实情境中自主进行的反思性探索，并以解决工作情境中特定的实际问题为主要目的，强调研究与活动的一体化，使实际工作者从工作过程中学习、思考、尝试和解决问题。

行动研究作为一种研究活动，源于第二次世界大战后的美国。但对“行动研究”认识的形成起决定作用的是德国著名社会心理学家库尔特·勒温（Kurt Lewin，1890—1947）。他在1946年的群体动力学研究中指出，人文社会科学的研究者如果只凭个人兴趣，就不能满足社会要求；实际工作者如不去研究自身所处的环境和所面临的问题，就无法作出有条理、有成效的行动。他进而提出了“没有无行动的研究，也没有无研究的行动”，强调了行动与研究之间的密切关系。勒温对行动研究观念的倡导和实践，打破了长期以来研究与行动脱离的局面。

专栏 11－1

勒温的群体动力研究

了解一下勒温对于群体动力的研究结果，可能有助于我们更好地理解他为什么要倡导行动研究。勒温在研究中发现：(1)通过讨论、辩论等方式的公开交流，可以在个体与主体之间达成理解和认可，从而为行为的改变奠定基础；(2)群组内的讨论必须有具体的结论，才会有行动上的效果，抽象的、一般化的结论往往会被搁置；(3)个体的特点(如偏好，甚至偏见)会在群体的讨论与决定过程中受到淡化；(4)处于群体中的个体更容易改变行为。社会心理学的这些研究成果，更能说明为什么行动研究作为一种变革策略值得在教育中提倡。

[资料来源]　王建军，黄显华. 校本课程发展与教育行动研究[J]. 华东师范大学学报：教育科学版，2001(2)：24－37.

行动研究将行动与研究结合起来，改进实践情境，解决实际问题，使实际工作者把多种智慧和能力结合于一体，受到了人们的好评。这种观念也就很快影响到教育领域，促使人们改变教育领域中研究者与实践者、理论与实际分离的严重局面。将行动研究广泛应用于解决课程、教学各方面实际问题的，应归功于美国前哥伦比亚大学师范学院院长史蒂芬·考瑞（S. Corey）。他于1953年出版了《改进学校实践的行动研究》（*Action Research on Improving the Practice of the School*）一书，详细介绍了教育领域开展行动研究的特点、原则、程序和方法,前哥伦比亚大学师范学院曾一度成了教育行动研究的中心。

20 世纪 50 年代后期至 60 年代,教育行动研究发展相对缓慢。20 世纪 70 年代以来,随着世界教育改革浪潮的到来和对教师角色发展的关注,教育行动研究在英国、美国、澳大利亚、日本等国教育界相继出现了研究与实施的热潮。

教育行动研究明确倡导教育研究不是某些人的专利,不是深不可测、高不可攀的玄虚过程;教师能做研究,能成为研究者;教师作为教育实践的主体,必须透过研究才能改善教育教学活动;教师的教育研究以直接推动教育教学实际工作的改进为目的,它最大的现实意义就在于可以让教师"理解"在他的实践中有着内在联系的多种要素的含义,从而使他的实践更具理性特征。所以,教师的教育研究是为了教育教学的研究、通过教育教学的研究、在教育教学中的研究。教师从事教育教学实际工作,不应当是盲目的、凭自我感觉的,而是以研究来对待教学,是教育教学与研究在同一过程中的密切结合。正是从这个意义上,也可以把教师从事的教育行动研究理解为一种新的教学实践形态和一种新的教育研究形态,或叫作基于研究的教学和基于教学的研究。

三、教育行动研究的过程

教师教育行动研究的过程包括确定问题、分析问题、拟订方案、实践尝试、反馈评价、归纳总结等几个环节,每个环节实际上都是带有研究成分的行动。

(一)选择和确定研究课题

教育行动研究的根本目的就是解决教育教学中的实际问题。教师首先要对问题进行确认,进而选择和确定研究课题。

教师在教育教学过程中面临诸多实际的问题,但因其习以为常的思维定势所致,虽然问题很多,仍司空见惯,也就变得没有问题了。因此,要确定研究课题,教师必须善于发现问题,这需要教师发展研究的敏感性,敏于看、听、闻、思,而且要无中生有、有中生新。

教师发现问题可以有这样几种方式:(1)通过不断反思自己的教育教学活动和效果,以及整理自己的亲身感受和困惑,来发现问题。(2)从新的教学观念、思想与自己教学实践对照中发现问题。如对照素质教育、创新教育、主体教育、研究性学习等新的教学思想,查找自己的教学存在什么值得思考和改进的方面,提出问题。(3)通过自己的做法与别人经验的比较来发现问题。如一位教师感到作文教学的评级过程对学生而言处于"暗箱操作"状态,即学生完全不知道教师是从哪些方面按什么标准怎么给他们的作文打分的,他们只见到评价的结果;而且作文讲评也由教师一人包办,学生只能听凭教师评头论足,这无疑剥夺了学生的主体地位,无法使学生通过评改提高写作水平,当然也无法使教师提高作文教学质量。怎样解决这个问题呢?这位教师广泛收集了其他地方教师有关作文评级研究的改革经验,通过汇总比较,他们发现山东省的两次评分与上海市的分级分项评价指标虽然容易操作,实践性强,但还是教师说了算,没有引进学生整体参与评改。于是,经过比较这些经验与自己的做法提出了"小学高年级作文小组自主、分工分级评改指导"的课题研究。[1]（4）主动向学生、家长征询意见，也可以发现问题。

教师通过这些方式发现的问题，有些容易解决，有些不易解决；有些是管理问题，有些是教学问题；有些是观念问题，有些是方法问题。在众多的问题中要确定研究课题，还要把握作为课题应具有的几个特点：（1）实践性。即所选课题一定是针对自己教学实践改进的需要。（2）可行性。这个问题尽管很需要，但自己要能研究，应考虑多种主客观条件，要难度适中，量力而行，从细微处着手。（3）科学性。即所选问题不能是"伪问题"。如惩罚或体罚，尽管在实际中被相当一部分教师认为有效，但不能去研究如何惩罚或体罚会更有效。再如一位教师认为，学习后进生常因不会做而不交作业，于是便想采用"让差生抄优生作业"的办法解决不交作业的问题，认为抄交作业总比不交作业好。但不能提出"如何让差生抄作业"这样的课题，因为这些问题的研究，既不符合教育规律，也不符合学生身心发展的要求。

（二）分析所要研究的问题

分析问题是对被确定为研究课题的问题，从不同层面、不同方面进行把握，进而使要研究的课题变得更具体、更清晰的过程。一般可以用自我追问的方式，通过回答以下问题来对所要研究的课题作出初步的分析。

（1）这个问题是普遍的，还是特殊的？

（2）这个问题是长期的，还是临时出现的？

（3）这个问题的原因可能有哪些？

（4）这个问题我以前是怎样应对的？效果如何？有什么不足？

（5）这个问题打算怎样解决？根据是什么？

（6）研究这个问题可能遇到的困难和不足是什么？自己需要得到或寻求什么样的帮助？自己要做哪些方面的准备？

（7）这个问题还可以从哪个角度去研究？怎样清晰地表述？研究范围如何确定？

专栏 11－2

研究问题的表述

研究同一个问题完全可以从不同的角度去进行，每种角度都规定了自己研究对象的范围。如要研究中学数学教学方法的改革，以提高学科教学质量，研究者可以从总结数学学科教师先进的教学经验出发，这时，中学数学学科教师创造的先进教学经验就构成该课题的对象总体；研究者也可以从调查某一地区的中学数学教学的现状出发，所有该地区中学的数学教学状态是这一研究角度的对象总体；研究者还可以从数学学科的知识结构和中学生掌握数学知识、发展数学能力所遵循的普遍规律的角度去研究，这时有关方面的理论与中学生的思维能力等则构成了研究对象的总体。所以，作为课题的表述就应该明确研究的角度，从而明确本课题研究对象总体的范围。

---

① 周龙天. 教育发现问题、发掘课题的策略[M]//郑慧琦，胡兴宏. 学校教育科研指导. 上海：上海教育出版社，2001：75.

在问题的表述中,通常表现出来的毛病是研究者有意或无意地扩大了实际进行研究的对象总体的范围。如某项研究只是想对某中学初一部分学生作一次有关兴趣爱好方面的调查,研究者在研究课题中却表述为"当代青少年兴趣爱好调查"。这显然是夸大了研究对象的总体。这个课题较确切的表述应该是"××中学初一学生兴趣爱好调查"。上述那种爱用"大帽子"去戴"小脑袋"的课题表述法,年轻的、刚开始从事科研活动的研究人员较易犯。这也许是受一种希望自己的研究更富有价值的心理所驱动,也许是由不清楚课题表述的对象总体范围与研究对象的选择有十分密切的关系而造成的。所以,课题表述上追求的不是词句上的"气派",而是含义上的确切。

[资料来源] 叶澜.教育研究及其方法[M].北京:中国科学技术出版社,1990:54-55.

(三)拟订解决问题的可能方案与策略

教育行动研究强调"动手做",但"做"不是盲目的,不是与日常工作没有两样的"做","做"是有方案、有计划思考的。在分析问题的基础上,需要制订初步的计划,明确问题的核心原因,确定重要因素以及研究的关键任务。此外,还要收集资料,与其他人交流与合作,查阅相关文献和必要的理论学习等,不断修正方案和计划。在这个过程中,还要不断回到确定问题和分析问题上,重新界定和分析问题,最后形成更为可行的可能性行动策略构想。

(四)实践尝试行动策略

这是教育行动研究最关键、最核心的环节。在行动中,既尝试可能方案与策略对于解决问题的有效性,也尝试通过问题的解决改善教育教学的可能性。但在实践尝试的过程中,不只满足于先定的构想,也不要过多地受到执行中可能遇到的困难的干扰,随时注意观察、改善和解决问题的变化情况,及时记录各种新情况、新问题和新感想。如果遇到问题,也要随时作具体的分析:是在执行方法上出了问题,还是在行动策略上出了问题?是在教学情境分析上出了问题,还是在资料收集上出了问题?是在问题界定上出了问题,还是在问题分析上出了问题?通过及时分析,及时调整和改进行动策略。

(五)反馈与评价行动结果

"做"得怎样,还要反馈、评价和修正。这就要根据行动结果,对整个研究作出全面评价,并进一步澄清产生新问题的原因,作为行动研究的反思,进入下一个行动过程。

(六)归纳总结

这一环节是把整个实际行动研究的过程和收获由感性认识提高到理性认识。这里的"总结"不是完全规范意义上的论文、报告,也不是抽象出来的某种理论。行动研究的总结应是感性与理性的融合、抽象与本质的整合,既有理论上的概括,更要有鲜活的、真实的、富有感情、感悟和灵性火花的描述。这样写出来的东西,才是教师自己的成果,它充满了教师自己的"行动"与"研究"的味道,让人信服。

正是由于以上每个环节本身都充满了行动与研究的色彩,教师的整个教育行动研究过程才不断通过教师的实践、反思、调整,直到使教育教学活动有新的改进。因此,教育行动研究是一个开放的、循环的过程,是一个从不会间断的过程。这一过程如图11-1所示。

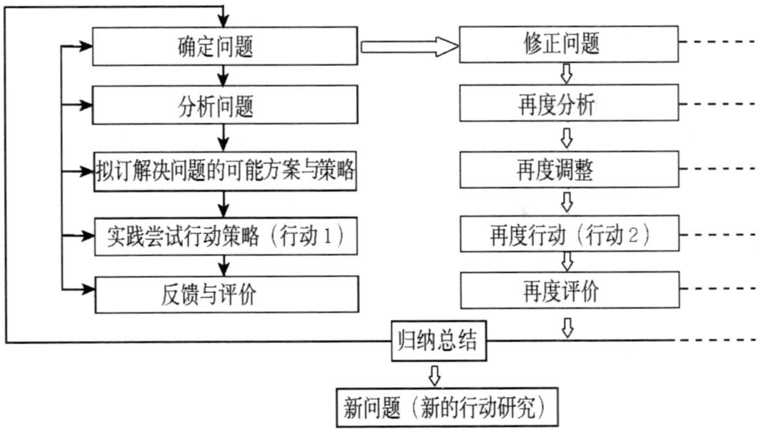

图11－1　教师行动研究过程

专栏11－3

假期作业的新设计

——教师的行动研究案例分析

每当假期到来时，老师都会给学生留一大堆习题作业。而每到开学时，一些学生或是没做，或是应付地交来一些没过脑子的“无功”作业。我尝试着在所教班级取消了传统的假期作业，改留可供学生选择的以下几类作业。

1. 阅读一本数学科普读物或学习参考书（推荐书目略）。

2. 发现并找出数学参考书中的三处非印刷性错误，指出错误所在并予以更正。

3. 利用立体几何展开图的知识，动手制作纸模型或工艺品。

4. 采集生活中的数学问题并试着解决它。

5. 写一篇数学小论文。为学生提供的参考选题有：(1)对一种数学思想方法的认识或应用；(2)数学应用的小发现、小研究、小成果；(3)解题中的发现或我的小窍门；(4)以自己名字命名的定理及它的证明和应用；(5)谈谈数学某一部分内容的教法和学法；(6)就你掌握的数学知识，自编三道数学小综合题，要求写出题目、题解、设计意图、易陷入之“坑”和得意之处；(7)自编一个计算机程序，用它解决某一学科某一问题；(8)以计算机为工具，进行“微科研”实践，推荐选题6个，其中一个是这样的：有一类数叫“花数”，如$153=1^3+5^3+3^3$，$1634=1^4+6^4+3^4+4^4$…请你给出“花数”的定义，并通过计算机找出尽可能多的“花数”，然后请你支持或否定张思明的“猜想”：“花数只有有限个。”虽然我知道“猜想”是正确的，但仍用猜想的形式给出，以激发学生求知探索的欲望。

由于学生的兴趣、特长、条件不同，我只要求学生在上面的几类作业中选择四类作业完成即可。

开学后，同学们的假期作业交了回来，这次作业活动收到了意想不到的教育教学效果。许多同学看了数学参考书；23位同学从10余本数学的正式出版物中挑出了60

余处错误;10 位同学动手制作了几十个数学用的立体几何模型和手工纸模艺术品;20 余位同学采集并部分解决了 16 个应用数学问题;12 位同学自编了 40 余道小综合题;15 位同学编了几十个计算机程序,有用计算机“创作”的班歌,有分形作图和曲线作图;更有 9 位同学找到了直至 8 位的“花数”。另外,还有 56 篇小论文,选题多种多样。

为了正确引导学生的热情和积极性,我安排了一次假期作业成果交流会。6 位同学介绍了他们的研究成果,班里还展示了大家的论文和制作的成品,这样的成果使大家看到了创造的艰辛和收获的喜悦。对我来说,最大的收获是使我明白了,通过教师的用心钻研和精心设计,并积极地进行启发引导,假期作业不但不会成为学生的学习负担,反而能够激发学生的学习兴趣,培养学生的创造性思维能力。(张思明)

分析:

这个案例是张老师一边工作一边研究的记录,是一个教育行动研究过程,可作如下归纳。

研究步骤	研究内容
发现问题	大多数学生对假期一堆作业态度漠然,作业并没达到预期目的,提出课题。
分析问题	作业布置一部分不符合学生兴趣、爱好、特长和条件,作业单调、死板,学生被动学习。
研究对策 制订计划	取消传统布置作业的方法,改留可供学生选择的开放式作业。设计 5 种新型作业内容。
行动干预	布置作业的同时作必要的动员和说明。
评估反馈	收到实际的效果。
总　　结	成果交流,假期作业不会成为学生的负担。
再次调研	针对上一轮研究的成绩和不足进行新一轮的研究。
⋮	

[资料来源] 徐世贵. 中小学教师教育科研[M]. 沈阳:辽宁民族出版社,2001:161 - 163.

第三节　教师教育研究的基本方法

教育行动研究可以在不同的阶段使用不同的研究方法,行动研究的质量取决于对这些方法使用的科学性和有效性。

一、如何进行调查

调查是教育教学研究中最基本、最常用的一种研究方法,在实际运用这一方法时,又可以分为书面的问卷调查和实地的访谈、座谈等具体方法。我们常常对调查法以问卷调查来代替,这是不恰当、不全面的,甚至会影响调查法的科学性。

问卷调查是采用书面问卷的形式了解某一问题的方法，它的过程是根据研究对象、研究范围和研究主题，设计问卷，组织实施的。在研究中，教师对调查对象的选择，可根据研究需要的不同而采用不同的方式。当研究对象总体数量较少时，可把研究对象总体范围内的每个人都作为直接研究的对象。如为研究某校某年级学生成绩落后的原因，可把“学习成绩落后学生”定义为学习成绩有2门主课不及格者，这就确立了研究对象的总体范围，经查阅得知全年级属学习成绩落后者共10名，这10名学生就会作为研究对象。如果研究对象总体数量较多，就要用随机抽样等方式确定调查对象。

访谈是按调查提纲个别进行的一问一答的谈话，这种方法有时规定范围内容，有时采用开放结构，围绕一个问题由被访者回答，访者再根据调查需要追问，但不可分散中心主题，跑题漫谈。在访谈中，要善于创造轻松和谐、相互理解支持的气氛。访问者一定要善于倾听，善于捕捉有价值的信息，让受访者充分阐述自己的观点。

座谈又称团体访谈，它是对一个人数不多的群体就某一些问题展开讨论。座谈较之于访谈，了解情况较有普遍性。为了更好地体现这一特点，座谈的对象要有一定的代表性和同质性。如向学生了解教学情况，教师和学生就不宜参加同一座谈会；向家长了解学生在家的表现情况，就不能把家长和学生组织在一起。与访谈一样，创造良好的气氛对座谈也是至关重要的。

问卷调查、访谈、座谈共同体现了调查法的特点和要求，在实际调查中，不能靠其中的一个方法，而应综合运用。同时，它们之间也可相互补充和印证调查信息和结果。尤其是访谈和座谈，由于问题的开放性，更能深入了解某一问题的信息，对研究的帮助不可忽视。

教师进行调查还要注意设计调查工具，这主要包括问卷设计和访谈、座谈提纲的拟订。

问卷是以书面形式事先设计好的系列问题的组合，它反映出作为研究者的教师希望获得的信息。问卷设计是一项十分细致的工作，既要使问卷体现研究者的意图，又要使答卷者能认真真实地回答。所以，在设计问卷时，教师除了对自己所要研究的课题有清楚的了解，还要了解与本课题相关的知识和实际经验，做到心中有数，同时掌握好一些技巧。

一份规范的调查问卷在内容结构上由四部分组成，即导语、基本情况、问题和结束语。

导语是整个问卷的开头部分，其作用是告诉调查对象研究的意图与用途，更重要的是要交代清楚如何填写问卷，以避免误解带来的差错。如果问卷中涉及个人评价的一些问题，应写明问卷仅为研究使用、问卷不署名、研究者负责保密等解除顾虑的话，以提高答卷的真实性。

基本情况是问卷调查中要求填写的，所填项目主要有性别、年龄、班级等，这部分要求填写的项目一般都是在研究中涉及的必需变量。

问题是问卷的主体，是调查指标的具体化。问题在表达和呈现形式上有三类，即封闭式问题、开放式问题和半封闭式问题。封闭式问题是在问题后为答卷者提供可供选择的答案，答卷者按规定从中选择自己同意的答案即可。封闭式问题可有：①是非式或正误式，如你每天做早操吗？（A：是　B：否）；② 选择式，答卷者从列举的多种答案中挑选最适合个人情况的答案,选择数量研究者可作规定,也可不规定;③ 排序式,要求答卷者按一定标准(如主要程度、感兴趣程度)进行排序;④ 表格式,有些问题要求针对不同情况分别作答,而问题的答案都在共同范围内,为了表达简明,可采用表格式,答卷者只要在相应的表格上画"√"就行了。开放式问题要求答卷者自行作答,研究者不作回答限制,也不提供现成答案。如你是否喜欢语文课?为什么?半封闭式问题对问题的回答作部分限制,另一部分自己作答。一种是对答案作出限制,内容不作限制;另一种是提供部分答案,让答卷者选择后再增加其他项目,再根据自己的情况填写,或再问一个为什么,让答卷者阐述一下自己的思想或见解。

在问卷最后,要有致谢之类的话作为**结束语**。

一份好的调查问卷的设计,一定要反映课题要求,问题应集中、明确、精练、易答,力求避免问题重复,甚至前后矛盾。问题数目虽没有一致规定,但不宜过多,问题排列顺序应先易后难,先封闭式后开放式,选项答案的设计安排要有利于数据处理,尤其是所列答案之间界限应清楚,以保证答卷者不产生歧义的理解,或在答案面前不知所措。

有时,教师在使用问卷调查时,如果是随时向一个班的学生或某一部分学生了解某个问题,可不一定按照严格的问卷格式设计问卷,只要问题具体清楚即可。如果是较大范围的问卷调查,为了保证研究质量,研究者可在设计问卷后先在小范围内试用,以发现问题,作出修正。

对于访谈和座谈提纲的拟订,没有一定的格式,只要求教师在访谈和座谈前用书面形式把要了解的主要问题列出来,供访谈和座谈时参考使用。但有时不一定完全按照问题的顺序进行访谈或座谈,要根据实际情况加以变通,尤其是要善于根据实际调整问题,捕捉更有价值的信息。

二、如何进行观察

观察是作为研究者的教师在教育教学活动的自然状态下,根据研究的问题进行有目的、有计划的看、思、记的一种方法。在实际运用中,教师可以进行直接观察,如随堂听课,边听边看边记录,身临其境,感受真切,不仅能得到具体、生动的印象、数据和材料,而且会形成对研究问题的整体认识,这种认识又常会触动研究的灵感,拓展和加深对问题的认识。有些时候,教师开展研究时还可以通过参加学生等观察对象的活动而达到观察的目的,这种观察又叫**参与式观察**。

为了通过观察记录研究过程和资料,分析效果变化,在观察实施过程中,可以有以下两种方式。

1. 结构性观察

即事先经过设计,规定好观察项目,选定观察对象,采用观察工具,在观察中填写观察量表等方式进行。这种观察所得的资料可用来进行问题的定量分析,因而又叫**定量观察**。在结构性观察中,观察工具可以有许多,但从教师的教育教学研究角度来看,主要是对学生行为的观察和对课堂教学活动的观察。这些观察既要有文字记录,又要借助于观察量表的记录。因此,学会设计观察量表是教师从事教育教学研究的重要素养和能力。

设计观察量表,最主要的是根据研究课题的需要,确定观察项目,再把项目分解成可以观察的子项目(目标行为)。即使子项目很具体,也往往有含糊之处,所以在观察项目确定后,还应给观察项目以操作性定义,否则不同观察者或同一观察者在不同时候可能对同一观察项目作出不同的判定。例如,观察学生在课堂中违反课堂纪律的行为,就要对纪律行为给出定义,把哪些行为界定成纪律行为,要具体清楚。

确定了观察项目,还要根据记录方法设计不同的观察量表。记录目标行为的方法有:时间记录、频次记录和等级评价记录。

时间记录所记录的是行为经历的时间长度。通过对各种不同教学活动(或其他活动)安排时间长度的对比,通过找出教学活动时间的长度与教学效果的关系,也可以了解到一些有意义的情况。为了记录各种活动经历的时间,要预先划分好记录时段,比如以 5 分钟为一时段,而且每时段要记录下该时段的活动是什么。观察结束后,总计各种活动所用的时间是多少,便可知各种活动所用的时间了。比如,有一项对小学低年级学生上课时注意力集中时间和程度的观察研究,就采用时间记录法设计了观察量表(见表11－1)。①

表 11－1　记一次 20 分钟的语文字词抄写作业

时　间	描述(记录)	百分比(%)
开始至 5 分钟	全班学生踏实认真书写,没有任何声音动作	100
5 分钟后	3 人开始看别人的作业,并指出别人书写的毛病	7.8
6 分钟后	7 人开始有动作或开始发愣,有的玩铅笔、橡皮等	18.4
10 分钟后	20 人开始有动作、发愣,有的开始出声音	52.03
13 分钟后	6 人完成作业	15.79
20 分钟后	14 人完成作业(24 人未完成作业)	38.84
延续 5 分钟	又有 30 人完成作业(4 人未完成)	52.65

频次记录所记录的是目标行为出现的频次。通过各种教学行为出现的次数对比或找出某种教学行为的出现频次与教学效果的关系便可得出有规律性的认识。例如,表 11－2 就是频次记录工具。

① 赵大悌,赵小刚.教育科研能力的培养与提高[M].北京:中国和平出版社,2000:127.

表 11－2 学生课堂行为观察

班级： 学生人数： 观察时间：

项目		次数
对教师提问的反应	主动回答	
	被动回答	
	思考后回答	
	不加思考回答	
……	……	

等级评价记录是在观察的同时，对目标行为的表现程度作出等级评定。有一些事件不一定能够以频次或时间长度为测度来说明所研究的问题。例如，教师在讲授中运用具体例子解释理论问题有助于帮助学生理解知识，但是举例的次数并不能反映其讲授的良好程度，因为不同的内容有不同的处理方法，且例子本身也有恰当与否、生动与否的问题。因此，这里更适宜采用等级评价。等级评价把目标行为按其表现程度分为若干等级，对各等级都定出相应的要求，观察者便据此对目标行为作出主观评定。例如，表 11－3 就是等级评价的记录工具。

表 11－3 学生课堂行为观察

班级： 学生人数： 观察时间：

项目	非常好——				——非常不好
	5	4	3	2	1
回答问题					
相互合作					
课堂气氛					
……					

2. 非结构性观察

这种观察无既定不变的观察提纲和量表，只有一个观察思路，记录也不要求事先规定的工具，教师在观察研究过程中尽可能详细地对观察对象的表现作原原本本的记录，还可对观察对象的表现及当时的情境作具体描述。由于它不追求量的确定，所以也可视为定性观察。

由于观察记录和量表填写都是在现场进行的，所以每次观察后，要及时整理观察资料，必要时要写备忘录、观后感、初步分析等，把每次观察的资料梳理清楚，把文字记录和观察量表整理在一起。尤其是对观察过程中所思、所感、所悟的想法，更应及时整理，这对完成研究很有价值，千万不可因懒惰而错失有用的东西。

三、如何进行个案研究

个案研究是对单一的研究对象(包括人或事件)的变化过程进行深入剖析的研究方法。对于中小学教师的研究来说,个案研究对他们有特别的现实意义。因为个案研究对象易选择,又可以结合日常的教育教学工作,并且不会影响展开研究,尤其是对成绩低的学生、行为不良的学生、学习优秀学生的研究,个案研究方法有其非常大的价值。

个案研究首先需要研究者选择真实且能充分说明和反映问题及其思考价值的人和事,在对个案进行分析时,应尽可能消除自己的主观判断和偏见,避免个人化情感与情绪的影响。

在研究中,个案的描述是真实具体的教学实践,它以丰富的叙述方式向人们展示了学生的典型行为、思想、情感以及对问题的思考,把一个个"故事"所隐含的理论问题或基本原理展示出来,因而蕴含了作为研究者的教师对教育教学问题和现象的思考,也蕴含着教师的智慧,还为教师找到了一个记录自己教育教学经历与经验的机会。通过个案研究的积累,教师可以对某一个教育教学问题形成较为系统的认识。

【个案研究的案例】

和学生一道面对家庭变故①

(一)问题的发生:A 赖学

A 今天没来上课,不知是生病了,还是碰到什么意外?担心着上完两节课,马上与 A 的父亲电话联系,得知 A 既没有生病,也没有碰到"意外",好端端地待在家里,"又哭又闹,死命不肯上学"。问题看来很严重。A 是不是和同学发生了矛盾?是不是他家里出了什么事?这个学期开学以来,他情绪低落,上课常开小差,作业马虎,屡受任课老师批评,昨天语文课上我还责备他不专心。A 会不会因为受到老师的批评而赖学在家呢?

(二)问题的症结:A 担心什么

中午,A 的父亲赶到学校,向我道明了原委。原来,最近一段时间,他们夫妻不和,吵过几回架,影响了孩子。昨天,他们吵得特别凶,孩子被吓哭了。今天早上,他怎么也不肯上学,谁劝都不听。说到这里,A 父叹了一口气:"我的话,他是更加不听了。所有的人都只好顺着他。"

听完这席话,我大致弄清了 A 不上学以及近来情绪低落、上课不专心、成绩退步的原因:第一,父母失和,使他担心失去父母的爱,思想负担重。第二,A 是一个比较特殊的孩子,自小备受娇宠,学习自觉性较差,三四年级时虽有好转,也需在学校和家庭多方面的关注下才能按时完成作业。现在,A 的父母因为自身问题,更加迁就孩子了。第三,我们教师工作不够细心,没能及早发现 A 在校表现失常的真实原因,简单的批评反而加重了 A 的思想负担。

(三)解决问题的尝试:解开 A 的心结

1. 对策与方案

A 所面临的显然不是学校和教师能够完全解决的问题,但我们依然可以做一些工作。例如,第一,帮助他尽快稳定情绪;第二,激发他的学习兴趣,设法把他的注意力转移到学校生活和学习上来;第三,以真情引导他感受来自父母、老师、同学等各方面的关爱,消除他内心害怕被抛

① 陈桂生. 到中小学去研究教育[M]. 上海:华东师范大学出版社,2000:82 - 86.

弃的担忧。第一条和第二条是治标之策，第三条是治本之策。因此，工作的重点应放在组织教师、A的家庭和同学三方面帮助A走出困境。

处于家庭危机中的孩子，最需要的是父母的爱——一种不被遗弃的安全感，这是我们做教师不能给予的，但我们可以提醒A的父母不要忽视孩子。如果需要和可能的话，还可以向A的父母提出一些如何对待孩子的建议。做父母的让年幼的孩子面对家庭失和的不幸事实，也应该让孩子真实地感受到父母一如既往爱他的事实。

家庭不幸的孩子，往往对老师和同伴的关爱有一种特别的渴望。师爱和友爱虽不能代替父爱和母爱，但至少可以使学生感受到学校生活的温情和暖意。这不只是一种爱的补偿，更是一种爱的启迪。一个感到人世间充满着爱的孩子，一定会走出心中的阴影，鼓起生活的勇气，乐观地面对现实。如果我和其他老师与全体学生一道，伸出援助之手，帮助他、鼓励他、关心他，他一定会从学校和班集体中源源不断地汲取信心和力量。如果A更多地寄情于学校生活，他也许会淡化父母争吵的情绪反应，从学习进步及与同学友好的交往中得到快乐和安慰。

遭遇不幸的孩子，渴望真心实意的关心和帮助，同时又对自己的不幸特别敏感，不能忍受别人的怜悯，更不能容忍别人的歧视或取笑他的不幸，所以不愿意让自己不信赖的人知道自己的不幸。我吃不准A是不是信任我，愿不愿意让我知道他家中发生的事情，所以在A面前不能轻率从事。于是，我事先给A写好了一封信，陈述老师和同学们这段时间里对他的牵挂和想念，希望他回到学校和班级。同时表示："老师永远不会舍弃自己的学生，同学永远不会孤立自己的同伴，父母也永远不会遗弃自己的孩子。"我准备将信在适当的时候交给A。

我担心的是，学生年纪尚小，阅历不足，对类似于A那样的处境和心情体会不深，在关心和帮助A时大大咧咧，轻率地提及A的家庭争端以及由此而发生的赖学事件，触痛A心灵的创伤，结果好心办坏事。为了防止发生这种事，不能轻易把A遇到的实际困难透露给全班学生。可以先组织班级开一个小型欢迎会，表达全体师生对A重返学校和班级的喜悦之情。根据学生的表现和A的反应，再作定夺。

可是，终究得让学生了解和感受到像A那样的处境和困难，否则，就不可能引导学生真正关心A。唯有对同伴及人类的幸福与不幸富于细腻的敏感性，才可能真正懂得怎样关心人、帮助人。我希望每个学生通过关心和帮助A，自己也受到教育，学会关心人；我还希望借助班级内发生的一些小事，或者结合课堂教育的某些内容，使学生逐渐懂得：乐于助人是不够的，还应当学会善于助人。

2. 方案实施及其结果

(1) 小型欢迎会　A同学回来了。按事先的布置，全班组织了一个小小的欢迎会。会上，我隐瞒实情，和同学们一道热烈欢迎A的归来。整个班级的气氛一直很活跃，许多学生表达出对A的关切之情以及他回到集体的喜悦。显然，这个小型欢迎会给了A意外的惊喜。上午的几堂课，他始终听得极认真，这是近年来少见的。我觉得与A交谈的时机已基本成熟。

(2) 致A的信及与A谈心　中午，我把事先准备的那封信交给了A，然后等待他的反应。下午上课前，A来到办公室，悄悄走近我的身边，叫了一声"陈老师"，接着就哽咽了。但他那双泪光闪烁的眼睛告诉我，他好像有许多话要说，何不趁此机会好好和他谈谈，帮他驱散心头的阴影，重新树立信心？于是，我用温和的口气和他交谈起来。谈到了他今天的感受，谈到了大伙对他的关心，谈到了父母对他的爱护，还谈到了身边的一些亲人。最后，A似乎明白了什么，对我说："陈老师，我知道了，大家都很关心我，希望我好。我会振作起来的！可是，我的爸爸妈妈……"说着说着又哽咽起来，大颗大颗的眼泪滚落下来。

欢迎会、信、私下的谈心对A确实有所触动,但光凭学校给予的一份真情,弥补不了孩子心灵上的创伤。我该再和他父母谈谈。

(3)给A父母的建议　几天后,A的母亲应邀来学校。从她那里了解到:A与母亲感情很深,甚至达到了一种依恋的程度。但是,A母工作很忙,几乎抽不开身陪陪儿子。我建议她多抽时间陪伴儿子,与儿子多交流,让他多得到母爱的温暖。这样的孩子是很怕被冷落、被抛弃的。有一个学生提出"A同学也在变化发展",得到全班同学的赞同。于是,围绕这一点,我组织大家讨论:"怎样帮他变得更好?"不少同学发表了意见。有的学生提出把座位调到他的身边,帮助他一起学习;还有的学生当即热情洋溢地鼓励了A一番。课后,A找到我,告诉我他心里也有许多话想和同学们说,就是不好意思开口。我建议他先把心里话写下来,然后读给同学听。

后来,A果然写了一封给全班同学的信。他写道:以前,我在学习上懒懒散散。……同学们一直在帮我改。我决心不负众望,努力学习。

(四)问题的再思考

在家庭和学校、学生和老师的关心和帮助下,我们逐渐唤起了A心中被爱的意识。在他本人的努力下,逐渐找回了学习和生活的信心,许多方面都取得了可喜的进步。但是,暴露出的和隐含着的问题仍不少。

首先,A的父母现已离婚,A被判给父亲。在父亲和祖父祖母面前,A显得脾气暴躁。一家人本来就十分疼爱他、娇惯他,家庭破裂更使一家人都觉得歉疚,就越加疼爱他、迁就他。但是,A本人并没有多少感动,他更多的想法是,大人们都欠了他,没有给他一个完整的家。我觉得,A的一家对待A的方式存在问题,使A在父母离异之后没有受到正确的引导,甚至受到了误导。由于这是家庭问题,我们做老师的不便插手过问,不过,我还是可以从侧面做一些疏导工作。A已是六年级学生了,与他一起讨论父母离婚的合理性不是没有可能。即使他还理解不了离婚对感情破裂的父母来说是一种正确的选择,但这样的讨论至少可以给他一次设身处地替父母着想的机会。重要的是,帮助他勇敢地面对父母已经离婚的事实。同时,帮助他认识到父母离异并没有影响他们各自对他的爱。他失去了一个完整的家庭,却没有失去父母,也没有失去爱,相反得到了更多的爱。其次,A的家庭遭遇已经开始影响他对老师和同学的态度。同学们有几次好心帮他,结果招来他的奚落。造成这种令人痛心的尴尬局面,既有来自A方面的原因,也有来自我们老师和同学方面的原因。A的处境和心情,容易使他误解别人的善意。如果不设身处地,格外防止触痛他内心的创伤,帮助他就可能变成伤害他。我们还想帮助和关心他的话,就比以前难度更大了。但我觉得,这正好给了我们老师学会关心学生的机会,也给了我们引导学生学会关心同学的机会。对一个遭受不幸、深受刺激的孩子,该怎样设身处地地关心他、帮助他,而不伤害他?这是摆在我和我的学生面前的一道难题。

四、如何收集研究资料

收集资料对课题研究十分重要。教师在研究中可以利用的资料是多种多样的,但主要是收集文献资料和研究过程中的实际资料。

(一)文献资料的收集

教师的教育行动研究虽然不是从纸上到纸上,但行动和研究一定要受到思想的理性支配,这就要求教师进行教育教学研究必须重视对相关文献的收集和学习。对于教师的教育教学研究,我们也可以作这样一个基本的逻辑认识:研究有问题,问题能带来相关的学习,学习可以促进思考,思考有助于寻求解决问题的可能性方法。因此,当一个课题确定下来后,很重要的一项工作就是查阅和学习相关文献,积累与课题有关的资料。文献资料收集和学习的主要目的和意义,在于帮助教师进一步掌握所要研究的问题已有的认识成果,进一步清晰研究中所关涉的核心概念的操作性定义与研究的思路和方法,进一步明确研究的思路、方向和创新之处。

教师收集与研究主题相关的文献资料,可以通过这样一些途径:(1)阅读有关著作。每个学科都有本领域的一些理论著作,它们代表着这个学科研究领域的发展水平和发展方向,因此应当多读本学科领域内的基本著作。(2)浏览专业期刊。因为了解本学科领域的主要研究期刊,可以掌握本领域大量新的重要的信息。(3)利用工具书。进行研究时,很多资料要借助工具书,尤其是概念、数据、人物以及专业研究成果,都可以靠工具书来收集。(4)使用检索工具。通过文摘、索引、书目介绍、计算机网络等检索工具来搜集获取文献资料信息。

(二)实际资料的收集

除了收集文献资料,作为研究者的教师更应当重视收集实际资料。有这样一种现象:许多教师一谈到教育教学研究,都埋怨信息闭塞,资料太少。这种埋怨除了反映出文献资料的确少外,更反映出教师总想从文献资料中找到自己可以利用的东西,把研究视为从文献到文献的过程,进而忽视了身边许多有价值的、鲜活的、生动的实际资料,而这些资料对教师的教育教学研究更有说服力和支持力。一个真正有研究素养的教师,应当站得高、落得实。站得高,是说有一定的理论素养,掌握基本的理论文献,看问题有新的视角和思想;落得实,是说有一定的实践经验,掌握许多有价值的实际资料,并能使理论与实践很好地结合起来。

收集身边的资料,要求教师在教育教学实践中做一个有心人,不断发现、感悟、思考、总结和积累各种实际资料,如教育教学灵感(机智)、教育教学中的收获与困惑记录、教学日记、教后感以及各种实物资料等,都可以随时随处收集积累。由于没有认识到天天从事的教育教学工作中有许多有价值的资料,所以无心留意,习以为常而滑落过去,等到用时,方恨其少。尤其是在研究过程中收集到许许多多对研究有价值的资料,教师一定要及时整理、归类、保存,这不仅对现在的研究有用,对后续的研究也有用。

研究中数据资料的处理通常是教师面临的一个难题,教师可考虑采用一些简单的方式,如分项(类)统计、列表统计、对照统计等,同时也可以采用直观图形的方式进行处理。

五、如何表达研究结果

教育行动研究渗透了教师的心血和智慧,对研究结果的表达也是教师教育行动研究的重要方法。

研究结果的表达是在真正意义上对教师的教育研究及其结果的反映,而不是一般意义上所谓的思辨性"科研论文";也不是一个简单的写作技能与技巧问题,而是对教师教育行动研究过程和效果的记录、呈现。因此,教师对研究结果的表达,要体现出"教师自己的风格”和“教师自己研究的味道”，是教师亲自动手做、亲身实践与思考的结果。在把握住这一基本要求的前提下，再考虑写作的规范与方法。

从教师教育研究的特性来看，教师教育研究结果的表达方式主要有三类：研究报告、经验总结和教育教学案例。

1. 研究报告（主要是调查报告）

它是把教师对某一个问题的调查、尝试实践过程与结果的分析归纳起来，获得理性认识的表达方式。一个规范的研究报告由这样几部分构成：(1)问题的提出，说明这项研究的目的、意义及为什么要研究，想解决什么问题等。(2)研究的相关文献的分析（研究的学理基础）与核心概念的界定。(3)研究内容、过程与方法，说明对象怎么选择，内容有哪些方面，应用什么手段，资料怎么收集和处理。(4)研究结果与分析，可用文字、图表来表达。(5)研究结论和思考，根据调查结果，提出结论和解释，并对后续要研究的问题作进一步说明和考虑。

2. 教育教学经验总结

教育教学经验是教师在实践和研究中亲身经历、尝试和思考过的认识与思想。教师教育研究结果表达的大部分属于这种类型。在表达时，要注意对基本经验的概括，但又不是简单的议论和阐发，而是要把经验概括与典型事例结合起来，用具体事例加以说明。教师在研究中积累了许多事例，应选取恰当、生动、有说服力的事例，这样才能体现教育教学经验总结的价值。

3. 教育教学案例

教育教学案例非常适合于教师对研究结果的表达，因为它通过对具体事件生动、真实的描述，直观形象地反映教育教学过程，能把读者带到研究者曾经的研究现场，使读者对研究者所研究的问题获得直接和直观的了解与理解。在案例表达时，应有明确的主题，凸显所要反映的问题，准确说明事件发生、发展的过程与结果，并穿插研究者自己的思考、分析和议论，自始至终让读者能感受到案例渗透了研究者的真实情感和对问题的关注。

【主要结论与启示】

1. “教师即研究者”已成为教育改革与发展以及“教师专业化”要求的核心内容之一。做一个“研究型教师”，使自己的教学基于研究，使研究与教学相结合，已成为广大教师的共识和努力的目标。

2. 就教师教育研究的内在特性而言，教师的教育研究属“行动研究”，或称为“教育行动研究”。教师即研究者，准确地说，应是“教师即教育行动研究者”。教育行动研究不是一种具体的方法，而是一个不断思考、学习和尝试探索的过程，它由确定问题、分析问题、拟订方案、实施行动、反馈评价、归纳总结几个环节构成。每个环节本身都是行动。多个环节构成的行动研究过程是相互联系的，并靠教师的反思不断调整，循环往复。

3. 教育行动研究质量取决于多种方法的运用，教师要掌握调查法、观察法、个案研究法、资料收集法等基本方法。

【学习评价】

1. 为什么说“教师即研究者”?
2. 教师的教育研究为什么说属“行动研究”?
3. 如何分析和把握教育行动研究的过程?
4. 试以下列案例为素材,设计一个研究计划。

一位七年级班主任发现本班学生在消费方面出现了攀比的苗头,如比花零用钱。许多学生将零用钱用于购买光盘,课间议论的是流行歌曲和歌星,至少有一半学生最崇拜的人是某歌星。除购买光盘外,校园内的人情消费见涨。同学、朋友过生日请客、送礼,各类节日互赠礼品等。有些学生还开始关注名牌消费。在学校要求上学穿校服的情况下,有的学生比穿名牌旅游鞋。

该教师进行了消费来源调查,孩子们的钱来自家长给的零用钱。有家长定期给孩子的,也有孩子从家长手里软磨硬泡要来的,有用压岁钱的,还有长辈、亲戚给的钱,孩子积攒起来用于自己的消费。

针对学生的消费观,面对家长对独生子女的溺爱和娇惯,教师感到有必要进行研究:如何对学生进行教育,如何做家长的工作,使家长与教师共同配合对学生进行教育。

提示:①如果你是这位班主任,你选择的课题是什么?②你为什么选择这个课题?③你主要想解决什么问题?④列出一个行动研究的方案。

【学术动态】

- 伴随着教师专业化和教师成为研究者观念的确立以及校本教研实践的推动,教师如何做研究?教师如何基于研究促进教育教学的变革?成为当前基础教育改革、发展的重要问题,也成为广大教师职业实践的重要内容。
- 如何通过教育行动研究促进课程改革、提高课堂教学效率、改革教师培养与培训,也成为当前基础教育研究的热点问题。
- 关于教师的叙事研究、学科教学研究能力标准的探索,也日益受到关注。

【参考文献】

1. 叶澜,等. 教师角色与教师发展新探[M]. 北京:教育科学出版社,2001.
2. 陈桂生. 到中小学去研究教育[M]. 上海:华东师范大学出版社,2000.
3. 陈向明. 教师如何作质的研究[M]. 北京:教育科学出版社,2001.
4. 郑慧琦,胡兴宏. 学校教育科研指导[M]. 上海:上海教育出版社,2001.
5. 袁振国. 教育研究方法[M]. 北京:高等教育出版社,2000.
6. 赵大悌,赵小刚. 教育科研能力的培养与提高[M]. 北京:中国和平出版社,2000.
7. 欧用生. 教师专业成长[M]. 台北:师大书苑,1997.
8. Altichter, Posch, Somekh. 行动研究方法导论——教师动手做研究[M]. 夏林清,等,译. 台北:远流出版事业股份有限公司,1997.
9. 郑金洲. 教师如何做研究[M]. 上海:华东师范大学出版社,2005.

第十二章　教育改革与发展

【内容摘要】

教育改革是教育发展过程中源于社会政治及经济需求的宏观变革，教育在改革中发展，在发展中改革，创新成为教育进步的不竭动力。

20世纪是教育改革的世纪，教育改革的浪潮此起彼伏。本章回顾了20世纪教育改革与发展的历程，20世纪前叶的教育面临着满足工业化和民主化的要求，经历了从传统教育向现代教育的变革；第二次世界大战后，面临着科技进步的挑战，世界教育进入了新的发展阶段；20世纪80年代以来的教育改革则是一场涉及世界各国面向21世纪的改革浪潮。

教育改革使当今世界教育的发展水平跃升，教育规模迅速扩大，受教育人数大幅度增加，教育体制和结构灵活多样。本章从教育制度出发，对世界不同国家和地区的学前教育、初等教育、中等教育、高等教育的发展水平进行了描述和比较，尤其突出了我国当前的教育发展水平。

当代世界教育思潮的宏观演变体现出四个相关的特征：一是从“学会生存”到“学会关心”；二是从科学主义、经济主义到推崇教育的社会价值取向；三是从国家主义教育到国际化教育；四是从阶段性教育到终身教育。

展望21世纪的世界教育发展趋势，大致表现为：全民教育正从观念走向行动；教育民主化；教育信息化；教育全球化和教育个性化。

【学习目标】

1. 理解教育改革的意义，把握教育改革、发展和稳定的关系。
2. 分析20世纪教育改革与发展的阶段背景和特征。
3. 掌握教育发展水平的主要指标，明确我国在世界教育发展中的地位。
4. 了解世界教育思潮宏观演变的相关特征及其背景与影响。
5. 分析世界教育发展趋势，提出政府、学校、教师的应对措施。

【关 键 词】

教育改革　教育发展　发展水平　教育思潮　发展趋势

现代社会是一个不断变革和追求进步的社会，现代教育在这样的环境中运行，改革必然成为其存在方式。教育改革就是要把教育发展过程中旧的、不合理的部分或内容变得更好，以适应客观情况。因此，教育既在改革中发展，又在发展中改革，同时教育发展又要求相对稳定。

第一节 教育改革与发展历程的世纪回顾

20世纪被誉为是教育改革的时代。一百年来,世界各国在追求国力强盛、社会发展、经济繁荣和文化昌盛的现代化进程中掀起了此起彼伏的教育改革浪潮。从起源于19世纪末期、在20世纪初期达到高潮的进步主义教育运动和新教育运动,到两次世界大战对教育的影响;从“二战”后各国教育的恢复与重建,到60年代以后席卷全球的教育改革浪潮;从80年代世界各国新一轮教育改革运动的兴起,到90年代人们对教育改革运动的反思和在21世纪对教育的期望,世界教育改革的步伐从未停止过。

一、现代教育的曙光(19世纪末—20世纪30年代)

现代教育是大工业生产所孕育的产物。19世纪末20世纪初,大工业生产进一步由机械化发展到电气化,世界贸易和城市化进一步发展,要求所有劳动者不但要有读写算的能力,还必须具有一定的文化科学技术知识,同时需求大量的中高级技术人才,这就为这一阶段教育的发展和变革规定了方向。20世纪前叶,教育改革的主题正是教育怎样满足工业化和民主化的要求。处于这一转型时期,传统教育的矛盾与弊端亟待克服,现代教育理论和实践开始崭露头角。

(一)欧美教育革新运动

蒙台梭利

(M. Montessori,1870—1952)

欧美教育革新运动是19世纪末20世纪初在西欧一些国家和美国兴起的旨在改造传统教育,使之适应现代社会变化的教育革新运动。西欧的教育革新运动被称为“新教育运动”,比利时的德可乐利(D. Decroly,1871—1932)和意大利的蒙台梭利(M. Montessori,1870—1952)等人创办了一些新学校,旨在打破传统的形式主义教育的桎梏,提出了以“生活教育”“尊重个性”“自发学习”“社会性”教育为主导的教育纲领。蒙台梭利的教育活动对世界幼儿教育事业产生了深远的影响。

美国教育革新运动则被称为“进步主义教育运动”。受儿童研究运动、欧洲新教育运动及美国本土进步主义社会政治思潮的影响,美国教育家纷纷开展革新教育的实验。如帕克赫斯特(Helen Parkhurst,1887—1973)的道尔顿制、华虚朋(C. W. Washburne,1889—1968)的文纳特卡制(Winnetka Plan)以及克伯屈的设计教学法(Project Method)等。

欧美教育革新运动反对过分灌输知识、反对传统的学校课程、反对固定不变的学校生活和呆板的组织形式、反对学校在精神上对学生的压抑,其意义在于它逐步改变了人们的价值观,改变了人们原有的对儿童、知识、教学、课程等的认识,相应地形成了一系列新的思想观念,影响了这一时期整个世界教育的发展。

(二)现代教育的倡导者——杜威

杜威是美国著名的哲学家和教育家,他的教育理论形成于19世纪90年代,反映了教育要适应社会工业化、民主化和科学发展等新变化的要求。同时,杜威主张教育应积极参与对各种社会问题的解决,担负起改造社会的重任。

针对传统教育使学校教育同儿童现实生活经验相割裂的问题,杜威提出"教育即生活",教育就是儿童现在生活的过程,而不是将来生活的准备。针对学校与生活隔离的问题,杜威提出"学校即社会",强调学校应成为一个小型的社会,使校内学习与校外学习相互连接、相互影响。针对传统教育惯用的儿童"静听"的学习方式,杜威提出"从做中学",主张教学从儿童的经验和生活出发,让儿童主动地从自身的活动中进行学习。

图12-1　杜威学校

杜威的教育理论旨在解决教育与社会生活脱离、教育与儿童生活脱离、理论与实践脱离这三种弊端,其教育理论洋溢着现代精神,对20世纪世界教育的发展产生了深远影响。

(三)19世纪末—20世纪前期的各国教育改革

为适应工业化的需求,这一时期先进资本主义国家的教育发展和改革呈现出以下几个主要的变化。

第一,延长普及教育年限。在普及初等教育的基础上,各国进一步延长了普及教育的年限,推动了教育民主化的发展。英国的普及教育年限到1918年延长到9年(5~14岁)。美国多数州在20世纪前半期已把普及义务教育的年限先后延长至9年或9年以上。

第二,发展初等教育。各国工业革命对初等教育产生了很大影响,学校数量增多,布局更加合理,教学内容更加丰富。除读、写、算课程外,大量增加自然科学的教学,自然常识、历史、地理、音乐、体育等被列入正式课程。

第三,发展中等职业技术教育。由于工业化的需求,各国通过了在普及初等教育后实施职业技术教育的法令。1919年,德法两国通过法令,要求对受完义务教育后至18岁的青少年实施义务职业教育。

第四,改革中等教育。为使中等教育具有良好的社会效益,各国积极改革中等教育的课程,加强自然学科、实用学科,注重使传统学科和现代学科的教学结合起来。生物学、天文学、气象学、自然地理等已作为独立学科出现在美国中学的课表中。

虽然与发达资本主义国家的政治背景、意识形态、经济水平、文化特征不同,但大多数发展中国家也面临着近代化和现代化的发展主题。在我国,教育近代化的序幕是在19世纪下半叶拉开的,以科举取士为核心的封建教育受到了西方思想的冲击。我国教育近代化在对传统教育的改造与扬弃、对西方教育经验的吸收与接纳中艰难地推进。以科举制度为核心,以私塾、官学和书院为基本形式的传统封建教育体制分崩离析,代之而起的近代新学制的改革在实践中推动了教育的发展,扩大了接受近代新式教育的对象。在教学内容上,增加了反映西方自然科学、技术科学和社会科学的知识。许多仁人志士向西方寻求救国救民的真理,教育救国的思潮经久不衰,军国民教育、实利主义教育、平民教育、乡村教育、生活教育等思潮和运动推动了我国教育近代化的历史进程。

二、“二战”后的教育大发展(20世纪50年代中期—70年代)

20世纪50年代以后,世界教育进入了一个新的阶段,这次改革的主要推动力是科学技术的进步。“二战”后,世界各国都把主要精力投入到发展本国的经济和技术上,有力地促进了社会生产的现代化,从而形成了对技术工人特别是对高技术工作者的更大需求,这强烈地刺激了教育的发展。以美苏为代表的两大阵营的国际竞争也成为改革和发展教育事业的重要动力。1957年,苏联成功地发射了人造地球卫星,加剧了各国通过教育开展国力的竞争,成为世界教育改革进入新阶段的重要标志。

(一)教育投资大幅度增加,教育规模迅速扩大

“二战”后,各国都把恢复经济并取得经济的迅速发展作为国家发展的主要目标。经济发展的要求最深刻地影响着教育,教育也被看成促进经济发展的最富有潜力的因素。“教育先行”被许多国家作为重要的战略推行。而且,当时出现的人力资本理论把教育视为一种教育投资活动,指出教育具有提高劳动生产率的生产力功能,并在理论上确认了教育对经济增长的意义。这一理论很快被西方各国和许多发展中国家接受,成为他们扩张教育、加速国民经济增长政策的理论基础。

各国政府大幅度增加教育投资,以美国和日本为例。美国1958年颁布的《国防教育法》规定,从1959年到1962年,联邦政府每年拨款八亿多美元援助各级学校教育。20世纪50年代末至60年代,既是日本经济高速增长时期,又是日本教育投资大幅度增加并高于国民收入增长速度的转折时期。日本政府和经济界极为重视教育投资,把其当作关系国家命运和前途的重大问题。1975年,日本教育经费居发达国家第二位,其教育发展速度和水平仅次于美国。

教育投资的增加带来了教育规模的扩大和速度的增长,最主要的表现是在校学生人数激增。据统计,美国70年代初,适龄儿童的入学率已达99%。① 1975年,日本不仅完全普及了中小学义务教育,而且基本普及了高中教育,92%的初中毕业生升入高中。② 1960—1970年,世界平均小学入学率由72.0%上升至83.7%,中学入学率由21.3%上升至33.3%,大学入学率由4.4%上升至7.1%。③ 发达国家基本上普及了中等教育,少数国家的高等教育已经走向了大众化。

(二)教学内容科学化,教学手段现代化

这一时期的教育改革重在改革教学内容中的陈旧部分,增加大量的科学知识,同时还

---

① 滕大春.今日美国教育[M].北京:人民教育出版社,1980:75.

② 吴式颖.外国现代教育史[M].北京:人民教育出版社,1997:651.

③ 袁振国.当代教育学[M].北京:教育科学出版社,1999:37.

特别注重天才教育及各级各类职业技术教育的扩充，以应对经济发展和高科技竞争的紧急需要，尤以美国的改革为代表。美国实施《国防教育法》的目的是“加强国防并鼓励和援助教育方案的扩充和改进，以满足国家的迫切需要”①。在《国防教育法》的影响下，20 世纪 50 年代末和 60 年代美国教育的改革由生活适应教育转向重视自然科学、数学和外语教学，中小学教育得到较快的发展。50 年代末，美国出现了课程改革运动，旨在全国范围内重新形成整个课程内容。根据心理学家布鲁纳的结构主义教育理论对中小学课程进行改革，并编制了新教材。与此同时，欧洲主要国家和日本也进行了相应的课程改革，其核心都在于充实基础学科、提高科学技术教育，反映出这一时期社会政治经济发展的要求。

科学技术的飞速发展也带来了教学手段的变革，收音机、录音机、电视、电影、幻灯等现代教学手段开始在工业化国家的各级学校运用。借助科学技术成果进行的正规学校之外的各种业余教育，特别是远距离的开放大学也发展起来。

图 12－2　印度英迪拉·甘地国立开放大学

20 世纪 50 年代后期的世界性教育改革运动在发达国家和发展中国家都产生了不同程度的影响，但在我国由于帝国主义的封锁和自我封闭，因此我们没有及时跟上这一改革步伐。1958 年，我国提出了“教育为无产阶级政治服务，教育同生产劳动相结合”的教育方针，掀起了教育大革命，缩短学制，各地自编教材。但很快发现教材使用混乱，教育质量下降。1960 年，开始编制全国统一的十年制和十二年制教材。这套教材重视基础知识和基本技能，注重知识的系统性，一定程度上反映了现代科学的要求。但 60 年代中期至 70 年代中期的“文化大革命”使我国教育更落后了。

三、面向 21 世纪的教育改革(20 世纪 80 年代至今)

20 世纪 80 年代是第二次世界大战后世界形势变化最深刻的时期，全球范围内各种矛盾的加剧和新技术革命的兴起改变了世界基本力量的对比，孕育着世界格局的根本转折。面对全球范围内经济和科技的竞争，各国都加快了教育改革的步伐，纷纷制定本国教育发展战略。进入 90 年代后，各国教育改革的最大特征就是面向 21 世纪进行教育规划，教育不再是被动追随时代，而是主动适应时代。虽然各国教育改革的具体目标、改革重点和方法各有不同，但无论是发达国家还是发展中国家，在反映时代特征的教育改革上仍有一些共同的特点。

(一) 高度重视教育改革，突出教育的战略地位

各国都视教育改革为决定国家和民族命运的大事，教育获得了前所未有的战略地位。1983 年美国发表了《国家处在危险中：教育改革势在必行》的报告，全面总结了 20 世纪 50 年

① 瞿葆奎. 教育学文集·美国教育改革[M]. 北京：人民教育出版社，1990：117.

代末以来美国教育发展的状况,提出了一系列旨在提高教育质量的建议,要求进行一次全面的教育改革。该报告也成为80年代美国教育改革运动兴起的标志。英国政府颁布了“二战”后最为重要的教育立法——《1988年教育改革法》(*Education Reform Act* 1988),以推进全面的教育改革。日本于1985—1987年相继发表了日本临时教育审议会的四个咨询报告。面对世界性教育改革的大潮,我国教育开始主动参与。1983年,邓小平同志高瞻远瞩地指出:“教育要面向现代化、面向世界、面向未来”;1985年,中共中央颁布了《中共中央关于教育体制改革的决定》,明确了“教育为社会主义建设服务,社会主义建设要依靠教育”的基本方向。1992年,联合国教科文组织把“为21世纪做准备”列为当前教育的两大优先战略之一。

进入21世纪,世界各国教育改革举措不断。美国政府继克林顿时期的《2000年目标:美国教育法》(*Goals* 2000:*Education American Act*)和2002年小布什签署的《不让一个孩子掉队》法案(*No Child Left Behind Act*,简称NCLBA)之后,2007年美国联邦教育部正式发布了美国教育《2007—2012年战略规划》。《2007—2012年战略规划》内容涉及初等教育、中等教育和高等教育三大教育战略目标和教育部系统综合管理战略目标。2008年,奥巴马总统一上台就大刀阔斧地对教育进行革新,其主导下的美国教育改革呈现五大趋势:从强调公平转变到更加强调质量;从强调改革转变到改革与投入并重;从鼓励各州发挥灵活性转变到更加注重发挥联邦政府的协调作用;从把教师作为改革对象转变到作为改革同盟军;从注重标准测验结果转变到更加注重教师、课程、教学,注重改革测验方式,努力改善教学效果。① 欧盟于2010年6月由欧盟峰会通过的《欧洲2020战略》将教育和培训视为欧盟未来发展的核心。日本安倍政府自2012年年底执掌日本政权以来,在教育领域动作频频。为兑现其在选举中所承诺的实现“教育再生”的目标,安倍政府对2013财年教育经费预算进行了修订,修订后用于文教事业的预算经费逾4兆5981亿日元,与2012年相比增加了3244亿日元,增幅达7.6%。新增的重点与特别项目预算将主要用于教育领域的研究与改革。② 我国继1993年颁布《中国教育改革和发展纲要》和1999年颁布《中共中央国务院关于深化教育改革全面推进素质教育的决定》后,2010年颁布了《国家中长期教育改革和发展规划纲要(2010—2020年)》,这是我国教育发展改革进程中的又一个里程碑式事件,也是未来十年指导全国教育改革和发展的纲领性文件。

(二)教育改革的重点转向提高教育质量

20世纪初和“二战”后发达国家的教育发展,更多关注了教育数量的增长、义务教育普及化、中等及中等以上教育的大众化,而对教育质量有所忽视。80年代以来,西方国家把经济衰退、失业率上升和劳动力素质下降与教育质量问题联系起来,表现出对教育质量问题的担忧,从而把教育改革的重点转向提高教育质量。美国的《国家处在危险中:教育改革势在必行》报告、英国《1988年教育改革法》规定的全国统一课程以及日本临时教育审议会的报告等,都始

---

① 王晓阳.当前美国教育改革的观念与趋势[J].教育研究,2012(3):141.

② 华东师范大学国际交流处.教育国际动态信息[EB/OL].http://iec.ccnu.edu.cn/Article/wsxw/201303/385.html,2013-11-15.

终强调教育质量的重要性。法国、德国等发达国家也将中小学教育改革的重点放在提高教育质量和办学效率上。其中,美国奥巴马政府强化教育质量的举措尤为引人注目,其改革特点更加强调提高课程标准,要求开设更高难度和深度的课程,增加高水平教师的供给,革新和加强统一测验制度,完善学生成绩档案数据库的建设,强化绩效责任制。而对于许多发展中国家而言,由于教育基础薄弱,起点低,人口增长较快,给中小学的发展造成了很大压力。如何在数量上满足广大适龄青少年的教育需求,同时又提高基础教育的质量,这是摆在发展中国家面前的一项迫切任务。

专栏 12-1

美国"力争上游"教育改革计划

2012年1月,美国高达2亿美元的"力争上游"教育拨款由亚利桑那、伊利诺伊等7个州获得,用以实施以提高学生成绩为目的的中小学教育改革。这一计划是美国总统奥巴马2009年7月24日宣布的教育改革计划,它是美国历史上最大规模的联邦教育改革投入,总额达43.5亿美元。"力争上游"计划是一项竞争性教育拨款计划,其目的是通过联邦教育拨款,促进各州推行教育体制改革。这笔教育经费由各州申请,主要根据四方面标准发放。这些标准主要有:采纳国际基准的教育标准;招募和维持高质量的教师队伍;建立数据体系以评判学生表现;告知教师如何改善教学工作和改善表现不佳的学校等。

[资料来源] 美国教育部2亿美元"力争上游"拨款激励教育改革[EB/OL]. http://www.edu.cn/hai_wai_464/20120105/t20120105727144.shtml,2013-11-15.

(三)课程改革是教育改革的核心

当今各国的教育改革都重视课程在改革中的核心地位。比如,日本于2002年正式实施了已试行三年的基础教育课程标准——新《学习指导要领》;俄罗斯于2004年3月颁布了新课程标准,使得小学课程标准更新了12%,中学课程标准更新了30%;我国也于2004年秋全面推广了新一轮基础教育课程改革。美国总统奥巴马上台后,联邦教育部要求各州制定更高要求的课程标准,改善学生测验与评价数据系统。2009年6月,由美国州长协会、州教育厅长协会共同组织发起美国46个州及哥伦比亚特区起草从幼儿园到高中的全美共同教育标准。20世纪80年代以来,各国的课程改革主要反映出以下三个特点。

第一,为培养人的合理素质结构调整改革课程结构,注重科学教育课程与社会科学、人文科学、体育、艺术课程之间的平衡,呈现出多样化、实用化、个性化和综合化的特点。

第二,为适应社会发展和科学技术进步的要求,增删调整课程内容。比如增加了计算机类信息技术、社会学、环境科学等课程。

第三,强调基础学科的教学。《美国2000:教育战略》(*America 2000:An Education Strategy*)确立了英语、数学、科学、地理和历史五门核心课程。我国中小学教育也一贯重视基础知识和基本技能的教学。

（四）加强和改进道德教育

20世纪80年代以来，西方国家出现了道德教育的复兴，各国都将加强青少年道德教育作为教育改革的一个主要目标给予高度重视。许多国家在教育改革中明确提出要加强道德品质教育，培养儿童、青少年适应社会变化的能力；并采取诸如增加德育投资、加强品德教育研究、改革德育方法途径、制定防范管理条例等措施。

图12－3 日本基础教育课程改革让课堂焕发活力

日本比较注重道德教育，已经颁发了《道德教育指导提纲》作为教育用教材。2013年，日本为加强中小学道德教育，政府新增2亿日元预算，全力推进道德教育综合支援事业，通过多种途径支持学校、学生家长与地域三方协作构建特色道德教育网络。另外，美国前总统布什提出在中小学要加强反吸毒教育和性教育；英国强调要教育儿童尊重他人、公正、诚实、守信；我国历来有重视道德教育的传统，“德”被置于教育目标的首位。我国先后颁布的《小学德育纲要》（1993年）、《中学德育大纲》（1995年）、《中国普通高等学校德育大纲（试行草案）》（1995年）、《公民道德建设实施纲要》（2001年），有力地指导了我国的道德教育。

加强传统的道德价值观教育，注重弘扬本民族文化和历史的优良传统，根据新形势更新德育内容，正在成为世界各国道德教育的重点。

（五）重视提高师资水平

随着世界性教育改革浪潮的掀起，人们愈来愈认识到：没有高质量的教师，就不可能有高质量的教育水平。各国对师资的培养提出了更高的要求，要求教师不仅要有娴熟的教育教学知识与技能，还应有高深的学科专业知识和广博的科学文化知识。

为提高教师素质，各国采取的改革措施有以下方面：第一，提高教师的聘用标准，完善教师资格证书制度。比如，英国的教师资格必须由英国大学或国家学历颁发委员会授予。第二，改善教师待遇。英国在1996年两次提高教师工资，德国、日本等国也一再强调要大幅度改善教师待遇，保证教师职业的魅力。2012年2月15日，美国联邦教育部正式启动一项旨在提升教师专业地位的“尊重项目”（Respect Project），其目标是使教师职业不仅是美国最重要的职业，而且是美国最受尊重的职业。第三，改革教师培训制度。在终身教育思想的指导下，许多国家把师资培养的职前教育和职后培训有机地结合起来，完善教师在职进修制度，满足教师在其专业成长与发展方面的特殊需要。第四，发挥优秀教师的主导作用。新一届美国政府视教师队伍建设为教育改革成功的关键，始终关注着教师教育改革。不论是2010年美国联邦教育部的《改革蓝图：初等和中等教育法重新授权》还是2011年白宫的《美国创新战略：确保经济增长和繁荣》，不论是“力争上游”计划还是“为了创新而教育”运动，都在努力思考着如何打造可以提升教育质量的优秀教师队伍。

专栏 12-2

教师资格证书

教师资格证书是衡量学校教师质量与素质及其数量供需调节的重要标准。美、英、法、德、日等国，对有志于当教师的师范生在毕业时实施"教师资格证书考试"，有的是与大学毕业考试结合起来。各国教师资格证书发放单位和考核单位由不同机构实施，即培养单位发放证书，使用单位经过一定的考核期，看其实际能力录用。

[资料来源] 苏真. 比较师范教育[M]. 北京：北京师范大学出版社，1991：344.

(六)教育公平渐成教育改革的主题

进入以知识经济为特征的20世纪90年代，人们已经认识到国家的强弱、民族的前途和人类的命运，并不仅仅取决于少数精英及其所掌握的尖端技术，全民的知识水平和综合素质才是更加根本的决定性因素。在这样的历史背景下，教育权作为一项基本人权的重要地位得到了空前的重视，教育公平的问题在教育改革过程中也成了一个十分突出的改革主题。

联合国教科文等国际组织1990年3月在泰国宗迪恩召开的"世界全民教育大会"可以看作这一主题的标志性事件。在此后的历次世界全民教育大会上，"满足所有人的基本学习需要"这一理念不断被加强，其意义从一般的普及基础教育逐步扩展到在种族、性别、年龄等方面所有人都平等地享有受教育权利，扩展到面向所有人的终身教育体系和学习化社会的建构。

教育强国美国在90年代初就表现出了教育公平的改革主题。老布什1991年签发的《美国2000：教育战略》中所提出的六项战略目标都体现了"全面"改善美国教育的思想；小布什政府的教育改革法案——《不让一个孩子掉队》，就其标题就可以看出与1983年的《国家处在危险中：教育改革势在必行》有着不一样的倾向。奥巴马在2013年国情咨文演讲中特别强调首先要加快普及学前教育，认为这是一个孩子命运起点的公平。

21世纪以来，法国基础教育改革中针对平民家庭子女的教育措施初步取得了成效。特别是2009年以来，法国创建了29所优质寄宿学校，接纳了1万名贫困家庭的学生，使他们摆脱了原来没有学习房间，没有书桌，甚至没有饮食的困境。法国政府目前已安置21.5万名残疾儿童在普通学校就读，其数量比6年前增加了60%。① 残疾儿童在普通学校就读的意义在于认识差异、相互尊重。同时，一些学校还实施了"孤单儿童16点"计划，即在下午4点放学之后，允许家中无人照顾的学生继续留校，他们可以在教师的指导下，安心地在学校完成作业。法国政府认为这是对处境不利儿童的应有关照。

在建设和谐社会的战略思想指导下，教育公平在我国也更受关注。党的十七大报告明

---

① 王晓辉. 法国基础教育改革"勇往直前"[EB/OL]. http://paper.jyb.cn/zgjyb/html/2013-01/18/content_86751.html.

确指出:“教育是民族振兴的基石,教育公平是社会公平的重要基础。”2010 年颁布的《国家中长期教育改革和发展规划纲要(2010—2020 年)》更是将“教育公平”作为未来十年教育改革的两大重点之一。

第二节 当今世界教育发展水平的比较

第二次世界大战后,尤其是 20 世纪 80 年代以来,持续不断的改革浪潮使世界教育的发展跃升了一个新的台阶。21 世纪科学技术革命的深入使人类正向信息化社会迈进。世界教育的发展也呈现出新的特点:教育规模迅速扩大,受教育人数大幅度增加,教育体制和结构灵活多样,各级各类教育逐渐发展完善,教育内容和手段现代化。这是世界教育发展的主要特征,但由于发展水平的差异,仍有许多发展中国家不能达到世界教育发展的平均水平。为了解世界教育和我国教育发展水平的差距,在此从教育制度出发,对各级各类教育的发展现状进行描述、分析和比较。

一、学前教育

学前教育指学校义务教育以前的教育阶段。在许多国家,这一概念已扩大为小学入学前的整个时期,即从出生到 6 岁这一年龄阶段。20 世纪以来的学前教育得到了迅速的发展,尤其是在第二次世界大战后,学前教育开始在世界各国受到广泛的重视。《学会生存——教育世界的今天和明天》一书指出,学前教育是“任何教育政策和文化政策的先决条件”。《联合国教科文组织 1987 年统计年鉴》的统计数字表明,近三十年来,世界主要发达国家的幼儿教育事业取得了成倍的增长。纵观当代世界幼儿教育的发展情况,有以下几个共同趋向。

(一)保护儿童权利,重视儿童的早期教育

1989 年 11 月,第 44 届联合国大会通过了《儿童权利公约》。1990 年 9 月,世界儿童首脑会议一致通过了《儿童生存、保护和发展世界宣言》(*Declaration on the Survival, Protection and Development of Children*)。到 1995 年已有 179 个国家正式签署了这两个文件,不少国家还制定了相关的法规和政策措施。法国规定幼儿教育与小学一样免费入学;德国从 1996 年起,3～6 岁儿童上幼儿园获法律保障;埃及政府大力发展幼儿教育设施。在美国,幼儿教育机会与质量都得到了一贯的重视。现任美国总统奥巴马在 2014 财政年度联邦政府预算中,提列投资 7.5 亿美元在“学前教育扩充计划”,该计划的目标是让所有 4 岁儿童有机会就读高品质学前教育(Early learning: Making quality preschool available for all 4-year-olds)。在我国,为了使幼儿园工作更加规范化、科学化和效率化,1990 年以来发布了《幼儿园工作规程》《全国幼儿教育事业“九五”发展目标实施意见》《中小学幼儿园安全管理办法》等一系列对学前教育有深刻影响的法规文件。2012 年,教育部颁布的《幼儿园教师专业标准(试行)》是国家对合格幼儿园教师专业素质的基本要求,是幼儿园教师开展保教活动的基本规范,是引领幼儿园教师专业发展的基本准则,是幼儿园教师培养、准入、培训、考核等工作的重要依据。

(二)学前教育趋于普及

由于各国对学前教育的重视,世界学前教育人数增长很快,1985—1997 年在园幼儿总数由 7 250 万人增长到 9 560 万人,其中女童比例为 48%,男女比例基本平衡。我国在园幼儿人数在此 12 年间增长也较快,由 1 480 万人增长到 2 520 万人,女童比例为 46%,男女比例虽略低于世界平均水平,但也基本平衡。学前教育的毛入学率,1985 年世界平均为 26.7%,1997 年增长至 30.8%。在较发达国家已达到 71.8%。我国这一指标在 1985 年为 20%,1997 年增长至 28.5%。① 2000 年全国幼儿园数为 11 万所,在园幼儿数 2 021.8 万人,3～6 岁入园率为 34%。而 2006 年全国幼儿园已达 13.05 万所,在园幼儿数 2 263.85 万人,比上年增加 84.82 万人,3～6 岁幼儿入园率达到 42.5%。② 到 2012 年,我国学前教育规模保持较大幅度增长,全国在园幼儿 3 685.76 万人,比上年增加 261.32 万人。学前教育毛入园率达到 64.5%。③ 学前教育虽然还不是义务教育,但现代学前教育已突破传统的单一保育职能,走向保教相结合的教育,各国开始重视儿童智力的早期开发在提高国民素质中的作用。

专栏 12－3

毛入学率

毛入学率是指某一级教育如小学这一级教育的在校生人数与符合官方为该级教育所规定之年龄的总人口之比。

[资料来源] 联合国教科文组织. 世界教育报告 2000[M]. 北京:中国对外翻译出版公司,2001:44.

(三)学前教育注重幼儿社会性和个性的培养

学前教育的培养目标和内容,虽因各国的具体国情有别而有所侧重,但都注重良好的社会性品质和个性品质的培养。日本 1989 年颁布的《幼儿教育纲要》强调幼儿的自主活动、自主学习及生活体验,把培养人际交往能力、基本的生活态度和行为习惯作为中心目标,课程目标和内容围绕健康、人际关系、环境、语言、表现五大领域展开。新西兰幼儿教育的目标明

图 12－4　美国幼儿园注重孩子个性发展

① 联合国教科文组织. 世界教育报告 2000[M]. 北京:中国对外翻译出版公司,2001:48.

② 教育部. 2006 年全国教育事业发展统计公报[G]. 2007－05.

③ 教育部. 我国高等教育毛入学率达到 30%[EB/OL]. http://news.cntv.cn/2013/08/19/VIDE1376890442460279.shtml? ptag=vsogou,2013－11－05.

确规定要使儿童在社会性、情感、智力、体力等方面得到和谐发展。在美国,学前儿童通过教育必须形成的良好品质包括自信、自主、好奇、独立、坚毅、平等、交往、合作、自我约束、关心他人等方面。在我国,学前教育融进了素质教育的精神,要"创造适合每个儿童的教育",强调全面性和基础性,主张把学习与幼儿生活实际紧密联系起来。

二、初等教育

初等教育是国民教育的基础,其发展直接关系到国民素质的提高,同时也已成为衡量一个国家全民教育发展水平的重要尺度。大多数国家都把它定义为正规教育的第一阶段,即小学教育。虽然这一阶段或这一级教育的年限和内容各国之间差别很大,但宗旨通常是提供比学会识字和识数更多一些的东西。1948 年通过的《世界人权宣言》(*Universal Declaration of Human Rights*)宣布:"初级和基本教育应当免费","应当实现小学义务教育"。1990 年在泰国宗迪恩召开的世界全民教育大会上通过的《世界全民教育宣言》指出,"除家庭教育外,小学教育是对儿童进行基础教育的主要形式。必须普及小学教育,确保所有儿童的基本学习需要都能得到满足"。世界全民教育大会重新确定了到 2000 年实现普及小学教育的目标。了解当今世界初等教育的发展现状,可从初等教育的普及、义务教育的年限和初等教育的生师比三方面窥其大概。

(一)初等教育的普及

受教育权已成为国际公认的权利,世界各国包括最不发达国家都在努力实现免费初等义务教育。自 20 世纪五六十年代以来,世界初等教育的在校生人数和入学率总的趋向是逐步上升的。由于人口出生率的降低,少数国家的初等教育在校生人数减少。而在撒哈拉以南非洲等一些不发达地区,实现初等义务教育的前景仍然不容乐观。

表 12-1 1985—1997 年初等教育在校生人数和毛入学率①

项目 / 年份 / 指标 / 国家	在校生数				初等教育毛入学率(%)			
	1985 年		1997 年		1985 年		1997 年	
	男女生(百万人)	女生比例(%)	男女生(百万人)	女生比例(%)	男女生	女生	男女生	女生
世界总计	567.2	45	668.5	46	99.1	91.8	101.8	96.4
发达国家	61.8	49	62.9	49	101.7	101.5	103.5	103.4
发展中国家	475.7	45	578.2	46	98.7	90.1	101.7	95.5
其中:中国	133.7	45	140.0	48	123.2	113.9	122.8	123.0
最不发达国家	45.9	42	68.7	43	65.9	56.0	71.5	62.3

表 12-1 显示 1985 年世界初等教育在校生总数为 5.67 亿人,1997 年增长至 6.69 亿人。我国则分别为 1.34 亿人和 1.40 亿人,女生比例由 45% 增长到 48%,高于同期发展中

① 联合国教科文组织. 世界教育报告 2000[M]. 北京:中国对外翻译出版公司,2001:112.

国家的平均水平。从初等教育的毛入学率来看,我国 1985 年为 123.2%,1997 年为 122.8%,高于世界平均水平。

从初等教育发展的一般规律来看,毛入学率低于 100%,表明教育机会供给不足;毛入学率过高,又意味着超龄儿童复读生占有相当比例,反映教育质量和资源配置方面存在问题。只有毛入学率和净入学率从两端逐渐趋于 100%,才能说明初等教育普及的质量与效率。我国 1998 年初等教育毛入学率已经下降为 104.3%,同年净入学率达到 98.9%。[①] 而 2006 年初等教育净入学率则达到 99.3%。[②] 这在世界上已经属于相当不错的水平。

专栏 12－4

净入学率

净入学率是指某一级教育适龄儿童的实际入学人数与该级教育适龄儿童的总人数之比,而不是指教育系统的招生能力,因为它不考虑在校的超龄儿童。

[资料来源]　联合国教科文组织. 世界教育报告 2000[M]. 北京:中国对外翻译出版公司,2001:46.

(二)义务教育的年龄段和年限

世界全民教育大会提出“到 2000 年实现普及初等教育(或任何被确定为‘基础教育’的更高一级的教育)这一目标”,这里提到的“初等教育”已不只是小学教育。许多国家在实施义务教育时,实际上持有这样的共识:初等教育是所有年轻人应当接受并完成能够满足“基本学习需要”的教育。今天,大多数国家已逐渐把义务教育延长至中学阶段。表 12－2 说明了部分国家的情况。1986 年,我国颁布了《中华人民共和国义务教育法》,1992 年又制定了《〈中华人民共和国义务教育法〉实施细则》,不断推进普及九年义务教育。

表 12－2　部分国家义务教育的年龄段和年限表(1996 年)[③]

国家	澳大利亚	巴西	加拿大	法国	德国	日本	墨西哥	尼日利亚	南非	斯里兰卡	越南	中国
年龄段	6～15	7～14	6～16	6～16	6～18	6～15	6～14	6～12	6～14	5～14	6～11	7～15
年限	10	8	10	10	12	9	6	6	9	9	5	9

(注:有些国家由于内部各地区差异,故在上表中体现出的年限不一定与年龄段完全一致。)

(三)初等教育的生师比

生师比即学生与教师的比例,既能够反映一个国家教育资源的使用效益情况,又是考查教育质量状况的重要指标。过大的生师比表明师资和经费不足,较小的生师比往往表明国家对教育的投入较大,有利于提高教育质量。我国初等教育生师比为 25∶1(到 2006 年,初等教育生师比已为 19.2∶1),超出大多数发展中国家水平,但与发达国家相比还存在一定

① 国家教育发展研究中心. 2000 年中国教育绿皮书[M]. 北京:教育科学出版社,2000:53.

② 教育部. 2006 年全国教育事业发展统计公报[G]. 2007－05.

③ 联合国教科文组织. 世界教育报告 2000[M]. 北京:中国对外翻译出版公司,2001:49.

的差距。适当压缩生师比例是提高教育质量的一个有效途径。随着我国义务教育普及程度的提高,对基础教育质量的要求也不断增加,上海等发达地区已经开始在小学开展小班化教学的实验。

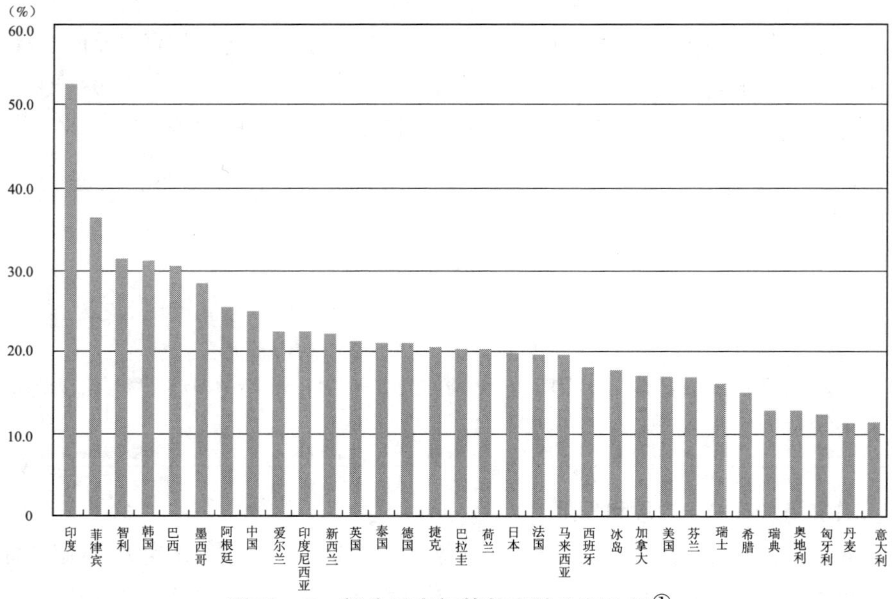

图 12－5　部分国家初等教育的生师比例①

如何继续扩大受教育机会,仍是世界初等教育发展不容回避的问题。而重视教育质量、处理好普及与提高的关系,更是初等教育帮助国民提高素质的必需。随着现代社会知识、技能的不断更新,如何改进初等教育的教学内容和教学方法也提到了各国初等教育改革的日程上。

三、中等教育

中等教育含初中教育和高中教育,前者一般属于义务教育,后者通常为普通教育和职业技术教育。联合国教科文组织 1986 年召开的国际教育大会强调:"中等教育既应有助于个人充分而全面地发展,又应使个人为文化、社会和经济生活做好准备","中等教育是教育的一个阶段,这期间要引导青年成为独立、有责任心的成人"②。科学技术和社会的迅速发展对中等教育提出了新的挑战,要求改进中等教育以满足个人和社会需要的呼声也越来越高。

(一)中等教育结构的改变

中等教育的普及带来了中等教育结构的变化。20 世纪 50 年代,统一的普通中等教育

① (OECD)Education Database.

② 赵中建. 全球教育发展的历史轨迹——国际教育大会 60 年建议书[M]. 北京:教育科学出版社,1999:457.

仅在美国、苏联等少数几个国家施行。在欧洲、拉丁美洲和世界其他许多地区施行的是“分流”的办学模式,主要是以职业教育为目的的各类学校和传统的普通中学两大类。由于中等教育入学机会的不断增加,这种严格的区分在逐渐缩小。初级中等教育已基本被确定为基础教育,属于义务教育的实施范畴。纯粹的普通中等教育和职业技术教育正逐渐转变为综合化的高中阶段教育。中等教育结构改革的重点是调整结构模式,由相互独立的中学类型向综合中学的类型发展。“分流”过早地确定了学生的能力和兴趣,可能影响到他们一生的发展机会。许多采取“分流”模式的国家已逐渐采用“综合”模式,即“普通教育职业化”和“职业教育普通化”。同时,考虑到经济和社会发展的现实需要,仍保留了一部分职业技术学校。

图 12-6 新加坡普通中学的学生在职业课上栽培花木

由于各国国情不同,目前普通教育与职业技术教育的比例仍有很大不同。在欧洲,职业技术教育的毕业生占整个高中教育毕业生的50%甚至60%。德国比较重视职业技术教育,注重在高中教育阶段就使学生掌握一定的技能,这样在高中毕业之前学生就已经做好了就业的准备且具有一定的就业技能。而在亚洲,大多数高中毕业生都接受普通教育,如日本普通教育毕业生比例为73.4%。我国目前中等教育中的初中属于义务教育阶段,绝大多数是普通中学,只设少数初等职业学校;高中分普通高中、职业高中及中等专业学校多种类型。职业技术教育在校生占高中阶段在校生的比例已达到50%以上,这也是由我国经济发展对技术工人需求不断扩大的现实国情决定的。

专栏 12-5

教育机会均等

使初等教育免费并成为义务性质;使各种形式的中等教育普遍设立,并对一切人开放;使高等教育根据个人成绩,对一切人平等开放;保证人人遵守法定的入学义务。

[资料来源] 联合国教科文组织. 反对教育歧视公约[M]//联合国教科文组织. 世界教育报告2000. 北京:中国对外翻译出版公司,2001:63.

(二)中等教育内容的调整和充实

正如《教育——财富蕴藏其中》指出,“中等教育应是各种才能开始显露和发展的时期,应当充实和更新公共课的内容(语言、科学、一般常识)”,中等教育改进的过程也伴随着整个中等教育内容的充实和丰富。

专栏 12－6

中学课程计划

一种平衡的中学课程计划对于学生个人的全面发展是必不可少的，而学生个人的能力倾向及兴趣也应得到满足。不断对课程进行评价与革新对于避免负担过重和不平衡现象是十分重要的。所教授的科目应包括语言、数学、自然科学技术和社会科学常识。应对文化教育、德育、审美教育和体育以及对与核时代和太空时代的新思维方式相联系的教育有所规定。这些内容应该培养学生对社会的一般生活和劳动做好准备。

[资料来源] 赵中建. 全球教育发展的历史轨迹——国际教育大会60年建议书[M]. 北京：教育科学出版社，1999：461.

美国中学课程设置的宗旨是使学生全面发展、知识面宽、结构合理，大部分中学开设百余种课程供学生选择。选修课程丰富是美国中学的显著特征，它充分满足学生的兴趣志向，培养专业技能，发展个人特长。学校要求学生在高中完成规定的学分，随年级升高，每学期学分数（即选课数）增加，一般每学期选6～7门课。日本文部省1998年发布的《中学校学习指导要领》和1999年发布的《高中学习指导要领》在中学课程中新设“综合学习时间”，目的在于培养学生的生存能力，让他们更好地适应以国际化、信息化等为标志的社会变化。我国教育部2000年颁布的《全日制普通高级中学课程计划（试验修订稿）》首次在高中设置了“研究性学习”课程，同时在初中和小学也展开了试点。“研究性学习”课程强调基于学生的直接经验，密切联系学生的自身生活和社会生活，综合运用学生所有的知识对学生自主选择的问题进行跨学科探索，以获取学生自己的结论。

（三）中等教育质量观的改变与扩展

中等教育不再只是追求学业合格，也不仅仅是为高等教育升学做准备，世界各国中等教育的质量观都在发生改变与扩展。一些国家通过课程改革或建立质量标准促进学生更加卓越和个性发展，进而达到促进中等教育发展的目的。

近年来，随着日本《教育基本法》《学习指导要领》的修订和社会状况的变化，在高中阶段培养自立的社会人的要求不断被强化，日本政府认为各地应该实行使每个学生的潜能得到发挥、德智体全面发展的教育。2012年，日本开始推行高中教育改革。改革计划从教育内容、教师与学校、教育条件三个方面展开，目标是在未来10年，通过改革高中教育，使每个学生的潜能得到发挥，实现德智体全面发展。日本首都东京2012年提出的高中教育改革五大支柱是：保证能够在社会上自立的基本能力；培养能够在不断变化的社会中承担起未来的人；提高教师资质能力和学校运营能力；增加能够最大限度地发挥每个学生潜能的学校；完备高质量的高中教育所需的各种条件。

美国一直比较注重中等教育的质量和数量协同发展。2013年，全美《州共同核心课程标准》（*The Common Core State Standards*）在部分区域先行试行展开，将于2014年秋季由官方正式实施。该标准的实施将有助于改进英语和数学两门学科培养学生的批判性思维和分析技能，为高中毕业生适应日后的生活奠定了基础。美国2014年财政预算强调了关键策略重点的深化改革(K－12：Deepening reform in key strategic areas)，这项改革包括高中课程改革、教学品质与领导效能之提升、STEM 教育、校园安全等。在高中课程改革部分，预算中将提拨 3 亿美元办理竞争性补助经费计划，用以重新设计美国的高中，将奖励与大学及雇主发展新的伙伴关系，以及创造能聚焦在科学、科技、工程、数学课堂教学的学校，以培养雇主所需要用以补足现在及未来职缺人力所需之能力。

四、高等教育

高等教育是教育系统中互相关联的各个重要组成部分之一。“它通常包括以高层次的学习与培养、教学、研究和社会服务为其主要任务和活动的各类教育机构。”①20 世纪后半叶是高等教育发展史上不寻常的扩展和质变的阶段，社会对高级专门人才需求的迅速增长以及个人对接受高等教育就学机会的迫切需要，使得高等教育以前所未有的速度发展，从精英教育走向大众化教育。世界各国也逐渐形成共识：高等教育已经成为表征国家实力和国家社会总体发展水平的标志之一。

专栏 12－7

高等教育的基本特征

《国际教育标准分类》认为，高等教育的基本特征应包括以下几个方面。

1. 入学资格：一般要求完成 12～13 年的初等教育和中等教育，并获得高级中学教育毕业证书。

2. 学制(理论累计时间)：大学学位或同等学力要求 4 年及以上；非大学学历 2～3 年。

3. 文凭类型：大学学位或同等学力毕业证书；非大学学历或同等学力证书。

[资料来源] 国家教育发展研究中心. 2000 年中国教育绿皮书[M]. 北京：教育科学出版社，2000：100.

(一)规模的扩大

20 世纪 40 年代末，世界一半以上国家的大学生不足 1 000 人，大约有 1/4 的国家根本没有高等教育。到了 90 年代末，几乎所有国家都拥有至少一所高等院校，68 个国家的大学生超过 10 万人，21 个国家的大学生甚至超过了 100 万人(阿根廷、澳大利亚、巴西、加拿大、中国、法国、德国、印度、印度尼西亚、意大利、日本、韩国、墨西哥、菲律宾、俄罗斯、西班牙、泰国、土耳其、乌克兰、英国和美国)。高等教育规模的扩大可以从全世界高等教育在校学生人数上看出。据联合国教科文组织的统计，1985—1997 年高等教育的毛入学率，世界平均从 12.9% 上升到 17.4%，发展中国家从 6.5% 上升到 10.3%，而发达国家已从 39.3% 快速上升到 61.1%。② 2001 年，全球大学入学新生为 9 000 多万人；到 2005 年，全球大学入学新生人数

① 联合国教科文组织. 高等教育变革与发展的政策性文件(1995 年)[M]//赵中建. 全球教育发展的研究热点——90 年代来自联合国教科文组织的报告. 北京：教育科学出版社，1999：132.

② 联合国教科文组织. 世界教育报告 2000[M]. 北京：中国对外翻译出版公司，2001：65，113.

近1.1亿。联合国教科文组织曾预测,全球大学入学新生人数到2020年将达1.2亿。[①] 由此可见,高等教育规模扩大的这一趋势是明显的。人口的增长、中小学教育普及率不断提高、国家与地区的经济增长、对高等教育投入的增加,都在推动着高等教育规模扩大的发展步伐。

在我国,过去由于中等教育整体基础比较薄弱,高等教育一直采取稳步发展的策略。进入20世纪90年代后,我国逐步普及九年义务教育,城市和经济发达地区已逐步普及高中阶段教育,大力发展高等教育成为迫切要求。此外,由于向市场经济转轨,以往制约高等教育规模扩展的一些制度性因素在不同程度地被削弱,为我国高等教育规模的扩展形成了有利的条件。1999年,普通高等学校和成人高等学校本专科招生共计275.5万人,其中普通高等学校招生增长47.3%,成人高等学校招生增长15.7%,是新中国成立以来正常情况下增幅最大的一年。普通高等教育和成人高等教育在校生加上在学研究生为742.3万人。1999年,我国高等教育毛入学率已达到10.5%左右。[②] 到2006年,我国在读大学生总数已超过2 300万人,高等教育总体规模位居世界第一,高等教育毛入学率提高到21%[③],实现了高等教育大众化的历史目标。2012年,我国高等教育总规模达到3 300多万人,高等教育毛入学率从上一年的26.9%攀升到30%,并计划在《教育规划纲要》实施完成的2020年时毛入学率达到40%。[④]

专栏12-8

高等教育"大众化"

高等教育"大众化"是美国学者提出的衡量高等教育发展阶段和水平的一个概念。1970年和1971年,加州大学伯克莱分校的马丁·特罗教授在《从大众向普及高等教育的转变》和《高等教育的扩张与转化》中提出了高等教育发展阶段划分的理论:当一个国家大学适龄青年中接受高等教育者的比率在15%以下时,属于精英高等教育阶段;15%~50%为大众化高等教育阶段;50%以上为普及化高等教育阶段。

[资料来源] 国家教育发展研究中心.2000年中国教育绿皮书[M].北京:教育科学出版社,2000:84.

---

① 葛秋芳.专家认为教育国际化已成趋势,全球高等教育发展迅速[N].云南日报,2006-12-11.

② 教育部发展规划司.中国教育事业统计简况·1999[G].

③ 国家统计局.统计局发展回顾报告——教育事业实现跨越式发展[G].2007-10-08.

④ 教育部.我国高等教育毛入学率达到30%[EB/OL].http://news.cntv.cn/2013/08/19/VIDE1376890442460279.shtml? ptag=vsogou,2013-11-05.

专栏 12－9

大学学费上涨与大学生就业难已成国际趋势

在高等教育精英化时代，大学不多，各国政府完全有能力资助高校和学生。随着高等教育从精英时代步入大众化时代，政府已没有足够的财力为国内和国外学生提供免费的高等教育。于是，原来高等教育免费的国家相继宣布收费，而且学费也在逐年攀升。

2006 年 6 月 8 日，德国大学校长联席会议决定，德国大学将全面开始收学费，大学生将支付每学期最高 500 欧元的学费。从 2006 年开始，丹麦各高校的硕士课程不再免收学费，而将向非欧盟国家学生收取学费。印度计划委员会于 2006 年制定法律，要求各大学尽快提高学费来维持自身的正常运行。

大学扩招与学费上涨相辅相成，在高等教育高收费快速发展的同时，毕业生就业竞争也日益激烈，于是大学生就业难就成了一个全球性的问题。

［资料来源］　石炯．从世界看中国教育——2006 年全球教育发展趋势分析［J］．世界教育信息，2007(1)：6－7.

（二）结构与形式的多样化

伴随着高等教育规模的扩展，世界各国都已经或正在对高等学校的结构与形式进行深刻的变革，世界高等教育趋向多样化。发达国家普遍重视短期大学、社区学院、技术学院等带有高等职业教育性质的教育机构的发展，美国现有社区学院 800 余所，约占全美高等院校的 1/4，在校生约占大学生总数的 40%。发展中国家也正在积极利用短期高等教育的各种形式扩大高等教育入学机会。从图 12－7 可以看出，虽然全世界大学生主要就读于大学或被各国视为与大学相当的教育机构，但在有的地区，带有职业教育性质的高等教育机构人数几乎占大学学生的 1/2 或 1/3。

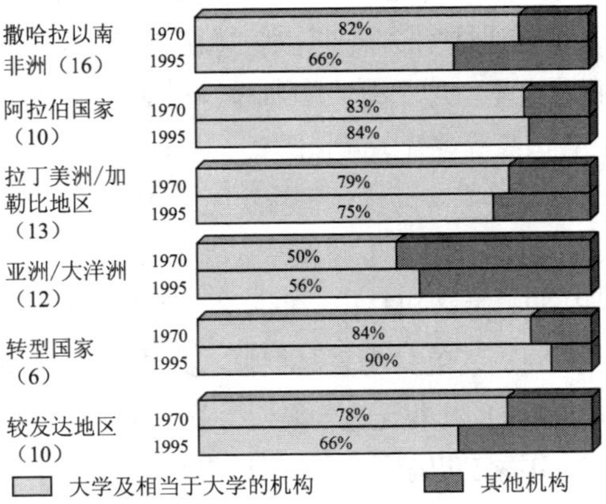

图 12－7　1970 年和 1995 年各地区两大类高等教育机构在校人数的百分比[①]

① 联合国教科文组织．世界教育报告 2000［M］．北京：中国对外翻译出版公司，2001：67.

20世纪90年代初，印度在高等教育领域掀起的私有化改革虽然取得了一定的成就，但是印度高等教育所面临的入学、质量、公平等三大问题依然严峻。在这种背景下，印度高等教育改革转向公私合作的新方向。高等教育公私合作打破了政府与市场二元对立的状态，以其公私融合的特点，在促进高等教育融资渠道的拓展、管理效率的提高以及公共目标的实现等方面具有传统私有化所不能比拟的优势。①

我国高等教育的形式也日益多样化，经国家教育管理部门正式批准举办的有6种：普通高等学校（大学、学院、高等专科学校）、成人高等学校、军事院校、社会力量举办的高等专科教育的学历文凭考试试点学校以及高等教育本专科自学考试。高等教育从精英阶段进入大众化阶段，最为显著的转变就是培养大量面向生产、服务、管理第一线的实用人才。

（三）国际化步伐的加快

高等教育的国际化（internationalization of higher education）始于中世纪的欧洲大学，进入20世纪90年代，在经济全球化的推动下，世界各国更是加快了国际化步伐。

早在"二战"结束后，美国就颁布了一系列法案和政策措施，如《福布雷特法案》（*The Fulbright Act*，1946）、《美国新闻与教育交流法》（*United States Information and Educational Exchange Act*，1948）、《马歇尔计划》（*Marshall Plan*，1948）、《国防教育法》《国际教育法》（*The International Education Act*，1966），竭力推动美国高等教育持续地朝国际化方向迈进。到奥巴马时期，美国政府将教育产业的发展列为经济刺激计划的重要组成部分，为美国院校吸引更多国际学生提供了一系列的政策便利和发展资金，在让赴美留学变得越来越容易的同时，也将美国教育的整体水平提升到了新的发展层次。目前，美国正实施的"力争上游"计划更增加了美国留学的吸引力，也将带来申请人数的进一步增长。1974年，日本中央教育审议会在为文部省提供的咨询报告《关于教育、学术、文化的国际交流》中正式发表了《国际化时代的教育、学术、文化、体育等国际交流的基本方案》，以推进国际性启蒙教育和国际理解教育，扩大师生的国际交流，完善国际交流体系。② 法国通过"语言培训计划""佩特拉计划"和"伊拉斯谟世界计划"等政策推进本国高等教育国际化进程。英国、荷兰、新加坡、马来西亚等国也在改变其留学生政策。

20世纪90年代后，各国高等教育国际化已有了更多表现形式。合作办学、设立海外分校、不同国家院校之间学分互换等跨国教育蓬勃发展。许多国家或地区发展了区域性或全球性高等院校合作计划与组织，如1991年成立的"亚太地区大学交流机构"（University Mobility in Asia and the Pacific，简称UMAP）、2004年欧盟推出的"伊拉斯谟世界计划"第一期（2004—2008）、第二期（2009—2013）等就是例证。此外，近年成立了由亚洲、欧洲、美洲和大洋洲等10多个国家组成的"21世纪大学联盟"（Universitas 21）；2000年11月，欧盟、拉美和加勒比地区约50多个国家在巴黎签署了一项"高等教育共同空间"的协议。这些都是高等教育国际化的新动向。

---

① 吴媛媛，安双宏. 公私合作：印度高等教育改革的新方向[J]. 继续教育研究，2013(2)：153.

② 杨会良，王悦欣. "二战"后世界高等教育国际化的演进与发展[J]. 河北大学学报：哲学社会科学版，2005(2)：67－70.

专栏 12-10

当代世界高等教育国际化发展的重要特征和趋势

1. 高等教育国际化的经济驱动因素更为明显,国际交流朝着国际贸易的方向发展。
2. 高等教育国际交流的实施主体改变,高等院校发挥主导作用。
3. 高等教育国际化内容从单纯到丰富,由援助阶段走向相互竞争阶段。

[资料来源] 杨会良,王悦欣."二战"后世界高等教育国际化的演进与发展[J].河北大学学报:哲学社会科学版,2005(2):67-70.

第三节　当代世界教育思潮的宏观演变

第二次世界大战后是世界教育的大发展与大改革的时代。由于科学技术突飞猛进,物质生产飞速发展,再加上国家间日趋复杂的政治、经济竞争,使教育既充满希望又面临极大挑战,教育不再被视为一个单纯的学校教育问题,而成为一个与国家的生存和发展生死攸关的重大问题。当代世界教育的大发展不仅体现在教育实践的改革上,也体现在教育思潮的宏观演变上。

一、从"学会生存"到"学会关心"

"学会生存"与"学会关心"是"二战"后相继出现的具有国际意义的教育思潮,是"二战"后教育发展与改革的航标。它们既是两种迥然不同的教育潮流,又是相互联系、互为补充的教育潮流;既是"二战"后教育发展的总结,又是21世纪教育理论的先导。它们的产生和发展是历史和逻辑的高度统一。

第二次世界大战给世界各国,特别是饱经战火创伤的国家带来的是一场巨大的灾难,不少国家政治和经济都濒于崩溃的边缘,"生存"问题成为世界各国人民的头等大问题。20世纪50—60年代又是科学技术日新月异、知识激剧增长、科技发明从生产到应用时间大大缩短的年代。美国科技局认为,物理、化学、生物知识总量90%以上是1950年以后的新知识。[①] "二战"后的国际充满了激烈、尖锐的政治斗争、经济竞争和科技竞争,从一定意义上说,也就是教育的竞争。教育成为关系国家前途和命运的重大问题。

正是在这种特殊的历史条件下,1972年,以法国前总理埃德加·富尔(E. Faure, 1908—　)为首的国际教育发展委员会发表了题为《学会生存》的报告,由此提出了"二战"后国际教育的新潮流——学会生存。该报告公诸于世,立即引起了世界范围的巨大反响和震动,报告中的许多建议和意见被各国政府和教育部门所采纳,大部分观点得到人们的普遍认同,成为20世纪下半叶的一个具有指导性质和广泛影响的纲领性

① 张健.教育面临的挑战[M].长沙:湖南教育出版社,1985:156.

图 12－8 《学会生存——教育世界的今天和明天》(中文版)

教育文献,它标志着世界教育的发展进入了一个新的历史阶段。

从《学会生存》提出的背景、面临的问题以及对策方面来看,它力图解决"二战"后教育与日新月异的科学技术不相适应的问题,力图解决当代教育与社会物质生产飞速发展不相适应的矛盾。所以,它非常重视对现代科学技术的学习,强调早期教育(以适应知识增长的需要);确定终身教育的地位(以适应生产发展的需要);注重学生能力的培养(以适应激烈的国际竞争)。它要求教育担负起传授年轻一代在当代社会激烈变化的条件下求得"生存"的各种知识和能力,这是"学会生存"教育思潮的基本宗旨。

专栏 12－11

《学会生存》的基本设想

第一个设想是要说明我们所从事的工作的确是正当的。这个设想是说,在各个不同的国家和文化中,在不同的政治选择和发展程度上,存在着一个国际共同体,这个国际共同体反映出各国共同的抱负、问题和倾向,反映出他们走向同一目的的行动。其必然的结果则是各国政府和各个民族之间的基本团结,虽然他们也有一些暂时的分歧和冲突。

第二个设想是对民主主义的信仰。这意味着,一个人有实现他自己的潜力和享有创造自己未来的权利。这样理解的民主主义的关键是教育——教育不仅是人人可享受的,而且它的目的和方法都是已经被重新考虑过的。

第三个设想是人类发展的目的在于使人日臻完善;使他的人格丰富多彩,表达方式复杂多样;使他作为一个人,作为一个家庭和社会的成员,作为一个公民和生产者、技术发明者和有创造性的理想家,来承担各种不同的责任。

第四个设想是唯有全面的终身教育才能够培养完善的人,而这种需要正随着使个人分裂的日益严重的紧张状态而逐渐增加。我们再也不能刻苦地一劳永逸地获取知识了,而需要终身学习如何去建立一个不断演进的知识体系——"学会生存"。

[资料来源] 联合国教科文组织国际教育发展委员会. 学会生存——教育世界的今天和明天[M]. 北京:教育科学出版社,1996:2.

《学会关心:21 世纪的教育》(*Learning to Care for Others: The Aim for the Education in 21st Century*)是 1989 年联合国教科文组织在我国北京召开的"面向二十一世纪教育国际研讨会"会议报告的主题。它是 21 世纪教育所致力的目标,是继 20 世纪 70 年代初提出"学会生存"后,教育观念、伦理观念和教育发展方向的又一次重大变革与更新,它标志着世界教育的发展又进入一个新的历史阶段。当然,它也提出了新的对策和建议。

第一,针对物质文明高度发达与精神文明相对薄弱的问题,从宏观上提出了"学会关心”的新构想。《学会关心》认为,在教育哲学观上,21 世纪的教育需要强调一种全球合作精神,这种精神需要发展各种更有关心特征的文化成果;在学习观上,21 世纪的教育“最重要的方面将是社会更多地参与学校和学校更多地参与社会,并学会合作”;在社会观上,21 世纪的教育要强调“全球合作”精神,倡导“国际合作”和“国际文化”,唤起人们关心和保护地球的生态环境,以推进全球社会的发展。

第二,针对社会的进步与个人个性全面发展不相适应的问题,《学会关心》建议推行一种进行以下重点转移的新的教育体系,即“从促进教育的统一性转变为促进教育的创造性和革新精神;从促进竞争转变到促进合作;从狭隘的民族观点和忠诚转变为全球的观点和忠诚;从强调为私人利益而学习转变到强调为公众利益而学习”。

第三,针对智育与人的素质教育脱节问题,《学会关心》提出以下建议:重新提出教育为全体人而不是只为部分人的目标;提倡学习的第三本“护照,即事业心和开拓技能护照”,这要求把事业心和开拓技能教育提高到目前学术性和职业性教育护照所享有的同等地位;强调自知、自尊和信心,以面对迅速变化的世界;促进发展人际关系,支持年轻人发展与他人联系的能力。

第四,针对严重的竞争和高度的工业文明所带来的生态破坏问题,《学会关心》号召“向一个全球社会推进”,并提出“在 21 世纪,人们应该把他们的第一忠诚奉献给地球的生态环境”,“解决人类问题取得的进展不应该以牺牲其他物种为代价”。

总之,“学会关心”力图弥补“学会生存”的缺陷,试图解决“二战”后物质生产高速发展而精神生产相对薄弱的问题,解决现代高科技给人类带来的精神危机、道德危机及生态危机,改善人类社会的精神生活环境,同时努力培养出能适应未来生活的个性全面发展的人。这可以说是“学会关心”的根本宗旨。

从“学会生存”到“学会关心”,体现了“二战”后国际教育发展的宏观脉络,体现了“二战”后国际教育战略重心的转移。当然,从“学会生存”到“学会关心”并不意味着后者对前者的替代,并不意味着只重视后者而忽视前者。相反,从“学会生存”到“学会关心”表明了人类对社会、教育与自身认识的完善和深化。我们完全有理由这样认为,“学会生存”与“学会关心”既是世界物质生产和精神生产高度发达的产物,也是促进世界物质生产和精神生产和谐发展的有效措施。

二、从科学主义、经济主义到推崇教育的社会价值取向

教育的科技取向思潮,与当代西方广为流行的科学主义和技术统治论(简称技治论)不无关系。众所周知,科学主义是对立于人本主义的一种哲学思潮,技术统治论是对立于资本统治论的一种治国论思潮。随着现代科技革命、生产现代化、社会现代化的推进,科学主义和技术统治论越来越有市场。靠现代科技增强军事威慑力(如美国、俄罗斯),靠现代科技提高经济实力(如日本、德国),靠现代科技壮大独立能力(如发展中国家),所有这些汇成了一股世界范围的科技开发热潮。与此同时,1957 年苏联第一颗人造卫星上天事件,首先激起美国、继而促使全世界认识到,现代科技离不开现代教育,现代科技依托于现代教育。

一时间,美国在1958年出台了《国防教育法》,有关“科技依托教育”“教育、科技、生产一体化”的文章、专著成了热门出版物,教育的科技取向思潮从此席卷各国。其中,尤以苏联、美国为最,那里以科技为取向的教育改革搞得热火朝天,应运而生的赞科夫(Леонид Владимирович Занков,1901—1977)“教学促发展”实验教学论、布鲁纳结构主义课程论都是为此取向服务的。

教育的经济取向思潮起源于20世纪60年代形成的人力资本理论,其最早的代表作是美国经济学家舒尔茨的《人力资本投资》(*Human Capital Investment*,1961)和《教育的经济价值》(*The Economic Value of Education*,1963)。教育的经济主义思潮包括两个基本方面:其一,对教育与经济关系的认识;其二,对教育的经济性质的认识。前者涉及作为社会基本部件的教育同作为社会基本活动的经济之间的函变内容,强调教育对经济的作用以及经济对教育的反向制约;后者涉及对教育基本属性的评定,强调教育自身的经济成分。教育的经济主义思潮很大程度上决定着或影响了当今人们对教育的认识以及教育的改革和发展。但是,教育的经济主义思潮犹如一把双刃剑,给教育既带来了积极的影响,也带来了消极的影响。而且,无论是积极的影响还是消极的影响,都远远超出了教育的范围。

第二次世界大战以后,世界各国教育发生了重大的历史性变革,教育实践的发展取得了以往几个世纪的总和都难以比拟的惊人进步。这些变化同教育的经济主义思潮有着密切的关联。换言之,教育的经济主义思潮推动了教育的发展和改革。

教育的经济主义思潮把教育与经济的关系作为研究教育价值的出发点,以凸显教育的经济功能为目的,有其积极的意义。但是,其思维方式和理论本身带有很大的线性特征,它往往孤立地看待教育与经济之间的函变关系,在研究教育与经济的关系时,表现出思维的狭窄性;他们没有或很少从现代教育同人类社会进步的整体需要角度研究问题,他们所关心的主要是劳动生产率的提高、劳动者的生产技能、教育对经济的适应、经费投入的经济效益、教育体制的改革与市场经济体制发展的关系,而没能看到或很少看到教育的政治和文化功能,没能看到教育的改革和发展除了要适应经济的需求之外,还应该从更宽广的领域和方面适应整个人类社会进步的需要。这为以后世界教育思潮注重教育的社会价值取向埋下了伏笔。①

教育的社会价值取向思潮,就其当代本源来说,根植于“二战”后西方社会教育学中的功能论学派和冲突论学派。

功能论学派兴盛于20世纪50—60年代末西方社会相对稳定的时期。其代表人物美国的帕森斯曾指出,制约教育行动系统的有社会系统、文化系统、人格系统,并提出社会系统的四功能要素:适应、目标达成、整合、模式维持。以帕森斯为首的功能论学派从维护当代资本主义社会制度出发,认定:(1)教育的功能之一在于使个体社会化,使社会的共同价值内化于学生个体,使学生具备社会责任心、义务感及相应能力。(2)学校是选择人才的合理机构,即它根据社会标准对学生进行甄选,然后将其分配到社会结构中的相应位置上去。

① 吴忠魁.当代世界教育的经济主义思潮[J].比较教育研究,1996(4):1-5.

(3)学校教育的终极目的是使社会的功能协调、价值统合、体制稳定。功能论学派在20世纪60年代末、70年代初西方社会动荡(学潮、工潮)的背景下失去了影响力,因为现实的社会冲突否定了它的"和谐""统合""稳定"观。随后代之而起的是冲突论学派。

冲突论学派从批判资本主义社会制度的立场出发,揭露其社会关系的强制性、社会变迁的普遍性、社会冲突的必然性以及这些性质在教育中的鲜明体现。冲突论学派分两支:一是"新韦伯主义"冲突论,二是"新马克思主义"冲突论,后者更具典型性。新马克思主义冲突论的基本观点是,资本主义学校教育的作用不仅在于劳动力的再生产,而且在于资本主义劳动分工关系、阶级关系以及资产阶级政治思想、意识形态、文化价值的再生产。

由此可见,不论是功能论学派还是冲突论学派,都承认教育的社会价值功能,只不过前者从维护现存社会制度出发,后者则从批判现存社会制度出发。但两者对西方各国教育改革的提示作用客观上是一致的,即前者从正面推动着、后者从反面刺激着各国教育改革大力强化教育的社会价值取向。

三、从国家主义教育到国际化教育

国家主义教育实际上是自文艺复兴和宗教改革运动以后,伴随着近代民族国家的形成,为配合民族国家在政治、经济、文化各个方面的发展,而在教育领域兴起的一股新思潮。到19世纪末20世纪初,随着世界各国初等教育的普及、教育国家化的完成,特别是伴随着各国国家教育制度的确立和完善,国家主义教育思潮也正式确立。

国家主义教育思潮强调民族、国家的利益,推崇教育在促进国家和社会发展中的作用。但是必须指出,国家主义教育同时还存在着深刻的历史局限和尖锐的现实冲突。从哲学上看,它存在着线性思维和思维空间的狭窄性特点;从价值取向和对象上看,它强调本位主义的相对性和地区性,强调局部利益,割裂当前与长远、个体与整体的联系;在教育上,它鼓吹国家利益高于一切,强调整齐划一,用一个模式教育学生,扼杀了学术和学生、教师的个性、积极性和创造性。

20世纪以来,特别是"二战"以后,由于科学技术迅猛发展,世界经济日益朝着区域化和国家化的方向发展,在哲学思潮上出现了相互依存论,在社会学方面出现了"地球村"理论,在文化学上出现了世界文化圈理论。这一切都对当今世界的教育产生了巨大影响,国际化教育思潮应运而生。

教育国际化思潮常常又被人们称为"国际教育""国际理解教育"或"全球教育"。根据联合国教科文组织1991年的《世界教育报告》(*World Education Report*),教育国际化思潮包括如下内容:(1)了解和尊重各民族及其文化、文明、社会准则和生活方式,包括国内民族的文化和其他国家的文化;(2)认识各国和各民族间日益增大的全球范围的相互依赖;(3)理解国际团结与合作的必要性;(4)既认识个人、社会集团和国家各自的权利,亦认识相互承担的义务;(5)各级各类教育应具有国际的内容和全球的视野;(6)个人愿意参与解决所属社区、国家和整个世界的问题。

国际化要求的要义是:(1)贯彻和平、平等、全人类道德原则;(2)理解、宽容和尊重异国文化、多元文化;(3)能够和外国人一道顺利开展工作、研究;(4)掌握外语;(5)教育达到很高水平,能够和外国进行学校和文化交流,接纳留学生、访问学者等;(6)为国际社会做出贡献。由此可知,教育国际化包括两方面的含义:一是教育为社会国际化发展培养人才;二是教育本身对外开放,加强国际交流。世界上越来越多的国家在积极适应国际化潮流。比如,由于法语曾经在世界中的优势地位,法国人一向不习惯学习外语。但伴随国际化思潮的影响,法国的教育也在改变。2011 年法国教育部组建了"语言策略委员会",该委员会于 2012 年 1 月提交了题为《学习语言,学习世界》的报告。时任法国教育部长的吕克·夏戴尔采取了三项改革措施:从 2012 年开始调整初中课时,以便加强初中 4 个年级的外语教学;加强学生与教师的国际流动,使每个学生都有去外国"个人语言居留"的机会,使每个外语专业的师范生有到国外实习一个学期的机会;开设免费的英语学习网,方便儿童和成人自己学习英语。①

专栏 12-12

当代国际教育的合作类型

从现代国际关系的角度看,当代国际教育的合作主要有三种不同的类型:第一种类型是工业化国家之间的合作与交流(既包括西方发达国家内部,东方发达国家内部的合作,也包括东、西方工业化国家之间的合作);第二种类型是发展中国家的合作与交流;第三种类型是发达国家与发展中国家的合作。第一种类型的合作主要是科技信息的共享、知识和人才的交流以及项目的联合开发、实施。第二种类型的合作基本上集中在传统的教育活动中(即使有某种科学技术知识的转移,这些知识也不能反映最新的科技发展状况)。第三种类型的合作主要是发达国家与发展中国家在教育方面进行的人员、信息和资金的交流,其特征为发达国家输出,发展中国家输入。

[资料来源] 徐辉. 比较教育的新进展——国际教育初探[M]. 成都:四川教育出版社,2001:143-144.

根据国际关系的"从属理论",现在任何一个国家都不是独立存在的,而是构成世界体系的一个组成部分。但国与国之间的关系并不是平等的,有的处于中心地位,有的则处于周边地位,因为资本主义世界体系是一个"中心"和"周边"("首都"—"卫星")的双重结构,或者是一个"中心""准周边"和"周边"的三重结构。很多教育现象不是一国现象而是国际现象,因此"世界体系""国际化"等概念对教育分析而言是不可缺少的。可以说,"从属理论"对分析、理解资本主义教育国际化现象提供了一个很好的思路。

四、从阶段性教育到终身教育

传统教育,包括部分现代教育(主要是 20 世纪 60 年代中期以前)从纵坐标体系上看,

① 王晓辉. 法国基础教育改革"勇往直前"[EB/OL]. http://paper.jyb.cn/zgjyb/html/2013-01/18/content_86751.html.

是由一个个相对独立的教育阶段组成的教育系统,这些阶段虽相互衔接,但自成体系,由初等教育、中等教育到高等教育步步攀升。某阶段毕业或进入下一高级阶段,意味着一个人某一时期学习的结束。这种教育体现出浓厚的阶段性特征。阶段性教育视个体的教育可以一次完成,无须终身学习,如果今后知识技能需更新,那么去进修学习一次即可。

从教育的侧重点看,阶段性教育重视和强调学校教育,认为学校教育是社会整个教育的主体,对社会的发展和人的发展具有决定性作用,而对社会教育重视不够,对社会教育与学校教育的衔接、配合重视不够。然而,现代科学技术的产生和发展深刻地改变了人类的生存空间和生活空间,同时极大地影响了我们传统的教育思想与实践,对传统教育提出了严峻的挑战。“终身教育”观念和理论是“二战”后在成人教育的经验基础上形成的。1965年,联合国教科文组织正式采纳了“终身教育”。自从联合国教科文组织终身教育科长保罗·朗格朗的《终身教育引论》(1970年)问世以来,终身教育在国际上产生了广泛的影响。1972年,联合国教科文组织发展委员会又出版了《学会生存》,从此终身教育在整个世界范围尤其在发达国家时髦起来,成为改革成人教育和学校教育并使之一体化的基本指导理论,并在日本等很多国家占据了教育改革中的指导理论地位。终身教育观念和理论以“二战”后科学技术、经济的飞跃发展和迅速更新以及国际民权运动高涨为其滋生与发展的历史背景,它完全应和了人们充分发展个性、创造能力和学习能力的要求以及人化(人道化)的要求。

终身教育观念和理论的要点是:(1)终身教育的基本原则或原理:连续性—整体性(“一体化”)。这一原则要求人从摇篮到坟墓的一生都变成接受教育的过程,整个社会变成有体系的教育场所。前半句是指教育的终身化,后半句是指“教育的社会化”或“社会的教育化”。两者互为前提。(2)终身教育的方法:首先,重视作为教育基础的个人和小组,学习的主体是个人、小组,而不是课程和教师。其次,要求教育遵循兴趣原理——支配人类活动的重要规律。再次,广泛应用小组学习法。最后,广泛采用创造性、非指导性教育方法。(3)终身教育的意义:终身教育作为与“二战”后革新时代经济、科技、文化、社会的迅速变化相适应的现代教育思想,能够推动社会持续高速地发展;它能够保证人的真正个性的发展和自我实现;能够真正地实现教育机会均等,使教育成为实现社会平等和民主的一种强有力的手段。

总之,终身教育观念能够使近代教育发生本质的变化,即将人生一个阶段的教育改变为终身教育,将制度化教育转变为个性化教育,将学校化教育转变为社会化教育。可见,终身教育使教育回到了“原始点”,因为原始教育是终身的、个性化的、社会化的。但是,回到原始点并不是简单的复原,因为它并没有抛弃,而是扬弃了近代学校教育。终身教育可以统括教育社会化、继续教育以及非学校论对学校神话的批判等。

专栏 12－13

欧盟 2007—2013 年终身教育整体行动计划

2006 年，欧洲理事会和欧洲议会批准了欧盟委员会关于发起"欧盟 2007—2013 年终身教育整体行动计划"。这个计划是欧盟今后 7 年唯一的全方位综合教育计划，被称为终身教育整体行动计划。该计划建立在欧盟以往各种教育计划的基础之上，是欧盟未来教育发展的风向标。尽管欧盟没有明确将此计划称为教育中远期计划，但它实际上就是欧盟教育的中远期发展计划。

该计划总体目标：通过终身教育促进欧盟成为发达的知识社会，促进经济的可持续发展，提供更多和更好的工作岗位，增强社会凝聚力，保护后代生存环境；通过促进欧盟国家教育和培训系统的交流、合作和流动，使其教育和培训的质量成为世界的典范。

第四节　21 世纪世界教育发展的趋势

一、全民教育

全民教育（Education For All，简称 EFA）是指对社会全体民众所提供的教育，是联合国教科文组织倡导的一项行动，其目的在于实现全球范围内的儿童、青年和成年人的教育需求。联合国教科文组织每年都会发表《EFA 全球检测报告》，用以敦促各个国家、非政府组织、国际机构、民间团体和媒体实现 EFA 的实现。

全民教育是针对世界教育发展中所存在的如下一些严重问题而提出的，这些问题的解决随着 21 世纪的到来显得更为迫切：约占学龄人口 20% 的 1.28 亿儿童未能接受初等教育，其中至少包括一半以上的女童；尽管文盲的比例在下降，但今天仍有 9.48 亿成人属于文盲，其中 2/3 是妇女；9 个人口最多的发展中国家的成人文盲人数占 9.48 亿的 72%，而印度和中国两国就分别占到总人数的 30% 和 23%；①功能性文盲（意味着一个人所掌握的书面文字和一般基础知识还明显地不足以使其在越来越复杂的社会中"行使功能"）已成为包括工业化国家和发展中国家在内所有国家的严重问题；1 亿多儿童和不计其数的成人未能完成基础教育计划，更多的人虽满足了上学要求但并未掌握基本的知识和技能。

图 12－9　埃及—爱资哈尔大学女子学院的学生在上课

全民教育思想（概念、目标）的正式提出，始于 1990 年 3 月在泰国宗迪恩召开的"世界全民教育大会"（又称"宗迪恩大会"）。当时来自世界上 155 个国家、地区和组织的代表共同签署了协议，致力于"在本世纪结束时，在全

① UNESCO，EFA2000，No. 12，July/Sept. 1993：7.

球范围内普及初等教育并且减少成人文盲率”。大会由联合国教科文组织、儿童基金会、开发计划署和世界银行联合发起召开,并通过了《世界全民教育宣言》和《满足基本学习需要的行动纲领》两个划时代的文件,从而使全民教育思想为国际社会所接受。1993 年在印度新德里举行的“九个人口大国全民教育首脑会议”以及 2001 年在我国北京召开的“九个人口大国全民教育大会”,不断把国际社会对全民教育的关注推向一个新的高潮。而 2000 年,来自 164 个国家、地区和组织的代表再次相聚于达喀尔召开的“世界教育论坛”(World Education Forum),这是世界全民教育发展史上一个新的里程碑。本次大会评估了过去十年的工作,并通过以《全民教育:实现我们的集体承诺》为题的《达喀尔行动纲领》(*Dakar Framework of Action for Education for All*)。全民教育正成为世界教育发展的重要趋势。

专栏 12-14

《达喀尔行动纲领》的承诺

在 2015 年之前,在以下六大方面完成教育目标。

1. 扩展和提高儿童早期看护和教育程度,特别是对于弱势儿童群体。

2. 保证在 2015 年之前为所有儿童,特别是女童、处于恶劣生存环境中的儿童、少数民族儿童提供完全的、免费的高质量义务教育。

3. 建立合适的学习、生存技能项目,以通过公平的途径保证年轻人和成年人的学习需求得到满足。

4. 将成年人识字率,特别是妇女,在 2015 年提高 50%,并为成年人的继续教育提供保障。

5. 在 2005 年年底消除小学和中学里的性别差异,并保障女童享有公平受教育权利和高质量的基础教育。2015 年,消除性别教育中的性别不平等。

6. 提高各方面教育质量,确保识字、算术和基本生活技能被所有人掌握。

[资料来源]　展敏敏. 全民教育的新发展——联合国教科文组织第六届全民教育高层会议公报述评[J]. 当代教育科学,2007(11):28.

二、教育民主化

教育现代化最重要的标志就是学习者的广泛性和平等性。工业社会学习者已经较为广泛,但还没有真正达到广泛性和平等性。到 20 世纪中叶,随着人类社会向信息时代迈进,现代教育才有了新的进展。近四十年来,发展中国家一直致力于大力普及基础教育,并取得了很大的成绩;而一些发达国家的高等教育出现了大众化的趋势,在更高程度上实现了教育机会均等的理想,使学习者的广泛性和平等性得到进一步的深化。如果说“二战”前中等教育即使在发达国家也没有普及,那么在“二战”后短短的 30 年间,不仅中等教育的入学率达到了 80%~90%,而且高等教育的入学率也达到了 20% 以上。据联合国教科文组织统计,1990 年美国适龄人口大学入学率为 72.2%,加拿大为 71.2%,联邦德国为

38.1%,日本已接近50%。[1] 发展中国家的高等教育也有较大的发展。高等教育的大众化使整个社会显现出高学历的特征,为建立学习化社会创造了条件。

图12-10 社区人员参与学校管理

教育民主涉及的主要内容是:(1)加强地方分权、地区自治权、学校自主权;(2)家长、居民、教师、科研人员、学生、社会各部门参与教育管理,任何一个利益代表都不占优势;(3)参与项目扩大,包括经费、课程、教学法、人事、决策等;(4)工商界、科技界、政界、新闻界、文艺界、法学界等社会各界参与重大教育决策及科研决策。总而言之,把人吸收到生活的所有过程中来,这是社会一切工作的中心。不活跃人的因素,既不考虑人的各种劳动集体、社会团体、社会集团的不同利益,又不把他们吸收到积极的创造活动中来,就不可能完成任何一项任务。这种参与、自治的思想,就是上述教育民主化思想的精髓。

教育平等观念的要点是:(1)教育平等不仅是发展教育所需,也是实现社会平等的必由之路,即"教育作为一种相对变动的社会结构,对提高(人们的)社会地位仍然是一种重要手段"[2],因而可以说,"教育是通向平等的入口"。(2)平等原则和能力原则是互补的,不应使一个目标屈从于另一个目标。(3)教育平等对个人、社会、民族、国家皆有益而无害。(4)"任何一个孩子,只要受过训练,都能取得成功"[3],或者说,只要教育方法得当,几乎所有的人都可以学到同样的知识,都可以得到发展。

三、教育信息化

教育信息化和国际化一样有两个含义:一是教育培养适应于信息化社会的人才,二是教育把信息技术手段有效应用于教学与科研。教育信息化要求:(1)让学生学会使用电子计算机;(2)让学生学会收集、选择、处理信息,进而学会创造信息;(3)促进学校教育手段的信息化、现代化,这些手段包括摄影机、录音机、录像机、反映分析器、语言专用教室、程序打字机、电子学习台、闭路电视、计算机辅助教学、计算机管理教学等;(4)进一步建立信息库、信息网络等。

教育信息化主要表现在两个方面:一是许多国家通过立法或颁布教育改革的政策法规,把信息教育课程列入了正式课程,并增大了投资;二是注重教育信息资源的开发和利用。

法国教育部长阿莱格尔1998年初宣布,法国制定三年教育信息化发展方案,重点放在

---

① 联合国教科文组织.世界教育报告1993[M].北京:中国对外翻译出版公司,1994:91-92.

② 奥恩斯坦.美国教育学基础[M].刘付忱,等,译.北京:人民教育出版社,1984:313.

③ 让-雅克·塞尔旺-施赖贝尔.世界面临挑战[M].朱邦造,等,译.北京:生活·读书·新知三联书店,1984:216.

教育信息化大发展对相应信息教育师资的培训上，重点倾向于应用多媒体教学和计算机操作水平的提高，旨在发挥现有信息设备的使用效率，使法国由当时初中学生 32 人 1 台计算机、高中学生 12 人 1 台计算机的水平，提高到初中学生 16 人 1 台计算机、高中学生 6 人 1 台计算机的标准，这一标准 2000 年已在全法国实现。

1998 年 7 月 29 日，日本教育课程审议会发表了题为《关于教育课程基本走向》的咨询报告书，进一步明确了信息教育课程的运作细则。首先是在小学、初中、高中各个阶段的所有学科都要使用计算机进行教学。小学在“综合学习时间”课上要适当地运用计算机等信息手段，初中要把现行的“信息基础”选修课改为必修课。

图 12－11　教育信息化已成为世界各国教育发展趋势

英国 1998 年以立法形式规定，信息教育课在全体中小学中由原来的选修课全部改为必修课，并拟定中学信息技术课评价的九项标准。在国拨教育经费中，法定的 6% 必须作为学校专款专用的计算机购置费，以保证英国 20% 的中小学校上因特网，其中中学占 85%，小学占 5%。

我国新颁发的《国家中长期教育改革和发展规划纲要(2010—2020 年)》明确提出要加强教育信息化进程，从“加快教育信息基础设施建设”“加强优质教育资源开发与应用”“构建国家教育管理信息系统”等三个方面阐述了我国教育信息化的路径。

在教育信息资源的开发上，德国和日本的表现颇为突出。在理论上，德国的考夫曼模式和日本的松田模式呈现出当代信息资源开发的世界级水平。依据德日理论，教育信息化的根本在于资源的开发和创新，符合知识经济条件下知识不断创新和信息增值的发展趋势。修筑“信息路”和“信息车”都是为了装运“信息物资”，开发信息资源就是在“货源”上重视各类教学软件和数据库的开发数量和质量。日本京都任天堂会社自 1983 年 7 月推出微机，截至 1990 年国内推销 1 466 万台。为了适应如此迅猛的信息化发展，20 世纪 60 年代以来，日本、美国、法国、英国等国家全力加强和普及了电子计算机教育，美国甚至把计算机科学列入“五项新基础学科”。

信息化已把文化推进到“语言文化”“文字文化”之后的“映像文化”。[①] 映像文化为人的发展和教育工作创造了极为有利的条件。以电视、电影为中心的映像文化具有语言、文字所不能比拟的形象性、具体性，因而为提高教育的直观性，培养学生的主体性、创造能力，增加学生感性认识提供了非常有利的条件。但信息化也会导致人际关系的疏远(因学生埋头于信息媒体之中)，造成“间接经验”“代理经验”“疑似体验”的膨胀，把这些体验混同于现实体验等弊端。这些是我们在教育信息化中应努力加以克服的。

① 小泽周三，等. 现代教育学入门[M]. 东京：劲草书房，1989：第二章.

四、教育全球化

教育全球化是一个多层次、多阶段、内涵丰富的历史过程。1994 年乌拉圭回合结束，缔结了服务贸易总协议，教育服务作为其中的一部分，受到了《服务业贸易总协定》（*General Agreement on Trade in Services*，简称 GATS）若干条款的约束。随着各国陆续签署《服务业贸易总协定》，教育服务全球化的趋势日趋明显。

尽管对教育全球化进行准确的定义比较困难，但是人们还是确认了一些特征来描述教育全球化，这些特征有：各国的教育交流与合作日益加强；相互借鉴其教育发展和改革经验的自觉性日益提高；各国相互承认学历和学位证书的趋势日益加强，并由此带来各国之间学历、学位教育水平大致衔接；各国都日益注意培养能使本国经济、科技与世界接轨的人才等。①

“教育全球化”有三种基本的表现形态：第一种形态是教育资源的跨国界流动，日益壮大的留学生潮是其典型的表现；第二种形态是全球性的教育现象，如义务教育制度；第三种形态是全球教育，基于互联网的现代远程教育使得独立的跨国教育体系成为可能。其中，第一种形态和第三种形态与 WTO 的《服务业贸易总协定》中的四种服务贸易提供方式——跨境交付、境外消费、在服务消费国的商业存在、自然人的流动是相契合的。②

“教育全球化”为各国教育实现快速健康的发展提供了许多新的机会，主要表现为：第一，外国资本在本国投资办学，这种方式的优点主要是可以增加国内的教育资源供给、增加就业、促进经济增长、改善教育系统的整体素质等；第二，到国外接受教育，派出留学生是其主要途径；第三，接受国外教育机构基于互联网的远程教育；第四，在全球聘请优秀的教师；第五，利用国外知识产权；第六，争取各种国际捐赠和项目融资；等等。

留学生在教育全球化趋势中扮演了重要角色，这种角色不只是派出，也包括引入。目前，各国或地区都在积极开拓留学市场，抢夺国际人才。新西兰教育部长已经宣布：新西兰政府将通过一项超过 2 400 万美元的预算案，其内容包括建立 200 项国际学生奖学金和 200 项留学奖，以提高新西兰的国际教育质量；加拿大则加快了留学签证速度，从 2006 年 4 月 1 日起，申请留学加拿大阿尔伯塔省的学生，将有望在 28 天内拿到加拿大海外使馆的签证，且在拿到录取通知书之前只需缴纳 10% ~20% 的保证金，并且这些保证金可以在学生入学之后划入学费；日本政府决定拨款 100 亿日元设立中日留学基金，以便在近期引进大批中国留学生；香港科技大学近日设立超过 1 亿港元的奖学金，用于招收本地、内地以及国际优秀学生。

除奖学金外，互认学历也是吸引留学生的好办法。近几年，欧共体所有国家已可以互认学历。目前，我国已与 26 个国家和地区签订了政府间学历学位互认协议，其中有 23 个国家承认我国的自考文凭。

---

① 顾佳峰. 教育全球化：对抗还是对策[J]. 外国教育研究，2006(9)：39 -44.

② 吴华. 在全球教育体系中定位——21 世纪中国教育发展的战略选择[J]. 人民教育，2002(6)：21 -23.

专栏 12－15

中国同各国的教育交流合作进一步扩大

目前,我国政府与 178 个国家和地区以及联合国教科文组织等国际组织建立了教育合作与交流关系,同各国政府签署的双边及多边教育合作与交流协议和执行计划达 1 013多项。

2005 年 11 月 27 日,中非教育部长论坛在北京举行;2006 年 7 月中旬,在上海召开了第三届中外大学校长论坛;2006 年 8 月 17 日,“中俄高等教育哈尔滨论坛”在哈尔滨开幕;亚洲教育北京论坛、亚太地区教育论坛、博士生国际学术论坛……我国正努力加强同各国教育间的交流合作,提高国际教育软实力。

与此同时,我国教育机构积极探索与外国优质教育资源和强项学科专业开展合作办学。截至 2006 年年底,全国共有中外合作办学机构和项目 1 000 多个,分布在 28 个省、自治区和直辖市。

2006 年度,在中外联合办学方面比较突出的事例有:2006 年 4 月 10 日,中加两国在北京合建了 CIS 国际学校;2006 年 5 月,中法两国建立了法—中博士学位学校;2006 年 1 月,德国国际继续教育和发展协会、德国马格德堡大学、越南胡志明市技术教育大学以及我国东南大学、天津大学参加的三国五方联合培养国际职业教育硕士合作项目。

[资料来源]　石炯. 从世界看中国教育——2006 年全球教育发展趋势分析[J]. 世界教育信息,2007(1):6－7.

五、教育个性化

未来学家奈比斯特(J. Nabirst)指出:“我们必须解放思想,展望未来。我们必须认识信息化社会和它带来的变化。我们必须重新考虑国家和世界的目标,以适应新的信息化社会发展的需要。”①新的生产方式(生活方式)要求新一代具有创造性、个性及广泛的适应性,这是教育个性化的社会基础。

从个体的角度来看,人的发展既有共性又有个性,它们都受到社会各种因素的制约。共性更多地体现了社会的要求,个性则较多地体现了个体的要求。未来学家托夫勒(A. Toffler,1928—　)认为,工业社会的特点是标准化,信息社会的特点是个性化、多样化。教育也不例外。教育是培养人的活动,随着科学的发展,特别是脑科学和心理学的发展,对人及其成长的认识越来越深刻。受遗传基因的影响,人的先天素质有多种差异,人出生后即生活在一定的环境中,预定的环境(包括教育)对儿童的发展具有决定性的影响,但这种影响也是多种多样的,每个个体所处的具体环境不同,接受的影响也会不同。这一切使得世界上每个个体犹如每一片树叶的脉络一样各不相同。教育需要根据不同的个体施以不同的教育,才能使他们潜在的能力(智力和体力)得到比较充分的发展。

① 季羡林,等. 大国方略——著名学者访谈录[M]. 北京:红旗出版社,1996:367.

科学技术的发展使世界变得五彩缤纷,社会需要各种各样的人才。同时,社会中的激烈竞争也需要培养有个性、有创造能力和开拓精神的人才。

教育个性化也是为了克服目前教育中存在的划一性、僵化和封闭性,树立尊重个人、发展个性、培养自我责任意识的需要。发展个性,并非放任自流、不负责任、自由无序,而是尊重每个人的个性特长,充分发挥和培养他们的个性特长,同时让他们真正地认识自我个性,在认识自我个性的同时,认识他人的个性、尊重他人的个性。发展个性是为了培养创造性人才。未来社会是一个高科技的社会,是一个激烈竞争的社会,无论是科技发展还是社会竞争都需要创造性人才。

正因为如此,美国基础教育改革凸显个性化教育。由于美国的传统文化,使国民形成了根深蒂固的个人主义、实用主义及各种各样的生存与发展思想,这促进了美国儿童个性化教育基础的形成。个性化教育的核心是以学生为中心的教育思想,注重个性发展,培养学生个人的创造性,让学生主动形成乐学、好学的求知态度,以及各种社会活动与适应能力及人际交往能力;同时面向全体儿童,实现教育优异。1990 年,美国制定了《国家教育目标》(*National Education Goal*),确定了教育的优先发展地位,并推行至全国。1994 年,这些目标被美国国会以法律的形式予以确认,各联邦、州、地方政府共同努力,为把学生培养为有道德、有素质、有责任心的公民而不懈努力,让学生迎接 21 世纪的挑战。而日本临时教育审议会 1988 年提出的教育改革的基本原则之一就是重视个性的发展,主张培养人格健全、富于人性的青少年;提出实现教育多样化,重视发展每个人的个性,实现教育个性化。联合国教科文组织的教育调查报告《学会生存》一书也指出,教育者的任务在于"培养一个人的个性并为他进入现实世界开辟道路"。巴西在"全民教育十年计划(1993—2003)"中规定实施教育策略要满足各个学生的特殊学习需求,确保优质教育要充分尊重学生,促进儿童或青少年形成特殊的个性。墨西哥在 20 世纪 90 年代基础教育改革的官方文件中也反复重申,教育应"通过重视知识财富和培养创造力,不带任何偏见地促进人类各种潜能和各个方面的发展"。显然,培养学生丰富多彩的个性、使学生获得全面和谐的发展,是 21 世纪世界教育的又一发展趋势。

【主要结论与启示】

1. 教育改革与发展不是孤立的,它是由社会政治、经济、文化等方面的变化引起的。

2. 随着世界政治、经济、科技、文化的变革和发展,20 世纪的世界教育经历了几次较大的改革浪潮:20 世纪前叶的教育面临着满足工业化和民主化的要求,经历了从传统教育向现代教育的变革;第二次世界大战后,世界教育面临着政治形势的变化和科技进步的挑战,教育与经济规划结合起来;20 世纪 80 年代以来的教育改革则围绕着面向 21 世纪提高教育质量而展开。

3. 当今世界教育的发展水平具体表现在各级教育的发展现状中。学前教育受到重视,入学率提高,重视幼儿社会性和个性的培养;初等教育的普及率逐步上升,义务教育的年限延长,初等教育的生师比下降;中等教育的入学机会增加,结构调整,内容充实;高等教育趋于大众化,结构形式多样化,国际化步伐加快。

4. 教育思潮是社会发展的产物,同时又推动了社会,特别是教育事业的发展。“二战”后,世界教育思潮围绕着从“学会生存”到“学会关心”这根主线,出现了一些新的特征:首先是人们从科学主义、经济主义的价值取向转到了推崇教育的社会价值取向;其次是人们的视野更加开阔,思维开始由国家主义教育到关注国际化教育;再次是从阶段性教育到终身教育的观念越来越受到人们的重视。

5. 对过去教育事业发展轨迹的分析,可以预见21世纪教育发展的主要趋势:全民教育正从观念走向行动;教育民主化;教育信息化;教育全球化和教育个性化。

【学习评价】

1. 名词解释:毛入学率、生师比、学会生存、学会关心、国家主义教育、终身教育、全民教育。

2. 简述20世纪世界教育改革的阶段背景和特征。

3. 试分析20世纪80年代以来世界教育改革的特点。

4. 比较分析我国初等教育与世界初等教育的发展水平,认清我国教育在世界教育发展中的地位以及与世界先进教育水平的差距。

5. 结合我国实际谈谈应如何调整中等教育结构。

6. 什么是高等教育大众化?如何看待我国近期推行的高等教育扩招政策?

7. 试分析从“学会生存”到“学会关心”教育观念转向的必然趋势。

8. 简述世界教育思潮宏观演变的主要特征。

9. 举例说明21世纪世界教育发展的趋势。

【学术动态】

- 20世纪被誉为教育改革的世纪。一百多年来,世界各国为了促进国家的经济繁荣、科技发展和社会进步,持续地进行了全方位的教育改革,并从注重教育发展的规模和数量转变为重视教育发展的质量与效益。21世纪是知识经济初现端倪、信息化日益深入社会各个领域的时代。国家之间的竞争主要是人才培养的竞争,归根结底是教育的竞争。因而,世界各国更加重视教育的改革与发展。
- 当前,世界各国关注的教育热点问题有:全民教育的理想与实施、学习化社会的建立与终身教育的发展、普及义务教育与提高义务教育质量、信息技术教育、教育内容与方法的改进、国际教育的合作与交流等。
- 当今世界,各国都十分重视普及教育、提高教育质量。当前的国际竞争是综合国力的竞争,决定综合国力的根本因素是提高民族素质,而这又主要取决于基础教育。近年来,世界上许多国家在调整培养目标上有一个很大的变化:过去仅着眼于培养少数“尖子”,而今着眼于提高全体学生的水平,提高整体教育质量,特别把重点放在提高基础教育质量上。
- 国际教育改革的显著动向:“就业危机”倒逼提高教育质量;在线教育强势来袭,推动高等教育变革;高中教育改革成为很多国家共同选择;教师队伍建设备受世界各国瞩目;

高中教育改革成为很多国家共同选择;等等。

【参考文献】

1. 国家教育发展研究中心. 2003 年中国教育绿皮书[M]. 北京:教育科学出版社,2004.

2. 教育部国际合作与交流司. 国外基础教育调研报告[M]. 北京:首都师范大学出版社,2001.

3. 赵中建. 全球教育发展的历史轨迹——国际教育大会 60 年建议书[M]. 北京:教育科学出版社,1999.

4. 刘佛年. 中国教育的未来[M]. 合肥:安徽教育出版社,1995.

5. 国家教育发展研究中心. 发达国家教育改革的动向和趋势:第七集[M]. 北京:人民教育出版社,2004.

6. 联合国教科文组织国际教育发展委员会. 学会生存——教育世界的今天和明天[M]. 北京:教育科学出版社,1996.

7. 保罗·朗格朗. 终身教育引论[M]. 伦敦:教科文组织出版社,1975.

8. 赵中建. 教育的使命——面向二十一世纪的教育宣言和行动纲领[M]. 北京:教育科学出版社,1996.

9. 让-雅克·塞尔班-施赖贝尔. 世界面临挑战[M]. 朱邦造,等,译. 北京:生活·读书·新知三联书店,1984.

10. 张健. 教育面临的挑战[M]. 长沙:湖南教育出版社,1985.

11. 徐辉. 当代国外基础教育改革[M]. 重庆:西南师范大学出版社,2001.

12. Thomas S. Popkewitz and Lynn Fendler. Critical theories in education[M]. New York: Routledge,1999.

13. David C. Berliner and Bruce J. Biddle. The manufactured crisis: myths, fraud and the Attack on America's public schools[M]. Longman,1995.

14. James Wm Noll. Taking sides: clashing views on controversial educational issues[M]. Guiliford: The Dushkin Publishing Group, Inc. ,1993.

15. UNESCO. EFA2000. No. 12, July/Sept,1993.